湖北交通运输年鉴

(2019)

《湖北交通运输年鉴》编辑委员会　编

人民交通出版社股份有限公司

北　京

图书在版编目 (CIP) 数据

湖北交通运输年鉴 . 2019 / 《湖北交通运输年鉴》编辑委员会编 . —北京 : 人民交通出版社股份有限公司，2020.1
ISBN 978-7-114-16283-1

Ⅰ . ①湖…　Ⅱ . ①湖…　Ⅲ . ①交通运输业—湖北—2019—年鉴　Ⅳ . ① F512.763–54

中国版本图书馆 CIP 数据核字 (2020) 第 058760 号

Hubei Jiaotong Yunshu Nianjian (2019)
书　　名：**湖北交通运输年鉴(2019)**
著 作 者：《湖北交通运输年鉴》编辑委员会
责任编辑：赵瑞琴
责任校对：赵媛媛
责任印制：刘高彤
出版发行：人民交通出版社股份有限公司
地　　址：(100011)北京市朝阳区安定门外外馆斜街3号
网　　址：http://www.ccpress.com.cn
销售电话：(010)59757973
总 经 销：人民交通出版社股份有限公司发行部
经　　销：各地新华书店
印　　刷：北京盛通印刷股份有限公司
开　　本：880×1230　1/16
印　　张：26.25
字　　数：941千
版　　次：2020年1月　第1版
印　　次：2020年1月　第1次印刷
书　　号：ISBN 978-7-114-16283-1
定　　价：180.00元
(有印刷、装订质量问题的图书由本公司负责调换)

2018 年 6 月 4 日，交通运输部部长李小鹏（左四）与湖北省省长王晓东（左五）在北京就支持湖北交通发展进行会谈，签署《关于加快湖北省交通运输发展 2018—2020 合作协议》

2018 年 12 月 30 日，省委副书记、省长王晓东（左二），常务副省长黄楚平（左三）到省交通运输厅部署和调度应对低温雨雪天气工作

2018 年 8 月 25 日，交通运输部副部长何建中（右一）调研湖北仙桃港

2018 年 11 月 20 日，交通运输部副部长刘小明（前排左二）调研武汉新港阳逻港区铁水联运示范工程基地

2018 年 4 月 10 日，副省长曹广晶（前排右二）到武汉新港调研长江中游航运中心建设

2018 年 10 月 10 日，副省长万勇（右一）检查指导京珠高速非洲猪瘟防控工作

2018年12月31日，省交通运输厅党组书记、厅长朱汉桥（左三）到高速公路系统检查指导除雪保畅工作

2018年12月7日，时任省交通运输厅党组副书记、副厅长李军杰（前排左二）到京珠高速公路检查指导除雪保畅工作

　　2018年7月6日，省纪委监委驻交通运输厅纪检监察组组长刘汉诚（左二）检查武黄高速公路管理处党风廉政建设工作

　　2018年12月5日，省交通运输厅副厅长王本举（前排左二）实地查看宜昌大公桥分局水上书屋情况

2018 年 8 月 3 日，省交通运输厅副厅长姜友生（右一）检查黄冈国省干线、"四好农村路"建设情况

2018 年 10 月 18 日，省交通重点建设领导小组办公室主任高进华（右一）到 213 省道天门市兴隆超限检测站检查调研

2018 年 8 月 10 日，省交通运输厅副厅级干部石先平（前排右二）调研鄂西高速公路管理处、秭归港所入口治超工作

2018 年 11 月 23 日，省交通运输厅二级巡视员刘立生（前排左四）到湖北交通职业技术学院检查指导校园安全管理工作

2018 年 8 月 20 日，时任省交通运输厅二级巡视员阮云昊（前排右二）带队到新疆博州交通运输局交流考察

四好农村路

SIHAO NONGCUNLU

2018年9月4日，黄冈黄州区、十堰竹山县、神农架林区、潜江市、黄石大冶市被交通运输部、农业农村部、国务院扶贫办联合命名为"四好农村路"全国示范县

黄冈黄州区推行农村公路示范线建设，扩建或新建"村村通"路面宽度提高到5.5米至7米，"农村路建设到哪里、绿化配套进到哪里、公交服务跟进到哪里"。黄州区农村公路管养率100%，95%的自然塆通水泥路，农村客运运营率98%。图为黄州区农村公路

图为黄州区陈策楼镇李家湾村农村路。李家湾村是黄州区最偏远贫困村，通过"四好农村路"建设，打通该村苗木产业发展交通瓶颈，成为全省村级集体经济进步村、全国文明村镇

　　十堰竹山县建成农村公路4023公里，同时采取财政补贴与市场运作相结合的方式，确保公交和通村客运良好运行，100%的行政村实现村村通客车。图为竹山县农村公路

图为竹山县麻家渡镇公路服务区

神农架林区遵循"最小程度破坏、最大限度保护、最强力度恢复"原则，建设"四好农村路"，农村公路里程1655公里，建制村公路通畅率100%，通客车率100%。图为神农架林区农村公路

图为神农架林区九湖乡大九湖村结合旅游高标准修建的乡村循环路

潜江市所有区镇处通二级公路，所有行政村通油路、水泥路，公路绿化率98%以上，形成多个片区"四好农村路"示范线路。图为潜江市三益线农村路

图为潜江市王高线县乡农村公路

大冶市公路通车里程4552公里，行政村通达率100%，组组通实现全覆盖，户户通达率55%以上。图为大冶市金牛镇产业旅游路

图为大冶市保茗"四好农村路"示范线

2018 年 8 月 28 日，麻城至安康高速公路大悟段正式通车运营。图为麻安高速大悟段与京广高铁交叉延伸

2018 年 11 月 22 日，武汉城市圈环线高速公路孝感南段正式开通试运营

2018 年 12 月 26 日，武汉至深圳高速公路嘉鱼北段通车，标志着武深高速公路湖北段全线贯通。图为武深高速公路嘉鱼枢纽互通

2018 年 5 月 8 日，黄石
铁山至鄂州东沟一级公路主
体工程完工

2018 年 10 月 9 日，汉江首座
步行桥——丹江口市沧浪洲生态湿地
步行桥正式投用

2018 年 10 月，沙市至公安
高速公路建设基本完工

2018 年 4 月 10 日，青山长江公路大桥南岸主塔成功封顶。南岸主塔高度 271.5 米，是世界上施工完成的最高"A"型主塔。

2018 年 4 月 16 日，石首长江大桥南岸主塔一次性成功封顶

2018 年 5 月 15 日，建设中的武穴长江公路大桥

2018 年 5 月 22 日，秭归县香溪长江大桥主拱合龙

2018 年 6 月 10 日，建设中的赤壁长江公路大桥

2018 年 11 月 9 日，棋盘洲长江公路大桥南主塔成功封顶

2018 年 4 月 9 日，幕阜山旅游公路省道金保线创建"畅安舒美路"

2018 年 9 月 4 日，湖北省实施"455"农村公路生命安全防护工程建设。图为黄州区陈策楼镇杜家林村通村公路安装的凸面镜

2018 年 8 月 18 日，宜昌白洋港一期正式开港运营

2018 年 11 月 16 日，长江中上游最大集装箱船——汉申线江海直达 1140 集装示范船"汉海 1 号"从武汉阳逻港首航，正式开启长江内河航运"千箱时代"

2018年12月19日，长江武汉至安庆段6米水深航道整治工程全面开工建设

2018年10月1日，武汉轨道交通7号线一期开通试运营。图为轨道交通7号线三阳路站

2018年10月1日，武汉地铁11号线东段一期开通试运营。图为轨道交通11号线东段光谷七路站出入口内下沉广场和椭球形穹顶

2018年8月15日，荆门汽车客运北站主体工程完工

2018 年 11 月 20 日，全国多式联运现场推进会在武汉召开

全国多式联运现场推进会会议代表调研武汉新港阳逻港区铁水联运示范工程基地

全国多式联运现场推进会会议代表调研武汉京东"亚洲一号"天狼仓及无人分拣中心

2018 年 12 月 5 日，全省交通运输行业精神文明建设工作座谈会在宜昌召开

2018 年 7 月 20 日，湖北省举办"打造长江黄金水道，推动港口高质量发展"座谈会

2018 年 8 月 23 日，全省高速公路"三基三化"建设推进会在汉召开

2018 年 10 月 30 日，湖北高速公路治超暨恶劣天气应急管控布置会在武汉召开

2018 年 6 月 1 日，全省启动长江安全和防污染联合行动

2018 年 6 月 25 日，湖北省地方海事系统组织世界海员日庆祝活动

2018 年 11 月 8 日，省交通运输厅在十巫高速公路鲍溢段举办隧道施工坍塌应急救援演练活动

2018 年 8 月 26 日，开行以来第 10000 列中欧班列安全抵达汉西车务段吴家山车站

2018 年 10 月 29 日，武汉市黄陂区武汉北编组站火车车辆调运场景

2018 年 10 月 30 日，三峡枢纽白洋港江海铁多式联运示范项目启动暨宜蓉班列首发

2018 年 1 月 26 日，友和道通航空开通国内首条直飞加德满都（尼泊尔）货运航线

2018 年 4 月 22 日，宜昌三峡机场首次开通全货机航线

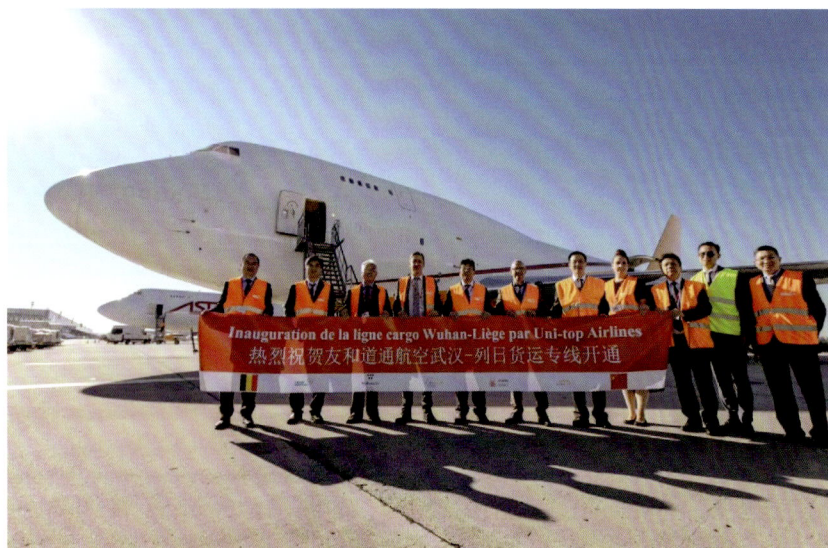

2018 年 10 月 10 日，武汉—列日货运专线开通仪式在比利时列日机场举行

2018年1月7日，京港澳高速湖北省界九里关段南北双向通道由警车和路政车带队压速通行

2018年9月19日，全省交通运输行业第二届"工匠杯"职业技能大赛港口危险货物装卸操作项目决赛在武汉落下帷幕

2018 年 9 月 28 日，全省高速公路收费业务技能比武决赛在武黄高速公路管理处举行

2018 年 11 月 15 日，湖北省高速公路路政执法技能竞赛决赛在武汉举行

2018年4月16日，省交通运输厅驻村工作队、省文化厅文化活动策划中心举办"精准扶贫、送文化下乡"文艺巡演暨黄丝村"十星级文明户""脱贫光荣户"颁奖典礼

2018年4月28日，省交通运输厅启动"书香交通·文化同行"品牌创建活动

2018 年 11 月 3 日，全国首部"四好农村路"题材电影《村路弯弯》在武汉洪山礼堂举行首映式

2018 年 11 月 30 日，"书香交通·文化同行"湖北省交通运输厅第 1 期读书分享会在京珠高速公路管理处举行

2018 年 12 月 28 日，湖北省高速公路发展 30 年成果展在省高速公路管理局展出

编 辑 说 明

一、《湖北交通运输年鉴(2019)》是湖北省交通运输厅连续编纂的第 29 卷年鉴，主要反映 2018 年全省地方交通发展的新成就、新经验和新问题，涵盖铁路、民航、邮政、公路、水路等综合交通部门。本卷年鉴既突出 2018 年度交通发展的特点，又保持与历年年鉴内容的连续性，为各级领导、全省交通运输系统干部职工和各界人士研究湖北交通运输提供信息，积累资料。

二、本年鉴设特载、大事记、概况、交通运输发展战略研究及前期工作、交通基础设施建设、交通基础设施养护和管理、综合交通和水陆运输、安全应急管理、交通财务费收和筹融资、交通法治、交通科技与培训教育、交通综合管理、党群工作和精神文明建设、调查研究、专题资料、全省交通运输系统领导名录、获奖名录、统计资料等 18 个栏目。

三、本年鉴记述 2018 年内容，凡未标注具体年份的记述，也均为 2018 年内容。

四、本年鉴照片由各单位提供，编辑室补充并审定编排。

五、本年鉴统计资料由湖北省交通运输厅计划处提供，其他栏目的同口径统计数字，均以统计资料数字为准。

六、本年鉴由各市 (州) 交通运输局 (委)、综合交通各部门和湖北省交通运输厅厅直单位、厅机关各处室供稿。稿件均经有关部门领导审核，编辑复审，主编审定，年鉴编委会终审。

七、《湖北交通运输年鉴(2019)》的出版发行，得到全省交通运输系统各级领导和职工的大力支持，在此一并致谢。错漏之处，敬请读者指正。

目 录

全省交通运输系统领导名录

获 奖 名 录

统 计 资 料

特 载

壮丽 70 年 · 奋斗新时代
万重阻隔化通途　湖北交通崛起"祖国立交桥"

湖北，位于祖国中部、长江中游，雄踞"湖北通则中部通，中部通则全国通"的"天元"区位，是东西互动、南北对接必经之地和中国经济板块重心"北上西进"的交汇点，省会武汉素有"九省通衢"之称。

新中国成立以来，湖北交通历经了五个大的发展阶段：一是 1949 年至 1977 年的恢复发展阶段；二是 1978 年至 1992 年的振兴发展阶段；三是 1993 年至 2002 年的换挡提速阶段；四是 2003 年至 2012 年的快速崛起阶段；五是 2013 年至今的绿色高质量发展阶段。湖北交通运输从初期的"瓶颈制约"到"超前发展"，一路高歌猛进。

1949 年，湖北全省解放时，全省公路等级低、结构不合理，航道淤积、闸坝碍航，车船运力不能满足人民群众和社会需要，能勉强通车的公路不足 1000 公里，运输工具只有 1100 余辆破旧汽车和 100 余艘小轮船，交通不便、运输紧张、乘车难、运货难是普遍现象，交通成为经济发展的"瓶颈"。这期间主要是恢复战争期间被破坏的公路、长江重要港口、铁路和航空线路，并进行了适当的改建和新建，整修运输设备和整顿运输秩序，恢复提高运输能力，使交通运输业基本适应了工农业生产发展和人民生活的需要。1978 年 12 月，党的十一届三中全会开创了中国历史新纪元，党和国家把工作中心转移到经济建设上来，作出了实行改革开放的伟大决策，湖北交通运输事业掀开新篇章。党的十八大以来，交通运输行业以提高人民群众满意度为核心，努力构建安全可靠、便捷畅通、经济高效和绿色低碳的交通运输服务体系，使人民群众切身享受到交通运输改革发展成果。党的十九大作出了"中国特色社会主

义进入新时代"的重大论断，提出了具有全局性、战略性、前瞻性的行动纲领，交通运输行业开启了"交通强国"建设的新征程。

70 年来，在省委省政府的坚强领导和交通运输部的大力支持下，湖北交通人紧扣改革开放时代脉搏，牢记"发展先行官"的神圣职责，强化党建引领，解放思想，实事求是，创新理念，与时俱进，不断地用优质、高效、完善的交通基础设施，承载和打牢湖北经济社会发展"大底盘"，努力建设"祖国立交桥"，湖北交通运输成为经济社会发展的新引擎和荆楚百姓脱贫致富奔小康的敲门砖，民生交通更加便民惠民，智能交通让出行更方便快捷，绿色交通让路景融为一体，平安交通让生活充满阳光，无缝衔接的综合交通运输体系逐步建立，湖北交通运输发展取得了历史性成就，发生了历史性变化。

70 年来，交通基础设施建设实现大跨越。截至 2018 年底，全省综合交通网总里程达 29.55 万公里，综合交通网密度达 158.7 公里 / 百平方公里。公路：全省公路总里程 27.5 万公里，位居全国第 3 位，其中二级及以上公路 35639 公里，位居全国第 5 位；国省干线 33625 公里，其中高速公路 6367 公里，位居全国第 8 位，"七纵五横三环"高速公路骨架网已经形成；农村公路 24.1 万公里，居全国第 3 位、中部第 1 位，全省 98% 的建制乡镇通二级及以上公路，100% 的行政村通沥青（水泥）路。水路：全省航道里程 8667 公里，其中长江航道 1038 公里（占长江干线航道三分之一多），汉江航道 867 公里，三级及以上高等级航道达 1992 公里，位居长江沿线第 1 位；全省港口 38 个，其中主要港口 4 个、重要港口 14 个、一般港口 20 个。铁路：

全省铁路营业里程 4414 公里，其中高速铁路和城际铁路 1130 公里。城市轨道：武汉市已建成轨道交通 9 条线路、318 公里，位居全国第 5 位。航空：全省民用机场 6 个、通用机场 5 个，民航旅客年吞吐量达 3109 万人次。全省公路总里程、农村公路总里程、高等级航道总里程进入全国前三名。

70 年来，交通运输服务能力得到大提升。交通运力结构调整优化，清洁能源和新能源公交车、出租车比重加大，中高档客车占比增加。船舶标准化、大型化进程明显加快。城市公交服务水平提升，国家公交都市和省级公交示范城市创建稳步推进，全省市县公交实现全覆盖。货运物流组织方式进一步优化。多式联运加快发展，武汉、黄石两个项目先后列入国家多式联运示范工程。江海直达、武汉至日韩、武汉至东盟四国等航线常态运营，中欧（武汉）班列发展壮大。交通物流服务网络不断完善。2018 年，全省公路水路客运量、货运量分别达 10.12 亿人、20.69 亿吨，旅客周转量、货物周转量分别突破 1573.77 亿人公里、6951.99 亿吨公里，有力支撑了经济社会发展。

70 年来，交通服务民生水平实现大转变。交通扶贫不断深入，经过多年的努力，建成了四大片区总长 3813 公里的扶贫攻坚特色路，惠及 29 个贫困县、800 万贫困人口。2015 年率先在全国实现村村通客车。"四好农村路"建设稳步推进，共创建了 18 个"四好农村路"省级示范县，5 个县（市、区）被命名为"四好农村路"全国示范县，示范效应不断彰显，以美丽公路经济带建设促进乡村振兴的效果逐渐显现，农村客运、物流、邮政不断融合发展。防汛抗旱支撑保障能力不断增强，为抢险救灾和灾后重建提供有力的车船

运力、道路设施等交通运输保障。安全保障能力不断加强，公路安全生命防护"455"工程取得明显成效；率先在全国完成22506辆城市公交车生命防护（工程）装置安装；全省所有渡口设备设施安全工程全部完成达标改造，平均船龄下降到5年以内；治超力度持续加大。联网联控系统全面应用，水上安全"六化"模式持续推广，"一主三江十六湖"重点水域平安稳定。全领域、多层级的应急救援体系不断健全。

70年来，交通运输转型升级取得大突破。交通补短板进程加快，"县县通高速"收官工程保神、宣鹤高速公路加快建设，武汉长江中游航运中心总体规划获省政府批复，长江"645"武汉至安庆段6米深水航道整治全面开工，航运中心建设取得积极进展。交通物流成本不断降低，尤其是近5年来严格落实"一降两惠""一绿一免"等高速公路通行费优惠政策，为社会让利近185亿元。智慧交通加快发展，高速公路ETC全国联网，武汉市入选全国首批"智慧交通""综合运输服务"示范城市。绿色交通取得新进展，低碳交通运输城市、基地、企业试点示范工作加快推进，绿色航运示范区建设取得积极进展。法治交通建设全面推进，"放管服"改革不断深化，"互联网+政务服务"加快推进，所有省级审批事项并入省政务服务"一张网"。综合交通体制机制改革稳步推进，全省综合交通运输发展体系基本形成，省综合交通运输领导小组办公室在省厅挂牌，交通运输规范管理、高效运转的"大交通"体制机制正逐步形成。

最值得自豪的是，湖北交通历经70年，创造了一系列历史之最。中部要崛起，经济要发展，交通必先行。70年来，交通运输实现跨越式发展，一条条公路翻山越岭，一道道长虹飞架两岸，一辆辆客货车迎来送往，一艘艘巨轮千帆竞发，生动展示湖北交

通的巨大变化，也创造了一系列湖北之最、中国之最、世界之最。

这其中，最值得一提的是湖北的"桥"。1957年10月，武汉长江大桥建成通车，"一桥飞架南北，天堑变通途"，这是古往今来，长江"天堑"上的第一座大桥，是我国第一座复线铁路、公路两用桥，建成之后，成为连接我国南北的大动脉，对促进南北经济的发展起到了不可替代的作用。60多年后的今天，湖北已建和在建长江大桥36座，创历史之最，平均每隔29公里就有一座长江大桥，全省桥梁建设呈现出"桥型种类齐全、单跨跨径大、技术难点多、科技含量高"的显著特点，创新多项世界领先技术。例如：宜昌西陵长江大桥1996年建成时，是中国最大跨度的悬索桥，被称为"神州第一跨"；天兴洲长江大桥2004年开建时，超越丹麦海峡大桥成为当时世界最大的公铁两用斜拉桥，建设过程中更是创造了跨度、荷载、速度、宽度4项世界第一；沪渝高速公路四渡河特大桥2009年建成时为世界第一高桥；荆岳长江大桥2010年建成时为世界最大跨高低塔斜拉桥；二七长江大桥2011年建成时为世界最大跨度的三塔斜拉桥和最大跨度的叠合梁斜拉桥；鹦鹉洲桥2014年建成时为世界上最大跨度的三塔四跨悬索桥，等等。

同时，湖北建成了新中国成立后第一条人工运河——江汉运河，长江—汉江—江汉运河810公里高等级航道圈全面建成。从蒸汽机车到内燃机车，从电力机车再到和谐号、复兴号，动车组开进湖北。华中地区最大航站楼综合体在武汉天河机场T3航站楼开通运营。全省所有县市通国道、建制乡镇通国省道、行政村通沥青水泥路。武汉地铁已开通9条线路，通达天河机场、三大火车站等主要客运枢纽；湖北首条BRT公交线路在宜昌运行；国内最长湖底隧道——东湖隧道建成。

这些历史性的成就，已经载入史册，是见证湖北交通发展的一座座丰碑。

进入新的时代，湖北迈进了为实现中华民族伟大复兴中国梦而奋斗的伟大征程，交通运输行业承接了交通强国建设的光荣使命。2013年和2018年，习近平总书记五年内两次视察湖北，要求湖北"建成支点，走在前列"，切实推进高质量发展，为湖北的改革发展把脉定向；习近平总书记两次视察都考察了湖北交通，对湖北交通运输发展提出了殷切希望。部省领导密切关注湖北交通运输高质量发展，今年上半年交通运输部传堂书记、小鹏部长先后来湖北调研指导，超良书记、晓东省长亲自对接交通运输部、争取支持，广晶副省长多次召开专题会议，研究部署综合交通改革发展工作。党中央、省委省政府高层领导高度重视，既为湖北交通运输发展指明了方向，也带来了政策，更是对湖北交通人砥砺前行的激励。

今年以来，为精准对接交通强国战略、服务省委"一芯两带三区"区域和产业发展布局，我们深入调研，精准分析，统筹谋划，启动了全省"十四五"规划编制准备工作，形成了"建设交通强国示范区、打造新时代九省通衢"的全省交通运输发展新战略定位框架思路，完成了《关于服务"一芯两带三区"区域和产业发展布局推进湖北综合交通运输高质量发展的调研报告》，提出加快构建综合交通运输体系"3239"总体布局（即：三枢纽、两走廊、三区域、九通道），明确了重点任务，努力推进全省交通运输战略定位与时俱进。下一步，我们将在省委省政府的坚强领导下，扎实深入开展"不忘初心，牢记使命"主题教育，担当作为，做好"加密、提质、互通"三篇文章，奋力谱写湖北交通运输高质量发展新篇章，努力打造新时代九省通衢！

（厅研究室）

体现新担当　实现新突破
奋力谱写湖北交通运输高质量发展新篇章
——朱汉桥在 2019 年全省交通运输工作会议上的讲话
（2019 年 1 月 21 日）

同志们：

经省政府同意，今天我们召开全省交通运输工作会议。会议的主要任务是：认真贯彻落实中央、省委经济工作会议和全国交通运输工作会议精神，总结 2018 年全省交通运输工作，交流经验，分析形势，部署 2019 年重点工作，动员全省交通运输系统广大干部职工坚定信心，勇于担当，砥砺前行，奋力谱写湖北交通运输高质量发展新篇章。

今年，我们一改以往会议方式，主要有三个原因：一是今年很重要。今年是新中国成立 70 周年，是精准脱贫攻坚的决胜之年，是决胜全面建成小康社会的关键之年。二是今年很复杂。国际贸易保护主义、单边主义抬头，全球经济发展面临诸多不确定性，尤其是中美贸易战充满不确定性。国内不平衡、不充分发展的矛盾仍较突出，今天又是深化供给侧结构性改革八字方针实施的第一年。三是今年很特殊。今年除喜事大事多外，厅领导班子发生重大变化，我和军杰刚到省厅工作，还是新兵。今天将同志们请过来，主要是趁此机会，与同志们见个面，听取有建设性的意见和建议，以便更好地为大家服务、更好地向大家学习、更好集智集谋，合力推进交通运输事业发展。

刚才，黄冈、荆州、宜昌、潜江、大冶、崇阳交通运输局等单位做了经验交流，讲得很好，希望大家认真学习借鉴。

下面，我讲三个方面的意见。

一、克难攻坚，2018 年交通运输工作卓有成效

2018 年，在省委省政府坚强领导和交通运输部大力支持下，厅党组以习近平新时代中国特色社会主义思想为指导，以供给侧结构性改革为主线，以高速公路、干线公路、"四好农村路"和水运发展"四大攻坚战"为抓手，以构建综合交通运输体系为目标，团结带领全省交通运输系统广大干部职工，为湖北统筹推进稳增长、促改革、调结构、惠民生、补短板各项工作发挥了重要的支撑作用，圆满完成交通运输系统的年度目标任务。

（一）交通基础设施进一步完善

2018 年，全省共完成公路水路固定资产投资 1068 亿元，占年度目标的 125.7%，居全国第七、中部第一。其中：高速公路完成投资 348 亿元，普通公路完成投资 541 亿元，港航建设完成投资 59 亿元，站场建设完成投资 120 亿元。建成高速公路 116 公里、一级公路 513 公里、二级公路 1207 公里。汉江雅口等项目建设全面提速。

（二）多式联运发展步伐加快

武汉长江中游航运中心总体规划获省政府批复。长江"645"武汉至安庆段 6 米航道整治全面开工。阳逻港铁水联运一期工程实现常态化运营，黄石铁水公联运实现无缝对接。武汉粮食物流、宜昌翻坝运输、鄂州公铁水联运等 3 个项目入选国家第三批多式联运示范工程。成功承办全国多式联运现场推进会。首艘 1140 型江海直达集装箱示范船建成运营。

（三）"四好农村路"建设蓬勃发展

把"四好农村路"建设作为公路水路三年"四大攻坚战"的重中之重，制定了农村公路技术标准等指导性文件，大力推进提档升级、安全保障、管养达标、美丽农村路创建、运输服务提升等五大工程。创建"四好农村路"全国示范县 5 个、省级示范县 18 个，创建工作正向示范乡镇延伸。新改建农村公路路基路面里程 2.4 万公里，其中建成通车 1.9 万公里。完成计划内公路安防工程 2.7 万公里。"村村通客车"成果不断深化巩固。农村物流融合发展试点达 23 家。

（四）交通运输服务水平不断提升

出台集卡车通行费优惠政策，开展了差异化收费试点，共减免高速公路通行费超过 69 亿元。货运车辆安全技术检验和综合性能检测实现"两检合一"。9 家无车承运人平台整合社会运力达 3 万辆。"放管服"改革深入推进，再取消行政许可 4 项，审批事项纳入省政务服务"一张网"。武汉市国家公交都市创建通过验收，襄阳、宜昌国家公交都市创建顺利推进。出租车改革稳步推进，25 家网约车平台公司办理经营许可。

（五）绿色交通建设取得明显成效

非法码头专项整治、港口船舶防污染、岸线清理整顿等三大标志性战役扎实开展。全省长江沿线共取缔各类码头 1211 个（含沙堆），规范提升 52 个，腾退岸线 149.8 公里，复绿总面积超过 809 万平方米。防治污染攻坚战积极推进，建成岸电泊位 30 个。新能源、清洁能源公交车和出租车分别达 1.47 万辆和 3.41 万辆。新改建普通公路交通厕所 165 座。

（六）行业治理能力日益提高

高速公路 ETC 累计发行用户突破 306 万户。全省近 20 万辆"两客一危"、12 吨以上重载货车、农村客运车辆纳入动态监控，其中约 3.5 万辆实现 4G 视频监控，道路运输安全第三方监测平台作用开始凸显。深入开展"大建设、大排查、大整治""打非治违"等行动，安全生产形势持续稳定。嘉鱼长江大桥、雅口航电枢纽等 16 个重点项目品质工程创建加快推进。法治政府部门建设深入推进。增设 108 个流动联合执法点，联合治超步入常态化。高速公路路网超限率下降至 1.1%。

（七）全面从严治党向纵深推进

厅党组完成理论中心组学习 10 次，160 余名副处级以上党员干部参加专题培训班，"四个意识""四个自信"得到巩固和加强。扎实开展党建"十个一"工程。率先在省直机关开展党员活动室标准化阵地建设。开展"我最喜欢的党课"展示活动，举办基层党组织书记讲党课比赛。扎实推进普纪教育三年工作计划。主动开

展厅直单位巡察。创建全国文明单位 10 个、省部级文明单位 157 个。全国首部"四好农村路"电影《村路弯弯》正式上映。"书香交通·文化同行"活动全面启动。

一年来，交通运输各项工作协调开展。教育培训、信访维稳、机关后勤等工作稳步推进；宣传、老干、工青妇团组织围绕中心开展工作，共助交通运输事业健康发展。

事非经过不知难。这些成绩的取得，是省委、省政府正确领导和交通运输部大力支持的结果；是省直各部门、地方各级党委政府重视支持的结果；是全省交通运输系统干部职工团结一心、奋力拼搏的结果，更是我们无数平凡普通又可敬可爱的交通运输人撑起了行业发展的脊梁，铸就了行业发展的辉煌。借此机会，我代表厅党组，向长期以来重视、关心、支持我省交通运输发展的各级各部门和社会各界，向全系统广大干部职工表示衷心的感谢！

同志们，在看到成绩的同时，我们必须清醒地看到存在的问题和不足：交通基础设施仍有短板，各种运输方式衔接仍不够顺畅，运输结构仍需进一步优化；农村公路体制机制需进一步完善，"四好农村路"建设速度还需进一步加快；工程建设质量稳中有忧，安全维稳形势依然严峻；土地、环境对交通建设的刚性约束增强，筹融资难度仍然较大；网约车、共享单车等经济新业态对交通运输管理提出新课题；全面从严治党仍需加强，队伍作风建设仍需提高，等等。对这些问题，我们要高度重视，坚持问题导向和目标导向相结合，采取有效措施，认真加以解决。

二、准确把握形势，进一步明确交通运输发展方向

举棋要看势，落子要谋局。深入分析当前交通运输发展面临的新形势，坚定做好交通运输工作的信心和决心，精准明确交通运输发展思路，对于做好当前及今后一段时期的交通运输工作，非常重要。

（一）坚定做好交通运输工作的信

心和决心

面对今年严峻复杂的经济形势，信心比黄金更重要。要做好今年的交通运输工作，首先就要有坚定必胜的信心和斗争精神。

一是交通运输发展的"黄金期"，交通仍有大有可为的基础。我国发展仍处于并将长期处于重要战略机遇期，这是党中央纵观全局全面分析形势和任务而得出的重要结论，具有重大而深远的意义。重要战略机遇期在新时代交通运输的集中体现，就是习近平总书记强调的，"十三五"交通运输仍处于基础设施发展、服务水平提升和转型发展的黄金时期。

二是省委省政府新战略的"机遇期"，交通仍有大有可为的空间。今年省委省政府最新提出的"一芯驱动、两带支撑、三区协同"区域和产业战略布局，必将对全省重大产业布局和区域协调发展产生重大影响，也必将为交通运输行业拓展更大空间。

三是新政策调控的"窗口期"，交通仍有大有可为的条件。当前，补短板、扩投资已成为各级政府一项重要工作。积极的财政政策将加力提效，稳健的货币政策将松紧适度。国办已印发指导意见，要求保持基础设施领域补短板力度。国家发改委、自然资源部、生态环境部、财政部相继出台扩投资、稳增长的相关政策，今年的资金、环境、土地政策将逐步松绑。

四是结构调整和优化的"攻坚期"，交通仍有大有可为的动力。国务院出台推进运输结构调整三年行动计划，为我省运输结构转型升级创造了有利契机。同时，随着互联网、人工智能等新技术快速发展，将加速对新的交通基础设施、运输装备以及新的运输组织模式、商业模式、治理模式等产生重大影响，关键核心技术上的突破将为交通运输发展赋予新动能和新优势。

五是深化改革的"关键期"，交通仍有大有可为的活力。推进收费公路、道路货运等领域改革，深化"放管服"改革，交通运输综合行政执法改革、事业单位分类改革、中央与地

方财政事权和支出责任划分改革等重大改革也将集中在今年落地实施，这将加快推动交通运输行业治理体系和治理能力现代化。

在看到机遇的同时，我们也要看到交通运输行业面临的困难和挑战。一是经济下行压力、发展要素制约带来的挑战。政府主导的投融资体制机制有待完善，多年来累积的存量债务风险逐渐显现；土地、环保、防洪等约束仍然明显。砂石等材料供应不足，价格居高不下。二是行业转型升级、绿色发展要求带来的挑战。运输结构调整给部分货运企业带来阵痛，新旧业态的冲突和摩擦也时有发生，行业多年累积的风险还会在转型中不断暴露。绿色环保的理念还没有牢固树立，砂石集并中心建设推进缓慢。节能减排与污染防治力度有待加强，岸电使用亟须加快。三是安全事件易发多发、质量监管形势严峻带来的挑战。传统领域的安全生产、信访维稳等仍存在不少薄弱环节。工程质量有待提高，品质工程、绿色工程理念贯彻不够。源头治超、非现场治超推进力度欠佳。四是工作标准、群众期望值日益提高带来的挑战。环保、扶贫、扫黑等各类综合、专项巡视巡查、检查考核督办已常态化，对履职尽责的方式方法和标准提出更高要求。客运由走得了向走得安全、舒适转变，货运由运得出向运得经济、高效转变，这给我们的工作方式和标准带来新的挑战。

挑战不能回避，信心决不可动摇，干劲决不能松懈。机遇和挑战从来都是同生并存的。我们要有化危为机、转危为安的勇气，坚定必胜的信心和决心，就一定能抓住机遇、战胜挑战。

（二）明确2019年工作总体要求和思路

2019年是新中国成立70周年，是精准脱贫攻坚的决胜之年，是决胜全面建成小康社会的关键之年。

总体要求：以习近平新时代中国特色社会主义思想为指导，全面贯彻落实中央、省委经济工作会议和全国交通运输工作会议精神，统筹推进"五位一体"总体布局，协调推进"四个全面"战略布局，坚持稳中求进工作总基调，坚持新发展理念，坚持推动高质量发展，坚持以供给侧结构性改革为主线，坚持深化市场化改革、扩大高水平开放，紧紧抓住并全面用好重要战略机遇期，落实"巩固、增强、提升、畅通"八字方针总要求，紧紧围绕省委省政府"一芯驱动、两带支撑、三区协同"战略布局，抓机遇，优结构，保生态，促改革，惠民生，转作风，继续打好公路水路"四大攻坚战"，加快推进现代综合交通运输体系建设，以优异成绩庆祝中华人民共和国成立70周年。

主要目标：完成公路水路交通固定资产投资900亿元，力争1000亿元以上；新增高速公路及一、二级公路里程确保突破1500公里，力争2000公里；新改建农村公路20000公里；完成公路安防"455"工程20000公里；新增ETC用户20万户，力争30万户；交通运输结构进一步优化，交通质量安全形势保持稳定。

做好2019年工作，全面完成主要目标，要抓好一条主线，做好三篇文章，把握六个重点。

一条主线，就是深化供给侧结构性改革，推进交通运输高质量发展。具体讲就是，要更多采取改革的办法，更多运用市场化、法治化手段，落实好"巩固、增强、提升、畅通"八字方针。

三篇文章，就是紧扣省委省政府"一芯两带三区"战略部署，做好交通运输"加密、提质、互通"三篇文章。加密，就是进一步完善交通基础设施，补齐短板和不足，打通"最后一公里"，加密城市群、重要出省通道，形成大联网、大循环；提质，就是推动交通运输服务高质量发展，推进行业治理体系和治理能力现代化，提供安全、便捷、高效、绿色、经济的交通运输服务；互通，既包含各种交通运输方式互联互通，也包含交通运输与经济、社会的互通融合，推动交通基础设施由满足基本功能向经济交通走廊迈进。加密是基础，提质是关键，互通是目标，三者相互依存、互为一体。

六个重点，就是围绕大局，坚持问题导向，找准着力点，精准发力。

第一，抓机遇、增投资。全面抓住用好政治机遇、政策机遇，继续大力开展"四大攻坚战"，确保交通项目接续跟进。加强预算管理，提高资金使用绩效，使资金使用符合中央新的方针政策，符合省委省政府下达的目标任务，符合人民群众对交通出行的期盼。抓紧对接、用足用好地方政府专项债券、PPP等政策机遇，加快交通基础设施补短板。积极争取部省资金，大力拓宽资金渠道，更大范围引进社会资本特别是大型央企参与交通基础设施建设。

第二，优结构、降成本。优化制度结构、投资结构、运输结构，进一步降低交通运输成本。加大运输结构调整力度，发挥铁路、水运长距离、低成本运输优势。积极推广多式联运、甩挂运输、无车承运人等先进运输组织方式。优化存量建设项目，推进新建项目"建管养运"一体化，吸引社会资本投资，更大范围、更深程度地放开市场，不断降低政府债务风险。

第三，保生态、提质效。牢固树立"共抓大保护、不搞大开发"的理念，把修复长江生态环境摆在压倒性位置，全力打好污染防治攻坚战，保持"水清、岸绿、景美"的良好效果。深入推进美丽公路经济带建设，全面开展公路沿边环境整治工作。积极开展交通"厕所革命"。深入推进交通运输节能减排。大力推广新能源和清洁能源车船使用。

第四，促改革、激活力。积极稳妥推进机构改革和交通运输综合执法改革，理顺管理机制，提高运行效率。深化"放管服"改革，加快破除制约微观主体活力释放的体制机制障碍，打造良好的营商环境。建立健全守信激励和失信惩戒机制，营造公平公正的市场环境。

第五，惠民生、补短板。要站在精准扶贫脱贫的高度，大力开展"四好农村路"攻坚战，加快推进农村公路提档升级，努力在乡村振兴中当好先行。严格落实属地管理责任，强化企业主体责任和行业监管责任。扎实开展交通运输安全各项专项行动，提高人民群众的安全感、获得感、幸福感。

第六，转作风、强本领。培育狠抓落实的作风，通过召开年初部署会、半年调度会、现场推进会、专题解难会，有针对性地解决官僚主义、形式主义问题。大兴调查研究的务实之风，深入一线了解情况、发现问题、解决难题，推动工作。大力提高干部队伍综合素质，既要能谋事、善干事，又要干成事、不出事。

（三）聚势谋远实现交通运输可持续发展

党的十九大提出了建设交通强国的宏伟目标。党中央、国务院高度重视，成立了由刘鹤副总理担任组长的交通强国建设纲要编制起草组，并成立了起草组专家咨询委员会，研究编制了交通强国建设试点工作方案。湖北地处中部之中，是国家重要战略的节点和交汇点，区位优势明显。在建设交通强国的新征程中，我们必须立足当前，着眼长远，谋篇布局，争取主动，抓住机遇，体现湖北特色，拓展交通发展空间，推动我省交通运输在新一轮发展中走在前列。

一是明确定位。我们的新定位是：建设交通强国示范区，开创九州通衢新优势。新的定位，既传承了我们"十三五"期"当好发展先行官，建成祖国立交桥"的战略定位，又紧密结合新时代建设交通强国的新要求，以及湖北的地理区位优势，体现我们奋力作为、谱写新篇的信心和决心。

二是把握重点。结合我省的地理区位和交通运输发展情况，重点在综合交通枢纽、运输大通道、多式联运、"四好农村路"、内河航运、品质工程、绿色交通、智慧交通等方面开展试点示范，打造样板，为交通强国建设提供湖北智慧和湖北经验。

三是强化保障。坚持全面加强党的领导、民主集中制、实事求是、廉洁奉公和担当作为五大原则，加强组织保障，成立交通强国示范区建设领导小组，建立工作机制，及早谋划交通强国示范区建设的"四梁八柱"。加强政策保障，积极争取省委省政府、交通运输部和各级地方党委政府支持，进一

步拓展湖北交通运输发展的新空间。

三、砥砺前行，推进2019年全省交通运输高质量发展

2019年，我们要围绕"八个聚力"，重点落实以下八项工作：

（一）聚力"四大攻坚战"，全力推进交通基础设施补短板取得新成效

一是更大力度抓项目。交通基础建设是"六稳"的重要战场，必须坚定不移补短板、扩投资、稳增长。高速公路：开工建设麻竹高速麻城东段、张南高速来凤至咸丰段等4个项目，力争开工建设银北高速鄂渝省界至建始段、京港澳高速湖北北段改扩建工程等4个项目，加快推进保神、十巫高速以及白洋、武穴长江大桥等在建项目建设，建成武汉南四环、银北高速建始至恩施段、青山长江公路大桥等8个项目329公里，为高速公路三年攻坚战打下坚实基础。国省干线：力争完成230国道新洲段、红安段等项目建设，继续推进107国道随州广水段、孝感段、赤壁段，207国道荆门段、荆州公安段等改扩建工程。站场物流：建成10个客运站、8个物流站场项目，加快汉口客运中心、孝感西客运换乘中心、宜昌白洋物流园等项目建设。水运建设："645"武汉至安庆段6米航道整治工程、汉江河口三期、汉江孤山、雅口等梯级枢纽加快建设，部分重要港口砂石集并中心项目建成投入运营。

二是更大力度抓保障。发挥规划先手棋作用，启动"十四五"交通规划前期研究，完成湖北省内河航道规划等重点专项规划编制，推动宜昌、黄石等港口总体规划修编。推动"十三五"中期新调增项目前期工作。优化建设环境，协调解决用地难、砂石料供应难等问题，加快形成"建成一批、在建一批、开工一批、储备一批"的梯次结构。大力争取部省资金，用好专项债券，加强资金监管和绩效评价，充分发挥部省资金的引导作用。积极防范化解政府隐性债务风险。

三是更大力度抓督导。充分发挥"四大攻坚战"总指挥部、四大工作专班和各大督导组的作用，从年度目

标出发，通过检查考核、情况通报和质量监管等形式，对任务、进度、成效、管理、责任等进行全方位督导。对重点项目，特别是进展缓慢的项目实行清单管理、挂图作战、定向督导，确保按时高效完成任务。

（二）聚力"四好农村路"，全力推进交通精准脱贫取得新成效

一是扎实抓交通脱贫攻坚。按照内通外联、客车到村、通村畅乡、安全便捷的交通脱贫攻坚要求，优先解决2019年拟整体脱贫摘帽县交通扶贫各项任务，重点做好正在进行的待整体脱贫摘帽17个县市迎检验收工作，同时做好已整体脱贫摘帽的3个县市巩固提升工作。继续做好牵头帮扶、定点帮扶、驻点帮扶等交通扶贫工作，不折不扣完成省里下达的精准脱贫各项刚性政治任务。

二是扎实抓"四好农村路"建设。争取省政府出台高质量推进"四好农村路"发展的实施意见。新改建农村公路2万公里，力争年底解决剩余20户规模以上村组通达硬化路问题。开展"四好农村路"省级示范县和示范乡镇创建，完成50个示范乡镇创建目标。加强农村公路养护资金管理，制定养护资金使用和考核办法。建设1万公里美丽农村路。组织开展农村公路建设质量抽检。加大农村公路危桥排查和改造力度，全面完成公路安防"455"工程目标任务。大力推进"畅返不畅"和"油返砂"路段改造，加快农村公路提档升级，支持建立农村综合运输服务站，争取早日实现农村公路末端建设"组组通、路路安、条条畅"。

三是扎实抓"交通+扶贫产业"融合。将农村公路与扶贫产业相结合，加快资源路、旅游路和产业路建设，依托农村公路网和县、乡、村三级农村电商物流配送网，继续推进"交通+特色产业""交通+生态旅游""交通+电商快递"等扶贫模式，实现"修好一条路、发展一片产业、脱贫一方群众"的目标。

（三）聚力多式联运，全力推进交通运输结构调整与服务优化取得新成效

一是高水平推进多式联运发展。争取省政府支持，成立湖北省多式联运发展领导小组，建立多式联运发展工作机制和定期联席会议制度。加快武汉、黄石、宜昌、鄂州等全国多式联运示范工程建设。联合省发改委，共同开展省级多式联运示范，推进江海直达、干支直达等模式发展。指导多式联运信息化建设，探索建立"一单制"服务规则。充分发挥市场主体作用，培育承运人和精品线路，打造多式联运龙头企业。

二是高质量推进运输结构优化。争取省政府出台我省运输结构调整三年行动计划实施方案。大力实施水运系统升级、公路货运治理、城市绿色配送、信息资源整合等行动，推进大宗货物中长距离运输由公路向铁路、水路转移。加强运输结构调整工作的监测和考核督导。支持公共挂车租赁平台发展，持续加强无车承运人试点运行监测和考核评估，促进冷链物流规范健康发展，推进城市货运配送发展。

三是高标准推动城乡客运转型升级。深化公交都市创建，完成第二批示范城市验收命名。推进公交"一卡通"互联互通，力争年内除神农架林区外，基本实现与全国交通"一卡通"互联互通。深化巡游车改革，改革经营权管理制度，健全利益分配制度，理顺价格形成机制。扩大客运企业经营自主权，完善农村客运运营机制，促进城乡客运一体化发展。推进城际公交和定制客运发展。委托第三方机构对村村通客车进行评估，强化检查考核，确保村村通客车健康稳定发展。

（四）聚力职能优化，全力推进交通关键领域改革取得新成效

一是蹄疾步稳推进机构改革。要准确把握国家机构改革的方向，坚持"一改三不改"（机构改、初心不改、使命不改、事业不改），积极稳妥推进交通运输机构改革和综合执法改革，按期完成改革任务。要把机构改革作为我省交通运输事业的一次大机遇、大变革，积极向有关领导和部门做好汇报，争取主动，力争解决一些遗留

问题。要优化职能，加快制定相关配套标准和制度，尽快形成新的工作运行机制，逐步构建权责明晰、衔接顺畅、运行高效的体制机制，推动行业治理体系和治理能力现代化水平不断提升。要加强思想政治工作，保持队伍稳定、工作顺畅有序。

二是继续深化"放管服"改革。严格执行高速公路通行费减免政策，大力推进高速公路差异化收费试点。严格落实取消二级强制上线检测，稳步推进普通货车"三检合一"等减负任务，促进物流业降本增效。清理整合和规范各类认证、评估、检查、检测等中介服务事项。督促港口企业严格执行港口经营服务性收费目录清单和公示制度，进一步规范经营服务性收费行为。深化"互联网＋政务服务"，推进"一网、一门、一次"改革，提高服务水平，积极构建跨省大件运输大通道。

三是积极打造良好营商环境。加快建立公路水路建设市场红黑名单制度，研究出台红黑名单差别化监管措施，建设湖北省交通运输信用信息共享平台，建立健全守信激励和失信惩戒机制，实施交通运输信用信息分类精细化管理，持续推进"信用交通省"建设。加快构建以"双随机、一公开"监管为基本手段、重点监管为补充、信用监管为核心的新型监管机制，打造公平公正的营商环境。

（五）聚力"长江大保护"，全力推进交通绿色生态发展取得新成效

一是深入推进非法码头整治和港口船舶污染防治。贯彻落实湖北长江经济带"双十"工程。推进非法码头整治由拆除向生态修复延伸、由长江干流向汉江支流延伸。做好常态化巡查，坚决杜绝非法码头死灰复燃。加大港口船舶污染防治力度，完成全省各地港口船舶污染物接收、转运、处置设施建设75%的年度任务，督促船舶污染物处置联单制度落实到位。严格执行船舶强制报废制度。继续推进各地实施《防治船舶及其有关作业活动污染环境应急能力建设规划》。持续推进中央环保督察反馈问题的整改。

二是深入推进美丽公路经济带建设。出台美丽公路经济带建设的实施方案，以沿长江经济带的318国道、沿汉江经济带的316国道，以及南北重要运输干线106、107国道和207国道等经济干线为建设重点，高标准创建美丽公路经济带。开展公路沿边环境整治，实施公路廊道绿化、洁化、美化行动。积极开展交通"厕所革命"，完成85座普通国省道沿线交通厕所、116座高速公路服务区厕所改造提升。推动绿色公路建设，积极推广新材料、新工艺、新设备、新技术，鼓励微创新。

三是深入推进交通运输节能减排。加快气化长江、气化汉江步伐，大力在武汉、宜昌、黄石等地港口推广岸电应用。支持1140标箱江海直达集装箱船等示范船型建造，鼓励高效节能环保船舶建造。推进柴油货车污染治理，加快淘汰老旧和高能耗、高排放营运车辆。继续在城市公交、出租汽车、长途客车等领域推广应用新能源车、清洁能源车。

（六）聚力安全底线，全力推进平安智慧交通取得新成效

一是狠抓平安交通建设。安全工作必须绷紧心弦、摸清底数、储备招数、严肃追责。要以平安交通建设为统领，完善安全生产责任体系，推动企业落实安全生产主体责任。要坚持问题导向，制定重大风险和隐患判定指南，建立安全隐患台账和责任清单，实行量化式、销号式管理。要开展提升公路桥梁安全防护和连续长陡下坡路段安全通行能力、隧道安全、营运客车安全监控及防护装置整治、营运车辆驾驶员安全文明驾驶教育培训、内河船涉海运输整治等专项行动。要坚持效果导向，以"四不两直"（不发通知、不打招呼、不听汇报、不用陪同接待、直奔基层、直插现场）为手段，严格执法，严肃问责，使安全监管长出牙齿。创新保险等第三方参与安全协同治理的新机制。推进智能安全监管平台建设，强化道路运输第三方安全监测平台数据结果的运用。

二是狠抓严格规范执法。加强法

治政府部门建设。推进交通运输基层执法"四基四化"(基层执法队伍职业化、基层执法站所标准化、基础管理制度规范化、基层执法工作信息化)建设，提升执法效能和规范化水平。督促地方政府落实治超主体责任，积极推进车辆超限超载治理联合执法常态化、制度化。完成50处普通公路超限检测站电子抓拍系统建设，启动全省治超信息管理平台建设。全面完成高速公路入口称重检测系统建设，确保高速公路货车违法超限率控制在0.5%以内。

三是狠抓行业稳定。各地交通运输主管部门和厅直各单位要摸清职工思想动态，采取有针对性的措施，确保机构改革平稳实施，确保行业稳定。要深入研究出租车、网约车等领域信访突出问题，提出切实可行解决办法，做到治标治本。全力做好庆祝新中国成立70周年和第七届世界军运会等重大活动运输安保。加强春运、黄金周以及极端天气等重点时段安全监管和应急保障。建立健全应急预案和联动机制，持续推进应急救援体系建设。

四是狠抓信息技术应用。按照打造大平台、集合大数据、强化大应用的要求，加快交通运输公共信息服务平台建设，实现全省高速公路视频联网监控全覆盖。开展ETC服务专项提升行动，电子收费使用率达到40%，非现金支付率超过50%。继续支持完善"无感支付"。开发应用汉江航道管理信息系统，实现交通运输组织智能化、管理服务高效化和决策支持科学化。强化对全省交通运输系统网站绩效考核。严格管理交职院新校区建设，推动职业教育可持续健康发展。

(七)聚力政治建设，全力推进交通运输系统全面从严治党取得新成效

一是旗帜鲜明讲政治。要始终坚持把党的政治建设放在首位，牢固树立"四个意识"，坚定"四个自信"，坚决做到"两个维护"，做好"三个表率"，建设让党中央放心、让人民满意的"模范机关"。持续推进"两学一做"学习教育常态化制度化，按要求开展"不忘初心、牢记使命"主题教育。深入学习《习近平关于交通运输工作论述摘编》，深刻把握习近平总书记关于交通运输工作重要指示精神，切实做到知行合一、学思践悟。严格落实"两个责任"，加强对厅直单位的政治巡察。推进党支部规范化标准化建设，深化红旗党支部创建，推动基层党组织全面进步、全面过硬。

二是持之以恒抓廉洁。坚持抓细抓长，巩固拓展落实中央八项规定及实施细则精神成果，持续推进党风廉政建设。继续运用监督执纪"四种形态"，坚决查处违法违纪案件。深化交通重点项目建设、资金拨付使用、交通扶贫开发、长江大保护等领域的监督执纪问责工作，加大整治群众身边腐败问题力度，持续保持正风肃纪高压态势。强化内部审计，加大审计结果运用。

三是坚持不懈转作风。突出问题导向，坚持"敢"字当头，狠抓关键少数、狠抓关键事项，对表态多调门高、行动少落实差等形式主义、官僚主义问题敢于斗争、敢于亮剑。坚持"实"字为先，创新工作方法，实行"目标项目化、项目清单化、清单责任化"工作机制，一项一项地梳理，一锤接着一锤敲，一环接着一环拧，切实做到善始善终、善作善成。坚持"督"字为要，各级领导要采取一线指挥、分片包干、检查考核等方式，真督真办，真抓真管。对于目标完不成或久拖不干的，将严厉问责。同时，围绕"四大攻坚战"、汉江航运发展、资金绩效管理等主题开展专题调研，有针对性解剖麻雀，解决问题，创造性抓好各项落实。

(八)聚力行业新风，全力推进交通精神文明建设取得新成效

一是强化文明创建。进一步完善大交通行业文明创建工作机制，不断加大文明单位、文明行业、文明示范窗口、青年文明号等创建力度，在新的起点上全面提升行业软实力。创新具有湖北交通特色的精神文明建设平台，重点研究推出"最美交通人"评选等。紧紧围绕公路水路"四大攻坚战"，广泛开展劳动竞赛和技术比武，挖掘培树新时期"交通工匠"和技术能手。

二是弘扬文明新风。深化社会主义核心价值观主题实践，积极开展城市公共交通"日行一善"等活动。立足职工美好生活需求，建好"职工之家"。厅直单位省级"职工之家"争创率达到60%，争创全国"模范职工之家"1个。深化职工(劳模)创新工作室创建，向绿色交通、平安交通、智慧交通等领域延伸，争创省级创新工作室2~3个。开展"书香交通·文化同行""交通文化月""劳模讲堂"等系列活动，创建职工书屋示范点15个。

三是加强典型宣传。创新形式和渠道，做好新中国成立70周年交通运输发展、交通脱贫攻坚、"四好农村路"建设、长江大保护等重大主题宣传工作，开展交通运输发展成果摄影展等系列活动。加大交通运输先进典型培树力度，组建先进典型事迹报告团，深入基层巡回报告，激发干部职工创先争优意识。用好新媒体传播手段，壮大主流舆论阵地，完善新闻发言人制度，树好整体形象，讲好交通故事，传播好交通声音。

同志们！今年面临的形势十分复杂，任务非常艰巨，我们要迅速行动起来，把开战当决战，集中春节前后70天左右的宝贵时间，动员全省交通运输系统广大干部职工绷紧弦、开好头、起好步，掀起交通运输新一轮建设高潮，为完成今年目标任务打下扎实基础。要加强施工组织，切实抓好已建成项目的工程收尾，抓好已宣布开工项目年前实质开工，明确续建、跨转项目的竣工交验时限，把计划细化到月、到旬、到日，做到能赶则赶、能前则前、能超则超，攻坚克难，确保实现一季度开门红！

同志们！团结凝聚力量，实干创造未来。让我们以习近平新时代中国特色社会主义思想为指导，不忘初心、牢记使命，逢山开路、遇水架桥，真抓实干、担当善为，努力构建九州通衢新优势，推动我省交通运输高质量发展，以优异成绩向新中国成立70周年献礼！

强化政治担当　落实政治责任
努力取得全面从严治党更大战略性成果
——朱汉桥在 2019 年全省交通运输党风廉政建设工作会议上的讲话

（2019 年 2 月 27 日）

同志们：

经厅党组同意，今天我们利用电视电话形式，召开全省交通运输党风廉政建设工作会议，主要任务是，总结成绩、交流经验，部署工作，动员全系统深入学习领会习近平总书记在十九届中央纪委三次全会上的重要讲话精神，认真贯彻落实好十九届中央纪委三次全会和省纪委十一届三次全会精神，全省上下联动，行业步调一致，扎实做好党风廉政建设和反腐败工作，努力取得全面从严治党更大战略性成果。

刚才，汉诚同志做了党风廉政建设监督责任工作报告，对全厅系统纪检监察工作进行了总结和部署，请各地各部门认真贯彻落实，大力支持、配合做好纪检监察工作。

本举同志通报的 2018 年度省交通运输厅党风廉政建设工作情况，经过党组研究，我完全同意。过去的一年，全厅系统从严管党治党各项工作做得很扎实，成绩值得肯定，但也要看到当前面临的形势依然严峻复杂，始终保持政治定力，坚定政治自觉，以永远在路上的执着推进全面从严治党向纵深发展。

省运管局、武黄管理处、武汉市交通运输局、宣恩市交通运输局等 4 家单位围绕会议主题，分别做了交流发言，内容各有侧重、措施各具特色，大家要结合自身实际，认真学习借鉴。

下面，我讲两个方面意见。

一、深刻领会，准确把握新时代全面从严治党新要求

春节前，中纪委、省纪委相继召开全会，就新时代深入推进全面从严治党工作进行了部署要求。习近平总书记在十九届中纪委三次全会上的重要讲话，站在新时代党和国家事业发展全局的高度，充分肯定党的十九大以来全面从严治党取得新的重大成果，深刻总结改革开放 40 年来党进行自我革命的宝贵经验，对以全面从严治党巩固党的团结统一、为决胜全面建成小康社会提供坚强保障作出战略部署。讲话高瞻远瞩、旗帜鲜明、思想深邃、部署有力，充分展示了新时代共产党人不忘初心、牢记使命、自我革命、砥砺前行的政治品格和斗争精神，为推动全面从严治党取得更大战略性成果指明了方向、提供了遵循。各单位要认真学习，深刻领会，切实把思想和行动统一到习近平总书记重要讲话精神上来，主动担当作为，坚定不移推进全面从严治党向纵深发展，巩固发展反腐败斗争压倒性胜利。

一是必须切实增强全面从严治党的自觉性、坚定性。党的十九大以来，以习近平同志为核心的党中央一以贯之、坚定不移推进全面从严治党，夺取反腐败斗争压倒性胜利，取得了新的重大成果，充分彰显了以习近平同志为核心的党中央"把党的伟大自我革命进行到底"的坚定决心和坚毅恒心，也极大鼓舞了党心民心。面对成绩，应该自豪，但更需要始终保持一份清醒冷静，始终保持一种坚韧执着。从全省交通系统来看，党员领导干部严重违纪违法问题仍有发生，不收敛、不收手的情况仍然存在，交通项目建设招投标、工程分包、物资采购、工程款支付等重点领域腐败问题仍然高发，违反中央八项规定精神、违规收受基层单位、服务对象礼品礼金物品或干预插手经济活动的现象仍然存在。全面从严治党依然任重道远，我们必须进一步坚定信心决心，不松劲、不

歇气，将"严"字长期坚持下去。

二是必须坚持在实践中不断深化运用管党治党经验。善于总结经验、深入把握规律、指导实践，是习近平总书记治国理政的一个鲜明特点，也是党的事业不断成功的一个重要法宝。习近平总书记重要讲话将改革开放 40 年管党治党的宝贵经验，凝练成"五个必须"（必须坚决维护党中央权威和集中统一领导，必须坚持治国必先治党、治党务必从严，必须坚持以人民为中心，必须坚持改革创新、艰苦奋斗作风，必须坚决同消极腐败现象作斗争），为我们党永葆先进性和纯洁性找到了制胜法宝。"五个必须"内涵丰富、指向明确、前后贯通、逻辑严密，把我们党对全面从严治党的规律性认识提升到全新高度，是新时代管党治党的科学方法论。我们要始终不忘党的性质宗旨，遵循借鉴 40 年来的宝贵经验，坚决同一切弱化先进性、损害纯洁性的问题作斗争，祛病疗伤，激浊扬清，实现自我净化、自我完善、自我革新、自我提高，以不减的决心、不变的力度，坚持更高的要求、更高的标准，奋力推动全面从严治党不断迈上新台阶、取得新成效。

三是必须以实际行动坚决做到"两个维护"。坚决维护党中央权威和集中统一领导、保证全党令行禁止，是党和国家前途命运所系，是全国各族人民根本利益所在。习近平总书记把"必须坚决维护党中央权威和集中统一领导，确保全党步调一致、行动统一"作为"五个必须"制胜法宝之一，摆在首要位置，强调"增强'四个意识'、坚定'四个自信'、做到'两个维护'，是具体的不是抽象的""必

须看行动、见实效"，并从坚持政治原则、严明政治纪律的高度，把力戒形式主义、官僚主义作为重要任务，再次向全国全党发出深化作风建设的动员令、冲锋号，也为今后一段时期驰而不息纠正"四风"提供了重要遵循。2018年省纪委通报了一系列形式主义、官僚主义典型案例，2019年省纪委第一期通报的5起典型案例，交通系统就有2起不作为、乱作为和失察失职典型案例，形式主义、官僚主义问题已成为阻碍党的路线方针政策和党中央重大决策部署贯彻落实的大敌。各级党组织要坚决整改纠正"贯彻新发展理念"空喊口号、深化改革满足于做表面文章、打好湖北公路水路"四大攻坚战"不用心不务实不尽力问题，发扬实事求是作风，坚定不移狠抓落实，真正把党中央决策部署落实到交通运输各领域、全过程。

四是必须坚决贯彻落实党中央全面从严治党的重要部署。在十九届中央纪委第三次全会上，习近平总书记进一步强调指出，"不敢腐、不能腐、不想腐是一个有机整体，不是三个阶段的划分，也不是三个环节的割裂。要打通三者内在联系，在严厉惩治、形成震慑的同时，扎牢制度笼子、规范权力运行，加强党性教育、提高思想觉悟，一体推进不敢腐、不能腐、不想腐"。这些重要论述，体现了以习近平同志为核心的党中央对执政党建设规律、反腐败工作规律的深刻认识和准确把握。我们要深刻理解和把握，认真贯彻落实好党中央推动全面从严治党向纵深发展的总体要求和重点任务，坚持不敢腐、不能腐、不想腐同步推进、同向发力，不断深化不敢腐的目标、完善不能腐的制度、筑牢不想腐的堤坝，始终保持惩治腐败高压态势。

五是必须切实抓实抓好交通重点领域监督执纪工作。民心是最大的政治，是党领导和执政的最宝贵资源。习近平总书记强调要"向群众身边不正之风和腐败问题亮剑，维护群众切身利益"，彰显了我们党为了人民、服务人民、献身人民的鲜明政治立场。近年来，在落地落实党中央和省委省政府决策部署过程中，我们也暴露出了一些不严不实、损害人民群众利益的情形，如普通公路及安防建设少建多报、部分施工质量存在风险隐患、项目建设管理不够规范、安全生产安全监管不到位等，特别是在交通扶贫领域，规避公开招投标、违规分包转包、干部在资金安排中优亲厚友、违规插手或承揽扶贫工程谋利的问题还比较突出，群众反映强烈，这也集中反映了我们有的党组织和党员脱离群众，作风不实、担当不够、履职不力，甚至顶风违纪违法的问题。这些问题表现严重背离党的初心使命，"啃食"了群众幸福感、获得感，侵蚀着党群干群关系，危害到交通改革发展大业，必须建立立体监督防控长效机制，从具体人、具体事着手，动真碰硬，坚决纠正和查处各种违纪行为，维护群众切身利益，确保各项扶贫政策在基层落地生根，确保全面建成小康社会的交通目标如期实现。

二、围绕中心，努力取得全面从严治党更大战略性成果

2019年是中华人民共和国成立70周年，是精准脱贫攻坚的决胜之年，是决胜全面建成小康社会的关键之年。我们要坚定不移把全面从严治党向纵深推进，努力取得更大战略性成果，为打赢打好湖北综合交通公路水路"四大攻坚战"、奋力谱写湖北交通高质量发展新篇章提供坚强保证。

2019年党风廉政建设工作的总体要求是：以习近平新时代中国特色社会主义思想为指导，深入贯彻落实党的十九大和十九届二中、三中全会精神和省纪委十一届三中全会精神，牢记习近平总书记对湖北的殷殷嘱托，树牢"四个意识"、坚定"四个自信"，坚决做到"两个维护"，坚持稳中求进工作总基调，以党的政治建设为统领，全面推进党的建设，一体推进不敢腐、不能腐、不想腐，巩固发展反腐败斗争压倒性胜利，取得全面从严治党更大战略性成果，确保党的十九大精神和党中央重大决策部署在湖北交通领域坚决贯彻落实到位，以优异成绩迎接中华人民共和国成立70周年。

做好今年工作，要重点在以下五个方面下功夫：

（一）在持之以恒学懂弄通做实习近平新时代中国特色社会主义思想上下功夫。持之以恒学懂弄通做实习近平新时代中国特色社会主义思想，是增强"四个意识"、坚定"四个自信"、坚决做到"两个维护"的根本前提和重要体现。一要坚持党委（党组）理论中心组学习制度，用好支部主题党日有效载体，持续开展多形式、分层次、全覆盖的专题培训，经常学、反复学、带着问题学、联系实际学，不断学思践悟，做到真学、真懂、真信、真用，切实用习近平新时代中国特色社会主义思想武装头脑、指导实践、推动工作。二要按照党中央统一部署要求，深入开展"不忘初心、牢记使命"主题教育，各级党组织和党员要主动接受教育，在联系实际、务实戒虚、整改提高上持续发力，主动查改问题，加强党性锻炼，坚定理想信念。三要坚持政治导向、问题导向、落实导向，对标看齐中央脱贫攻坚专项巡视组反馈意见，全面主动认领，迅速采取措施，持续深入学习贯彻好习近平总书记在5次扶贫工作会议上的讲话精神和2次视察湖北重要讲话精神，坚决做到真改、实改、限期改，保质保量完成整改任务，确保习近平总书记重要讲话精神入脑入心。

（二）在坚决把"两个维护"落实到交通运输工作各领域全过程上下功夫。"两个维护"是党的十八大以来我们党的重大政治成果和宝贵政治经验，是最重要、最根本的政治纪律和政治规矩。一要把坚决落实"两个维护"作为首要政治职责，严明政治纪律和政治规矩，始终在政治立场、政治方向、政治原则、政治道路上与以习近平同志为核心的党中央保持高度一致，听党中央号令、听习近平总书记的号令，做到令行禁止。二要坚决把"两个维护"落实到交通运输工作各领域全过程，落实到交通工作实际行动之中，把做好交通运输"加密、提质、互通"三篇文章、打好公路水路"四大攻坚战"作为做到"两个维护"的行动自觉和最大任务，统筹推

进交通运输稳增长、促改革、保生态、调结构、惠民生、防风险工作。三要全面加强党的领导，各级党委（党组）要管大事、议大事，充分发挥把方向、管大局、保落实的作用，加强对交通工作的全面领导，进一步加强领导班子建设，充分发挥基层党组织的战斗堡垒作用、共产党员的先锋模范作用，确保党中央关于交通工作的各项重大决策部署和习近平总书记重要批示指示精神得到不折不扣落实。

（三）在驰而不息整治形式主义、官僚主义上下功夫。形式主义、官僚主义是当前党内存在的突出矛盾和问题。各级党组织必须深刻认识新时期加强交通运输行业作风建设的必要性和紧迫性，不断将作风建设推进纵深。一要按照省纪委统一部署要求，大力开展形式主义、官僚主义专项整治行动，紧盯形式主义、官僚主义新动向新表现，狠抓关键少数、狠抓关键事项，对表态多调门高、行动少落实差、不作为、慢作为、假作为、乱作为和失职失责等形式主义、官僚主义突出问题，敢于斗争、重拳出击、大力整治，教育引导党员干部立足岗位敢于担当、善于担当、体现担当，在改革发展中体现推动力，在改善民生中增强凝聚力，在打好公路水路"四大攻坚战"中发挥战斗力。二要坚持不懈落实中央八项规定及其实施细则精神，针对"四风"隐身变形问题和薄弱环节，建立健全防控长效机制，加大明察暗访和执纪问责力度，对享乐主义、奢靡之风等歪风陋习露头就打、寸步不让，坚决防止"四风"问题反弹回潮。三要坚持以人民为中心的发展思想，把人民拥不拥护、赞不赞成、满不满意，作为工作的出发点和落脚点，办实办好更贴近民生实事，强力纠治交通扶贫领域出现的违规决策、弄虚作假、瞒上欺下问题，坚决惩治贪污侵占、虚报冒领、截留挪用交通项目建设资金等违纪违法行为。

省厅把今年确定为以"内转作风抓落实、外强服务优环境"为主题的"作风建设年"。我们将从作风建设入手，建立健全"四大机制"（全面统筹的科学决策机制、规范有序的高效运行机制、务实细致的后勤保障机制和奖罚分明的问责落实机制），谋划开展"两个行动"（上半年，开展交通运输建设投融资"春风行动"，为金融机构、大型央企和社会资本对接地方政府项目搭建平台，破解投融资难题；下半年，开展交通项目建设质量安全"亮剑行动"，让交通运输监管长出牙齿），实现"三个提升"（干部职工精气神、凝聚力、工作效率显著提升），确保2019年全省交通运输工作高质量完成。

（四）在强化日常监督促进干部担当作为上下功夫。信任不能代替监督，严管就是厚爱。新时代要促进干部担当作为，在加大干部成长激励的过程中，还要加大干部管理监督。一要坚持监督的全覆盖，党员与干部没有特殊例外，八小时之外没有盲区死角，越是重要岗位、关键环节越不能留有薄弱地带，让广大党员干部习惯在"放大镜"和"聚光灯"下工作和生活，切实把监督的压力转化为干事创业的动力，真正把手中权力用到为民服务上来。二要充分运用巡察这把利剑，将常规巡察与专项巡察相结合，推进对厅直单位政治巡察的全覆盖，着力抓早、抓小、抓细、抓苗头，切实发现和推动解决在落实党的路线方针政策和党中央重大决策部署方面存在的责任问题、腐败问题、作风问题，违反党的六项纪律的问题，惩前毖后、治病救人。三要认真贯彻"三个区分开来"要求，妥善把握事业为上、实事求是、依纪依法、容纠并举等"四个原则"，结合动机态度、客观条件、程序方法、性质程度、后果影响以及挽回损失等"六个要件"，建立健全容错纠错机制，为担当者担当、为负责者负责，营造党员干部奋发作为的良好氛围。

（五）在一体推进不敢腐、不能腐、不想腐上下功夫。反腐败是一项系统工程，必须坚持稳中求进，深化标本兼治，一体推进不敢腐、不能腐、不想腐。一要强化交通运输系统党风廉政建设宣传教育，认真落实好交通系统纪检监察宣传教育工作"六进"活动，与推进"两学一做"学习教育常态化制度化结合起来，切实抓好党组党委中心组学习制度落实，定期召开党风廉政建设主题报告会，常态化开展支部主题党日活动，组织党员干部学习党章党规、观看警示教育片、到警示教育基地接受教育，进一步增强党员干部纪律规矩意识，筑牢拒腐防变思想防线。二要结合交通系统点多、线长、面广的特点，坚持问题导向，加强交通重大工程建设、项目资金使用管理、行政审批、行政执法等重点领域的风险防控，积极稳妥推进行政审批制度、综合执法体制和事业单位等方面的改革，用"制度笼子"来约束和保护党员干部，以深化改革来铲除滋生腐败的土壤，从源头上杜绝腐败问题的发生。三要坚持对腐败"零容忍"，积极支持纪检监察工作，深化交通重点项目建设、资金拨付使用、交通扶贫开发、长江大保护等领域的监督执纪问责工作，切实加大案件查办力度，真正做到有反映就认真分析，有线索就及时核查，有违规违纪就严肃查处。四要坚持靶向治疗，强化精准惩治，重点查处党的十八大以后不收敛不收手、人民群众反映强烈、政治问题和经济问题相互交织的党员领导干部，重点查处贪污侵占、虚报冒领、截留挪用侵占交通扶贫项目资金及交通各类专项补助的行为，重点查处交通执法工作人员以权谋私、执法不公、失职渎职问题，对这些违纪违规违法行为和问题干部，发现一起、查处一起，发现一个、查处一个，达到震慑一批、教育一片的效果，持续巩固"不敢腐"的高压态势。

同志们，"政贵有恒，治须有常"。全面从严治党是攻坚战，更是持久战，各级党组织要把管党治党作为最根本的职责、最大的政绩，强化政治担当，层层压紧压实，敢于斗争、善于斗争，全面从严，全面发力，继续推进全面从严治党向纵深发展、向基层延伸，巩固发展反腐败斗争压倒性胜利，营造风清气正的发展环境，为奋力谱写湖北交通高质量发展新篇章、推进交通强国湖北示范区建设提供坚实的纪律作风保障。

担当作为　敢于亮剑
为湖北交通运输高质量发展提供坚强纪律保障
——刘汉诚在 2019 年全省交通运输党风廉政建设工作会议上的讲话
（2019 年 2 月 27 日）

同志们：

根据会议安排，我代表省纪委省监委驻省交通运输厅纪检监察组通报 2018 年履行监督责任的情况和 2019 年的工作安排。

一、2018 年主要工作回顾

2018 年，省纪委省监委驻省交通运输厅纪检监察组深入学习贯彻落实党的十九大精神和中央纪委、省纪委全会精神，认真践行监督执纪"四种形态"，切实履行监督执纪问责和监督调查处置职责，充分发挥"派"的权威和"驻"的优势，继续当好派驻监督"探头"和"哨兵"，推动省交通运输厅系统全面从严治党向纵深发展，为全省交通运输高质量发展作出了新贡献。

（一）对党忠诚，切实做到"两个维护"

驻厅纪检监察组坚持用习近平新时代中国特色社会主义思想武装头脑，不断锤炼对党忠诚的政治品格，牢固树立"四个意识"，坚定"四个自信"，切实做到"两个维护"，将讲政治贯穿于政治监督全过程。对交通系统各级党组织学习贯彻党的十九大精神、习近平总书记视察湖北重要讲话精神情况和贯彻落实党中央、省委决策部署情况开展监督检查，定期与厅党组主要负责人和班子成员专题研究政治监督重大事项。全面监督"三重一大"集体决策情况，及时传达中纪委、省纪委相关会议精神和工作要求，及时提出监督和整改意见。完善厅系统政治巡察机制，督促制定《省交通运输厅党组巡察工作办法》，组织两个巡察组分两轮对四家厅直单位进行了为期一个月的重点巡察，共发现 209 个具体问题，梳理问题线索 25 条。目前正督促四家单位按问题反馈清单进行全面整改，对相关问题线索进行调查核实。

（二）立足常长，警示提醒成为常态

开展新一轮的廉政约谈。坚持红脸出汗、咬耳扯袖，约谈 42 名厅直班子成员和厅机关处级干部，对防控廉政风险思考不多、研究不够、措施不实的相关责任人进行了严肃批评。严把干部任前廉洁评价关。为 57 名领导干部出具廉洁情况鉴定，对 5 名干部提出了暂不任用或暂缓任用的意见，对 1 名拟提拔处级干部的问题线索，及时核查了解，澄清了事实，保护了干部。落实任前廉政谈话制度。对 110 名处级干部进行集体廉政谈话，指出可能存在的廉政风险，帮助大家把关口、算好账、守底线。加强纪检监察宣传教育。在厅系统掀起学习宣传《宪法》、《监察法》、新修订《纪律处分条例》的热潮，召开专题学习辅导会，组织党员干部观看警示教育专题片，印发《省交通运输厅系统纪检监察宣传教育工作"六进"活动方案》，对党纪党规和国家监察法宣传教育进党组（党委）、进机关、进媒体、进网站、进支部、进社团情况进行全面部署和监督检查。督促厅班子成员及 22 个厅直单位主要领导在第十九个党风廉政建设宣传教育月活动期间带头讲廉政党课。

（三）抓深抓细，作风建设化风成俗

紧盯重要节点，重申纪律要求。坚持在节日前夕以多种形式向厅系统党员干部发信号、打招呼、提要求，坚持发送廉政短信，重申廉洁过节纪律要求，印发抓好纠正"四风"各项工作的通知，将省纪委廉洁过节"十个严禁"要求切实贯彻落实到基层、到支部，不断巩固和拓展落实中央八项规定精神的成果。紧盯顶风违纪，严肃查处通报曝光。对一名厅直单位处级干部违规公车私用问题，组成核查组进行调查核实，给予诫勉谈话处理并通报批评，责成相关负责人作出书面检查并在党支部会议上深刻检讨，对其单位主要领导进行约谈，持续释放正风肃纪的强烈信号和鲜明态度，起到了"问责一个，警醒一片"的震慑作用。紧盯重点领域，开展交通扶贫违纪违规问题专项纪律审查。印发交通扶贫领域监督执纪问责专项整治方案，成立 3 个专项纪律审查组，通过点穴式明察暗访，进行监督的再监督、检查的再检查，针对检查发现的 9 个共性问题，38 个个性问题，分别提出了具体的整改意见，向相关领导和单位进行了通报，向 12 个县市区交通运输局分别下发了整改通知书。累计警示谈话 38 人次，批评教育 21 人次，通报批评 17 人次，纠正或责令停止违纪违规行为 15 次，向各地纪检监察部门移交问题线索 5 条，立案审查处理 2 起。

（四）严查快办，坚决减存量遏增量

及时办理信访举报件。畅通信访举报渠道，全年共受理信访举报 52 件，通过调查核实、澄清事实、警示提醒、函询谈话、批评教育、诫勉谈话和转问题线索处置等方式全部办理完毕。精准处理问题线索。运用"四种形态"，重点查处十八大以来不收敛、不收手，顶风违纪、以权谋私问题和环保督查发现问题、交通扶贫领域突出问题、涉黑涉恶及保护伞问题。全年共受理问题线索11条，涉及11人，予以谈话函询7人，初步核实4人，立案审查违纪违法案件2起，其中：厅直单位1名处级干部因违反财经纪律公款私存，受到党内警告处分；1名处级干部因涉嫌插手干预招投标工作违反中央八项规定精神接受审查调查，目前已调查终结，并移送审理，近期将作出纪律处分决定。对1名干部涉嫌严重职务犯罪的问题线索，经初核后报省纪委监委案件管理室指定管辖，立案调查。配合中央纪委国家监委驻交通运输部纪检监察组做好相关审查调查的衔接保障工作。配合省纪委监委审查调查四室查处原厅党组成员、副厅长谢登严重违纪违法案件，承担了相关财务审计、调取证据材料、协调涉案人员谈话等相关工作。协助省纪委监委第三执纪监督室调查核实厅直某局部分党员干部收受基层礼金问题，给予5名班子成员、5名处科级干部诫勉谈话处理。开展交通系统扫黑除恶专项督查。督促厅系统共派出7个督查组，对全省17个市州、34个县市区交通运输部门和20余家企业、部分厅直业务单位的扫黑除恶情况进行检查督导。取缔非法码头，开展路警联合稽查，打非治违，堵塞漏洞。完成了对中央扫黑除恶第七督导组交办的2件问题线索的调查核实。认真做好审查调查安全工作，严格审查调查安全责任制，完成了谈话室建设升级改造，全年未发生办案安全事故。

（五）严管厚爱，着力锻造执纪铁军

加强思想政治建设。带头遵守党章党纪党规，把讲政治贯穿监督执纪问责全过程，加强党支部建设，坚持开展支部主题党日活动，充分发挥支部战斗堡垒作用。加强纪律作风建设。组织学习"鄂纪干监25条"和"十五不准"行为规范，发放"十五不准"自律卡，把"打铁必须自身硬，律人当先严律己"的理念变成思想自觉和行动自觉。组织开展厅直单位纪委书记年度述职述廉，及时通报厅机关和厅直属各单位纪委开展纪律审查相关工作情况，指出述职述廉对象存在的问题和不足，提出整改意见。严格执行纪委书记报告班子成员廉洁自律情况和"三重一大"集体决策情况制度。

加强能力素质建设。定期组织召开厅直单位纪委书记学习会，通报纪检监察干部违纪违规典型案例，集中学习《湖北省纪委监委派驻纪检监察组监督执纪审查调查工作规范（试行）》，严格对标看齐，依规依纪依法履行职责，把执纪执法权力关进制度笼子。

在看到纪检监察工作取得成绩的同时，也要坚持问题导向，高度重视交通系统仍然存在的一些问题：一是有的主要领导和班子成员对"两个责任"认识模糊，讲起来重要，干起来次要，会上重要，会下次要，领导之间、单位之间落实主体责任不够平衡；二是落实监督责任的底气不足、胆气不壮、办法不多、效果不佳；三是项目资金分配、工程招标采购、机电养护、财务支出以及行政执法、行政审批、交通运输服务等领域的风险防控措施不够扎实，不敢不能不想腐的机制不够完善、违纪违规违法问题还时有发生；四是严管厚爱、激励干事创业、为担当者担当、为负责者负责的成效还不够明显。这些问题，需要我们在新的一年认真研究解决。

二、2019年主要工作任务

2019年，驻厅纪检监察组将认真落实中央纪委十九届三次全会和省纪委十一届三次全会部署要求，在省纪委监委的坚强领导下，坚决践行"两个维护"，坚持稳中求进工作总基调，坚持重遏制、强高压、长震慑，强化不敢腐的震慑，扎牢不能腐的笼子，增强不想腐的自觉，不断拓宽监督渠道，巩固维护交通系统良好政治生态，为推进湖北交通运输高质量发展提供坚强纪律保障。

（一）提高政治站位，在强化政治监督上持续加力

坚持用习近平新时代中国特色社会主义思想武装头脑、指导实践、推动工作，要在学懂弄通做实上下功夫，做到学深悟透、学思践悟。紧紧把握省纪委监委派驻机构是代表上级纪委监委对下级党组织进行监督的政治机关的职能定位，将践行"两个维护"作为重要政治任务和根本政治责任，加强对厅系统贯彻落实党中央、省委系列重要决策部署的监督检查。严明政治纪律和政治规矩，确保中央、省委、省政府政令畅通，坚决查处有令不行、有禁不止、上有政策、下有对策的行为。督促厅系统各级党组织严格贯彻执行《关于新形势下党内政治生活的若干准则》，大力倡导忠诚老实、公道正派、实事求是、清正廉洁等价值观，对厅系统坚持民主集中制、选人用人等方面的情况开展监督检查，严肃党内政治生活，确保选人用人风清气正。监督检查厅系统各级党组织落实全面从严治党主体责任情况，坚持以严肃追责问责倒逼主体责任落实。推进并不断深化重点巡察工作，对厅直属单位开展新一轮重点巡察。

（二）发挥派驻优势，在强化日常监督上持续加力

派驻机构的首要职责是监督，派驻监督的最大优势是近距离、全天候、全过程，抓住了监督，就抓住了管党治党的关键。要落实监督全覆盖。紧盯主要领导、班子成员和中层干部，实现对厅系统行使公权力的公职人员的监督全覆盖，在厅系统形成主动监督与自觉接受监督的浓厚氛围和良好习惯。精准运用监督执纪"四种形态"。正确把握"树木"和"森林"的关系，坚持抓早抓小、防微杜渐，综合运用站岗放哨、决策参与、督促协调、明察暗访、专项治理等监督方式，经常抓、抓经常，持久抓、抓持久，做好警示提醒、廉政谈话、函询约谈、批评教育、组织处理和轻处分等工作，让红脸出汗、咬耳扯袖成为常态，实现在监督中参与、在参与中监督，做到良医治未病、防患于未然。做好廉政风险防控。深入排查项目资金分配、工程招标采购、机电养护等重点领域、重点环节的廉政风险点，深入研究制定预警防控的关键措施并狠抓落实。坚持严管厚爱。树立澄清事实也是政绩的理念，

建立容错纠错机制，激励支持党员干部敢于担当、善于担当、体现担当，想干事、能干事、干成事、不出事。

（三）深入正风肃纪，在强化作风监督上持续加力

巩固拓展交通系统作风建设成果，驰而不息纠"四风"、树新风，拿出恒心和韧劲，形成纠正"四风"齐抓共管格局，抓出成效、管出习惯、化风成俗。开展整治形式主义、官僚主义专项行动。把深入解决形式主义、官僚主义问题作为践行"两个维护"的重要抓手，按照省纪委集中开展整治形式主义、官僚主义问题三年行动部署要求，组织开展交通运输领域新一轮专项纪律审查，突出抓好表态多调门高、行动少落实差、不作为、慢作为、假作为、乱作为和失职失责等问题。坚持不懈落实中央八项规定精神。锲而不舍，常抓不懈，防止"四风"问题反弹回潮。坚持深挖细查，针对"四风"隐身变形问题和薄弱环节，加大明察暗访力度，对不知耻不知止、不收敛不收手、规避组织监督、逃避组织审查等问题一律从严查处。特别要强调的是，自 2019 年元月 1 日起，各地各部门"廉政账户"一律取消，厅系统要带头执行中纪委《关于贯彻落实习近平总书记重要讲话精神严肃整治领导干部利用名贵特产类特殊资源谋取私利问题的通知》，党员干部一律不得收受和向单位上交现金、有价证券和任何物品（包括土特产品），各单位一律不得收存，否则以违纪论处。集中整治损害交通民生福祉的腐败和作风问题。助力打好全省交通扶贫攻坚战，对中央脱贫攻坚专项巡视反馈意见的整改情况进行专项督查，进一步完善交通扶贫项目"事前预防、事中监督、事后查处"的监督制约机制，确保项目程序规范、资金使用合理，重点查处在交通扶贫领域违规决策、弄虚作假、瞒上欺下、做表面文章以及贪污、挪用、侵占扶贫资金等违纪违法问题。紧盯港口码头、客货运输、

驾培维修等重点部位，深挖涉黑涉恶和为黑恶势力充当"保护伞"的腐败问题，加大专项整治力度。注意排查在环境保护督查、防范金融风险、维护社会稳定和机构改革工作中存在的突出问题，及时调查处理，化解矛盾，排除隐患。

（四）保持高压态势，在强化执纪监督上持续加力

从交通系统近年来还时有发生违纪违规违法问题来看，交通系统反腐败斗争形势依然严峻复杂，决不能有松松劲、歇歇脚的想法，更不能有疲劳厌战的错误情绪，要坚持无禁区、全覆盖、零容忍，重遏制、强高压、长震慑，坚持挺纪在前，始终保持高压态势不动摇，不断巩固和发展压倒性胜利的重大成果。高度重视信访举报和线索处置工作。进一步规范信访举报受理办理程序和问题线索处置程序，牢固树立执纪审查程序意识和证据意识，所有信访举报件都要按规定及时处理，确保无遗漏、无积压，事事有着落，件件有回应。同时对不负责任、道听途说，甚至编造事实、造谣诽谤、诬告陷害的，也要严肃查处，坚决惩治，为受诬告的干部澄清正名。一体推进不敢腐、不能腐、不想腐。善于发现和解决厅系统内群众反映强烈、违反"六大纪律"的人和事，聚焦交通系统重大工程、重点领域、关键岗位，聚焦巡察发现的问题线索，对党的十八大后仍然不收敛、不收手，顶风上的违规违纪违法案件，要敢于亮剑，从严从重从快，坚决予以查处，毫不心慈手软，持续释放越往后执纪越严的强烈信号，着力发挥标本兼治的效力，通过一案一曝光、一案一剖析、一案一整改，既强化惩的震慑，也发挥治的长效。夯实拒腐防变的思想防线。坚持"惩前毖后、治病救人"方针，实行惩戒和教育相结合，把握好政策界限，做到宽严相济、区别对待，实现政治效果、法纪效果和社会效果有机统一。进一步加强纪检监察宣传

教育，在厅系统继续开展党纪党规和国家监察法宣传教育进党组（党委）、进机关、进媒体、进网站、进支部、进社团的"六进"活动，有针对性地开展警示教育和纪律教育，让广大党员干部知敬畏、存戒惧、守底线，筑牢思想道德防线。

（五）坚持刀刃向内，在强化内部监督上持续加力

加强对纪检监察干部队伍的内部监督，是党内监督全覆盖的重要一部分，打铁必须自身硬，管住监督执纪权力，正风肃纪反腐的腰杆才能挺得更直、底气更足。加强理论武装。要持之以恒学习贯彻习近平新时代中国特色社会主义思想，把落实"两个维护"作为根本政治责任，不断提高政治站位、政治觉悟、政治能力，在思想和行动上不折不扣贯彻好、落实好，进一步发挥纪律部队表率作用。坚决防止"灯下黑"。严格对标"鄂纪干监25条"和"十五不准"行为规范，加强内控机制建设，强化自身监督，主动接受组织监督和群众监督，加强纪检监察干部队伍的日常教育和警示教育管理，开展经常性自查，对发现的问题要及时查处，敢于刀刃向内、清理门户、自我革命。严格执行监督执纪工作规则。围绕《中国共产党纪律检查机关监督执纪工作规则》、新的《纪律处分条例》《国家监察法》，切实加强纪检监察干部队伍培训，着力解决厅系统纪检监察干部对监督执纪工作思考不深，不敢监督、不善监督的问题，着力打造政治过硬、业务过硬、作风过硬、纪律过硬、廉洁过硬、学习过硬的纪检监察"铁军"。

踏平坎坷成大道，斗罢艰险又出发。新的一年，让我们在习近平新时代中国特色社会主义思想指引下，不忘初心，牢记使命，扎扎实实推进全面从严治党，巩固发展反腐败斗争压倒性胜利，以优异成绩迎接新中国成立 70 周年！

大 事 记

2018 年大事记

1 月

1 日 竹溪县五峰山隧道竣工通车。隧道全长 2998 米，位于 229 省道五峰山，按 40 公里/小时双向两车道二级公路标准设计，其中隧道净宽 10 米，净高 5 米，总投资 1.2 亿元，2015 年 7 月开工建设。

5 日 副省长周先旺到省交通运输厅视频会商抗雪保畅工作，他要求，各部门、地方政府要尽最大努力，作最坏打算，争取最好结果，打赢抗雪保畅攻坚战，实现保安全、求通行、送温暖、树形象的目标。省交通运输厅厅长何光中汇报抗雪保畅工作情况。省公安交管局、省气象局、省运管局、省高管局和厅机关相关处室负责人参加会商。

11 日 省政府召开 2018 年全省春运暨铁路护路工作电视电话会议，贯彻全国春运电视电话会议精神，部署湖北省 2018 年春运工作和铁路护路工作。副省长周先旺出席会议并讲话。省交通运输厅厅长何光中参加会议。2018 年春运从 2 月 1 日开始，3 月 12 日结束，共 40 天。

18 日 省交通运输厅召开武汉长江中游航运中心多式联运工程推进会，加快推进武汉多式联运示范工程进度。武汉市政府、武汉海关、中国铁路武汉局集团、武汉新港管委会等单位相关负责人参加会议。

△ 福银高速公路武当山互通改建工程正式开工。福银高速公路武当山互通改建工程采用异地新建形式，新建 T 形半直连互通 1 座，连接线方案起于南北主干道西侧窑沟附近，经过小沟、小北沟、代家洼，止于原武当山互通，互通匝道长 2843 米，连接线全长 1100 米，路基宽 22 米，项目总造价约 2.14 亿元，由湖北省交通投资集团公司投资建设，计划 2019 年

5 月建成通车。

31 日至 2 月 1 日 国务院副总理马凯在武汉检查春运工作。他强调，要以习近平新时代中国特色社会主义思想为指导，全面深入贯彻党的十九大精神，认真落实党中央、国务院部署要求，统筹做好运输组织和运力调配，强化安全应急管理，细化便民利民举措，让旅客出行更安全、更便捷、更舒心，让人民群众有更多获得感、幸福感和安全感。在马凯检查春运工作期间，省委书记蒋超良，省委副书记、省长王晓东汇报了湖北省春运工作部署及相关安排。马凯先后到武汉火车站、傅家坡长途汽车客运站、武汉关客渡码头和天河机场等地，实地检查春运组织、安全保障、运输衔接、便民服务等情况，并慰问候车乘客、公安干警和交通运输行业干部职工。马凯指出，奋战在春运一线的广大干部职工工作时间长、强度大，各地、各有关部门要创造良好工作和生活条件，确保他们全身心投入到春运服务中去。交通运输部部长李小鹏、国家发改委副主任连维良等随同调研。副省长曹广晶、武汉市市长万勇、省政府秘书长别必雄、省交通运输厅厅长何光中等参加调研。

2 月

3 日 郧阳区柳陂至五峰段改扩建工程竣工。该路段全长 42.7 公里，起于柳陂镇白鹤观，止于五峰乡集镇。项目采用二级公路标准，柳陂至辽瓦段设计速度 60 公里/小时，路基宽度 10 米，路面宽度 9 米；辽瓦至五峰段路设计速度 40 公里/小时，路基宽度 8.5 米，路面宽度 7.5 米。项目总投资 5.6 亿元，2014 年 9 月开工建设。

24 日 江北高速公路东延段开工仪式在洪湖市汉河镇举行，标志着

该项目正式开工建设。江北高速公路东延段全长 61.927 公里，其中洪湖段 46.742 公里、监利段 15.185 公里。项目起点接乌林(赤壁)长江公路大桥，与洪监高速公路立体交叉，终点顺接江北高速公路，与随岳高速公路立体交叉，总投资约 83.6 亿元，建设周期 42 个月，由湖北省交通投资集团公司投资建设。项目建成通车后将进一步加强荆州市沿江城市横向交通联系，促进沿江城镇带经济发展。

26 日 副省长曹广晶到省交通运输厅调研。曹广晶到交通运输应急指挥中心，详细观看高速公路路网运行监测情况演示，重点营运车辆运行监测情况演示，交通重点路口、码头、站场监控演示。曹广晶对湖北交通信息化建设取得的成绩给予肯定。省政府副秘书长朱慧慧陪同调研。

3 月

1 日 竹溪县古峰岭隧道开工建设。隧道全长 1788 米，位于 229 省道古峰岭，按 40 公里/小时双向两车道二级公路标准设计，总投资 8000 万元。

△ 竹溪县 318 省道天宝至泉溪段改扩建工程开工建设。工程全长 25.4 公里，起于天宝乡，止于泉溪镇。按 40 公里/小时双向两车道二级公路标准设计，其中路基宽 8.5 米，路面宽 7 米，概算投资 2 亿元。

5 日 郧西县天河口汉江公路大桥正式开工建设。大桥为独塔混凝土斜拉桥，全长 653.8 米，主桥长 373.8 米，宽 22.5 米。汉江公路大桥北岸位于郧西县观音镇天河口垭子湾村，接县道观天路，跨汉江后顺接郧阳区县道。建设工期 36 个月，概算投资 35441 万元。

△ 郧西县 306 省道马安至大坝口段改扩建工程开工建设。路线全长 42.24 公里，起于郧西县马安镇，止于

郧西县上津镇大坝口村,按40公里/小时双向两车道二级公路标准设计,路基宽度8.5米,路面宽7米,概算投资42741.1万元。

△ 松滋港车阳河港口二期水工工程正式开工建设。按照工程建设规划,车阳河港口二期工程将建设6个泊位,年吞吐量113万吨,集装箱30万标箱,投资12.6亿元。工程全部建成后,将成为能同时满足集装箱、件杂货、散货等各类货物装卸堆存的生态、智能型现代化港口,也将成为省内长江南岸最大的港口。

13日 副省长曹广晶带领省交通运输厅、省交通投资集团公司等部门和单位主要负责人,到咸宁调研交通"四大攻坚战"情况。咸宁市委书记、市人大常委会主任丁小强等陪同调研。在赤壁长江公路大桥施工现场,曹广晶详细了解大桥规划设计、工程建设等情况,对项目建设工作给予肯定,要求施工方进一步科学谋划,精心组织施工,在保证质量和安全的前提下加快项目建设,努力打造让人民群众满意的精品工程。曹广晶实地考察赤壁市随羊线公路等项目建设情况。

4月

10日 副省长曹广晶到武汉新港调研长江中游航运中心建设,要求充分挖掘和发挥长江黄金水道资源优势,加快发展多式联运,努力实现经济、社会、民生和生态效益最大化。省交通运输厅厅长何光中、武汉市副市长汪祥旺、省发改委、省财政厅、武汉新港委等单位负责人参加调研。曹广晶实地调研阳逻港铁水联运项目、武汉新港空港综合保税区阳逻园区,与湖北省、武汉市相关部门和企事业单位座谈,对湖北省长江中游航运中心建设取得的成绩给予肯定。

△ 湖北省港航管理局、新疆维吾尔自治区路政海事局在武汉举行海事"结对子"签署仪式,达成共建协议,将全面加强交流合作,共谋海事发展,共筑水运强省梦。

△ 湖北省交通运输厅召开普通公路"建养一体化"项目推介暨对接会。22家大型企业、52个市州县交通运输局等相关部门200余位代表参加会议。

20日 武汉轨道交通7号线三阳路越江隧道右线盾构机胜利接收。三阳路越江隧道是世界上首条公铁合建的盾构法隧道、国内在建最大直径的盾构法隧道和长江中上游首条超大直径越江隧道。

22日 湖北宜昌交运集团39岁驾驶员刘明杰,驾驶车辆行驶在沪蓉高速界岭隧道内,突发肾结石,最终靠身体顶住方向盘,将车辆开出隧道,安全停在路边。

23日 "2018书香湘鄂赣 寻找最美诵读者"活动评选结果在华中师范大学佑铭体育馆揭晓。此次活动评选出10名"湖北最美诵读者"和5名"湖北最美诵读者提名奖获得者",湖北省交通运输厅黄黄高速公路管理处职工戴茹冰获"湖北最美诵读者"称号。湖北省"寻找最美诵读者"活动是"书香湘鄂赣"全民阅读系列活动的重要内容,由湖北省全民阅读活动领导小组办公室、湖北省新闻出版广电局、湖北省广播电视台联合主办。

6月

1日 湖北省高速公路正式实行差异化收费试点工作。通行湖北高速公路的客车和货车使用通衢卡交纳车辆通行费分别给予优惠5%和15%,对经指定的高速公路收费站进出省内长江、汉江沿岸主要港口的国际标准集装箱货车,车辆通行费给予优惠50%。7月1日起,货车通行S73邓保高速谷城至保康北段和G4213麻安高速保康北至关垭子鄂陕省界段2条高速公路的通衢卡货车通行费优惠幅度提高到20%。

△ 在武汉中韩石化码头举行的一场危化品消防演练,拉开了的序幕。湖北省港航海事局、长江海事局联合开展全省长江港口船舶安全与防污染专项整治行动,为期1个月。重点在辖区港口船舶危险品作业码头开展一次全面联合检查、对辖区港口码头(普货码头)开展一次全面防污染联合检查、对船舶污染物接收作业开展联合检查、进一步加强长江干线固体危险废物排查、对中央环保督查提出的整改意见进行再检查等5项内容。

4日 交通运输部部长李小鹏与湖北省省长王晓东在北京就支持湖北交通发展进行会谈,并签署《关于加快湖北省交通运输发展2018—2020合作协议》。省政府秘书长别必雄、省交通运输厅厅长何光中出席。

11日 湖北省高速公路全线率先开始试运营"银联无感支付",是全国首个以省为单位、一次性全面开通无感支付服务的省份。高速公路银联卡(移动)支付方式有银联卡、支付宝、微信、银联二维码以及无感支付等5种。

27日 湖北省京山市石料运输公转铁首发启动仪式在京山铁路货运站举行,省交通运输厅、中国铁路武汉局集团有限公司、京山市政府等有关方面负责同志出席首发仪式。上午10:30,满载1920吨60个集装箱碎石的货运列车,从京山站开出,经长荆铁路驶往武汉吴家山,这是京山市优化运输结构、推进源头治超、建设绿色交通打赢"蓝天保卫战"的重大举措。

8月

17日 阳逻国际港集装箱铁水联运示范基地开出首趟"点对点"班列,满载100标箱家具、植物油、石制品等货物的列车从阳逻国际港集装箱铁水联运示范基地开出,经襄渝线、达成线运行,驶往四川城厢站,计划全程历时36小时。"上海—武汉—川渝"是长江新丝路公司重点打造的示范线路之一,可缓解三峡翻坝难题,降低物流成本,提高转运效率。

△ 湖北省交通运输厅与世界银行代表团就雅口航运枢纽项目在武汉进行首次现场监测总结会谈。高级交

通专家、世行代表团团长翟小可在会谈中指出，雅口项目在"贷款协定"和"项目协定"签订之时已完成总投资的45%，且质量、安全、社会安保均达到预期目标，为世行下一步工作打下坚实基础。会议同时就项目机构加强、大坝加固及项目转贷、账户开立等工作进行沟通。省交通运输厅、省财政厅相关处室、省港航局、雅口指挥部、世行办和咨询服务单位等负责人员参加会议。

23日至26日 交通运输部副部长何建中带队调研湖北汉江航运发展，检查防汛和平安交通百日行动等工作。何建中一行先后到襄阳、荆门、荆州、仙桃、武汉等地调研汉江航运发展工作，并就汉江航运发展工作召开座谈会。副省长曹广晶、省委常委、襄阳市委书记李乐成、荆州市委书记何光中、荆门市市长孙兵、仙桃市委书记胡玖明、武汉市市长周先旺等陪同调研。

28日 麻城至安康高速公路大悟段正式开通运营。该段东起大悟县河口镇河口村，西至芳畈镇竹林村与麻安高速大随段起点相接，全长38.88公里，设有互通4处，隧道2座，全线按双向四车道高速公路标准建设，设计速度100公里/小时，路基宽度24.5米。设立匝道收费站3个。2015年6月正式开工建设。

9月

4日 黄州区、竹山县、神农架林区、潜江市、大冶市5县市被交通运输部、农业农村部、国务院扶贫办联合命名为"四好农村路"全国示范县。

18日 副省长曹广晶到省交通运输厅调研。曹广晶强调，交通攻坚要有新面貌、新改进、新变化。省交通运输厅副厅长王本举汇报全省交通运输"三年四大攻坚战"重点工作进展情况、今后的工作安排，重点汇报"四好农村路"建设推进情况和现场会筹备情况，以及下一步工作思路和安排部署。省政府副秘书长胡道银陪同调研。

△ 2018年中国技能大赛第十届全国交通运输行业城市轨道交通领域职业技能竞赛湖北省选拔赛在武汉铁路职业技术学院正式拉开帷幕。本次选拔赛分为轨道交通列车司机、轨道交通行车值班员2个职业（工种），参赛人员80人。选拔赛设理论测试和实际操作2个环节，前2名选手代表湖北交通参加全国总决赛。本届选拔赛由省交通运输厅、省人力资源和社会保障厅、省总工会主办，武汉市交通运输委员会、武汉地铁集团有限公司、武汉铁路职业技术学院共同承办。

19日 副省长曹广晶到武汉航运交易所调研航运服务和全省水运发展情况。曹广晶察看航交所窗口服务，详细观看航运交易平台演示。座谈会上，省交通运输厅副厅长王本举汇报全省水运发展情况，重点汇报全省水运三年攻坚战和长江大保护三大专项战役落实情况。武汉新港委、武汉航交所负责人汇报航运服务情况。省政府副秘书长胡道银，省港航管理局、武汉市政府、武汉市交委等单位负责人参加调研。

20日至21日 全省治超工作现场推进会暨联合执法常态化制度化宣贯会在宜昌召开。各市州交通运输和公安交管部门治超工作分管领导、各市州路政支队长及省交通运输厅直属系统相关单位负责人近80人参会。

28日 全省高速公路收费业务技能比武决赛在武黄高速公路管理处落下帷幕，汉十高速公路管理处杨程获第一名。本次竞赛内容包括涉及费收员政治素养、交通知识、费收业务、收费礼仪，决赛设置微课堂环节，选手围绕收费服务、稽查打逃、政策解读、数据分析、路网知识、应急处置等内容，自选题目，在3分钟内完成微讲堂。竞赛由省交通运输厅、省人力资源和社会保障厅、省总工会联合主办，省高速公路管理局承办。

10月

1日 武汉轨道交通7号线一期、11号线东段一期开通试运营。7号线

一期工程起自园博园北站，终点为野芷湖站，途经东西湖区、江汉区、硚口区、江岸区、武昌区和洪山区6个行政区，线路全长30.85公里，全为地下线，设站19座。11号线东段工程是武汉首次下穿设计时速350公里高铁桥桩的地铁线路，下穿位置处于湖口站至光谷同济医院站区间，采用盾构法下穿武广高铁。

25日至26日 "五省一市二区"公路长大桥隧创新技术论坛在湖北宜昌举行。湖南、湖北、广东、山东、辽宁、上海、香港、澳门公路学会（工程师学会）的220余名代表参加论坛，论坛由湖北省公路学会承办。

11月

3日 全国首部"四好农村路"题材电影《村路弯弯》在武汉洪山礼堂举行首映式。省委组织部、省委宣传部、省委农办、省扶贫办、省文联、省交通运输厅等单位领导，影片全体演职人员参加首映式。电影《村路弯弯》是庆祝改革开放40周年，展示湖北省交通运输行业精准扶贫成果，由交通运输部文明办指导，省交通运输厅、省文联等单位联合拍摄的90分钟故事片。影片以贯彻落实习近平总书记"四好农村路"建设指示和精准脱贫为背景，以党的十九大代表、湖北省优秀共产党员、村支部书记王光国和魏登殿的先进事迹为原型而创作。

15日 省委组织部在湖北省交通运输厅干部大会上，宣布省委关于朱汉桥同志担任省交通运输厅党组书记、厅长的任职决定。

20日至21日 全国多式联运现场推进会在湖北武汉召开。交通运输部副部长刘小明出席会议并强调，要认真贯彻落实党中央、国务院关于多式联运和运输结构调整工作部署，主动适应发展新形势、新要求，持续推进多式联运向纵深发展，奋勇开创多式联运高质量发展新局面。湖北省省长王晓东出席会议并致辞，副省长曹广晶出席会议。省交通运输厅党组书

记、厅长朱汉桥作交流发言。

22日 武汉城市圈环线高速公路孝感南段正式开通运营。孝感南段全长94.548公里，路基宽度26米，设计速度100公里/小时。起于安陆市城南办事处闭刘村，对接孝感北段(大随至汉十段)，与福银高速公路、武荆高速公路立体交叉，终于汉川市汉江特大桥与南岸引桥分界处，对接城市圈环线高速公路仙桃段起点。由湖北省交通投资集团公司投资建设。

12月

1日 首批符合安全通行高速公路的60台公路客运客车在292线路正式运营。武汉公交292线路是武汉市中心城区连接黄陂区的首条城市公交线路，为进一步提升市民出行时效和确保安全，对运营服务进行优化，线路改行高速公路。这批客车实行"一人一座"长途运营模式，但维持公交票价不变，实行长线运营和区间车运营2种。

10日 首趟"十汉欧"班列装载着农产品、汽车零配件等从十堰火车站发车，在武汉搭乘汉欧班列，经满洲里出境，发往莫斯科，最终抵达终点德国汉堡，需18~20天。这是武汉市与十堰市两地互联互通，继"宜汉欧""襄汉欧"班列后，汉欧共享模式的又一次践行与推广。

19日 长江武汉至安庆段6米水深航道整治工程(以下简称"武安段工程")全面开工建设，总投资37亿元。武安段工程是宜昌至安庆段航道整治的重要组成部分，横跨湖北、江西、安徽三省，上起湖北武汉天兴洲长江大桥，下至安徽安庆皖河口，将对湖广—罗湖洲、沙洲、戴家洲、鲤鱼山、张家洲、马当、东流等7个碍航滩段进行系统整治，并实施生态建设工程，计划2022年全面建成。该工程建成后，武安段386.5公里航道最低维护水深将由4.5米提高至6.0米，可实现13000吨级内河船舶、10000吨级江海船舶常年直达武汉，极大提升武汉长江中游航运中心及沿线港口辐射能力，促进江海联运发展及口岸功能提升，为湖北自贸区建设和长江经济带发展提供强劲的航运支撑。

26日 武汉至深圳高速公路嘉鱼北段建成通车，标志着武汉至深圳高速公路湖北段全线贯通。武深高速公路湖北段全长167公里，总投资约142亿元，由北向南分为武汉段、嘉鱼北段、嘉鱼至通城段、通界段。武深高速公路嘉鱼北段建成通车，武汉到嘉鱼行车时间缩短到30分钟。

△ 武汉至大悟高速公路大悟段正式开工建设。该项目起于麻竹高速公路刘集枢纽，对接武汉至河口段，途经大悟县河口镇、四姑镇、吕王镇、黄站镇、宣化店镇，止于大悟县宣化店北鄂豫界，对接河南规划的安罗高速公路，路线全长48.388公里，投资估算55.31亿元。由湖北省交通投资集团公司作为总承包单位承建。项目建成通车后，将与京港澳高速、沪蓉高速、麻竹高速形成"井"字形高速公路网，从大悟到武汉仅需1小时。

△ 209国道十堰城区垭子至大川段一级公路开工。该工程是湖北省"十三五"交通规划建设项目，全长11.606公里，概算总额70372万元。

30日 省长王晓东、常务副省长黄楚平到省交通运输厅就应对低温雨雪天气进行部署和调度。省政府秘书长别必雄陪同，省交通运输厅党组书记、厅长朱汉桥汇报交通运输抗冰除雪情况。王晓东、黄楚平到交通应急视频监控中心，详细了解全省道路路网运行情况，通过视频监控查看省界道口、重要枢纽和武汉市客运站车辆通行情况，现场连线坚守岗位的鄂西高速公路一线员工，询问抗雪和天气情况，向大家表示亲切慰问，并希望他们发扬连续作战的精神，确保人民生命财产安全。省公安厅、民政厅、住建厅、水利厅、农业厅、应急管理厅、能源局、气象局，中铁武汉局集团公司、湖北机场集团、省电力公司，中国移动湖北分公司、中国联通湖北分公司、中国电信湖北分公司分别做汇报。

概

况

【全省交通运输概况】 2018年，全省完成公路水路固定资产投资1068.6亿元。全省新增公路里程5555公里，其中新增高速公路115公里、一级公路219公里、二级公路467公里、三级公路240公里、四级公路5278公里，减少等外公路765公里。全省公路总里程275039公里，公路密度147.96公里/百平方公里。等级公路所占比重96.68%，较2017年提高0.35个百分点，二级及以上公路所占比重达到13%，与2017年相比基本持平。全省内河航道总里程9066.68公里，其中内河航道通航里程8666.94公里，与2017年保持一致，内河航道通航里程中有24公里四级航道和9公里五级航道升为三级航道，等级航道所占比重71.1%，三级及以上航道所占比重23%。

基础设施建设。2018年，全省高速公路完成固定资产投资348亿元，比上年增长5.68%。全省在建高速公路项目35个，项目总里程1245公里，已建、在建高速公路项目总里程7611公里。武汉城市圈环线高速公路孝感南段、武汉至深圳高速公路嘉鱼北段建成通车。硚口至孝感高速公路、洪湖至监利高速公路、老河口至谷城高速公路等25个续建高速公路项目进展顺利。沙市至公安高速公路杨家厂至孟家溪段、武汉城市圈环线高速公路

2018年12月26日，武汉至深圳高速公路嘉鱼北段通车，武深高速嘉鱼北段正式并入湖北高速公路网试运营，标志着武深高速湖北段全线贯通

大随至汉十段等8个项目318公里开工建设。

全省普通公路完成固定资产投资540.9亿元，比上年增长19.51%。建成一级公路513公里、二级公路1207公里，新改建农村公路通车里程19217公里，建成美丽农村路10014公里，完成公路安全防护"455"工程建设2.7万公里。完成公路大中修790公里，完成乡道及以上公路危桥改造318座、村道危桥改造366座。完成普通公路服务区及停车休息区188个。建成165座交通厕所。推进标准化养护应急中心、养护站房建设，提升普通公路服务保障水平。

2018年12月27日，香溪长江大桥钢主梁合龙

全省港航建设完成固定资产投资59.5亿元，比上年减少32.08%。其中航道项目完成投资17.3亿元，港口项目完成投资37.4亿元，船舶投资完成4.8亿元。碾盘山至兴隆段航道整治工程完工并开始试运行。陆水航道及汉江河口三期等重要航道整治工程正式开工，雅口枢纽工程一期围堰修筑完成、二期围堰开始施工，香溪河、唐白河、松西河跨省主通道整治工程完成工程可行性批复。荆州朱家湾二期、荆州港木沉渊港区江陵跃进综合码头等11个项目建成运营，新增港口通过能力2000万吨。

全省站场建设完成投资120.2亿元，比上年减少6.82%。其中客运站场建设完成投资9.5亿元，货运物流设施建设完成投资64.4亿元，城市公交站场建设、维修检测场建设、车辆购置等完成投资46.3亿元。

交通运输量。2018年，全省公路完成客运量8.1亿人次、旅客周转量453.43亿人公里，比上年分别下降6.66%、5.98%；完成货运量16.31亿吨、货物周转量2955.53亿吨公里，比上年分别增长10.45%、7.79%。水路完成客运量647.8万人次、旅客周转量4.7亿人公里，比上年分别增长3.7%、16.7%；完成货运量3.6亿吨、货物周转量2850亿吨公里，比上年分别增长0.8%、2.2%。完成港口吞吐量3.46亿吨，比上年下降6.2%。全年完成集装箱吞吐量193.6万标箱，比上年增长

15.8%。其中武汉港157.4万标箱，比上年增长16%，占全省集装箱吞吐量81.3%。

多式联运发展。武汉长江中游航运中心总体规划获省政府批复。长江"645"武汉至安庆段6米航道整治全面开工。阳逻港铁水联运一期工程实现常态化运营，全年完成铁水联运量5.3万标箱。黄石新港铁水公联运实现无缝对接并实现常态化运营。鄂州三江港、宜昌白洋港、武汉金控粮食码头铁水联运项目列入交通运输部第三批多式联运示范工程。全国第三次多式联运现场推进会在武汉举办。首艘1140型江海直达集装箱示范船建成运营。

"四好农村路"建设。制定农村公路技术标准等指导性文件，推进提档升级、安全保障、管养达标、美丽农村路创建、运输服务提升等五大工程。黄州区、竹山县、神农架林区、潜江市、大冶市等5个县（市、区）被评为全国"四好农村路"示范县，荆州区等18个县（市、区）被评为全省"四好农村路"示范县，"四好农村路"创建工作向示范乡镇延伸。新改建农村公路路基路面里程2.4万公里，其中建成通车1.9万公里。"村村通客车"成果不断深化巩固。至2018年年底，全省建成农村客运综合服务站433个，省级农村物流融合发展试点达23家。

交通运输服务。出台"集卡车"通行费优惠政策，开展差异化收费试点，减免高速公路通行费逾69亿元。货运车辆安全技术检验和综合性能检测实现"两检合一"。武汉、宜昌、孝感等地9家无车承运人平台整合社会运力达3万余辆。"放管服"改革深入推进，再取消行政许可4项，审批事项纳入省政务服务"一张网"。武汉市国家公交都市创建通过验收，被交通运输部命名为"国家公交都市建设示范城市"，襄阳、宜昌国家公交都市创建顺利推进。出租车改革稳步推进，25家网约车平台公司办理经营许可。

绿色交通建设。非法码头专项整治、港口船舶防污染、岸线清理整顿扎实开展。全省长江沿线取缔各类码

头1211个（含沙堆），规范提升52个，腾退岸线149.8公里，复绿总面积超过809万平方米。防治污染攻坚战积极推进，建成岸电泊位30个。2018年，全省新增及更换公交车3068辆，其中新增及更换新能源公交车2404辆，新增及更换比重78%。至年底，新能源、清洁能源公交车和出租车分别达1.47万辆和3.41万辆。襄阳、十堰入选国家城市绿色货运配送示范工程创建城市。

行业治理能力。高速公路ETC累计发行用户突破306万户。全省近20万辆"两客一危"车辆（从事旅游的包车，三类以上班线客车和运输危化学品、烟花爆竹、民用爆炸物品的道路专用车辆）、12吨以上重载货车、农村客运车辆纳入动态监控，其中约3.8万辆实现4G视频监控，道路运输安全第三方监测平台作用开始凸显。在全国率先实现汽车维修电子健康档案系统建设全覆盖，全省3359家一二类维修企业全部安装系统，上传数据254万条。深入开展"大建设、大排查、大整治""打非治违"等行动，安全生产形势持续稳定。嘉鱼长江大桥、雅口航电枢纽等16个重点项目品质工程创建加快推进。优化公路超限检测站点布局和联合执法网点，新增普通公路固定超限检测站3个、超限检测点108个，优化调整站点布局24个，联合治超步入常态化。高速公路路网

超限率下降至1.1%。

全面从严治党。厅党组完成理论中心组学习10次，160余名副处级以上党员干部参加专题培训班。率先在省直机关开展党员活动室标准化阵地建设。开展"我最喜欢的党课"展示活动，举办基层党组织书记讲党课比赛。创建全国文明单位10个、省部级文明单位157个。全国首部"四好农村路"电影《村路弯弯》正式上映。"书香交通·文化同行"活动全面启动。

【全省普通公路概况】　2018年，全省普通公路完成固定资产投资540.9亿元，占确保目标的135.2%；完成一级公路513公里，占年度目标的114.0%；完成二级公路1207公里，占年度目标的145.4%；新改建农村公路通车里程19217公里，建成美丽农村路10014公里，完成公路安全防护"455"工程建设2.7万公里。11个市州制定公路建养一体化实施方案，宜昌、襄阳、荆州、荆门、黄冈、咸宁、十堰和恩施等8个市州组织22批次招标工作，有22家大型国企参与112个项目3379公里建设，投资规模355.8亿元。黄州区、竹山县、神农架林区、潜江市、大冶市等5个县（市、区）被评为全国"四好农村路"示范县。荆州区等18个县（市、区）被评为全省"四好农村路"示范县。创新推进示

2018年，黄州区陈策楼镇乡道王程线农村公路

范创建由县市向乡镇延伸，组织开展首批"四好农村路"示范乡镇创建工作。编制并发布湖北省地方标准《农村公路工程技术标准》《绿色公路建设技术指南》《国省道服务设施设计技术指南》，推进项目规范化建设。委托第三方对农村公路建设项目进行质量抽检，并督促指导。

精细养护再上台阶。以提升养护质量效益为中心，开展公路养护精细管理年活动，推进养护工程、日常养护、桥隧管养、站场建设、服务保障等精细化。完成公路大中修790公里。加强危桥改造工程专项指导督办，完成乡道及以上公路危桥改造318座、村道危桥改造366座，分别为年度目标的188%、112.5%。推进地灾隐患整治工程。开展半年养护检查考核，实行月报表制，全面加强日常养护管理。对全省桥隧管理进行综合抽检，及时通报整改问题，完善桥梁附属设施，建设检修步道，建立隧道风险台账和基础数据库，完成隧道入口段行车安全隐患整改。规范设置新升国省道桥梁标志标牌，完成公里碑、百米桩更换工作。探索公路养护管理新路径，先后在孝感市、崇阳县试点"路长制"；在神农架林区试点"实时监测系统建设"，对普通国省道重要桥梁、隧道、重点路段实时监测；在潜江市试点"智能化养护管理系统建设"，构建公路智能化养护管理信息模块；在黄石市试点"第三方养护考核机制"，均取

得成效。加快推进服务设施建设，全省完成普通公路服务区及停车休息区188个。建成交通厕所165座。推进标准化养护应急中心、养护站房建设，提升普通公路服务保障水平。

执法形象整体提升。组织开展全省公路治超执法"大学习、大整顿、大检查、大提升"活动。分级分批轮训全省路政执法人员，提升规范文明执法水平与能力。组织协同参与治超执法督导检查，立查立行立改社会反映焦点问题。调查整改网络舆情反映的"乱收费"、超限治理工作不力、未执行全国统一超限认定标准等问题，加强联合执法工作流程和治超工作纪律，有效保障治超新政和联合执法常态化制度化贯彻落实。全年检测货车136.9万辆，处理违法超限货车4.6万辆。按照统一规划、合理布局、适时调整、总量控制原则，对全省110个普通公路固定超限检测站和108个超限检测点位置、名称进行调整、增设，进一步优化公路超限检测站点布局和联合执法网点。完成50处治超站电子抓拍系统建设和初验。35处不停车检测系统建成试运行。严格落实行政许可首问责任制、一次性告知制、一站办理制、限时办结制和服务承诺制。编制、公开公路行政审批事项《审查细则》和《服务指南》，规范记录行政审批流程，固化审批环节和时限，促进实现审批工作公开、公正、规范、高效。受理办理涉路施工活动许

可167件、超限运输车辆行驶公路许可6093件。按照有关法规要求，将审核确认的严重违法失信超限超载运输行为信息纳入涉路施工行政许可、大件运输许可和公路建养工程招投标等资格审查范围，按照联合惩戒备忘录等有关失信联合惩戒规定，实施限制措施。全年上报交通运输部确认43起。

安全管理扎实推进。深化完善安全风险管控和隐患排查双重预防机制建设，推进平安公路建设，开展安全专项活动，不断提高安全应急管理水平，实现安全无责任事故目标。坚持安全工作与业务工作同研究、同部署、同落实、同考核。采用述职形式考核17个市州公路部门上年度安全应急管理工作履职尽责和目标完成情况，严格落实安全生产约谈、挂牌督办、"一票否决"等制度。开展安全生产综合督查，开列问题清单，下发督查通报，督促安全应急责任落实。209省道咸通线K0+000～K22+000段被省交通运输厅授予全省"平安公路"称号。抓好安全专项行动，严控质量安全风险。全省公路部门开展隐患排查整治活动1320次，排查各类隐患3636个，整治隐患3564个，整改率98%。以长大桥隧、急弯陡坡、临水临崖、事故多发易发等重要路段安全运营为重点，对重大隐患进行挂牌督办整改落实，为有效保障普通公路危桥改造工作，专项约谈督办10个市州公路危桥改造执行情况。对特大型、特别重要、特殊桥梁、隧道实现健康监测。推动普通国省道长大桥隧、城市出入口等重要节点全过程实时监控。6个公路专业渡口、6个收费站实现和省公路局视频监控联网。湖北省公路水路安全畅通与应急处置系统和全省公路应急处置调度系统全面推广应用。组织开展公路反恐、应急指挥车拉动、渡口安全、钢桥架设、隧道坍塌等应急演练，组织安全应急培训50余次，受训1500余人次。

文明建设广泛宣传。与湖北电视台等省级媒体合作，结合美丽公路创建，开展行业宣传，涌现出一批网红路、美丽路、美丽驿站、温馨港湾，塑造

2018年10月27日，402省道武穴梅狮线党员示范路

良好的公路形象。自编自导自演的微电影《女路政打官司》获全国交通运输行业微视频大赛十佳影片。全省公路系统34家单位被评为全国、省级文明单位，5人被评为湖北省劳动模范和先进工作者。

（耿峥）

【全省高速公路概况】　2018年，全省高速公路完成固定资产投资348亿元，比上年增长5.68%。全省在建高速公路项目35个，项目总里程1245公里，已建在建高速公路项目总里程7611公里。武汉城市圈环线高速公路孝感南段、武汉至深圳高速公路嘉鱼北段共计115.193公里建成通车。硚口至孝感高速公路、洪湖至监利高速公路、老河口至谷城高速公路等25个续建高速公路项目进展顺利。沙市至公安高速公路杨家厂至孟家溪段、武汉城市圈环线高速公路大随至汉十段、沪蓉高速龟峰山支线高速公路、监利至江陵高速公路东延段、十堰经镇坪至巫溪高速公路鲍峡至溢水段、枣阳至潜江高速公路襄阳北段、十堰至淅川高速公路（湖北段）、蕲春至太湖高速公路蕲春西段等8个项目318公里开工建设。

服务设施升级。2018年，高速公路174公里路段、12个收费站并入路网。

2018年9月27日，湖北省高速公路管理局与中央广播电视总台交通传媒有限责任公司共同签署共建合作协议

网。新增ETC车道38条，累计达748条，ETC覆盖率100%；累计发展ETC用户306.52万户，新增"一站式"客服网点771个，累计达4498个，覆盖100%的县级行政区、95%的乡镇。新创建标准化收费站44个，共计建成137个，收费窗口硬件设施和服务质量进一步改进。全年投入资金7000余万元改造完工星级厕所83座。

公路养护。全年投入资金17.26亿元，进行路面养护和桥隧维修，高速路网PQI均值93.89，比上年提升

2月1日，2018年湖北高速公路春运启动仪式暨执法服务站启用

0.39，4座三类桥梁、5座三类隧道全面完成整改并达到二类标准。13家隧道管理单位投入7327万元对710座隧道入口段交安设施进行全面优化完善，完工395座。顺利完成交通运输部路况检测迎检工作，有序推进国高网命名编号调整，军山长江大桥加固维修工程完工。

降本增效。扩大"集卡车"优惠范围，推行高速公路差异化收费试点，按期推进通行费"营改增"工作，平稳实施货车"二代卡"应用投放，实现货车精确计重、精准抵扣，全年让利社会超过69亿元。全路网通行收费车流量2.7亿辆次，完成通行费收入218.95亿元。开展货车计重复式收费试点，3个省界站安装复式收费设备15套，推广应用4套X射线绿通车快速查验设备，设立绿通车前置查验点，推进8个收费站扩容改造。省安委会挂牌督办的襄州北收费站拥堵安全隐患通过整改验收。

行业治理。坚持每月开展第三方暗访检查，定期进行行业检查通报，并将考评结果在《湖北日报》、荆楚网等权威媒体上进行公示，主动接受公众评价和社会监督。加强行业约谈整改和督办问责机制，先后10次召开行业监管专项约谈会，对重点隐患整改不得力、路况水平不达标、服务设

2018 年 10 月 30 日，省高速公路管理局、省公安交通管理局联合召开湖北省高速公路治超暨恶劣天气应急管控布置会

施不达标等进行问责约谈，明确整改标准、措施和时限。组织开展 2 次全省联网收费联动稽查，查处各类逃费嫌疑车辆 1 万余台，收(补)缴通行费 86 万余元。

路政执法。督导建成 208 处收费站入口超限检测设施，路网入口超限率降至 0.84%。鄂西、黄黄、汉十高速公路管理处、宜昌大桥公司等 20 个经营单位，鄂西支队、汉十支队、黄黄支队、宜昌大桥支队等 6 个路政机构，率先将入口超限率控制在 0.5% 以内，达到部颁要求。推进路域环境大整治，制止侵占路产路权违法行为 189 起，清理桥涵堆积物 66000 余立方米，拆除违法跨线 67 处、非公路标志牌 152 处、违法建筑 47096 平方米。推进"三基三化"建设，全面启用 54 个执法服务点，"两站两营房"项目建设有序推进，建成路政执法指挥调度中心，推广应用无人机、执法记录仪等科技装备。严格规范执法行为，全年查处路赔案件 5717 起，实施行政处罚 7 起、行政强制 23 起，办理行政许可 11523 件，保持无错案和执法过错、无行政复议及行政诉讼败诉案件、无公路"三乱"现象的良好态势。

安全生产。健全完善安全生产"党政同责、一岗双责"实施办法，严格推行安全生产责任清单和目标责任考

核制、桥隧长制。推进隧道入口段交通安全设施配置、"降风险、保安全"专项工程，实现视频监控联网全覆盖。组织开展专项风险隐患排查 6 次，治理各类安全隐患 2000 余处。6 家责任单位投入 1.1 亿元，对省安委会挂牌督办 3 处和省高管局安委会挂牌督办 6 处重点安全隐患实施整治，整治销号 4 处。有效应对春运和春节等节假日车流高峰，妥善处置年初两轮持续冰雪灾害、"4·5"沪渝高速利川段山体滑坡、"7·5"恩黔高速隧道顶部垮塌等重大应急事件。黄黄高速公路管理处"智慧黄黄"协同管控平台获全国交通企业管理现代化创新成果三等奖。

文明创建。成功举办湖北高速公路发展 30 年成果展，开展职工体能技能竞赛、收费业务技能竞赛、路政执法技能竞赛，进一步提升高路队伍业务素质和职业形象。武黄高速公路管理处许湘秦劳模创新工作室、印象武东工作室示范带动，实行"老带新、一对一、体验式"跟班学习；汉十高速公路管理处打造"匠韵襄东""馨心襄应""精进堰西""绣美郧西"等温馨示范站所；新涌现出"全国交通运输行业文明示范窗口"京珠路政三大队、武东管理所、隆中管理所，"全国交通运输行业文明单位职工标

兵"吴凤文、"最美中国路姐"张思、"最美中国路姐团队"中交资管湖北总部彩虹班组等先进集体和个人。原创法治微电影《什么也没发生》获全国交通运输行业微视频大赛三等奖，随岳高速公路管理处获"全国交通运输行业精神文明建设先进集体"称号，鄂西高速公路管理处获"全国交通运输文化建设优秀单位"称号。

(吴海鹏)

【全省道路运输和物流发展概况】 2018 年，全省运输物流完成固定资产投资 120.2 亿元，完成道路客运量 8.1 亿人次、货运量 16.3 亿吨。"两客一危"车辆实现重大事故、上报事故、死亡人数"一无两降"。

民生实事。推进落实货车年审、年检和尾气排放检验"三检合一"工作，全省 122 家检验检测机构落实车主"交钥匙"工程，可为货运经营者每年节省约 9300 万元。启动城市公交生命防护装置整治专项行动，完成 3700 余台次公交车辆驾驶区域安全防护隔离设施安装工作。全省 11 个城市获取交通运输部"一卡通"密钥，咸宁、黄石、荆门、潜江等 10 个城市实现交通"一卡通"互联互通，累计发卡近 10 万张。全面落实道路长途客运实名制管理，全省 130 家汽车客运站实现实名售票。进一步巩固"村村通客车"成果，培育 100 条"文明示范线"和 100 台"优质服务车"，神农架林区景域交通无缝衔接不断优化，高效完成"松柏—木鱼"农村客运公交一体化改造工作。加快县乡村三级农村物流体系建设，全省拓展到 23 个县市，服务精准扶贫脱贫和乡村振兴。

转型发展。武汉市被授予"国家公交都市建设示范城市"称号，宜昌、襄阳两地国家公交都市创建步伐加快。滴滴出行等 25 个平台企业落户湖北。道路客运转型发展步伐加快，在全国率先下放省际、市际道路客运省级行政审批权限。道路货运社会治理机制创新试点顺利推进，武汉、宜昌、孝感等地 9 家无车承运人平台网络服务社会运力 3 万余辆。清洁能源和新能

源公交、出租汽车达 5.5 万辆，占比超过 80%；襄阳、十堰入选国家城市绿色货运配送示范工程创建城市。驾驶员培训服务新模式覆盖率突破 93%，黄石、黄冈、十堰等 10 个市州率先达到 100% 目标。

安全监管。制定全省道路运管机构安全监管责任清单。加强企业安全责任，严格落实重点道路客运企业负责人跟车督导制度，全省 150 家客运企业跟车督导 393 车次。加强安全生产监督，完善道路运输行业重大安全隐患整改台账，分省、市、县三级建立安全隐患目录，组织开展道路运输安全生产月活动。创新安全监管手段，应用第三方监测、4G 视频监控、大数据分析以及车载智能终端等科技手段，构建"12345"营运车辆安全监管机制。全省近 20 万辆"两客一危"等重点营运车辆纳入动态监控，其中约 3.8 万辆实现 4G 视频监控。开展重点营运车辆动态监控培训"十百千"行动，按月通报平台服务商服务质量，对部分动态监控核心指标数据较差的卫星定位运营服务商进行约谈。同时，推进道路运输行业信用体系建设，建立健全道路运输行业信用"红黑名单"管理制度，营造诚实守信的道路运输市场环境。

"数字运管"。完成以"网上运管""掌上运管"为引导的部、省、市、

2018 年，松滋长江物流园建成

县四级协同信息化系统建设，鄂州、黄石两地市级道路运输许可事项申请在线上运行。第三方监测平台稳定运行 10 个月，推送报警数据 1100 多万条，不规范驾驶行为明显下降。省内综检实现全省联网和通检。数据清理质量综合评分连续 4 个月进入全国前五。在全国率先实现汽车维修电子健康档案系统建设全覆盖，全省 3359 家一二类维修企业全部安装系统，上传数据 254 万条，上传率 56.3%。

文明创建。运管系统内人才队伍建设进一步加强，涌现出一批先进模范人物和专家型人才，"全国交通技术能手"3 人，赤壁市物流局局长胡文斌获评中国运输风范人物，荆门公交点钞员孟丽华被评为"全国三八红旗手"，襄阳公交驾驶员熊会萍等 6 人被评为"湖北省劳动模范"，宜昌"的哥"王华君获"荆楚楷模"称号。宜昌市在体制机制改革上率先破冰，以原运管局为基础组建"宜昌市交通综合执法支队"。

（罗丽萍）

【全省水路交通概况】　2018 年，全省内河航道通航总里程 8666.9 公里，港口 38 个，生产性码头泊位 1180 个，渡口 1557 个。全年完成水运固定资产投资 59.5 亿元，新增港口吞吐能力 2054 万吨，新增三级以上高等级航道 60 公里。全省完成港口集装箱吞吐量 193.7 万标箱、汽车滚装量 90.9 万辆，其中武汉港完成港口集装箱吞吐量 157.4 万标箱、商品汽车滚装 69.6 万辆，居长江中上游第一位，长江中游航运中心的核心枢纽地位进一步凸显。

航道建设。武汉至安庆长江航道 6 米整治工程全面开工建设，汉江航道梯级开发控制性工程——碾盘山航运枢纽工程实质性开工。雅口航运枢

2018 年 1 月 31 日，傅家坡长途汽车客运站做好春运安全保障、便民服务等工作

2018年，武汉港阳逻港区集装箱多式联运一期（电厂）货运枢纽建成

纽、汉江武汉至蔡甸航道整治工程等在建项目进展顺利。清江航道整治工程等项目完成竣工验收。唐白河、松西河、香溪河、汉北河航道整治工程等项目前期工作推进，"十三五"项目库前期工作累计完成80%。港口和集疏运建设进展加快。黄石新港二期、荆州车阳河港二期等港口工程开工建设，鄂州三江港集装箱码头等项目基本建成，阳逻港铁水联运二期疏港铁路开工建成。《武汉长江中游航运中心总体规划》获省政府批复。《湖北省内河航道发展规划》环境影响评价报告通过审查，全省"十三五"水运发展规划中期评估调整方案编制完成，武汉港、荆州港、黄冈港等一批港口总体规划修编取得进展。

长江大保护。长江干线非法码头整治、船舶港口污染防治、长江汉江岸线清理整顿纳入省政府长江大保护十大标志性战役。非法码头整治在巩固成果、严防反弹、岸滩复绿、砂石集并中心建设、建立长效机制等方面取得新进展。武汉市对二七长江大桥和鹦鹉洲长江大桥之间的所有货运码头集中拆除、搬迁、集并，宜昌市配合化工企业搬、改、关行动对相应区域内的码头实行搬迁。全省港口设置船舶生活垃圾箱2000多个，流动接收船舶71艘、8000总吨。推进各地落实《防治船舶及其有关作业活动污染环境应急能力建设规划》，严格实施船舶污染物接收、转运及处置联单制度和联合监管制度，加强船舶污染监督检查和整改。强化船舶防污染检验，严格按照环保要求签发船舶适航证书。武汉、宜昌、荆州、黄石、黄冈、仙桃等港口有58个泊位标准岸电设施安装到位。宜昌市绿色服务区等一批绿色航运项目建成使用。岸线清理整顿完成阶段性目标。全面普查长江汉江岸线，编制长江汉江岸线清理图册。

铁水联运、江海联运。阳逻港铁水联运一期工程全年完成铁水联运量5.3万标箱。黄石新港铁水联运实现铁路与港口无缝衔接。鄂州三江港、宜昌白洋港、武汉金控粮食码头铁水联运项目列入交通运输部第三批多式联运示范工程。全国第三次多式联运现场推进会在武汉举办。武汉"江海直达"航线稳定运行，武汉港集装箱水水中转占比达到40%以上，成为中西部地区最佳"出海口"。推进干支直达运输，发展汉江沿线港口至武汉港集装箱喂给航线，仙桃、荆门等地政府相继出台集装箱水路运输专项补贴资金管理办法。至2018年年底，全省运力731.8万载重吨，千吨级以上长江干线货船及江海直达船运力比重超过70%，滚装船、外贸内支线集装箱船、省际散装液体危险品船、江海直达船等专用船舶运力比重超过40%。新建完工大长宽比示范船31艘。1140标箱集装箱船建造项目进展顺利，"汉海1号"完成首航。武汉航交所发布长江内河集装箱、散货、滚装运输等系列指数，搭建货运交易、船舶交易、航运人才服务、航运司法拍卖等平台。全年实现交易额54亿元、比上年增长51%。

深化改革提升服务。继续推进简政放权，优化审批流程，精简申请材料，取消国际船舶管理业审批（中资）。推进"证照分离"。统一规范省、市、县三级水路交通行政管理权责清单，清理审批中介服务收费、涉企证照。推进"互联网＋政务服务"建设，全

2018年，"宜航浚3"工作浚船正式作为宜昌市港航建设维护中心大公桥分局办公用，它是长江干线宜昌段第一艘以港航元素为题材的综合服务性浚船，集办公、会议、文化、生活、休闲为一体

面开展"一张网"对接工作，全省港政、水路运政审批全部纳入"湖北政务服务网"，船员适任证书核发、船舶检验证书核发、船舶登记审批系统与省政务审批平台联通。落实普法责任清单和普法责任考核，开展"法律六进"活动。组织完成全省水路交通执法骨干培训和执法资格考试。修编水路交通行政处罚自由裁量基准，组织执法案卷评查活动，监督规范行政执法行为。

水上安全重大风险防范和隐患治理。全面推进渡口渡船网格化，全省所有渡口渡船安全监管责任100%由执法人员包干。推进全省乡镇船舶县市、乡镇、村组、船主"四级"责任制落实。省、市、县三级按频次要求开展港口危险货物安全检查。开展内河船非法从事海上砂石运输治理、中小型船舶安全管理专项治理、船舶进出港报告专项治理等行动，全省核查企业506家次，个体工商户548家，船舶万余艘，有效排查治理隐患770处；开展安全检查3000余次，涉及公司166家次、船舶2900余艘次，发现和处置问题259个，滞留船舶10艘次。发挥"湖北省港口危险货物安全监管基础信息系统"辅助监管作用，实现监管过程和履职情况"痕迹化"，港口企业安全意识、安全投入、从业人员资格、安全制度、安全设备、应急管理等明显改观。2018年，全省发生水上安全责任事故1起、死亡1人，比上年分别下降50%、66.7%。

船舶船员和船检管理。推广使用海事船舶进出港报告服务网和手机App，船舶进出港报告量比上年增长92.75%。开展登记船舶清理排查，排查船舶8377艘，发现问题29625项，全部督促整改。将船员服务簿签发审批时限由7个工作日压缩至5个。取消船舶国籍证书核发复审环节，开放外网申请船舶登记业务功能。将船员证书类审批业务由三级审批调整为二级。推广使用海事综合服务平台和船员电子申报系统，开放船员外网申请最低安全配员证书功能，实现配员证书异地申办、电子推送、自行打印。制定湖北省《100总吨以下内河船舶

船员适任大纲》《辖区内河小型船舶船员值班规定》。开展培训机构资质核验和船员教育、培训质量管理体系审核，宜昌、黄冈考点推进船员考试方式改革，实现客船特培、基本安全理论考试无纸化。湖北省船检机构B级资质再次获交通运输部海事局批复。以船检登记号授为载体，严格实行三级审核制度。完成升级并实施《湖北省船舶法定检验质量管理体系文件(B/O)》。聘请第三方完成7艘省际客船和省内38艘100客位以上代表性客(渡)船安全技术评估。制定下发《湖北省河船开航风级限制核定办法》。

（陈珺）

【**全省铁路运输概况**】　2018年，全省铁路运输安全持续稳定向好。全年消灭一般C类及以上责任行车事故，责任行车事故、责任设备故障、路外死亡人数比上年分别下降28.8%、16.8%、19%，实现第14个防洪安全年。开展高铁动车运营十年大讨论，查摆隐患问题780个，修订完善安全制度38项。开展高铁客车安全风险研判和隐患排查，研判安全风险760项，排查隐患269个。开展高铁隧道风险、动车组源头质量、客运站车和电器消防安全等15项专项整治，特别是宜万线病害整治，全年首次实现汛期不断道。加强高铁应急处置，开展综合演练50余次。完善技术规章194项、废止199项。落实安全风险管控和隐患排查治理双重预防机制，完善集团公司层面10类70项安全风险管控措施。开展"靶向"培训和技能竞赛，获总公司竞赛团体二等奖4个、单项名次23个。加强设备质量控制，完成主要干线集中修和合武客专达速达标，实施行车设备平推检查、集中整治，累计检查行车设备4.4万余处，发现并整治隐患问题1万余件。线路质量高铁优良率100%、普铁优良率99.98%。坚持抓现场落实环节，实施"视频到车间、光纤到班组"建设，建成覆盖585个车间的视频会议系统。推进综合维修生产一体化，建成高铁综合维修车间5个。实施车间中层提质专项

行动，完成8个系统车间主任书记全覆盖培训。梳理85个暑期高温艰苦岗位、13种情形冬季重点岗位，开展领导干部带班写实，解决问题1万多件。宣贯《湖北省铁路安全管理办法》，承办湖北省护路联防工作会，推动解决老丹线、宁西线、京广高铁等沿线路外隐患难点问题。开展高铁沿线路外安全环境整治，排查隐患370处、整治销号208处。建立京广高铁湖北段"双段长"责任制。摸排沿线276座水库隐患。与15个地市防汛、防震部门建立沟通机制，畅通信息。

客货运输。全年发送旅客1.82亿人次、货物7372.6万吨，比上年分别增长5.8%、5.6%。完成运输收入297.9亿元，比上年增长7.7%。实施货运增量行动，开展市场营销，建立与地方经信委三级工作联系机制，基础货源增加411万吨，比上年增长11.1%。大力发展多式联运，联合地方政府，打造武汉阳逻港、黄石新港、鄂州三江港等5个国家多式联运示范工程。支持荆沙地铁、宜昌紫云铁路、鄂州三江港港区铁路、黄石山南铁路建设和运营，铁路联通长江航道主要港口10个，完成集装箱铁水联运4.8万标箱，比上年增长205%。全年集装箱、商品汽车、冷链运输比上年分别增长47.3%、23.7%、81%。中欧班列到发424列、比上年增长15.3%，实载率、返程率位居全国第一。实施京山石料、丹江农夫山泉、周口电厂等14个"公转铁"项目，承接转移运量305万吨。优化开车结构，扩大动车开行范围，开行武汉至北京、上海间7对标杆车，进一步提升客运供给水平。深挖"一日一图"潜力，精确设计开车方案，扩大有效供给，全年多供车1506组次，加开临客4762列、动车重联2462列，实现增运500万人。主动满足地方开车需求，开行政府定制列车5对，增开长三角、川渝等方向客车，提升沿江方向运输能力，取得良好社会效益和经济效益。建立客车开行效益评价机制和市场化票价机制，客票收入率增加4.2元/人。提升服务质量，持续推进"厕所革命"，实施

2018 年 8 月 26 日，中欧班列（汉堡—武汉）累计开行 10000 列

客站 "1+7" 补强工程和畅通工程，宜昌东、十堰等站春节前投入使用。实施普速客车卧具一乘一换，落实军人依法优先，推出刷脸核验、在线选座、互联网订餐等新举措，推动客运服务提档升级。

效率效益。适应武汉枢纽总体布局，关闭武昌南编组站功能，完成襄阳北编组站第一阶段扩能改造、武汉北站运输组织优化，按站顺编车，减少中间站平面调车作业，发挥编组站服务保障作用。襄阳北站日办理车能力由 1.9 万辆提升至 2.5 万辆，缓解襄渝、焦柳等线能力紧张局面，全局日均完成中转服务收入 338 万元，比改造前增长 41%。敞开口子接车、满轴满吨交车，在大面积集中修、重车集中到达、车流积压情况下，保持分界口大进大出，分界口日均接交货车增长 3.6%。货物周转量 1148.8 亿吨公里，比上年增长 8.6%。全年接重车 576.2 万辆，比上年多接重车 40.7 万辆、增长 7.6%、创收 7.1 亿元。实施焦柳线枝江站货车乘务交路拉通、长荆线按图行车，以及京广、漯阜、京九线机车和乘务交路调整等工作，运输组织更加顺畅，运输效率大幅提升。

经营质量和效益。全年运输营业收入 804.3 亿元，比上年增长 27%；非运输业务经营收入 101.7 亿元，比上年增长 10.6%；综合创效 10.1 亿元，

比上年增长 43.7%。实现盈利 68.5 亿元，利润总额全路排名前三。完善预算目标管理制度，科学编制预算，实现财务预算与业务预算有效融合。突出安全、效益、效率导向，修订工效挂钩考核办法，调动各层面增收节支的积极性。着力提质降本增效，动车组检修费用下降 2240 万元，承修外局和谐机车创效 6700 万元。通过需量法计费，扩大直购电额度，减少电费支出 3.47 亿元。通过电商采购、集中采购，节支 4.4 亿元，运维物资库存下降 11%。加强资金集中管理，实现资金收益 7 亿元。用好国家减负政策，

减少社保支出 1.52 亿元，降低税负 4179 万元。建立大修、更改专家评审分类管理机制，实施大修、更改评审项目 1542 个，节约投资 2.7 亿元。持续开展 "清家底"、经营管理行为自查自纠、"小金库" 治理，完善管理制度。健全重大决策法律论证制度，规范合同和印章管理，深化债权债务清理，加大主动维权力度，在全路率先实行领导干部直接代理案件，挽回或减少经济损失 1.2 亿元。落实审计全覆盖要求，完成经营业绩、经济责任、工程项目造价等审计 87 项，实现增收节支 3717 万元。探索经营开发新模式，完成武九北环线、黄石铁黄线等 20 个地块 165.6 万平方米 (2484 亩) 土地的资产处置，取得合同收益 61 亿元。推动列车餐营由自主经营模式向外包经营模式转型，实现创效 1.14 亿元，比上年增长 41.6%。

企业改革。实施集团公司经营机构改革。完成 12 个非运输企业公司制改革，对 6 家非运输企业进行重组整合，三级法人由 13 家减少到 10 家，压减 23%，基本形成 "一个专业一个公司" 经营开发格局。推进集团公司机关机构改革，职能机构由 32 个调整为 26 个，附属机构由 35 个调整为 26 个，机关经营管理机构编制精简 17 个、减幅 23.3%，人员编制精简 152 人、减幅 7.7%。实施生产力布局调整。调

2018 年 6 月 14 日，武汉长江大桥 60 年首次铁路桥面更换钢轨

2018年5月19日，武汉市政府与武汉铁路局集团公司签订武九铁路北环线搬迁协议

整9个车务站段、49个中间站的管理隶属关系，解决站段管辖大小不均、管界交错、高普混杂的问题。推进通信信号专业融合，13个异地通信车间、2个无线通信车间整建制划交3个电务段，强化车间属地化管理。漯阜公司四级管理变为三级管理，压减管理和专业技术岗位246人，减幅38%。实施涉铁工程管理改革。设立涉铁工程服务办，成立工程项目管理公司，对外一个窗口服务，解决多头对接、服务断档、效率不高问题。累计接洽涉铁工程项目229项，工程规模78.4亿元，承接委托代建合同金额20亿元，工程板块创效2.3亿元，增长60%。推进干部人事制度改革，全面启动岗位管理工作，516名一线优秀技能人才走上管理和专业技术岗位。优化生产劳动组织，压减定员3085人，综合用工定员劳动生产率提高3.1%。完善收入分配机制，优化岗位安全绩效考核工资制度，激发全员劳动创效的积极性。

铁路建设。突出建设为运输服务，以质量安全为核心，补短板、重配套、强弱项，推进铁路建设。完成固定资产投资266.2亿元，建成投产项目9个，新开工项目16个。抓项目规划和前期工作，推进沿江高铁建设、武汉枢纽改造、构建以武汉为中心的"米"字形高铁骨架等12项重点工程。宜昌至

郑万铁路联络线、西安至十堰高铁、阳逻港铁水联运二期工程、襄阳至常德铁路、宜万线新开高坪站、花园站房改造、荆门站房改造等项目前期工作取得进展。武西高铁汉十段、郑万铁路湖北段、安庆至九江高铁湖北段、黄冈至黄梅高铁、武汉新港江北铁路二期等在建项目有序推进。天门至仙桃铁路、潜江铁路支线建成投用。严格质量安全红线管理，严厉打击质量安全违规行为，加强以质量为核心的绿色、智能、精品建设理念。

职工生活。制定并实施职工生产生活条件改善三年规划。全年职工人

均工资收入比上年增长11.1%，实现职工收入与企业效益同步增长。建成职工保障性住房3522户，完成荆门、孝感、蕲春等920户住房配售，武汉地区住房配售在进行中。投入4107万元用于改善职工生产生活条件。卧具"一乘一换"在全局25个行车公寓得到落实，沿线老旧房屋、道路、排水、照明和作业人员走行通道得到补强，施工现场卫生车实施改造，职工生产作业条件得到改善。完成"三供一业"移交协议签订，整治供水、供电、物业配套设备设施移交问题。组织职工健康体检、健康休养，开展"职工健康调查，矫正不良习惯"专项行动。投入资金4550万元，帮扶救助职工2.88万人次。

开展建设扶贫、运输扶贫、定点扶贫，精心开好3对公益性"慢火车"，投入95.5万元推进青岗坪村扶贫项目，投入240万元推进三峡对口支援项目。2018年，中国铁路武汉局集团有限公司获"全国'安康杯'竞赛优胜单位""湖北企业100强"等称号。

（欧阳书娟）

【全省民航运输概况】　2018年，湖北辖区6家运输机场完成旅客吞吐量3110.51万人次、航班安全起降24.74万架次、运送货物24.34万吨，比上年分别增长10.85%、7.1%、

2018年3月2日，武昌站"铁心楚韵580"服务台帮助重点旅客进站上车

20.2%。其中，天河机场运输旅客 2450.04 万人次、安全起降 18.67 万架次、运送货物 22.16 万吨，比上年分别增长 5.9%、19.8%、2.1%，其中国际航线运输旅客 270.02 万人次、运送货物 5.3 万吨，比上年分别增长 2.8%、112.2%，安全起降 2.09 万架次，比上年下降 4.0%；宜昌三峡机场运输旅客 294.87 万人次、安全起降 2.48 万架次、运送货物 1.69 万吨，比上年分别增长 31.41%、27.17%、25.42%；襄阳刘集机场运输旅客 140.64 万人次、安全起降 1.5 万架次，比上年分别增长 36.9%、21.9%，运送货物 0.26 万吨，比上年下降 9.7%；十堰武当山机场运输旅客 118.99 万人次、安全起降 1.22 万架次、运送货物 0.05 万吨，比上年分别增长 36.81%、23.55%、100%；恩施许家坪机场运输旅客 103.93 万人次、安全起降 0.83 万架次、运送货物 0.17 万吨，比上年分别增长 35.00%、31.1%、41.8%；神农架红坪机场运输旅客 2.03 万人次、安全起降 0.05 万架次，比上年增长 97.3%、49.7%。

1. 民航湖北监管局

提高监管效能。持续重点监管友和道通公司，督促公司加强安全管理、飞行运行管理和适航质量控制，紧盯老龄飞机持续适航性管理，全面评估工程技术及维修计划控制、记录管理、结构修理等情况。加强机械原因不安全事件及 SDR 报送管理，组织辖区运输航空公司对事件原因进行总结剖析，突出疑难和重复性故障分析管控，对各单位 SDR 报送开展专项检查，督促运营人及时、规范开展 SDR 报送。督促天河机场机坪管制平稳顺利移交，把防止地面航空器与航空器或障碍物相撞作为重中之重，持续加强对机坪移交后运行情况的跟踪。督促天河机场和武汉市建立健全机场净空保护长效机制，全面清理超高建筑物分布情况，分类施策整改历史遗留问题，并在省内全面推进"净空一张图"建设。"后湖人家"超高项目完成拆降，武汉绿地金融中心项目、瑞安塔楼高度得到控制，恒大怡清雅筑项目在进行拆除。部署运输机场净空及电磁环境保护全面排查，督促机场构建"131"长效机制（即净空管理 1 张图，净空管理定期沟通、建筑物审批、新增超高障碍物处置 3 个机制，1 个联席会议制度）。狠抓武汉机场和中小机场保障能力建设，督促中小机场在安全政策、安全制度、运行手册、运行环境、系统支撑等方面强基固本，落实安全责任体系，筑牢安全底线。严格实施不停航施工管理，针对宜昌、襄阳机场改扩建施工，加强抓源头，方案严审，抓苗头，过程严管，抓人头，责任严究，不停航施工安全形势平稳。

夯实安全基础。组织飞行、机务、运控、空管等专业人员参加作风建设宣教活动，进一步加强辖区安全从业人员作风建设。切实补齐应急处置短板，狠抓应急管理体系建设，承办"中南局 2018 年航空器应急救援和事故调查综合演练"，督导襄阳机场开展综合应急救援演练。组织辖区航空公司航空安全员业务技能竞赛，提升飞行中安保水平，提高客舱应急处置能力；组织辖区中小机场开展安检员、消防员业务技能竞赛，全面提升中小机场安保队伍保障能力。

明确安全责任。加强政企联动，参加湖北机场集团、友和道通、南航湖北分公司等单位法定自查工作启动会，派讲师到南航湖北分公司、湖北通航年度工作进行现场宣贯。为法定自查开展难度较大的通航企业制定《通航航空企业法定自查工作实施指导意见》，为通航单位开展法定自查提供建设性指导意见。在自主研发的"湖北辖区通航运行平台"上增设"企业法定自查报备"模块，实现对通航企业法定自查工作远程监督检查。与河南监管局共同开展通航监管"双随机"试点工作，对武汉通航公司和河南中宇通航公司开展随机性交叉检查。继续深化机场安全绩效管理工作，突出将法定自查与机场安全绩效管理工作相结合，强化系统性。

推动行业发展。持续推进通用航空运行信息服务平台试点任务，获省市政府、中央企业政策、基金、技术支持，通过中南局"先行先试"改革第三方评估。通航平台覆盖华中 3 省，服务通航企业 41 家，飞机 2000 余架，飞行员 500 余人，采集各类通航飞行运行信息数据 54 万小时。该项目作为局方唯一代表，在民航局"民航强国梦 青春创客赢"进行现场展示。与地方政府联动，会同湖北省发展和改革委员会共同召开推进全省通航发展工作座谈会，与省政府建立通航发展沟通机制，制定通航发展和通用机场建设资金扶持政策，促进辖区可持续发展。推动军民融合发展和协同创新工作，立足工作实际，在军民航防相撞、通航飞行服务站建设、飞行计划审批工作等领域，加强沟通。在湖北开展区域通航低空飞行服务保障体系试点工作，辖区 14 家通航企业参与其中。牵头辖区企事业单位与省气象局签署战略合作框架协议，推动辖区民航气象与地方气象系统开展交流合作。

2. 南航湖北分公司

2018 年完成货物运输总周转量 6.25 亿吨公里，比上年增长 10.92%；旅客运输量 552.04 万人次，比上年增长 9.60%；营业收入比上年增长 10.47%；始发收入贡献比上年增长 19.99%；客运考核排名第四，货运考核排名第一。货运部获集团货运营销先进单位。全年安全飞行 11.3 万小时，连续保证 295 个月空防安全和 252 个月客舱安全，确保地面综合安全，实现安全年；安全考核排名第六。飞行部、运行指挥部、保卫部、货运部、地面服务保障部被南航集团评为安全管理先进单位。

湖北省政府与南航集团达成战略框架协议，明确以南航为主基地公司打造武汉中部航空门户枢纽。2 架波音 787 宽体客机驻场武汉运营，围绕 787 优化航线结构，提升保障能力，基本具备执管条件。开通武汉—伦敦航线，实现经武汉国内 2 个转向的"一票到底"，全年实现中转旅客 21.4 万人次，比上年增长 18.9%。推动管理升级，大运行建设取得成效，南航武汉出港正常率 81.54%，比上年提升 13.44%；大运行贡献机长实力 2.89 万小时，GOC 建设经验在全南航推广，

2018 年 3 月 28 日，南方航空开通武汉—大阪直飞航线

用工薪酬制度改革试点工作稳步推进。安全绩效管理全面落地，飞行风险管理小组和机务管家团队取得实效；完成三年航线网络规划；机场南区综合楼项目完成封顶，北区配餐楼、喷漆机库、货库等项目获总部批准；建成空勤人员停车场，完成员服中心升级，职工"双限房"动工开建。各舱乘务三分部党支部被南航集团评为"示范党支部"。

夯实安全基础。针对民航局 26 条和南航 34 条措施，制定 47 项具体措施，全员签订安全责任书，将安全责任落实到个人；加大重复性违章、无后果违章处理力度，对 8 起运行违规事件问责处理 37 人次。强化安全"三基"建设。坚持抓基层、打基础、苦练基本功，全年开展检查 102 次，发现问题 372 项，实现关口前移；飞行部加强飞行品质监控，三级事件发生率保持低位；飞机维修厂加强工卡执行和现场管理，放行可靠性和深度维修能力稳步提升；运行指挥部实现全年 4.2 万份飞行计划零差错。开展作风整治和资质排查，118 项安全作风类问题逐项整改，杜绝"五防"、酒测超标事件；每月开展主题安全培训，提升关键人员技术资质能力，刘珂机组正确处置空速不一致故障受到集团嘉奖。严格风险管控，健全"恶劣天气有预警、新开航线有分析、典型案例有通报"工作机制；飞行风险管理小组、机务管家团队作用显现，有效管控多机型混飞和维修放行风险。全年编发专项风险报告 7 期，集团推荐转发 4 期，下发安全提示 16 份。

狠抓提质增效。航线网络逐步完善。坚持"市场引领"战略导向，构建"国际引领、国内支撑、贯穿南北、连接东西"航线网络，优化国内主干线航班时刻。新开航线 9 条、加密 4 条、经停改直 5 条，直飞航线占比近 60%，比上年提升 9.1%。经营品质保持领先。坚决实施"以价为先"策略，始发国内市场客座率 84.35%，平均票价比上年增长 1.29%，修正座公里收入比上年提升 0.64%；收入增幅高于运力增幅 9.46%。国际营销取得成效，初步打造便于衔接中转的航班，丰富国际营销产品，扩大空铁联运覆盖城市，洲际大线经武汉中转达

48.7%。货运经营持续增长，货运始发腹舱收入比上年增长 23.1%，其中国际销售收入比上年增长 62.14%。推进业财融合，座公里成本费用比上年下降 1.61%，加强航油管控，可利用吨公里油耗比上年下降 3.51%，节约航油成本 3293 万元。落实机场起降费优惠政策。

提升运行服务。保障南航出港航班 2.67 万班，出港关门正常率 91.71%，比上年提升 6.06%，旅客满意度 4.55 分，比上年提升 0.17 分，短信差评率 0.96%，比上年下降 20%。航班正常性考核指标完成率排名第三，服务综合考核排名第六。通过信息共享、决策联动、层级精简，运行效率不断提高，全年启动快速过站 1413 次，挽回出港正常 816 班，提高出港正常率 3.06%；强化维修保障能力，飞机出勤故障率为 2.8‰，比上年下降 37.1%，全年无一起因飞机故障导致的 AOG 停场。创新服务管理，打通营销服务链条，围绕基本职能、武汉中转、增值服务 3 条主线，推进机场营销中心建设；打造"臻美荆楚"精品航班，推出"心致行美"木棉尊享产品；开展行李运输专项整治，行李差错率从万分之 18 下降到万分之 9.7；不断改进两舱休息室服务，旅客评价排名靠前；宜昌营业部实现营销服务转型，在鄂西各机场派驻商务代表，外站投诉率明显下降；应用"APS 勤务工卡"，客舱环境持续改善。

2018 年，华中首架波音 787 宽体客机在汉驻场飞行

深化改革创新。初步建立"集中管控、高效决策、沟通顺畅、系统联动"大运行体系和"纵向到底、横向到边"考核体系。推进大运行建设，加强GOC基础建设，理顺组织机构和工作流程，完成相关科室组建和人员、职能划转；启用地面运行保障系统、实施航空器"边推边开"运行程序，运行效率进一步提升。深化劳动效率管理，严控增量，盘活内部人力资源，优化用工结构；从严管理，对个别长病假、不胜任岗位、违反劳动纪律的人员进行处理；启动用工薪酬制度改革试点工作。有序推进考核纵向到底，构建"五四二一"指标体系，做到目标到底；形成公司级、领导班子级、部门级、科室级、岗位级目标导图，做到责任到底；修订管理人员绩效考核办法，做到激励约束到底。开展"手册落实年"活动，建立手册兼职管理员队伍，推广应用手册管理平台，完成手册修订813项，新增53项、废止38项，初步实现"手册员工、手册管理者"目标。不断夯实发展基础，机场南北区项目有序推进，员工民生项目得到落实；完成"三供一业"项目改造移交和"三产"管理移交。

3. 东航武汉公司

安全管控能力增强。全年运输飞行93775小时，48183架次，未发生人为原因及以上等级不安全事件，实现安全"三无"良好成绩，获东航股份公司"2018年度无事故征候优秀单位"。

2018年9月23日，东航武汉公司新引进1架波音737—800型飞机

按照"党政同责、一岗双责"原则，全面落实安全生产责任制。定期召开安全专题党委会、安委会、安全形势分析会，研究安全工作，坚持问题导向，下发任务69项，全部实现闭环管理。以杜邦安全咨询项目为契机，提升领导干部安全管理能力。推进安全预防体系建设，建立定期隐患排查与治理制度。加强航前准备、现场组织保障、飞行运行过程、航后问题改进全流程管控。加强空防保障，贯彻落实"空中严控"工作要求，严厉打击机上盗窃行为，制定深化"平安民航"建设工作方案，推进落实。加大数据运用于实力搭配、机组排班、技术提升、不安全事件预防等。根据运行环境的变化及SMS信息分析运用，发布安全风险通告16期、安全风险提示23期，确保安全信息及时运用于运行过程。开展作风建设整治专项行动和学习英雄机组等活动，进一步增强诚信文化建设。狠抓运行队伍作风建设。不断提升专业人员技术水平和公司综合应急反应能力，承办湖北地区航空安全员业务技能竞赛，开展机动力驾驶员岗位技能比武，参与天河机场航空器应急救援综合演练。定期评估公司机队运行品质，特别是持续监控新机长飞行品质。

经营效益平稳增长。通过优化机组组环，实现高效精飞，全年实现运输总周转量、旅客运输量比上年分别增长2.6%、2.7%。获取协调机场放量信息，争取新增时刻资源；加强沟通协调，获得重点市场、关键市场时刻资源分配额度。坚持算后干，平衡量价关系，全年武汉始发座公里收入在东航各主要站点排名第三。推进集团客户开发，梳理高端客户清单，确定重点客户开发名单、客户开发机制，做好会员发展和系统维护。借助OTA网站平台提升航班销售。围绕高价值旅客和国际中转旅客，推出多项增值服务产品。整合营销服务产品，与媒体合作，精心策划产品推介会等活动，打造既有线上速度又有线下温度的销售渠道。加强全员成本意识、预算管控。严控固定资产投资规模，航油、餐食、办公楼搬迁等大项成本，用信息化手段加强成本管控。争取新开航线政府奖励、财政奖励等优惠政策。

运行服务品质提升。公司空、地一体化指标如期推进，其中武汉航站自助值机率超90%。推进民航服务质量体系建设，制定服务质量体系建设专项行动任务清单，公司获民航中南地区管理局"服务质量体系建设专项

2018年10月28日，东航武汉公司开通武汉—日照航线

行动先进单位"。推进"一个芯片＋三枪扫描"，行内业"行李差错率"指标明显下降。加强服务营销融合，实现服务优势向营销优势的转化。配合东航服务工作重点项目"四个一"的落地，通过打造"综合服务柜台"和"95530管家式服务"平台，实现营销端与服务端的无缝衔接。规范预警提示，加强外站管控，创新督查模式。完善服务标准和业务流程，细化明确CIP服务保障管理规定、T3贵宾室管理规定。建立服务智库、营销服务系统诚信体系建设方案，加强服务风险专项提示。建立完善运行指挥体系，提升运行保障能力。发布《航班正常品质监控管理及考核办法》。公司执管飞机航班正常率83.6%，比上年提升11.87%，在东航排名第三。

改革发展任务顺利推进。在完成物流业务划转基础上，根据东航各分子公司客机腹舱保留业务相关机构调整方案，研究确定划转方案和实施细则，顺利完成客机腹舱相关货运人员安置及职能调整。南区办公楼完工，整体入驻新办公楼。北区一期建设项目正式开工建设，二期武汉航食配餐楼附属工程项目立项获批复。实施飞行一体化运行，拓宽招聘渠道，在册外籍飞行员12人。推进南区机组出勤楼盘活事宜，撰写盘活方案，洽谈合作方式，如期完成公司职工家属区"三供一业"分离移交工作，供水供电实施改造中，物业顺利移交。

4.国航湖北分公司

安全态势平稳。严格落实安全责任，层层签订安全责任书，将责任逐级传导至一线班组、基层员工。加强安全过程管控，飞行安全上严把航前准备关口，严格驾驶舱资源管理；运行安全上关注特殊天气、新航线、新机长运行。空防安全，重点抓好重大活动专项安保工作。加大重点部门、关键岗位检查频次和力度，发现问题及时整改，稳步推进法定自查工作。修订本场训练、两人制机组等管理规定，梳理解除滑梯预位操作流程。加强安全隐患治理，实时监控区域八大风险40项危险源，深化QAR数据分析，

用好动画还原及数据波形图。抓好针对性风险防控，开展新航线风险评估；对接地点远等问题，提醒教员注意放手量；为防控旅客错乘风险，安装登机牌扫描器音箱设备。修订隐患排查治理程序，对IAE发动机机型运行等隐患进行重点盯防。推进偏离空管指令专项整治，做好风险研判和措施落实。加强人员训练管理，加强训练管理标准化建设，细化转升F5综合评估要求，明确转机型恢复资质航线检查流程。严格落实理论学习日、月度理论考试等制度，有序完成A321机型人员滚动带飞。对大改小成熟副驾驶，由资深教员固定带飞；新机长增加澳门、清迈等机场训练。针对行业、公司发生的典型不安全事件，开展专题教育分析。针对季节、航线、机场等特点，开展多层次、多维度教育培训。飞行部开展飞行作风专项整顿及SOP研讨、驾驶舱秩序评比活动，客舱服务部紧盯SOP执行，对问题及时下发整改追踪单。

服务品质提升。完善服务体系，修订服务管理规程、岗位业务操作规范及部门业务实施手册，初步实现手册电子化管理。完善过程评价考核方案，加大关键指标考核力度。成立服务风险评估小组，对照风险点制定防控措施，制定服务质量检查员管理办法，全年进行服务检查104次。开展法定自查服务组专项检查。开通国际通程柜台、引导服务柜台、爱心值机

柜台。着力做好要客服务保障，细化内部保障流程，成立要客保障小组。上线二维码过安检和登机功能，完成武汉天河机场国航CUSS配备，落实电子化补偿方式使用。落实"民航服务质量体系建设"专项行动，通过局方检查。对照公司服务20项重点，做好全流程产品管理体系落地等4项工作。成立高端旅客服务、餐饮服务、行李保障、航班正常保障4个重点项目，其中行李运创创新使用"大序号"行李条。成立投诉管理项目小组，建立总部通报服务案例对照自查整改制度，开展服务态度和技能类投诉专项整治。

生产组织顺畅。成立航班正常性专项提升项目组，制定9项具体措施。开展行李货物保障跟班写实，优化内外部保障流程。成立晚到旅客保障专项课题小组，细化具体保障措施。落实提前5分钟关舱门及快速过站制度，重点压减延误10分钟以内航班，保障好首班航班、进京航班及低正常率航班。积极争取机场、空管等外部资源，持续强化代理人监管。1月26—28日武汉遭受2008年以来最强降雪，分公司启动冰雪天气大面积航班延误应急程序，提高运行协调力度，严格把控机组派遣、生产信息传递、航空器除防冰等关键环节，确保航班快速恢复正常。加强应急体系建设，完善不正常航班应急响应程序，对特殊天气情况下的应急预案细化分类。扎实开展应急演练、培训学习，总结年初冰雪

2018年10月27日，国航湖北分公司新引进1架空客A320-200型飞机

2018 年 7 月 26 日，国航湖北分公司对新入职乘务员开展企业文化培训

天气大面积航班延误处置经验，持续提升应急处置能力。

5. 友和道通航空有限公司

公司通过建立安全绩效体系、开展飞行品质监控、SMS 主动报告微信平台等保障运行安全，安全形势总体平稳，完成各类安全飞行 12569 小时，起落 3025 架次。被民航中南管理局评为"2018 年度行业安全管理目标考核达标单位"。

2018 年，公司飞行小时首次破万，航班准点率 79.27%，比上年增长 22.07%；货邮运输量 57806 吨，比上年增长 26%，武汉、深圳、昆明三地货运量分别占所在机场国际货邮吞吐量的 17.4%、5.6%、62%；年均进港载运率 10%，年均出港载运率 85%；在巩固南亚、东南亚市场的基础上加强欧洲航线的开拓，全年新增武汉至欧洲（卢森堡）、昆明至尼泊尔（加德满都）、武汉至比利时（列日）、昆明至阿联酋（迪拜）等 4 条国际货运航线，公司全球网络布局进一步拓展。12 月 20 日，云南机场集团为公司颁发"国际航空货运突出贡献奖"。

安全方面初步建立监控管理系统，开展飞行品质监控，平均监控率 99.77%。机务"随手拍"SMS 主动报告微信平台上线使用，改善公司安全环境，提高员工安全意识；开展机务维修基本技能培训 3 期，通过培训考核并获得证书 19 人。运行控制上完成 AOC 建设，并成功运行。完成 EFB 专项硬件、软件、流程部署及局方文审程序，进入验证试运行阶段。完成 EFB、FOQA、AIRFASE 等系统上线，自主研发并上线集装器管理系统、订舱二期系统，推进 747 配载工具优化等。

严格遵循"提质增效，实现精细化管理"年度目标，以管理促发展和增效益，在航班品质、成本控制、手册管理、预算管理等方面取得实效。通过飞行品质监控、航班运行关键节点流程梳理、成立运行品质委员会等，逐步加强航班正常管理，实现航班执行率 77%、航班准点率 79.27%。通过航路优化、节油政策、机组奖励等措施，实现航油成本有效降低；通过设备更新、管理优化，实现行政车辆节能减排。建立机组档案和机组沟通机制，不断加强机组作风建设和管理。完成公司一二级手册的局方签批工作，修订完善公司三级手册，对现行有效的手册进行电子化查询，为实现公司运行持续安全、有序、高效进行奠定基础。成立公司预算管理委员会及工作组，建立归口费用管理制度及流程，通过月度经营分析会通报预算执行情况。全年整体预算执行率在目标范围内。

6. 湖北机场集团公司

2018 年，湖北机场集团有限公司运送旅客 2696.6 万人次、货邮 22.6 万吨，航班起降 21 万架次，比上年分别增长 8.1%、19.4%、4.3%。机场集团安全形势总体平稳，未发生各类较大安全责任事件，在民航中南地区考核中为达标单位。其中武汉机场实现连续 24 个安全年，机场安全保障能力评分第 4 季度得分 97.14，ACI 旅客满意度 4.91，比上年提升 0.03，各支线机场旅客满意度平均 4.5 以上。运行效率不断提升，武汉机场放行正常率平均 87.23，位居中南地区第一。机场集团圆满完成"4·26"重要外事活动、非洲国家论坛外国元首访鄂等重要保

2018 年 1 月 26 日，首条武汉至欧洲（卢森堡）全货机航线正式开通

障任务，成功抗击十年一遇冰雪灾害天气。

安全基础能力增强。细化安全举措88条，狠抓"三基"建设、全面开展法定自查、安全绩效和隐患排查，安全保障能力持续提升。持续"2+5+1"安全管理体系建设，修订《湖北机场集团安全生产管理办法》，完善安全管理组织和管控措施。加强机场使用手册和岗位SOP建设，优化、细化运行规则、工作程序和工作标准。组建自查专项小组9个，配备专兼自查员70余人。印发《法定自查管理规定》等5项制度，细化自查内容2000余项。各板块、场站对接形成细化清单。全年开展自查3轮次，整改问题76项。各板块、场站细化绩效目标、措施到岗到人，机管公司形成"3+2"机坪管控机制，完善FOD统计分析指标。实业公司在机务试行监察协管员机制，开展"4类监察"。民航中南局在武汉机场组织安全绩效现场观摩。开展净空专项整治，解决武汉绿地中心限高等难点，拆降襄阳机场净空超障14处；推进武汉市净空管理"131"机制、净空"一张图"审查等工作。开展全集团安全资质清查，覆盖192个岗位3190人，确保持证上岗率100%。开展机坪安全整治2轮次，压降机坪风险；开展安保设施排查，补齐安保设施37项；开展消防隐患、航班配载隐患、危险品等11项排查整治工作。完善隐患督办挂牌销号机制，督办隐患整改74项，整改率100%。武汉机场建成机坪塔台，多点定位、ADS-B等辅助手段建成投入使用，地面管制模式全面升级，顺利完成管制移交；完成武汉机场HUD150米低能见度运行报批工作，全面推进武汉机场飞行程序优化设计；武汉机场西跑道大修工程抓紧实施。恩施、神农架机场ADS-B设备投入使用；襄阳机场改扩建工程主要部分竣工验收；宜昌航管低空服务站建成。武汉机场建成全国首家真火训练基地。开展应急资源评估清理，补齐支线残损航空器搬移设备。武汉机场承办中南2018航空器应急救援和事故调查综合演练，襄阳机场完成年度综合演练。

服务品质提升。以"军运会、双提升"为契机，加快基础服务设施建设，建成荆楚文化展示长廊和文化艺术展架，促进文化景观融合。完善"老弱病残孕优先""军人依法优先"等特殊旅客服务设施，打造高品质母婴服务室、机场人体捐献器官"绿色通道"。武汉机场人脸识别、无纸化通关项目投入使用，完善中转配套服务设施，优化国际国内互转等中转服务功能，启用公务机楼。规范航班延误服务，规范客票销售和退改签服务，通过微信、手机App优化旅客服务信息告知功能。联合基地航空开展行李差错整治，出港行李破损率下降80%。面向公众充分收集T3标志标识意见，分步实施T3标识专项改进。腾退调整T3部分售卡商业柜台，突出旅客服务功能。整治交通出行环境，联合开展出租车执法，有效改观乘车环境。建立顾客意见集中受理、快速处理机制，全年旅客有效投诉比上年下降76.6%。恩施机场借助"空港百灵"品牌推介航空市场，襄阳机场通过运行环境整治宣传"三顾情"，神农架机场建立航延旅客地面转运机制，让旅客切实感受"高原情"。

航班放行正常率提高。构建武汉机场保障管理体系，建立空地协同放行、运行评估提升等6大机制。加强运管会平台协同能力，扩大成员范围，协调解决各类运行及保障问题60余起。完善补充资源，提高保障效率，增设飞行区设备设施停放区约200个；协调联检单位实现国际航班临时停靠国内机位，机场每月航班靠桥率95%以上。加强航班进程管控和运行品质分析，强化重要节点管控，深查航延原因，确保武汉机场航班放行正常率逐月提升，连续12个月放行正常率超过80%，至年底达到92.81%。

7.宜昌三峡机场有限责任公司

2018年，宜昌三峡机场旅客吞吐量295万人次，国际旅客吞吐量首次突破5万人次，新增航线19条，国内城市通航点41个，开通宜昌至泰国芭提雅、普吉、曼谷，越南芽庄，柬埔寨暹粒等国际包机航线。4月22日，宜昌三峡机场开通首架全货机航线，主要承运唯品会货物、品骏快递件及快运件。7月4日，福州航空与宜昌市政府签订战略合作框架协议，与宜昌三峡机场签订驻场经营合作协议，福州航空开通宜昌至太原、满洲里、海拉尔、深圳、五台山、湛江、桂林、包头的新航线。这是宜昌三峡机场自通航以来首次引入的第一家真正意义驻场航空公司，填补了机场无驻场运力的空白。

安全态势持续平稳。全年未发生突破安全指标事件，实现第22个航空

2018年10月7日，友和道通航空主力机队新增1架空客300-600型全货机

安全年目标。按照《关于发布执行〈民用运输机场安全保卫设施〉行业标准的通知》要求，开展安全保卫设施对标工作，更新、维修围界、道口设施，同时对候机楼安保设施设备、飞行区围界，以及停车场安保设施开展隐患排查，对不符合标准的安保设施设备进行整改，确保符合局方标准。加强机场反恐安保实力，提升全员应急处置能力，制定《宜昌三峡机场暴力事件应急处置预案》，开展防暴反恐演练项目演练。对安保管理进行流程架构全流程分析，并根据流程分析启动安保管理SOP标准作业指导书编制以及《宜昌三峡机场安保管理岗位一本通手册》编制，通过安保管理TOP项目提升机场运营管理能力，建立基于过程的运行体系和基于绩效的质量体系的"空港一本通"。开展公司级安全教育培训26场次、培训701人次，其中空防安保类教育培训9次625人次。制定《宜昌三峡机场法定自查工作实施方案》，成立7个专业自查小组，先后针对航空安保、航空安全、航空卫生管理、机场管理、价格监管、经济监管、旅客服务、民航安全管理、网络与信息安全、危险品运输、政策与自查等11个类别检查3次，检查989项，不符合24项，不适用85项，下发整改单整改。开展内部安全审核3次，各类检查6次，下发整改项目72项，整改完成72项。加强空防安保工作，杜绝危险品、违禁品进入隔离区，严格人员准入制度，持续开展安保设施设备整改，确保空防安全持续可控。推进"平安货运"建设工作，检查货物、邮件4120.6吨，定期对货运安检设备进行检查和维护保养。推进本场飞行程序净空保护区内超高障碍物排查和治理专项工作，消除因超高障碍物引起的安全隐患，重点完善机场净空保护的长效机制。修订完善《危险品航空运输安全管理手册》，明确机场危险品运输安全管理标准，建立、健全机场危险品航空运输安全管理制度，对机场危险品航空运输存在的各种风险采取控制措施，建立SMS-DG风险管理库，通过机场、

部门、科室、班组安全目标四级危险品质控模式提升危险品安全管理工作落实执行力。开展危险品航空运输法定自查工作。

服务品质提升。宜昌三峡机场制定"民航服务质量体系建设"专项行动方案，成立了专项行动小组，顺利完成2018年专项行动总体目标。完善航班正常管理体系，制定宜昌三峡机场航班放行正常率提升工作办法、航班保障时限管理办法以及航班放行正常率考核办法，引入并试运行宜常准A-CDM系统，对本场航班保障进行全流程监管，为航班正常运行提供技术支持。修订《宜昌三峡机场大面积航班延误处置预案》，提高本场应对大面积航班延误处置能力，优化特殊旅客服务流程。完善涵盖航班正常、票务服务、信息服务、行李服务、餐饮服务、特殊旅客服务、创新服务、投诉服务民航服务质量管理体系，健全内部督查以及绩效考核机制，加大过程考核力度，逐步建立规范化、体系化、精细化服务质量管理体系。根据ACI官方公布结果，三季度宜昌三峡机场旅客总体满意度为4.96分，货主满意度测评为4.8分，旅客满意率为92%。

二期改扩建稳步推进。3月23日，宜昌三峡机场二期改扩建飞行区工程正式开工建设，飞行区二标段（包括北端平滑、快滑等）完成平滑水稳下基层施工及排水工程施工，飞行区三标段（包括南端平滑、快滑、端联络道、跑道延长及新建停机坪等）平滑完成水稳层施工，端联络道及跑道延长部分完成道面施工，停机坪完成土基施工待沉降观测。航站区及配套工程初步设计及总概算获批复，完成土方及基础部分施工图设计。2018年，宜昌三峡机场获各类荣誉17项，其中国家级1项，省级1项，市级9项，行业级1项，集团内部5项。

8.民航湖北空管分局

2018年，空管分局安全保证各类飞行955100架次，比上年增长6.72%。其中本场起降187866架次，进近飞行205393架次，区域飞行561841架次。通信导航监视设备正常率100%，设备

完好率99.94%，预报准确率92.26%，观测错情率为万分之0.01，气象设备运行正常率99.74%，未出现空管原因的一般差错（含）以上不安全事件，被评为中南空管局安全优胜单位。全年行车25万公里，无重大地面交通事故。

安全管理。坚持"安全第一、预防为主、综合治理"工作方针，开展各项安全工作。建立《安全生产责任清单》，以责任管理为杠杆，严守安全红线和底线，对出现不可接受问题的单位和相关责任人严厉追责，全年严肃处理无后果违章人员50人次。坚持每季度开展危险源梳理，全年分局管控危险源4项、各运行部门管控危险源30项。通过对212条运行信息进行风险识别，及时发布安全风险通告和运行管理提示，对照上级发布的风险通告开展对比分析22次。完成航迹外推、机坪移交等7项工作的安全评估。以新任务、新设备、新人员为切入点，推进分局及各部门QSMS手册深度优化工作。以班组建设为抓手，抓基层、打基础、苦练基本功，开展"示范班组"模范带头作用。落实领导下基层相关要求，全年分局领导下基层107次，组织运行部门专题研讨14次。安排计划内和计划外教育培训10814人次，管制员模拟机复训1035人次，其他各类业务培训、抗压和特情处置培训等600余人次。圆满完成"两会"代表、AG600转场及水上试飞、英国首相、印度总理来访武汉、中非论坛北京峰会专（包）机等重要保障任务。

运行管理。秉承真情服务理念，提高旅客出行体验，社会责任和行业担当不断彰显。建立空域运行数据采集和态势分析机制，定期提取具体数据进行分析并总结。缩小管制运行间隔和移交间隔，空域利用效率和机场运行效率进一步提升。完成武汉天河机场机坪管制移交。技术保障部推行"一人多照、一岗多能"制度、在管制现场设立"技术主任"席、全面推进外台站点无人值守，做好无线电干扰排查。推行精细化管理，气象台提升服务品质，复杂天气时在管制大厅设置"气象服务岗"。坚持"雷雨天

气复盘分析"，制定 MDRS 重要天气发生概率评分标准。飞行服务室推出原始资料上报跟踪机制等举措，确保与飞行安全相关的航空数据完整收集、准确分析、及时发布。新建的场监雷达和多点定位系统正式投入使用，方便管制员掌握机场地面态势。完成与郑州、合肥、长沙和南昌的 AIDC，减轻管制协调席位工作负荷。

系统管理。以"遵章守纪、严谨细致、团结协作、敢于担当"为主题开展作风建设年活动，加强领导干部作风、机关作风和基层作风建设。聚焦主体责任，查找全体干部职工在思想认识、责任担当、工作效能和纪律规矩方面存在的不足，加以改正提高。十堰二次雷达站项目和恩施导航台更新项目可行性研究获批复；完成宜昌、白莲一二次雷达站及龙口导航台建设工作，浠水导航台更新改造稳步推进，终端管制中心及配套工程整体进展顺利。2018 年新申报科研项目 5 个，其中列入中南空管局科技项目计划项目 2 个；申报空管系统小发明、小创造优秀成果科技项目 13 个，推荐参加空管系统科技成果推广科研项目 5 个。湖北空管分局青年科技研发团队研发的"终端级流量智能预测及辅助排序系统"获"民航空管系统第二届青年职工创新大赛金奖"。5 月分局全面实行电子报销流程，财务工作实现科学化、精细化、电子化。开展财务审计，完善内控建设，资金风险得到有效控制。落实薪酬管理制度，不断完善指纹录入系统，规范发放管制员小时费。严格遵守干部选拔任用相关规定，人员招录公开规范。加大行政管理与检查力度，严格按章程办事，提升公文流转效率，严格落实中央"八项规定"精神，"三公"经费逐年下降。修订并印发《湖北空管分局行政管理规定》等 6 类分局行政性文件。加强网信安全建设。

9.华南蓝天航空油料有限公司湖北分公司

2018 年，航油湖北分公司安全完成湖北辖区内各机场航油保障，其中武汉天河机场保障航班 94422 架次，加油量 59.6 万吨，加油量比上年增长 4.3%；宜昌机场保障航班 12869 架次，加油量 60913 吨，比上年增长 35%；恩施机场保障航班 4241 架次，加油量 1.14 万吨，比上年增长 35%；襄阳机场保障航班 7624 架次，加油量 3.07 万吨，比上年增长 36%；十堰机场保障航班 6303 架次，加油量 24411 吨，比上年增长 34.5%；神农架机场保障航班 122 架次，加油量 212 吨。

安全管理。组织落实《民航专机工作细则》《中国航油专机油料保障管理规程》，分公司主要负责人带队，在现场全面部署中非峰会期间湖北区域各机场专职保障工作，严抓现场保障措施落实，同时抽调武汉本部化验骨干协助支线机场完成专机油样化验工作，严控油品质量，确保专机油样绝对安全。针对年初湖北遭遇持续低温冰冻雨雪天气，组织员工到机坪铲雪除冰，确保机坪加油栓井盖正常开启、加油车按规范入位。6 月份组织开展"武汉航空加油站安全整顿月"活动，仔细排查机坪加油安全隐患及风险，制定切实可行管控措施。充分利用机场视频监控系统及加油车 360 度视频监控系统，建立作业视频抽查机制，做到全员覆盖。对发现的"三违"问题及时处理，并在分公司内通报警示，强化现场作业责任心。配合机场集团飞行区管理部和现场指挥中心，做好机坪作业风险管控，争创机坪作业示范单位。面对航班保障车辆多的情况，机场集团飞管部和现场指挥中心及时协调，主动配合示范，"六步工作法"和"三到四确认"飞机加油标准化作业水平明显提升。

工程建设。为缓解武汉机场油库库容不足以应对武汉机场航班量增加的航油需求，2018 年武汉横店中转油库扩容项目开工建设，并通过竣工验收，计划 2019 年 3 月通过行业验收后投入使用。武汉石化至分公司中转油库航油长输管线项目建设进入收尾阶段，该项目建成后，航煤将通过管输直接从武汉石化炼厂输送至天河机场，将彻底改变天河机场公路运输模式，消除公路运输运量不足瓶颈问题。武汉机场油库扩建 2 座 10000 立方米油罐项目通过中国航油有限公司可研评审，计划 2019 年开工建设。恩施供应站扩容项目通过可研评审，襄阳机场可研编制完成待评审。与荆州市签订荆州机场供油保障框架协议。

10.十堰武当山机场

2018 年新开通长沙、成都、广州（佛山）等 11 个城市航班，通航城市由 22 个增至 34 个，基本覆盖国内主要省会城市和旅游城市。全年保障运输航班起降 12325 架次（不含公务机），11 月 12 日，旅游吞吐量突破 100 万人次，进入全国百万级机场行列。全年旅客运输量 119.3 万人次，比上年增长 37.2%，旅客平均上座率 76% 以上。经受住元月份连续两场低温强降雪天气考验，圆满完成 2018 年春运、国庆等重要节假日期间保障、"1115–1116"专机保障、《魅力中国城》第二季启动仪式等全市重大活动进出港保障任务。机坪改扩建、次降仪表着陆系统、通用机场等项目申报和建设进展顺利。全年各项安全服务目标全部达标，本场安全放行率 100%，未出现一起民航事故征候，未出现重大安全隐患，机场运行形势整体安全平稳。

（朱敏）

【全省邮政业改革与发展概况】
2018 年，全省邮政行业业务总量完成 345.13 亿元，比上年增长 30%；业务收入完成 230.7 亿元，比上年增长 17.5%。快递业务量完成 13.5 亿件，比上年增长 33.5%；收入完成 143.8 亿元，比上年增长 20.8%。全省邮政普遍服务和快递服务满意度稳中有升，消费者申诉处理满意率 99.1%。

转变职能优化服务。深化"放管服"改革。贯彻《快递末端网点备案暂行规定》，全省完成末端网点备案 4028 个。进一步优化许可流程，邮政服务 5 项行政审批时间缩短至法定时限一半，快递许可申请平均办理时限比上年底缩短近 1 天，比全国平均水平快 2 天。推进"互联网 + 政务服务"，基本实现全流程网上办理和"一门、一次、一网"要求。全省快递法人企

省 EMS 华中陆运处理中心，智能化分拣设备"小黄人"在分拣快件中

业数量位列中部地区第一，居全国前列。做好政策规划，支持行业发展。开展《快递暂行条例》宣贯实施工作，走进湖北之声政务服务类节目解读《快递暂行条例》；省人民政府办公厅印发《关于推进电子商务与快递物流协同发展的实施意见》，随州市出台相应落实意见。开展全省邮政业发展"十三五"中期评估。联合省商务厅等 4 部门印发《关于开展城乡高效配送专项行动的通知》。落实邮政普遍服务保障政策，邮运车辆免费通行政策和财政补助政策继续执行。推动全省 10 个市（州）出台快递车辆通行政策。

基础网络设施建设。持续巩固建制村直接通邮率 100%，全省周投递频次不足 3 次的建制村减少 1443 个。继续实施西部和农村地区邮政普遍服务基础设施建设，推动网点改造 32 处。全省建成综合性快递物流园区 9 个、主要品牌快递企业分拨中心 16 个，总面积 60 万平方米。实施"快递入区"工程，城市自营网点标准化率达 90%，比上年提升 11 个百分点。全省有智能快件箱近 1.3 万组，年递送邮件近 1 亿件，主要品牌快递企业箱递率达 12%。城市公共快递服务站 2381 个、农村公共取送点 10054 个，省内高校快递规范收投率 100%。湖北国际物流核心枢纽项目全面动工开建。

企业改革创新。推动邮政企业做

强寄递市场，全年全省快递包裹业务量比上年增长 55%。邮政综合服务平台建设扎实推进，开展警邮合作，全面推行邮政网点代办公安交管业务，拓展税务代理业务，"网上办理 + 网下寄递"加快推进。推动快递企业转型升级，全省主要快递品牌企业上线自动化智能化分拣设备，加快发展冷链、医药等高附加值业务，大包裹、云仓、快运、即时递送等新服务进一步拓展。

与关联产业融合发展。全省邮政业与电子商务协同发展深入推进，服务先进制造业能力持续增强，重点项

目 21 个，直接服务制造业年产值 31 亿元。服务现代农业成效明显，全省有"快递 +"百万级项目 22 个、千万级项目 2 个，其中黄冈蕲艾项目、宜昌脐橙项目快递业务量分别达 1300 万件、1200 万件，形成快递业务收入分别为 6000 万元、5500 万元。邮快合作取得试点效应，恩施、咸宁邮政推行"村邮站"和"快递超市"建设有机结合，在提供平信收投等邮政普遍服务基础上，叠加代收代缴、网上购物、电子商务、快递等便民惠民服务。推动交邮合作，快递上机上高铁，武汉航空快件"绿色通道"建设取得进展，中铁快运在全省开办高铁快运业务的车站卜升至 54 个，"双 11"期间有近 50 列高铁列车参与快件运输业务。湖北顺丰与中铁快运合作推出"高铁极速达"项目，开通武汉至北上广深杭等 10 条线路。推动落实《省人民政府办公厅关于推进全省多式联运发展的实施意见》，交通运输部在武汉举办全国多式联运现场推进会，实地调研武汉京东仓储分拣中心，得到与会代表的肯定。

行业人才队伍建设。开展邮政行业人才培养基地建设。搭建校企合作平台，推进"产、教、研"深度融合，武汉交通职业学院 2018 年快递专业大三学生全部进入 EMS 企业顶岗实习。湖北交通职业技术学院与顺丰速运、

2018 年 8 月，第七届世界军人运动会邀请函通过武汉邮政速递寄往世界各国

苏宁快递开展现代学徒制工序交替项目，参加学生 200 余人。全省快递从业人员参加"大数据时代电子商务与快递业高级研修班""邮政业'一带一路'与跨境电商快递发展高级研修班"，提升业务能力和水平。省邮政管理局与团省委开展"物流配送从业青年发展权益"联合调研，推动"快递小哥"权益保障工作。

精准扶贫。推进"邮政在乡"，全省累计建设村邮乐购站点 2.5 万个。推进"一市一品"农特产品进城示范项目，全省邮政企业全年服务农特产品进城配送量 1.48 亿吨，农产品交易额 2.1 亿元，带动 3.2 万户贫困人口增收近 4000 万元。推动"快递下乡进村"，全省实现快递网点乡镇全覆盖，快递服务村级覆盖率约 40%。全省快递服务现代农业项目采取集中收集、供应链、融合发展等模式，带动快递业务量 3200 余万件，形成快递业务收入 1.32 亿元，带动农业产值近 38 亿元，直接、间接带动就业人数近 9 万。

行业绿色发展。落实关于协同推进快递业绿色包装工作的指导意见，做好《快递封装用品》《邮件快件包装填充物技术要求》《快递业绿色包装指南（试行）》等宣贯工作，制定《湖北省快递业绿色包装应用试点工作方案》。恩施州被国家邮政局选为 2018 年绿色快递建设综合试点城市，制定《"绿色快递"建设综合试点工作方案》，并与国网电动汽车服务湖北有限公司达成《促进恩施州邮政业绿色发展战略合作框架协议》，推广新能源电动汽车使用。全省主要品牌快递企业电子面单使用率均在 95% 以上。全省快递企业全年实际投入使用新能源汽车 496 台，是上年的近 3 倍。

寄递安全防范化解。制定《关于打好防范化解重大风险攻坚战的实施方案》，实行寄递安全综合治理，开展联合检查、联防联控和综治考评。推动落实寄递安全"三项制度"，省邮政局与省快递协会联合开展"三项制度"知识培训竞赛，累计培训从业人员 7.6 万人次，实现全省一线从业人员全覆盖。全省邮政行业实名收寄率位居全国前列。累计配置安检机 462 台，严格执行应检必检。切实做好寄递渠道非洲猪瘟疫情防控，配合做好涉枪涉爆专项治理、反恐、禁毒、扫黄打非、打击侵权假冒等专项工作，圆满完成重大活动期间寄递渠道安保和突发事件处置工作。加强机要通信监管，建立健全机要档案管理评审制度，开展机要通信专项检查活动，全年下达邮政机要整改通知书 65 份，机要通信工作 24 年无安全事故。

邮政服务监督。落实邮政普遍服务监管责任，督促邮政企业开展中央巡视问题自查整改。严守两条红线，依法开展邮政普遍服务两项行政审批。加大平常信函投递质量整治力度，推进普遍服务营业场所局所分级监管，开展社会监督。落实《邮政法》和《湖北省邮政条例》，对邮政企业立案查处 8 起。加强邮票发行与销售监管，开展马克思诞生 200 周年、改革开放 40 周年等重大题材纪念邮票发行销售检查。

邮政市场监管。依法开展快递业务经营许可管理常态化工作，进一步加强快递市场主体退出管理。2018 年底全省取得快递经营许可企业共计 1307 家，全省累计有快递企业及网点 11287 个。全面推行"双随机、一公开"监管机制，组织开展省内跨区域随机督导互查，立案并行政处罚 308 件。加强快递服务质量监管，继续推进"不着地、不抛件、不摆地摊"专项治理，离地设施铺设率 92%。开展快递市场清理整顿专项行动。有效加强集邮市场和邮政用品用具监管。加快行业信用体系建设，开展"诚信快递、你我同行"3·15 主题宣传活动。

（乔杨）

武汉市交通运输

【概况】　至 2018 年年底，全市公路里程 15644.547 公里、路网密度 195 公里/百平方公里。其中一级公路 1005.40 公里、二级公路 1586.90 公里、三级公路 600.80 公里、四级公路 12294.08 公里、等外公路 157.37 公里、等级公路比重达 99%。按行政等级划分国道 429.98 公里、省道 957.13 公里、县道 1103.72 公里、乡道 5743.33 公里、村道 7396.20 公里、专用公路 14.19 公里。有铺装路面 15109.01 公里、简易铺装路面 334.09 公里，有铺装、简易铺装路面铺装率 98.71%。全市有公路桥梁 1768 座 68979.34 延米，隧道 1 座 385 米，公路渡口 1 处。内河航道通航里程 668.3 公里（含长江航道里程 145.5 公里），其中一级航道 71 公里、二级航道 74.5 公里、三级航道 75 公里、五级航道 77.4 公里、六级航道 196.5 公里、七级航道 47.4 公里、八级航道 125.2 公里、九级航道 1.3 公里。全年通航里程 407.7 公里、季节性通航里程 263.6 公里。有 15 个港区，码头 243 个，生产性泊位 135 个，最大靠泊能力 10000 吨，年货物通过能力 7999 万吨，客运通过能力 900 万人次。汽车客运站 13 个，其中一级客运站 4 个、二级客运站 8 个、三级客运站 1 个。

基础设施建设。全年完成交通固定资产投资 353.26 亿元。其中公路建设投资 172.04 亿元、公路场站及物流建设投资 111.41 亿元、港航建设投资 31.40 亿元、公共交通建设投资 0.97 亿元。完成一级公路路基建设 63.65 公里、路面 65.97 公里，二级公路路基建设 47.02 公里、路面 19.22 公里。建成通村公路 282 公里、县乡产业路 71 公里，完成提档升级公路路基建设 460 公里、路面 226 公里。新开工项目：金山大道机场路至九通路改造工程、蔡甸区嵩阳大道新建工程、腾飞东路

光谷关山大道夜晚中通行的有轨电车

普洛斯工业园外环路 2 号路、红胜寨至夏家寺大坝旅游公路。续建项目：230 国道新洲区上店至淘金山段改建工程、大别山红色旅游公路新洲段新建工程、347 国道金银湖至径河段（环湖中路）、108 省道武汉段府河大桥工程、新十公路延长线新河特大桥工程、107 国道（龚家铺—新南环）完工项目：318 国道永安东岳庙至成功段改扩建工程、蔡甸砂石集散中心连通道路工程、纱帽大道一期建设工程（汉南大道至兴城大道）、湖泗海洋路。武汉至安庆段 6 米水深航道整治全面开工。武汉船舶交易服务中心码头投入运行，交易大厦基本建成。汉江蔡甸汉阳闸至南岸嘴航道整治工程进展顺利。李家矶锚地、金口重件多用途二期扩建工程等相继组织验收。武船双柳基地 2 号舾装泊位工程、中交二航局阳逻生产基地码头 2# 泊位工程完工。经开港口综合公用码头一期改扩建工程、龙欣物流码头工程、和润物流二期工程、武船双柳基地 3#-4# 码头工程相继开工。中远海运集装箱码头工程、阳逻港区三作业区一期续建工程、湖北民生 LNG 液化天然气工程、长久物流汽车滚装码头、长安民生滚装码头、益海嘉里等项目前期工作经省政府批复同意启动。武汉航运产业总部区在阳逻港区奠基动工。汉口客运中心基坑防水工程完成总工程量的 95%、基坑支护桩完成总工程量的 50%。黄陂祈盛安全应急储备交易中心、东西湖利嘉保税物流产业园一期等 7 个项目开工；苏宁电器武汉工业仓储项目二期、黄陂菜鸟二期等 8 个项目建成投运；盒马鲜生华中区域供应链运营中心、美安项目冷链交易市场等 6 个项目签约，协议总投资 72.5 亿元。22 个物流招商引资项目落地综合开工率 73%。

航空运输。武汉新开通 5 条国际航线，开通至英国伦敦、毛里求斯客运航线，新开卢森堡、美国芝加哥和比利时列日等全货机航线。武汉国际地区航线 59 条，其中洲际航线 12 条。通达城市 136 个，其中，国内通达城市 84 个，国际通达 3 个地区及 24 个国家的 52 个城市。至 2018 年年底，有 62 个航空公司在武汉运营，其中境外航空公司 30 个，在汉基地航空公司 4 个。武汉天河机场完成旅客吞吐量 2450.04 万人次，比上年增长 5.9%，货邮吞吐量 22.16 万吨，比上年增长 19.8%，保障起降 18.67 万架次，比上年增长 2.1%。国际地区旅客吞吐量 270.02 万人次，比上年增长 2.8%，货邮吞吐量 5.3 万吨，比上年增长 112.2%，起降 2.09 万架次，比上年下降 4%。武汉天河机场启动一跑道大修、机场第五立面综合整治和 T1 航站楼改造计划，天河机场国际航空物流园建设持续进行。国家及中南地区民航局解除天河机场运行限制。新航季时刻增幅 5%。

综合运输。交通运输换算周转量 4635.82 亿吨公里，比上年增长 6.75%；完成交通货运量 62517.88 万吨，比上年增长 9.16%；货物周转量 3654.73 亿吨公里，比上年增长 8.77%；港口货物吞吐量 10318.38 万吨，比上年增长 3.00%，其中集装箱吞吐量 157.46 万标准箱，比上年增长 16.03%。完成客运量 28638.88 万人次，比上年下降 1.58%；旅客周转量 1232.53 亿人公里，比上年下降 0.11%。航空港旅客吞吐量

2018 年 12 月 26 日，武嘉高速金水枢纽互通至终点段和武深高速嘉鱼北段正式并入湖北高速公路网试运营，标志着武汉至深圳高速湖北段全线贯通

2450.04 万人次，比上年增长 5.93%。全市社会物流总额 3.65 万亿元，比上年增长 9.7%；邮政业务总量 196.16 亿元。

运输服务。全年完成道路客运量 8867 万人次、旅客周转量 67 亿人公里，货运量 38633.9 万吨、货物周转量 750.6 亿吨公里。全市道路运输经营业户 11958 户，道路运输相关经营业户 3027 户。其中，客运经营业户 72 户、货运经营业户 11886 户 (普通货运 11060 户、货物专用运输 701 户、大型物件运输 77 户、危险货物运输 48 户)。机动车驾驶员培训业户 114 户、驾驶员培训经营业户 2 户，机动车维修经营业户 2195 户，机动车综合性能检测站 13 户，汽车租赁业户 114 户，其他经营业户 578 户。持证从业人员 176864 人。营运车辆 111292 辆，其中载客汽车 3672 辆、载货汽车 107620 辆，载货汽车中普通货车 79529 辆、专用货车 3687 辆 (含危险货运输车辆 2987 辆)，牵引车 12972 辆、挂车 11432 辆；机动车驾驶员培训车辆 5737 辆。新增新能源物流车 5363 辆。发展纯电动网约车 2078 辆。全市汽车客运站开通客运线路 754 条，覆盖 22 个省 (自治区、直辖市)。全市有地方水路运输企业 69 家，船舶管理企业 15 家，各类运输船舶 387 艘，其中货运船舶 353 艘，运力 180.21 万载重吨。客运船舶

"光谷量子号"列车经过三环线"大三通"立交

34 艘 6166 客位 (含扬子江公司客轮)。"武汉—日韩航线"(至 9 月底航线政策结束) 实际执行 76 个班次，执行率 100%。"中远海运集运汉欧班列"试运行，武汉直达韩国货船开行。首批国家多式联运示范工程一期工程阳逻电厂货运枢纽全面建成实现全线常态化运营，二期工程铁路专用线开工建设。全国多式联运现场推进会在武汉召开。打造长江经济带粮食物流核心枢纽与供应链金融服务平台多式联运示范项目被交通运输部列入国家示范项目。

长江大保护。全市长江、汉江两岸先后拆除码头 324 个，其中长江 260 个 (含部省督办 219 个非法码头)、

汉江 64 个，腾退岸线 30 余公里，顺利通过长江经济带发展领导小组验收。长江干线 239 个非法码头中拆除 219 个，规范提升 20 个中拆除 3 个、关停 5 个、评估补证 12 个。完成长江、汉江 18 个危险货物作业码头问题整改，手续补办 10 个、全面拆除 8 个。全市饮用水源地保护区内搬迁拆除码头 29 个，关闭 10 个，通过中央第四环保督察组检查考核。砂石集散中心"7+10"总体规划布局加快实施，江夏区、洪山区等 8 个临时砂石集散中心基本具备作业条件。武汉港口船舶污染防治工作推进有序。推广港口岸电建设，金口重件码头、阳逻集装箱码头、武汉国际集装箱有限公司 (WIT) 集装箱码头岸电补助资金相继落实，并完成岸电设施建设和改造。进一步修编船舶污染物接收转运处置设施建设方案，完成建设项目 50%。汉江武汉段船舶防污应急设备库前期工作启动。

公路环境整治。成立专班，制订方案，综合整治提升高速公路、国省道、县乡道、景区道路、天河机场内部道路等 35 条军运会保障线路。协调推进京港澳高速公路、岱黄高速公路、机场二通道等广告牌、违法建筑及桥下空间整治提升。公路部门每周出动执法人员拉网式巡查保障线路和国省干线，发现问题及时整改，拆除非公路标志 (广告牌)147 块，清理占道经营、填堆积物 437 处。

运输市场监管。坚持"重心下移、依法行政、区级实施、市级监督"，

汉江蔡甸汉阳闸闸南岸嘴段航道整治工程白鸽嘴柔性促淤仿生水草

2018 年 6 月 21 日，武汉市普通公路阻断抢险抢修应急演练在新洲区举办

以净化窗口地带和重点路段市场环境为重点，全年全市出动执法人员 25585 人次、执法车辆 7861 辆次、检查车辆 24981 辆次、开展交叉检查 15 次，查处道路运输违法违规经营行为 931 起、暂扣证牌 187 副、留置调查车辆 133 辆。坚持部门协同、齐抓共管，联合旅游、高管等部门开展联合执法行动 6 次，查处涉嫌违法经营行为 8 起。

常规公交。全市公交运营线路总长 9178.2 公里，常规公交线路 550 条，其中主城区公交线路 500 条（含快速公交即 BRT1 条、有轨电车线路 3 条）、新城区区内公交线路 50 条，年客运总量 14.5 亿人次。全年更新公交车辆 1043 台，其中新能源车 635 台，占比

61%。罗家嘴停保场 B 地块、汉城村公交首末站、天顺园公交首末站、三金潭公交枢纽站完工，东西湖区公交停保场（原九通路）、流芳公交停保场、高新二路 BRT 停车场稳步推进。全年优化调整公交线路 216 条次，其中开通线路 9 条、调整线路 207 条。新增、调整和更名公交站点 206 处。4 月 1 日，光谷有轨电车 T1、T2 线开通试运营。12 月，武汉市被交通运输部授予"国家公交都市示范城市"。

运输安全生产。加强安全风险管控和隐患排查治理，有效防范和坚决遏制重特大事故发生。全市地方海事部门监管的通航水域内未发生水上交通事故，轨道交通运营、交通工程建

设等领域继续保持零死亡事故，道路运输、出租汽车和城市公交等行业安全生产形势稳定，未发生较大及以上道路交通安全事故，对口协调的铁路、民航、邮政等行业领域安全生产形势保持总体稳定。加强重点领域监管，重点检查和整治风景旅游区、乡镇渡口水上客运安全及汉江武汉段水上交通秩序，查改安全隐患 224 处；深化汽车客运站安全专项整治，查处站内外客车违法违规经营行为 463 起；开展轨道交通线网安全风险辨识和隐患排查，加强安全检查，查获各类违禁物品 18 万余件；推进公路安全生命防护"455"工程，完成重点路段安防设施改造 1070 公里、危桥改造 6 座；组织节后复工安全专项检查，加强交通工程施工现场安全风险管控，督促企业解决施工现场安全问题 21 处。

（刘元林　曾敏）

【江岸区】　加强交通运输市场监管和行业安全生产管理，促进辖区交通运输行业健康发展。全区普通货物运输企业 524 家，车辆 22489 台，机动车维修企业 357 家，驾校 6 家，网约车平台 2 家，网约车 118 辆，从业人员 1475 人。"两客一危"企业 14 家，车辆 655 辆。全年核发旅游客运标志牌 13253 张，其中省际客运标志牌 6250 张、市际客运标志牌 7003 张。5 月 8 日，根据《江岸区深化行政审批制度改革组建行政审批实施方案》《区人民政府办公室关于印发〈江岸

35 台"武客造"10 米新能源城市客车等待交接

2018 年 5 月 31 日，武汉公交集团开通公交 781 路，与有轨电车及轨道交通无缝对接

2018年7月4日，召开上半年安全生产工作总结会

区行政审批运行机制管理办法（试行）〉的通知》，江岸区经信局"普通货物道路运输经营许可"职能移交区行政审批局，并签署《行政审批职能交接备忘录》。

运输市场监管。江岸区经信局加强监管，规范运营，常态化在客流密集重点地段定人、定点巡查监控，加大新荣客运站和堤角轻轨站周边非法营运处置。联合城管、街道、公安、环保等职能部门开展小汽修专项整治，落实环保督查任务。全年联合执法72次，出动执法车辆140台次、执法人员452人次，下发整改通知书35份，发放一次性告知书45份，查扣设备作证据保全17台（件），拆除烤漆房6间。城市综合管理单项考核全市中心城区排名（"黑的"整治）第三。

依法行政。开展省、市、区"政务服务'一张网'"并网建设工作，对接区行政审批局，完成入驻区政务中心办理事项"三办清单"、办事指南、人员签章、印章印模整理，落实证照梳理和省职权网101项行政权力事项相关信息补录工作。依法依规监督执法行为、审核案卷材料，对辖区道路运输违规行为实施处罚115笔，在市信用信息汇集系统公示率100%，未有行政复议或行政诉讼。组织开展"双

随机一公开"工作。

安全生产。坚持"节假日领导带队抽查检查、平常职能科室巡查排查"安全生产工作机制，全面开展安全检查和专项整治工作，督促企业落实安全生产主体责任。落实辖区交通运输企业火灾防控工作，指导辖区交通运输企业职业病和有限空间作业管理，组织道路运输行业五大专项整治和"打非治违"。组成12个安全检查小组到企业检查指导，走访企业200家（次），下达整改通知书289份，督办整改隐

患891项。筹集经费150万元，对辖区574台"两客一危"车辆升级4G动态监控。组织道路运输企业负责人及安全管理人员开展年度资格培训255人次。通过QQ工作群等多种方式，向辖区各企业宣传"扫黑除恶"行动重要性，督促企业悬挂"扫黑除恶"宣传横幅105条。

现代物流业。加强服务企业意识，加快商贸物流业转型发展，物流经济运行稳中有升。全年规模以上道路水上运输及仓储邮政业实现营业收入102.64亿元，比上年增长23.29%。增加规模以上物流企业2家，推荐4家物流企业成为国家A级物流企业，3家企业被认定为省级重点物流企业。江岸区19家重点物流企业获批国家A级物流企业资质，在7个中心城区中位列第一。

（黄国斌）

【江汉区】　运输管理。江汉区城管执法局（交通运输局）全年受理新增道路运输业户12个，新增货运车辆85台，年审道路运输业户127个，年审货运车辆1105台，年审道路运输业户换证32个，货运车辆换证431个，年审道路运输业户注销15个，货运车辆注销109个，货运车辆补证22个，年审道路运输业户变更28家，业户车辆转入12个、转出472个，货运车辆报废5台，

组织企业参加武汉物流协会多式联运发展论坛

驾驶员从业诚信考核1561个。

行政执法。按照《市人民政府办公厅关于印发"三站一场"出租车营运秩序工作方案的通知》要求，组织开展联合执法，对汉口火车站地区周边公交车站、人流集中聚集区域、出租车停靠上下客区域采取值守与不间断巡查模式整治出租车营运秩序，日均出动人员80人次，检查证件3000台次，处罚长期在站中路、站横路滞留、揽客出租车23台次。打击无证经营汽修店，以唐家墩街辖区香江路、长江日报、台北路延长线一带；常青街辖区北湖西路；汉兴街辖区长港路、新湾路、常青三路等小汽修集中区域为重点，每天采取不间断巡查和定点守控执法，查处违规钣金喷漆作业10起，暂扣违规作业工具及材料20件。加大货运市场监督检查力度，重点打击无证经营、车辆改装、不按期年审等非法违法从事货物运输经营行为。开展治超整治活动237次，出动执法人员4248人次，检查车辆711台次、卸货987吨；巡查货运源头企业64次，发放宣传资料7110份。

安全生产。加强行业指导，与企业签订道路运输安全生产诚信承诺书和安全生产目标责任书，组织企业安全生产管理人员培训2次，以"生命至上，安全发展"为主题，开展安全生产月活动，树立企业安全责任意识，

落实安全生产主体责任，督促企业开展应急演练。重点行业领域开展"平安交通""打非治违"等各项整治行动。开展"双随机、一公开"安全检查，全年检查"两客一危"企业61次，抽查货运企业7家，下达隐患督办单25件，其中"两客一危"18件、普货7件，约谈8家企业主要负责人，针对存在隐患问题督促企业整改落实。运用道路运输车辆动态信息平台对全区819辆车辆监控抽查，对"三超一疲"不系安全带、抽烟、打电话、视频漂移等不安全驾驶行为及时记载，通过日抽查、月通报方式督促整改，全年抽查车辆1498台次，抽查率18.2%，查出各类安全隐患245起，全部整改完毕。

驾培管理。启用驾培监管平台开展驾培行业管理工作，江汉区驾培企业教练车接入平台比例90%，训练场接入比例100%，教练员接入比例80%。开展驾培质量信誉考核工作，上年度辖区2家驾培企业评定等级AA、6家驾培企业评定等级A、1家驾培企业评定等级B。江汉区楚成驾校因证照地址不一，转入黄陂区。全年查处非法经营驾培企业14家，清除4家、处罚10家，处罚金额1万元。

现代物流业。建立行业信息报送机制，做好各类报表、数据分析等上报工作。按时填报辖区物流企业"经营情况表""景气指数表"。抓好物流货运企业服务走访工作，推进物流企业评A及物流党建工作。符合申报重点物流企业条件的有2家，其中智通恒大供应链管理有限公司被评为市重点物流企业。

防汛抢险。2018年5月17日，省委副书记马国强带队到江汉区检查防汛工作，在龙王庙险段听取区长李湛防汛备汛工作汇报，仔细察看堤防综合整治情况，要求各单位加强实时监测，确保长江干堤安全度汛。城管执法局(交通运输局)制定防汛抢险工作预案，开展防汛演练，辖区多家单位20台车辆参加演练。

(刘建文)

【硚口区】 加强辖区1家客运站、6家客运班线(旅游)企业、4家危险货物运输企业以及402家普货物流企业行业监管。严格把关车辆驾驶证、从业资格证、行驶证等行车资质，严格客货车辆年审，审验率100%。严格落实长途客运实名制管理要求，坚持全日制驻站管理，督促客运站落实"三不进站、六不出站""两个规范"要求。高标准开展汛期保障和应急储备运力工作，成立防汛指挥部，制定防汛抢险工作预案，召开防汛工作会议，联系货运企业欧亚龙市政工程公司和武汉全直通旅游客运公司，足额准备待调防汛应急车辆，应对汛期、抢险救灾等突击工作。加大联合执法力度，查处汽修和驾培市场违规经营行为，坚决取缔不具备开业条件且存在安全生产隐患的经营户。

运输市场监管。落实行业监管主体责任，科学安排节假日客运市场监管。以"全覆盖、零容忍、严执法、重实施"标准，组织节前、节中安全专项检查，保障客运站内安全生产及运营车辆安全。严格查处班线客运站外揽客、出站不出城、兜圈打转，超越许可事项、擅自从事班线客运经营及非法营运等扰乱市场秩序、破坏行业形象的道路客运违法经营行为。开展"打非治违"专项整治，加强部门联动，主动对接公安、交警、街道社

2018年6月14日，开展防汛抢险演练活动

2018年9月12日，对汉正街多福路沿线、品牌广场等客运车辆违规行为进行联合执法

区等单位，开展客运、货运、机动车维修和驾培市场整治、"两客一危"、汉正街物流和"黑的"整治等专项行动。全年出动执法车辆406台次、执法人员822人次，检查营运车辆761台次，查处站外揽客车辆114起；查处"黑的"2台，检查非法营运面包车319台次，处罚27台；检查危化品运输车辆106台次，处罚2台；开展机动车维修整治42次，下发责令整改通知书79份，取缔11家无证维修经营门店，进一步规范行业经营秩序和市场秩序。

法制建设。坚持领导干部学法用法制度，全年组织协调行政办公会"以案释法"课18次，编辑《法治参阅》9期。推进"双随机一公开"工作。硚口区城管委(交通局)"双随机一公开"事项11项，收转企业信用信息公示系统推送信息586条，开展平台抽查工作14次26家企业，并将抽查报告在门户网站向社会公示，强化监管结果运用。全面开展社会治安综合治理工作，切实提升"一感两度两率"。将平安创建与法治宣传、反恐、反邪教等工作相结合，充分利用广播、宣传栏、展板等开展内宣传活动，提高群众知晓率、参与度。

安全管理。围绕"五大专项安全整治"活动要求，落实道路运输行业"三关一监督"安全监管措施，开展隐患排查和"打非治违"专项行动。主动与部门互动、与企业互动、与居民互动，促使道路运输从业人员牢固树立安全发展理念。全年开展安全检查93次，出动车辆132台次、执法人员673人次，检查问题车辆79台，及时督促企业限期整改。

（王新刚）

【汉阳区】　道路运输监管。严格按照《道路运输车辆动态监督管理办法》，加大对企业GPS动态监管力度，督促企业落实动态监控专职岗位、人员、制度，实行24小时动态监管，严格落实凌晨2~5时落地休息制度。严格履行行业安全监管职责，适时抽查全区"两客一危"车辆195台，督促企业消除安全隐患52处，与110家道路运输企业签订《安全目标责任书》，组织"两客一危"及道路运输企业参加消防演练及消防知识安全讲座100人次，提高从业人员应急救援能力。

市场监管。加强客运市场治理，重点监管王家湾地区、黄金口地铁站、三环线出城高速公路周边等地段，查处班线客运站外揽客等违法经营行为，出动2185人次、车辆657台次，每月开展专项集中整治活动3次，查处违规经营长途客车301台、"黑的"644台次。加强货运市场整治，重点检查危化品运输车辆道路运证、车辆资质、驾驶员及押运员从业资格证，从源头上消除隐患。出动执法车辆512台次、人员1548人次，检查营运车辆2635台次，下达责令整改通知书7份，暂扣道路运输证2本。加强驾培行业管理，开展驾培市场清理整治行动，查扣违规教练车2台，摘除训练场招

2018年9月21日，古田客运站国庆节前安全工作检查

执法人员在琴台商圈检查来往客车营运资质和安全设施配备情况

牌 21 个，取缔不达标训练场 5 处。

码头管理。落实中央环保督察组反馈问题的整改，约谈二级水资源保护区内的百威啤酒装卸码头、武汉市港口运输集团有限公司永安堂码头、金福瑞尔工贸有限公司艾家嘴码头、国棉水厂等 3 个码头负责人，督促落实问题整改；协同做好港口船舶防污染工作，检查辖区内 17 家码头垃圾分类，对危险品码头污染物进行跟踪分析，提出增加"两桶一牌"和污水排放装置建议，严把污染防治关；基本完成汉阳区临时砂石集散中心建设。

安全管理。开展交通运输安全宣传教育，组织现场宣传活动 10 场次，发放安全宣传资料 2000 余份，与 153 家注册维修企业签订安全生产诚信承诺书，交通行业从业人员安全意识进一步牢固。加强事中事后监管工作要求，对照"两随机一公开"等事项，建立"一单一表""两库一细则"等配套工作机制，工作效能得到提升。结合"冬防春运""平安交通"等活动，加强安全隐患排查，对 1 家存在"三合一"隐患的维修企业下达限期整改通知书，督促 17 家消防安全意识差、消防器材配备不足和失效的维修企业及时整改。

（李菁）

【武昌区】 武昌区行业监管客运站 3 家，客运企业 4 家，客运车辆 177 台。危险品运输企业 3 家，危险品车辆 61 辆。普通货物运输企业 469 家，货运车辆 2604 辆。出租汽车公司 6 家，出租车 1777 辆。机动车维修企业 145 家，其中一类修理厂 12 家、二类维修厂 21 家、三类维修厂 112 家。辖区道路货物运输经营核定吨位 21645 吨，比上年增长 6.8%；完成货运量 64.43

万吨、货物周转量 5720 万吨公里，比上年分别增长 11%、12%。完成客运车辆年审 177 台、危运车辆年审 61 台，车辆年审率 100%。新增普通货物运输车辆 662 台，完成普通货物运输车辆年审 2292 台，年审率 88%。

行政效能建设。深化"放管服"制度改革，调整优化"权力清单"和"责任清单"，将调整后的行政权力事项录入湖北省政务服务网，录入公布事项 172 项。完善服务指南，推进便民"马上办网上办就近办一次办"，优化"四办"服务事项 24 项。推行"双随机一公开"执法监管，抽查企业 86 家。继续推进"智慧"执法建设，发挥城市天眼视频监控作用，及时收集、调度、处理交通运输行业违规、违法等问题。全年办理网约车驾驶员从业资格证初审 1284 人，发放旅游包车线路牌 4415 张。开展道路运输驾驶员继续教育学时确认及签章 1190 人，诚信考核 1195 人，建档率 100%。

市场运输监管。以傅家坡客运站、武昌火车站等窗口地带为监管重点，在春节、清明、"五一"等重大节假日，落实全员、全时段监管。开展突击整治行动 33 次，检查车辆 512 台次，检查旅游车辆 21 台，查扣非法营运车辆 82 台。开展出租汽车专项整治

2018 年 3 月 13 日，检查三丰加油站码头、中航油加油站码头安全

行动 40 次、出动人员 219 人次、车辆 45 台次，检查车辆 102 次，查处出租汽车拒载、议价、拼客宰客、"黑车"非法营运等违规违法行为，办理一般行政执法案件 52 起。开展货车非法改装、超限专项整治。与城管执法中队、区交通大队开展联合检查，检查货运车辆 4298 台次，查处超载车辆 80 余台，约谈超载运输企业 12 家。开展治超宣传 6 次，发放非法改装、超限宣传单 800 余份。开展旅游客运专项整治。检查旅游客运企业 54 家次，抽查客运车辆 300 余台，检查车辆及人员技术档案 68 份。开展危化品运输专项整治。与区安监局、交通大队联合检查 5 次，检查企业 24 家次，抽查危险品运输车辆 69 台、车辆及人员档案 56 份，下达整改通知单 8 份，整改安全隐患 22 起。开展驾校专项整治行动 5 次，处理不达标训练场地 2 家，责令整改存在安全隐患的教练车 14 辆。处理出租车投诉 52 件，满意率 94.2%。

港口码头资源优化。成立武昌区港口码头资源优化工作专班，对沿江 35 家港口码头逐一进行调查摸底，完成资料收集、建档造册等工作。关闭拆除智兴油料运输码头，对汉口港埠分公司、中交二航局一公司等单位港口码头开展预评估。配合开展沿江码

2018 年 1 月 25 日，联合开展危化品运输专项整治行动

头趸船美化、亮化及江滩整治堤防改造工作。

运输服务。武昌区有傅家坡客运站和宏基客运站 2 个一级客运站、航海客运站 1 个二级客运站。全面落实工作人员在辖区 3 个客运站驻站值班管理要求，春节、"五一""十一"等重大节假日，抽查车辆 1740 台次，纠正安全隐患 43 个，收缴自制牌 28 件、自制小凳 23 把。开展客运站安全专项整治，检查客运站 52 次，纠正场站封

2018 年 11 月 16 日，检查宏基客运站进站车辆资质

闭式管理不到位、出门检查不严格、未配系安全带出门等问题 64 起，抽检营运车辆、驾驶人员等资质 400 余台次。推进"两客一危"车辆 4G 动态视频监控建设，利用监控平台核查营运车辆 30241 台次，视频抽查营运客车 5826 台次，恶劣天气发送安全提醒短信 21728 条，督促企业处理违规车辆 1807 台次。

节能减排。开展大气污染防治，联合区环保局、区安监局等部门，重点检查和整治中山路街、巡司河街边店机动车维修大气污染防治工作，出动执法人员 96 人次、执法车辆 38 辆次，检查维修企业 82 家，处置和纠正违规喷涂、占道经营等问题 22 起，责令整改 12 家企业烤漆房环保不达标等问题。淘汰营运黄标车 63 台，推广使用新能源车辆 123 台。

安全应急管理。组织安全生产调研 5 次，与企业签订安全生产责任书、安全生产诚信承诺书 86 份。组织联合检查 14 次，客运站安全交叉检查 2 次。落实安全隐患排查制度，检查企业 701(家)次，检查一般隐患 180 起，当场整改 79 起，限期整改 101 起，整改率 100%。约谈安全管理不到位企业 18 家(次)，约谈企业负责人 27 人次。下达安全整改督办单 39 份，处理各级督办函 32 件。依法对安全生产制度落

49

2018 年 6 月 15 日，宏基客运站组织开展反恐演练

实不到位的 1 家客运企业、2 家货运企业实施行政处罚。利用动态监控平台核查营运车辆 30241 台次，视频抽查营运客车 5826 台次，恶劣天气发送安全提醒短信 21728 条，督促企业处理违规车辆 1807 台次。开展夏季安全、消防安全、汛期安全等检查以及安全生产月活动。组织开展职业卫生健康和安全生产培训 1 次，培训安全管理人员 80 余人。修订完善防汛抢险、道路运输应急救援等工作预案，督促辖区 3 个客运站建立反恐应急处置队伍，配备应急处置相关设备、设施。组织客运站、客运企业、危化品运输企业开展反恐、消防应急演练等活动 6 次，提高应急处置能力。

(冯剑)

【青山区】 全年办理新增车辆 296台，转入车辆 196 台，过户车辆 10 台，配发营运车辆《道路运输证》1008 本。转出车辆 95 台，注销报废车辆 167 台，年审车辆 1528 台。驾驶员诚信考核签注 2085 人次，全部按要求建立车辆档案。

运输市场监管。督促客运企业严格落实"三不进站六不出站"规定，强化"三品"检查，加强车辆车况检查。督促客运站落实旅客乘车实名制工作，加大客运站安全反恐工作，做好反恐及安全应急演练，配备安检门、X 光机以及防暴棍、防爆叉等相关设施。开展客运站质量信誉考核工作，青山客运站年度审验的初评、初审等工作均符合相关要求。联合公安交通、工商(质监)、公路治超等部门开展联合执法行动，形成每周三联合执法工作机制，全年出动稽查人员 2879 人次、执法车辆 394 台次，检查营运车辆 5000 余辆，检查重点源头企业 60 余家，查处违规车辆(案件)404 台(件)、超载车辆 410 台。加强寄递物流公司监管和安全检查，督促寄递物流企业认真执行寄递物流收寄验视、实名收寄、过机安检"三个 100%"制度。

机动车维修管理。加强机动车维修企业专项管理，重点查处无证经营、占道经营、露天喷漆、烤漆房及喷漆环保未达标等行为，全年出动巡查人员 500 余人次，巡查维修企业 260 余次。开展辖区"绿色维修企业"达标创建工作。指导维修企业安装湖北省汽车维修电子健康档案系统，做好数据上传，加强合格证使用管理，督促一、二类维修企业使用电子健康档案系统合格证。开展二类以上机动车维修企业进行质量信誉考核。督促维修业户严格进行维修质量检验，严格执行二级维护与保养标准。

机动车驾培管理。以"武汉市驾驶员培训监管平台"为依托，对辖区内驾校教练车 127 台更换新标识。全年巡查驾校 139 次，检查和驾校自检教练车辆 2189 台次，下发执法文书 61 份。全区 6 家驾培机构均推行"计时培训、按时付费、先培后付"培训服务。督促辖区驾校按照标准化要求，建立规范的教练车、教练员和学员档案，做到"一车一档、一人一档"。规范机动车驾培行业投诉管理，全年办结各类投诉件 27 起，回复率和满意率 100%。

出租客运市场管理。进一步规范客运出租车行业市场秩序，持续整治"黑的"非法营运及出租车营运秩序，全年出动执法人员 1368 人次、执法车辆 258 辆次，检查出租车 673 辆次，整治违法违规出租车 117 辆次，查扣"黑的"392 辆次。加强辖区青运一公司、武钢实业公司、建设客运 3 家客运出租公司对接和管理，对 275 辆车从业人员、车辆情况进行调查摸底。

物流发展。完成《青山区(化工区)

2018 年 7 月 9 日，青山区城管委与武汉市港口运输集团有限公司签订江南分公司搬迁《框架协议》

现代物流业中长期发展规划》编制，与顺丰集团、万科物流、普洛斯等知名物流企业招商洽谈，召开青山区促进物流业发展座谈会，搭建平台，鼓励本地物流企业利用存量资源加强项目合作。跟踪服务"武汉青山宝湾国际物流园"项目落地建设，6月11日项目开工。完成区物流业"十三五"规划及化工区物流项目中期评估，配合开展化工区市级物流专项资金审计。鼓励武钢物流公司发展多式联运。

码头综合治理。以中央环保督察、沿江非法码头整治、滨江区域建设为重点，推进码头综合治理工作。改善军运会沙滩排球场馆周边环境，清理7家企业66条船舶；巩固岸线整治工作成果，防止出现治理反弹，码头形成区、街、社区三级巡查网络机制，日常轮流值守沿江，全年出动巡查人员5000余人次。开展青山区码头企业"规范、提升"提升工作，督促指导辖区码头企业规范经营。

安全运输管理。开展"打非治违""平安交通"等专项治理活动，重点检查元旦、春运、国庆等重大节假日及重大活动期间安全，落实重点时段24小时值班制度和领导带班制度，加强交通运输安全管理措施，加强车辆动态监管，做好恶劣天气及重点时段应急管理工作，全年出动安全检查人员700余人次，下发安全督办单35份，查处安全生产隐患570余起。

（胡北川）

【洪山区】　全年办理货运车辆年度审验1543辆，驾驶人员从业资格证诚信考核645人。对指标内车辆办理备案手续，发放备案标志500余辆。对网约驾驶员、网约车进行初审，全区通过审批网约驾驶员619人、网约车103辆。新增货运车辆456辆。

客运市场监管。重大节假日派专人驻守杨春湖客运站，督促客运站落实"三不进站，六不出站"制度。提高运输组织保障水平，做好重大节假日道路运输管理和应急处置工作，全年对杨春湖客运站安全检查118次，出动执法车辆123辆次、执法人员

2018年4月28日，拆除西湾码头、西马码头

439人次，抽查客车947辆次，发现一般安全隐患47处，整改47处。通过日常检查及"三站一场"排名扣分综合评定，杨春湖客运站被评定为AA级客运站。开展"黑的"专项整治行动，出动执法队员2770人次、执法车辆934辆次，暂扣"黑的"9辆。

码头整治。按时完成西湾码头和西马码头拆除工作。落实区政府关于张家湾街临时砂石集散中心整改升级要求，拆除占用基本农田建（构）筑物，升级改造集散中心内部道路。成立区交通局港口岸线整治现场专班，在武金堤现场办公，严格监管辖区内码头规范化生产经营。

治超工作。组织56人治超专班对白沙洲大桥进行24小时值守，劝离各类重型车辆7200余辆次。执法专班查扣超载货运车辆127辆，罚款金额58.2万元，卸载货物415吨。区运管所查处非法改装车辆7辆，罚款金额35000元。

安全生产。全年未发生道路运输安全事故。制定《2018年洪山区道路运输安全监管计划》，重点突出元旦、春节、春运、"两会"期间、清明、五一、端午、防汛和"十九大"期间辖区企业安全工作，节假日前夕组织人员针对长途客运、危险货物运输及农村客运等重点领域和关键环节，加大客、货运市场监督管理力度，规范运输市场秩序，加强驻站监管，严查携带"三品"乘车。检查道路运输企

业158家，其中普通货运企业25家、"两客一危"企业4家、驾培企业3家、维修企业90家，发现隐患90处，下达隐患整改通知书35份，全部整改完毕。对"两客一危"企业车辆和总质量大于12吨的载货车辆纳入信息平台，实施有效联网联控。

信用体系建设。开展城管委（交通局）信用体系建设工作，办理失信企业信用修复19件，修复率100%。完成行政许可公示、行政处罚公示"双公示"工作，行政处罚案件上网公示422起。

（瞿曦）

【江夏区】　基础设施建设。全年完成交通固定资产投资11.56亿元，完成物流项目建设投资9.89亿元。完成八分山文化公园慈白路改造、金龙大街西段改扩建等5项重点工程建设，完成4条公路路面维修，107国道改扩建等4条改扩建工程按工期推进。101省道新南环线改扩建、贺胜桥铁路桥维修改造、军运会7条保障线道路提升项目前期工作在办理中。对360条路面未达到6.0米宽的农村通村主干公路和50条路面未达到5.0米宽的通中心自然湾公路编制提档升级规划，分年度综合整治措施方案形成。江夏区被评为省级"四好农村路"示范区。全区完成物流项目投资5.41亿元，完成基础设施建设投资4.48亿元，全面完成市级下达的目标任务。

行业管理。新建庙山治超检测站，开班运营；新增治超综合执法卡点2处、增设限高架3处；天子山大道、107国道、纸贺路、102省道4处非现场执法系统基础设施施工基本完成，实现"固定治超站+流动治超卡点"联防工作格局；实行"三班两运转"24小时治超，全年查处超限超载2087起，暂扣车辆2087台。全年出动巡查车辆269台次、巡查人员748人次，对长江岸线进行常态化巡查；对金凤凰纸业等4家未按要求办理完善相关手续的企业，依规予以关停和拆除。扬尘管控，严格按照"拥抱蓝天"工程工作要求，加强107国道、纸贺公路等国省干线公路扬尘治理，完成工地围挡14.3公里、裸土覆盖85200平方米、路肩、路面清扫85000平方米，有效防止二次污染。全系统全年开展安全隐患排查20余次，下达整改通知书13份，确保行业安全持续稳定。

运输服务。全年完成公路客运量864万人、旅客周转量24200万人公里，货运量1210万吨、货物周转量42370万吨公里；水路客运量5.6万人，旅客周转量72.8万人公里，货运量382.4万吨、货物周转量38.24亿吨公里。推进公交一体化改造，完成纸坊至豹澥、纸坊至龙泉、纸坊至大屋陈61台客运车辆收购和公交替代工作，开通纸坊至五里界线路公交客车；纸坊至金口、金水闸城市公交线路开通运营。至年底，江夏区东西北部片区公交一体化改造工作全面完成，群众出行难问题得到改善。全区有公交线路33条，公共营运汽车572辆人，出租车200台；有客轮11艘411个座位。

公路养护。全区路面保洁6927公里、清理边沟132190米、机械修剪边坡草724000平方米、整修路肩87300平方米、整修边坡56850平方米、沥青路面灌缝94560米、病害修补1940平方米、清除堆积物3067.5立方米，检查桥梁126座、清理涵洞及通道20座、树木修剪183.05公里、栽行道树1030株。

"四好农村路"建设。建成农村通湾公路111.417公里、拆除重建农村公路危病桥35座、涵洞2道，完成农村公路大中修工程37.09万平方米，全区100%的行政村、20户以上自然湾通达水泥路，农村公路网密度2.04公里/平方公里。按照"道路围着产业转"的建设思路，将道路建设计划向南部贫困地区倾斜，建成精准扶贫产业路19.3公里，改造县乡道13.2公里。以"田园综合体"配套项目为重点，实施107国道新南环至贺胜桥段及沿线园区旅游交通及景观整治、五里界和法泗街农村道路及设施提升改造。推动交通运输公共服务提档升级，投入资金216万元，建成公路沿线交通公厕3座，为沿线乡村文化旅游和特色产业繁荣提供支撑。

安全生产。加大国省道、县乡公路、桥梁以及在建工程隐患排查和整治力度，对临水临崖、急弯陡坡、水毁等危险路段设置安全警示标志标牌。全年实施农村公路安全生命防护工程、安保工程建设，整治国省干线危险路段226处、农村公路危险路段135处，超额完成年度整治目标任务。在全面

107国道、纸贺公路等国省干线公路扬尘治理

执法人员沿途发放规范运输宣传单

农村公路加宽改造

摸排基础上，投入 178.776 万元，全面整治 191 座不具备防撞功能桥梁护栏。全区运输企业持证上岗率 100%。组织安全管理人员培训 258 人次。每月对"两客一危"企业车辆动态进行检查，全年开展安全生产大检查 20 次，对 34 家货运企业、2 家危运企业、5 家驾校、63 家维修企业的 477 台次运输车辆进行排查，查出安全隐患 23 起，均及时整改到位。107 国道改扩建工作投入近 1500 万元，建设驻地和土地试验室；金龙大街西段 (107 国道至和平农庄) 投入 100 万元，完善安全警示标志、施工隔离围挡、爆闪灯等安全设施；对 107 国道、纸贺线等交通主干线破损路面进行常态化维修保畅，全年投入 1600 万元修复破损路面 8.193 万平方米；投入 1405.4 万元，完成金龙大街西段、天子山大道、南新公路等道路安全防护栏 29495 米，交通信号灯及标线设施 15 处，标识标牌 230 个。全年港口货物吞吐量 382 万吨，比上年翻了一番。水上交通安全 22 年无事故。

（陈立忠　陈龙）

【蔡甸区】　至 2018 年年底，全区公路里程 2527.89 公里。全年完成投资 3.06 亿元，比上年增长 23%，完成旅客周转量 22190 万人公里，比上年减少 1.54%，完成货物周转量 97350 万吨公里，比上年增长 1.56%。全年办理人大、政协议提案及建议 10 件。蔡甸区交通运输局被评为 2018 年度全市交通运输系统绩效考评立功单位、2018 年全区绩效考评立功单位，被市委、市政府授予 2017—2018 年度市级文明单位，被市政法委评为全市 2018 年度社会治安综合治理优秀基层单位。

基础设施建设及养护。全年完成固定资产投资 3.06 亿元，实施建设项目 14 个。汉蔡高速公路琴台至蔡甸段照明工程、砂石集散中心连通道、通城路（成功大道至高湖桥）路面改造、天鹅湖大道路面改造、道路交通安全危险路段整治、中法友谊大桥安全设施应急工程等 6 个项目完工。曲杨公路改造、蔡甸索河至汉川马口（蔡甸段）新建、老九沟大桥和曲口大桥维修加固等 4 个项目先后开工，星光大道北段顺利打通，318 国道永安至成功段改扩建工程主线基本贯通。上路巡查 9.98 万公里，清除堆物占道 291 处 5151 平方米，拆除非公路标志标牌 90 处，办理行政赔偿案件 11 起，维护安全畅通道路环境。完成路面坑槽修补 12000 平方米、挖翻浆 6000 立方米、路面灌缝 83000 米、整修路肩 36 万平方米、路缘石缺损修复 2530 米、整修边坡 12 万平方米。

军人运动会筹备工作。蔡甸区实施 104 省道永安至松林段道路提升改造，项目全长 6.5 公里，起于永安涵洞，止于松林与松茅线相交处，建设内容为二级公路改造，总投资 1628 万元，2018 年 11 月开工，2019 年 4 月完工。省道 104 永安至松林段道路智慧交通改造，项目全长 6.3 公里，起于永安涵洞，止于松林与松茅线相交处，建设内容为路口改造及新增信号灯、卡口、视频监控、电子警示等设施，总投资 1402 万元，2018 年 12 月开工，2019 年 4 月完工。

运输市场监管。打击客运出租汽车非法经营行为，规范出租汽车经营行为，维护客运出租市场秩序。加强全区 22 条线路 178 台客车监管，出动执法人员 1000 余人次、执法车辆 290 余

2018 年 7 月 10 日，天鹅湖大道路面刷黑工程施工现场

2018年10月21日，检查后官湖湿地公园游船码头安全

辆次，检查车辆628辆次，查处违法违规经营行为80余辆次，规范道路运输市场环境。

公共交通服务。蔡甸区继续实施第二轮汉蔡高速公路琴台站至蔡甸站区间路段免费通行，编制《城乡公交一体化实施规划》，为推进城乡公交一体化夯实基础。调整优化蔡甸开发区260路循环公交、延伸393路至蔡甸开发区，开通263路公交，增加262路、267路、656路运力，增设天鹅湖大道南湖社区公交站点。在52个公交站点安装候车板凳52个，改建夯山沿线候车亭8个，巩固"村村通客车"成果，提升农村客运服务质量，群众出行更加便捷。

安全管理。开展危化品运输专项行动，组织检查64次，检查单位237次，下达隐患整改通知书17份，查改隐患41起，交通运输未发生较大以上生产安全事故。整治航运码头安全隐患，查处各类隐患事故15起。实行乡镇渡口安全监管网格化管理，整治非法渡运行为，完成辖区7艘机动渡船GPS和北斗系统安装，对渡口、风景区发布预警信息160余条。上药科园物流项目建成运营，富盟物流、安博物流加快建设，常福物流中心规划修编完成，物流中心场平、路基及地下管网施工有序推进。投资190万元建

成第二套公路不停车检测系统，建立健全治超组织机构，与城管、公安交警、运管开展联合执法，检测车辆2192台、处罚车辆39辆、卸载货物627.8吨，干线公路货运车辆违法超限率控制在3%以内。

行政审批。推进政务服务"一张网"建设，新调整政务服务事项清单31项，完善"双随机一公开"监管体系，实现随机抽查事项全覆盖。交通政务窗口推动"一窗受理、集成服务"，理顺工作流程，提高办事效率。全年办理道路运输年审9250件、从业资格年审2690件。

文明创建。开展文明指数测评，整治车容车貌和运营秩序，改善出行环境，提高服务质量，推动12个志愿服务队、130名志愿者服务活动常态化。参加行业文明创建，涌现出张汉祥、郑志祥、屠敏等武汉市劳动模范、武汉市级文明市民、蔡甸区优秀知音青年，蔡甸区交通运输局离退休党支部被省委组织部授予省离退休示范支部称号。全系统文明单位、卫生单位创建率100%。投资744万元，建设扶贫路15.92公里、大中修31765平方米。

（姜卫）

【东西湖区】 2018年，东西湖区完成交通固定资产投资25.65亿元，

为年度目标的104.27%。投资交通基础设施项目13个，开通惠民公交线路6条、高峰快线1条、夜行公交线路2条，优化调整线路4条，优化延伸线路7条。关停拆除码头12个，完成规范提升和改造码头2个，迁移泊位趸船39艘。全年完成物流项目建设投资13.34亿元，其中武汉利嘉保税物流产业园（一期）完成投资3.4亿元，捷利互联网+物流项目完成投资2.28亿元，武汉北方捷运国际物流有限公司完成投资2.02亿元。

道路运输。东西湖区公路总里程1420公里，公路网密度284公里/百平方公里。全年实现交通运输、仓储及邮政业增加值204955万元，比上年增长7.0%。完成公路货运量2370万吨、货物周转量118464万吨公里，比上年分别增长0.17%、0.43%。拥有运输车辆31269台，区域出租车300台。东西湖区营运业户2614户，新增286户，年审1281户，年审率49.01%。营运车辆29147台，年审22773台，年审率78.13%。从业资格证书年审5107人。普货运输市场专项整治监管，检查发现存在安全隐患企业42家，全部整改完毕。"一超四罚"企业61家，全部整改完毕。完善GPS监控平台监控数据准确性，车辆年审查验GPS数12000余台。制定《东西湖区巡游出租汽车服务质量信誉考核暂行办法》，出租汽车质量信誉考核按月考评按季总结；出租汽车燃油补贴及"气改油"补贴监督企业发放到位；组织开展出租车行业"新形象、新秩序、迎军运"活动。开展安全生产大检查和服务质量专项整治行动，开展出租车车况安全检查，抽查车辆3300余台次。

道路桥梁管养。吴新干线等9条区域经济干线路段大中修完工，总投资2066万元。完成团结路、金山大道、惠安大道、陈东线、东柏路、107国道、吴新干线、湖陈线段施工任务，环湖中路继续实施保畅施工，完成投资1987万元。完成公路安全保障工程交通检测工作，组织实施高桥南二路下穿汉丹铁路水毁维修工程。

路政执法。路政管理权责明确，

专项整治突出重点，出动巡查车辆530台次，道路巡查860次，安全大检查13次，下达安全隐患整改通知书27份，发现47处安全隐患并进行整治。加强源头治超和路面稽查，实现联合治超工作规范化、制度化、常态化、长效化，检测车辆5187台次，交警处罚车辆131台次，卸载货物5735吨，抄告违法超限超载车辆131台次。推广使用智能公交App、渡船GPS监控及抓拍系统、货运市场GPS监控平台、交通综合监控平台，逐步打造全区智能交通体系。

公路养护。护完成整修路肩185260平方米，整修边坡48508.6平方米。路面养护完成路面保洁清杂10497.5公里，路面融雪除冰738288平方米，路面排水48820平方米。实施桥面融雪除雪113463平方米，修复桥梁伸缩缝67米，清理伸缩缝5656米，疏通泄水孔3217个。沿线设施维护，埋设公里碑105块、百米桩补栽粉刷1281根。

运输市场监管。落实维修行业监管计划，组织维修企业签订东西湖区道路运输行业安全生产工作责任书60份。检查区内维修行业机动车维修车间用电、消防安全、修理工持证上岗、操作规程落实情况，全年检查维修企业56户。查处取缔机动车维修企业承修报废车、使用假冒伪劣配件修车、非法改装、非法拼装车等违法违规经营行为，重点排查大型货车销售市场内的机动车维修点和一、二类大中型客货汽车维修企业。启用驾培监管平台，完成计时培训对接及信息上传审核。受理网约车初审驾驶员486人，初审通过486人，发放网约车驾驶员证223人，办理网约车辆运输证25本。

法制建设。深化行政审批制度改革，移交行政审批职责23项，在湖北行政职权和服务事项管理系统录入行政处罚、行政强制等事项142项，其中开通网上办理22件。完成"双随机一公开"工作，抽查计划录入抽查事项24项，抽查企业186家，抽查执法工作人员71名。按时完成抽查任务23次，抽中企业127家，并及时在"武

汉市交委双随机抽查管理平台"公布。组织东西湖区交通运输系统150余名执法人员开展法律培训，分批组织执法工作人员参加全市交通运输行政执法资格培训。完成合同审查107件，法律业务咨询14件；协调办理行政复议案件1件、行政诉讼案件3件。

安全应急。开展区综合交通运输（物流）安全联合检查3次，对全区80家物流园全面清理，重点对慈惠、长青、走马岭等6个街道办事处的10家物流园实施"闭环式"问题隐患治理。加强重点时段安全监管，元旦、"春运""五一""十一"及高温汛期等重点时段，开展系统各领域安全生产大检查，到交通运输安全生产一线进行督促检查。对全区3家客运企业、3家区域出租汽车企业、6家危化品运输企业、2371家普货运输企业、85家汽车维修企业和12家驾培企业实行常态化监管。开展客运、危运企业安全自查和交叉互查，强化企业安全主体责任。加强水上交通安全监管，检查渡口4处，客渡船4艘，通航河流桥梁3座，码头12座，整治消除安全隐患6处。全区道路运输行业未发生安全责任事故，车辆万车死亡率为零；辖区通行水域未发生安全事故，安全率100%，船舶万吨死亡率和直接经济损失均为零；全区2处在运乡

镇渡口、渡船未发生安全事故，安全事故为零；交通在建工程安全事故为零，交通运输系统各领域无火警火灾事故。

军运会筹备工作。实施"军运会"配套交通基础设施项目，包括金山大道九通路至机场路改造、张柏公路改建、硚孝高速金山大道匝道、吴新干线改造（九通路至新径线段）及107国道东西湖段路面整治工程等，投资额约78.8亿元，其中吴新干线改造（九通路至新径线段）基本完工，金山大道九通路至机场路改造、张柏公路改建、硚孝高速金山大道匝道计划2019年4月30日前完工。制定道路保障和公路环境综合整治方案，按照"设施完好、路面整洁、路况达标、提升公路环境"要求，实施107国道京港线、318国道沪聂线（原宏图路）、112省道舵朱线（原武川公路）等主干道道路保畅工作。集中清理整治区内列养公路沿线非交通标志牌，拆除大型立柱广告牌11块，清理小型移动非公路标志牌35块。以汉江武汉段承办赛事水域为监管重点，专项整治辖区地方监管水域水上交通秩序，优化水上交通组织，规范交通秩序，完善水上交通功能及配套实施，提升汉江武汉段承办赛事水域水上交通保障能力。

（罗晓兰）

2018年3月16日，开展"我骑行、我环保、我快乐"为主题的绿色骑行活动

【经济技术开发区(汉南区)】 至 2018 年年底,全区公路里程 831.05 公里、路网密度 289 公里/百平方公里。其中高速公路 31.22 公里、一级公路 40.07 公里、二级公路 69.01 公里、三级公路 15.70 公里、四级公路 675.05 公里。按行政等级划分高速公路 31.22 公里、省道 65.61 公里、县道 45.39 公里、乡道 83.83 公里、村道 605 公里。汉南港区位于长江武汉段上游左岸,岸线长 45 公里。全年完成公路货运量 937.7 万吨、货物周转量 126999.7 万吨公里。

基础设施建设。全年完成交通固定资产投资 2.3855 亿元,为年度计划 159%。启动纱帽大道交汉洪高速综合枢纽项目建设;投资 3900 万元,完成省道汉仙线大中修 17 公里;投资 289 万元,完成农村公路养护大修工程 10 个;投资 105 万元,实施 25 座公路桥梁维修、病害处治,启动全区"四好农村路"规划编制工作。纱帽大道一期工程完成投资 8650 万元,主体工程和附属设施工程全面完工。通湾公路建设计划 15 公里,总投资 600 万元,通湾公路项目基本完工。投资 4.52 万元,完成江大线 K3+500 ~ K3+700 段波形护栏设置。投资 199 万元,完成汉仙线与汉沙线平交路口改造,消除"平交路口转弯半径过小"安全隐患。

港口码头整治。推进汉纸四码头、港通码头迁移工作。规范军山街、纱帽街、邓南街 3 处砂石经营临时集散中心经营行为,落实"砂不落地"措施。完成永久性砂石集散中心选址。加强港口危险品作业现场监管,出动检查人员 2100 余人次,检查经营企业 420 余次、作业船舶 1073 艘次,全年未发生一例水上安全事故。

运输市场监管。制定"两客一危"整治方案;整治驾培市场,暂扣违规培训教练车 20 辆;重点节假日期间专项整治客运市场,检查车辆 675 台,查处违规 37 台;对货运市场持续开展打非治违,走访货运企业 50 余家。开展联合执法,检查重型货运车辆 300 余台次,查处超限超载车辆 80 台次。按照"黑的"整治方案,上路稽查 100 多次,出动执法人员 300 余人次,

检查车辆 1080 台次,查处车辆 39 台,扣证扣牌 71 块(个)。

公路管养。加大路政治超联动执法力度,推进治超源头治理。全年查处路政案件 15 起,查处超限车辆 420 辆,有效维护 103 省道和县乡道路域环境。开展干线公路控制红线内非法施工以及非公路标志牌整治工作。整修路肩 26 万米,整修边坡 2400 平方米,清理边沟 1.9 万米,药物除草 120 公里,人工清铲路肩草 9.4 万公里,病害修补 216 平方米,人工清扫路面 1560 公里,扫雪防滑 18915 平方米,撒防滑料 72 公里,桥涵疏浚 192 工日,桥面清扫 21 座,绿化修剪 334 公里。埋设百米桩 260 个、里程碑 15 块,埋设示警桩 4 个,刷新里程碑 20 块,护栏修理 1800 米,安全设施清洗 195 公里。投资 20 万元,新建陡埠服务站公用厕所 1 个、停车泊位 30 个,路域环境明显改善。

物流发展。华运达物流基地项目纳入省"十三五"重点物流项目库,辖区武汉船舶交易中心、华运达物流基地、武汉汽车物流多式联运基地和武汉圣泽捷通物流基地等项目建设投资进度纳入月度统计工作范畴。武汉长盛港通汽车物流有限公司获"国家 3A 级物流企业",武汉风神科创物流有限公司成功申报"国家 4A 级物流企业"。组织企业参加经济指数和物流统计培训 2 次。招商引资引进项目 1 个。6 月盒马鲜生华中区域供应链运营中心项目签约,协议总投资 18 亿元,占地 574 亩(其中菜鸟 214 亩、盒马 360 亩)。

公共交通。全区常规公交线路 49 条,完成区内公交与地铁 3 号、4 号、6 号线无缝对接。有公交场站 15 座,总面积 70620 平方米。公交线网总长度 913 公里,设公交站点 421 个,公交日均运营总里程 11.5 万公里,日均客运量近 28.5 万人次,最高日客运量达到 30 万人次。全区有公交营运车辆 725 台(含校车 8 台),其中柴油车 183 台、纯电动车 375 台、天然气车 146 台、氢燃料电池车 21 台,基本满足运能需求。

安全管理。交通运输领域全年未

发生较大以上安全事故,持续保持安全生产形势态势平稳。海事部门出动安全巡查人员 425 人次,检查港口企业 85 次,组织参加应急救援演练 1 次,组织辖区企业安全管理人员参加安全培训 35 人次,监管的通航水域内船舶安全率 100%,未发生重大船舶污染水域事故。运管部门专项整治客运站安全生产突出问题,完成客运站运营环境综合整治,落实客运企业和营运客车安全检查及隐患排查治理。加强汉阳客运中心现场管理,加强辖区危化运输市场整治,督促指导危险化学品道路运输企业进行隐患排查和整治,强化安全主体责任,完善安全生产各项管理措施,提升危险品运输企业应对和处置突发性安全事故的能力。排查道路运输企业 85 家次,整改隐患 200 余项。

(潘建军)

【黄陂区】 基础设施建设。推进市级重点工程建设,岱黄高速府河大桥加宽工程是"七军会"重点保障项目,强弱电杆线全部迁改完成,计划 2019 年 3 月完工通车;北四环黄陂段完成征地 110 亩,房屋拆迁 33800 平方米,完成目标 100%;武汉至大悟高速公路征迁工作待初设批复后再展开。大力推进军运会保障线路提档升级,区交通局牵头组织全区道路建设及路面整治提升工作,包括木兰大道前川至长岭段改扩建、前川中环线解放互通、程家墩互通 3 个主要项目。总投资 26.29 亿元,完成投资约 20 亿元,计划 2019 年 3 月全部完工。

民生工程。农村公路建设。持续实施农村公路大中修、危桥改造、安保工程、通湾公路建设,完成大中修 200 公里、安保工程隐患整治 2200 处、危桥改造 60 座、通湾公路 60 公里。公交运营。改善营商环境,服务企业员工出行,新辟三里—汉口北 1 号线、前川—木兰天池、前川—大余湾 3 条旅游线路,开通前川—界河、祁家湾—汉口北 1 号线公交,优化调整 11 条公交线路;公交车辆提档升级,更新及新增能源车 30 辆、燃油车 80 余辆;12 月 1 日起恢复公路版全座式 292 路公交岱黄高

速通行，方便人民群众安全舒适出行。实施厕所革命。依托姚集公路管站，按照区域内国省干线网络构架，建成交通无害化厕所1座，投资60万元。承办议提案38件，全部办结。

精准扶贫。依托行业扶贫，在交通基础设施建设、管理及养护方面，重点向北片8个扶贫街乡倾斜，着力改善群众生产生活条件，完成资金投入3.6亿元。对口帮扶，结对共建，罗汉街兴隆村和李集街民安集村是区交通局精准扶贫村，全年在兴隆村投入434.8万元，解决路灯不亮、残破路面修复，实施路面改造3公里、新建通湾路3条、改造危桥1座；在民安集村因地制宜精准施策，投入82万元完成邱家畈至西砦许1.72公里破损路面修复，贫困户家门口200平方米场地硬化。

运输市场监管。严打非法营运和站外揽客、倒客、宰客、甩客等行为，重点在前川客运中心、汉口北轻轨站、天河机场等客流集散地，严查无证经营、超范围经营行为，打击"黑的"、非法"网约车"，全年路检路查225天次1700人次，查扣涉嫌违规行为914起，扣留证照914件，暂扣车辆163台次，罚款77.96万元，注销不符合安全生产条件的"安徽籍"货运公司5家360辆车。

体制改革。成立黄陂区农村公路管理局，逐步推行区、街(乡)、村三级农村公路管理体系建设，探索实现"县道县管、乡道乡管、村道村管"的管理体制。配合相关职能单位，研究建立投资项目落地见效机制、推进质量强区创建、完善三乡工程工作机制、落实土地利用总规编制试点等改革事项。

物流业发展。加快园区配套基础设施建设，加大项目引进，主动服务物流企业，全年完成建设投资总额28.4亿元。菜鸟二期、汉口北铁路物流中心二期、卓尔智能仓储项目、越海一期、海航YOHO湾、祁盛、国泰农机、广地冷链物流等物流园产业项目完工，汉口北多式联运物流港项目用地摘牌。卖货郎电子商务平台在

300多个行政村建立农村物流网点，计划2019年完成全区600多个行政村的网点布置。样本物流企业统计数据全年上报率100%，友和道通航空公司获全国物流统计工作优秀企业奖。

规范执法。将全部239项行政权力和政务服务事项服务指南迁移至省政务网；新增21项"四办"事项入驻区政务中心。对26项"双随机一公开"抽查事项组织抽查11次，检查企业20家，完成率100%。将2018年度交通运输行政执法案件42件全部上传至武汉市"两法衔接"系统。完成武汉市行政执法管理与监督云平台前期筹备工作。规范执法行为和案卷，查处问题13处，及时整改到位；公示监督举报电话及渠道，实现"阳光执法"。

安全管理。突出重点排查安全隐患，全年组织安全生产大检查456次，排查单位企业1192家次，排查隐患159起，无安全生产事故。组织各类安全生产教育培训21次。开展扫黑除恶专项行动，查找工程建设、道路运输、公路治超、水上交通等重点领域涉黑涉恶问题，排查黑恶势力情况1例，移送区扫黑办。加强客运站场安全监管，全年检查客运中心出站车辆10260台次，查堵违禁品固体酒精等物品。严格实施治超新政管理，处罚车辆782辆，卸载货物2721吨。切割非法改装车辆墙板650辆。开展客运

渡口船舶和旅游船舶检查211次，检查船舶768艘次，在建桥梁环保检查72次，打击长江非法采砂联合行动12次，拆解非法采砂船舶30余艘。全年发现安全隐患21起，现场整改19起，限期责令整改2起，消除安全隐患21起，发布预警信息294条。为7个街(乡)11艘客渡船舶免费发放救生衣120件、浮具15件，定制救生衣保护防水布袋22条。组织各类安全教育培训5期，投入水上交通安全监管保障经费26万余元，确保黄陂区通航水域未发生水上交通安全监管责任事故发生。

绿色环保。落实中央环保督查反馈意见整改清单，推进"拥抱蓝天"行动，对在建工程特别是前川中环线、木兰大道改造、程家墩互通、新河特大桥等实施"无尘施工"管理。加强汽车修理厂挥发性有机物治理，加强对水泥厂运输车辆督导管控，从严实施路检路查，持续开展运输车辆超限超载整治。加强县、乡、村道日常路面保洁清理。持续实施长江岸线整治，完成27家船厂、砂场码头和砖厂预制厂"拆关搬转"，完成拆除违章建设面积10余万平方米，加大巡察力度，杜绝辖区内非法采砂"回潮"和反弹。

(杜俊华)

【新洲区】　基础设施建设。新洲区全年完成投资9.26亿元，为目标任务

2018年，平江公路改扩建工程完工

的 115.75%。230 国道阳福公路新建工程完成上下基层 15 公里及桥涵配套设施，大别山红色旅游公路二期工程完成土路基 21 公里，106 国道大修 3 公里。新建农村公路 62 公里、大修 26 公里，改造农村公路危桥 24 座。完成改扩建刘大公路新施公路至问津大道段 2.4 公里。平江公路 5 公里 6 车道拓宽 10 车道改造竣工通车，武英高速阳逻连接线路基土方完成 2 公里。郑城客运站开工建设，江北快速路、柴泊大道等军运会提升工程加速推进。江北快速东延线 (347 国道新洲段) 线型确定，完成城规和土规调整、环评、防洪、通航等专题论证，及工程可行性和初步设计报告。完成 106 国道郑城至团风段改扩建工程和问津大道延伸等项目工程可行性报告，完成柳明线、东辛线大修工程设计。

城乡公交一体化改造全面完成。全区城乡公交一体化改造投资 1.98 亿元，新增公交车 130 台，开通线路 21 条。新洲区城乡公交一体化改造全覆盖，纳入区政府为民办的十件实事之一。修改完善《新洲区城乡公交一体化改造实施方案》《框架协议》。实地踏勘全区公交线路和站点设置，确立运行线路和站点设置。1 月完成辛冲、汪集、仓埠、大埠 4 条线路 54 辆农巴车收购工作，同步开通公交线路；12 月 28 日完成 361 辆车收购工作，开通到达所有街镇公交线路。

物流园区建设。新洲区全年完成

2018 年 12 月 28 日，武汉市新洲区城乡公交全覆盖开通

物流建设投资 30.55 亿元，其中物流项目 28.02 亿元、园区基础设施建设 2.53 亿元。武汉物流交易所完成地勘、施工图设计，全年完成投资 3 亿元；武汉阳逻港区集装箱多式联运一期工程实现常态化运营，全年吞吐量突破 3 万标箱；开展铁水联运二期工程 (香炉山铁水联运货场) 前期工作。11 月全国多式联运现场会在阳逻召开。长江经济带粮食物流核心枢纽与供应链金融服务平台多式联运示范工程，入选第 2 个国家多式联运示范工程；招商洽谈项目 1 个，元一温控 (上海) 实业有限公司等 4 家企业计划在阳逻建设润百星华中区供应链产业园项目，计划投资 10 亿元，用地 200 亩。

行政执法。有序承接行政权力下放，"双随机、一公开"全面落实。全年检测货车 8012 辆次，查处 431 辆

次，卸载 2988 吨，罚款额 146500 元，超限违法行为抄告交警、运管部门 47 份。清理公路用地范围内堆积物 335.5 平方米、占道经营 177 处，拆除公路建筑控制区内违章建筑 1 处 72 平方米，案件查处率、结案率 100%。全年出动执法人员 500 余人次，查扣"黑出租车" 6 辆，没收非法使用出租汽车标志 20 余副，驱离警告私家车 150 多辆次。全年开展水上巡查检查 615 人次，出动船艇 14 艘次，联合执法 5 起，实施行政处罚 4 起，办理各类督办 6 件，有效防控港口码头违法建设、违法经营行为。驾校专项检查 57 次，查处违规从事培训行为 4 例，取缔非法训练场 4 个。区交通运输局被武汉市委政法委评为"2018 年度优秀基层综合治理单位"。

运输服务。全年完成道路客运量 1678 万人、旅客周转量 75506 万人公里，货运量 412 万吨、货物周转量 28424 万吨公里。全区完成港口吞吐量 1300 万吨；集装箱吞吐量 141.6 万标箱，比上年增长 10.8%。拥有客运车辆 414 辆，货运车辆 4335 辆，机动车维修企业 55 家。客运站实现联网售票，长途旅客实行实名制售票，重大节假日和重大活动实行驻站管理，严格落实"三不进站、六不出站"制度。区交通运输局被评为"2017—2018 年度武汉市文明单位"。

港口码头整治。新洲区腾退岸线 2.2 公里，滩地复绿 14000 余平方米。整改评估类码头 20 家，其中完善手续

2018 年 6 月 5 日，全区出租汽车爱心送考行动在龙腾大道启动

2018年6月1日，启动港口船舶安全与防污染联合行动，图为在中石油武汉油库码头进行专项检查

申报发证10家、待发证5家；协调1家企业重新选址，进入新建项目立项审批程序。完成临时集散中心建设，砂石集散中心选址、论证、立项已完成，待建。开展饮用水源地环境隐患整治工作，对阳逻水厂取水口二级保护区内武钢、长江物流等码头下达《停业整改通知书》，封存码头设施，拆除

输送设备。督促全区散货码头落实安装喷淋、洒水车等防尘降尘设施，对输送装置进行封闭、堆场及时全覆盖、道路抛洒进行清扫等，对整改不力的码头关停整改。推进港口和船舶污染物接收处置转运建设，督促港航企业完成全区码头两桶一牌设备配置。

安全管理。组织开展"打非治违""冬防春运"、安全生产大检查、港口危化品码头整治等专项行动。开展"平安交通"建设行动和"安全生产月"活动，成功主办公路抢险和道路运输应急救援安全生产应急演练。全年检查企业95家，排查各类隐患118起，整改106起，跟踪治理12起。全区水上船舶和监管水域、港口企业未发生安全责任事故，船舶安全面100%，港口企业安全面100%。全区交通公路工程建设未发生安全责任事故。全区交通运输行业未发生消防安全死亡事故。全区道路运输未发生安全生产责任事故。

精准扶贫。完成三店街左桥、王河、徐寨、石桥、杨桥5个村81个贫困户228个贫困人口脱贫出列总体目标。完成危房改造7户，每户补助1万元。组织慰问活动12次，慰问贫困户400余次。帮助左桥村千亩瓜蒌产业发展，新建对口帮扶村农村公路1.5公里，完成桥梁改造2座。超额完成精准扶贫社会扶贫网对接任务，完成100余条对接数。

（陈世雄）

黄石市交通运输

【概况】　至2018年年底，全市综合交通运输网络总里程8325.22公里（不含城市道路），综合交通网密度181.65公里/百平方公里。全市（县、区）在册公路里程7542.97公里，路网密度164.59公里/百平方公里，其中高速公路180.24公里、一级公路390.01公里（含高速连接线14.93公里）、二级公路640.25公里、三级公路162.67公里、四级公路6169.8公里。境内铁路营运里程386.65公里，其中武石城际铁路15.83公里、武九客运专线69.12公里、武九铁路76.3公里，以及铁黄线、铁灵线、铜大线、山南线、新港支线等支线铁路。境内航道里程247.6公里，其中长江一级航道60.8公里（界河航道）、内河航道186.8公里；通航水域主要航道10条，其中五级航道1条、

六级航道3条、七级航道4条、七级以下航道2条。黄石港拥有各类码头泊位45个，其中生产性泊位34个（含危货泊位5个）、非生产性泊位11个。

2018年6月，黄石大棋一级公路改造工程完工

2018年6月26日，黄石传化诚通公路港正式开工

公路客运站25个，其中一级客运站1个、二级客运站1个、三级客运站3个、四级客运站7个、五级客运站9个、简易客运站3个、临时客运站1个。农村客运五级客运站9个、候车棚322个、招呼站470个、港湾式候车亭18个。铁路客运站6个、货运站9个。公交首末站场95个，停车场20个。

基础设施建设。全市完成交通固定资产投资118.69亿元，为年度目标110亿元的108%，比上年增长10.9%。其中高速公路投资30.13亿元、普通公路投资63.76亿元、港航投资3.8亿元、站场投资1.12亿元、物流投资14.78亿元、铁路投资5.1亿元。完成一级公路路基34.83公里、路面44.82公里，二级公路路基38.7公里、路面28.41公里，完成干线公路大中修47公里，完成通村公路439.19公里。团城山客运枢纽站建成投入运营。

"四好农村路"建设。按照"四好农村路"标准建设农村公路230公里。至年底，全市新改建农村公路439公里，为市政府目标的190.8%。大冶市获"四好农村路"省级示范县和全国示范县，阳新县预留专款2亿元，农村公路100余公里示范线开工建设。

运输服务。全年完成道路客运量3069.9万人次、旅客周转量20.37亿人公里，比上年分别下降10.17%、7.51%；完成货运量7780.47万吨、货物周转量137.47亿吨公里，比上年分别增长10.45%、7.79%。公交年客运量1.39亿人次，市民出行公共交通分担率24%。出租车客运量10096.7万人次，比上年减少1.6%。完成水路货运量825万吨、货物周转量81.42亿吨公里，比上年分别下降23.3%、28.9%。港口货物吞吐量4218.65万吨(含棋盘洲新港1、2、7号泊位)，比上年增长4.44%，其中外贸货物吞吐量511.33万吨，比上年下降3.23%，集装箱吞吐量5.1095万TEU，比上年增长70.2%。全市实有

注册资本100万元及以上物流运输企业618家，其中3A物流14家、4A物流6家。全市水运企业10家，船舶99艘，总载重吨14.87万吨。2018年开通多式联运班列以来，完成多式联运班列53趟、集装箱2572标箱。

运输市场监管。开展"打非治违"稽查行动630余次，出动执法人员10494人次，检查营运车辆9098辆，查处违法违章营运车辆646辆，查处不按规范要求培训车辆11辆，查扣黑教练车辆6辆，取缔非法培训点4处，暂停培训考试业务1家。班线客运网上订票、自助售票、移动App售票、异地联网售票等多种方式售票比重增大。重点整治黄石北站出租车经营，通过发布公告、倡议书等方式开展全方位、立体式宣传，持续打击"黑车""黑的"，出动执法人员1600余人次，检查相关企业289家，查处非法违法运营9起，查处非法营运车4辆、违规运营车32辆、出租汽车不文明经营80台次，全市客运市场经营秩序日趋正规。进一步完善质量信誉等级考核，对客货运输企业、汽车客运站、汽车维修企业进行质量信誉等级考核。

科技与信息化。按照"一县一门户，一部门一官网"要求，完善黄石市交通运输局门户网站平台建设，将局属港航、公路、运管、物流部门全部归并在内，黄石交通OA系统正式投入使用，投入建设资金73.5万元，

2018年1月28日，黄石市普通公路安全生命防护"455"工程建设

实现局机关与局属单位之间公文系统无缝对接和公文无纸化传输。黄阳一级公路建成"两桥一隧"视频监控系统，实现重点路段可视、可测、可控。市公路部门加大科技治超力度，投入520万元建成黄阳、大棋公路超限超载车辆不停车检测系统，投资10万元完成公路应急处置视频会议系统。运管部门投入68.9万元，建立道路运输安全第三方监测服务平台，全市599台客运车辆、368台危货运输车辆、817台农村客运车辆全部完成4G视频监控系统升级安装，实时监控"两客一危"运输车辆，纠正违章驾驶行为2458起。

安全应急管理。加强风险管控和隐患排查治理，开展各类专项整治行动，全市水路交通、道路运输、交通建设工程及安保工程无重大以上责任事故。严格管控从业人员资质关，依法撤销出租车驾驶员从业资格7人。完成普通公路安全生命防护"455"工程1234.5公里，为年度计划102.6%。投入1342万元，修补破损路面、整修路肩，确保公路通行安全。对全市交通行业重点部位安全检查30余次，发现安全隐患266个，下发督办通知（函）及通报28份。约谈交通管理部门和企业有关负责人127人，约谈交通运输企业106家，下发交办通知635份，整治隐患1417处。参与或组织市气象灾害暴雨Ⅲ级应急响应演练、磁湖水域反恐应急演练、雨雪冰冻天气应急演练和治超突发事件应急演练，督促100余家交通企业开展反恐、消防等应急演练活动。完成冰冻雨雪恶劣天气期间应急保障工作，保障车辆通行安全，出动人员4063人次、应急车辆及工程车辆设备543台次，整治公路隐患和结冰险情128处，除雪除冰4658公里。圆满完成7月28日、8月3日强降雨导致黄阳公路笏山隧道出口泥石流阻塞交通抢险任务、8月4日至6日东方山水库抢险任务。

改革举措。加快局属事业单位企业改革进程，推进公路局、运管局、客管局相关资产及相关人员整体移交市交投集团工作方案，完成运管局、

客管局相关资产及人员移交工作。加大"放管服"改革力度，取消行政许可2项，承接行政许可3项。全年办理审批事项2289件，无一件投诉。全力推进交通综合执法改革，加强综合执法改革调研力度和情况摸排，研究制订相关实施方案。

（谭德军）

【大冶市】　至2018年年底，全市公路里程4552公里（不含高速公路）、路网密度293.5公里/百平方公里，其中高速公路88公里、一级公路160公里、二级公路256公里、三级公路830公里、四级公路1930公里、等外路1376公里。内河航道通航里程34.52公里，渡口2个。客运站21个，其中二级客运站1个、三级客运站2个、四级客运站5个、五级客运站13个。

基础设施建设。全市完成交通固定资产投资26亿元，比上年增长8.3%。完成大冶跨湖特大公路桥全长2249延米，磨山至东风农场公路5.6公里，316国道南峰服务区。239省道还地桥至梅咀段新建公路8.9公里，保（安）茗（山）旅游公路15公里，316国道陈贵至铜山口、金山店至还地桥2个标段完成总工程量的80%。新增等级公路85公里。

"四好农村路"建设。全年新建农村公路133.5公里、产业路70.9公里，提档升级工程130.1公里，美丽农村路100公里，改造危桥23座，完成公路安全防护工程86.08公里，完

成投资1.5亿元。大冶市被评为全省、全国"四好农村路"示范县（市）。

运输服务。全年完成道路客运量1440万人次，比上年下降6%；完成货运量849万吨，比上年增长8.6%。全市21家参与GDP核算的运输企业，完成营业收入6.41亿元，比上年增长13.6%。新增投资亿元以上的湖北海虹物流有限公司、大冶市鑫捷物流有限公司2个物流企业。组织开展全市道路客货运输企业质量信誉考核工作，考核企业52家，评出AAA客运企业4家、AA客运企业4家、A客运企业3家、B客运企业3家。组织对全市11条公交线路运营车辆进行季度服务质量检查评价，发现存在7个方面的问题，督促企业逐项整改到位。全市长途客运车辆、出租车、农村客运车辆、公交车全部安装GPS监控系统。

公路管养。做好预防性养护和及时性养护、桥梁经常性检查与日常维护，提升公路养护水平，提升机械化养护作业、站房改造、内业资料规范等工作。开展公路路域环境整治，严格落实路政养护联合巡查制度。推行公路社会化养护工作，平稳有序推进公路养护市场化改革，以养护质量为重点，建立养护质量与计量支付相挂钩的工作机制，金山店、铜山口、毛铺、金湖等公路站实行承包性养护。农村公路养护以创建"四好农村路"示范县（市）为契机，建立乡镇村两级养护队，制定爱路护路乡规民约和村规民约，探索公司养护金牛模式、专业养

2018年，大冶保茗"四好农村路"示范线

护茗山模式等多种乡村公路养护模式，村组级公路公益性岗位养护模式在推广应用。加强路政人员上路巡查力度，拆除违章建筑 2 起，下达责令整改通知书 36 份，清除路障 75 处 355 平方米，制止未经许可涉路施工行为 4 起、占道经营洗车加水点 21 处。

超限超载治理。建立政府主导的联合治超模式，栖儒桥治超检测站全年检查车辆 4000 余车次，依法查处超限超载运输车辆 320 辆，卸载转运超限货物 5150 余吨。联合交警、城管在全市乡镇开展流动治超行动，检测车辆 1100 车次，查处超限车辆 108 车次，按治超有关规定实行"一超四罚"。

运政管理。持续开展"打非治违"专项行动，查扣非法营运"黑的"225 辆、"摩的"312 辆、违规出租车 97 辆，中止运营 13 辆，警告 259 辆次，实施行政处罚 177.2 万元。查处金牛镇个体经营户擅自违法兴建客运站场行为，取缔团塘客运站、金牛客运站违规擅自接纳未签订进站协议的客车 46 辆，涉及客运线路 23 条。

节能减排。严格市场准入关，逐步淘汰高能耗高排放老旧车辆，新增客货运输车辆必须符合国家规定排放量标准。全市 600 辆出租车全部使用清洁能源车辆。2018 年大冶市政府投资 4000 万元，采购 100 辆纯电动公交车投入市场营运，全市拥有清洁能源公交车 186 辆，占公交车总量 70% 以上。

2018 年 5 月 15 日，大冶市实施标准化站房建设提升公路养护水平。图为连续四年获评"五星级"的金牛公路管理站

交通环保。重视被曝光的交通 2 处污染防治检测点整改工作，一方面加强路政巡查防止货车抛撒，另一方面对在建工程加强防扬尘措施到位。交通重点工程建设中尽量避开生态林、水源地，不破坏生态环境。加强交通绿道建设，结合大冶创建国家森林城市工作要求，对境内大广高速、蕲嘉高速两侧可视范围内进行绿化提档，打造交通绿色门户，重点绿化对接武汉光谷的"两路"、316 国道刘仁八至殷祖段，所有新改扩建公路做到绿化与主体工程"三同步"。

安全应急管理。开展安全生产隐患大排查、大整改，落实企业主体责任和行业管理责任，多次组织安全生产整改落实"回头看"活动，排查隐患 246 起，整改 244 起，整改上级挂牌隐患 5 起，全年无安全事故发生。

交通改革举措。探索普通公路"建养一体化"工作在大冶的实践，按照重点突出原则分批次打包实施。选定 349 省道港湖至茅圻公路、257 省道保安至毛铺段改建工程、315 省道马叫至四斗粮段改扩建工程为试点项目。总结推广茗山乡农村公路养护"四抓四化"模式，即抓好任务分解，做到责任清单化；抓好队伍建设，做到养护常态化；抓好奖惩激励，做到考核长效化；抓好建章立制，做到管理规范化。

文明创建。建立大冶文明学院交通分院，组织交通从业人员学习培训，在系统内开展社会主义核心价值观和家风家训教育活动。为巩固深化大冶全国文明城市创建成果，在主城区设立交通文明体验岗亭 5 个，将违章违规驾驶员和不文明出行当事人换位体验，倡导文明行车、文明出行，增强群众参与文明交通意识。

（刘佳国）

【阳新县】 基础设施建设。2018 年，阳新县境内（不含棋盘洲港和新港物流园）交通重点建设项目 23 个，全年完成投资 30.92 亿元。其中建设完成 7 个重点项目：黄石至阳新一级公路阳新段 20.83 公里全线建成通车，年度完成投资 1.16 亿元，累计完成投资 5.76 亿元；武阳一级公路三溪至宏卿段 5.5 公里建成通车，年度完成投资 6540 万元，累计完成投资 7268 万元；湘鄂赣革命旧址群出口二级公路 5.53 公里，路基工程基本完成，桥涵工程全部完成，在进行路面施工，年度完成投资 1350 万元，累计完成投资 5100 万元；阳新军垦农场至大冶梅咀公路阳新段二级公路改建 18.81 公里建成通车，年度完成投资 3378 万元，累计完成投资 1.54 亿元；农村公路完成 225 公里，完成投资 1.9 亿元。完成"455"生命安全防护工程 727.64 公里（不含二镇一区），其中国省道 145.7 公里、农村公路 581.94 公里，完成投资 1.43 亿元；完成收购原有公交车辆 152 辆和更新新能源公交车 160 辆、充电桩、场地建设等工作，完成投资 2.1 亿元。10 个在建重点项目：203 省道阳新县棋盘洲至富池段改建工程（沿江大道）34.1 公里，一级公路，年完成投资 7000 万元，累计完成投资 2.8 亿元；315 省道黄石河口至大冶大箕铺段改建工程（阳新段）4.1 公里，一级公路；阳新县良荐湖至双港公路改建工程 5 公里，一级公路，完成工程可行性批复，相关专题同步进行中；357 省道阳新县木港至龙港公路改建工程 41.68 公里，二级公路，洋港至龙港段 18.3 公里建成通车，燕窠桥完工，燕窠桥接线及木港至吉山段完成路基 6.5 公里，年

阳新县兴国至富池一级公路

完成投资 2000 万元，累计完成投资 1.35
亿元。358 省道阳新县富水大坝至阳
辛段公路改建工程 1.8 公里，在进行
征迁调查工作，二级公路；413 省道
阳新县大田至三溪公路改建工程 21.93
公里，二级公路，王英至三溪段 13.2
公里建成通车，大田至王英段完成路
基石方招标工作；新屋中桥、三组桥
2 座 128.08 延米农村桥梁建设，湾塘
中桥、黄垅桥、杨村桥 3 座 105.58 米
危桥改造，完成投资 100 万元；建设
排市、三溪、白沙 3 个乡镇三级客运站，
完成投资 1500 万元；黄石港阳新港区
富池综合码头工程一期工程水下工程
建成，水上工程在建中，年度完成投
资 5700 万元，累计完成投资 8800 万元；
阳新客运一级枢纽站，总建筑面积
13907 平方米，完成工程可行性批复，
初步设计上报待批，施工图设计同步
进行。3 个重点项目前期工作：106 国
道阳新县沿镇至黄土坡段改扩建工程
14.87 公里，一级公路，完成工程可
行性报告及相关专题批复工作；351
国道阳新县界首至木港段改扩建工程
27.33 公里，一级公路，完成工程可行
性报告编制工作；阳新富池至兴国 29
公里Ⅲ级航道、兴国至排市 30.5 公里
Ⅳ级航道、新建 1000 吨级船闸 1 座，
完成工程可行性报告编制及专家审查
工作。协调配合棋盘洲长江公路大桥、
武穴长江公路大桥、武阳高速公路阳
新段建设。

"四好农村路"建设。全年计划
建设四级公路路基路面 200 公里，实
际完成 225 公里，其中示范路完成 35
公里、窄路加宽完成 45 公里、自然村
公路完成 145 公里，"四好农村路"
建设投资 1.9 亿元。

运输服务。2018 年，阳新火车站
客运量 150 万人次、货运量 23091 吨。
完成公路客运量 2176 万人次、货运量
36518 万吨。全县道路运输业户 1790
家，危险品货运业户 4 家，客车 512 辆，
货车 3613 辆，危险品运输车辆 58 辆。
客运站 9 个，客运班线 309 条，其中
省际线路 8 条、市际线路 10 条、县际
线路 16 条、县内客运班线 200 条。出
租车公司 3 家，出租车 400 辆，公交
企业 1 家，公交车 160 辆，公交运营
线路 10 条，从业人员 260 余名，停靠
站点 259 个，实行公车公营模式。开
通农村客运班线 113 条，农村客运车
辆 371 辆，全县 349 个行政村全部通
客车，其中 38 个自然村采取约租方
式，通达率 100%。县籍营运船舶 175

艘，其中客（渡）船 156 艘、货船 19
艘 6293 载重吨。

运输市场管理。年初，县政府出
台《阳新县"三打击、三整治"专项
行实施方案》，由县交通运输局、公
安局等执法部门联合开展城市交通秩
序集中整治活动，建立全县公共客运
市场综合治理机制和长效监管机制。
稽查非法营运"黑的"900 多辆次，
暂扣 260 辆次，协助交警部门暂扣麻
木车、电动三轮（四轮）车 48 辆次。
在班线客运、旅游客运、危险品运输、
客运站、驾培、维修市场开展监督检
查执法活动 3530 次，出动执法人员
10520 人次，检查经营者 3565 家、营
运客货车 12540 辆次，发现违法行为
2731 起，行政复议案件 1 起，行政诉
讼案件 1 起。

公路治超。在 351 国道检查点，
交警、特警、治超人员 24 小时不间断
不定点、不定时开展治超联合执法行
动，联合执法常态化；白沙超限检测
站交警部门安排人员驻站。加强与交
警、运管、城管等部门协作，在全县
范围内开展流动治超工作，对进出城
区货车严格检查，全年检测货车 7958
辆次，查处违法车辆 494 辆次，卸载
524 车次，卸货 3772 吨。

水上安全监管。明确责任，完善
制度，全面推行"县 镇 村 船主"
四级水上安全责任制，责任书签订率
100%。加强现场监管，港航海事人员
在节假日等重点时段到渡口、码头，

2018 年 1 月 28 日，建设中的棋盘洲长江公路大桥

防止"三无"船舶、农用船舶非法载客。仙岛湖风景区码头、阳辛村渡口等重点水域安装安全视频监控系统；156艘客船渡船安装北斗(GPS)监控；

各监控机构、人员基本落实。初步实现重点水域全天候远程监控，通过北斗卫星系统，对全县渡船运行、载客、救生衣使用等情况远程监控。加强水路

运输船舶各类安全隐患排查，严格船舶操作规程，辖区渡口渡船严格执行船舶七禁止八不开规定，保障渡运安全。

(章杰)

十堰市交通运输

【概况】 至2018年年底，全市公路里程29796.99公里、路网密度126公里/百平方公里，其中高速公路527.25公里、一级公路352.15公里、二级公路2240.08公里、三级公路1294.41公里、四级公路25382.57公里、等外公路0.53公里。100%的县(市、区)通达高速公路和绕城一级路，92%的乡镇连通二级以上公路，撤乡并村后100%的行政村通达水泥(沥青)路和客车。内河航道通航里程762.8公里，港口6个，生产性码头泊位250个，渡口124个。客运站97个，其中一级客运站2个、二级客运站9个、三级客运站5个、四级客运站5个、五级客运站76个，货运站5个。

基础设施建设。全年完成交通固定资产投资145亿元，为年度目标136亿元的107%，其中高速公路投资28.1亿元、普通公路投资99.5亿元、港航投资5.2亿元、物流场站投资12.2亿元。部省补助资金27亿元。全市"十三五"项目前期进展迅速，"十三五"规划中期评估完成，地灾项目库建设完成。汉十高铁、十巫高速公路鲍峡至溢水段、十淅高速公路在建中，全市"三横两纵"高速公路网络基本形成，连接南北、通达东西的区域性交通枢纽功能和地位进一步巩固。高铁北站广场二期工程开工建设、十堰滨江新区至武当山玄岳门一级公路、风神大道、土武一级公路等项目加快推进。完成一级公路路基49.5公里、路面28.2公里，二级公路路基242.4公里、路面224.2公里，新改建农村公路3405公里，实施危桥改造2653延米，新建农村公路桥梁1219延米。全市12082公里农村公路安防工程任务基本完成。孤山航电枢纽完成一期基坑开挖、厂房施

工、左区泄水闸施工，左岸坝肩开挖及支护等建设内容，郧西县陡岭子水库贫困地区旅游渡运码头主体工程完工。全年新开工建设站场项目26个，竹山物流中心和十堰东城物流园2个项目完工，林安、华西、鄂西北集疏运配送中心(原房县物流中心)、群利、鼎元等5个物流项目加快推进。

"四好农村路"建设。推进"四好农村路"示范创建，探索"交通运输+特色产业"等扶贫新模式，建成资源路产业路523公里、旅游公路546公里。以"村村通客车"工程为抓手，因地制宜推行区域化整合、公司化经营、个性化预约等多元化的城乡客运模式，开通农村客运班线300余条、客运车辆1500余辆，行政村客车通达率100%。

运输服务。全市营运货车12415辆，其中普通货车11084辆、危险品运输车辆(含挂车341辆)1331辆。营运客车4823辆，其中客运车辆1557辆、城市公交1740辆、出租汽车1526辆。全年完成公路客运量3358万人次、旅客周转量30.45亿人公里，比上年分

别下降1.18%、1.23%；完成货运量7259万吨、货物周转量140.6亿吨公里，比上年分别增长10.45%、7.79%。完成水路客运量17.1万人、旅客周转量719.88万人公里，比上年分别增长4.71%、0.14%；完成货运量480.24万吨、货物周转量16405.5万吨公里，比上年分别下降2.9%、4.35%。规模以上交通运输企业营业收入比上年增长22.16%，运输市场保持稳健增长。十堰入选全国首批城市绿色货运配送示范创建城市和国家物流枢纽建设规划生产服务型承载城市。亨运集团成立全市首家游客集散中心，公交集团开通"十郧"快客直通车，12328交通运输服务监督电话高效运行。全年新改建县级客运站11个、港湾式农村候车亭80个，新开通旅游客运专线5条、农村客运班线15条、城乡公交线路7条，新增客运车辆55辆。发展电话预约、周末班车、早晚班车、水陆接驳班车等农村客运新模式，鼓励有条件的乡镇推进客运公交化改造，农村出行条件逐步改善。重点扶持寿康、亨运、林安、大明、华西等知名龙头

2018年，建设中的十堰市孤山枢纽

2018年6月2日，十堰市旅游集散中心暨千人游十堰直通车首发

物流企业，发挥辐射带动功能。开展"一县一品"农村物流融合发展试点示范创建，全市5个农村交通物流项目纳入省级试点示范。

执法规范化建设。全面推广应用交通运输行政执法综合管理信息系统，梳理编制市直交通运输系统"双随机一公开"执法检查事项17项，组织开展市级执法评议考核、执法案卷评查4次，举办市级执法培训班8期，执法人员参加培训600余人。治超工作全面加强，市政府召开全市治超工作会议2次，开展全市治超工作专项督查2次，全市治超工作经验在全省会议上交流3次。创新方式整治路域，开展全市范围路域环境专项整治2次，拆除违章建筑157处、违法非公路标志3533块。

出租汽车行业治理。开展出租车行业专项整治，非法营运得到明显遏制，运输市场秩序好转。出台《十堰市关于深化出租汽车行业改革的实施意见》《十堰市网络预约出租汽车服务管理实施细则（试行）》。斑马快跑、尚车出行、万顺叫车等3家网约车平台公司注册登记并取得《经营许可证》，在营网约车125台，完成城区40台经营权到期巡游出租汽车更新工作。

绿色交通。推广新能源装备应用，城区新增纯电动出租车194台、新能源公交车300台。加快推进生态公路建设，编制完成环库沿库生态旅游公路景观提升方案，完成国省道绿化1500公里、植树10万棵，建成停车区30个、观景台60个，创建"畅安舒美"示范路1100公里。全市打造"一路一站"创建路段22条和示范站点8个，建成养护应急中心7个和标准化公路养护管理站18个。推进"厕所革命"，完成黄龙等5个公路服务区"交通厕所"改建，启动国省道沿线30座"交通厕所"前期规划设计工作。推进非法码头专项整治、港口和船舶污染防治、汉江岸线资源清理整顿等，累计取缔非法码头40个。

智慧交通。建成8处不停车超限检测系统和5处电子抓拍系统，省、市、县三级公路治超实现联网监控。全面完成1779辆"两客一危"车辆升级4G动态视频系统工作。大力实施"智慧运政"和船员"口袋工程"，为5500余名驾驶员和870余名船员提供远程业务办理、考试培训等。新建智能化公交站点113座，推广使用手机支付宝扫码乘车，"车城通"公交卡使用范围扩展至全国80多个大中城市。

安全应急管理。委托第三方机构对全市3500公里干线公路进行隐患评估和地灾普查。联合公安交管部门对长途客运实行实名制、"两客一危"车辆动态监控和客运站周边环境进行综合整治，建立健全安全预防机制。推进交通运输行业安全生产和职业健康领域"打非治违"专项行动，安全生产形势持续稳定。扎实开展"品质工程"创建、质量提升行动，全市公路水运工程建设项目监督覆盖率100%。全面加强重点时段以及恶劣天气运输安全保障。面对年初年末多轮次持续强降雪天气，全市交通公路部门出动应急人员1万余人次，在高山路段派驻值守人员270余人次，投入应急设备800余台套，布撒融雪剂270余吨，清理积雪冰冻干线公路21条1200公里。全年组织不同层级、形式多样应急演练90余场次。开展扫黑除恶专项斗争，净化交通运输市场经

2018年5月26日，十堰市首家网约车平台公司"斑马快跑"正式运营

2018 年 12 月，十堰市不停车检测系统建成

营环境。全年获取涉黑涉恶涉乱线索41 条，移交市扫黑办甄别处理 35 条，打击处理实名举报涉乱线索 3 条。

投融资。探索开展多渠道、多方式筹融资，丹江、郧西、郧阳、竹山、房县、竹溪等地与大型央企签署总投资规模约 170 亿元的共建合作协议，基本破解建设资金困难局面。

交通改革举措。十堰市政府多次召开会议，研究交通运输系统历次改革后的人员编制和财力保障等遗留问题，下发文件（十政办电〔2018〕48 号）督促市本级、县市区政府落实省政府要求（鄂政办电〔2017〕121 号），市财政局明确 2018 年起市直交通运输系统 5 个二级单位基本支出均按政策口径全额予以保障（十财建文〔2018〕669 号）。

"互联网＋放管服"改革。交通行政 360 项权责事项并入全省"一张网"系统，全年受理办结交通行政审批业务 7000 余件，办结率 100%。交通投融资改革深入推进，交投平台融资能力不断提升，社会资本参与交通项目积极性逐步提高。货车检测"三检合一"落地实施，为全市货运车辆减轻直接经济负担 240 余万元。驾培行业"计时培训、按学时收费、先培训后付费"服务新模式覆盖率 100%。交通运输综合行政执法体制改革稳步

推进。出租汽车行业改革持续深化。

文明创建。十堰市交通运输局连续 5 次获"全国文明单位"称号、被交通运输部授予"全国交通运输系统文明单位"。组织开展"十星级文明示范窗口"创建、"公交让座日""我推荐、我评议身边好人"、道德讲堂等活动，评选"十佳的哥、十佳的姐"20人、身边好人 30 人。开展学雷锋志愿服务活动 20 余次，参与人员 1000 余人次。全市交通系统受国家、省、市各类表彰 50 余次，张龙、尚云分别获"全国五一劳动奖章"和"湖北省劳

动模范"称号。

（杨林松）

【丹江口市】　至 2018 年年底，全市公路里程 5084.76 公里、路网密度 126 公里／百平方公里，其中高速公路 75 公里、一级公路 108.66 公里、二级公路 401.1 公里、通村公路 4500 公里。内河航道通航里程 178 公里（界河按二分之一算），港口 9 个，生产性码头泊位 128 个。客运站 9 个，其中二级客运站 1 个、三级客运站 1 个、四级客运站 1 个、五级客运站 6 个，货运站 1 个。

基础设施建设。全年完成交通固定资产投资 65 亿元，比上年增长 33%。普通公路建设投资 60 亿元，沧浪洲生态湿地步行桥、环库公路江南段二期、环库绿道蔡湾和汉丹港示范区、贫困村"九有"公路、农村公路安全生命防护工程等项目建设。新增一级公路 3 公里、二级公路 22 公里、桥梁 350 延米。水路建设投资 1 亿元。客运、物流站场、铁路、邮政等投资 4 亿元。

"四好农村路"建设。按照"政府主导、社会参与、各负其责、齐抓共管"原则，实行"一名领导、一个部门、一套专班"工作机制，重点实施撤并村通畅工程、20 户以上自然村通硬化路、通村客运线路联网成环和

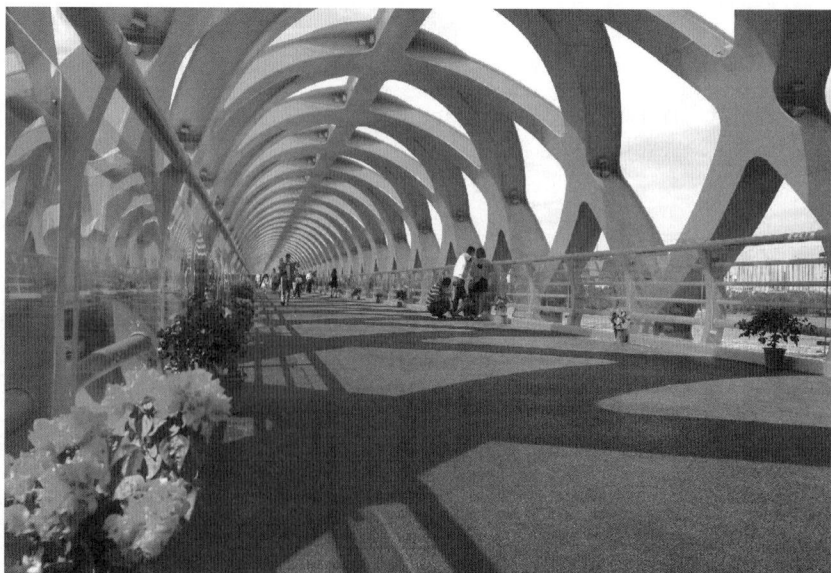

2018 年 10 月 9 日，汉江首座步行桥——丹江口市沧浪洲生态湿地步行桥正式投用

2018年，丹江口市牛河林区接线（通村）公路实现"建管养运"一体化，该路通达丹江口国家森林公园，沿线配套建有牛河客运站、生态公厕、停车区、路灯及绿道

以长途客运、旅游包车、农村客运、渡口渡船、水上客运、危化运输、路域环境、超限超载、重点项目、非法码头治理为重点，开展打非治违、平安交通百日行动、交通建设项目施工安全专项行动、公路隧道建设工程质量安全专项整治等活动，消除安全隐患208起。开展绿色交通建设，加强公路施工项目绿化建设、施工扬尘整治、公路养护保洁、水上营运船舶的防污染整治。组织危化运输企业、客运企业、水上运输业、重点项目单位等开展应急演练12次，提升交通系统应急救援处置能力，全年交通系统未发生一起安全责任事故。

（罗兴龙）

农村公路安全生命防护工程，投资3亿元，建设农村公路356.5公里，超额完成年度建设任务。全市农村公路按照县道县管、乡道乡管、村路村管、入户路户管的原则，建全市、镇、村、户"四位一体"农村公路管理队伍，设置管理站点6个，统一管理全市农村公路。探索养护运行模式，将农村公路养护与精准扶贫、精准脱贫结合，推广农村合作社承包、个人（贫困户）分段承包等养护方式，组建符合地方实情的养护队伍。农村客运车辆、候车亭、招呼站实现194个行政村全覆盖，农村公路建、管、养、运各方面均有较大发展，群众乘车难、出行难、出行慢和农产品销售难问题得到有效解决，交通便民服务能力明显提升，丹江口市被评为全省"四好农村路"示范县（市）。

运输服务。全年完成公路客运量195万人次、旅客周转量5393万人公里，货运量659万吨、货物周转量77078万吨公里。水路运输完成港口吞吐量30.15万吨，货物周转量2001.37万吨公里；水路客运量8.31万人次、旅客周转量369.29万人公里。拥有客运车辆207辆，其中省际客运车辆5辆、市际客运车辆37辆、县际客运车辆50辆，农村客运营运车辆115辆，全市194个行政村通客车率100%。更新纯电动公交汽车25台。

物流发展。丹江口市探索差别化和多样化农村物流发展模式，通过农村客运发展农村小件快递，借助新合作——丹江口市电子商务和瑞捷物流公司进农村综合示范项目，建成乡镇、村电商物流服务站（点）80余家。

超限治理。建成公路电子治超检测点4处，检测货运车辆9821台，其中超限超载116台、卸货116台5033.7吨，交警罚款86700元、扣分582分。整治清理公路两侧乱堆乱放59处951平方米，清理占道经营89处279平方米，拆除非公路标志牌525块。查处运输违规经营行为123起，罚款25000元。

安全应急管理。实现全市所有"两客一危"车辆视频动态监控全覆盖。

【郧阳区】 至2018年年底，全区公路里程4674.99公里、路网密度121公里/百平方公里。其中，高速公路121公里、一级公路63.16公里、二级公路368.47公里、三级公路67.71公里、四级公路4054.65公里。内河航道通航里程223公里，港口2个，生产性码头泊位18个，渡口35个，码头8个。客运站24个，其中一级客运站1个、二级客运站1个、三级客运站2个、四级客运站3个、五级客运站17个、农村招呼站100个、候车亭255个。

基础设施建设。全年交通建设完成投资13.5亿元。十巫高速公路郧阳段完成投资5亿元。完成油坊坪至长

2018年，丹江口市官山镇吕家河村通村公路，图为南神道景区官山客运站游客集散中心

岭公路路基 8.2 公里，累计完成投资 8788.46 万元。五将路路基工程基本完成，桥梁工程完成 70%，累计完成投资 1.3 亿元。农村公路生命安全防护工程完成 541.41 公里。叶滩堵河大桥完成 400 米接线，累计完成投资 700 万元。实施农村公路建设 756.12 公里，农村公路危桥改造 7 座，其中孔沟小桥、刘家沟中桥和石门小桥等村道危桥 3 座，烟沟桥、会沟桥、响儿河桥、郭湾桥等县乡道危桥 4 座。香菇小镇公交换乘中心建成并投入使用，虎啸滩旅游公路、青曲蓝莓小镇旅游公路、白梅路、桂仙路等县乡道改造项目及柳陂、南化客运站推进中。

"四好农村路"建设。制定《郧阳区"四好农村路"发展规划》，印发《郧阳区"四好农村路"三年攻坚战实施方案》，创建省级"四好农村路"示范乡镇——柳陂镇。全区农村公路路网结构明显优化，质量明显提升，养护全面加强，真正做到有路必养，路产路权得到有效保护，路域环境优美、整洁。农村客运和物流服务体系健全完善，城乡交通一体化格局基本形成，农村公路健康有序发展。

综合运输。全年完成道路客运量 128.32 万人、旅客周转量 2098.66 万人公里，货运量 432.82 万吨、货物周转量 17515.62 万吨公里；完成水路客运

郧阳大交通

量 3.36 万人、旅客周转量 100.6 万人公里，货运量 387 万吨、货物周转量 15480 万吨公里。全区客运车辆 125 辆，货车 2397 辆，其中危险品运输货车 601 辆、普货运输车 1796 辆。全区开通客运班线 93 条，其中线路跨省 5 条、跨市 2 条、县际 22 条、县内 64 条。加强公共交通设施建设，柳陂三级汽车客运站竣工并投入使用。加强驾培、维修市场管理，督促驾校建立健全学员档案、车辆档案、教练员档案及培训记录等档案资料，完善设施设备。以现场核实、逐项检查、综合考评为抓手，对辖区驾培行业质量信誉进行考核，评定 AA 级 2 家、A 级 1 家。

养护管理。干线公路路况、路容、路貌整体良好，PQI 达 88。干线公路桥梁一、二类桥梁所占比例 95% 以上。做好国省道接养及完善道路附属设施敷设工作。对调整后的普通干线公路网，依据规范设置公路交通标志标牌以及公里碑、百米桩。完成全区所有列养桥梁的检修步道。组织开展服务区"厕所革命"行动，推进服务区基础设施和服务质量上档升级。完成 209 国道、316 国道及庙郧路近 150 公里"一路一站"创建工作。开展农村公路管理 2942 公里，实现提高管养能力、提高路况水平、提高服务质量、提高群众满意度。

行业管理。加强源头治超、路面治超、科技治超，有效遏制车辆超限运输等违法行为。组织开展打击车辆非法营运专项整治行动 5 次，查扣非法营运车辆 19 辆，有效净化运输市场环境。开展汉江非法码头治理，召开郧阳区治理汉江非法码头联席会议，取缔非法码头 9 处。对辖区 4 个乡镇筏钓房及钓鱼平台进行治理，检查筏钓房及钓鱼平台 26 处 35 座，下达《责令改正通知书》24 份，有效维护好通航水域环境。推广新能源公交车，方便市民出行、提高城市公共交通整体运行效率，引导公交企业新增纯电动新能源汽车 12 辆。

运输安全。健全运输市场安全监管网络，把住"三关一监督"源头管理。全区 521 辆"两客一危"车辆全部升级 4G 动态视频监控。召开运输生产安全座谈会 5 次，安全教育培训驾驶员、售票员 270 人次。组织开展"两客一危"

2018 年 8 月 19 日，郧阳区城关镇至大柳乡通乡通村路建成生态旅游公路，建有瞭望塔、观景台、休闲屋、停车场

企业联合应急演练，提升道路危险货物运输突发性事故应急处理能力。抓好船舶管理，确保水上运输安全。召开运输船舶船员现场安全培训，参加船员50名，督导砂石公司与各船员签订安全生产目标责任书。

交通扶贫。实施20户以上自然村硬化公路484.9公里，易地扶贫搬迁安置点对外连接道路硬化15.1公里，20户以下自然村砂石路建设256.12公里，确保2016年、2017年、2018年全区55个脱贫出列村、20户以上自然村通路率100%。开通城关至大柳、"香菇小镇"等城乡公交线路3条。选派31名干部职工分别驻全区6个乡镇15个行政村专职开展驻村帮扶工作。88名帮扶干部采取"1+5"的方式结对帮扶贫困户。

（张才明）

【郧西县】　至2018年年底，全县公路里程5022.29公里、路网密度143.13公里/百平方公里，其中一级公路23.28公里、二级公路285.66公里、三级公路98.75公里、四级公路4614.07公里、等外公路0.53公里。内河航道通航里程182公里，港口1个、生产性码头泊位4个，渡口28个。客运站18个，其中二级客运站3个、三级客运站2个、五级客运站13个。

基础设施建设。全年完成公路水路固定资产投资15.67亿元，其中二级路3.8亿元，客运场站0.4亿元，港航项目5.08亿元，物流场站0.37亿元，农村公路3亿元。完成二级公路路基20.8公里，汉江孤山航电枢纽工程完成一期围堰填筑、纵向围堰主体工程。鄂西北交通物流产业园完成征地和清表工作，县乡道资源旅游公路改造完成6.84公里，精准扶贫村产业路完成60公里，建制村窄路面加宽工程完成111.77公里。农村公路提档升级工程完成299.35公里，村道危桥改造6座。全年争取到位资金6.94万元，策划包装项目14个，完成亿元以上项目7个。确定石料厂选址6处，推进关牛路、上湖路上津段改线、上津旅游渡运码头等项目前期工作，完成漫川至上津段及郧白路三官洞至陕西白鲁础段项目规划选址、土地预审、估算审查、工程可行性批复。

"四好农村路"建设。全年完成"四好农村路"创建15条128.31公里，"美丽农村路"28条201.56公里。完成安防设施1840公里，新建钢筋混凝土防撞护栏16.8万米，波形梁钢护栏94.45万米，浆砌片石挡土墙7.58万立方米，警示标志标牌6155块，轮廓标290474个，边远村产业路、循环路、村道干线实现全覆盖，农村公路安防工程完成率100%。选择湖北口回族乡为"四好农村路"示范乡镇、安家乡为"美丽农村路"示范乡镇，选择河夹镇火车岭至童元7.34公里、河夹集镇至龙窝村3.5公里、上津镇绞肠关村飞机场段3.77公里、店子镇铁山寺村上湖路口至狮子沟脑3.5公里和观音镇观音至天河口7.85公里为试点示范，开展"农村客运文明示范线路、文明客车"评比活动，形成一批"可复制、可借鉴"的经验向全县推广。

运输服务。全年完成道路客运量116.74万人次、旅客周转量10371.1万人公里，比上年分别增长8%、12.6%；货运量90.2万吨、货物周转量11099.9万吨公里，比上年分别增长12.8%、7.6%。完成城市公交系统改造，延伸公交线路2条，投放新能源公交车51辆，投入运力36辆，开通公交线路8条，覆盖37个行政村328个组、3个社区居委会258400万人，公交覆盖率88%。五龙河换乘中心建成，湖北口客运站主体完工，上津客运站完成主体楼二层建设。新增运力2辆，新开通线路2条，新增和延伸城乡公交线路2条。"高考""中考""春运""五一""十一"、七夕节会、全市项目季度拉练等重要时段期间，道路畅通，运力充沛，保障有力。

行业管理。公路路政坚持源头治超、定点治超、流动治超、随机治超"四措并举"，全年检测货运车辆1300余辆次，查处超限车辆40余辆次，卸载货物700多吨，抄告冲闯站卡等违法车辆890余辆次，责令停产停业11件，收取路损赔偿费31630元。加大整治客运市场力度，纠正各类违章1300余起，查扣车辆97辆次，扣证141本，下达整改通知书48份，开展专项安全检查6次，排查整改隐患96个，受理客运市场举报案件47起，查处办结47起。港航海事依法取缔"僵尸"渡口41处，整治"三无"船舶67艘，现场拆解"三无"船舶6艘，检验营运船舶33艘，发放船舶检验合格证书31本。依法取缔非法码头9处、新增非法码头4处，复绿岸线面积7万平方米。办理行政执法案件74卷，结案74卷，行政处罚金额30余万元，在全省年度执法案卷评议考核中，县海事局报送的港航罚8号案卷被评为"全省优秀案卷"。

科技与信息化。加快推进公路建设养护技术、桥梁健康监测和状态评估、城市客运运营与服务技术、内河航道基础设施养护管理技术等专项研究，取得阶段性研究成果。解决交通基础设施建设、运营养护和安全高效

2018年，郧西县五龙河游客换乘中心建成

运输等面临的关键技术难题，形成一批技术水平领先、成果实用性强、经济效益显著的科技成果。专题培训沥青路面养护、桥梁安全监测和节能减排等，促进绿色交通建设全面发展。

安全应急管理。修订《县交通运输系统突发事件总体应急预案》《县交通运输局防汛抢险应急预案》，组建落实公路、水路、道路运输应急"突击队"4个131人，落实应急车、船、工程机械42台(套)。一季度因冰冻灾害天气导致多条公路中断交通，全系统启动市县冰冻灾害天气三级应急响应2次，向县市应急办分别报送应急信息快报42条，投入应急保畅人员3430余人次、应急保畅机械439台次，抛洒工业盐346吨，铺洒防滑料3090平方米。

交通改革举措。抓住国家支持贫困地区公共基础建设政策机遇，将总投资26.19亿元交通项目整体打包，采用政府和社会资本合作(PPP)模式成功运作，充分发挥部省补助资金撬动作用，吸引社会资本广泛参与交通项目建设，开启全县重点项目建设投融资体制改革的先河。交投公司与多家银行开展业务合作和金融产品开发，全年争取融资到位资金6.88亿元，为郧西获"省投资和项目建设突出贡献奖"营造环境、夯实基础、创造条件。

文明创建。完成季度重点项目拉练、省市县专项现场推进会、"相约七夕·天河水乡田园生活节"等重大活动期间道路保畅和客运服务任务。郧西县"三会"期间，举办庆祝改革开放40周年"交通杯"摄影大赛图片展，在代表、委员中产生强烈反响，获评全县文明单位。

(刘金明)

【房县】 至2018年年底，全县公路里程5179.95公里、路网密度99.08公里/百平方公里，其中高速公路117公里、一级公路33.72公里、二级公路400.80公里、三级公路278.09公里、四级公路4350.34公里。内河航道通航里程45公里，渡口14个，客运站13个，其中二级客运站1个、五级客运站12个，货运站1个。

基础设施建设。全年完成交通建设投资30.89亿元，完成一二级公路路基69公里、路面35公里，完成站场建设15.2万平方米，超额完成年度目标任务。其中，环城北路基本竣工，路基成型5公里，路面完成5公里。十竹路全线贯通，完成安全防护及绿化工程。万盐路房县段路基基本竣工，开挖土石方98.5万立方米、填方43.8万立方米。狮子岩至上龛段完成路基12公里、路面10公里，杨岔山隧道掘进1100米。九道至义渡坪段改扩建工程路基基本完成，开挖土石方89万立方米。门中路建成通车。孙家湾至黄杨公路开工建设，完成路基13公里、路面8.5公里。杜阳路房县段建成通车。高速客运站主体工程完工，鄂西北物流集疏配送中心主体工程竣工。建成快递物流园1个、乡镇农村综合服务站11个和村级农村物流服务点127个。

综合运输。全年完成道路客运量115万人次，比上年减少16.54%；旅客周转量8.9万人公里，比上年增长3.48%。全县拥有道路运输经营企业2家，公交企业2家，出租客运企业1家，营运客车229辆，营运货车105辆，出租汽车110辆，公交车40辆，村村通客车32辆，开通客运班线95条。全县有物流企业31家，快递企业57家。机动车维修业户中一类维修企业3家、二类维修企业15家、三类维修企业176家，摩托车维修业户4家，驾驶员培训学校5所。

交通扶贫。实施交通扶贫提升工程，改善农村生产生活条件。南潭旅游公路完成路基工程，青峰至中堰公路路基完成30%工程量，通省至茅塔公路房县段、五谷至共青和黄坪大桥开工建设。新建通村公路343.5公里、提档升级项目387.9公里、县乡道改造项目31.8公里，完成农村公路桥梁改造5座1043延米。大力实施农村公路生命安全防护工程，全年完成306.2公里。

行业管理。推进国省干线生命安全防护工程、智慧交通及地灾处置，完成路面改造的杜阳路、青万路、榔沙路、车门路、十竹路建成安保工程211公里。推进危桥改造，完成孙家湾大桥维修加固，梨花沟桥等5座危桥改造中。推进"路长"制，落实人员、经费和政策保障，全县20个乡镇281个行政村全部配备专业"路长"。开通39个村20条农村客运班线，巩固村村通客车成果。

行政执法。加强超限运输综合治理，全年检测车辆183辆，查处超限车辆29辆，卸货713.4吨，非法超限比率控制在3%以内。实施"田路分家"，清除田路分家2.1公里，制止、清除公路两侧控制区内违法栽设电力线杆34起。清理乱堆乱放34处162平方米，拆除违法建筑3处102平方米，制止违法建筑1处96平方米，拆除非交通标志19块，收取路产赔偿费3.13万元。加大运政稽查力度，出动稽查车150辆次、运管人员800余人次，检查车辆1000余辆次，查处非法营运车辆41辆，实施行政处罚8件。

科技与信息化。实施人才强交战略，通过激励机制，引进年轻专业技术人员，筹措资金采购先进机械，引进先进施工工艺，全面提高工程质量。延伸拓展交通建设质效，全力攻坚交通扶贫。持续推进综合运输一体化，对全县256辆农村客运、110辆县际客车实施4G改造，巩固村村通客车成果，推进城乡物流融合发展，加快打造现代物流管理体系。

安全应急管理。加强运输安全监管，认真落实客运"三不进站、七不出站"管理，从市场准入、从业资格、客运车辆调度、司乘人员变更、行车证件、客运站场等方面开展安全监管工作，道路运输安全四项指标为零。加强施工安全管理。开展"安全工地"建设，落实施工安全"三同时"，会同安监局、公安局对20个施工企业、6个涉水乡镇进行拉网式检查。加强水上安全管理。层层签订水上交通安全生产责任书，全面加强涉水乡镇安全监管，加大春节、"五一""十一"等节日期间涉水安全检查，发现问题及时整改。举办水上交通安全培训2期，受训人员130余人次。全年实现无重、特大责任事故和安全生产无伤亡事故目标。

投融资。全年争取交通项目23个，到位补助资金3.93亿元，到位贷款2.8亿元，招商引资0.59亿元，房神高速列入发展规划，在编制工程可行性报告。完成十房一级公路工程可行性报告。通省至茅塔工程可行性报告、初步设计获批复，完成施工图设计。梅三路列入省"十三五"中期调整规划，工程可行性报告、初步设计获批复。中坝至官渡、深河至巨峪公路工程可行性报告、初步设计获批复。

文明创建。开展扫黑除恶专项斗争，排查服务对象120人次，对2014年以来发生的87件招投标、在建的20个工地进行认真排查，收集涉黑恶问题线索3件，分别进行调查处理。全力推进"五城联创"，开展文明车厢评选、房县十字榜样道德模范评选等活动，在客运站、公交车开展旅游标准化示范建设。房县交通运输局连续四年被评为全县优秀单位，局机关党支部获十堰市先进基层党组织称号，局老龄党支部被评为十堰市示范党支部。

（邓青国　王东）

【竹山县】　至2018年年底，全县公路里程4856.35公里（不含高速公路里程）、路网密度135.39公里/百平方公里，其中高速公路51公里、一级公路32.30公里、二级公路358.68公里、三级公路175.53公里、四级公路4289.84公里。内河航道通航里程160公里（界河按二分之一算），港口1个，渡口24个。客运站5个，其中二级客运站2个、三级客运站2个、四级客运站1个。

基础设施建设。全年完成交通建设投资8.5亿元，比上年增长20%。完成佑东路、得大路路基建设60公里、路面35公里，EPC项目城关至上庸改扩建鱼岭隧道掘进1200米，堵河廊桥、东坡湾、悬鼓洲道路在建中，PPP项目上庸至峪口路基全面开工建设，控制性工程西沟垭隧道掘进180米，完成沧浪大桥钢栈桥及施工平台架设，松树岭大桥完成设计方案调整，县道

大修完成路基扩建30公里。县中心客运站完成升级改造，宝丰新客运站投入使用，得胜新客运站完成投资200万元，擂鼓客运换乘中心、柳林客运站项目纳入"十三五"规划，新改建柳林白河口等3个公路管理站，建成交通公厕6个。

"四好农村路"建设。全面完成省市计划61.2公里撤并村、88公里窄路加宽、185延米农村公路桥梁、11座乡村道危桥改造、245公里提档升级任务，统筹建设精准扶贫产业路77.54公里，建成百里河、化太路旅游公路20公里，改造女娲山旅游公路路基11公里，创建南茅路、宝营路、双深路等"四好农村路"示范路265公里，同步创建美丽乡村路150公里，提前谋划5个出列乡镇20户以上通组公路100公里。被交通运输部、农业农村部、国务院扶贫办授予全国"四好农村路"示范县。

运输服务。全县开通城市公交线路17条，辐射11个乡镇167个行政村，受益群众36万余人；开通农村客运班线125条，线路辐射17个乡镇254个行政村，全县客运通车率100%。利用县、乡客运站和交通运输综合服务站，引导推动农村客运企业、物流企业、电商企业和邮政企业、供销社等深度合作，推动构建覆盖县乡村三级农村物流网络和"多站合一"物流节点体系，打通物流配送"最后一公里"。至年底，全县登记在册物流企业26家，快递分拨中心日快件进出港件数量20000件/日。

行业管理。开展"一路一站"创建活动，完成干线公路路域环境整治400余公里，实现9个管理站养护联网信息化。完善农村公路管养体制与运行机制，全县县道、旅游路、循环路432.5公里和通村道路1432公里实行社会化公司养护，农村公路列养率100%，县、乡、村道优良路率、经常性养护率、绿化率均优于省指标。推进生命安全防护工程建设，累计建成安全防护工程1113公里，基本实现全覆盖。开展规范公路治超执法专项整治行动，大力整治乱执法、乱罚款等违法违规行为。投资200余万元，建成不停车预检系统2套。全年处理货车非法改装案件30起，检测车辆2399辆次，超限车辆12辆，卸货55.2吨，抄报违法车辆42辆次，发现率、查处率、结案率100%。会同公安交警开展打击"黑车"非法营运专项行动，检查车辆1258辆次，查处各类涉嫌非法运营车辆156辆，处理"黑车"85辆。

科技与信息化。道路运输监控平台数据全面升级，使用4G数字网络传输，传输信号更快，更清晰。竹山公交开通全国"交通一卡通"，可在全国220所大中城市同时使用。开展交通行业节能环保工作，推进客运车辆更新，全县纯电动公交车15辆，天然气公交车40辆，推动绿色交通发展。

安全应急管理。安全态势平稳。开展"安全生产月""三查三保"等

2018年11月，建成的十堰市竹山县麻家渡公路服务区

2018年12月26日，竹山县宝丰高速客运站建成投入使用

专项整治活动，全年出动检查组20个(次)，出动检查人员500余人次，检查企业16个，排查整改一般隐患400余处。关闭辖区非法码头11个。组织公交公司开展反恐应急演练、客运公司开展灭火应急演练、应急抢险中心开展抢险演练，提高应对突发事件能力。加强工程质量管理，结合安全生产检查对在建工程质量进行动态监管，通过看现场、查资料等形式促进在建工程质量管控到位。

交通改革。建立"路长"制度，加强资金保障，落实乡村道专管员制度，推进养护市场化专业化标准化，抓好示范创建，构建"畅、安、洁、优"的农村交通新格局，提升人民群众满意度。交通行业利民惠民举措，7月11日起，为65周岁以上老人和残疾人开办免费"寿星卡"和"爱心卡"，全年办卡8000多张，免费刷卡乘车40多万人次。

文明创建。开展文明创建活动，通过最美交通人、十星级文明路、十星级公交车等系列创建活动，将文明创建与项目建设、行政执法、道路保畅、运输服务等工作结合，用创建活动助推项目进度、规范执法行为、美化路域环境、提升服务水平。获县委表彰党支部1个。

(侯金玉)

【竹溪县】 至2018年年底，全县公路里程3621.94公里、路网密度110公里/百平方公里，其中高速公路38.78公里、一级公路31.64公里、二级公路281.36公里、三级公路292.10公里、四级公路2978.06公里。标准化渡口14处。客运站14个，其中二级客运站1个、五级客运站13个，候车站棚347个。

基础设施建设。全年完成交通固定资产投资12.2亿元，比上年增长2%。完成国省道一级公路路基建设16.3公里、二级公路路基60.1公里、一级公路路面6公里、二级公路路面37.1公里。完成县乡道改造33公里、农村公路提档升级252.6公里、"十个到村到户"公路硬化1536公里、农村公路桥梁798延米。

"四好农村路"建设。"十个到村到户"农村公路硬化工程，将农村公路建设和精准扶贫结合，制定重点贫困村、非重点贫困村调整规划2个《规划方案》，规划总里程2967公里，新改建桥梁147座，预算总投资12亿元。至年底，累计完成"十个到村到户"农村公路硬化2192公里，农村公路生命防护工程建设任务1439公里，超额完成防护工程规划任务。

行业管理。列养公路以日常养护为重点，以强化目标管理为手段，路容路貌路况有新改观，管养公路安全畅通。干线公路路况、路容、路貌整体良好，干线公路桥梁一二类桥梁所占比例96%以上。完善农村公路管养体制机制，以创建农村公路养护管理样板示范路和"四好农村路"创建为契机，促进乡镇政府落实农村公路管养主体责任，加强乡镇、村对乡道、村道的日常养护，筹措养护资金，管好养好农村公路。加大联合治超力度，推进区域联动，加强源头治超，严格规范执法行为。

安全应急管理。加强安全监管，构建安全风险管理体系、防控机制。推进省干线、农村公路安保工程建设，道路运输安全综合管理，企业安全生产标准化建设达标考评；严抓客运站、"两客一危"企业安全管理、安全隐患排查治理。落实市、乡镇、村、船主乡镇船舶和渡口安全管理主体责任、水上交通安全隐患排查治理等八项制度，突出抓好水上交通安全大检查、安全隐患大整改等六项工作，实现连续30年无安全责任事故发生。通过开展综合执法行动，维护道路运输市场秩序，对驾培、维修、检测等行业开展专项治理。

文明创建。加强精神文明建设，建立健全精神文明创建制度，开展志愿者服务活动，开展庆祝改革开放40周年等系列活动，竹溪县交通运输局被评为省级文明单位，交通运输系统被评为全县文明行业。

(吴志美)

【茅箭区】 至2018年年底，全区公路里程589公里、路网密度109.07公里/百平方公里。其中二级公路53公里、三级公路86公里、四级公路240公里、等外公路210公里。客运站2个。

基础设施建设。全年完成交通固定资产投资17000万元，比上年增长4.9%。完成坪子至岩屋防火通道7公里，完成投资5000万元；完成秦巴植物园大桥106米，完成投资1000万元。完成锅场村通村路改扩建6公里，完成投资3500万元；完成莫家沟村委会至沟脑道路改扩建3.6公里，完成投资440万元。

"四好农村路"建设。完成"四好农村路"发展规划(2018—2020)编制工作，总里程163公里，计划投资10691万元。至年底，完成白莫线、廖东线、白大线、马赛线、五陈线等70公里。

2018 年 10 月 11 日，十堰市滨江新区至武当山一级公路项目人工挖孔桩应急救援演练在茅箭区驼鞍沟工业园举行

运输服务。全区开通镇村公交线路 15 条，建成茅塔、大川镇卡子村综合客运站 2 个，公交线路覆盖南部山区范围内所有行政村，解决南部山区百姓出行不便问题，实现城乡公交一体化。协调公交公司，开通工业园区公交线路，解决工业园职工出行问题。

行业管理。各级政府成立一把手为组长的农村公路养护管理工作领导小组，分管领导和各村书记（主任）为农村公路养护管理第一责任人，并兼任养护监督员，层层压实责任。全面实行"路长制"，为全面巩固和发展全区道路交通实施"大交管""两站两员"等工作机制以来取得的成效，进一步加强农村道路交通安全管理工作，区政府成立"路长制"工作领导小组，印发《关于全面推行农村道路"路长制"工作的通知》《茅箭区"乡级路长制"工作实施方案》，推进路长制工作，对预防和遏制南部山区农村道路交通事故的发生起到实效，切实保障辖区广大人民群众的生命财产安全，维持辖区农村道路交通安全稳定形势。

安全应急管理。坚持"安全第一、预防为主"的安全理念，制定安全生产责任制，根据实际情况，建立健全安全管理体系，明确岗位责任。层层签订安全生产目标责任书，制定严格的安全生产措施，加强各施工现场安全监管，定期检查，掌控各类事故隐患并及时予以通报整改。加大监督检查力度，重点加大公路施工现场安全生产监管力度。对公路在建项目进行全面隐患排查，保障安全设施投入，落实安全技术措施，严格施工操作规程，严密防范坍塌、车辆伤害、爆破、高处坠落等事故发生。全年未发生一起安全生产责任事故，确保辖区在建项目安全生产形势稳定。

文明创建。坚持"标本兼治、综合治理、惩防并举、注重预防"的方针，特别是工程招投标、人事管理、物资采购等方面，更加注重预防、治本及制度建设。茅箭区交通运输局在全区年度综合考评中，获项目建设优胜单位、争取项目优胜单位等荣誉。

（姚志豪）

【张湾区】　至 2018 年年底，张湾区公路里程 1349.86 公里、路网密度 205.46 公里 / 百平方公里，其中高速公路 49.58 公里、一级公路 66.81 公里、二级公路 131.61 公里、三级公路 62.5 公里、四级公路 1039.36 公里。内河航道通航里程 73 公里（界河按二分之一算）。客运站 3 个，其中一级客运站 1 个、五级客运站 2 个。

基础设施建设。全年完成交通固定资产投资 13 亿元，比上年增长 356%。风神大道（三期）工程控制性工程石桥大桥 510 米完工，4 个隧道基本完工，全线路基贯通；路面基层全部铺筑完成，路面面层完成兴业路至京能热电厂段和凯旋大道至刘家沟村段单幅摊铺 2 公里。除部分路面工程、绿化、路灯工程外，其他工程项目全部完工。高铁站至武当山快速通道张湾区段路线长 8.4 公里，投资估算约 16 亿元。园岭山、李家院、王家山在进行隧道施工，完成隧道开挖与

2018 年，十堰市快速通道张湾段李家院隧道进行二衬施工

初支单洞 1000 米，李家院安置区段路基完成，在进行龙潭湾、桐树沟、水堤沟新作业面施工。推进征地拆迁协调服务，汉十高铁十堰北站广场（二期）项目完成 1750 万立方米土石方开挖工作，土石方填筑、抗滑桩、土工格栅铺设等全部完成；一期场平工程基本完工，二期市政、轨道铺设配套设施工程于 11 月初正式开工建设。11 月柏叶路改扩建项目一期工程柏林村至白马山村建成通车，全长 6.4 公里。12 月 446 省道张湾区大川至白石改扩建工程建成通车，全长 3.12 公里，路基宽 8.5 米，路面宽 7 米，采用二级公路标准双向两车道，设计速度 40 公里 / 小时，沥青混凝土路面。全区行政村道路通畅率 100%。

"四好农村路"建设。全年区下达计划建设通村公路 56.11 公里，通组（户）路 44 公里，涉及 45 个行政村，主要为打通易迁安置点与主公路之间连接线、村组连通路、通户路、"断头"路，至年底全部完成，通村公路项目资金 841.65 万元全部拨付到位。推行"路长制"，在 5 个农村道路交通安全劝导站的每个站点安排 2 名"路长"，配备警用摩托车和必要的执法记录仪、工作包、手电筒、四季执勤服等装备。开展道路交通安全常态化工作，确保道路交通安全。按照《张湾区农村公路养护质量考核办法》，实行百分制考核，进一步加强农村公路管理养护力度，促进全区农村公路规范化管理落实到位。抓好"村村通客车"工作，新开通 2 条线路，做好原来 10 条通村公交线路运营管理，同时对通车线路危险路段进行取直加宽、完善错车台等防护措施，确保车辆通行安全。

行业管理。投入 400 余万元，开展道路交通安全常态化劝导工作。争取上级交通部门支持，选派 3 名路政人员常驻区交通运输局开展路政执法，联合市交警四大队、市海事局黄龙港航所开展公路整治和水上安全整治工作，加大超限车辆查处力度，下达执法文书 30 余份。全面推行"路长制"工作，设置农村道路交通安全劝导站 5 个，配备交通劝导员 18 人。全年投入 500 余人次，组织机械设备 25 台、抢险车辆 16 辆参与抢险，及时清理方辽路、十竹路、河西路、黄方路、柏叶路、朱庄路等道路塌方 20 余处，抢修挡墙 2 处，设置警示标牌 100 处，保证主干道通行正常。

（姚维娇）

【武当山特区】　至 2018 年年底，辖区公路里程 494.11 公里（不含高速公路）、路网密度 180 公里 / 百平方公里，其中高速公路 6 公里、一级公路 4.91 公里、二级公路 101 公里、三级公路 118.20 公里、四级公路 270 公里。内河航道通航里程 22 公里，港口 1 个，生产性码头泊位 8 个，渡口 6 个。客运站 2 个，包括临时大型客运站 1 个、三级客运站 1 个，货运站 1 个。

基础设施建设。全年完成交通固定资产投资 1.7 亿元，比上年下降。其中，普通公路建设完成投资 1.2 亿元，完成 279 省道丹江口市土台乡至武当山特区枫橡树垭段改扩建项目（武当山特区段）70%，完成 316 国道土关垭至武当山一级公路改扩建工程（武当山段）100%。新建通村公路 58.1 公里、生命防护工程 149 公里。完成汉十高速公路武当山互通改建土石方工程货币量 2000 万元。优化城区、景区路网及场站通联结构，管养国道 16 公里，建成"老鸟线""琼台线""六五"线 3 条景区公路 60 公里，建成通村公路 290 公里，建成城区道路 13 条 180 公里，城乡路网互通互联、市政设施配套跟进。水运及港航建设完成投资 100 余万元，新增泊位 10 余个，港航通过能力最大达 1000 余吨。在建二三级客运站完成首期投资 100 余万元。

"四好农村路"建设。在辖区国道以南桑树庙、太山庙、瓦房河、龙家畈、锯子齿、金沙坪、铁家沟等村组，率先实施 58 公里"四好农村路"建设示范区项目，完成施工图和建设方案修编工作，计划 2019 年春季启动建设。

综合运输服务。改善旅游交通与客货运输功能，城区、景区客运站场（包括大小停车场）7 个，景区旅游大中小载客车辆 150 辆，区内循环线公交车 15 辆，出租车 30 辆，外包旅游大巴 9 辆，跨周边乡镇班线车 19 辆，旅游接待、消化和疏通能力增强，辖区大中小货车 800 余辆。全年实现区内及过境客运量约 700 万人次，比上年增长 15%，旅客周转量 28200 万人公里；货运量约 200 万吨、货物周转量 7000 万吨公里，交运经济继续保持平安增长。邮政及快递业快速发展，全年邮政快递业营业收入 3000 余万元，民营快递经营业主 11 家。

行业管理。全年修补油面坑槽 500 余平方米，清扫路面 8502.36 公里。清理边沟、整修路肩 505539.6 米，疏通管涵 176 道，清除塌方 10 余处 4320 立方米。会同中南安全环境技术研究院股份有限公司，对辖区管养 16 座大中桥梁进行全面检养并更新电子数据库。出动 293 人次、机械车辆 130 辆次，拆除土房、危房 33 处，乱搭乱建棚子 5 处，沿线绿化补植苗木 3000 余株、修补植草 12000 余平方米。辖区公路路政、道路运政、港航水运、工程建设质量、超限超载治理等执法部门，全年执法出巡 700 余人次、执勤车辆 400 余辆次，清理、稽查违规违章事件 90 余起，整治经营企业和施工单位安全与质量隐患 20 余起，清查黑车 40 余辆次，开展执法队伍业务培训 5 次。全年完成公路客运量约 700 万人次、水上客运量约 8 万人次。重新布局和调整城区公交线路，完善候车亭建设，适当疏散和分流 4 条线路，解决主干道拥堵问题。

科技与信息化。全年组织参加各类业务培训 10 余次 50 余人。加大交运企业电子信息化建设，景区旅游车队、太极湖水上游公司、武当山区内公交、十武公交等经营主体均采用"安全运营电子监控中心、GPS 车辆 4G 视频动态实时系统、AIS 船舶防撞控制系统"等数字信息技术，营运车辆安装使用率 98%。推动辖区交通环保治理工作，辖区水域 6 艘大型船舶排放做到与水体隔离，均配备废气油污回收箱，并实现岸电照明改造。辖区 20 辆道路客运公交车全部实现纯电气驱动、无碳排放。全年交通科技投入 30 余万元。

交通行业改革。制定交通运输综合执法改革方案，包括整合职能、调整机构、界定职责、整合人员、创造运行基本条件。实行交通各单位经费收支属地财政统一管理，保障行业改革顺利推进。武当山特区组建工作专班，对相关单位人员现状、历史欠账、经费短缺数额进行核定，为地方财政统筹解决提供准确依据，计划2019年5月底前完成转轨定型。推行公路养护市场化运作，择优选取具有突出实力的社会主体承包公路养护施工业务，武当山公路部门准备改革养护体制，

真正实现管养分离，由定员管理变为定额管理，由行政管理转变为合同管理，由按路域路段指定养护转变为招标养护，由粗放型养护转变为集约化、规模化养护。争取政府、银行、跨部门、社会渠道等多方联动，聚拢政策资金、金融资金和社会资金，用以支持交通工程项目建设。

安全应急管理。坚持开展经常性的安全检查和隐患整治活动，把预防工作做实做好。加强安全应急机制建设，分别在公路局、景区车队、太极湖水上公司成立交通安全应急大队，

专兼职人员60余人，制定应急预案，全年完成应急演练任务2次。做好应急装备、器械及物资储备，拥有施工排险机械、车辆7台，应急抢险雨具、公路除冰防滑物资、照明设备、救生浮具、防汛钢缆、道路警示设施、锹、镐、锤、锯等齐全，全年投入安全应急建设资金20余万元。做好节假日、特区重要活动、极端天气等重点时段交通安全保障工作。全年辖区交通运输责任范围无伤亡事故发生。

（王丰）

襄阳市交通运输

【概况】 至2018年年底，全市公路里程30215.60公里、路网密度151.88公里/百平方公里，其中，一级公路747.78公里、二级公路2365.72公里、三级公路1201.68公里、四级公路24473.20公里、等外公路1427.22公里。等级公路比重95.28%，二级以上公路占等级公路比重10.3%。按行政等级分国道807.8公里、省道2041.25公里、县道2390.35公里、乡道9898.60公里、专用公路62.54公里、村道15015.06公里。全市有公路桥梁3180座100896.08延米，其中特大桥4座10619.98延米、大桥122座26226.2延米、中桥349座18442.11延米、小桥2705座45607.79延米、危桥1369座27179.73延米；隧道63道13395延米。渡口45处。

基础设施建设。全年完成交通固定资产投资73亿元。出台《襄阳市综合交通公路水运部分四个三年攻坚工作方案(2018—2020年)》，推动高速公路、干线公路、农村公路、水运项目建设。高速公路完成投资20.4亿元，保神、老谷、绕城南、枣潜南、枣潜北等5条高速公路续建工程持续推进，襄阳至南漳高速公路前期工作进展顺利，可行性研究、专题要件、投资人招标均完成。普通公路完成投资46亿元，全年新改建一二级公路34条157

公里，超额完成150公里目标任务。邓城大道樊西新区段项目开工建设，完成货币工程量13081.9万元。襄阳西收费站改造项目完成设计和招标限价审计；内环南线东延段景观绿化二期工程基本完成。苏岭山大桥建成。207国道襄阳段改建工程纳入交通运输部"十三五"规划中期调增项目库，汉江特大桥桥型方案通过市规委会讨论，土地预审报国土资源部，16个专题要件批复11个，项目初步设计和PPP"一方案两报告"完成初稿编制。水运建设完成投资1.6亿元，《襄阳市主城区汉江岸线利用规划》获市政府批复；唐白河(唐河)航运开发工程

可行性报告获批，初步设计编制完成。雅口航运枢纽、小河港区等项目建设稳步推进。物流站场完成投资4.5亿元，襄阳市被正式确定为全国绿色货运配送示范工程创建城市、生产服务型国家物流枢纽布局承载城市。

"四好农村路"建设。全年完成农村公路建设投资16亿元，建成农村公路1020公里，县乡道危桥改造10座402延米。完成通客运班车农村公路提档升级1513.8公里，打造178条1047.65公里美丽农村路。不断完善农村公路安防设施，完成农村公路生命安全防护工程2692.16公里。南漳县、老河口市被评为全省"四好农村路"

2018年，襄阳西汽车客运站竣工

示范县。

运输服务。全年完成道路客运量1.06亿人、旅客周转量51.39亿人公里，比上年分别下降4.28%、4.44%；货运量3.37亿吨、货物周转量618.82亿吨公里，比上年分别增长10.45%、7.79%。完成水路货运量541万吨、货物周转量85947万吨公里，港口吞吐量330.59万吨，比上年分别下降40%、37.5%、39%。全市A级物流企业91家，其中5A级2家、4A级61家、3A级23家、2A级5家。圆满完成春节、国庆等节假日道路运输保障工作。抓好公交都市创建，7个公交场站建设纳入市政府十件实事。襄阳市公交集团更新公交车477辆，新能源公交车占比65%，覆盖90%公交线路。开通城区至欧庙镇公交车，开通和调整公交线路19条，襄阳市主城区20公里范围内实现公交全覆盖。完成交通运输部"一卡通"工程，公交车支付终端设备全面升级，襄阳公交进入"全支付"时代。合理布局中心城区长途客运枢纽，襄阳汽车客运西站竣工，襄阳汽车客运南站主体建筑设计方案通过市规委会审查，襄阳东津公铁换乘中心初步设计获批复，在进行主体工程施工，配套的公交停保场、长途客运整备场项目在做前期工作。优化道路运输车型结构，提高中高级客车比重，发展经济实用农村客运车辆，

鼓励使用低油耗、低排放新能源环保车型，全市中高级客车1702辆，占客运车辆总数的71.2%。

安全管理。全市发生道路运输行业行车事故4起，造成人员死亡5人、伤9人，比上年分别下降20%、28%、18%。完成市区新207、316国道交通安全设施升级工程77公里，投入资金4785.38万元，配套完善应急交安设施、中央护栏、交通信号灯和监控系统。重点整治"两客一危"道路运输企业及水上安全，坚持企业自查和部门检查相结合，日常排查和重要节日检查相结合，排查、整改各类安全隐患6000余处。检查营运车辆2万余辆次，查处各类非法违法经营行为339起；规范、取缔、拆解"三无"船舶1000余艘，行政处罚40余万元。指导交通运输企业开展旅客疏散、危化品倒罐、水上搜救等应急演练60余场次。主城区安排应急车辆180余辆、应急运输船舶12艘，成立道路抢修突击队和航道清障突击队12个590人，确保应急水毁路桥抢修和泄洪航道清障疏浚任务。培训安全监管人员600余人次。全市"两客一危"运输车辆全部安装视频监控系统，建成行业监管网、企业监控网、第三方安全监测网，可视化主动防御系统在部分企业应用，严格按要求完成4G车载视频终端安装验收工作。全面推行联网售票实名制管

理信息系统，全市10个二级以上汽车客运站完成联网售票系统升级，完成实名制购票、查验、传输系统建设，实现对进入车站和客运车辆人员身份识别。GPS智能公交调度系统覆盖主城区公交车，实时视频监控驾驶员服务行为、车厢动态、路况信息等。完成公交大数据平台（一期）方案编制，该平台将实现公交适时监测、客流动态分析，每天自动形成300余张统计分析报表。

现代物流发展。组建工作专班，专题调查襄阳市公路货运，全面摸底货物种类、流向、总量，全面掌握全市物流发展真实情况，服务襄阳市委市政府科学决策。与发改、统计部门联合下发《关于组织实施社会物流统计报表制度的通知》，开展社会物流统计工作专项培训，全面规范物流统计工作。出台《襄阳城市绿色货运配送示范工程实施细则》，襄阳市成为全国绿色货运配送示范工程创建城市和全国生产服务型国家物流枢纽布局承载城市。建设物流园区（中心）、城乡配送、冷链仓储等物流项目，金鹰重工公铁联运物流园建成运营，公铁联运格局初步形成。引导物流企业向规模化、品牌化发展，新增国家A级物流企业18家、省级重点物流企业10家。

交通领域改革。出租车改革方面，从体制机制和根本上解决出租车市场积弊，制定《关于进一步规范市区出租汽车行业管理工作实施方案》，将23家小、弱、散出租汽车公司整合成3家大公司，明晰车辆产权、经营使用权、公司集约管理权的权属关系。襄阳市出租汽车改革经验在全省出租汽车行业深化改革座谈会上进行交流。针对普通公路融资难题，出台《襄阳市普通公路"建养一体化"实施方案》，以县（市、区）为单位，将拟实施项目通过"打捆"招标，由社会资本方承担项目资金筹集、总承包施工和工程交工验收后一定年限内的养护工作，切实减轻县（市、区）政府资金配套压力。对行政职权事项办事流程进一步优化精简，制作一次性办理告知书，

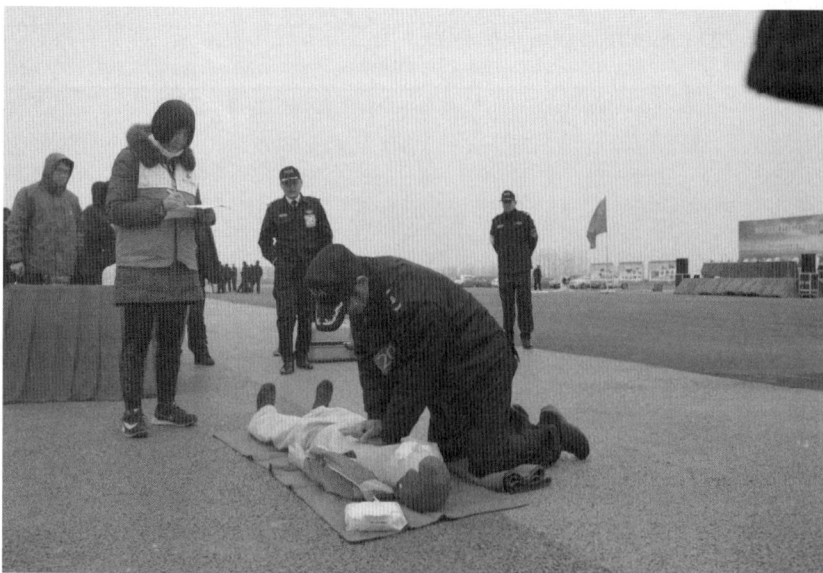

2018年12月6日，襄阳市交通运输行业水路交通职业技能竞赛在鱼梁洲举行

梳理网上办事项 20 项、马上办事项 9 项、一次办事项 25 项。整合交通运输系统服务热线与市政府公共服务热线资源，形成一个号码服务格局。有序推进道路货运车辆检验检测改革工作，19 家机动车检验检测机构完成"两检合一"联网升级改造，实现一次上线、一次检测、一次收费，为经营者提供更加方便、快捷、周到的服务。

码头整治。整治汉江"两非"乱象，先后取缔非法砂场 398 个，占应取缔总数的 97.54%，拆除砂架 712 套，土地复垦 212.9 亩，岸线复绿 39.4 公里。开展岸线清理整顿，关闭一级水源保护地小北门渡口渡船，集中整治从事餐饮的趸船，建立起船舶污染防治长效机制。取缔非法船舶 1101 艘，占应取缔总数的 96.75%。全市"两非"整治工作经验在全省交通工作会上进行交流。

智慧交通。综合交通运输监管系统（一期）进入试运行阶段，旅游车网上管理平台项目与"襄阳出行"App 全面对接。公交大数据分析平台运行成效显著，推动人力成本、运营成本、安全成本"三降低"。联合交警部门，加大科技治超力度，襄阳市襄城区尹集、南漳县清河、枣阳市东郊、宜城市小河、襄州区黄集、保康县马桥等 6 处公路超限检测站电子抓拍系统在建中，便于对车辆超限超载运输和公路通行秩序有效监管。南漳交通大数据云平台暨交通运输应急保障信息化指挥中心投入使用，成为全省首家县级交通大数据云平台。

（王自强）

【枣阳市】　至 2018 年年底，全市公路里程 4949.87 公里、路网密度 151.05 公里/百平方公里，其中一级公路 57.98 公里、二级公路 482.40 公里、三级公路 223.57 公里、四级公路 3957.30 公里、等外公路 228.62 公里，等级公路达 4721.25 公里，等级公路比重 95.38%，二级以上公路占等级公路比重 11.45%；按行政等级分为国道 148.15 公里、省道 364.54 公里、县道 359.67 公里、乡道 1866.90 公里、村

2018 年 12 月 5 日，枣阳市梁乌路吴店西赵湖村路段改造工程完工

道 2210.61 公里。客运站 12 个，其中一级客运站 1 个、五级客运站 11 个。二级货运站 1 个。

基础设施建设。完成枣潜高速公路南段土地征迁。完成通信和高低压线杆迁改，启动改水、改路、改渠工程。一期建设工程完成固定资产投资 7.94 亿元。完成枣琚路、234 国道等一二级公路路基建设 32 公里、路面 10 公里。启动泞水大桥桩基工程，完成苏区大桥工程可行性报告、初步设计批复和勘察设计招标。新改建农村公路 210 公里，其中李苍路等县乡道改造 50 公里、通村公路建设 160 公里，危桥改造 7 座。治理生命安全防护工程隐患 320 公里。完成农村公路窄加宽提档升级 60 公里。

综合运输。全年道路旅客周转量 9.68 万人公里、货物周转量 205.05 万吨公里，比上年分别增长 1%、17%。全市有客运公司 4 家，营运客车 378 台、营运货车 18000 余台，营运线路 102 条。危险品货物运输企业 2 家，驾驶员培训学校 7 家，一二类维修企业 51 家，物流、货运企业 170 余家。拥有公交运营线路 13 条，公交车 128 辆，线路里程 200 公里，年运送乘客近 612 万人次，公交线路覆盖率 95% 以上。

公路养护。全年挖补底层 5114.7 平方米，油层 13006.72 平方米，混凝土路维修 2685.31 平方米，混凝土路灌缝 45442 米，油路灌缝 111995 米，清

理边沟 190 公里。清理疏通桥梁 124 座、涵管 476 道，清理堆积物 1280 立方米。埋设公里碑 290 块，安装警示桩 389 根、百米桩 898 根，新砌挡墙 67.7 立方米，刷标线 2235 平方米。安装、修复钢护栏 7206 米，维修桥梁 8 座。完成站房改造 1 座，交通厕所 1 座，停车区 2 个。

路政管理。全年累计实施路政巡查 264 次，依法拆除违章建筑 46 处 19 平方米，拆除非公路标志牌 537 块，清理公路两侧堆积物 556 处 1969 立方米，清理占道经营 139 处计 309 立方米，查处路赔案件 15 起，收取公路赔（补）偿费 2.98 万元。案件查处率达到 100%，结案率达到 100%，无出现行政复议和行政诉讼案件。全年累计检测车辆 18178 台次，查处超限运输车辆 323 台次，卸转载货物 15694.44 吨。

运输市场整治。配合公安、城管等部门集中整治人力三轮车加装动力装置，查扣非法加装电机 80 余辆次，拆除动力装置 50 余辆，调解消化矛盾 5 起。加大农村客运市场秩序整治力度，重点整治超载、无证经营、站外揽客等行为，全年安全检查 300 余人次，查出一般安全隐患 30 起，当场整改 10 起，下发隐患整改通知书 20 份。基本完成运输行业质量信誉考核工作，考核驾校 7 家，获 AAA 等级 2 家、获 AA 等级 5 家，并在新闻媒体上公示。考核货运企业 50 余家，清理不达标 3 家，考核二类维修企业 50 多家，责令

整改 3 家，取缔 3 家。

安全应急管理。不断创新安全监管方式，夯实基层安全基础，强化安全主体责任落实。开展"平安公路""平安车辆""平安车站""平安工地"建设活动，集中开展道路交通安全专项检查和危险品运输综合整治，重点检查长途客运、农村客运、城市客运、旅游包车运输、危险化学品运输、汽车客运站等关键领域和重点部位，严厉打击和纠正安全生产违规违章行为，有效防范安全事故发生。突出抓好重点时段和重点领域安全监管，加大对"两客一危"、重型货车等领域安全监管力度，完善联网联控定期抽查通报制度，开展平台运营商监管专项整治行动，推进载运工具"可视、可测、可控"。对危险化学品运输车辆定期"人车见面"，确保危险化学品运输市场安全。

文明创建。坚持志愿者服务，加大文明创建传播途径、网络文明传播形式等，枣阳市交通运输局文明创建成果明显。枣阳市道路运输管理局获"湖北省最佳文明单位""全国交通运输行业文明示范窗口"称号，枣阳市物流局连续保持襄阳市级文明单位称号，枣阳市公路管理局、客运管理处获"枣阳市级文明单位"称号。枣阳市交通运输局获"湖北省 2015—2016 年度省级文明单位"称号。

（罗超）

【宜城市】 至 2018 年年底，全市公路里程 3824.473 公里、路网密度 175 公里/百平方公里，其中高速公路 91.5 公里、一级公路 41.89 公里、二级公路 250.23 公里、三级公路 330.394 公里、四级公路 3110.46 公里。内河航道通航里程 65 公里，港口 1 个，生产性码头泊位 2 个，渡口 18 个。客运站 9 个，其中二级客运站 1 个、四级客运站 2 个、五级客运站 6 个，货运站 1 个。

基础设施建设。全年完成交通固定资产投资 22 亿元，比上年减少 48.8%。雅口航运枢纽在建中；完成襄阳新港小河港区一期工程 89%；完成枣潜高速公路（宜城段）一期工程建设，二期工程在建中；完成蒙华铁路轨道单线铺架，双线铺架在建中。346 国道宜城汉江二桥及接线工程、217 省道完成田路分家；完成 272 省道枣阳宋集至宜城流水公路改建工程路基 5 公里。完成宜城汉江二桥及路网建设 PPP 项目社会投资人和施工、运营一体化招标工作。346 国道二广高速宜城北互通至界碑头段改扩建工程工程可行性报告获批复，初步设计上报待审批；438 省道宜城刘猴至荆门界段改建工程工程可行性上报待审批。完成 218 省道宜城市襄南监狱至余棚段灾毁重建 10 公里、250 省道雷铜线（陈岗至界山）公路灾毁恢复重建 6 公里，完成自然村通畅 45 公里、县通乡改造 31 公里、农村公路桥梁建设 144 米。完成高速客运站工程招投标工作，进场施工并完成高速客运站主站楼基础建设。

"四好农村路"建设。宜城市申报创建湖北省"四好农村路"示范县市。全市按照路面通畅、绿化上档、设施配套、畅安舒美标准，全面启动 4 条 140 公里"四好农村路"示范线路建设。全市 7 个乡镇同时启动 10 条 110.8 公里（第一批），采用建养一体化模式农村公路提档升级。

"455"安全生命防护工程。开展"455"生命防护工作，完成 346 国道板桥至高康段、217 省道联合至南营段"455 生命安全防护工程"计划里程 16 公里，完成农村公路隐患整改任务 173.65 公里。完成 207 国道宜城南段安装波形钢护栏 8652 米，与农村公路平交道口新增三角警示牌 76 套；K1949+000 处急弯处新增悬臂急弯警示标牌 2 套、示警墩 12 个，孔湾大桥隐患处增设警告标志牌 2 套，大桥两端设置安全水马 38 个，基本消除该路段安全隐患。

运输服务。全市有客运班线 29 条，客车 297 辆。全市所有行政村通客车保持率 100%。普通货运公司 16 家、危险品运输企业 6 家，货车 2089 辆。机动车维修企业 82 家，其中一类维修企业 4 家、二类维修企业 30 家、三类维修企业 48 家。驾驶员培训学校 7 家。全市有港口企业 1 家、水路运输企业 1 家，各类船舶 105 艘，其中长途运输船 16 艘、短途运输船 38 艘、客渡船 33 艘，工程船 11 艘，趸船、海巡艇 4 艘。港口最大靠泊能力 500 吨，年吞吐能力 100 万吨，航行能力 500 吨级船舶、2000 吨级船队。全年完成港口吞吐量 102.5 万吨。

行业监管。全年查处出租车违规经营行为 126 起，查处非法营运电动三（四）轮车 44 台次、黑车（含非法网约车）65 台次。集中整治非法培训点 14 个，暂扣非法培训车 8 辆，下达《行政处罚决定书》17 份。查处非法营运"黑车"16 辆。宜城境内 59 公里汉江段全线实行禁采，杜绝下河非法采砂行为。开展非法码头整治，对辖区内 47 艘参与营运的涉砂船舶重新丈量设计、吨位复核，拆解"三无"船舶 71 艘。推进源头治超治理，集中开展超限超载整治活动，稽查货车 116 辆，切割箱板、恢复车辆原状 23 辆，联合治超常态化初见成效。

公路管养。做好管养线路路面日常保洁工作，巩固完善标准路基 170 公里，铲除高路肩 86850 平方米，清除边坡蒿草、荆棘 95.42 公里。清理边沟 24.23 万延米，开挖边沟 400 米，修剪路肩草 1204 公里，清除路肩堆积物、杂物 3233 立方米。修补沥青路面坑槽 3945.3 平方米，水泥路面破损处打沥青带处治 787.8 平方米，路面灌缝 98220 延米，修复路面车辙 49433 平方米，行车困难路段采用水稳、碎石填补坑槽累计耗用 4458.5 吨。国道公里碑、百米桩更新 98.06 公里，补栽公里碑 2 块、百米桩 218 块，刷新公路沿线公里碑、百米桩、示警桩、防撞墙等 198.70 公里，维修边沟 11.4 米，维修钢护栏 336 米，恢复示警墩 4 个，修复矫正标志牌 11 处，补画路面标线 38.5 公里，采用套管法升高钢护栏 2344 米。做好桥梁安全检查 49 座，清理疏通涵洞 417 座（道），维修钢板伸缩缝 19 道，清除桥下堵塞物 14 座，清理桥头垃圾杂物 273 次，维修汉江大桥路灯 37 盏。完成遮挡标志牌或影响行车视线树枝修剪 672 处，行道树刷白 173.7 公里。完成董集、肖岭、莺河、207 国道宜城公路服务区"交通厕所"及停车场修建工作。

安全应急管理。持续开展安全隐患大排查、大治理，全年水上交通运输实现"零事故、零伤亡"，客运站（场）和道路客运未发生责任行车事故和重大事故，危险品运输未发生燃爆事故和危货运输事故，工程施工未发生安全生产事故及人员伤亡，各项安全指标均控制在目标范围内，被襄阳市交通运输局评为"2018 年度安全生产工作目标考核优秀单位"。8—10 月，开展公路水毁防治工作，修复路肩 17350 平方米，清除塌方、泥石流 1120 立方米，填补坑槽 2100 余平方米，修筑挡土墙 23 立方米，恢复示警墩 6 个。襄钟线 K70+900 处路面被水淹没近 200 米，组织专班在路段两端 24 小时执勤，直至洪水退出。

文明创建。开展文明单位创建活动，宜城市交通运输局机关、公路管理局被省委省政府命名为省级文明单位，局机关连续四届被评为"档案管理省特级单位"；客运站被襄阳团市委、襄阳文明办评为"青年文明号"。

（胡浩亮）

【南漳县】　至 2018 年年底，全县公路里程 5932.85 公里、路网密度 153.74 公里 / 百平方公里，其中高速公路 66.55 公里、一级公路 47.5 公里、二级公路 396.3 公里、三级公路 418.2 公里、四级公路 4357.7 公里、等外公路 646.6 公里。内河航道通航里程 79 公里，旅游渡运码头 1 个，农村渡口 11 个。客运站 14 个，其中二级客运站 1 个、四级客运站 2 个、五级客运站 11 个，货运站 1 个。

基础设施建设。全年完成交通固定资产投资 8.25 亿元，比上年增长 12.1%。全年启动干线公路、"四好农村路"、站场建设、"455"公路安防工程等项目 33 个，竣工 28 个。建成一级公路路基 13.44 公里、路面 18.44 公里，建成二级公路路基 26.73 公里、路面 45.14 公里。新建村级公路 95 公里，完成县乡道改造 30.23 公里、村道提档升级 258.2 公里、村道路面维修 320 公里，完成农村桥梁新建、改造 8 座。完成"455"公路生命安全防护工程建设 962.6 公里。

"四好农村路"建设。推进"四好农村路"建设，开展全国"四好农村路"示范县创建工作，全年建成花朝线、涌清线、胡陈线等 5 条"四好农村路"示范线，建设里程 72.5 公里。新建农村公路旅游文化驿站 5 个、港湾式农村公交候车亭 10 座，峡门口旅游渡运扶贫码头、清河区"五站合一"农村综合服务站建成并投入使用。南漳县清河管理区争创"四好农村路"全省示范乡镇，通过省、市初评验收。

运输服务。全年完成道路客运量 1094 万人次、旅客周转量 52867 万人公里，货运量 399 万吨、货物周转量 73192 万吨公里。大力发展公共交通，以县城为中心 20 公里范围内的城乡客运班线全部完成公交化改造。

行业监管。全年巩固完善标准路基 344 公里，完成干线公路绿化 83 公里，列养公路干支平均好路率、干线好路率、标准化路基建设 3 项公路养护指标，比上年提升 2 个百分点。不断完善农村公路"建、管、养、运"体系，全县农村公路养护好路率 90% 以上。联合县公安交警、城管等部门，开展"三轮车"非法载人和公路货车超限超载专项整治行动，全年查扣非法载人三轮车 445 台，拆除非法加装车棚三轮车 997 台；检测各类货车 9173 辆次，查处超限超载货车 106 辆，依法卸载货物 1830 吨，境内货车超限超载率控制在 4% 以内。加大汽车维修、驾驶员培训、危险品运输、水上交通监管力度，运输市场秩序明显好转，行业服务质量明显提升。

科技与信息化。12 月 28 日，全省首家县级交通大数据云平台暨交通运输应急保障信息化指挥中心正式投入使用。南漳交通大数据云平台、信息化指挥中心以"一网、一图、一库、一平台"信息化管理为模式，通过整合全县交通运输行业信息资源，构建以"互联网 +"为核心技术的智能分析、资源共享、远程指挥管理体系。项目投资约 1100 万元，计划分 3 期投资建设，其中 2018 年完成前期投入 300 多万元，搭建完成干线公路车辆通行流量监测分析、农村公路养护数据化监测分析、客运站场及营运客车远程在线、公路超限治理可视监控等重点平台建设，以及公路交通网络图、地理信息数据库、二级单位通信网和交通运输应急保障信息化指挥系统。计划 2020 年，实现全县交通运输行业大数据平台通信"一个网"、重要公路桥梁及道路运输可视化监控管理"一张图"、行业基础数据标准化存储分析"一个库"、应急保障信息化远程指挥"一平台"四个全覆盖。

安全应急管理。始终把安全稳定作为"第一生产力"，不断落实安全监管主体责任，扎实开展道路运输和水上交通安全应急演练，排查治理各

2018 年，南漳县"美丽农村路"蝶变"美丽乡村"

2018年1月26日，南漳公路应急保障队抗冰除雪保畅通

类安全隐患，全县交通运输行业安全态势保持平稳，无重大责任事故发生。

文明创建。南漳县交通运输局、公路管理局继续保持"省级文明单位"，县交通物流局、县运管局、县农村公路局继续保持"市级文明单位"称号；县交通运输局获"2018年度全省交通运输系统先进集体"称号；县交通运输局被南漳县委县政府评为"旅游活县优胜单位""争资立项优胜单位""安全生产优胜单位""交通重点项目建设优胜单位"；全市交通运输工作年度综合目标考核第一名，连续15年排名第一方阵。

(何靖)

【保康县】 至2018年年底，全县公路里程4863.77公里、路网密度150.81公里/百平方公里，其中高速公路123.11公里、二级公路329.24公里、三级公路110.53公里、四级公路3006公里、等外公路1294.89公里。渡口7个。客运站16个，其中二级客运站2个、三级客运站1个、五级客运站13个，货运站1个。

基础设施建设。全年完成交通固定资产投资13.2亿元，与上年持平。普通公路建设：241国道白果树坪至马良段改扩建21.7公里，完成路基18公里、路面10公里，完成工程量55%；346国道黄堡至牌坊湾段改建10.52公里，一期工程从张湾至黄堡集镇路段3公里全部完成；二期工程从黄堡街顺河而下打隧道至牌坊湾7.52公里，隧道及接线工程在进行勘察设计招标，开展施工造价咨询工作；346国道寺坪蒋口至珠藏洞改建12.4公里，完成实物调查，准备征地拆迁工作；468省道寺坪至马桥段，全长59.5公里，完成测量放线和征迁调查，在进行施工造价咨询；305省道冷坡垭至两峪段27.97公里，采用边征迁边施

工方法推进，12月底完成路基15公里。县乡旅游公路建设：歇白路21公里沿线绿化及驿站建设在建设中；尧治河旅游公路全长36.2公里，完成沥青路面13公里；歇马镇千家坪公路硬化6公里，12月底完成路基工程；完成过渡湾梅花寨景区6公里安防工程和窄路面加宽。公路安防"455"工程：完成341国道、305省道、468省道安防工程140.8公里；完成农村公路(县乡村道)安防工程482公里。客(货)运站场建设：完成峰儿垭停车场及交通厕所建设；完成庹家管理站站房建设；241国道五道峡服务中心项目完成涵洞工程、挡土墙工程，回填工程完成45%。

精准扶贫。加快精准扶贫交通基础设施建设，全县易地搬迁集中安置点208个，需配套公路145公里，11月底全部完成；10个重点贫困村农村公路建设44.79公里，11月底全部完成；49个非重点贫困村农村公路12月底前完成165公里。完成农村公路窄路加宽56公里、提档升级250公里。推进农村基础设施建设，主动与水务、电力、经信等部门联系沟通，推进工作。制定乡村振兴农村基础设施建设三年行动计划，计划每年完成窄路面加宽50公里、新修通组公路120公里、美丽农村路100公里、农村公路安防工

2018年，保康尧治河旅游公路改建工程在建中

2018年，建设中的保康县过渡湾镇梅花寨景区新改建公路安全防护工程和窄路加宽工程

程200公里。

运输服务。全年完成道路客运量44.6万人次、旅客周转量5275.87万人公里，创营运收入1476.81万元，比上年分别增长1.9%、2.4%、2.6%。1号、2号、3号公交线运送旅客432.9万人次。城区至五道峡公交班线运送旅客32.5万人次，城区至温泉公交班线运送旅客1.4万人次，完成营业收入425.4万元。营运车辆逐步向大型化、专业化和高级化方向发展，中高级客车及专用货车比例稳步增长。至2018年年底，全县拥有营运货车1652辆、营运客车337辆。客运班线336条，其中跨省跨市跨县际班线24条，客车25辆；县境内班线312条，客车312辆。公交线路5条、公交车28辆。机动车维修企业75家，其中一类维修企业1家、二类维修企业9家。危险品运输企业2家。驾驶员培训学校4家。

公路养护。春运期间，重点危险路段除雪防滑出动人员1404人次，除雪铲26个台班，运输车辆118个台班，使用防滑料1094立方米，撒盐116.7吨，确保春运期间无公路养护不善造成的安全事故。清理边沟8275公里、清理涵洞2585道，清除塌方34990立方米，完成标准路基2325公里，完成桥梁养护1342座。完成305省道马两至两峪段14公里公路绿化12190株、保当线43公里公路绿化16061株，绿植成活率95%。加强公路维修养护，上安线、呼北线、后高线、白茨线破损路面垫砂砾石料处理75124平方米，维修白茨路严重破损路面6200平方米，呼北线、上安线、白茨线、保兴线沥青带9700平方米，上安线、呼北线、保当线路面机械灌缝154公里，完成上安线长坪段至黄堡街路面标线287公里，维修上安线、后高线、白茨线钢护栏2284米，加装钢护栏镀锌端头650个。完成呼北线132.32公里、上安线53.58公里、保当线43.8公里、襄马线14.2公里公里碑、百米桩更换，及公路标志标牌刷新和路树刷白。加强公路安全隐患整治工作，整治峰儿垭隧道进出口安全隐患，完善安全警示设施安装和标志标线刷新，完成241国道五道峡景区门口地质灾害治理工作，排查及砍伐公路沿线影响居民房屋安全及行人安全路树，完成公路安全隐患调查。

路政管理。路政管理方面，日常巡查对损坏路产路权行为采取包线定人的管理办法，发挥道班职工兼职路政员身份，做到管养不分家；公安、运管、路政3家单位成立工作专班联合治超，运管整治改装车辆，交警进行超限处罚，路政进行超限卸载，驻守保康境内3个道路进出点，全方位、全天候无缝隙超限治理，同时完善站房、监控、照明等硬件设备、卸货场地等设施建设。全年清理堆积物450处3500平方米，清理占道经营15处，拆除非公路标志40块，清理摆摊设点20处，拆除加水站点6处，无交通安全责任事故和行政复议败诉发生。检测车辆108500辆，其中超限2070辆，转载卸载2070辆，卸转载货物1200余吨。至9月30日，所辖路段发生路产损失案件23起，结案23起，路产损失117715元，收回路产损失117715元，占利用公路补偿费1365951元。路产案件结案率100%，赔补偿率100%。

2018年10月16日，保康县城区12辆纯电动公交车投入运营，图为城区公交延伸3号线开通

安全应急管理。全面落实安全生产责任制，落实主要领导负责制和一岗双责制，形成主要领导亲自抓、分管领导具体抓的安全生产工作格局，横向到边、纵向到底的安全生产责任网络。全面规划，统筹安排，成立预防道路事故领导小组，组建专门工作组，全面负责安保工程建设，建立安全保障长效机制，确保安保工程有效开展。按照不同路段安全隐患，有针对性采取整治措施，在急弯、临河路段，修建防撞墩、缓冲带、防撞护栏、彩色示警带等保障车辆安全，在陡坡、长坡路段，修建示警桩，警告驾驶员安全行驶，在连续弯道、连续下坡、视距不良路段，设置各类安全标志，进行主动引导，在路面上施划标线，划分车道，引导车辆各行其道，改造整治危险及重点路段。加强安全生产宣传教育，在道路客运、危险品运输、在建工程等重点领域，加大安全宣传力度，督促各道路客运、危险品运输、水运等企业设立安全生产宣传栏，每月至少开展一次安全学习教育活动，结合"六月安全生产月"系列活动，以"生命至上、安全发展"为主题，以"平安交通"创建活动为载体，集中开展"平安公路、平安车船、平安工地"等系列安全生产宣传教育活动。加强监督检查，加强道路运输、险路险段与危桥、工程施工、水上交通、汛期应急等重点领域、重点环节的安全监管，开展安全隐患排查与整改，建立安全管理台账，开展专项治理，全系统未发生安全事故，确保交通运输安全生产形势持续稳定。

文明创建。保康县交通运输局被县委评为2018年度工作成绩突出单位、政法工作成绩突出单位，被县政府评为政务工作成绩突出单位、议案提案和意见建议办理工作成绩突出单位、全县安全生产目标考核优胜单位、落实企业安全生产主体责任工作成绩突出单位。

(雷雨)

【谷城县】 至2018年年底，全县公路里程3862.40公里、路网密度

2018年2月1日，总投资4000余万元的谷城县北辰汽车客运站正式投入使用

151.3公里/百平方公里，其中高速公路83.45公里、一级公路79.37公里、二级公路265.26公里、三级公路127.01公里、四级公路2820.35公里、等外公路486.96公里。按行政等级分为国道123.61公路、省道288.24公里、县道348.72公里、乡道1278.27公里、村道1740.11公里。内河航道通航里程184.5公里，港口4个，生产性码头泊位6个，渡口26个。客运站10个，其中二级客运站1个、三级客运站1个、五级客运站8个，货运站1个。

基础设施建设。全年完成交通固定资产投资4.79亿元，比上年下降21.4%。老河口至宜昌高速公路谷城段，全长21.58公里，3标段汉江特大桥基本完工；4标段桥、涵、路基、水稳完工，路面刷黑完成98%工程量，进入交安、绿化施工阶段；5标段桥、涵、路基、水稳完工，路面刷黑完成85%工程量，进入交安、绿化施工阶段。河谷汉江公路大桥及接线工程，全长11.67公里，按一级公路设计，项目投资11.85亿元，采用PPP模式实施，采取"BOT+政府补助"运作方式；大桥桥梁全长4.797公里，主跨200米斜拉刚构桥，是连接老河口和谷城的重要枢纽；9月18日，成立谷城县316国道河谷汉江公路大桥及接线工程推进工作领导小组，办理规划、土地、林业等相关手续，签订《投资协议》。251省道谷城茨河至南漳关庙段改建工程谷城段全长16.6公里，11月完成全部主体工程。368省道谷城县盛康至五山公

路改建完成路面0.96公里。三环大桥及接线全长3.15公里，完成路面建设、三环大桥梁板架设。8月五山堰河旅游路建成通车，全长11.14公里，双向两车道，车速30公里/小时，工程造价5241万元。完成县乡道改造26公里，农村公路提档升级150.8公里，安保工程440.9公里，新建桥梁5座，危桥加固4座。

运输服务。全年完成道路客运量5927.16万人次、旅客周转量5927.16万人公里，比上年分别增长3.4%、3.54%；货运量5309.12万吨、货物周转量534483万吨公里，比上年分别增长3.42%、3.13%。完成港口客运量13.4万人次、旅客周转量174.2万人公里，比上年分别增长13.56%、5.58%；货运量10.91万吨、货物周转量1325万吨公里，比上年分别增长5.92%、7.72%。有客运企业7家，客运线路73条，营运客车324台，客运出租汽车104台，持证营运货车1368台。公交线路13条，其中城区线路6条、城乡线路7条。公交车147台，其中新能源公交车80台。

公共交通发展。推进站企合并，充分整合资源优势，2月1日谷城新汽车客运站投入使用，长途客运、城乡公交逐步迁入新站运营。7月启动老汽车客运站棚户区改造征迁，征迁协议全部签订并补偿到位。全年新购纯电动客车30台，新建公交站点(招呼站)20个、充电站1个，收购并开通庙谷公交，城区公交实现刷卡支付，

65 岁以上老人享受免费乘车，以县城为中心 20 公里范围内全部实现了公交化运营。

行业监管。推进"互联网＋交通"，全县近 3000 辆"两客一危"、12 吨以上重载货车纳入动态监控，客运车辆 4G 视频监控设备安装率 100%，中长途客运和重点路段监控实现全覆盖。加强对非法营运车辆整治，查处各类违章运输车辆 264 辆，非法运营电动三轮车 983 辆，非法"网约车"3 辆，查处"黑的"20 辆，处理出租车不按规定打表 13 起，有效净化运输市场环境。加大道路运输行业环境污染治理，重点监管货车"飞扬洒漏"、维修企业喷漆作业等行为。全年发现并处理路损案件 26 起，结案 26 件，发现并制止、处理违法建筑 16 处，拆除非公路标志标牌 153 块，取缔违法设置交叉道口 2 处，取缔洗车加水点 3 处，清除摆摊设点 80 处 3580 立方米。联合交警、运政检测货运车辆 45933 辆次，其中超限车辆 4248 辆次，卸载、转载货物 9017 吨，处理非法改装车辆 37 辆次。303 省道茨河超限站迁转完成，投入使用。不停车检测系统投入运行。县政府出台《深化整治非法码头非法采砂工作方案》，所有非法砂场拆除完毕；推进"三无"船舶拆解，按照"拆解一批、驱离一批、办证一批"处置原则，争取政府奖励资金支持，全面完成 131 艘"三无"船舶取缔工作，其中拆解 109 艘、完善手续 16 艘、驱离非本籍船 6 艘。

安全应急管理。压实安全责任，调整安委会组成人员，成立道路运输、水上交通、消防、公路畅通 4 个安全专业委员会，推行局领导班子成员对联系单位安全生产季度督查制度。以道路客运、工程安全、海事监管、危货运输为重点，开展"打非治违"、安全隐患大排查大整治、夏季道路安全百日攻坚、夏秋季消防安全整治、工程机械安全整治等专项行动，确保安全生产形势稳定向好。圆满完成春运、"五一"、国庆等重要节假日安全运输保障工作，县政府出台《谷城县水上搜救预案》，组织开展水上搜

救、危化品泄漏、客车消防、道路抢通应急演练和民兵武装应急点验。春运期间，投入各类运输客车 346 辆、客渡船 50 艘，疏运旅客 125.76 万人次，运输秩序良好，实现"安全、优质、有序"总体目标。

港航管理。加快水上信息化建设，4 月建立电子平台，实现 51 艘客渡船通过手机自主报签。全年增补船舶救生圈 15 个、更换救生衣 1427 件，取缔"三无"船舶 131 艘。5 月 1 日前，彻底取消南河库区自划船无证载客问题。6 月 28 日，首艘货运船舶在南河库区正式下水，解决库区沿线木料、毛竹、扫帚等农产品运输问题。南河旅游渡运码头完成地勘、施工图设计评审，由南河镇政府按时间节点推进建设。推进 3 个砂石集并中心建设，完成砂石集并中心与干线公路连接线道路硬化，安装称重地磅、监控设施、环保安全设施，3 个国有砂石集并中心启动运营。

公路养护及改革。超额完成干线公路养护生产任务。加强日常检查督办，抓实抓细季度考核考评，巩固提升路况水平。推进养护站点建设，启动庙滩标准化管理站改造工程，开展"最美襄谷路"创建。7 月 1 日正式执行新修订的《谷城县农村公路养护管理办法》，明确"以县为主、分级

负责、群众参与、保障畅通"原则，养护管理资金筹集以政府投资为主，农村村组为辅；日常养护管理采取以村为主、公开招聘、竞争择优等方法进行，全县配备养护人员 290 名，基本实现村主干道专人养护。

物流发展。推进物流发展，建成县级货物配送集散中心，面积 5000 平方米，镇级综合服务站改扩建 10 个，建设行政村级物流服务点 120 个。盛康、赵湾、冷集 3 个农村综合运输服务站全部建成完工。

"放管服"改革。行政审批职能、审批事项、审批人员"三集中"改革全部到位，梳理各类行政审批事项 189 大项 247 小项，行政审批职能和人员按时移交县行政审批局，货运车辆安全技术检验和综合性能检测实现"两检合一"，4.5 吨以下货车取消营运证。

（冷俊）

【老河口市】　至 2018 年年底，全市公路通车里程 2112.46 公里、路网密度 204.7 公里／百平方公里，其中一级公路 67.44 公里、二级公路 119.51 公里、三级公路 121.57 公里、四级公路 1740.44 公里、等外公路 63.50 公里，等级公路达 2048.96 公里，占比 96.9%；按行政等级分为国道 50.56 公

2018 年 3 月 28 日，老河口市举行集中签约、开（竣）工暨河谷大桥项目开工仪式

2018年3月29日，老河口市新316国道改建工程沥青混凝土上封层摊铺施工

里、省道114.86公里、县道202.44公里、乡道478.37公里、村路1266.23公里。公路桥梁266座6930延米，行政村通水泥路覆盖率100%。内河航道通航里程57.8公里，港口1个，生产性码头泊位22个，渡口2个。客运站9个，其中二级客运站1个、三级客运站1个、五级客运站7个。候车亭93个，招呼站110个。

站场建设。4月，老河口市汽车客运北站改扩建工程全部完工投入使用。张集综合运输服务站有关主体工程基本竣工，在进行仓库、门卫房等附属设施建设。薛集综合运输服务站选址确定，在进行规划设计。52个港湾式站台初步设计通过政府评审，在进行招投标。

公路养护。巩固完善标准路基115公里，完成沥青路面坑槽修补4180平方米，整修路肩、边坡167512平方米，处理沉陷74435平方米，垫补过渡路面10430平方米，水泥路面修补、打沥青带3000平方米，水泥路面灌缝850米，沥青路面灌缝7950米，维修边沟120米，新建边沟3000米，新增维修标志标牌185块，更换光化汉江大桥伸缩缝15道，完成钢护栏安装2926米，新增防撞墙护栏210米，补栽刷新公里碑93块、百米桩824块，机械打草447.2公里，桥涵清理106道，涵洞维修14道，清理路肩杂物3701立方米，路树刷白30480株，修剪国省道遮挡标志牌路树249处。

运输服务。全年完成道路客运量785万人次、旅客周转量37895万人公里，货运量777万吨、货物周转量142655万吨公里；水运货物吞吐量41万吨、货物周转量2050万吨公里。全市客车125辆，其中中高级客车101辆，占比80%。全市货车1779辆。全市道路运输运力结构进一步优化，车辆技术状况显著提高。公交线路14条，城市公交103辆，公交站点58个。城乡客运一体化，投放客车137辆，其中农村客车34辆，城乡客运线路33条，营运里程576公里，227个行政村实现客车全覆盖，农民群众行路难、乘车难问题得到根本改善。因老河口市开展非法码头治理工作，辖区51处非法码头全部关停。全年水上港口起运量、水运船舶货运量、周转量均为零。

物流发展。实施"3大园区、8个中心布城区，10个站点连乡镇，217个网点直达村"物流网络规划布局。全市注册物流企业34家，培育A级物流企业5家，其中3A级4家、4A级1家。拥有专用货车800辆、甩挂运输车389辆。1—10月，全市实现物流业增加值44.76亿元，社会物流总费用42.24亿元，比上年同期分别增长15.67%、7.65%。整合交通、邮政、商务、供销等部门和顺通、中农批、淘宝等项目物流资源，建设乡镇服务站点7个，村级服务网点110个，市乡村三级物流体系逐步完善。

路政执法。路政与养护部门多次开展联合整治活动，专项清理非公路标志牌、整治路域环境，制止各种侵占、损害公路违法行为，清除路障1218平方米、清除非公路标志标牌77块，清理摆摊设点30处，整治集贸市场12处，拆除加水洗车点29处，收取超限运输补偿费227320元，收取路产损失（赔）补偿费64110元，占利用公路补偿费14.88万元。路政巡查大队加强路警联合执法力度，协调交警、运管部门集中开展联合治超专项行动，依托328国道雷祖殿超限检测站，采取固定治超与流动治超相结合的方式开展24小时联合执法，检测车辆85876辆，查处超限超载车辆1536辆，卸转载车辆356辆，卸转载货物20020吨，扣分2294分，整治非法改装车辆50辆，有效打击非法超限超载运输行为，维护路产、路权完整，营造安全畅通的公路出行环境。通过强基础、严考核、

2018年，老河口市汽车客运北站建成

重整治，联合土地部门取缔 2 家非法驾培点、1 家停业整顿。推动老河口市汽车维修行业转型升级，帮助二类以上维修企业全部完成电子健康档案建设，老河口市 23 家维修企业全部安装完成。

城市公交发展。全面落实《襄阳优先发展城市公共交通实施办法》，创建全省公交示范城市，新开通和优化公交线路 2 条、更新新增能源公交车 10 辆。老河口市政府在资金困难的情况下，连续 3 年加大对城市公交运营政策性亏损补贴力度，从 90 万元、120 万元、150 万元，逐年递增。以老河口—襄阳班线作为转型试点，将班线线路牌由 36 块增加到 50 块，取消班线许可证明，便于循环运营；将班车类型由直达改为普通，既方便沿途上下乘客又提高实载率，简化客运站调度流程和旅客乘车等候时间，提高车辆利用率。

"三无"船舶治理。按照襄阳市治理"三无"船舶要求和《全市深化整治非法采砂非法码头工作方案》，推进老河口市"三无船舶"（无船名船号、无船籍港、无船舶证书的采运砂石船舶）治理，规范辖区水上运输市场秩序和水运环境，制定"三无"船舶拆解以奖代补实施方案。建立"三无"船舶信息库，梳理全市辖区内船舶，所有船舶建立明晰登记清单，做到一船一档，按照国家"规范、规程、规定"，对所有"三无"船舶进行认定，并将认定清单下发到乡（镇、办）。按照"乡镇申请、交通海事部门认定、财政拨付"原则，由乡（镇、办）按照"三无"船舶清单组织拆解，交通海事人员到现场认定拆解情况，财政部门依据认定书拨付拆解费。至年底，辖区 148 艘"三无"船舶全部取缔，完成预定工作目标。

体制改革。老河口市交通运输局以完善行业治理体系提升治理能力为导向，以推进机构职能优化协同高效为着力点，全面推进内部机构改革，撤销客管处等直属事业单位 6 家，成立老河口市交通运输综合行政执法大队、交通基础建设工程质量安全监督站、农村公路管理局，进一步整合资源，

转变职能，理顺职责关系，改革工作平稳有序，执法效能全面提升。

环保和节能减排。公路建设部门加大道路扬尘污染治理工作力度，开展道路飞扬撒漏整治专项行动，加大源头监管查处力度，严禁运输车辆带泥上路、道路抛撒、遗撒和倾卸建筑垃圾。加强施工现场管理，硬化处理施工场地，严格做到施工运输车辆、挖掘机械等驶出工地前必须清除泥土，严禁将泥土、尘土带出工地，并将现场内堆土、堆砂用帆布或密目网等进行覆盖。结合公路工程招投标，落实节能减排措施。对进入施工场地的重点耗能机械设备制定监督管理措施，将合理控制施工机械设备能耗与改进施工工艺，提高工程质量结合起来，禁止使用"冒黑烟"高排放施工机械车辆施工作业，达到节能减排目的。

（高峰）

【襄州区】　至 2018 年年底，全区公路里程 4269.15 公里（不含高速公路），路网密度 146.66 公里/百平方公里，其中高速公路 104.10 公里、一级公路 232.76 公里、二级公路 290.50 公里、三级公路 126.16 公里、四级公路 3468.52 公里、等外公路 151.21 公里，国省道桥梁 73 座 3925.4 延米。内河航道通航里程 205 公里，达标渡口 29 处，双沟镇赵寨砂石集运中心临时性码头 1 个。客运站 13 个，其中一级客运站 1 个、三级客运站 2 个、四级客运站 1 个、五级站 9 个，农村综合服务站 2 个。

基础设施建设。全年完成交通固定资产投资 5 亿元，比上年 7.2 亿元下降 30.56%。绕城高速南段房屋及地上附作物评估工作完成，征迁工作有序推进；新六两河大桥完成主体工程。开工建设一二级公路项目 7 个 31.21 公里，完成建设投资 17534 万元，其中完成 316 国道枣襄界至周家岗 5.7 公里改建工程、217 省道黄渠河至乔洼 8.71 公里续建工程、217 省道汉十高速襄北出口至新 316 国道 1.5 公里改建工程等 3 个一级公路 15.91 公里路基路面建设；9 月 26 日程河唐河特

大桥动工建设，12 月 26 日朱集白河特大桥动工建设，2 座桥梁完成桩基施工 26 根，完成投资 3500 万元，完成 316 省道 8.57 公里续建工程、335 省道 5 公里续建工程等二级公路项目 15.30 公里路基路面建设。新增等级公路 23.3 公里。唐白河（唐河）航运开发工程可行性研究报告获省发改委批复同意建设。区砂石集并中心临时性码头建成投入运营，永久性码头建设在进行前期工作。

"四好农村路"建设。完成通村公路建设 149.8 公里，占年计划 149.8%。完成程河镇乔庄村通组入户公路 1.2 公里、朱集镇潘湾村旅游公路 2 公里、黄龙向湾村旅游公路 10 公里、龙王镇闫营村通组入户公路 1.1 公里、峪山金寨村乡村振兴扶贫产业路 5.1 公里等 5 个"乡村振兴"示范路 20 公里建设。三是建设农村桥梁 5 座，其中：建成峪山镇蒋岗桥、石桥镇郭营桥、黄龙杨湾桥、龙王镇张冲桥等 4 座 164.16 延米，张家集镇滚河二桥 146.04 延米，完成总工程量的 85%，投资 454.17 万元。

运输服务。全年完成道路客运量 1200 万人次、旅客周转量 61500 万人公里；完成货运量 4200 万吨、货物周转量 11683 亿吨公里。全区有货车 22536 辆，其中新增专用和重型货车 481 辆、甩挂运输车辆 485 辆；淘汰"黄标车""老旧车"83 辆，强制退出不合规运输车 40 辆。新增货运企业 31 家、维修业户 28 家。全区有客运线路 145 条，客车 384 辆，其中省际线路 19 条、客车 40 辆，市际线路 7 条、客车 9 辆，城乡客运班线 53 条、客车 181 辆，村村通客运线路 66 条、客车 99 辆，旅游客车 55 辆。全年新增更新中高档客车 24 辆、新能源 56 辆。全区拥有各类运输船舶 250 艘 7.66 万载重吨。水运企业 1 家，通过 3A 级物流企业验收。全年完成港口吞吐量 83.2 万吨，水运船舶货运量、船舶货物周转量比上年增长 4%。拥有客渡船 40 艘 1280 客位，年运送旅客约 21 万人次。全区新增规模以上物流业企业 3 家，全区物流企业达 276 家。区政府印发《关

于加快发展服务业的实施意见》，全区设立1000万元现代物流业发展专项基金，加大物流项目奖励扶持；全年物流市场总体保持平稳发展态势，完成社会物流总收入70亿元。至年底，全区拥有A级物流企业34家，其中5A级物流企业2家、4A级物流企业18家、3A级物流企业11家、2A级物流企业3家。襄阳东风合运物流股份有限公司、襄阳光彩物流产业投资有限公司2家襄阳市仅有的5A级物流企业均在襄州区。

行业监管。加强城市出口道路、重点路段和全区干线公路保洁降尘、垃圾清运、路面冲洗，开展路域环境、打非治违、飞扬撒漏和超限超载专项治理，检测车辆5万余辆，查处超限车辆3900辆，拆除违法非公路标志标牌416块，清理占道经营89处，确保全区366.27公里国省干线公路及城市出口路段路容整洁、设施完好、舒适通畅。开展客运东站"打黑"、普货企业专项清理、城区客运秩序整治、

源头治超联合执法等活动，纠正违章行为1320余起，下达责令改正通知书964份，查扣处置违规客货车辆930辆，进一步维护道路运输市场安全稳定。全面开展维修行业污染整治，对全区有烤漆房的68家二类以上维修企业进行专项复查，下达整改通知书64家，整改合格56家，强制拆除不达标烤漆房5家。分片摸排城区150家维修"路边店"，其中从事"露天喷漆"约40家，全部责令停止经营。开展"两非"治理工作，与水利、城管、公安等部门协作，113个砂场存砂全部清理干净，182条砂架全部移出河道和拆解；366艘采、运、抽砂船全部取缔或移出河道。其中采砂船拆解和移出河道91艘、运输船拆解和移出河道126艘、抽砂船拆解和移出河道149艘；拆除违建房屋471间7394平方米，复垦42.8亩，修复岸线22.7公里。开展涉砂综合治理、船舶污染防治、城区段水面漂浮物清理等工作，检查船舶800余艘次，下达处罚29起，水运输市场秩序进一

步规范。

安全应急管理。开展"平安交通""长安杯"等创建活动，按照"全覆盖、零容忍、严执法、重实效"原则，加强交通安全源头治理，加大水陆运输安全隐患动态监管，织密安全网，深入排查，治理安全隐患。加大应急抢险和防汛救灾保障工作，水陆交通运输安全生产实现全年无上报责任事故。推进"455"农村公路生命安全防护工程建设，完成192.03公里。

文明创建。投入1000余万元，开展襄阳市创建全国文明城市。襄阳汽车客运东站爱心母婴室建设在全市推广，"春晓志愿者服务队"被襄阳市运管局评为"全市道路运输行业品牌示范班组"。襄州区交通局被区委、区政府授予"区直机关党建优秀单位""落实党风廉政建设责任制工作优胜单位""全区作风建设优秀集体"等称号。

(王涛 王志功)

宜昌市交通运输

【概况】 至2018年年底，全市公路里程32380公里、路网密度150.26公里/百平方公里，其中高速公路683公里、一级公路665公里、二级公路2643公里、三级公路535公里、四级公路24495公里、等外公路3359公里。新增等级公路523.2公里，等级公路比重89.4%。农村公路28536公里，其中硬化路面24104公里，占普通公路里程76%。市域内有桥梁2423座100441.1延米，公路渡口28处。内河航道通航里程678.44公里(界河按二分之一算)，港口146个，生产性码头泊位189个，渡口111个。客运站95个，其中一级客运站2个、二级客运站11个、三级客运站7个、四级客运站8个、五级客运站63个、简易站4个、货运站场11个。

基础设施建设。全年完成交通固定资产投资143.7亿元，比上年增长

9.3%，其中公路70.69亿元、港航5.81亿元、物流23.7亿元、站场1.27亿元。全年建成一级公路57公里、二级公路233公里。全年争取交通运输部、

省交通运输厅补助资金27.5亿元。全市"十三五"交通发展规划中的119个重点项目前期工作全面启动，其中工程可行性报告获批78个，占规划数

2018年11月16日，宜昌市举行三峡高速收费站迁建工程暨全市交通重大项目集中开工仪式

2018 年 4 月 22 日，宜昌三峡机场首次开通全货机航线

65.5%；初步设计获批 60 个，占规划数的 50%。白洋长江大桥双塔封顶，江北翻坝高速公路加快建设，宜张高速公路鄂湘界段、宜来高速公路加快前期工作。规划新增高速 260 公里，全市 1200 公里。香溪桥主梁合龙，茅坪二期基本建成，三峡机场二期加快建设，全年交通建设质量、安全、环保"零"责任事故。

"四好农村路"建设。全年硬化农村公路 1958 公里，撤并村、20 户以上自然村通畅率分别为 87% 和 73%。提档升级 1286 公里，行政村双车道率 65%，比上年提高 13 个百分点，有效改善 180 余条客车道路通行条件。全市农村公路硬化里程 22524 公里，硬化率 79%。争取部省农村公路建设资金 6.6 亿元，其中贫困地区建设资金 4.3 亿元，占年度计划 65.2%。

运输服务。全年完成公路客运量 1.1 亿人次，比上年下降 4.28%；完成货运量 1.2 亿吨，比上年增长 10.45%。完成港口吞吐量 6868 万吨、集装箱吞吐量 15.2 万标箱，比上年分别下降 16.87%、10.7%；完成水路客运量 398 万人次，比上年增长 24.83%。完成铁路客运量 1013.5 万人次，比上年增长 0.01%；完成货运量 277.8 万吨，比上年下降 16.3%。宜昌三峡机场完成旅客吞吐量 295 万人次，比上年增长 31.4%。全市邮政业务总量完成 15.82 亿元，比上年增长 28.9%；业务收入完成 12 亿元，比上年增长 19%；快递业务量完成 5582 万件，比上年增长 29%；快递业务收入完成 7.35 亿元，比上年增长 24%。

春运期间，全市公路、铁路、水路、民航运送旅客 592.78 万人次，比上年下降 6.14%，高速公路出入口车流量近 500 万辆次，比上年增长近 9%；全市道路发送旅客 413.79 万人次，比上年下降 12.3%，铁路发送旅客 130.35 万人次，比上年增长 3.4%，水路发送旅客 9.25 万人次，比上年增长 1.9%，民航发送旅客 39.39 万人次，比上年增长 57%。春运期间全市安全形势总体平稳，没有出现旅客滞留、积压和公路大面积拥堵现象，没有发生重大交通安全责任事故，没有发生重大服务质量投诉事件。

行业管理。中央、省市环保督察反馈问题整改稳步推进，建成三峡大长宽比示范船 21 艘，全市船型标准化率 90%，平均载重吨突破 3200 吨。三峡库区首个标准岸电工程——三峡旅游母港岸电系统投入试运行，基本实现经营性普货码头岸电全覆盖。持证经营性码头全部通过环保整改验收。长江第一家水上绿色服务区投入运营，为待闸船员提供"邮购娱医谊"一站式服务。坚持"生态优先，绿色发展"，新修订港口规划缩减港口岸线 39 公里，减幅近 40%。研发长江第一个港口岸线地理信息系统，实现港口资源地理坐标矢量化、岸线档案信息化、多规合一数字化。在全省率先打造美丽农村公路升级版，推出"美丽宜道"交通品牌，坚持五美标准，建设六大工程，全面提升农村交通运输服务水平，助推乡村振兴，首期 187 公里"美丽宜道"工程由通到畅、由畅到靓成为宜昌交通新特色。创新培育秭归华维、长阳百誉、三峡物流园众联云等"交通 + 农村电商"新模式，推进城乡电商物流交易平台和一体化配送体系建设。全市建成县级物流节点 9 个，覆盖率 77.8%；整合交通、邮政、商务、供销等乡镇节点 76 个，覆盖率 93%；村级节点 862 个，覆盖率 68%。开通 45 条农村货运班线，市县乡村四级物流网络加快完善。

安全应急管理。国省干线公路优良率 92%，蝉联全省"三年冠"。建成"455"生命安全防护工程 7010 公里。全市通客运班车村道及乡道以上行政等级公路 14113 公里安全隐患治理基

2018 年 7 月 5 日，宜昌市港口岸电全覆盖推进会在云池港召开

本完成，全年拦截 150 余次交通事故、挽救 430 多位司乘生命。全市 1642 辆农村客运车辆在全省率先实现 4G 设备安装全覆盖，远安县首创 4G 智能动态监控系统在全省推广。全市道路运输四项安全指标全面下降。

交通改革举措。坚持"积极稳妥、分步推进"的改革原则，10 项改革任务渐次推进。在全省率先完成市公路建设养护中心、市港航建设维护中心、市交通综合执法支队 3 家承担行政职能事业单位更名挂牌工作，交通工程质量监督部门全面并入综合执法支队，为全省优化整合执法力量提供宜昌经验。优化审批流程，规范内控管理，归并 3 个行业窗口，整合 9 个许可公章，实现"1 窗受理、1 章出证"，细化 50 项行政审批具体操作流程。局行政审批科整体入驻市政务中心，对市级交通行政审批事项实行集成化管理。全面推行"预约、上门、邮寄"定制服务。涉路施工、船员注册、出租车换证等"只跑一次路"。申请市审改办下放事项 7 项。实施"证照分离"，普货运输许可等 3 项审批在窗口率先实现"告知承诺制"。全年办理审批事项 11416 件，全部零投诉，群众满意率 100%。

文明创建。不断创新服务群众载体，情满春运暖心行动、送盲人农民工回家过年等活动广受社会各界赞誉，免费接送待闸船员活动被央视报道点赞，出租车爱心送考活动被评为全市"十佳"创新品牌。全省交通行业文明创建现场会在宜昌召开。"共享·遇见之美"交通品牌内涵日渐丰富，成效逐步彰显。

（许来）

【宜都市】 至 2018 年年底，全市公路里程 3552.93 公里、路网密度 261.82 公里 / 百平方公里，其中高速公路 123.54 公里、一级公路 150.12 公里、二级公路 160.57 公里、三级公路 86.31 公里、四级公路 2956.33 公里、等外公路 76.06 公里。市境内航道通航里程 87 公里（长江 46 公里、清江 41 公里），所辖港区渡口 14 个，港口泊位 75 个（不含白洋汽渡），其中生产性码头泊位 59 个，非生产性码头泊位 16 个。客运站 11 个，其中一级客运站 1 个（在建）、二级客运站 1 个、三级客运站 1 个、五级客运站 8 个。

基础设施建设。全年完成交通固定资产投资 17 亿元，比上年下降41.4%。254 省道宜都绕城段公路（含清江三桥）完成工程可行性批复，在进行施工图设计，完成与宋高路共线部分 3 公里路基，完成投资 3000 万元。318 国道宜都境一级公路改扩建工程完成工程可行性、初步设计、施工图批复，一标段 5.4 公里开工建设，完成路基清表 25000 平方米，完成投资 1000 万元。225 省道宜都市枝城长江大桥至大堰堤段公路工程完成工程可行性批复，在修编施工图设计，其中纳入枝城镇"PPP"环境整治改造项目的城镇共线路段完成路基改造 3 公里，完成投资 3000 万元。宜都市雷梁线旅游公路改扩建工程全部完工，完成投资 5624 万元。五峰县业产坪至宜都市王家畈（宜张高速连接线）公路改扩建工程宜都段（古樟线）全部完工，完成投资 10622 万元。宜昌港宜都港区红花套作业区综合码头工程完成 1 号、2 号、3 号泊位水工主体工程，完成投资 36195 万元。陆城一级客运站完成主站房主体工程施工，消防工程在验收中，室内装饰工程进场施工，完成工程形象进度 65%，完成投资 2729 万元。

"四好农村路"建设。完成农村公路硬化 15.1 公里，完成投资 650 万元。完成"四好"农村路提档升级 100 公里，完成投资 20800 万元。年度"455"农村公路安全防护工程全部完工，完成投资 9484 万元。

运输服务。全年完成道路客运量 3655 万人次、旅客周转量 347225 万人公里，比上年分别下降 22.7%、15.6%；完成货运量 2090 万吨，比上年下降 14%，货物周转量 109400 万吨公里，比上年增长 4%。完成水路货运量 1432 万吨、货物周转量 572800 万吨公里，比上年分别下降 21.4%、26.8%。

行业监管。联合公安交警、乡镇综合执法等部门开展治超治限暨打非治违联合执法行动，检测超限车辆 6646 辆次，查处 2291 辆次，卸货转运 31980 吨。调整重心，落实源头治超举措。在依托麻岭坳固定治超站强化路面管控情况下，流动稽查改由死看硬守向码头、矿山等源头管控转变，结合《宜都市绿色矿山建设攻坚行动实施方案》，不断完善码头、矿山源头卡点，形成常态化全天候监管网络。推行装载单、称重单、砂石票据"三单合一"出场管理，加大非法改装治理力度。推进非法码头治理工作，联合公安、长江海事等部门开展联合执法行动。全年出动执法人员 500 余人次，处罚违规作业码头 3 家，违规运输船舶 2 艘，罚款 16 万元。严格按照整治要求，督促 24 家港口企业完成防尘、扬尘设施、进出场洗车槽设施、雨污水收集设施、绿化及厂房化建设等改造，全部通过市政府综合验收。责任、举报公示牌设立率 100%。全市设立乡镇二级服务站 6 个和村三级服务点 62 个。开通货运班线 3 条，客货联盟线路 18 个，配送范围覆盖 10 个乡镇 62 个行政村，基本实现货物当天到达村级站点。

科技与信息化。推进"两客一危"车辆动态监控 2G 升 4G 以及农村客运 4G 动态视频监控系统安装设备复查、验收工作，全市 157 辆农村客运车辆全部纳入 4G 动态监管平台。创新工作方法，推广应用"互联网 + 视频监控"等新型技术手段，建成公路应急、综合执法、港口监管监控平台 3 处，并投入使用。318 国道、278 省道 2 处货运车辆不停车超限超载检测系统建成，现场与非现场执法实现并轨运行。

安全应急管理。全面开展交通行业岁末年初安全生产大检查、"安全生产月""打非治违"等专项行动，确保交通运输行业安全生产形势持续平稳。继续推进"两化"体系建设，促进隐患整改内业资料台账管理。完善各类安全管理制度，严格考核，与效能考核挂钩。加大隐患排查治理，加强道路安全隐患排查与督办，不定期下工地、养护站、公路沿线进行安全检查，排查国省道隐患 73 处，整改 73 处，新增标牌 76 块，修复标牌 3 块，安装广角镜 2 个，爆闪灯 4 个，道口桩 293 根，橡胶减速带 173 米，铸钢减速带 66 米。对公路路面标线不清、无标线、交叉路口段、长陡坡路段、学校路段和事故易发路段进行施划，完成振荡标线 33 处 3233.27 平方米，完成普通标线 8 处 2222.14 平方米。针对农村公路隐患路段，将三年建设任务利用一年时间进行攻坚，全年完成"455"生命安全防护工程 580 公里。

交通改革举措。将原市公路局、市港航（地方海事）局、市运管局行政管理执法职能整合并入局隶属的市交通综合执法大队。将原市公路局、市港航（地方海事）局、市运管局负责的行政许可、行政审批事项由市局行政审批科负责实施。按照政企分开原则，所属企业交由国资部门进行管理。

文明创建。结合四城联创工作，积极参与志愿者服务活动，获宜都市创成全国文明城市工作先进集体三等功。举办"我为交通添光彩，做遵规守纪交通人"演讲比赛，组织干部职工参观警示教育基地，观看廉政教育片，开展廉政知识测试等。

（周炜）

【枝江市】　至 2018 年年底，全市公路里程 3872.38 公里、路网密度 290.55 公里 / 百平方公里，其中高速公路 66 公里、一级公路 140.12 公里、二级公路 109.87 公里、三级公路 49.15 公里、四级公路 3505.46 公里、等外公路 1.78 公里。内河航道通航里程 185 公里（界河按二分之一算），港口 16 个，生产性码头泊位 28 个，渡口 28 个。客运站 11 个，其中二级客运站 1 个、三级客运站 3 个、四级客运站 2 个、五级客运站 5 个，货运站 1 个。

基础设施建设。全年完成交通固定资产投资 82900 万元，比上年下降 16%。276 省道峡安线安福寺至古老背一级公路枝江段投资 11850 万元，建成路基 4 公里、路面 6.5 公里；枝江市姚家港作业区至 318 国道连接线投资 18400 万元，建成路基 9 公里、

2018 年 4 月，枝江滕家河砂石集并中心主体工程完工

路面 4 公里。水运建设投资 24100 万元，七星台综合码头完成施工总进度的 70%；姚家港煤炭专用码头工程可行性报告通过审查；七星台砂石集并中心项目工程可行性报告初稿编制完成；罗家河油气码头项目启动方案研究；完成《港口和船舶污染物接收转运及处置设施建设方案》50% 工作任务。新增泊位 2 个，通过能力 206 万吨。客（货）运站场建设：安福寺汽车客运站工程可行性报告批复调整，在进行初步设计调整及施工图设计编制。

"四好农村路"建设。编制《枝江市综合交通运输发展规划 (2016—2030)》《枝江市农村物流融合发展规划》《枝江市四好农村路建设发展规划 (2018—2022 年)》，拟订枝江市创建省级"四好农村路"示范县实施方案。完成农村公路硬化 70 公里、窄路面加宽 30 公里、农村公路生命安全防护工程 642.16 公里，完成仙女镇青狮港桥危桥改造，完成县乡道改造 22.6 公里。完成鲁廖线等 49 条县乡等级公路改造项目前期工作。完成疏港一级公路初步设计批复、鸭子口桥工程可行性报告批复。农村公路建设项目落实"八公开"制度，建设项目质量安全监管责任全部落实到位。农村公路管理基本实现县有路政员、乡有监管员、村有护路员。农村公路重大隐患路段和危桥数量逐年下降，枝江市

在省级库内农村公路隐患里程 47.1 公里、危桥 92 座。

运输服务。全年完成道路客运量 677.89 万人次、旅客周转量 33757.07 万人公里，比上年分别下降 3.4%、3.6%；完成货运量 1606.67 万吨、货物周转量 232839.81 万吨公里，比上年分别增长 15.5%、16.1%。完成水路客运量 51.16 万人次、货运量 118 万吨，比上年分别下降 3.5%、5.6%；完成港口吞吐量 839 万吨，比上年下降 6.9%。全市拥有货车 3896 辆、船舶 39 艘。社会物流总额 1408.5 亿元，比上年增长 12%。

行业监管。持续开展超限超载、路域环境、道路运输、非法码头等专项治理行动。协同公安交警进驻治站点，出动执法人员 714 人次、执法车辆 357 辆次，检测车辆 8200 余辆次，处理超限车辆 378 辆，卸载货物 5448 吨。以 318 国道、当枝一级路为重点，联合沿线镇政府、公安等部门，依法对违章接道进行强制拆除，对边沟进行清理，处理路产赔补偿案件 33 起，收取赔补偿费 209565 元，管控路段路域环境明显改善。联合枝江海事处、长航枝江派出所、水利局等单位，通过强制执法联合行动，彻底解决泰和昌码头拆除不彻底、复绿不完全等问题；联合城管、水利、经信、公安等部门执法人员 400 余人，完成丁家沟

码头非法建设强制拆除行动。全市保留的 16 个规范码头全部取得安全、环评和防洪评价批复。严厉打击非法营运行为，开展道路运输行业执法行动 130 余次，检查车辆 5400 余辆次，立案查处违法违规车辆 56 辆。

科技与信息化。完成全市县际以上班线客运车辆、农村客运车辆、危货车辆 4G 动态监控设备安装，完成 247 台出租车监控设备安装和交通监控平台建设，实现"两客一危"车辆动态监控全覆盖。"枝江出行"掌上公交 App 正式投入使用，市民公交出行更加便捷。购置新能源公交车 20 辆，新能源公交车占比 45%。

安全应急管理。履行安全监管职责，督促企业全面履行安全生产主体责任。完善安全保障措施，建立气象部门、港航海事、管理对象三方联动预警信息机制，发送大风大雾等恶劣天气预警信息 2400 余条，向渡船经营人发放渡运安全手册 40 余册，做好防范、应对不良天气准备。严格执行节假日值班和领导带班制度，在重点路段、渡口安排专人现场值守，提前做好高峰期运力筹备，圆满完成节假日及"中国国际公路自行车赛枝江站"等重点时段安全监管及运输保障工作。抓好安全隐患源头治理，全年出动执法人员 1236 人次，开展安全检查 357 次，现场查处、整改各类安全隐患 580 处，下达整改通知书和安全监督检查记录清单 178 份。依托交通运输行业安全生产宣传教育"七进"活动，举办安全知识讲座、培训 18 场，参与人数 1035 人。

文明创建。开展爱心送考活动，调度公交客运车辆 20 余辆、出租车 30 余辆，运送高考考生 1 万余人次。市公路局职工樊丹被评为 2018 年第一季度"枝江楷模"。

(刘小雨)

【当阳市】 至 2018 年年底，全市公路里程 3178.93 公里(不含高速公路)、路网密度 146.61 公里/百平方公里，其中高速公路 61 公里、一级公路 75.45 公里、二级公路 180.35 公里、三级公路 54.47 公里、四级公路 2260.43 公里、等外公路 608.23 公里。内河航道通航里程 92.5 公里(界河按二分之一算)，渡口 25 个，渡船 42 艘。客运站 9 个，其中二级客运站 1 个、四级客运站 1 个、五级客运站 7 个，货运站 1 个。

基础设施建设。全年完成交通固定资产投资 5 亿元，比上年下降 58.98%。完成汉宜线当阳子龙转盘至当阳西站路面中修 5.94 公里、半胡路改造 16.779 公里、坝慈路改建 5 公里、253 省道远松线大修 10.811 公里建设。峡安线二级路改造工程 8.8 公里，完成 38.2% 工程量；驻望城村部队出口路改建工程 6.032 公里，完成 14% 工程量；合意至玉泉寺道路改造 6.298 公里，完成 82% 工程量；348 国道绕城段 23 公里，累计完成货币工程量 9956 万元，占合同总额 51.06%。玉泉寺至双莲新建工程 18.32 公里，全线开工建设。干溪集镇改造 1.8 公里、郭场至窑湾段改建 24 公里、远安鸣凤至庙前改建 28.2 公里、脚东至陈院 42 公里旅游公路等项目前期工作有序推进。

"四好农村路"建设。完成村级道路硬化 87.7 公里、农村公路危桥改造 4 座，在建 3 座。按照"三年任务一年完成"目标，农村公路安全生命防护工程年度目标任务 688 公里，实际实施 691.14 公里。结合乡村振兴战略实施美丽乡村建设，组织开展农村公路路域环境整治，创建美丽农村路。开展县乡道调整工作，将全市县道里程 63.711 公里调整为 363.912 公里、乡道里程 574.898 公里调整为 627.474 公里。

运输服务。全年完成道路客运量 373.08 万人次，旅客周转量 18620.89 万人公里，旅客周转量比上年下降 1.5%；完成货运量 646.5 万吨、货物周转量 82999.62 万吨公里，货物周转量比上年增加 11%。当阳火车站全年发送旅客 31.78 万人；装车数量 5083 车，货物发送 32.09 万吨。全市拥有货车 1330 辆 11451 吨位，客车 156 辆 3017 座位。拥有客运经营业户 22 家，其中班线客运 3 家、个体包车客运 19 家；货运经营业户 1433 家，其中普通货运 1425 家、货物专用运输 50 家。建有候车棚、招呼站 285 个。开通当阳至宜昌城际公交 806 路，票价比过去下降 20%，每年可为两地群众出行节省成本 500 万元。采取"农村班线 + 生态旅游 + 特色产品"模式，开通关雎河畔旅游客运班线，加快推进河溶三级客运站新建工程。密织"一点多能、多站合一、一网多用、深度融合"县乡村三级物流网络，建成镇级站 7 个、村级点 120 个，实现村村有农村交通物流综合服务点。

行业监管。建立健全"政府统一领导、部门分工负责、多方联合执法"治超常态机制，全年检测车辆 30736 辆次，查处超限和非法改装车辆 1773 辆次，卸货及转运 23191.2 吨，交警、交通等部门联合处置运输企业 4 家 15 起违法违规行为；向外地运管、交警部门信息抄报外籍车辆 300 辆，上报实行信用惩戒车辆 7 辆、驾驶员 6 名。抽检车辆中超限率 5.76%，比上年下降 13.66%。加大对抛洒滴漏等污染道路行为查处力度、主要干线公路清扫保洁频率；配合公路沿线所辖镇加大对公路沿线违法加水站点整治力度。发挥综合执法优势，开展客货运输秩序整治、服务质量信誉考核和投诉举报查处，严厉打击"黑面的"非法载客、货车非法改装、出租车乱涨价、拼客拒载、客车超员超速、拒载甩客等违规行为，建立制度化、规范化的客货运输市场秩序。

科技与信息化。8 月 15 日，保当路黄鹄滩不停车检测系统试运行，投资 180 余万元，实现公路 24 小时货车运输监控，构建非现场执法模式，有效解决治超人员不足、取证困难等问题，提升执法科技信息化水平和工作质效。建成出租车"4G"智能化信息管理系统和农村客运车辆"4G"动态监控系统，实现全市所有客运、出租车"4G"监控全覆盖。

安全应急管理。健全完善安全体系，落实企业主体责任，推进"平安交通"创建，加强安全隐患综合治理，突出抓好安全监管执法，着力构建分级管控风险和排查治理隐患双重安全屏障，推进全市综合交通安全生产态势稳中向好。全年排查各类安全隐患462处，督促整改443处，限期整改19处，下达整改通知书44份。实现连续16年未发生生产安全责任事故。

文明创建。当阳市交通运输局经复查确认为宜昌市级文明单位和当阳市文明单位，被宜昌市交通运输局评为目标考核优胜单位，被评为当阳市党建、综治工作先进单位。沈艳丽、袁宇被评为当阳市创建国家卫生城市工作先进个人。

（徐卫国）

2018年，远安花林寺木瓜铺路段农村公路

【远安县】　至2018年年底，全县公路里程1985.68公里、路网密度110.55公里/百平方公里，其中高速公路48.72公里、一级公路43.48公里、二级公路205.80公里、三级公路23.93公里、四级公路1562.44公里、等外公路101.31公里。乡镇渡口4个。客运站10个，其中二级客运站1个、四级客运站1个、五级客运站8个，货运站2个。

基础设施建设。全年完成交通固定资产投资7.60亿元。普通公路建设投资75960万元。完成远安县易家山至赵家台公路、南德线郭家沟至花果山大修工程，完成保当线橡树坡至石头店段灾毁修复工程。新增等级公路36公里。加快客运站场项目建设，争取二级汽车客运站补助资金200万元，争取到位洋坪、茅坪场三级综合运输站和20个港湾式候车亭建设项目，补助资金1280万元。

"四好农村路"建设。3月董家至鹿苑寺6公里旅游公路完工，建成最美田野马拉松赛道，服务鹿苑寺旅游和黄茶产业发展。10月底老君至太平顶14公里旅游公路建成通车，促进太平顶度假小镇旅游开发。武陵峡4.5公里和横鼎漂流3.5公里旅游公路路面全部刷黑升级，助推全域旅游加速发展。鹿苑寺至石桥坪公路提档升级16.35公里、北门至洋坪镇万家咀公路改扩建15.81公里在建，全域旅游交通环线全面形成。

运输服务。全年完成道路运输客运量310万人、旅客周转量15468万人公里。严格执行农村客运运行考评管理办法，多方争取农村客运补贴资金，全年发放农村客运补贴317.8万元，督促企业恢复远安至彭家沟、蔡家沟、九龙等6条亏损严重的农村客运班线，保障农村客运持续正常营运。协助组建安运校车有限公司，购置校车22辆，招聘并集中培训校车驾驶员、照管员51人，并于2月28日正式开通校车服务，接送4个乡镇1005名学生，解决学生上下学乘车难、不安全的问题。做好重点运输服务保障，承担田野马拉松、嫘祖文化节等大型活动及春运期间公路通行服务保障和旅客运输服务保障任务，完成宜远线大修、老太和鹿苑旅游公路、洞湾大桥应急通道、南德线盐池段公路环境治理等项目交通管制工作，保障旅客运输、项目建设和通行安全。

行业监管。严厉打击非法营运，全年开展执法行动101次，与公安交警等部门联合执法4次，出动执法人员600余人次，路检路查车辆350余辆，暂扣非法营运"黑面的"4辆、"网约车"3辆。加强维修行业环境治理，完成全县三类16家维修企业注册安装电子健康档案系统，发放宣传单2000余份。规范驾培行业经营，开展为期3个月的专项整治行动，全县驾培行业违法违规行为和行业投诉现象大幅减少。加强路政管理，全年上路巡查1900人次，查处各类路政案件600件，清除路障1457平方米，处理路赔案件21起、

路赔收费16.1万元。加强超限运输治理，严格执行"一超四罚"和失信联合惩戒，全年检测车辆9231辆，查处超限车辆185辆，卸载货物4096吨，路警联合出动执法人员1200余人次，联合查处案件261起。9月20日，全省路警联合治超推进会代表现场观摩远安路警联合治超情况。健全服务质量考评机制，将燃油和公交、出租客运补贴发放与服务质量考核挂钩，全年考核发放公交、出租汽车燃油补贴补贴235万元。

科技与信息化。建成4G智能监控平台，在全国率先将人脸识别技术应用到客运安全监管中，实现"疲劳驾驶"等五类危险行为零违章目标。省市运管部门分别召开现场会向全省推广，中央、省、市主流媒体重点宣传。

安全应急管理。投入174万元建成智慧交通平台，实时监控全县重点路段、大中桥梁。处治南德线、保当线、洋茅线、远松线4条国省干道隐患32.4公里，对250省道沮河货运应急通道严格实行周报制度，定期进行沉降观测及维护。配合公安交警部门，排查治理事故多发路段安全隐患，对南德线石板岭路段增设交通安全警示电子显示屏、安全警示牌、夜间反光标识等安全防护措施，降低公路事故发生率，投资20余万元。

交通改革举措。全面落实行政审批"三集中、三到位"具体工作，完成湖北省政务服务系统行政许可17项、其他类权力13项、公共服务1项、

行政确认 8 项等政务服务 39 项服务指南和审查细则编制和录入。深化体制机制改革，8 月初在全市率先完成承担行政职能的事业单位改革任务。

(陈潇娴)

【兴山县】 至 2018 年年底，全县公路里程 2291.12 公里 (不含高速公路)、路网密度 98.45 公里/百平方公里，其中高速公路 47 公里、二级公路 433.61 公里、三级公路 35.09 公里、四级公路 1733.78 公里、等外公路 88.64 公里。内河航道通航里程 33.2 公里，港口 6 个，生产性泊位码头 14 个，渡口 2 个。客运站 9 个，其中二级客运站 1 个、三级客运站 1 个、四级客运站 2 个、五级客运站 5 个。

基础设施建设。全年完成交通固定资产投资 7.6 亿元。完成 312 省道高岚至两河口段改建 4.6 公里，总投资 5382 万元。完成南阳服务区、312 省道界岭交通厕所项目。高岚至两河口旅游公路通车试运行，总投资 5970 万元。347 国道古夫至南阳公路马麦隧道配套绿化美化基本完成，完成总投资 522 万元。峡口旅游码头主体工程全部完成，完成投资 350 万元。全年完成港航建设投资 4550 万元，占年计划的 151.7%。9 月香溪河航道提升等级工程初步设计、施工图设计获批复，计划 2019 年初开工建设。

"四好农村路"建设。完成农村公路硬化 171.1 公里、中心村道路扩建 15.6 公里、行政村道路扩建 82.5 公里、大中修 5 公里、安全防护工程 1191.7 公里。启动三年美丽公路建设工程，全年实施完成 347 国道、312 省道美丽公路建设 57 公里，并通过市建养中心验收。

运输服务。全年完成客运量 343.99 万人次、旅客周转量 16119.24 万人公里、货运量 477.56 万吨、货物周转量 67851.48 万吨公里。客运量、旅客周转量与上年持平，货运量、货物周转量比上年增长 12%、8.31%。完成水路客运量 4.4 万人次、港口货物吞吐量 716.3 万吨，因磷矿石限采，吞吐量有所下降，占年计划 1000 万吨

的 71.6%；船舶电子报港 6344 艘次，船舶电子报告率 100%。全县有客运经营业户 116 家、客车 219 辆 2665 座，货物运输经营业户 258 家、货车 977 辆 4633 吨位，其中危险品运输企业 3 家、危险品货车 52 辆 78.6 吨位。机动车维修企业 37 家，其中一类维修企业 1 家、二类维修企业 9 家、三类维修企业 27 家。机动车检测企业 1 家。机动车驾驶员培训学校 1 所，驾培教练车 62 辆，县内道路运输营运驾驶员持证上岗 3620 人。

行业管理。全年路面大修计划 30.7 公里，完成 209 国道苏北线兴山境观音河至古夫 26 公里、255 省道兴五线峡口大桥至游家河 1.8 公里，209 国道苏北线兴山境观音河至古夫 34 公里纳入部省大修补助资金计划，下达计划资金 3000 万元。完成 209 国道伍家坪至高桥集镇改建工程，完成路基 2 公里、桥涵下构施工，投资 5000 万元。完成年度国省道安全防护工程计划 67.5 公里，完成投资 1152 万元。依法办理一般程序路产赔偿案件 20 件，行政处罚案件 1 件、简易案件 55 件、超限卸货 34 件，结案率 100%；案件查处率和文书使用率 100%，案卷合格率 98%。路政巡查上路率 98%，制止违章建筑 19 处 638 立方米，拆除违章建筑摊棚、厕所等 18 处 272 平方米，清理占道经营 279 处 1166.7 平方米，清除公路堆积物 314 处 2776 平方米，种植物 15.1 公里，拆除违法非公

路标志标牌 1431 块。开展路域环境集中整治 17 次，整治过境路段 9 处。全年检测货运机动车 194053 辆次，其中超限车辆 178 辆，卸货转运 333.58 吨，超限率控制在 2% 以内。

安全应急管理。全年集中开展安全检查和隐患排查 12 次，排查安全隐患 112 个，完成整改 110 个，整改中 2 个。全县客运、危货和 12 吨以上载重货车全部接入 4G 网络监控平台，车辆入网率 100%，在线率 95% 以上。"打非治违"取得重大突破，对违法转包、分包工程的 80 个农村公路施工单位，处罚金额 25.795 万元。全年安全态势平稳，未发生安全责任事故。

(周立君)

【秭归县】 至 2018 年年底，全县公路里程 3232.69 公里、路网密度 133.20 公里/百平方公里，其中一级公路 7.63 公里、二级公路 306.89 公里、三级公路 25.44 公里、四级公路 2802.44 公里、等外公路 90.29 公里。客运站 12 个，其中二级客运站 2 个、五级客运站 10 个。县境内航道里程 134.2 公里，其中长江干线航道 64 公里、长江支流航道 70.2 公里，秭归港区有 18 个客货码头 41 个泊位，年吞吐能力超过 900 万吨、313 万人次，滚装车辆 115 万辆。其中客运码头 3 个、泊位 9 个，货运及滚装码头 13 个、泊位 30 个，石油码头 2 个、泊位 2 个。

基础设施建设。全年完成交通固

2018 年 11 月 19 日，在建中的秭归县香溪长江大桥

2018年5月19日，秭归屈原镇西陵峡村在"美丽农村路"建设中，高标准建设村道硬化路，既保护长江岸线，又促进旅游开发。图为西陵峡口岸边彩色村级道路

定资产投资10.2亿元，比上年下降18.92%。香溪长江公路大桥实现"拱合龙、塔封顶、桥相连、隧贯通"目标，累计完成投资16.3亿元。童庄河桥完成水下部分施工，累计完成投资1.8亿元。芝茅公路完成路基50公里，累计完成投资2.6亿元。青干河、九畹溪、咤溪河等库区支流航道整治工程完成投资4610万元。农村公路下达计划3.6亿元，其中国开行贷款9100万元，完成货币量40%。"455"生命安全防护工程下达资金1.27亿元，计划实施1125公里，完成40%。348国道链子崖、255省道杨林老林河段、208县道九畹溪地震台灾害治理和沙黄路相继开工建设。完成美丽农村路路基151.3公里、路面131.8公里，完成131.8公里采集申报工作。

运输服务。全年完成道路客运量914.04万人次、旅客周转量44615.54万人公里，比上年分别下降20.18%、20.30%；完成货运量499.68万吨、货物周转量69528.52万吨公里，比上年分别增长9.85%、7.79%。全县通村客车372辆，其中班线107条、客车88辆、村村通客车284辆。完成水路客运量130.68万人、旅客周转量13500.82万人公里；完成货物周转量76934.83万吨公里，货物周转量比上年下降

42.92%；完成货物吞吐量385.71万吨。滚装船进出港5172艘次；滚装车20.13万辆，比上年增长4.6%。

行业监管。加强路政执法，全年办理公路路产赔补偿案件20件，收取路产损失赔（补）偿费75724元，立案查处涉路行政处罚案件4件，收缴罚没款15000元。开展公路治超专项整治行动，出动执法人员1357人次、执法车辆582辆次，检查车辆830辆，查处非法改装车辆56辆，查处超限车辆212辆，拆除高厢板158块，卸载转运货物4413.92吨，罚款52360元。开展客运市场专项整治行动，出动执法人员960人次、执法车辆180辆次，检查车辆2800辆，处罚金额62000元。取缔非法码头16个，"规范提升"验收合格18个，恢复取缔码头自然岸线3000米，补植复绿面积1.2万平方米。拆除佳鑫码头5条未批先建砂石生产线，推进砂石集并中心码头建设。

科技与信息化。农村客运车辆4G动态视频监控终端，辖区渡船GPS北斗卫星、AIS设备终端使用覆盖率100%，农村公路建设项目安装视频监控25个。11月秭归港客运码头岸电改造升级工程完工，岸电总容量7500千伏安，可同时为6条趸船、500千瓦的大型游轮提供岸电服务。12月，

348国道不停车超限检测系统项目开工建设。

安全应急管理。启动12座隧道口安全整治工程，租借24泊位渡船1艘。排除安全隐患26处，检查施工企业30家，发现隐患并整改75处，责令停产停业、停止施工26家，行政处罚4.5万元。实现辖区水上安全监管连续19年无事故目标。

（梅东山　周海峰）

【长阳土家族自治县】　至2018年年底，全县公路里程6455.02公里（不含高速公路）、路网密度188.19公里/百平方公里，其中高速公路84.65公里、一级公路22.82公里、二级公路448.29公里、三级公路106.25公里、四级公路4471.66公里、等外公路1406公里。内河航道通航里程138.5公里（界河按二分之一算），港口4个，生产性码头泊位16个，渡口48个。客运站13个，其中二级客运站1个、三级客运站1个、五级客运站11个，候车棚（亭）149个，招呼站240个。

基础设施建设。全年完成交通固定资产投资7.85亿元，占年度目标任务的115%，比上年下降29%。普通公路建设完成投资7.65亿元，其中省干线一级公路完成投资2.25亿元、二级公路完成投资3.22亿元、农村公路完成投资2.18亿元。启动老汪坪桥、龙湾桥、总溪沟桥、后溪湾桥、杨柳溪桥等5座危桥改造。推进美丽公路建设，完成"美丽公路"建设30公里。清江隔河岩库区旅游码头工程开工建设，完成投资2000万元。

"四好农村路"建设。全县下达提档升级建设年度计划63.2公里，磨市镇、都镇湾镇、资丘镇完成相关前期工作。推进"四好农村路"建设，龙舟坪镇、磨市镇制定相关方案和措施，开展"四好农村路"示范县乡创建，全县计划创建1至2条示范乡道和示范村道。

运输服务。全年完成道路客运量322.67万人次、旅客周转量15350.49万人公里，比上年均增长0.3%；完成货运量237.99万吨、货物周转量

34297.61 万吨公里, 比上年均增长0.6%。完成水路客运量 212.65 万人次, 比上年增长 47.3%, 旅客周转量3168.92 万人公里, 比上年下降 6.5%。全县新能源公交车 120 辆, 注册集仓储、运输、货运代理、多式联运物流市场主体 122 家。

公路管养。全年修补路面坑槽8250 立方米, 整修路肩 22.5 公里, 清理边沟 1442 公里, 疏导涵洞 551 道次, 清理杂草 2186 公里, 清理桥梁伸缩缝121 道次, 完成路面清扫 3287.18 公里, 清除塌方 27200 立方米, 完成路面清灌缝 68.5 公里, 标线补划 143.24 公里, 行道树刷白 8000 株。高家堰公路管养站站房改造全部完成, 同步建设长阳1314 交通厕所与卓尔驿站, 椰坪站便民服务设施、交通厕所改造完成。升级改造碑坳停车区, 新增便民设施、新建交通厕所、长廊、观景台等项目, 提升便民服务能力。完成雄关隧道、鸣凤隧道、金子山 1 号隧道、金子山2 号隧道、花栗山隧道等国省干线隧道洞安全整治工作。

科技与信息化。完成县交通应急指挥中心 4G 建设, 监控客车 199 辆、危险品货车 28 辆。水上 198 艘客渡船实现北斗导航系统全覆盖, 13 艘大型旅游船舶完成 4G 动态监控。新增不停车检测系统 1 套。

安全应急管理。加强各类专项整治和隐患排查治理, 排查治理隐患499 处。结合"道路运输平安年""清江安澜"、国省干线隐患整治等行动, 使安全监管常态化。运管部门检查运输企业 236 家次, 整治隐患 49 处; 港航部门检查船舶 1700 余艘次, 整治隐患 62 处; 公路部门检测超限超载车辆8637 辆, 查处超限车辆 580 辆, 卸载货物 12877.55 吨。全面启动国省干线安全防护工程建设 149.1 公里, 完成128.5 公里。农村公路 978 公里安全防护建设任务全部完成。全年受理群众来信来访 52 件, 比上年下降 53.3%。成立扫黑除恶领导小组, 制定工作实施方案, 通过签订承诺书、线索摸排等方式, 扫黑除恶专项斗争效果明显。

交通改革举措。深化物流站场主体培育, 推动物流主体专业化、社会化、信息化进程, 走出"农村智慧交通物流信息平台 + 电商 + 物流快递"之路。全县辖区内农用船舶规范管理, 核发船名牌, 登记造册, 并建立信息台账, 确保底数清、情况明、运行稳, 织密织牢辖区水上交通安全监管网络。

文明创建。长阳土家族自治县港航海事局被评为全国交通运输行业文明示范窗口, 入围交通运输部第三批海事"三化"建设先进集体; 县交通运输局获"宜昌发展贡献奖"; 隔河岩港航海事所所长雷明凤被评为 2018年春运"情满旅途"活动先进个人。

(覃银芳)

【五峰土家族自治县】 至 2018 年年底, 全县公路里程 2940.07 公里, 其中一级公路 21.31 公里、二级公路258.60 公里、三级公路 110.80 公里、四级公路 2157.53 公里、等外公路 391.83公里; 按行政等级分为国道 226.99 公里、省道 151.43 公里、县道 324 公里、乡道 820.42 公里、村道 1417.23 公里。另有组户公路 2800 公里, 实现 100% 行政村、75% 自然村和 68% 村民小组通水泥路或沥青路, 100% 行政村通达客班车。客运站 10 个, 其中三级客运站2 个、五级客运站 8 个。

基础设施建设。宜来高速公路宜昌段工程可行性研究报告完成修编, 项目核准涉及的所有专题全部获批复, 在进行投资人招标; 呼北高速公路宜都至鄂湘界段初步设计评审; 神五高速公路在进行可行性研究。241 国道白果树至狗头井公路改建工程黄土包至清水湾段完成路基 11 公里; 10 月底白果树至黄土包段开工建设; 清水湾至湖南段改为隧道方案, 计划根据湖南段进展适时开工建设。255 省道资小线改建路段 9.22 公里路基路面全部完成。351 国道升子坪至渔洋关段改建工程开工建设、湾潭一级路挂网招标。364 省道沙子垭至二叉口段改建工程初步设计修编完成。351、241国道 2017—2018 年安全防护工程计划基本完成, 364 省道安全防护工程57.4 公里基本完成。

"四好农村路"建设。续建县乡公路项目 3 个, 傅家堰至大龙坪公路14.8 公里全部完工, 交竣工验收; 松树坳至九里坪公路 8 公里全部完工, 交竣工验收; 大左公路核桃垭至北风垭段 16.63 公里全部完成。五西高原自驾游通道 174 公里路基工程全部完成, 路面工程在建设中。全年完成农村公路硬化 228.6 公里, 其中农村公路硬化 80.4 公里、资源旅游路 16.6 公里、提档升级及窄路面加宽 131.6 公里。养护里程 1538.61 公里, 公路养护优

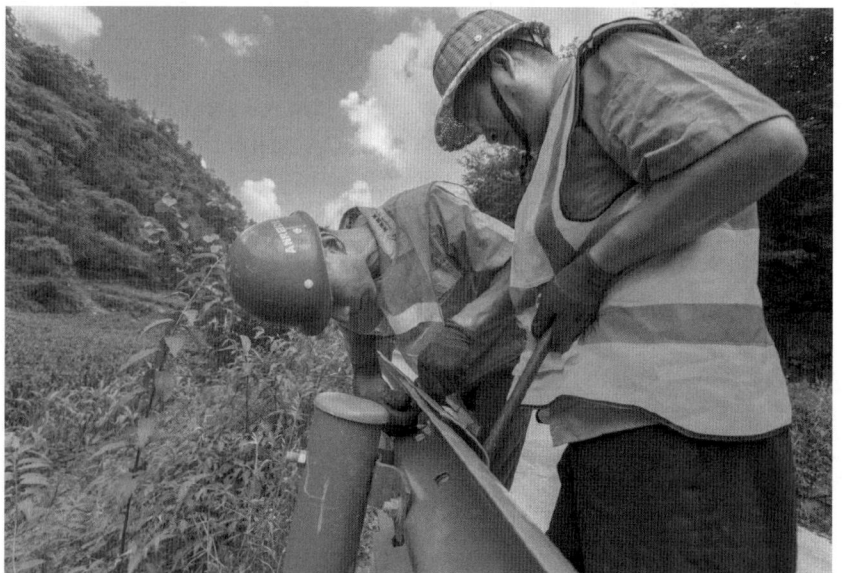

2018 年 7 月 23 日, 渔洋关镇中坪至西坡垴"四好农村路"安全防护工程建设

2018 年 7 月 19 日，五峰镇三左公路日常养护

良路率 71.31% 以上。处置农村公路安全生命防护工程隐患里程 441.76 公里。实施农村公路危桥改造 6 座 255.3 延米。完成小口至长湾公路"美丽宜道"36.61 公里设计方案。

运输服务。全年完成道路客运量 267.57 万人、旅客周转量 13322.99 万人公里，比上年下降 9.8%、10.9%；完成货运量 228.97 万吨、货物周转量 34182.92 万吨公里较，比上年上升 9.8%、11%。全县拥有宜昌交运集团五峰客运有限公司、五峰纵横运输经营部、五峰三农客运有限公司 3 家客运业户，五峰中发出租车有限公司、五峰环城公交公司、宜昌交运集团五峰公交分公司 3 家城市客运业户。拥有客运班线 117 条，其中省际班线 2 条、市际班线 9 条、县际班线 18 条、县内班线 88 条；班线营运客车 112 辆，公共汽车 25 辆，出租车 50 辆，道路旅客从业人员 480 人，

公路养护。全县列养干线 378.42 公里，其中国道 226.99 公里、省道 151.43 公里。完成路面坑槽修补 7617.1 平方米，整修路肩 2088 米，清挖边沟 321.22 公里，清扫路面 3784 公里，清除塌方 10474.475 立方米，清理涵洞 28 处，清理长草 811.95 公里。扫雪防滑投入防滑料 287.1 立方米、融雪剂 103 吨，人员 964 人，机械 270 台。清理桥梁伸缩缝 48 道，路面清灌缝 97.1 公里，桥梁检查 12 次 48 座，修复波形钢护栏 0.466 公里、标志标牌 27 块、道口桩 117 根，修复百米桩、里程碑 901 个，完成百米桩预制 1200 根、示警桩改色刷新 920 根、钢筋混凝土护栏改色 7800 米，补栽里程碑 178 块，新增标志标牌 105 块，标线补划 117 公里，巡路排水 13265 公里，清洗钢护栏 188 公里。崖石排查 62 处，完成整治 44 处，五巴线临时安全防护砂袋 9 处 750 米，设置临时安全防护警示带 16 处 1200 米，完成 351 国道 8 处弯道加宽。

路政执法。出动执法人员 600 余人次，巡查公路 23000 公里，清理公路用地范围内的堆积物 26 处 375.2 平方米，拆除、迁移非公路标牌、标语 321 处，拆除违章建筑 5 处 278 平方米，拆除存在安全隐患龙门架 4 座。纠正违章行为 18 起，立案查处公路赔（补）偿案件 35 起，收取路产损失赔偿费 14.2 万元。案件查处率 100%，结案率 100%，全年无行政复议、败诉案件发生。

安全应急管理。严格履行交通运输安全监管职责，围绕公路客运、危险化学品运输、工程建设等重点领域，以专项行动检查为抓手，以安全教育培训为指导，以应急救援管理为保障，以隐患排查治理为重点，以道路安全畅通为目标，落实道路运输安全责任。

全年排查安全隐患 189 起，其中运输安全隐患 16 起、客运企业安全隐患 8 起，全部整改到位；道路通行安全隐患 165 处，按照隐患整改"五落实"原则整改到位 138 处，对临崖路段 62 处危石、孤石安全隐患整改到位 44 处，其余 18 处设立警示标志，在整改过程中。组建抢险队伍 8 支，配备挖机、装载机各 5 台、运输车 8 辆等，同时准备大客车 20 辆、货车 30 辆，开展应急演练 3 次。全年未发生安全生产责任事故。

交通改革举措。辖区内营运车辆实现 4G 监控全覆盖。结合五峰实际逐步推广镇村农村客运，新增农村客运线路 12 条。对新开通农村客运班线客车和解决农村学生上学放学出行"难题"，实行定车、定线、定人，给予财政补贴政策，有效保障农村客运班线客车正常运转和农村学生安全出行。

（向安芹）

【夷陵区】　至 2018 年年底，夷陵区公路里程 4311.25 公里（不含高速公路）、路网密度 125.91 公里／百平方公里，其中高速公路 144.975 公里（含在建）、一级公路 65.54 公里、二级公路 433.49 公里、三级公路 23.57 公里、四级公路 3265.82 公里、等外公路 522.83 公里。内河航道通航里程 75.9 公里，港口 7 个，生产性码头泊位 10 个，渡口 17 个。客运站 5 个，其中二级客运站 2 个、五级客运站 3 个。

基础设施建设。全年完成固定资产投资 20.07 亿元，比上年下降 8.73%。全区在建交通项目 15 个，其中三峡翻坝江北高速公路建设，宜黄一级路、伍龙一级路 2 条一级公路，乐大路、雾莲路、荷两路、雾殷路、武大线隧道改造、峡安线 6 个国省道改扩建，宋百路、太阳山防汛公路 2 个县乡等级公路改造，普溪河桥、梅纸厂桥、牵羊河桥 3 个桥梁项目，312 省道小庙至界岭段大修。至 12 月底，完成宜黄一级路、普溪河桥、梅纸厂桥、牵羊河桥、小庙至界岭段大修等 5 个项目。8 月夷陵区水上应急救援中心开工建设，工期 15 个月，计划 2019 年

年底完工；5 月底海巡救助艇开工建设，工期 10 个月，计划 2019 年 2 月完工。

"四好农村路"建设。全年硬化计划 124.9 公里，补助资金为 2611.5 万元；区内统筹安排通村路硬化 41.4 公里、窄路加宽 42.6 公里、新修 34.6 公里、路面大中修 20 公里、桥梁新建 90 延米、危桥改造 100 延米。其中，农村公路扶贫项目 54 个，完工 34 个项目，14 个项目在施工中。陈淌坪至官庄公路、小溪塔至南津关公路完成"美丽宜道"创建，普百路、宋百路"美丽宜道"建设在推进。

运输服务。全年完成道路客运量 1513.41 万人、旅客周转量 75362.61 万人公里，完成货运量 2491.67 万吨、货物周转量 361096.34 万吨公里。完成水路客运量 27.45 万人、旅客周转量 1181.40 万人公里，比上年分别下降 35%、36%；完成货运量 64.73 万吨、货物周转量 53870.23 万吨公里，比上年分别下降 4%、22.4%。完成港口货物吞吐量 55.37 万吨，比上年下降 87.7%。全区拥有道路客运企业 23 家，其中旅游企业 3 家、班线客运企业 10 家、出租车企业 2 家、危货运输企业 8 家。客车 387 辆，出租车 180 辆，危险品货运车辆 122 台。客运线路 96 条，其中跨省线路 3 条、县际线路 8 条、县内线路 85 条；公交线路 26 条，其中 BRT 公交 6 条、城乡公交 20 条。维修企业 312 家，其中一类维修企业 17 家、二类维修企业 23 家，驾驶员培训学校 5 所。全区拥有水运企业 8 家，其中客运企业 5 家、货运企业 3 家。持证港埠企业 5 家，持证船舶 55 艘，其中客渡船 28 艘、驳船 1 艘、拖轮 1 艘、普通客船 12 艘、货船 13 艘。全区拥有 A 级物流企业 12 家，其中 4A 级物流企业 1 家、3A 级物流企业 8 家、2A 级物流企业 3 家。建立"县、乡、村"三级物流配送网络，建成镇级物流网点 5 个、村级物流网点 63 个。

行业监管。开展打击"三黑"专项行动、道路运输市场专项整治、三峡坝区旅游市场整治等行动，规范运输市场秩序，促进运输市场健康有序发展。全年开展执法行动 264 次，出动执法人员 1000 余人次，查处违法违规 39 起，查扣违法车辆 26 辆次，实施行政处罚 23 起。武大线 3 座隧道改造，投入 3200 万元；277 省道殷莲线夷陵区殷家坪至雾渡河段大修，投入 3800 万元；276 省道峡安线当阳峡口至夷陵区龙泉段大修，投入 2500 万元；宜兴路小庙至界岭段路面大修 14.813 公里，投入 1555 万元；新建交通厕所 2 座，投入 70 万元；新建黄花应急养护中心，投入 3200 万元。全年修补沥青路面坑槽 16839 平方米，清挖边沟 1427 公里，修复砼路肩带 36 立方米，整修路肩 2300 平方米，疏通涵洞 626 道，路面清灌缝 38 公里，桥梁伸缩缝清理 397 次，清理长草 907 公里，清理堆积物 4620 立方米，清除坍方 7175 立方米，清洗钢护栏 134 公里，补植行道树 5984 株，行道树刷白 25788 棵。开展联合治超整治专项行动，全年检测车辆 29029 辆，查处超限运输车辆 301 辆，卸载货物 1255 吨。

科技与信息化。新建"两客一危"营运车辆 4G 视频动态监控信息中心，实时管控超速、超载、疲劳驾驶、接打电话等违章行为，督导"两客一危"车辆安全行驶，提高行业监管水平和效率，有效遏制重特大道路运输安全事故发生。结合"雪亮工程"，在全区 18 处取缔码头、重点港站码头安装 24 个监控探头，用"互联网 +"手段强化码头现场实时监管，确保码头防控工作全覆盖、无死角。

安全应急管理。按照"全覆盖、零容忍、严执法、重实效"总原则，开展全方位、全时段安全监管，加强客运市场安全监管，运用动态监控平台对营运车辆进行全程不间断监控；全面排查在建交通工程项目和危险路段、桥涵安全隐患；全面开展企业安全生产主体责任落实年活动，督导企业落实安全生产主体责任；结合"平安交通""安全生产月"等活动，开展各类安全检查，全年发放宣传资料 3000 余份，检查"两客一危"、水运港埠、物流等企业 560 次，检查船舶 350 艘次，排查整改安全隐患 93 处，有效保障全区交通安全平稳有序态势。

交通改革举措。9 月底宜昌东湖车辆检测有限公司实施车辆检测检验系统改造升级，实现"一次上线、一次检测、一次收费"，限时完成货运车辆安检、综检合并改革任务，切实减轻货运车主经营负担。编制完成《夷陵区农村公路建设指南》，指导全区农村公路建设。

文明创建。开展文明创建，提升交通队伍文明形象，举办道德讲堂 4 次，开展志愿服务活动 160 多人次。制定《交通项目资金拨付程序》，规范区交通运输局作为项目业主、资金纳入地方财政预算的交通项目资金拨付程序，确保资金运行规范。

（邓啸峰）

【西陵区】 至 2018 年年底，辖区内公路里程 127.82 公里，其中一级公路 3.46 公里、二级公路 25.30 公里、三级公路 0.50 公里、四级公路 98.56 公里；按行政等级分为省道 17.49 公里、县道 13.21 公里、乡道 18.36 公里、村道 78.76 公里，桥梁 14 座 708 米，其中大桥 1 座、中桥 6 座、小桥 7 座。隧道 2 条 170 米。

行业监管。继续加强与相关部门衔接，推进农村公路管理养护，加强道路沿线环境整治和配套设施建设。关停取缔潘家河沙码头，开展黄柏河区域嫘祖庙码头取缔行动，多部门协同配合执法督查。设置安全提示牌。在长江沿岸一马路至葛洲坝船闸段水域附近，安装"游泳危险"提示牌 40 块，促进水域安全。落实窑湾街办乡级道路万石路"路长"2 名，配备巡查摩托车 2 辆和必要人员装备，开展道路巡查 430 人次。在辖区官庄铁路沙河段、四零三铁路等重点地段，组织社区、村志愿者开展垃圾清除、环境整治，支持铁路交通安全。

（蔡小勇）

【伍家岗区】 至 2018 年年底，全区有城市干道、专用公路、农村道路 142 条，道路通车里程 450 公里，其中农村公路 125 条 162 公里，桥梁 10 座，涵洞 478 个。全区机动车拥有量 5.8

万辆,机动车驾驶员 6.5 万人。

行业管理。实施长江岸线综合整治,完成绿化面积 20650 平方米。投入 700 余万元,清理渔船 43 条,实现长江全面禁捕;投入 600 余万元,对辖区沿江 318 国道全线进行店招整治、绿化美化,对关停拆除码头集中绿化,完成护岸林建设 2.1 万平方米,整治岸线 3.7 公里。全区县级领导干部和区直各部门主要负责人在长江岸线共联村段义务植树 400 余株,岸坡复绿面积 51 亩。加强日常巡查,建立巡查工作台账,统筹协调各部门形成齐抓共管合力,全面加强对取缔拆除码头的巡查防控力度,及时处理码头后续管理中发现的违法行为。在沿线安装监控摄像头 6 处,实现全域 24 小时电子实时监控,每天巡查沿长江岸线,进一步强化实时监管,确保"四个到位"的落实,全面巩固码头治理规范提升成果。在做好农村道路管理、养护和运营前提下,2017 年至 2018 年自筹资金 330 万元,完成农村公路安防设施添置整改 103 处。全区农村公路安全生命防护工程实现全覆盖。

(杨玉柏)

【点军区】　至 2018 年年底,全区在册公路里程 970.86 公里(不含城区道路)、路网密度 182.15 公里/百平方公里,其中一级公路 40.72 公里、二级公路 54.81 公里、三级公路 16.74 公里、四级公路 845.21 公里、等外公路 13.38 公里。内河航道通航里程 17.2 公里(按界河二分之一折算),渡口 5 个。五级客运站 2 个。

基础设施建设。全年完成交通固定资产投资 71248 万元,比上年增长 162%。争取补助资金 12807.14 万元,比上年增长 138%。287 省道改扩建一期工程 10.3 公里通过路基检测验收,水稳层摊铺 4 公里。241 国道桥边互通至土城王家坝一级公路项目完成前期工作。宜长公路完成隧道洞口拆迁协调工作,鸡公岩隧道施工中,辖区路基路面项目完成设计优化。点军客运站和物流园前期工作推进中。农村路网提档升级改造工程第一批 13 条

72 公里道路建设完成主体工程,8 座桥梁(含三道河中桥)建设全部完成施工任务;第二期 21 条道路 107.7 公里、配套建设的 6 座桥梁,全部开工建设。农村公路 45 公里分批次启动建设。完成谭艾路、新平路 22 个候车亭建设任务。黄新路二期、紫消线和鄂家冲公路路面改造等全部进入施工阶段。朱市街至韩家坝项目完成路面施工 5 公里,开通半幅道路通行。庙嘴大桥至桥边互通项目完成路面施工 2 公里。

"四好农村路"建设。制定《创建省级"四好农村路"示范区实施方案》《点军区农村公路养护资金使用管理办法》。召开全区创建工作动员会,提出创建工作总体目标、工作任务和具体措施,实行区乡联动、整体推进。以农村路网提档升级改造工程为重点,全面加快推进交通基础设施建设。深化养护管理机制改革,启动市场化专业化养护模式的探索及推广应用,养护公司招标进场。开展自查整改,对照《湖北省"四好农村路"示范创建考核评分细则》逐项查缺补漏,以档案整理为重点,做好申报迎检准备工作。

运输服务。全年完成道路客运量 354 万人次、旅客周转量 4250 万人公里,比上年分别增长 1%、1.2%;完成货运量 365 万吨、货物周转量 7200 万吨公里,比上年分别增长 1.3%、1.5%。全区有旅客运输企业 2 家、客车 72 辆;货运企业 7 家、货车 493 辆,其中危险品运输企业 1 家、危险品运输车辆 12 辆。新增公交线路 1 条,城市公交线路达 6 条。

码头治理。完成中源砂石集并中心、润东危化船舶、红光厂浮吊船舶和樱桃园采石场船舶拆除工作。完成拆除码头道路封闭、视频监控设备安装建设。完成应复绿码头绿化美化工作,绿化面积 5500 平方米,绿化投资 200 余万元。

安全应急管理。开展"打非治违"和"治超"专项行动,组织大型应急演练活动 2 次,出动执法人员 85 人次,检查车辆 36 辆,处罚违法车辆 14 辆,并对驾驶员进行行业法规及安全教育,

上报打非治违信息 88 次。加大对"两客一危"营运车辆上路检查力度,投资 10 万元建成运输源头监控平台,72 辆营运客车全部安装 4G,严肃处理驾驶员事故 3 起。做好重要时间节点和恶劣天气安全管控工作,坚持 24 小时应急值班制度,建立安全生产监管小组 4 个,采取定期检查和突击检查相结合办法,开展安全隐患大排查,督促大整改。检查营运客车 153 辆次,查处一般安全隐患 10 起,排查企业 55 家,发现安全隐患 25 处,整改到位 24 处。加强质量安全监管,办理农村路网提档升级改造工程第二批、通村公路和桥梁、生命安全防护工程及交通扶贫项目质量安全监督手续,开展经常性质量安全巡查,发现问题及时处罚,确保不发生质量事故和安全事故。

交通改革举措。深化"放管服"改革,将 198 个事项全部录入政务服务网,梳理行政审批、公共服务及其他 14 项"四办清单",推行告知"一次清"、受理"一手清"服务模式,方便群众办事,加快办理速度。全区 5 家二类以上维修企业汽车电子档案系统使用率 100%。

(黄传华)

【猇亭区】　至 2018 年年底,全区公路里程 351.58 公里、路网密度 293 公里/百平方公里,其中一级公路 61.23 公里、二级公路 12.36 公里、三级公路 2.85 公里、四级公路 275.14 公里。内河航道通航里程 22 公里,各类经营性码头 13 个,泊位 29 个,渡口 2 个。三级客运站 1 个。

基础设施建设。全年完成交通固定资产投资 2800 万元。安福寺至猇亭一级公路 3.01 公里正式开工建设,完成投资 1500 万元;完成农村公路生命安全防护工程 66 公里,投资 500 万元;完成县乡产业路 2.5 公里,投资 200 万元;完成通村公路 7.2 公里,投资 200 万元;完成农村公路综合环境整治 3.58 公里,投资 400 万元。

"四好农村路"建设。完成"455"农村公路生命安全防护工程 66 公里。

完成农村公路项目15个25.2公里，其中完成农村公路提档升级4.8公里，完成"美丽农村路"项目3个10.7公里，完成县乡产业路2.5公里，完成通村公路项目10个7.2公里。完成农村公路综合环境整治3.58公里。

运输服务。全年完成客运量28.25万人、旅客周转量10631.51万人公里；完成货运量884.21万吨、货物周转量128137.46万吨公里，货物周转量比上年增长15.9%。完成港口货运吞吐量1038.42万吨，比上年增长18.1%，其中进口549.29万吨、出口489.13万吨。全区开通城乡公交客运线路17条，其中城市公交客运线路10条、县域农村班线5条、区内农村班线2条。行政村通客车率100%。

安全应急管理。制定安全生产和应急管理工作要点，层层分解落实责任，及时协调、解决安全生产工作中的重大问题。针对重点时段及节假日，联合运管、公安、交警等部门开展"打非治违""治超"等专项整治行动，并对检查出的重大隐患和重大问题挂牌督办，限期整改。开展执法检查企业数351家，下达执法文书117份，下达一般整改指令99份，办理行政处罚案件47件，行政警告60家，行政处罚15.84万元，一般隐患450处，完成整改398处，整改率88.4%。全区交通运输安全形势稳定。

（李威）

荆州市交通运输

【概况】 至2018年年底，荆州全市有公路通车里程23962.53公里、路网密度为166.19公里/百平方公里，其中高速公路462.05公里、一级公路505.69公里、二级公路1935.46公里、三级公路825.34公里、四级公路20179.12公里、等外路54.87公里。按行政等级(不含高速公路)分为国道534.18公里、省道1341.27公里、县道1820.17公里、乡道7855.68公里、村道11919.48公里、专用公路29.70公里。全市内河航道里程2228.11公里，其中长江干线航道483公里，港口泊位85个，港口货物年吞吐能力2610万吨、集装箱年吞吐能力21.5万标箱、旅客年通过能力20万人次。全市有汽车客运站68个，其中一级客运站3个、二级客运站6个、三级客运站3个、四级客运站10个、五级客运站46个、简易候车亭与招呼站5395个。

基础设施建设。全年完成交通基础设施建设投资127亿元，比上年增长4000万元。其中高速公路建设投资73亿元、普通公路建设投资37.6亿元、港航建设投资13.3亿元、站场物流建设投资3.1亿元。交通运输部门争取上级补助资金16亿元，比上年增长56%。全市交通基础设施建设在高速公路、干线公路、农村公路、水运工程建设四个方面取得较好成绩。沙公高速公路观音垱至杨厂段和荆州长江公铁大桥公路桥建成，洪湖至监利高速公路主线贯通，石首长江公路大桥、洪湖嘉鱼长江公路大桥、洪湖赤壁长江公路大桥建设进展顺利，沙公高速公路公安杨厂至孟溪段、洪湖至松滋高速公路监利分盐至洪湖乌林段、沪渝高速八岭互通等项目开工建设。干线公路实施"建养一体化"，带动公路项目全盘推进，完成一二级公路路基177.5公里、路面119.3公里。启动中心城区港口发展控制性详规编制，荆州盐卡港、松滋车阳河港、江陵郝穴港入选"省级多式联运示范工程"。荆州煤炭铁水联运储配基地一期、松滋港区车阳河港口二期、李埠港区一期综合码头工程等8个项目和荆州开发区木沉渊、公安埠河2个砂石集并中心建设顺利推进，李埠一期综合码头5#、6#泊位建成投产，全市364处码头纳入整治范围，拆除340处，复绿达标207处，清退岸线55公里。松滋长江物流园、松滋金松客运站、荆岳综合物流园、石首物流中心建成运营；荆州港盐卡综合物流园开工建设。

"四好农村路"建设。全市新建与改建农村公路2126公里，完成扶贫村通村公路167公里，打造美丽农村路1000公里，完成"455"安全防护工程3983公里，改造危桥104座。江

2018年2月2日，荆州市人民政府与长江航道局签订长江航道疏浚弃砂综合利用备忘录

陵县、荆州区被评为全省"四好农村路"示范县,荆州市"四好农村路"获奖励资金1600万元。实施运输服务提升工程,确保农村客运班线"开得通、留得住",乡镇、建制村通客车率100%。在"四好农村路"建设中,全市交通运输系统对371个精准扶贫村制定专项规划,建立项目库。在计划安排中优先安排扶贫村主要及重要路段通村公路提档升级、优先安排20户以上自然村通村公路建设、优先安排县乡道和通客车通村公路安全防护工程建设、优先安排危桥改造等。开展农村公路提档升级项目调查研究,将农村公路提档升级项目向贫困村延伸、向贫困人口覆盖,增强贫困村脱贫内生动力,让群众出行和农产品外运更加便捷。全市完成扶贫村通村公路169.2公里,贫困村通村公路达2366公里,惠及贫困人口10万多人。过去封闭落后的"荆州屋脊"卸甲坪土家族乡因路而兴,曲尺河美丽乡村和黄林桥特色小镇年接待游客量突破15万人次,土家坛酱、葛根种植等多个合作社应需而生,实现土特产产销两旺。督促指导各地建立完善贫困村客运长效运营机制,松滋以新江口至涴市客运班线为试点,推行农村客运公交化改造。洪湖出台农村客运公交化发展实施方案,以"一线、一片、一公司"为单位,对新堤到汉河线片区16辆车实行公交化改造。

运输服务。全市有客车3132辆、货车26024辆、货运船舶127.2万载重吨,有公共汽车1390辆、客运出租车3427辆。全年完成客运量6403万人次、旅客周转量346077万人公里,比上年分别增长1.3%和2.5%。完成公路货运量9666万吨、货物周转量1762012万吨公里,比上年分别增长10.4%和7.8%;完成水路货运量9213万吨、货物周转量4727489万吨公里,比上年分别增长15.3%和10.5%。全市港口完成货物吞吐量3797万吨、集装箱吞吐量13万标箱,比上年分别增长9.2%和19.3%。城市公共交通完成客运量35207万人次,比上年增长1.2%。港口运输部门开展煤炭"运贸一体"经

2018年10月30日,荆州市交通运输局与国网荆州供电公司签订荆州市长江港口岸电建设战略合作协议

营,推进江海联运和水水转运业务,尝试外贸集装箱出口代理业务,持续跟进煤炭铁水联运、铁矿石海进江动态。车阳河港货物吞吐量近500万吨,比上年增长48%。鑫泰达物流公司完成交通运输部公路甩挂运输试点项目,按期完成规定进度,获交通运输部专项补助资金184万元。先行运输集团与宜昌交运松滋公司合作成立"荆松城际客运线路公司"、洪湖城际约租客运至天河机场和武汉高铁专营班线、松滋3条公交化改造农村班线、荆州至石首、荆州至襄阳试点城际快车班线运行良好。

行业监管。全市"两客一危"车辆和农村客运班车完成4G动态监控系统升级,中心城区12吨以上重载货车和半挂牵引车安装GPS定位装置。建成路政数据共享网络和3个不停车检测点,超限率控制在4%以内。开展"打非治违"、平安交通百日行动,全市查处非法违法行为664起,行政拘留29人,约谈警示334人次。荆州中心城区开展火车站周边客运市场非法营运和违规经营整治专项行动,查处非法营运网约车及"黑车"108辆,客运秩序好转。加大交通工程质量监管力度,"双随机、一公开"市级行政执法事项全覆盖,全年检查306家。开展品质工程建设,抽检工程质量数

据22850点(组),合格率94%。实行建设市场信用评价动态监管考核,上传行政许可信息587条。加强客运站、渡口、码头等交通枢纽节点和船舶安全检查监管。节假日等重点时段,在二级以上客运站、客流量较多的渡口等重点部位,安排人员值守,督促企业落实安全检查制度。联合市财政局、市物价局对中心城区出租汽车经营服务行为进行专项检查。公路治超检测运输车2.17万辆,查处超限运输车6700余辆,卸载货物4.17万吨。查处道路运输违规营运车辆437辆,没收非法所得及行政罚款14.25万元,查实非法违法行为349起,约谈警示288人次。查处水路交通非法违法行为144起,行政拘留21人,处罚罚款65.52万元,责令停工3起。查处违规经营出租车58辆,批评教育放行39辆,有效遏制出租车非法经营行为,净化出租汽车市场经营环境。

科技与信息化。加强网络安全隐患防范工作,进一步规范全市交通网站,营运车辆实施动态监控,北斗监控加强管控频次,重点水域、重点路段、重点港口实现动态监控全覆盖,设备上线率稳定在90%以上。采用新材料、新技术、新工艺、新设备开展道路养护和普通公路服务区建设,实施公路厕所革命和生态廊道建设以及绿色环

保施工。利用海事船检平台，加强新建船舶检验过程管理，参与宜昌川江标准化货船建造检验"大会战"。

安全应急管理。年初成立综合交通安全专委会、水上交通安全专委会，建立专委会联席会议制度，约谈问题突出县市部门负责人。按照安全监管责任清单，注重在"常态""长效""长久"上下功夫，定期召开安全工作会议，开展安全应急救援演练，做好雨雪冰冻天气、洪水汛期和春运、两会等重要节点安全应急工作。开展运输市场打非治违工作和安全生产隐患排查治理，重点抓好汽车客运站周边秩序和超限超载等违法经营行为，开展中小型船舶专项整治、船舶进出港报告专项整治、内河船舶非法从事海上运输治理。联合安监、公安、交管、旅游、城管等部门开展道路运输秩序整治，联合水利、海事、长航公安等部门，打击破坏长江生态环境违法行为。开展水上交通安全知识进校园活动，加强安全教育培训，提高学校师生及家长以及汽车和船舶驾驶员安全意识。完善《荆州市出租汽车行业安全维稳应急预案》，落实信息报告制度，全面排查隐患。及时处理非法渡运及各类安全隐患，明确洪湖湖区水上交通安全监管职责。全市无重大交通安全责任事故。

交通改革举措。组建工作专班调研公路建养现状与问题，制定提高交通建设融资能力"建养一体化"实施方案，荆州市人民政府印发该方案。该方案明确"建养一体化"模式，引进有实力的企业承担项目资金筹集进行总承包施工与养护。建设期内按进度支付工程费的50%，剩余费用由项目所在地政府依据交工验收后绩效评估情况分5年支付。地方政府对项目前期工作、征地拆迁、配套资金等做出承诺，落实工程建设中的相关协调工作，对辖区建设项目进行监管。开展"放管服"改革工作，制定客运转型升级试点方案、网约车《实施细则》等，取消7项行政许可，85项行政审批事项进入市"互联网＋政务服务"一体化平台，"一次办好"承诺事项占比90%，全年办理行政审批事

项53427件。石首市签订湘鄂边物流区域融合发展战略合作协议，出租汽车行业深化改革稳妥推进，经营权有偿使用费全面取消。省级公交示范城市创建连续三年全省考评第一，石首、松滋完成城市公交体制改革。《荆州长江公路大桥管理局和荆州市高速公路管理处改革工作方案》正式出台，改革移交工作稳步推进。

文明创建。全市交通运输系统开展"十星级文明窗口、十星级文明班组、十星级文明科室、十星级文明员工"和"六型"文明示范窗口创建评比活动。全市8个县市区交通运输局与县市区公路局、港航局、运管局创建成市级以上文明单位，荆州市交通运输局和市公路局、港航局、大桥局创建成省级文明单位。开展文明超限治理检测站、文明公路管理站创建活动，全市534公里国道全部创建成市级以上文明路，700公里省道创建成市级以上文明路，9个二级以上客运站全部创建成省级以上文明客运站。荆州市公路局在全省交通行业职业技能比武中获团体第二名，公路局职工获全国交通行业职业技能竞赛挖掘机项目一等奖，荆州市共产党员示范车队、雷锋车队等5个出租车品牌车队获市文明委命名表彰。

(肖飞 王昌福)

【荆州区】 至2018年年底，全区有公路通车里程2155.39公里、路网密度206.3公里/百平方公里，其中高速公路42.9公里、一级公路87.53公里、二级公路199.42公里、三级公路26.56公里、四级公路1775.115公里、等外公路23.87公里。按行政等级(不含高速公路)分为国道43.04公里、省道91.7公里、县道134.68公里、乡道629.32公里、村道1213.75公里。内河航道里程39公里，码头泊位7个，港口货物年吞吐能力210万吨。汽车客运站3个，其中二级客运站1个、五级客运站2个，简易候车亭及招呼站485个。

基础设施建设。全年完成交通基础设施建设投资4.348亿元，其中弥市至里甲口公路改建工程完成投资5000万元，428省道朱家岭八岭互通至李埠杨井段改扩建工程完成投资2000万元，纪南城至楚王车马阵旅游公路二期工程完成投资4000万元，紫荆至张家山旅游公路完成投资1000万元，李埠港区项目完成投资16300万元，"四好农村路"完成投资10000万元，"455"生命安全防护工程完成投资1380万元。农村公路危桥改造5座和通村通组公路建设90公里，完成投资3800万元。

"四好农村路"建设。坚持建养

2018年5月15日，沪渝高速公路八岭互通正式开工建设

2018年6月21日，荆州区水上交通安全联合应急演练在江汉运河龙洲垸水域举行

并重，不断提升农村公路基础设施建设水平，建成"四好农村路"370公里，基本实现农村公路组组通。在创建高质量"四好农村路"之初，做好顶层设计，将"四好农村路"创建规划与美丽乡村建设、乡村旅游相结合，推进"四好农村路+乡村旅游"。通过"四好农村路"创建，建成一批旅游发展路、特色产业路、攻坚扶贫路，带动村域经济发展。荆州区被评为省级"四好农村路"示范县，八岭山镇被评为省级"四好农村路"示范镇。

运输服务。全年完成客运量1268万人次、旅客周转量72727万人公里，完成货运量5074万吨、货物周转量990250万吨公里，完成公共交通运输量21936万人次。完成水路货运量224万吨、货物周转量114723万吨公里。荆州区、沙市区和荆州开发区拥有客车654辆、货车13667辆、公共汽车928辆、客运出租车1988辆。荆州区有货运船舶25.99万载重吨，完成港口货物吞吐量86.62万吨。

行业管理。全年出动执法人员1000余人次、执法车辆300余辆次、执法艇100余艘次，检查车辆1918辆次，查处非法超限超载车辆387辆次，交警扣分1429分，罚款227680元。检查船舶315艘次，查处非法运输船舶40余艘次，罚款3000元，驱离非

法停靠船舶56艘，协助水利部门拆解"三无"吸砂船11艘，拆除吸砂船舶动力设施8艘，公路水路卸转载货物26000余吨，下达责令改正通知书3份。检查"两客一危"运输企业100余家次。完成弥市竹蒿湖水域非法渡口和里甲口渡口坡道过陡2处隐患整改，通过市安委办现场核查销号。

安全应急管理。坚持定期召开安全工作会议，开展安全应急救援演练。6月在龙洲垸举行水上交通安全联合应急演练，演练科目包括生命救助、船舶消防、防止船舶油污染等检验水上搜救应急预案实用性，以及多部门联合应急救助可操作性。10月在318

国道秘师桥治超站附近开展公路突发事件安全应急处置演练，检验应急预案实用性和可操作性，进一步提高交通运输部门应对公路突发事件快速反应能力。

（唐亮　刘萍）

【沙市区】　至2018年年底，全区公路里程1380.30公里、路网密度191.4公里/百平方公里，其中高速公路39.2公里、一级公路90.78公里、二级公路62.56公里、三级公路61.82公里、四级公路1125.94公里。按行政等级（不含高速公路）分为国道30.83公里、省道50.12公里、县道137.87公里、乡道376.94公里、村道745.34公里。内河航道通航里程81.64公里，港口生产性码头泊位27个，其中开发区23个，渡口6个，其中长江渡口2个、乡镇渡口4个。汽车客运站6个，其中一级客运站1个、二级客运站2个、五级客运站3个。

基础设施建设。全年完成交通基础设施建设投资5.35亿元，其中普通公路建设投资4.7亿元、物流站场建设投资6500万元。318国道荆州段改建工程、沙公高速公路建设，修复重点交通工程项目借用损坏的施工道路20公里、实施农村公路安全生命防护工程124公里，修复道路50.5公里，实施安全防护工程261公里。

"四好农村路"建设。结合沙市区"一圈三区"、岑河旅游小镇和观

2018年5月10日，沙市至荆州机场一级公路开工建设

音垱"长湖印象"等建设规划，编制完成沙市区"四好农村路"三年攻坚规划方案。全年建成"四好农村路"示范路130公里，实施安全防护工程260公里。编制观音垱镇"四好农村路"规划74公里，开展观音垱镇楚文化旅游、生态农业湿地公园示范乡镇建设前期工作。打造岑河镇示范片区，建成"四好农村路"135公里。解决部分贫困村通村、通组行路难和断头路等问题，修建通组公路55.53公里，农村公路安全生命防护工程248.1公里，县级财政农村公路养护资金350万元。支持花台村综合设施建设，帮助建设村委会、刷黑道路、维护村重点通道，开展驻村帮扶、结对帮扶，扶贫工作登载在湖北扶贫专网"荆楚网"。

运输服务。全年完成客运量1268万人次、旅客周转量72727万人公里，完成货运量5074万吨、货物周转量990250万吨公里，完成公共交通运输量21936万人次。沙市区有水路运输企业12个，货运船舶19.5万载重吨，港口经营企业17家，其中港口危险品货运企业6家。全年完成水路货运量587万吨，货物周转量213517万吨公里，完成港口货物吞吐量1562.33万吨、集装箱吞吐量13万标箱。

行业管理。制作法治宣传微电影《全面治理超限超载，保护路桥关爱生命》。到车站码头货运站场，解读法律法规，规范运输从业人员经营行为。按照"建队伍、强素质、抓管理、树形象"思路，加强文明执法、规范执法、依法行政，不断提升交通执法

队伍整体素质，做到案卷管理制度化，交通执法规范化。路政管理及超限超载治理，全年检测车辆9055辆次，抄告违法信息130车次，超限率控制在2%以内。联合交警执法查处违规车辆47车次。配合交警处置事故现场3次。无公路"三乱"和投诉案件发生。开展过境集镇路段整治，联合318国道沿线乡镇政府和城管等部门，拆除清理318国道沿线和十号路路段非公路标志标牌、占道堆积物。对拆除的长江饮用水水源保护区内4家码头企业和不符合规划的6家码头企业进行复绿。对拆除后的码头进行设备转移、杂物清理、土方回填、岸坡整治，禁止船舶在饮用水水源地保护区内停靠，在沿江临水岸植树，迎水斜坡面铺撒草籽，复绿面积约38700平方米，植树约2612棵。

安全应急管理。坚持"安全发展，安全第一，预防为主，综合治理"方针，严格履行安全生产工作职责，落实"一岗双责、党政同责、失职追责"工作要求，层层签订安全管理目标责任书，落实乡镇渡口四级安全管理工作，健全和完善安全生产管理体系。运用现代信息手段，建立完善隐患排查治理体系，确保了一旦出现事故苗头和安全隐患，能早发现、早报告、早处置、杜绝事故发生。对查出的26处安全隐患全部整改落实到位。对外省查处的本辖区"两客一危"车辆违法违规行为，督办相关企业及时整改落实，并将处理结果上报区安办备案。完善应急预案，加强应急队伍建设，开展应急演练7次。组建20人公路应急抢险分队

及水上应急救援分队，组建民兵交通运输分队。加强重点路段、危险路段、桥梁巡查和整治。严格落实防汛工作职责，执行24小时防汛值班、领导带班制度，设置应急指挥机构，成立80余人的应急保障队伍，保证汛期公路畅通和安全度汛。

交通改革举措。推进"放管服"，公路局和港航处进驻沙市区行政服务中心，"一张网"专网连通，完成行政职权事项平台迁移和审批事项标准化设置、服务指南、审改细则编辑发布等工作。在省市公共信息平台，开展"湖北信用信息服务""事中事后"等网站监管工作，对上报的审批检查等情况公开公示、定期报告。

(胡敏)

【江陵县】 至2018年年底，全县公路通车里程1990.42公里、路网密度189.9公里/百平方公里，其中高速公路53.27公里、一级公路31.82公里、二级公路184.08公里、三级公路74.14公里、四级公路1647.11公里。按行政等级(不含高速公路)分为国道66.29公里、省道95.63公里、县道120.68公里、乡道541.12公里、村道1113.43公里。内河航道里程136.8公里，生产经营码头泊位7个。汽车客运站7个，其中二级客运站1个、四级客运站1个、五级客运站5个、简易候车亭及招呼站507个。

基础设施建设。全年完成交通基础设施建设投资12.03亿元，其中重点工程项目建设3.2亿元、农村公路1.7亿元、港航建设6.7亿元。加快推动大路网、大港口、大物流、大枢纽建设，启动沿江一级公路、江陵疏港一级公路建设。

"四好农村路"建设。完成农村公路提档升级92.96公里，路基加宽40.59公里，道路刷黑10.6公里，改造农村公路危桥10座130.6延米。整合资金1.3亿元，将218公里36条县、乡、村道作为全县"四好农村路"示范线开展创建活动，全面深化农村公路提档升级、公路安全保障、农村公路管养、富美农村路创建、运输服务

2018年9月15日，沿江一级公路江陵段正式开工建设

2018 年 9 月 3 日，江陵县资市镇四好农村路示范段

提升五大工程。探索"建房管控、垃圾处理、道路养护、渠道整治、绿化管理、交通劝导"六位一体的农村公路长效养护管理模式，实施"路田分家、路宅分家、路渠分家"工程，形成一村一品、一路一景特色，与精准扶贫、乡村振兴、农旅一体化、产业发展相结合，全部实现公路"村村通"，开通农村客运班线 38 条，客运班车 169 辆，"村村通客车"率 100%。江陵县被评为全省"四好农村路"示范县。

运输服务。全县有客车 139 辆、货车 1532 辆、货运船舶 15430 载重吨，公共汽车 67 辆、客运出租车 80 辆。全年完成客运量 324 万人次、旅客周转量 15600 万人公里。完成公路货运量 560 万吨、货物周转量 78762 万吨公里，完成水路货运量 840 万吨、货物周转量 430892 万吨公里，完成港口货物吞吐量 325.34 万吨。完成城市公共交通客运量 530 万人次。更新中级客车 3 辆，新增公交临时站点 18 处，购置新能源电动公交车 12 辆，办理智能公交卡 2000 余张，启动实施 50 台出租车更新工作。加强道路运输市场、客运站监管力度，加大现场稽查力度和运输服务质量投诉查处力度，公开投诉举报电话，确保客货运输安全有序。

安全应急管理。层层签订安全目标管理责任书，加强节假日及汛期、雨季等重点时段值班监控。坚持"问题导向、事故思维、责任意识"，突出隐患排查治理。加大辖区水域通航秩序专项整治力度，确保船舶航行、作业安全，推进辖区水域船舶污染防治工作。开展交通建设在建项目工地隐患排查治理工作。以"生命至上、安全发展"为主题，开展"平安水域创建""碧水安澜""码头综合治理""非法采砂运输船舶专项治理""安全生产月"等各项专项行动，进一步提高全县水上交通安全生产保障水平，有效防范遏制重特大事故发生，保持全县交通安全持续稳定。

（林武斌　杨盛强）

【松滋市】　至 2018 年年底，全市公路通车里程 3637.34 公里、路网密度 162.7 公里/百平方公里，其中高速公路 38.87 公里、一级公路 81.52 公里、二级公路 322.09 公里、三级公路 144.30 公里、四级公路 3042.40 公里、等外公路 8.16 公里。按行政等级（不含高速公路）分为国道 71.89 公里、省道 285.90 公里、县道 220.95 公里、乡道 1259.89 公里、村道 1730.14 公里、专用公路 29.70 公里。内河航道里程 156.3 公里，码头泊位 8 个，渡口 44 个。汽车客运站 13 个，其中二级客运站 1 个、三级客运站 1 个、四级客运站 2 个、五级客运站 9 个，简易候车亭及招呼站 507 个。货运站 1 个。

基础设施建设。全年完成交通基础设施建设投资 12.2 亿元。沲水旅游快速通道项目完成投资 638 万元，351 国道公安斑竹垱至松滋城区段改建项目路面工程和大中小桥完成交工验收，并通车运行，刘家场至车阳河矿港公路完成投资 5106 万元。433 省道街南线改建工程完成投资 2233 万元。254 省道陈店至松滋口作业区疏港公路开工建设，完成投资 480 万元。253 省道南河大桥至浣市段改建工程完成红线测量放线及挖沟，351 国道南海至纸厂河改建完成路面工程。卸甲坪至沲水旅游公路是荆州市"建养一体化"建设项目，完成施工图评审批复。依托国省道服务区、停车区建设，完成米积台服务区与王家桥镇土桥便民服务区，南海大桥拆除重建工程完工，完成总产值 744 万元。3 月 5 日车阳

2018 年 7 月 3 日，卸甲坪至沲水旅游公路"建养一体化"项目对接会在松滋市召开

2018 年 12 月，松滋客运中心基本完工

河码头二期工程开工建设，完成投资 2.2 亿元，码头栈桥建成。加快松西河特大桥建设。配合相关单位做好荆松高速公路、当枝松高速公路工程可行性研究报告、设计等建设前期工作。松西河航道整治工程被交通运输部列入"十三五"规划建设项目，纳入国家高等级航道网建设规划。松滋市交通运输局、松滋市铁路办共同开展松滋火车站至港口铁路专用线工程可行性研究报告和初步设计工作。

"四好农村路"建设。完成农村公路提档升级 76 公里，完成农村公路自然村通畅 111.7 公里，完成路网改造 23.52 公里，渡改桥 118 延米，创建"美丽农村路"143.6 公里。农村公路通畅水平大幅提升，为拉动农村产业发展、助力乡村振兴建设夯实基础。完成农村公路安保工程 506.75 公里，其中县道 44.6 公里、乡道 267.9 公里、村道 192.5 公里、专用公路 1.75 公里。改造和整治农村公路临水临崖安全隐患点 95 处。按照荆州市政府提出的"四年任务，两年完成"目标要求，完成 2018—2020 年度 593.2 公里安全生命防护"455"工程施工图设计评审。

运输服务。全市有道路客运企业 4 家、货运物流企业 45 家，省际客运班线 10 条、市际客运班线 12 条、县际县内客运班线 77 条。驾驶员培训学校 8 所，全年培训驾驶员 6000 人。全市有机动车维修企业 231 家，其中一类维修企业 7 家、二类维修企业 14 家、三类维修企业 210 家。全市有客车 446 辆、货车 2297 辆，公共汽车 50 辆、客运出租车 240 辆，货运船舶 42254 载重吨。全年完成客运量 887 万人次、客运周转量 45751 万人公里。完成公路货运量 853 万吨、货物周转量 151709 万吨公里，完成水路货运量 1036 万吨、货物周转量 521769 万吨公里、港口货物吞吐量 401.43 万吨。完成城市公共交通客运量 1803 万人次。启动新江口至涴市客运班线优化改造，对客运企业购置新能源客车进行补贴，年底该线路更换 10 辆 30 座大型高级新能源客车正式投入营运。

安全监管。落实安全生产监管责任、主体责任，完善交通运输安全监督和应急管理长效机制，提高安全生产履职和应急处置能力。加强春运、汛期、国庆等重点时段和节假日安全监管，预防和减少水陆交通运输安全事故发生。开展各项安全检查 60 余次，检查水陆运输企业、客运站场 80 余家次，检查渡口渡船 1089 艘次，客车 1500 余辆次，危险品运输车辆 50 余车次，工程施工企业 4 家，工程施工现场 5 处，经营场所和出租门店 40 余处，发现安全隐患 260 余处，均完成整改。充分发挥 GPS 监控平台作用，适时监控长途班线客运和渡船运行情况，及时制止和纠正违规违章操作行为，全年监控运行班次 51000 次，提醒减速 1476 次，处理驾驶陋习 182 个，处罚超速 119 起，维护维修 67 次，抓拍照片留存 113400 张。水上交通安全连续 17 年零事故。

行业管理。开展"百日治超"联合治超行动，全年检测货运车辆 900 辆，查处 310 辆，卸货 9750 吨。开展日常巡查 608 次，拆除非公路用标牌 408 块，清理堆物占道 185 处，清理摆摊设点 232 处，全市公路通行环境进一步改善。全年查处城市客运违规经营 21 起，非法经营 37 起，查处安全隐患 13 起。完成中心城区客运出租车经营权第五轮出让工作。完成涴水

2018 年 12 月 1 日，松滋市交通运输部门利用"燃油退坡资金"购置 10 辆 30 座新能源电动客车，用于"新江口—涴市"农村客运班线

库区"三无"船舶清理取缔任务。

文明创建。开展五城同创、志愿者服务、道德讲堂等活动。培育文明创建典型，弘扬劳模精神，交通系统职工尹叶松获"松滋市见义勇为先进个人""最美松滋人""荆州市见义勇为先进个人"称号。

(朱卫华)

【公安县】　至 2018 年年底，全县有公路通车里程 3631.84 公里、路网密度 166.14 公里/百平方公里，其中高速公路 113.88 公里、一级公路 14.79 公里、二级公路 276.26 公里、三级公路 114.56 公里、四级公路 3112.35 公里。按行政等级（不含高速公路）分为国道 102.52 公里、省道 140.89 公里、县道 310.55 公里、乡道 1205.46 公里、村道 1758.54 公里。全县有内河航道里程 372.2 公里，码头泊位 11 个。渡口 103 处。汽车客运站 12 个，其中二级客运站 1 个、三级客运站 1 个、四级客运站 4 个、五级客运站 6 个，简易候车亭及招呼站 929 个。

基础设施建设。全年完成交通固定资产投资 16 亿元，比上年增长 14%。县政府出台《公安县交通运输四大攻坚战及综合交通体系建设三年行动计划实施方案》。207 国道章庄改线、351 国道及 355 省道 4 座大桥等项目建成通车。207 国道及 351 国道一级公路 PPP 项目、长江干线砂石集并点、疏港公路、431 省道曾高线等项目稳步推进。天露湖旅游公路等 7 个项目前期工作有效推动。

"四好农村路"建设。开展"四好农村路"示范县创建，县政府出台《公安县"四好农村路"发展规划》，结合行业扶贫规划，完成农村公路提档升级 100 公里、安全防护工程 368.8 公里、危桥改造 35 座。

运输服务。全县有客车 478 辆、货车 5.47 辆，公共汽车 88 辆、客运出租汽车 260 辆，货运船舶 16.1 万载重吨。全年完成客运量 951 万人次、旅客周转量 49400 万人公里。全年完成公路货运量 1874 万吨、货物周转量 339539 万吨公里，完成水路货运量

2018 年 6 月 24 日，207 国道埠河至南平段、351 国道沙公高速杨家厂互通至黄金口段 PPP 项目开工启动

510 万吨、货物周转量 261556 万吨公里、港口货物吞吐量 197.56 万吨。完成城市公共交通客运量 2020 万人次。发展新能源公交，推进老旧公交报废更新，88 台新能源公交车正式上线运营。

行业管理。抓源头治理，开展污染防治，查处污染违法行为 60 起。开展长江干线砂石码头整治复绿，复绿面积 1.4 万余平方米。加强路政巡查、查处、取缔公路违章 270 起，清除公路堆积物 1286 处、非公路标志标牌 305 块。实施公路绿化提档升级，国省干线新植广玉兰 850 株、县乡村道补栽红叶石楠 1250 株，绿化率分别为 100%、85%。推进"厕所革命"，全县国省干线交通厕所 6 座全部建成投入使用。加强"两客一危"车辆动态监控管理，严格道路运输车辆综合性能检测。协助公安、交警、综合执法局、运管局等部门联合整治"摩的、电动车和黑的"非法营运载客行为，规范出租车客运市场秩序，出租市场秩序有所好转。完成 175 辆县际以上班线客车和 136 辆危险品运输车辆 4G 监控安装，通过监控平台及时发布预警及服务信息，及时掌握车辆运行状态。启动章庄超限站不停车超限检测系统建设，开展联合治超行动，查处超限车辆 1341 辆、卸货 1350 吨。

安全应急管理。全面开展水陆交

通重点领域隐患排查治理，加强现场监管和动态巡查，督促企业落实主体责任，消除各类安全隐患。全年排查行业安全隐患 170 处，整改落实 135 处、限期整改 35 处。开展应急演练 6 次，完成 2 次雨雪冰冻天气通行保畅和非洲猪瘟防范任务。开展安全生产大检查、隐患大整改，有效推进道路交通安全整治"百日攻坚战"行动。

(王万军　高艳娟)

【石首市】　至 2018 年年底，全市有公路通车里程 2631.98 公里、路网密度 184.44 公里/百平方公里，其中高速公路 19.7 公里、一级公路 10.06 公里、二级公路 208.98 公里、三级公路 148.67 公里、四级公路 2241.20 公里、等外公路 3.37 公里。按行政等级（不含高速公路）分为国道 38.74 公里、省道 137.62 公里、县道 211.38 公里、乡道 873.06 公里、村道 1351.48 公里。全市有内河航道里程 82 公里，码头泊位 6 个，渡口 38 处。汽车客运站 5 个，其中一级客运站 1 个、三级客运站 1 个、四级客运站 1 个、五级客运站 2 个，简易候车亭及招呼站 696 个。

基础设施建设。全年完成交通基础设施建设投资 24.25 亿元。石首长江公路大桥累计完成投资 66 亿元，钢箱梁安装完成 75 片，完成总量的 88%。234 国道石首市梅家咀至高基庙段、

2018年3月20日，石首长江公路大桥北岸主塔成功封顶

234国道新厂至大垸段施工单位进场。完成《石首市港产城控制性详细规划》初步编制，完成物流中心第一期工程，沿江物流园完成90%建设任务，石首物流配送中心项目纳入"十三五"中期调整规划。"建养一体化"项目有序推进。疏港公路及旅游公路项目完成前期工作。天鹅洲旅游公路（二段）、石首市调鲁路、石首市久梅线改建工程、焦山河大桥5个项目纳入荆州"建养一体化"第三批项目包，中标单位中铁十一局进场。

"四好农村路"建设。建成"四好农村路"循环达标示范公路113公里，完成农村公路提档升级建设381公里，完成桃花山漆鹿线旅游公路、上津湖产业路、熊羊线、金柳线等县乡道建设88公里，完成通村公路100公里，完成"455"安全防护工程812.66公里，完成"美丽农村路"示范线100公里。加大农村物流项目建设，启动调关、团山、新厂3个综合服务站改造升级工作。

运输服务。全市有客运企业4家，货运企业36家，出租汽车企业2家，城区公交公司1家。驾驶员培训学校12所，一类汽车维修企业1家、二类汽车维修企业5家、三类汽车维修企业15家。客车354辆，城区公交107辆，出租汽车228辆，货车1262辆。客运班线135条，其中省际班线28条、市际班线13条、县际班线21条、县内班线73条。全年完成客运量704万人次、旅客周转量36348万人公里。完成公路货运量468万吨、货物周转量75590万吨公里；完成水路货运量995万吨、货物周转量480817万吨公里、港口货物吞吐量419.3万吨。完成城市公共交通客运量1816.5万人次。

行业管理。开展公路运输专项整治，全年查处未取得经营许可"商务车""摩的"及私设机动车驾驶员培训点。加大危险品车辆、货运违章车辆、超限车辆监管力度。加强港口岸线管理，关停大垸、小河口、五码口等3处过渡性砂石集并点，完成拆除、复绿工作。按照起点高、功能全、布局合理、环保达标要求规划绣林砂石集并中心、调关砂石集并点、新厂砂石集并，开始征地拆迁。完成港口和船舶污染物接收船舶建造工作。

安全应急管理。开展"打非治违"和车站、港口、码头、危化品运输企业安全监管，全年组织检查企业35家，全面排查事故隐患。加强安全隐患整治，投入58.98万元对16处渡口进行修复施工；投入414.2万元建造应急搜救趸船1艘；投入30万元建设港航海事码头；投入130万元对鄂路5002号船舶进行改造大修。全系统安全生产状况继续保持平稳态势。

交通改革举措。完成石首汽运公司清产核资和人员及档案初审工作，多次与宜昌交运集团洽谈合作事宜，《合作协议》经市政府2018年第十四常务会议研究通过，根据审核意见进行修改和沟通。

（胡卫锋　王军强）

【监利县】　至2018年年底，全县公路通车里程5164.31公里、路网密度159.49公里/百平方公里，其中高速公路130.83公里、一级公路76.21公里、二级公路426.54公里、三级公路197.54公里、四级公路4333.19公里。按行政等级（不含高速公路）分为国道136.71公里、省道262.08公里、县道391.20公里、乡道1670.76公里、村道2572.73公里。内河航道里程354.01公里，码头泊位7个。汽车客运站17个，其中一级客运站1个、四级客运站3个、五级客运站13个，简易候车亭及招呼站613个。

基础设施建设。全年完成交通基础设施建设投资6.924亿元，比上年增长16%。监利至华容高速公路委托中交二公院完成预可研报告编制，武监高速公路西延委托咨询单位编制工程可行性报告；汪桥至石首天鹅洲一级公路纳入"十三五"中期调整规划，环洪湖旅游公路监利段纳入荆州市红色旅游规划。做好武监高速公路和江北高速东延线建设协调工作。351国道柘木绕城一级公路完成项目主体工程；新沟一级公路完成路基清表及施工便道施工，桥梁工程完成主体工程；215省道朱河至桥市段二级公路和汉沙线白螺改线工程竣工通车；疏港一级公路改扩建工程采取"基础设施和公用事业特许经营权+EPC"招标方式建设。240国道城区和269省道新沟至老新段开工建设。完成国省道大中修20公里。容城砂石集并中心由县政府主导建设，其他集并点以乡镇为主采用市场化模式建设。内荆河航道整治配合市政府做好前期及项目建设协调工作；白螺物流港启动PPP投资人招商招标；水上搜救、监利港区白螺作业区锚地建设项目完成搜救中心办公场所建设，并将转运中心基地迁移至白螺港区。监利中心物流园确定项目投资人。新沟二级客运站完成征地工作，启动项目建设。公交首末站与省客集团达成公交托管合作模式。

"四好农村路"建设。完成农村公路提档升级和新建 268 公里，打造美丽乡村路公里，完成"455"安全防护工程 488.48 公里，改造农村公路危桥 50 座。结合乡村振兴战略，全面推进四好农村路示范县、示范乡镇和示范村创建工作，创建"四好农村路"示范乡镇 3 个、示范村 23 个。县政府全年安排财政投入 1000 万元，用于农村公路日常养护和中小修工程建设，形成农村公路管理养护长效机制，不断提升农村公路通行能力。结合乡村振兴战略，"四好农村路"、旅游路、产业路建设相互促进，发挥美丽农村路引领农村人居环境改善作用，按照政府主导、交通部门为主、林业部门提供技术、乡镇提供作业面，合力推进 358 公里"通道绿化"创建工作，打造重要景观节点，构建路景交融、路产融合格局，助推乡镇振兴战略实施。

运输服务。全县有客车 647 辆、货车 1690 辆、货运船舶 12.33 万载重吨，公共汽车 80 辆、客运出租汽车 381 辆。全年完成客运量 1289 万人次、旅客周转量 66746 万人公里。完成公路货运量 629 万吨、货物周转量 104311 万吨公里，完成水路货运量 1135 万吨、货物周转量 625293 万吨公里、港口货物吞吐量 479.67 万吨。完成城市公共交通客运量 1879.8 万人次。

行业管理。按照五城同创要求，联合公安交警、城管、客管组成综合执法组上路巡查，加强对重点区域、重点对象、重点时段非法营运打击力度，维护长短途客运市场稳定。通过宣传展板、宣传栏、悬挂标语、车内张贴宣传单、微信公众号等形式宣传扫黑除恶专项斗争。组织县公路局、运管所、地方海事局、客管所彻底排查是否有国有资产被侵占等涉黑涉恶线索；组织系统各执法单位对近年来查办的案件和信访问题开展"回头望"，彻底排查是否有涉黑涉恶问题线索。规范扫黑除恶专项斗争档案资料收集整理，建立扫黑除恶专项斗争工作档案和台账，及时上报涉乱线索。全县交通运输系统查处行业涉乱案件 138 起，其中查处出租车行业违法违规案例 16 起；查处道路运输行业违法违规案例 69 起；查处公路超限运输、违法建筑等违法违规案例 53 起。全县取缔砂石码头泊位 49 个，拆除设施设备 84 台套、附属房屋 235 间，迁移趸船 28 艘，转运处置砂石料 129 万吨，腾退岸线约 13 公里。在沿江乡镇开辟临时砂石过渡集并点 5 个，推进砂石集并中心（点）建设 6 个。全县拆除码头采取植树木、撒草籽的方式全面复绿，完成港口坡岸复绿 72 万平方米。

安全应急管理。重点加强公路、渡口、道路客运等领域安全隐患整治。对国省道、主要县乡道开展路域环境大整治，助推乡村大振兴活动；对全县 49 处乡镇渡口开展纵向到边、横向到底的排查和整改，对渡运量少的 3 处渡口向政府申请撤销；对 2 家临港危化企业和 4 家水运企业进行安全监督，确保水上运输安全有序。严禁危化品车辆过江，修建防污染应急池 80 立方米，备齐应急物资，并设置专门的物资贮备仓库。开展"共护碧水蓝天、共建美丽长江"水上防污与安全生产应急演练，创平安水域。

交通改革举措。依据《国务院关于取消一批行政许可等事项的决定》，取消"机动车维修经营许可"审批。完成所有 394 项交通运输事项的编辑及窗口、事项管理、流程配置、审查细则等整改工作。完成属于乡镇服务的其他权力类编制，在网上即时发布完成的行政职权事项服务指南和审查细则。在"一次性办好"政务服务平台中完成 75 个事项的"三力测试"和整改。全县交通运输系统 222 名干部职工在手机上下载"湖北政务服务"App，并在网上注册。联合城管、工商、环保等部门，加强城区 10 余家汽修企业监管力度，对超标排放的车辆一律不予进行道路运证年审，并督促车主进行报废更新。

文明创建。结合交通运输实际，打造城乡客运"清风专车"、城市公交"清风专车"、城市出租"清风专车"、乡镇渡口"清风渡船"等系列宣教活动，全面提升交通运输系统"转作风、强责任、提士气、塑形象"。按照"瞄准贫困人口、找准致贫原因、区分贫困类型、制定帮扶措施、集中力量扶持，建立健全机制"工作思路，全面开展 7 个乡镇 18 个村 445 户贫困户 1507 人的精准扶贫工作。在出租汽车、公交车电子显示屏上、客运站制作宣传牌匾和公益广告，组建学雷锋志愿服务队，组织开展创四城清洁家园、"党员志愿者进社区"等志愿服务活动。

（王平祥　徐艺）

2018 年 7 月 10 日，监利县港航管理局 40 米港航船趸船顺利下水

【洪湖市】 至 2018 年年底，全市有公路通车里程 3371.96 公里、路网密度 133.86 公里 / 百平方公里，其中高速公路 24.40 公里、一级公路 112.98 公里、二级公路 255.53 公里、三级公路 57.75 公里、四级公路 2901.81 公里、等外路 19.49 公里。按行政等级（不含高速公路）分为国道 44.17 公里、省道 277.34 公里、县道 292.85 公里、乡道 1299.13 公里、村道 1434.07 公里。内河航道里程 512.36 公里，码头泊位 4 个，渡口 67 处。汽车客运站 9 个，其中二级客运站 1 个、四级客运站 1 个、五级客运站 7 个，简易候车亭及招呼站 933 个。

基础设施建设。全年完成交通基础设施建设投资 62 亿元，是上年的 2.5 倍。其中高速公路投资 50 亿元，普通公路投资 12 亿元。湖北省和荆州市交通运输"四大攻坚战"现场推进会分别于 3 月和 7 月在洪湖召开。洪监高速公路一、二、三期工程平行交叉推进，完成投资 23 亿元；江北高速公路东延段完成全部征地拆迁工作、临时便道及综合三场建设，路段控制性工程开工建设，完成投资 11 亿元；洪湖至嘉鱼长江大桥主塔封顶，开展桥面铺装和钢箱梁施工，完成投资 6 亿元，洪湖至赤壁长江大桥开展桥梁桩基及下部构造施工，完成投资 10 亿元。干线公路中的仙桃至赤壁公路洪湖段全面完工，峰口集镇 5.6 公里改线工程完成，新堤排水河大桥、颜台桥改建工程建成通车，新滩至燕窝段 31.5 公里改建工程开工，329 省道燕窝段完成大修 13.8 公里，国省道 175 公里"畅安舒美"路建设工程全面完工。完成汉河、简市、铁牛、燕窝、小港、瞿家湾公路服务区厕所建设。洪湖客运站主体工程完工。新堤港及新堤集并中心建成运营，燕窝集并中心动工建设，龙口、螺山集并中心开展土地收储和征地工作。进一步完善洪湖市交通重大项目库，增加一批交通主动脉和"一环、三沿、五条内河通道、西部产业走廊带"等支线项目。

"四好农村路"建设。完成农村公路提档升级 188.3 公里、实施安全生命防护工程 714.8 公里、改造危桥 33 座，改造县乡公路 57.1 公里、实施自然村通畅工程 20 公里、建设美丽农村路 178 公里。结合创建"四好农村路示范县"、乡村振兴、精准扶贫、民生整改等工作，全面加快农村公路提档升级步伐。瞿家湾至加堰港旅游公路、县乡公路改造、农村公路桥梁等隐患整改项目全部销号。乌林、老湾片区 9 个乡村振兴交通项目全面完工。农村路网进一步优化，群众出行条件进一步改善，为"四好农村路示范县"创建工作奠定基础。

运输服务。实现让旅客"走得舒心，走得安心，走得放心"的总体目标。出租汽车及农村客运车辆监控 2G 升 4G 工作全面完成，开通洪湖至天河机场、洪湖至武汉高铁专营班线，落实省市际班线客车实名制售检票。全市有道路客运企业 10 家、货运物流企业 9 家、二类维修企业 16 家、水路货运企业 1 家、长江汽车渡口 5 家、长江客运渡口 14 家、危险货运码头 4 家、沙石装卸企业 4 家。有客车 414 辆、货车 529 辆、货运船舶 34935 载重吨，公共汽车 70 辆、客运出租汽车 250 辆。全年完成客运量 831 万人次、客运周转量 43060 万人公里。完成公路货运量 199 万吨、货物周转量 21851 万吨公里，完成水路货运量 840 万吨、货物周转量 390892 万吨公里、港口货物吞吐量 325.34 万吨。完成城市公共交通客运量 2619.8 万人次。

行业管理。进一步加强市场监管，组织打非治违专项稽查 137 次，出动执法人员 675 人次，执法车辆 137 辆次，查处违章车辆 215 辆次。加大客运站周边秩序整治，对城区客运站出站口到粮食加油站路段实行全程监控，加强流动监管，全面打击客运车辆乱停乱靠、拉客抢客等违章行为。路政管理上查处涉路案件 8 起，收缴路产赔（补）偿费和罚款 18.1 万元；拆除非公路标志和违法建筑，开展路警联合治超，查处超限超载车辆，完成新堤排水河大桥交通管制工作。完成 121 公里接养路段安全防护设施增设修复及百米桩栽设工作，对 8 处滑坡路段实施快速处治，完成公路两侧户外广告牌拆除及规范工作。通过行政处罚与行政强制相结合，规范电力杆线沿路栽设乱象。

安全应急管理。开展拉网式排查，对渡口渡船实行每月三巡，每月召开一次安全例会，实施水上安全"市、镇、村、渡工"四级责任。重点落实客运站"三不进站、六不出站"制度、客运车辆日检制度、长途客车凌晨两点至五点休息接驳制度。市政府挂牌督办的公路两侧户外广告牌、滨湖新

2018 年 3 月 6 日，全省交通运输四大攻坚战现场推进会在洪湖召开。图为副省长曹广晶（左四）、时任省交通运输厅厅长何光中（左二）等察看现场

咀渡口渡船安全隐患整改销号。全年安全生产态势平稳，未发生水陆交通运输安全生产责任事故。

交通改革举措。采取多种措施做好码头治理工作，按照清场到位、复绿到位、防止反弹到位的工作标准，80 处码头已全部处置完成。65 处砂石码头已全部清场，共清运砂石料约 99.45 万方，拆除设施设备 100 台套，拆除房屋 53 间，迁移趸船 14 艘，复绿 76 处，复绿面积 581 亩，栽种树苗 19665 株。对有装卸资质企业的 8 处码头，采取资产收购的方式进行处置，同时采取的清场断路措施，让植树复绿、生态修复同步推进。

（汪伟　张俊）

【荆州开发区】　基础设施建设。全年投入征迁资金 1.5 亿元，完成沿江一级公路开发区路段、沙市至荆州机场一级公路开发区路段征地拆迁工作，沿江一级公路完成施工便道建设，沙市至荆州机场一级公路，施工单位推进施工进程。荆监一级公路改建工程完成坑槽挖土约 5 万立方米，地聚合物注浆约 3 万平方米，老路面清缝、灌缝、抗裂贴 2 万平方米，铣刨 7 万平方米，沥青混凝土恢复约 2.5 万平方米，完成货币工程量约 2000 万元。

"四好农村路"建设。实地调查辖区内的岑河农场和滩桥镇，制定农村公路"455"生命防护工程建设方案，全面完成建设任务。完成荆监一级公路与江陵相接路段绿化工程。对区内农村公路提档升级，方便人民群众出行。

运输服务。做好辖区内企业公共交通服务工作，新开线路 3 条，延时线路 2 条。荆州开发区沙市区地处荆州中心城区，与沙市区和荆州区共有客车 654 辆、货车 13667 辆、公共汽车 928 辆、客运出租汽车 1988 辆。全年完成客运量 1268 万人次、旅客周转量 72727 万人公里，完成货运量 5074 万吨、货物周转量 990250 万吨公里，完成公共交通客运量 21936 万人次。

行业管理。抓好中心城区码头整治工作和长江岸线复绿工作，完成荆州开发区 17 家拆除的非法码头安置补偿工作，3 月底，关闭盐卡、观音寺 2 个临时集并中心，完成柳林水厂饮用水源一级保护区环境整治工作。完成 6 家临时经营砂石企业后续补偿，在开发区设立 2 个临时集并中心点。按照省委第一巡视组要求，再次整治汉沙船厂内违规生产的"现代家具厂""豪杰钢构厂""柳林江鱼农庄"。完成柳林三路至盐卡子堤安全防护监控安装，并接入综合执法局平台。

安全监管。进一步完善道路交通安全工作管理，联合交警对辖区道路安全隐患进行排查。加强辖区内交通安全工程监督检查。明确乡镇政府地方主体责任，进一步落实区、乡镇、村管理联动机制，确保道路交通安全。

（施静）

荆门市交通运输

【概况】　全市公路通车里程 14917 公里、路网密度 120.26 公里 / 百平方公里。其中一级公路 380.42 公里、二级公路 1517.67 公里、三级公路 1142.71 公里、四级公路 11505.18 公里、等外公路 371.025 公里。等级公路 14545.985 公里，等级公路比重 97.5%。按行政等级分为国道 646.21 公里、省道 966.35 公里、县道 1902.87 公里、乡道 5034.50 公里、村道 6340.58 公里、专用公路 26.49 公里。全市通车里程中铺装（高级）路面里程 12337.75 公里，其中水泥混凝土路面 10331.739 公里、沥青混凝土路面 2006.009 公里。简易铺装路面（次高级）里程 1129.41 公里，未铺装路面（中级、低级、无路面）里程 1449.85 公里。全市有公路桥梁 1639 座 49971.51 延米，其中特大桥 2 座 3367.2 延米、大桥 54 座 9457.25 延米、中桥 225 座 12423.1 延米、小桥 1358 座 24723.96 延米，隧道 2 座 5279 延米。全市有襄河渡口、梅林渡口、金划滩渡口、联兴渡口、关山渡口、大姚渡口 6 处公路渡口。客运站 40 个，其中一级客运站 1 个、二级客运站 4 个、三级客运站 4 个、四级客运站 10 个、五级客运站 21 个。

基础设施建设。全年完成公路水路固定资产投资 51.58 亿元，为年度目标的 112%。其中公路投资 46.8 亿元、站场投资 10792 万元、物流投资 35445 万元、港航投资 1600 万元。枣潜高速公路、207 国道一级公路改建工程等重点项目持续推进，439 省道江山至石牌段全线通车。全市完成一级公路

2018 年 12 月 24 日，439 省道江山至石牌一级公路基本建成

2018年11月，荆门汽车客运南站建成

路基109公里、路面69公里，完成二级公路路基95.4公里、路面69.7公里。沙洋港综合码头、钟祥港石牌港区综合码头陆域堆场和附属设施建设稳步推进。腾飞达、通旺达、荆铁佳洲、传化公路港、沙洋新港物流园等重点物流园区加快建设。荆门城区汽车客运南站、北站建成，并搬迁营运。探索普通公路"建养一体化"模式，首批实施项目推进顺利，总投资25.2亿元。

"四好农村路"建设。按照"一条美丽农村示范路、一片联网成片农村路网、一套科学管养机制、一个文化旅游或农村旅游综合体"要求，编制"四好农村路"建设规划，推进"四好农村路"连网成片建设。2018年，全市规划"四好农村路"示范路1000余公里，开工建设700余公里。完成县乡道改造99公里、村级公路551公里、农村公路桥梁634延米、公路生命安全防护工程1005.4公里，全部超额完成目标任务。争取省级农村公路补助资金4.11亿元，比上年增长44%。启动农村公路"路长制"试点工作，探索建立农村公路科学管养机制，钟祥市县、乡、村三级路长上路履责。进一步巩固"村村通客车"成果，持续探索农村物流试点工作，农村客流、货流更加顺畅。

道路运输服务。全市完成道路客运量2058.13万人次、旅客周转量150289.21万人公里，比上年分别下降25.70%、4.51%；货运量3022.80

万吨、货物周转量982189.24万吨公里，比上年分别增长11.84%、8.74%。推进客运站场建设，站场建设完成10792万元，超年度计划12%。荆门汽车客运南站、北站正式启用运营，顺通、万里2个老站同时关闭，客运站搬迁顺利，缓解存在多年的城区交通拥堵问题。推动荆门城区3个货车停车场建设，完成万运物流危货停车场、腾飞达普货停车场、传化物流园普货停车场场地平整，待完善相关配套设施、明确收费标准后投入使用。全市10家综合性能检测机构全部开通货运车辆安全技术检验和综合性能检测"两检合一"服务，实现货运车辆"一次上线、一次检测、一次收费"工作目标。开展驾培机构资质清理核查，加强部门之间培训和考试信息互

通，统一对接运政系统和驾培计时系统平台数据，充分应用人脸识别动态监控系统对培训全程监控，不断提升行业监管能力和培训质量。加强从业人员管理和培训，做好道路运输从业人员资格证件核发等相关业务办理的移交工作。推进维修电子健康档案系统维修数据上传工作，全市二类以上维修企业161家，全年上传汽车维修记录数据166274条，出具汽车维修竣工出厂合格证25567张，电子健康档案系统应用率100%，企业上传数据率90.68%。交通运输企业一套表联网直报审核率、报送率100%。荆门城区有出租车客运企业8家，拥有出租汽车800辆，从业人员2500余人。全市农村客运线路449条，农村客运车辆956辆，行政村通车总数1429个，农村客车通村率100%。

水路运输服务。完成港口吞吐量360.04万吨，比上年增长44.02%，集装箱15971标箱，比上年增长304.23%。汉江两段设标密度2.56座/公里，各项养护指标均达到规定要求。全市水上安全态势平稳，安全"六化"管理持续推进。全市在册营运货运船舶93艘、77610载重吨、功率18922千瓦，其中拖船6艘、2170千瓦，驳船15艘、14180载重吨，货船72艘、63430载重吨、16752千瓦；在册营运客运船舶24艘、1005客位、功率3882千瓦。全年检验船舶210艘次、88898总吨，其中建造检验13艘、11542总吨，营

2018年8月15日，荆门汽车客运北站主体工程完工

2018 年，出租车整装待发

运检验 197 艘次、77356 总吨，审图 3 套，圆满完成全年船检工作，未发生一起检验质量事故。

公路管养。提升国省干线路网服务设施，理顺养护管理机制，提升养护精细化、机械化管理水平，优化出行环境。全市有县级公路养护单位 6 个、养护公路管理站及道班 72 个。全年完成大修工程 49.31 公里，为年度目标的 159%；完成公路生命安全防护工程 183.1 公里，为年度目标的 366.2%；完成危桥加固 5 座，为年度目标的 100%；完成公路公厕新建改建 12 座，为年度目标的 109%；建成 4 个服务区。

路政管理。全市有东宝子陵、掇刀团林、沙洋范家台、京山钱场、钟祥双河 5 个固定超限检测站，设沙洋、京山、钟祥、东宝、掇刀 5 个路政大队和屈家岭公路管理所路政中队，路政人员 260 人。有京山县钱场超限检测站、沙洋县范家台超限检测站、东宝区子陵镇交警中队、钟祥市大桥西、掇刀团林、北环线安栈口至碑凹山区间、东环线裴庙互通南 500 米处、西环线漳河新区泉洼村 8 处安装不停车检测系统，基本实现路面管控 24 小时不间断值守。全年检测超限运输车辆 20081 次，查处超限运输车辆 3288 辆次，卸货及转运 67846.52 吨，强制割除非法加高车厢板 777 辆。对 7 起暴力抗法、拒绝检查的驾驶员和车主分别进行行政拘留和刑事拘留。各县市区成立源头治理稽查专班，每周对各个矿山、石场至少稽查 1 次。每月集中组织联合治超"零点行动"，各县市区每月自行组织开展治超"零点行动" 4 次以上，全年开展治超"零点行动" 225 次。成立明察暗访督查专班 2 个，在全市范围内开展超限治理自查自纠行动，完成督办检查 90 次、暗访 51 次、检查台账 22 次。

现代物流业。组织修订荆门中心城区物流园区布局规划，出台《关于加快现代物流业发展的意见》，进一步优化物流市场环境，加大奖补政策。推动物流企业集约化、标准化、信息化发展，荆门国际内陆港和荆门公路港 2 个物流聚集区初见雏形。支持物流企业做大做强，新增 4 家 4A 级物流企业、荆门市物流公共信息平台系统完成建设并上线运营。推进汉江水运发展，以"一城一港"为导向，高标准修编沙洋港、钟祥港总体规划，出台《荆门新港至武汉阳逻港集装箱定班航线补贴办法》，汉江集装箱运输量 1.6 万标箱，比上年增长 167%。

绿色交通建设。打好污染防治攻坚战和长江大保护十大标志性战役，开展汉江非法码头治理、船舶污染防治和岸线资源清理整顿工作，完成汉江沿线非法码头取缔 75 个，超额完成工作任务，腾退岸线 6.5 公里，复绿面积 630 亩。完成港口生活污水、生活垃圾等项目建设，在籍货船垃圾处理装置安装率 100%。开展公路扬尘治理，加强城乡道路环境整治，加大荆门城区三环线日常保洁力度，会同公安交警部门实施过境货车分流绕行，成效明显。建设交通厕所 13 座。大力推广新能源车辆，荆门城区新购置新能源和清洁能源公交车 60 辆。

安全应急管理。以平安交通百日行动为契机，实施安全隐患整改，检查企业 1720 家次，排查安全隐患 5423 处，现场整改 4956 处，下达安全隐患通知书 467 份，重点整治环城公路安全设施、高压线塔危及 207 国道安全、部分危货运输企业违法车辆和第三方监测平台不履职等安全隐患。开展危险品运输企业整治"回头看"，对全市 30 家危货运输企业整治情况进行验收。推进农村客运车辆动态视频监控 4G 升级工作，全市农村客运车辆 983 辆，完成升级 919 辆，完成率 93.5%。加强交通工程安全监管，全面检查在建重点工程，督促建设、施工、监理单位落实安全责任，规范作业现场，确保重要设施装备及日常管理维护保养运转良好。

精准扶贫。加大贫困地区农村公

2018 年 12 月 26 日，荆门市物流公共信息平台正式上线

路建设力度，对包括 210 个贫困村在内的全市 20 户以上未通畅自然村逐一识别摸底和建库，争取项目支持。全年完成 20 户以上通组公路建设 256.1 公里。扎实开展驻村帮扶，支持六房村续建村级公路 1 公里、拱水桥 2 处、硬化沟渠 1800 米、通组公路绿化 2 公里。培植大富水香菇生产合作社，带动贫困户开展香菇生产，发展香菇袋料 10 万袋。组织工作队对贫困户精准识别建档，"一户一策"鼓励贫困户发展产业，并出台产业奖补政策，兑现奖补资金 16 万元，调动贫困户脱贫致富积极性。

（汪微波　汪发芝）

【京山县】　至 2018 年年底，全市公路通车里程 2970.05 公里、路网密度 75.91 公里/百平方公里，其中一级公里 88.32 公里、二级公里 401.47 公里、三级公路 160.30 公里、四级公路 2021.50 公里、等外公路 298.46 公里。按行政等级划分，国道 150.29 公里、省道 342.84 公里、县道 377.83 公里、乡道 1281.53 公里、村道 817.56 公里。客运站 10 个，其中二级客运站 1 个、四级客运站 4 个、五级客运站 5 个、货运站 1 个。

路网规划。构建"一道、两环、两网"交通新格局，规划升级改造京宋公路，打通一主两副快速通道；升级改造 240 国道与 347 国道绕城段，形成城区大外环；打通镇与镇之间断头路，构建市内 15 个镇区公路大循环；实现国省干线内通外联，市乡公路成网连片，村组公路安全通畅，构建京山全域旅游网、区域现代物流交通网。

基础设施建设。全年完成交通基础设施建设投资 28072.9 万元，为年度计划目标的 93%。其中重点工程建设项目投资 19500 万元，农村公路建设项目投资 8572.9 万元。262 省道仁和至曹武二级公路完成路基 25 公里、沥青下封 25 公里，完成投资 1 亿元，为年度计划任务的 87%。340 省道义和至长滩二级公路，剩余路段 4.32 公里准备启动项目招投标。347 国道皂当线一级公路，完成京山孙桥集镇段改造 2 公里、梭罗河段路基工程 4 公里，完成城区北环线段征地工作，启动道路沿线征地拆迁。327 省道三阳至客店二级公路前期工作全部完成，9 月 18 日开标，完成投资 1000 万元。327 省道坪坝苏家垄改线段完成项目工程可行性研究报告。205 县道六随线大洪山旅游公路，完成路基工程 7 公里，完成投资 1500 万元。

"四好农村路"建设。加快实施农村路网提升工程，推动农村交通环境持续改善。完成自然村通畅公路 39 公里、农村公路提档升级 81.1 公里、市乡道改造工程 15.94 公里、"455"安全防护工程 150.85 公里，完成投资 8572.9 万元。开展美丽农村路创建，快速推进道路生命安全防护工程，保障农村群众安全出行，进一步巩固"村村通客车"成果，完善山货进城、城货下乡的城乡物流配送体系。

公路治超。全面开展车辆超限超载治理工作，保障全市辖区内国省干线公路安全、畅通。全市检测车辆 853 辆次，开展"零点治超"35 次，巡查货运源头企业 129 次，与矿山企业签订治超承诺书 44 份。在治超工作中，利用新闻媒体，全方位、多层次加大超限超载治理宣传力度，发放宣传单 600 余份、悬挂宣传横幅 15 条；注重源头治超，推行路长制，实行对石料厂包联制，对违规石料企业实施停产停电和重罚，不断规范石料装载行为，加大源头管控；加大路面巡查力度，重点路段设点驻守，实行 24 小时无缝治超，成立源头巡查组，不定时到厂矿企业巡查；加大公转铁支持力度，逐步引导石料长途运输从公路退出，6 月 27 日石料运输公转铁运从京山首发武汉，开启石料运输新模式。

运输服务。全年完成道路客运量 444.6 万人次、旅客周转量 2.3 亿人公里，比上年下降 20%；货运量 3276 万吨、货物周转量 4.92 亿吨公里，比上年增长 3%。年初针对出租汽车不打表、农村客运乱涨价等突出问题，联合物价、城管、交警开展为期 40 天城区客运市场集中整治。3 月份以来开展文明交通年创建，继续深化整治效果。高考期间组织 20 名志愿者、40 辆出租车、70 辆公交车开展"爱心助考"。落实"两客一危"4G 动态视频实时监控，实现交通运输安全生产连续 16 年无事故。交通应急保障升级，开通交通短信平台，发送暴雨等极端天气下交通道路状况信息近 10 万条，为客运驾驶员和旅客出行提供应急服务；5 月网球节期间调集大巴 60 辆、执法人员 206 名为演职和参赛人员提供运输

2018 年 6 月 6 日，京山市石龙镇陈湾村建设美丽乡村路

保障服务；6 月份组织开展运输企业、维修企业、交通工程企业应急培训和消防演练，不断提升企业安全生产意识和应急保障能力。

（张红平）

【沙洋县】　至 2018 年年底，沙洋县公路里程 2445.133 公里，其中一级公路 66.25 公里、二级公路 244.75 公里、三级公路 292.92 公里、四级公路 1830.66 公里、等外公路 10.55 公里；按行政等级分为国道 97.51 公里、省道 215.15 公里、县道 379.58 公里、乡道 884.04 公里、村道 868.85 公里。内河航道通航里程 203.39 公里，港口 1 个，生产性码头泊位 6 个，渡口 10 个。客运站 6 个，其中二级客运站 1 个、三级客运站 1 个、四级客运站 2 个、五级客运站 2 个。

基础设施建设。全年完成重点项目建设投资 11.7 亿元，为年度计划的 162%。沙洋汉江二桥、348 国道绕城公路、枣潜高速连接线、五洋一级公路、县乡公路建设年度目标全面完成，完成枣潜高速、207 国道建设项目协调任务。完成新港物流园建设投资 5640 万元，累计完成投资额 2 亿元。342 省道沙洋至五里一级公路改建项目纳入"十三五"中期调整项目库，施工图设计获批复；311 省道沙洋至后港段工程可行性报告获批复；沙洋港总体规划修编中；武天宜高速纳入全省高速公路路网规划；汉江三桥及 234 国道绕城公路项目启动前期工作。完成汉江保埠至新河口航段、兴隆枢纽船闸下引道疏浚保通工作，全年汉江沙洋段航道养护设标 234 座，航道标位准确率 100%，标位正常率 98%，通航保证率 99%。

"四好农村路"建设。制定"四好农村路"建设工作指导性文件和发展规划。完成麻郭公路柴集至杨场段 15.8 公里水泥路面建设；以曾集镇为示范乡镇，提档升级工程 25.2 公里、连片通村路网工程 19.8 公里；实施完成农村公路提档升级计划 168.2 公里；完成县乡道改造 23 公里、通村（组）公路 100 公里、生命安全防护工程 157.9

公里和农村公路桥梁建设 92.7 延米。

运输服务。全年完成道路货运量 1062.1 万吨、货物周转量 20556.8 万吨公里，比上年分别下降 2%；客运量 20912.2 万人，比上年下降 2%。城市公交客运量 418 万人，比上年增长 5%；出租车客运量 796 万人，比上年增长 15%。完成水上货运量 141.26 万吨、货物周转量 17761.1 万吨公里，比上年分别增长 33.6%、67.4%。

公路管养。国省道公路养护坚持日常小修保养与大中修养护相结合，维护公路畅通安全。投入小修养护资金 1280 万元，修补坑槽 8102 立方米，清灌缝 2.2 万米，维修钢护栏 6600 米；投入大修资金 6300 万元，完成卷河线五里至当阳河溶段 14.6 公里、荆新线双庙至沙洋城区段 16 公里、汉宜线 5 公里大修养护；投入资金 100 万元，完成沙洋汉江大桥、沙河线董岗桥桥梁见新和桥面病害维修，以及 348 国道大官桥桥梁预防性养护。建设公路绿化廊道，完成汉宜线、借瞄线、文沙线公里碑、百米桩更换，补植行道树 3200 余株，国省公路绿化率 95%以上。加大路政巡查，清除整治国省公路违章堆积、摆摊设点 162 处 765 平方米，整顿加水点、违规建筑 6 处，拆除非公路用标牌 21 块，查处办结路损案件 32 件。争取县政府出台"四好农村路"建设养护文件，强化乡镇主体责任，督促建立管理机构，推广"路长制"试点，投入养护资金 640 余万元对高马公路等农村公路进行维修养护。

2018 年 12 月 15 日，运营中的汉江沙洋港

行业监管。联合交警、安监、工商、质监等部门开展专项整治行动 60 余次，清理危险品货物无证运营车辆 7 辆、非法运输油罐车 5 辆，查处改装及无技术档案车辆 410 辆，责令整改改装和安全不达标车辆 130 余辆。查处非法营运"黑车""黑的"42 辆，整顿串线营运车辆 95 辆，暂扣从业资格证 252 本，责令整改违规行为 380 起。开展超限运输联合执法 100 余次、治超"零点行动"89 次，检测车辆 1.65 万余辆次，查处超限车辆 2506 辆次，卸（转）货物 19 万吨。

安全应急管理。开展交通安全隐患大排查、大整治行动，对车站、码头、危险品货运企业、桥梁和在建项目等重点部位进行全面排查，发现整改隐患 212 处，全年无较大以上安全生产事故发生。投入资金 1230 万元，完成国省公路 5.88 公里以及农村公路 157.9 公里生命安全防护工程建设；投入资金 1409 万元，完成五草路道路标线喷划和标识标牌、钢护栏安装，整改消除荆新公路、汉宜公路等安全隐患 10 万平方米，联合交警在 348 国道王田、刘集、双兴石膏厂等路段设置安全警示标志 6 块，恢复公路标志牌 32 块；恢复重建蔡咀等 5 处水毁严重的乡镇渡口，恢复长湖水毁航标 16 座。交通应急指挥中心建成并联网投入使用，全县 293 辆客车 4G 终端设备、923 辆货运车辆 2G 北斗设备全部接入平台，实现营运车辆动态电子信息化管理。在汉江兴隆至泽口航段安装遥控监测数字化航标。

文明创建。2018年，沙洋县交通系统获省级荣誉称号3个、市级荣誉称号6个、县级荣誉称号14个。沙洋枣潜高速协调指挥部被评为荆潜建设项目群年度协调工作先进集体，沙洋县港航局获全省港航海事系统先进单位，沙洋县公路局被评为荆门市公路系统先进集体，沙洋县交通运输局机关获基层党建工作红旗单位、最佳文明单位、省级文明县城创建先进单位、网络管理工作先进单位、建议提案办理优胜单位等。

（朱玲）

【钟祥市】　至2018年年底，全市公路里程5756.85公里、路网密度127.16公里/百平方公里，其中一级公路36.69公里、二级公路480.53公里、三级公路470.21公里、四级公路4717.29公里、等外公路52.13公里；按行政等级分为国道215.71公里、省道281.63公里、县道612.55公里、乡道1805.21公里、村道2841.75公里。内河航道通航里程144公里，港口5个，生产性码头泊位24个，渡口29个。客运站8个，其中二级客运站2个、四级客运站3个、五级客运站3个，货运站1个。

基础设施建设。全年完成交通固定资产投资22万元，招商引资4亿元。枣潜高速公路钟祥段路基基本完成，在实施路面水稳浇筑，与武荆交汇的枢纽互通和汉江特大桥全面推进；土地征迁和"三杆"迁移工作完成。347国道钟祥段改扩建工程分7个标段建设，其中4标段2015年通车，3标段、5标段完成90%路基土石方施工，6标段、7标段完成40%路基土石方施工，1标段、2标段启动建设；482省道丰北线完成丰乐中桥、祝庄东桥等5座桥梁建设；482省道延长线北新集至龙山大道段、龙山大道至九里牌坊段完工投入使用；266省道文石线14公里新改线段建设准备工作完成；234国道钟祥城区绕城段、327省道坪客线项目完成施工准备工作；汉江公路二桥主桥全线贯通，完成桥面铺装，

在进行交安设施建设；丰乐汉江公路大桥PPP项目前期工作基本完成，在进行社会资本方资格预审。完成《钟祥港总体规划修编（2017—2035）》；石牌港完成水上工程并投入营运，全年完成集装箱运输5240标箱。全市水运企业有船舶76艘、总吨48038吨、净吨17835吨、功率15236千瓦、载重吨63538吨，其中新增船舶20艘（含可装集装箱驳船2艘）。汉江碾盘山至兴隆段1000吨级航道整治工程主体工程基本完工，汉江钟祥段新增1000吨级航道51公里。推进钟祥市现代交通物流园、大柴湖北冰洋冷链物流园、湖北荆沙物流有限公司承建的钟祥市农村交通物流发展项目建设，全年完成投资6800万元。新改扩建镇级农村物流综合服务站8个、村级服务点235个。城南二级客运站搬迁投入运营，推进公铁换乘中心建设。南湖富水路公交场站完成可行性研究、施工预算、围墙建设、财政评审及不动产证办理。

"四好农村路"建设。有序推进"四好农村路"全国示范县创建工作，加强农村公路质量监管，编制《钟祥市"四好农村路"三年攻坚规划》，确定首批72条511.41公里"四好农村路"示范线，全年打造九里、东桥、客店、长滩、冷水、文集、胡集、石牌等8个乡镇103.58公里"四好农村路"示范路。加快公路提档升级，启动农村

公路窄路面加宽610公里，完成路基462公里、路面188公里。着力优化路网结构，完成县乡道改造45公里，新建通20户自然村公路108公里。完善公路安防设施，全面提高农村公路整体安全水平，完成农村公路安全防护工程259.71公里。按照"夯实公路基础、美化路域环境、提升服务品质、助推乡村振兴"工作思路，结合美丽乡村建设和"实、安、绿、美"创建标准，完成59条303公里美丽农村路创建，打造盘石岭、东桥墩岭、石牌桂竹等6座交通驿站，不断提升公路服务功能。加强农村公路养护，完成农村公路小修保养280公里，实现小修保养全覆盖；完成"四好农村路"示范线103.58公里管护工作，落实"路长制""考评制""以奖代补"制为主要内容的农村公路日常管养机制。

公路路政。扩大小修保养范围，完成国省干线挖补坑槽2.44万平方米，灌缝2.6万米，清水沟6.45万米，清障4456处，清理塌方94立方米，路树补植1820棵，刷新百米桩2471根。加大养护工程力度，完成省道襄钟线5.1公里大中修，完成331省道尤集段1公里、247省道客潜线客店至兔子冲段8公里大修，完成234国道兴阳线旧口街道2.2公里路面养护。加快危桥改造，全面完成国道兴阳线旧口渠道桥、钟铁线沿山桥拆除重建，完成

2018年8月，钟祥市客店镇旅游环线安全防护设施工程

2018 年 8 月 1 日，钟祥市东桥镇旅游环线，助力休闲旅游发展和村民脱贫增收

钟铁线涮河桥安岭渡便道建设。开展公路路域环境治理，全年清除占道堆积物 128 处 1284 平方米，拆除非公路用标牌 12 块，清除广告布标 6 幅，制止加水、洗车点 14 处，查处路损案件 24 起。加强源头和路面管控，开展公路"三治"工作，开展零点行动 108 次，检测车辆 19862 辆次，查处超限超载运输车辆 653 辆次，劝返整改、责令覆盖 2526 辆次，卸转货物 19984.09 吨；切割加高墙板 211 辆次，责令拆除加高墙板 149 辆次，罚款 140650 元。查处违规装载货物源头企业 12 家，罚款 32.5 万元。

行业管理。举办法治培训和执法整训 22 次，全系统集中学习、整顿和考试 1200 人次。结合工作实际开展文书制作、案例教学等业务培训和文明执法教育活动，进一步规范执法行为，两法衔接录入案件 260 余件。开展道路运输领域问题清查整顿，查处违规出租车 85 辆次、非法运营车辆 28 辆次、班线客运违规行为 15 起，取缔非法从事汽车维修行业经营户 75 家，查处不合规教练车 74 辆、教练员 94 人。落实农村客运车辆 2G 升级 4G 视频监控终端工作，全市 370 辆农村客运车辆均按要求安装 4G 动态视频监控系统，打通农村客运安全监管"最后一公里"。

水上安全监管。加强钟祥汉江公路二桥、枣潜高速公路汉江特大桥、碾盘山水利枢纽工程等水上水下施工水域交通管制，对过往船舶实施全天候导航、引航。围绕水上交通"打非治违"活动、中小型船舶专项整治、水源地保护区日常监管等工作，出动执法艇 210 艘次，安全巡航 150 次，出动执法人员 3905 人次，巡航 280 小时，巡航里程 3300 公里，检查船舶 575 艘次，开展渡运安全检查 100 次，检查渡口 522 处次，现场纠正船舶违章 215 起，限期整改 5 起、行政处罚 210 起，消除隐患 200 余处，行政处罚船舶 210 艘，发布预警信息 7 条。提高水上搜救能力，与国家电网共同举办水上应急消防救生演练。全年设岸水标 78414 座，日平均设标 215 座，设标密度 2.32 座 / 公里，标位准确率 100%，标位正常率 98%，船舶完好率 95% 以上，桥梁信号指挥台发放信号 14734 艘次。先后对汉江航道蒋滩、傲子湖、碾盘山、周家台、伍庙、王龙、武荆高速公路桥区水域出现的浅滩实施疏浚、打泓作业，完成浅滩应急疏浚工程量 24 万立方米，并对荆钟、杨湾河段 2 艘碍航沉船进行打捞，及时消除通航安全隐患，有效保障航道安全畅通。

投融资。全年投融资 8.1 亿元，其中向省争取收费公路专项债券资金 3.5 亿元，省厅专项补助资金 3.6 亿元，市级资金 0.97 亿元，推动全市交通运输事业全面发展，通过融通资金 999 万元启动中心客运站搬迁和光大能源建设。

公交管理。自觉履行伤残军人、现役军人、下肢残疾人、盲人和 13115 余名 65 岁以上市民凭证免费乘坐公交车的社会义务；新增 LNG 公交车 60 辆，优化调整公交线路 5 条，新开通公交线 4 条，线路延长 42.3 公里；为 7 家重点企业提供定制公交服务，解决企业员工上下班通勤问题。

（李凤琴）

【东宝区】　至 2018 年年底，全区公路里程 1942.20 公里 (不含高速公路)、路网密度 149 公里 / 百平方公里，其中高速公路 40.56 公里、一级公路 65.27 公里、二级公路 288.09 公里、三级公路 124.08 公里、四级公路 1461.43 公里、等外公路 3.33 公里；按行政等级分为国道 125.91 公里、省道 78.73 公里、县道 336.76 公里、乡道 675.35 公里、村道 725.45 公里。内河航道通航里程 13 公里，渡口 5 个。客运站 6 个，其中四级客运站 1 个、五级客运站 5 个。

基础设施建设。全年完成交通项目投资 3.35 亿元，为年计划的 100%。启动 207 国道子陵公铁立交桥拆除重建，完成 347 国道荆门东桥至子陵段一级公路绕城公路东外环段 9.05 公里、东外环至钟祥湾堰段 4.74 公里建设。438 省道荆门仙居至宜城刘猴二级公路纳入市级"建养一体化"项目库，并完成项目前期工作。城北快车道建成通车。完成圣境山旅游环形公路路面 2.5 公里、路基 11.5 公里建设。完成襄荆古道全路段地面附着物锁定和 2 座桥梁施工。完成 331 省道石桥驿至仙居段 27.5 公里大修。完成蔡家嘴 1 号桥拆除重建工作。

"四好农村路"建设。开展农村交通基础设施建设，不断改善农村路网结构，提高农村通行条件。全年投入资金 2800 余万元，进行县乡道改造升级、通村公路建设以及危桥改造。其中完成县乡道产业路 12.6 公里，投入资金 630 万元；完成通村四级公路新建水泥混凝土道路 62 公里，落实

2018年，荆门市公路系统基层党建示范点——东宝区琵琶洲公路管理站

补助资金 620 万元；加快创建"四好农村路"建设，围绕牌楼镇镇片区"四好农村路"创建工作，完成黑虎路 3.4 公里、城江线 5.8 公里、牌帅线 4.3 公里改造提档升级，投入资金 900 万元。

公路养护。开展国省干线综合环境整治，全面治理 207 国道、331 省道等沿线重点区域、重要路段，全年植树 400 株、修补坑槽 3120 平方米、处治沉陷 190 平方米、清塌方 1696 立方米、修整路肩 22000 平方米、清理水沟 107500 米、灌缝 4000 米、疏通涵管 215 道、桥梁见新 23 座、路树刷白 3000 棵、打药及人工除草 531 公里、扫林 1047 公里。农村公路桥梁建养常态化。推进全区农村公路管养工作，完成农村公路日常养护里程 720 公里，路面维修 65 公里，水泥混凝土路面灌缝 900 多米，挡土墙 2600 立方米，补坑槽 1000 平方米，落实资金 155 万元；完成安全防护工程 78.1 公里，安装防护栏 20000 米，标志牌 20 块，减速板 18 米，投入资金 385 万元。完成农村公路危桥改造 85 延米，投入资金 152 万元。

安全应急管理。开展"平安创建""安全生产月"、打非治违等专项活动，推动安全生产管理常态化。加强客运站源头管理，及时调整修订各项工作应急预案，督促企业开展自查，落实抢险救灾应急人员、应急运力和值班制度，全年节假日运力安全有序。开展全区交通安全隐患排查，全年查出安全隐患 121 起，整改 121 起。加强仙居南北河水路运输安全监管，对 5 处渡口、4 艘渡船进行高频次安全检查，辖区渡船保持船舶运行和安全设施良好状况。推进"两客一危"车辆动态升级，对辖区 271 辆客运车辆和危化品车辆实行 2G 升 4G 监控，实现全区"两客一危"车辆 4G 动态视频监控全覆盖。全面推进"455"安全防护工程建设，完成国省干线 2 处限高限梁、农村公路 107 处限宽墩及 33 处限高梁隐患排查，及时更新指示牌、警示牌、减速带和标志牌，完成隐患线路治理 174.7 公里，安装波形护栏 42000 米，标志牌 25 块、减速板 28 米，凸面镜 2 个。

交通法治。以政府为主导，部门联动方式开展治理货车非法改装、"超限超载专项行动""道路危货运输安全专项整治"和"两客一危一超"运输安全生产集中整治等行动。全年开展专项整治"零点行动"行动 46 次，查处超限运输车辆 419 辆，切割加高墙板 132 辆，卸转货物 10000 余吨。查处路损案件 7 起，路政许可 5 起，查处率 100%，结案率 100%。清理公路堆物占道 18 处 750 平方米，打场晒粮 2 处 600 平方米，制止墙体广告 10 处 336.7 平方米，拆除非路用标牌 13 块，清理公路行道树 58 株，下达"两

客一危"运输企业隐患通知书 10 余份，并全部督促整改到位。

（杨梅）

【掇刀区】 至 2018 年年底，全区公路里程 1298.79 公里、路网密度 228 公里/百平方公里，按技术等级划分，一级公路 115.01 公里，二级公路 37.64 公里，三级公路 89.36 公里，四级公路 1056.78 公里；按行政等级分为国道 56.80 公里、省道 4.10 公里、县道 160.83 公里、乡道 319.24 公里、村道 757.82 公里。

基础设施建设。全年完成交通固定资产投资 1773 万元。完成 348 国道同乐村至谢花桥段公路灾毁恢复重建工程，投资 900 万元；完成荆新线掇刀段中修工程，投资 131 万元。完成辖区国省干线及农村公路安全生命防护工程，投资 601 万元。完成团何路、团李路与三环线 2 处交叉路口安全隐患处置，投资 106 万元。新建 207 国道鸦铺村交通厕所 1 座，投资 35 万元。

运输服务。全区拥有营运车辆 7948 辆，其中普通货运车辆 6361 辆、危化品运输车辆 1545 辆，营运客车 42 辆。全区从业人员 6498 人。候车亭 33 个，招呼站 77 个，行政村通班车率 100%。新增车辆 881 辆，转入 209 辆，转出 218 辆，注销 1153 辆，安装 GPS 车辆 1332 辆。

"四好农村路"建设。投资 1312 万元完成示范路路基建设，启动路面招投标等前期准备工作；投资 2000 万元完成农村公路提档升级 40 公里；投资 2300 万元完成通组公路 46 公里。投资 223 万元，完成大同桥、何场桥、麻城复兴河荡桥等 3 座农村公路危桥改造。

公路管养。完成全区国省干线路面清扫 11623 公里，清扫桥梁 2793 座次，清理路面堆积物 48787 平方米；修补路面坑槽 9568 平方米，整修路肩 9138 平方米，清理水沟 19.4 公里，除草 176 公里。新建洒水车加水点 1 个，投入 200 多万元购置洒水车 2 台、清扫车 1 台，加大人力物力投入，保持路面完好。组织专业人员对辖区列

养桥梁进行经常性检查，桥梁定期检查 28 次。完成农村公路路面坑槽处置 10000 平方米、新建挡土墙 554 立方米、新建涵管 56 米、标志牌 23 块、减速板 100 米，确保好路率在 95% 以上。

路政管理。每季度对辖区路段，特别是三环线路域环境集中整治 1 次。集中清理王郎沟一号桥由北向南沿线的非路用标志标牌、控制区内地面构筑物、洗车加水点、堆物占道、横幅标语等，清理移动式非路用标志 56 块、横幅标语 15 幅，拆除非路用标牌 83 处、拆除大 T 形广告牌 2 块和立柱 5 根；制止私自增设平交道口 8 处，清理堆物占道 96 处 1807 平方米。

超限超载治理。路政部门与公安交警、运管部门组建联合执法专班，在团林超限检测站按照"四班三运转" 24 小时工作制进行昼夜值守；严格按规定对非法改装和超限超载车辆罚款到位、卸货到位、割除到位、记分到位，严格落实"一超四罚"措施。严格实行三方会审工作机制，对违法车辆经三方依法处理并在会审单上签字后予以放行。完成东西外环、团林站等 3 处不停车检测系统建设。全区开展"零点行动" 50 余次，查处违法超限车辆 3225 辆次，卸载货物 6920.5 吨，割除非法改装车辆墙板 339 辆，督促货车覆盖油布 630 余起。

行业监管。加强安全隐患排查，加强客货运输、危化品运输、维修企业、物流园区监管力度。全区机动车维修企业 89 家，其中一类维修企业 15 家、二类维修企业 56 家、三类维修企业 18 家。危险品运输企业 19 家。货运企业 174 家。农村客运公司 1 家。驾驶员培训机构 7 家，教练车 290 辆、教练员 298 人。道路运输市场监管出动运政执法人员 683 人次，检查车辆 1792 辆次，查处违章案件 483 起，受理信访投诉 8 起。

安全应急管理。严格落实节假日、灾害恶劣天气期间 24 小时值班和领导带班制度，制定安全应急方案，保障及时、准确处理应急事件。组织参加湖北楚元石化物流有限公司院内、渝楚化工有限公司成品油罐区危化品事

故应急救援演练，增强从业人员公共安全意识和防灾避险能力，提高应急救援处置能力。麻城镇官堰村避让搬迁全部签订避让搬迁协议，采空区搬迁全部完成。

（罗汉钟）

【漳河新区】　至 2018 年年底，全区公路里程 812.56 公里、路网密度 167.2 公里/百平方公里，其中一级公路 21.23 公里、二级公路 16.89 公里、三级公路 111.30 公里、四级公路 663.14 公里；按行政等级分为国道 27.09 公里、县道 105.15 公里、乡道 148.71 公里、村道 531.61 公里。内河航道通航里程 175.5 公里，漳河旅游码头 1 座，渡口 4 个。

基础设施建设。全年完成交通固定资产投资 5021 万元，比上年增长 15.8%。普通公路建设完成投资 5021 万元，改造三级公路 21.6 公里、新建通村公路 109.9 公里，完成农村公路安全防护工程建设 120 公里、改造农村公路危桥 1 座、新建农村公路桥梁 1 座。

"四好农村路"建设。建设区域连片路网，对 348 国道周集—却集—泉洼—龟山全长 34 公里乡村公路进行升级改造，完善漳河镇周集、却集、泉洼 3 个片区 17 个村通村通组环形路网布局，建成周集—却集片环形路 10.2 公里。打造精品示范工程，实施漳河镇仙山村经佘楼、泉洼至龟山村 14 公里乡村道路提级改造，打造"一

路一景"精品示范工程。完善公路安防工程，对辖区内 123 处、98 公里道路安全隐患路段完善安全防护设施建设。推进美丽农村路创建，开展农村公路路域环境整治，完成漳八线烟周公路 11 公里和县道付李线 6 公里改造刷黑，打造美丽农村路。

安全应急管理。开展安全生产检查活动 6 次，检查农村客运车辆 16 辆次、排查水毁灾害安全隐患 19 处，检查港口、码头和临时停靠点 15 处、渡口 4 处、船舶 95 艘次、在船服务船员 113 人次，查出各类安全隐患 37 处，全部整改到位；投资 300 万元，完善辖区内道路安全隐患路段安全防护设施建设。

节能环保。全年督促辖区水上交通客运企业淘汰老旧旅游客船 17 艘，其中湖北省漳河旅游发展有限公司淘汰 15 艘、个体船舶淘汰 2 艘，更新主机性能稳定、排放符合标准、乘坐舒适、船容船貌美观的新型高速客船 4 艘。

（陈祺）

【屈家岭管理区】　至 2018 年年底，全区公路里程 503.95 公里，其中一级公路 8.87 公里、二级公路 65.19 公里、三级公路 5.85 公里、四级公路 417.51 公里、等外公路 6.53 公里；按行政等级分为省道 43.90 公里、县道 35.31 公里、乡道 69.13 公里、村道 355.61 公里。二级汽车客运站 1 个。

基础设施建设。全年完成交通固定资产投资 3540.6 万元，比上年下降

漳河旅游码头

30%。普通公路建设投资 2238 万元，完成二级公路路基路面 4 公里、边坡防护 1.5 公里建设。农村公路建设投资 833.3 万元，完成通村公路 6 公里、县乡道改造 5.47 公里，农村公路提档升级 11.08 公里。公路养护投资 135.2 万元，完成国省干线养护 34.81 公里、县乡道养护 20 公里。危桥改造投资 110 万元，完成农大桥、北山桥工程量的 70%。安全生命防护工程投资 182.8 万元，完成普通公路 9.4 公里、县乡道 7.5 公里。"厕所革命"工程投资 41.3 万元，完成工程量的 70%。

"四好农村路"建设。针对农村公路技术等级低、路基路面窄和畅通能力严重不足等问题，邀请第三方规划设计单位编制《屈家岭管理区"四好农村路"发展规划(2018—2022)》，通过管理区和市交通运输局评审。完成农村公路提档升级通村公路 3.98 公里、窄面加宽 14.2 公里，完成农村公路安全防护工程 11.37 公里，其中 483 省道军屈线安全生命防护 9.4 公里、县乡道屈王线波形护栏 0.87 公里、农村公路波形护栏 1.1 公里。北山桥和农大桥危桥改造开工建设，完成工程量的 70%，计划 2019 年 6 月建成通车。完成白龙路、农校路等美丽农村路创建工程施工图设计，在进行立项和招投标等前期工作。

运输服务。全年完成公路客运量 44.2 万人、货运量 63.4 万吨，比上年分别增长 1.8%、1.6%。全区有运输经营业主 458 家，营运车辆 682 辆，其中货车 639 辆、客车 43 辆，农村客运车辆 23 辆，城市公交线路 5 条，公交车 16 辆。新增货运车辆 18 辆。客运线路 14 条，其中跨省线路 1 条、跨市(州)线路 9 条、跨县(市)线路 2 条、区内客运班线 2 条。汽车一类维修企业 1 家、二类维修企业 3 家、三类维修企业 62 家，二级维护检测中心 1 家。新增备案经营二类维修企业 1 家、三类维修企业 1 家，质量信誉考核企业 7 家。驾驶员培训学校 1 所，教练车 25 辆。完成 20 辆农村客运班车 4G 动态监控系统安装调试工作。年审客运车辆 42 辆，年审率 100%；年审货运车辆 178 辆，年审率 75%。

物流发展。全区有物流企业 13 家(含快递分支机构 7 家)，未形成一定规模的共同配送。有 3A 级物流企业 1 家。从事综合运输企业 1 户、120 余辆车，从业人员 200 余人，配送业务主要为建材、粮食、棉花、畜禽、服装、食品、药品等。

应急管理。结合交通运输应急管理工作特点，重点开展恶劣气候路桥抢修抢通、车辆运力紧急调度、公路工程防坍塌防高空坠落、停车站场车辆紧急疏散等科目应急演练，提升交通应对突发事件能力。明确专人负责本单位应急工作情况报送，对倾向性、预警性信息及时汇总、分析、研判和报送，杜绝信息倒流、迟报、漏报和误报。重大突发事件按突发事件处置规定及时上报。严格执行领导带班和 24 小时值班制度，主要领导和分管应急处置工作负责人确保 24 小时联络畅通，能及时处置各类突发事件。

(李红波)

鄂州市交通运输

【概况】 至 2018 年年底，全市公路里程 3760.51 公里(不含高速公路)、路网密度 250.03 公里／百平方公里，其中高速公路 122.24 公里、一级公路 143.89 公里、二级公路 214.10 公里、三级公路 275.07 公里、四级公路 2703.05 公里、等外公路 424.40 公里。全市内河航道通航里程 102.1 公里，已建在建码头 20 个，生产性泊位 64 个，乡镇渡口 35 个，渡船 36 艘。全市现有客、货运站 15 个，其中客运站 14 个，货运站 1 个，一级客运站(综合枢纽站)1 个、四级客运站 2 个、五级客运站 11 个，一级货运站 1 个。

基础设施建设。全年完成交通建设投资 26.78 亿元，其中高速公路建设 15 亿元、普通公路建设 8.23 亿元、港航码头建设 2.2 亿元、站场物流建设 1.35 亿元。武阳高速公路鄂州段、机场高速公路开展前期工作，203 省道机场快速通道前期工作完成。鄂咸高速公路、106 国道鄂州城区至分水岭、316 国道泽林至樊口段、铁山至东沟一级公路建设中，三江港区一期综合码头等重大项目稳步实施，鄂州综合客运枢纽站投入运营。宝湾物流中心基本完工，三江港区国际物流铁

2018 年 4 月 28 日，鄂州市葛华新城客运站工程项目主体结构工程通过验收

2018 年 11 月 1 日，鄂州市新公交环湖线路 6 路、36 路正式通车

水公空一体化多式联运工程入选国家第三批示范工程。鄂咸高速公路征地拆迁基本完成，实体工程全面开工，控制性工程五四湖特大桥、东沟特大桥、农场特大桥、大屋分离式立交等施工进展顺利。协助武汉市做好武阳高速公路鄂州段建设，推进土地预审，2 个梁场开工建设。列入国省干线公路三年攻坚建设计划项目 8 个，其中一级公路项目 4 个、二级公路项目 3 个、城市主干线项目 1 个。开工项目 5 个。落实《鄂州市长江大保护九大行动方案》，加快鄂州"以港兴市"进程，推进港口工程建设，总投资 15.5 亿元武汉新港三江港区一期综合码头、总投资 1.22 亿元的鄂州电厂煤码头扩建工程稳步实施。开展绿色智慧工程，全域开展梁子湖区绿色示范区创建，实施 LNG 船用加注码头、港口船舶污染防控项目、港口岸电建设等工程，不断推进水上交通生态文明建设。

"四好农村路"建设。围绕"四好农村路"三年攻坚战目标，结合鄂州市社会经济发展和农村公路现状、发展需求，推进农村公路项目建设。全年新建通村公路 120 公里。全力推进农村公路提档升级，完成提档升级工程 103 公里，超额完成省交通厅下达的 56.4 公里目标计划。推进"四好农村路"示范乡镇创建，初步形成"党委、政府重视，上下联动，整体推进"格局。

综合运输。全年完成公路客运量 1855.21 万人、旅客周转量 11.63 亿人公里，比上年分别下降 5.33%、5.16%；货运量 2021.02 万吨、货物周转量 40.90 亿吨公里，比上年分别增长 10.45%、7.79%。完成水路客运量 38.6 万人次、旅客周转量 293.2 万人公里，比上年分别下降 49%、59%；水路货运量 576.16 万吨，比上年下降 11%，货物周转量 33.96 亿吨公里，与上年基本持平。加快公交都市创建，新增 30 辆纯电动公交车投入运行，新开通 6 路、36 路 2 条公交线路，优化调整 3 条公交车线路及运力调配，开通夜间专线公交。开展 110 亩公交停保场规划立项工作，完成港湾式站台改建 18 座，新建站台 4 座、站名牌 16 处。

行业管理。全市拆除非法码头和水源保护区码头 108 个、131 个泊位，腾退岸线 10.85 公里。开展植树复绿工作，栽树 3 万余株，种植草皮草籽近 1 万平方米，具备复绿条件的 56 个码头复绿或恢复江滩自然坡岸生态。规划建设砂石集并中心码头 4 个，建成 1 个、在建 2 个 5 个泊位，年吞吐量 530 万吨。严格实行"一超四罚"，开展警路联合治超工作，每天出动 42 人次，全年检测货运车辆 4544 辆次，依法认定和监督实施卸载车辆 2265 辆次，卸载或转运货物 77060.7 吨。运管部门排查全市货运源头企业 19 家，下达整改书 32 份，对 1 年内超限运输车辆超过车辆总数 10% 的 9 家货运企业，下发整改通知书，督促整改到位，初步实现"鄂州无超，有超必除"的目标；严厉打击非法营运行为，全年出动执法人员 4517 人次，检查营运车辆 4893 辆，有效规范市场秩序，净化从业环境；开展出租车行业治理，依法查处违规出租车辆 360 辆次，进一步规范出租车经营秩序；协调做好《鄂州市促进现代物流业发展条例》立法工作，经市政府常务会通过，报市人大常委会审批。

科技与信息化。推行 App 扫码、银联卡、手机闪付等公交乘车方式，推动智能公交体系建设。完成出租汽车驾驶员从业资格考点建设和信息化系统，获驾驶从业资格 123 人，核发网约车车辆运输证 1 个。3 月启动鄂州市公路应急处置调度系统建设，完

2018 年 12 月 10 日，鄂州综合客运枢纽站正式投入试运行

成硬件建设、网络对接、联调联试等工作,市公路应急处置调度系统与全省公路应急处置调度系统联网并投入试运行,基本达到设计功能和建设目的,实现"足不出户"视频应急指挥,鄂州市公路信息化建设上了一个新台阶。

安全应急管理。开展综合交通领域安全生产打非治违专项行动、239省道交通安全综合整治、梁子湖区打击"非法营运"专项整治、规范出租车经营秩序提升服务质量专项整治行动,带动全行业"打非治违"专项行动不断深化。结合实际开展汽车客运站专项整治、道路运输平安年、"碧水安澜"平安建设、综合交通领域安全生产"大约谈、大排查、大暗访、大警示"活动、平安交通百日行动等。全行业深入推进扫黑除恶专项斗争,组织开展行业反恐维稳和打击整治枪爆违法犯罪专项行动、易制爆危险化学品专项整治活动,配合有关部门开展"禁毒"、公路水路联防、物流安全管理、预防和打击邪教工作。做好政治敏感期和重大节假日、重大活动安全应急工作,春节、全国"两会"等重要时期制定安全应急工作预案6个。实现全年安全、稳定、无事故目标。

交通改革举措。深化交通运输供给侧结构性改革。实施航空都市战略,加快构建多式联运体系,突破性发展现代物流业。以促进物流业转型升级为主线,着力降成本、补短板、强服务、增动能。深化出租车行业改革。根据市政府关于理顺出租车经营关系和完善管理措施与办法,加快传统巡游出租车转型升级发展要求,全面完成出租车行业调查摸底,制定《鄂州市深化巡游出租汽车改革工作方案》,提交市政府审批。着力规范网约车发展。2月10日,鄂州市政府出台《网络预约出租汽车经营服务管理办法》。多措并举推进交通系统"放管服"改革,优化营商环境。全面推进政务服务"一张网"建设,完成网上录入,网上在线申请率97%。推进"双随机一公开"监管工作,优化调整抽查比例、抽查频率,全年抽查事项完成率100%。开展审批服务事项清理,公开7项交通

行政审批中介服务事项。推进交通行业信用信息管理,开展信用体系建设培训学习5期,联合惩戒案例1件,签订个人信用承诺书87份,企业信用承诺书3份。交通网站和信用鄂州网站公示行政服务事项374项。全市道路客货运输企业、出租车企业和驾驶员开展服务质量及信誉考核,对全市24家客货运企业、4家出租车公司进行考核并向社会公示。加强消费领域事中事后监管,办理"先照后证"经营许可54家,其中维修企业9家、货物运输企业42家、机动车驾驶员培训1家、网约车平台2家。

文明创建。开展"志愿者服务""党旗领航演讲比赛"等活动,全系统"志愿服务"17批次900余人参加。组织党员干部参加全市纪念改革开放40周年红歌比赛获一等奖。培树全市"红旗党支部"1个、交通系统"红旗党支部"10个。坚持每月开展1次道德讲堂,全年举办12期。治超英雄徐军被授予"全国交通运输行业文明单位职工标兵""湖北省劳动模范"称号,交通系统2名职工分别被市政府授予"市劳模"和"先进工作者"称号。

(周向东 张昭)

【鄂城区】 至2018年年底,鄂城区公路里程1592.90公里、路网密度2.69公里/百平方公里,其中高速公路62公里、一级公路74.88公里、二级公路44.78公里、三级公路125.64公里、四级公路1129.60公里、等外公路156公里。航道通航里程46公里,港区1个,生产性码头泊位1个,渡口12个。五级客运站3个。

基础设施建设。鄂城区原有县道44.73公里提升为省道、乡道47.31公里提升为县道,新增乡道27.24公里,乡道达299.21公里。旭光大桥危桥改建工程,完成立项、工程可行性研究报告、施工图设计及相关专题批复、施工招标等工作,开工建设,争取补助资金1000万元。

"四好农村路"建设。全面开展美丽农村路建设,将陈泉线、农杜线作为重点,按照县道骨干网、乡道次

线网、村道微循环网的"三网"建设思路抓好四大工程相关工作。县乡道改造工程9.74公里全部完工,补助资金487.1万元,其中杜山镇农杜线1.07公里、鄂城新区茅草江堤0.9公里、汀祖陈泉线(碧流线岳石洪段)2.26公里、汀镇石桥线1.62公里、泽林陈泽线3.89公里。农村公路提档升级工程8.53公里全部完工,投入资金400万元,其中鄂城新区港桥线加宽项目1.5公里、碧石渡镇加宽项目1公里、杜山农杜线加宽项目3公里、东瓜线加宽项目1公里、汀祖洪石路加宽项目2.03公里。完成农村公路破板修复2.3万平方米,投入资金345万元。投入资金577万元,完成公路安全防护工程38.52公里。有序推进危桥改造工程。

路政管理。开展打非治违行动,联合省高速公路路政总队武黄支队,强制拆除鄂东大桥桥下涉及汀祖、花湖桥下7.7万余平方米违法建筑。组织燕矶、杨叶执法人员配合长江黄石海事局黄冈海事处开展长江水域三无渡船专项整治突击行动,现场封存"三无渡船"4艘。联合市路政支队、交警、交通执法人员清理239省道沿线和汀碧线路段非法违法占用道路摆摊设点,清理非法占道经营57处,拆除乱搭乱建设施200余平方米。

非法码头整治。严格按照拆除到位、清场到位、防反弹到位的"三个到位"原则,防止非法码头死灰复燃。7月燕矶砂石(临时)集并中心生产作业线及配套设施全部建成并通过运营调试,9月投入试运营。对取缔的非法码头和保留港口码头分别设立公告牌,主动接受媒体和群众监督。全面开展岸线资源清查,核查辖区长江干线岸线资源涉及已建或在建的生产性泊位;清查非港口岸线1843米,涉及启航船厂等8家单位。推进船舶污染物防治,推进船舶污染物接收转运处置设施建设,辖区内9个码头,配备移动式垃圾桶18个;开展船舶污染物接收转运处置专项治理,督促污染物接收单位建立健全工作制度,加强港区内船舶污染物处置日常监管。

安全应急管理。加强日常安全监

管工作，特别是节假日等重点时段、渡口等重点区域安全检查，检查督查37次，发现安全隐患5处并督促整改到位。加强"两客一危"规范管理，完善鄂城区危险货物运输企业及车辆信息登记台账、道路旅客运输企业信息表，加强辖区10家客运企业、1家危化品运输企业和车辆的规范化管理和检查督办。加强渡口渡船安全监管，聘请市海事局专家对全区11个渡口渡船进行船检，及时调整超龄渡工，对新调整渡工进行专业培训，区级投入15.96万元，发放渡工工资和购买渡船人身保险。营造良好交通安全宣传氛围，举办交通安全培训会，全区各乡镇分管交通、安监工作副职、交通办主任、安监站长、19条农村客运线路负责人和部分司机参加交通安全培训；发放交通安全宣传资料7600余份，联系卡1800余张，张贴安全宣传标语300余条；以交通、交警、安监3部门人员组成交通安全督查小组，进行为期半个月的巡查督查，保障春运期间道路交通安全。积极应对冰雪天气保畅通，1—2月雨雪冰冻恶劣天气期间，启动应急预案，印发《关于应对雨雪天气做好抗雪保通工作的紧急通知》，通知各乡镇做好抗雪保通工作准备，向乡镇渡口赠送防滑草垫190副，将20吨融雪盐统一发放给各乡镇，保障恶劣天气时期交通运输安全。在杜山镇柯营村小学开展"2018水上交通安全知识进校园"活动，发放《水上交通安全知识读本》90余本，赠送学生专用救生衣210余件，在渡口现场为过渡学生讲解上下渡船安全知识。

（肖建成）

【华容区】　基础设施建设。全年新建农村公路62公里，完成提档升级计划内任务28公里、计划外任务18公里，县乡道改造11.2公里，修复破损农村公路4.7万平方米。"455"公路安全防护工程按照"4年计划2年完成"总体目标，相关设计等工作启动，完成"455"安全防护工程投资400余万元。完成华容三级客运站拆除工作，启动项目审计。启动葛华客运站围挡等建设。楚潘大道东改造工程启动实施。

"四好农村路"建设。全区农村公路里程1055公里，其中县道57公里、乡道214公里、通村公路783公里，公路通村率、通湾率均100%。2018年段店镇实施"四好农村路"建设，对全镇60条农村公路78.2公里进行新建、改扩建、刷黑工程，投入资金6500万元。

行业管理。配合区公安局开展货车超限超载行为整治行动。开展非法码头治理工作，加强日常巡查力度，防止取缔非法码头反弹。完成砂石集并中心、汇鑫等码头规范提升建设。

安全应急管理。全省公路系统"安全生产月"宣传咨询活动在华容区黄柏山治超站召开。联合区消防大队检查葛华新城客运站等项目施工是否使用危爆品，区消防大队对检查单位存在的问题下发整改通知。检查华联、华松客运公司客车营运安全，检查泥咀渡口、黄柏山渡口水上交通营运安全，无水上交通事故发生。

（杨全安）

【梁子湖区】　至2018年年底，全区公路通车里程1125.5公里，其中国道22.4公里、省道54.9公里、县道139.2公里、乡道305.9公里、村道603.1公里。全区87个行政村全部实现村村通、组组通硬化路，实现农村循环等级公路全覆盖、大街小巷硬化路全覆盖、三级公路养护全覆盖；村村通客车客运线13条，形成村村通、湾湾连交通网。

基础设施建设。鄂咸高速公路全长63公里，其中梁子湖境内33公里，建设工期3年半。牛宅线改扩建工程建设，除K0+000~K1+000段因拆迁影响外，其余主体工程基本完成，防护工程、排水工程、人行道工程、安全护栏及标志标牌在建中。太友路除险加固工程建设，太友路是连接鄂咸高速公路的主要通道，出现路基滑坡险情，被鄂州市应急管理局作为整改险情挂牌督办，市路桥公司对太友路路基滑坡险情进行除险加固，完成太友路路基土方、边坡修复工程，8月28日，市应急管理局和市交通运输局对太友路整险加固工程现场验收，予以摘牌销号。

"四好农村路"建设。坚持把"四好农村路"建设作为美丽乡村建设、乡村振兴战略的重要抓手，积极创建全省"四好农村路"示范县（区）。梁子湖区年计划建设"四好农村路"约340公里，建设完成285公里。全区"四好农村"示范路刷黑185公里，建成规范化美丽农村路近100公里，投入资金约4.65亿元。农村公路管理不断规范，农村公路养护步入常态化，逐步建立"县道县管，乡村道乡村管"管养机制，不断提升农村公路安全防护工程。结合"绿满荆楚"活动，改善"美丽农村路"路域环境，提升路旁植物和绿化美化档次，将"四好农村路"打造成旅游路、产业路、致富路。

2018年6月22日，梁子湖区人民政府、鄂州市交通运输局、市地方海事局主办2018年梁子湖水上搜救暨船舶防污染应急演练

2018 年，沼山镇创建成为全省"四好农村公路"示范镇。

行业管理。加强道路运输"打非治违"行动力度，路政、运政、交警、公安、安监等部门定期联合执法。在太和街、沼山转盘乘车点开展"黑车"整治行动 80 余次，按照"政府领导、属地负责、部门联动、依法治理、确保稳定"原则，建立治理挂牌"黑车"

长效机制，形成齐抓共管的局面，确保整治工作常态化。徐山治超点坚持 24 小时治超行动，梁子湖路政执法大队处理超限超载车辆 372 辆，卸转货物 11174.39 吨。

安全应急管理。加强水上交通安全，提高应急抢险处置能力，区交通运输局与区应急局、梁子湖区地方海事处等部门联合定期开展水上应急演

练。以梧桐湖码头为起点、途经梁子码头、最后到达涂镇码头，调研"一线、三码头"约 22 公里防汛和水上交通安全，针对汛期降雨量大的特点，及时掌握梁子湖区汛情和水上安全实时动态，不断增强梁子湖区防汛和水上交通安全应急处置能力，做好梁子湖防汛和水上交通安全工作。

（陈新州）

孝感市交通运输

【概况】 至 2018 年年底，全市公路里程 17168.88 公里、路网密度 192.8 公里 / 百平方公里，其中高速公路 279 公里、一级公路 285.62 公里、二级公路 1311.66 公里、三级公路 1303.60 公里、四级公路 13988.99 公里。内河航道通航里程 493.3 公里（界河按二分之一算），港口 5 个，生产性码头泊位 26 个，渡口 153 个。客运站 72 个，其中一级客运站 2 个、二级客运站 9 个、三级客运站 2 个、四级客运站 5 个、五级客运站 54 个。货运站 8 个。

基础设施建设。全年完成交通建设投资 46.7 亿元，为年度计划的 101.1%。高速公路方面。8 月 28 日，麻竹高速公路大悟段建成通车；11 月 22 日武汉城市圈环线高速孝感南段建成通车；武汉城市圈环线高速孝感北

段在建中，全年完成投资 7.9 亿元；12 月，武大高速公路大悟段、硚孝高速公路二期工程开工建设。一级公路 11 个项目动工建设，316 国道改扩建工程完成全部路基和桥涵工程，107 国道改扩建工程建设路基 29 公里、桥梁 11 座。211 省道安陆至云梦城关段、261 省道孝昌王店至季店段等在建二级公路项目按节点完成建设任务。观音湖至清凉寨、观音湖至龙潭湖孝昌段、双峰山至木兰景区群、汉川横堤至茶棚、孝昌丰山至邹岗、赵棚至接官红色诱游公路等 7 条旅游线路开工建设。新沟二线船闸主体工程完工。加快推进汉孝交通一体化进程，武西客专武汉至云梦直通线前期工作加快推进、硚孝高速二期工程如期开工、汉十高铁建设步伐加快。孝感境内开

工陈天公路断头路段、双峰山至木兰景区群旅游公路、观音湖至清凉寨旅游公路，建成 109 省道汉川至蔡甸公路主体工程、蔡甸索河至汉川高山公路。武汉境内开工天阳公路断头路段、蔡甸索河至汉川高山公路，推进 109 省道汉川至蔡甸公路前期工作，拟定双峰山至木兰景区群旅游公路、观音湖至清凉寨旅游公路对接方案及实施意见。

"四好农村路"建设。制定"四好农村路"建设意见，出台资金等系列政策支持措施。孝感市县乡道和村道新改建计划 618.67 公里全部完成，其中县乡道 46.47 公里、村道 572.2 公里。完成农村公路提档升级 760.7 公里。完成公路"455"安全防护工程 1378 公里。

运输服务。全市有道路客运车辆 2386 辆，其中道路班线客车 2330 辆（含农村客运车辆 1490 辆）、道路旅游客车 56 辆，出租汽车 2313 辆；货运车辆 9308 辆，其中 12 吨以上货车 2216 辆、4.5 吨以上 12 吨以下货车 2685 辆、4.5 吨以下货车 4407 辆；危险品货运输车辆 661 辆。全市一二类汽车维修企业 135 家，其中一类维修企业 47 家、二类维修企业 88 家。备案机动车综合性能检测站 5 家。驾校 56 所，其中一级驾校 4 所、二级驾校 52 所，教练车 2295 辆，教练员 2313 名。组织开展道路运输从业资格证考试 33 场，参加考试 5386 人，考试合格 3360 人，合格率 62.4%。全市完成从业人员继续

2018 年 8 月 28 日，麻竹高速公路大悟段正式通车运营。图为麻安高速大悟段步丈岭隧道

2018 年 11 月 14 日，孝感市观音湖至双峰山旅游公路全线竣工

教育培训 13880 人次。

行业管理。精心开展"455"安全防护设计、审批及施工。全市完成"455"公路生命安全防护工程计划 1017 公里，其中国省道 108 公里、农村公路 909 公里。适时组织开展运输市场专项整治，重点查处长途客运、旅游包车客运、出租汽车客运、危险货物运输、驾驶员培训等行业违规违章经营行为，全市查处各类违规经营行为 3575 起，其中，"黑的" 489 辆、"黑教练车" 73 辆、出租汽车违规经营 496 辆、违规经营客车 1055 辆、旅游客车 45 辆、违规货车 1417 辆。提请市政府出台《孝感市巡游出租汽车经营服务管理实施细则》《孝感市网络预约出租汽车经营服务管理实施细则》，规范全市出租汽车行业管理，有效化解出租汽车行业社会矛盾。加强超限超载治理，制定下发《关于开展全市货车超限超载联合执法专项整治活动的通知》，以全市国道为重点，采取"市县联动、路警联合"形式，开展治超专项行动。开展"护城河"行动，与交警、城管等部门配合，不定时、不定点开展夜间行动，有力打击超限超载违法行为。全年检测车辆 4.8 万余辆，查处违法超限车辆 6790 辆，卸载货物 13.2 万吨，整治非法改装车辆 192 辆，抄报违法信息 1739 条。

安全生产。落实长途客运实名制管理工作，全市 9 家二级以上客运站全部实现实名制购票、实名制验票、实名制数据储存与传输。全市 23 家"两客一危"运输企业 1146 辆营运车辆(其中客车 855 辆、危货车辆 291 辆)，进行 2G 升 4G 视频监控系统升级改造，"两客一危"车辆动态监控进一步加强。同时，全市 143 艘重点渡口渡船安装北斗导航系统，加强渡船运营安全监管力度。全市二级以上客运站开展"三不进站、六不出站"专项整治活动，累计投入资金 180 余万元，升级改造站场安全门禁系统、营运车辆安全例检设施。做好高速公路协调、城市公交改革、出租汽车经营管理、客运班线历史遗留难题等重点领域、重点人群信访工作，坚持依法分类处理信访诉求，推进行业社会治安综合治理和反恐防范工作。

改革创新。推进国企国资改革，按照"分门别类、一企一策"原则，将盘活存量资产与防止国有资产流失相结合，解决历史遗留问题与妥善安置职工相结合，探索通过企业重组或资产并购，进行产权主体多元化改革。积极推进中南路桥、客运集团改制工作。加快物流转型发展，引进外地大型货运企业落户孝感，鼓励民营资本进入货运行业，发展道路货运无车承运总部经济。全年新增货车 3286 辆 13580 吨，为年度目标任务的 109.53%；道路运输业实现税收 9.5 亿元，比上年增长 28.90%。推进行政审批制度改革，按照"进是原则，不进是例外"原则，行政服务交通窗口入驻市民之家做到审批事项进驻到位、行政审批人员进驻到位、授权窗口到位。坚持优化工作流程，交通窗口行政审批和公共服务事项承诺办结时限、审批环节减少，交通窗口被评为"红旗窗口"。

(来宾)

【孝南区】　至 2018 年年底，全区公路通车里程 2926.24 公里，其中高速公路 55.69 公里、一级公路 86.73 公里、二级公路 204.44 公里、三级公路 88.56 公里、四级公路 1988.13 公里、等外公路 502.69 公里。

2018 年 5 月 15 日，武汉城市圈环线高速孝感南段汉江特大桥全桥合龙

2018年11月，107国道改扩建工程八一大桥施工现场

基础设施建设。全年完成交通固定资产投资18.87亿元。新建或续建交通重点项目5个。316国道孝南段改建工程累计完成货币工程量4.38亿元，完成路基80%，涵洞100%，路面19%，桩基100%，桥梁下构94%，预制上部结构小箱梁完成16%。107国道孝感肖港至张公堤段改建工程累计完成货币工程量近7.16亿元，完成路基62%，涵洞85%，桩基65%，桥梁下构45%。北京南路市政工程累计完成货币工程量3.28亿元，完成路基92%，路面55%，桥涵96%，管网92%，绿化及附属物44%。凤凰大道累计完成货币工程量1.9亿元，道路主体工程基本完工，在进行附属工程施工。硚孝高速公路孝感连接线工程累计完成货币工程量2.15亿元，占总投资的98%，基本建成通车。通村公路建设投资3388万元，完成村级公路改造92.5公里，其中扶贫路60.86公里。南方国际"家居港"、新都市"铁路港"、传化"公路港"等物流园区建设完成投资2.43亿元。

安全防护工程。强力推进"455"公路安全生命防护工程建设，全年投入资金1512.36万元，消除隐患里程164.069公里，安装护栏60060米、警示柱4340根、标牌20套；投入资金509万元，完成危桥改造5座、在建9

座，农村公路、桥梁通行安全状况明显改善。

推行"路长制"工作。按照"县道县管、乡道乡管、村道村管"分级管理机制，区政府出台《孝南区全面推行路长制工作实施方案》，成立孝南区路长制办公室，建成区乡村三级路长体系，明确责任和工作制度；完成全区公路基本信息摸底统计，建立"一路一策"数据库，做到路况动态管理。制作安装全区国省干线公路路长制公示牌、县乡村道路长制公示牌、护路歌牌、宣传广告牌。全面推行路

长制与农旅融合示范线建设，开展路域环境整治行动。联合各乡镇路长及孝南城管执法局，对公路沿线非交通标志、标牌、违法建筑物、构筑物、堆积物等开展专项整治，拆除非交通标志牌79块、摆摊设点15处、违法构筑物4处、堆积物36处。农村公路路域环境显著改善。

公路养护及路政管理。养护中心下设4个公路管理站和1个作业队，管养国省干线公路123.95公里、桥梁25座。全年完成路面清扫1878公里，修整路肩5.7公里，清理边沟1924米，回填坑槽896平方米，路面沥青灌缝13200米，割除路肩杂草369公里。管养国省干线桥梁25座，完成所有桥梁检测踏步，实施路况提升行动，重点修补黄孝线、王杨线路况，修复316国道长同线界河桥、孙家河桥锥坡护坡，修复334省道女儿港二桥锥坡护坡。

运输市场管理。全年完成道路客运量152万人次、旅客周转量2979万人公里，货运量316万吨、货物周转量12774万吨公里。全年发放燃油补贴356万元。全区开通"村村通客车"客运班线49条，客运班线覆盖全区所有行政村，通达率100%。客运班线车辆年审年检率100%，货运车辆年审年检率85%。开展"打非治违"工作，规范驾培市场、机动车维修市场管理，

2018年12月，卧龙乡夹沟村农村公路安全防护工程施工中

2018 年 8 月，农村公路肖张线在进行切缝、灌缝处理

严厉打击客运、出租、私自改装等市场经营行为。加大水上运输巡查力度，重点监管撤销渡口非法运输船只。开展集中整治活动 10 次、交叉稽查活动 3 次，查处违规经营行为 235 起，其中"黑的" 120 辆次、"黑教练车" 2 辆、违规经营客车 80 辆次，取缔不符合条件维修点 6 个，整治渡口 1 个。

平安交通建设。开展隐患排查专项行动，重点对旅客运输、危险化学品运输、施工现场隐患排查与治理。深化"平安公路、平安工地"创建活动，全面排查公路、桥涵、路基、排水设施、防护工程等重点部位和急弯陡坡、视距不良路段、事故多发路段以及在建工地安全标志设置情况、现场用电情况、机械车辆维修情况、料厂拌和机械使用情况、消防器材配备情况，对存在的安全标志设置不明显等问题立即整改，有效消除事故隐患，切实保障工程施工和公路交通安全畅通。参与全区非洲猪瘟疫情防控工作，抽调交管站专班人员协助畜牧等部门在汉十高速公路孝感北出入口、京珠高速公路杨店、三汊出入口等非洲猪瘟疫情防控检查站进行轮班值守，投入人力 300 余人次，检查省内生猪运输车辆 180 多辆次。

法制交通建设。加强法治化建设，提升执法综合服务能力。开展"国家宪法日""安全生产月"咨询日系列宣传活动，通过悬挂条幅标语、设置宣传展板和发放宣传资料等措施，增强群众道路交通安全意识，了解交通运输行业法律法规，提高自我保护和应急处置能力。推进政务服务"一张网"和"双随机一公开"工作，简化办事流程，提升服务质效，交通行政许可项目全部进入区政务服务中心平台，实现一网通办。加强业务培训，参加市区政务审批平台业务培训 6 次，组织执法人员参加法律法规等学习培训 6 次，开展行政执法文书评查活动 1 次，参加受训人员 200 余人次。

文明创建促精准扶贫。全区交通系统获"市级最佳文明单位" 3 个、"市级文明单位" 1 个、"区级文明单位" 3 个，区交通运输系统被评为"区级文明系统"，获"全省交通运输系统先进集体"称号，孝南区"目标责任制管理突出单位""美丽乡村建设突出单位""最佳服务单位""重点工作五化管理突出单位""争取项目资金突出单位""党风廉政建设责任制突出单位""社会治安综合治理突出单位""安全工作突出单位"。开展"精准扶贫"工作，加大全区贫困村公路项目建设帮扶力度，按照贫困村优先，突出重点，分步实施的原则，制定全区统筹资金道路扶贫专项方案，提高交通扶贫工作精准性，全力推进贫困村通村公路建设。全年为 9 个乡镇 16 个贫困村新修农村公路 60.86 公里；扶持包保村级产业发展，完成包保祝站村 74 户 272 人脱贫任务，并通过孝感市扶贫办综合检查组验收。

（万磊）

2018 年 7 月 11 日，举办湖北省交通法治巡回宣讲团"送法进基层"孝南专场培训

【汉川市】 至 2018 年年底，全市公路通车里程 4116.29 公里，其中高速公路 31.65 公里、一级公路 64.9 公里、二级公路 229.8 公里、三级公路 345.6 公里、四级公路 3444.34 公里；按行政等级（不含高速公路）分为国道 51.6 公里、省道 234.04 公里、县道 76.6 公里、乡道 233.3 公里、村道 3489.1 公里。内河航道通航里程 164.5 公里（界河按二分之一算），其中汉江 93.5 公里，港口 11 个，生产性码头泊位 20 个，渡口 97 个。客运站 6 个，其中二级客运站 1 个、三级客运站 1 个、四级客运站 1 个、五级客运站 3 个。

基础设施建设。全年完成交通固定资产投资 5.2 亿元。武汉城市圈环线高速公路汉川段、422 省道福里路一期、索高二级公路建设以及霍城大道、新中线改造等工程完工通车，汉蔡快线汉江特大桥合拢，348 国道沉湖至田二河段、福星铁路货场连接线、422 省道福里路二期等重点项目有序进展，348 国道绿化、福仙线刷黑等农旅融合发展示范线项目推进。新沟二线船闸转入设备调试，城南客运站、新河锚地建设转入招投标。全面推行"路长制"，全市所有国、省、县、乡、村道实现路长全覆盖，完成国省县道"路长制"公示牌设置。建成南河公路服务区、韩集公路驿站"交通厕所"2

2018 年 8 月 6 日，汉川市福里线一期工程完工

处。落实城区至索河、分水至北河等一批对接武汉的快速通道项目，完成 12 个项目工程可行性报告编制。

"四好农村路"建设。获评 2017 年度全省"四好农村路"示范县，全面启动马口、湾潭、华严等 7 个首批示范乡镇创建。全年新改建农村通村公路 37.74 公里，其中提档升级 19.86 公里、通自然村公路 17.88 公里。农村公路危桥改造完成续建 31 座、新开工 51 座。实施国省道公路安全防护工程 44.47 公里、县乡道 43.43 公里、村道 58.33 公里。完成垌王线、沿湾线等 150 公里"美丽农村路"建设。

公路安全生命防护"455"工程。按照"四年任务、三年完成"目标要求，汉川市委市政府确定"3445"公路安全生命防护工程总体规划。完成国省干线 32.26 公里、县乡村道 183.05 公里。

精准扶贫。建成扶贫路 11.52 公里，开工改造贫困村危桥 10 座，启动列入省桥梁库但未改造的 21 座贫困村危桥前期工作。组建 3 个工作队，安排包保干部 101 人，开展 3 个贫困村、8 个非贫困村驻村精准帮扶。全年安排慰问资金 18 万元，组织资金 42 万元为贫困村修建机耕路 12.8 公里，按时完成年度脱贫目标任务。

综合运输。启动第五轮出租车经营权许可，67 辆公车公营新出租车上线运行。投资 3650 万元购置 66 台纯电动公交车投入营运，优化调整 3 条公交线路，公交智能调度及客运综合监控平台完成调试，1 路、2 路、6 路、9 路率先实现公交语音报站，引入微信和支付宝支付功能，联合中国公路客票网开展购票打折优惠活动，提升公交、客运服务水平。落实交通政务服务"三个清单一张网"，道路运政管理信息系统整体迁入行政服务中心交通窗口联网运行，精简流程，提升办事效率。取消 4.5 吨以下普通货车《道路运输证》及《驾驶员从业资格证》，货车"两检合一"和普通货车综检全国异地检测等政策落实，营商环境进一步优化。

2018 年 6 月 7 日，汉川市创建"四好农村路"。图为湾潭乡西德线农村路

2018 年 4 月 4 日，汉川汉天线安全防护工程建设

行业监管。加强运输市场秩序整治，开展"黑车"、电瓶车、客运站站前秩序专项整治，查处"黑车"96 辆，无牌无证电瓶车 480 辆，净化交通运输市场。加强公路路政治超管理，路警联动驻站治超常态化，严格执行"一超四罚"和交警处罚、路政检测卸载等规定，查处超限车辆 84 辆，卸载货物 3820 吨，抄告车辆违法信息 84 辆次。

安全管理。整改安全隐患 132 处，完成 159 辆公交车驾驶室隔离防护网安装，客、货运输车辆全面实现 4G 动态监控，孝感市"两客一危"车辆动态监控违规信息闭环处理现场会在汉川市召开。组织水上、道路运输安全应急演练 3 次，完成春运、节假日运输保障以及多轮雨雪冰冻天气除雪融冰保畅任务。全年水陆未发生安全生产责任事故。加强交通生态环保整治，全面启动汉江岸线资源清理、港口船舶污染防治、非法码头治理，汉江 24 处非法码头全部取缔，关停船厂 1 处，撤除渡口 1 处，拖离废旧船舶 6 艘，中央环保督察反馈问题和交办事项整改完成。加强矛盾纠纷排查化解，履行包保稳控责任，处理各类信访案件 50 件，未发生"非正常"上访行为。

文明建设。汉川市交通运输局获 2018 年度汉川市争取项目资金奖，市公路管理局被评为全省公路系统先进集体、省公路养护规范管理年活动先进集体、孝感市公路养护规范管理年活动先进集体、汉川市优胜单位；市道路运输管理所被评为孝感市交通运输系统先进集体；汉川万维养护有限责任公司被孝感市评为公路系统先进集体；汉川市港航管理所航政股被孝感市评为港航海事系统先进集体。

（刘红杰）

【应城市】　至 2018 年年底，全市有公路里程 2107.49 公里、路网密度 191 公里 / 百平方公里，其中高速公路 67.5 公里、一级公路 14.26 公里、二级公路 140.09 公里、三级公路 136.11 公里、四级公路 1749.53 公里；按行政等级（不含高速公路）国道 4252 公里、省道 112.06 公里、县道 181.16 公里、乡道 497.69 公里、村道 1206.56 公里。境内通航里程 35 公里，其中大富水通航里程 22 公里、汉北河通航里程 13 公里。客运站 6 个，其中二级客运站 3 个、五级客运站 3 个，港湾式候车亭 6 个、乡镇候车亭 80 个、招呼站 301 个。

基础设施建设。全年完成交通建设投资 4.8 亿元，比上年增长 0.14%。建设完成 347 国道南德线护子潭大桥至应城二桥大修工程、212 省道宋天线田店至盛滩大修工程、470 省道雷新线雷湾至刘先段大修工程、圈环高速应城北互通接线工程、西汉湖滨湖旅游公路工程、护子潭大桥、刘垸桥、巡检桥 3 座桥梁工程。建成通村公路 89.7 公里，其中自然村 50 公里、窄路面加宽 37 公里、撤并村 2.7 公里。续建 347 国道应城市绕城段，完成总工程量的 60%。基本形成以高速公路为骨架，国、省道干线公路为支撑，农村公路为补充，辐射周边、连接城乡、港站配套的交通运输网络。

"四好农村路"建设。全面推进路长制工作，制定《应城市全面推行

2018 年 6 月 7 日，汉川市优化农村公交线路，新建港湾式候车亭。图为汉川市庙头镇庙头村

127

2018 年 10 月 28 日，应城市创建"四好农村路"。图为八汤线农村公路

路长制实施方案》，全市明确市级总路长 1 名、路长 6 名，镇级总路长 17 名、路长 104 名，村级路长 415 名，并将路长制工作纳入政府年度责任考核体系，构建"政府主导、属地管理、分级负责、责任到人"长效管理机制。各级路长上路巡查督导，在汉宜东线、平应线、宋天线开展多次路域环境专项整治行动，成效明显。全市确定创建 347 国道应城二桥至护子潭桥段，省道烟应线，县道八汤线、西汉湖滨湖旅游公路等 4 条示范线路，东马坊办事处、天鹅镇、杨岭镇、杨河镇 4 个示范乡镇，按照"五减五增"要求，设立路长制公示牌 46 块，制作悬挂宣传标语 17 处，完成彩色路肩双边 5 公里，制止各类违章建筑 7 处，非交通标志 14 块，初步达到"安全、通达、净美"要求。完成八汤线农旅融合提升工程，打造旅游黄金通道。

运输服务。全年公路客运量 975 万人、旅客周转量 54393 万人公里，比上年分别下降 32.56%、22.5%；货运量 812 万吨、货物周转量 39818 万吨公里，比上年分别下降 2.4%、1.03%。全市有客运企业 18 家，营运线路 56 条，客车 302 辆，行政村通客车率 100%。有货运企业 116 家，货车 1478 辆。城市公共汽车公司 1 家，公交车 72 辆，公交线路 6 条，营运

里程 66.9 公里。出租车公司 3 家，出租车 200 辆。水上运输企业 1 家、船舶 53 艘，总载重吨 4.1951 万吨。因汉北河修建船闸，应城水域断航，无水上货物运输。

行业管理。全年完成水泥路灌缝 68 公里，油路灌缝 42 公里，清挖水沟 35 公里，整修路基 68 公里，挖软基 3586 平方米，补油路坑槽 13358 平方米，安装示警桩 2000 根，百米桩 3000 根，路肩割草 163 公里。开展超限超载、非法改装、打非治违、路域环境等专项整治行动，全年查扣车辆 146 辆，卸货 5038 吨，公示重点货运

源头企业 6 家；制止各类违章建筑 13 处 326 平方米，拆除非交通标志标牌 11 块，清理摊点及乱堆乱放物 156 处 946 平方米，查处路损案件 6 起，行政处罚立案查处 80 件，办结涉路行政许可 3 起。完成中央环保督查反馈整改任务，30 艘 400 总吨以上营运船舶安装生活污水处理设施。开展客运市场"黑的麻木"非法营运长效整治行动，联合交警、城管、客管组成综合执法专班上路巡查，加强重点区域、重点对象、重点时段非法营运整治力度，全年查处非法营运车辆 90 余辆。筹资 30 余万元，在人民医院大门、火车站站前广场、长途客运站设置 3 处出租车停靠点，规范出租汽车载客点。抢抓国家推广应用新能源汽车政策机遇，加快公交车更新步伐，采购新能源纯电动公交车 10 辆，逐步淘汰排放不达标、技术状况差和到期报废的燃油车辆。

安全应急管理。完成孝感市人民政府挂牌督办的东城大道与汉宜公路平交道口安全隐患 1 处，孝感市安委会督办的 9 处道路交通安全隐患路段全部整改到位。孝感市人民政府 2016 年挂牌督办的护子潭大桥危桥改建工程竣工通车。工程建设和养护工作中出具隐患整改通知书 16 份，现场整改率 100%。联合市教育局对全市部分农村通班线客车和校车线路进行安全

2018 年 10 月 28 日，应城农村公路安全防护工程建设

隐患调查摸排，发现通班线客车行驶路线安全隐患 47 处、校车行驶路线安全隐患 17 处，全部整改到位。加强全市所有客运、危险品货运车辆动态监控管理系统监管，"两客一危"运输企业所有营运在线车辆实行 24 小时实时有效监控；严管旅游包车，落实长途客运车辆落地休息制度和乘客实名制管理，对全市 2 家客运企业、3 家危险品货运企业、4 家驾校以及 1 家水上运输企业全部推进企业安全隐患排查治理"两化"平台体系建设，督促全市交通运输企业开展安全生产自查自纠活动，切实增强安全主体责任。全年投资 773 万元，安装波形护栏 26816 米，警告标志 145 块，警示桩 414 根，轮廓标 1383 块等，消除安全隐患里程 105.8 公里。

（邓勇）

【云梦县】 至 2018 年年底，全县有公路里程 1886.23 公里、路网密度 312.3 公里 / 百平方公里，其中高速公路 14.1 公里、一级公路 52.40 公里、二级公路 98.16 公里、三级公路 124.57 公里、四级公路 1447.66 公里、等外公路 148.74 公里。内河航道里程 78.5 公里，港口 1 个，生产性码头泊位 2 个，渡口 15 个。客运站 10 个，其中二级客运站 1 个、四级客运站 1 个、五级客运站 8 个，货运站 1 个。

基础设施建设。完成城区公交提升工程、云安线、女儿港桥改造、通村公路建设、农村危桥改造、国省道安全防护工程、南外环大修、胡辛线等重点项目建设。武汉城市圈高速公路有序推进，完成固定资产投资 1.4 亿元。投资 1800 万元，完成城区公交改造工程，新购置新能源电动车 20 辆，延伸 2 路、3 路公交线，并对云梦城关至吴铺王桥农村班线进行公交化改造。投资 5200 万元，完成 211 省道云安线 11.8 公里、334 省道胡辛线 3.85 公里升等改造；投资 2510 万元，完成南外环 4.8 公里大修；投资 887 万元，完成国省道安全防护"455"工程；投资 2000 余万元，新改建通村公路 92.8 公里，改造农村危桥 4 座，

群众出行更加安全、便捷。新改建"交通厕所"5 个。

公路养护。完成路面清扫 7604 公里、路面坑槽挖补 9796.53 平方米，完成国省道灌缝 53094 延米，处治基层 2331.41 平方米、深层压浆 140 吨，修整路肩 15 公里，路肩、边沟排水 78 公里，路肩割草 384 公里。

"路长制"工作。出台《云梦县关于全面推行"路长制"实施意见》，将全县 6 条国省道 158 公里、8 条县道 65 公里、1147 条乡村道 1459 公里纳入路长制管理范围。坚持政府主导、分级负责、属地管理、部门协同，建立县、乡、村三级路长制体系，建立"一路一档""一路一策"。按要求设置路长制公示牌，标明路段名称、路长、分路长负责人及联系电话、路长职责、监督服务电话等，设置国省道公示牌 36 块，县道公示牌 21 块。大力整治路域环境，全年上路巡查 680 人次，清除路障 82 处，清除占道堆积物 780 平方米，纠正各类违规违章 66 件，制止、清理公路两侧建筑控制区内违建和摆摊设点 44 起，拆除非公路标牌 35 处，路域环境明显改善。创新开展"大数据 + 路长制"管理新模式，建设智慧路长信息管理系统，将日常巡查、问题督办、情况通报、责任落实等纳入信息平台管理。推出路长制管理手机 App，做到"路长制"管理"随手拍"。实现管护"常态化"，成立南北片区 2 个巡查专班，对全县纳入路长制管理的道路实行一周一巡查，一周一会商，列出问题清单，及时下发巡查通报和整改通知，督促各乡镇和部门限期整改到位。开展巡查 1000 余人次，列出正反两面问题清单 15 条，下发巡查通报 3 期，问题全部整改到位。

路政管理。路政大队全年上路巡查 1500 人次、出动执法车辆 530 余辆次，清除路障 82 处，清除占道堆积物 780 平方米，纠正各类交通违章 66 件，制止公路两侧建筑控制区内违建 12 起；清理公路两侧乱搭乱建及摆摊设点 32 起，拆除非公路标牌 35 处。超限超载整治，检测车辆 9000 余辆，

查处超限车辆 195 辆、擅自改装车辆 13 辆、扬撒车辆 12 辆，卸货 9500 余吨，超限率控制在 4% 以内。日常检测工作规范到位，案件处理及时准确，程序合法。无因检测或处理失误而引发投诉、上访事件。

运输管理。以定点和流动稽查为手段，对重点路段和部位实施重点监控，改善城市交通环境。全年警告处罚出租车 41 辆，打击"黑车"15 辆、电动四轮车 32 辆、"麻木"156 辆，拆除"麻木"车棚 80 余座。加强通航水域水上运输船舶、餐饮趸船防污染防治工作，对 49 艘船舶安装油水分离器，35 艘船舶安装生活污水处理器，所有船舶配齐垃圾桶，拆解餐饮趸船 1 艘，停止营业餐饮趸船 1 艘，消除船舶对通航水域污染。投资 20 万元，建设桥面水体收容器，有效防止桥面污水对二级饮用水源保护地污染。

安全管理。开展安全生产检查整改工作，每次专项检查后列出安全隐患清单和整改台账进行通报，对整改完成情况实时监督，确保整改实效。全年组织检查 12 次，查出安全隐患 16 处，现场下达安全责令整改通知书 4 份，全部限时整改到位。实行旅客互联网购票实名制，应用人脸识别智能检票系统。"两客一危"车辆动态监控系统全面升级为 4G，永泰公司和中燃集团通过运输企业标准化考评验收。开展"两化"系统应用、客货运从业人员等安全宣传教育培训 9 次，培训教育 1000 余人次。开展"安全生产月"宣传咨询活动，发放安全宣传单、画册等 1000 余份，接受群众咨询 200 人次。全县交通运输安全生产态势平稳，水上安全面 100%，陆上安全四项指数为零，工程建设安全事故为零。连续 17 年无水上安全事故新纪录。

行业管理。推进行业"放管服"改革，全面推进政务中心"一张网"建设，全系统 324 项行政许可、行政处罚、行政强制等事项全部录入上网，所有网上办理事项均进行测试。推进"双随机、一公开"监管

工作，优化调整抽查比例、抽查频率，全年抽查事项完成率100%，抽查频次达成率100%。对全县出列村优先建设通村公路16公里，配齐候车亭、招呼站等。

（王金忠）

【安陆市】 至2018年年底，全市公路通车里程3165.10公里、路网密度233.59公里/百平方公里，其中高速公路37.67公里、一级公路29公里、二级公路229.55公里、三级公路205.11公里、四级公路2422.17公里、等外公路241.60公里。内河航道通航里程47.5公里，渡口3个。客运站11个，其中二级客运站2个、三级客运站1个、五级客运站8个。

基础设施建设。全年完成交通建设投资4.12亿元（不含高速投资），比上年增长196.07%。普通公路建设投资3.5亿元，赵棚至钱冲旅游公路、安赵线改扩建工程开工建设；完成木梓至天然段、巡洪线、雷木桑改造改建工程和王吉大道刷黑，投资8540万元；完成胡辛线主体工程，投资3250万元；农村公路投资1.16亿元，建设208.6公里、窄路面加宽40公里、提档升级35公里；水长线路基维护投资635万元。公路安全及养护投资2527万元，安全防护工程投资1000万元，完成隐患整治40.4公里；投资288万元，改造危桥2座；公路养护投资1239万元。投资75万元，建设"交通厕所"3座。李店至新天段二级公路改建工程完成招标，243省道大天线陈店至胡棚段一级路改建工程在进行施工图设计中。水上投资150万元，完成搜救趸船建设、南城仰棚渡口、烟店竹罗渡口灾后重建。完成站场投资3575万元，锐腾物流园投资3500万元，3、4号高台仓储主体工程完工，6号仓库在建中，新增建筑面积6578.42平方米。

运输服务。全年完成道路客运量421.87万人次、旅客周转量12132.8万人公里。汽运公司完成营业收入732万元，上缴税金101万元，利润总额亏损220余万元。新增货车73辆510.4吨，更新客车6辆141座。许可

农村线路客运公司4家。查处违规违章长途客运班车137辆次，查处违规出租车辆180余辆次、非法转让经营权11辆，查扣"黑车"30辆次，取缔城区驾校培训点。完成1家客运企业、3家出租车公司、2家危险品运输企业、5家一二类维修企业、6家驾校和4家农村客运公司2017年度质量信誉考核，完成2274名驾驶员从业资格诚信考核，从业人员网上继续教育学习培训2221人。持续开展服务质量提升活动，开展小红帽、黄马甲志愿服务和长途客车延伸免费接送服务及免费送考。

推行路长制。成立市级领导小组和路长制办公室，建立覆盖全市公路的三级路长制体系，制定8项管理制度，建立经费保障机制，实现公路管理保护由部门行为向政府行为的转变，由单一管理向综合治理的转变，由行业管理向社会共管的转变。投入320余万元创建万肖线农旅融合示范线。

超限超载治理。实行治超责任清单管理，加强货物源头治理，加强路面联合常态执法，严格落实"一超四罚"和信息抄告制度，建设不停车检测系统，推进科技治超。查处超限车辆226辆，卸货16416.5吨，割除非法改装墙板58辆，抄告违法超限超载运输车辆82辆。

路政管理。开展路域环境专项整治行动，对公路非标及占地依法强制拆除，查处路损案件，清理公路及用地范围堆积物1935平方米、电杆27根、非交通标志标牌371块，拆除违建12处，取缔占道经营33处，办理乡道行政许可2起。全市国省干线建筑控制区内无新增建筑，路产路权保护良好，通行环境良好。

交通环保。建立公路环保工作机制，制订《公路扬尘污染防治管理制度》《公路工程施工环保管理制度》，开展货运扬撒治理，购置洒水车对城区干线公路洒水降尘；做好施工道路扬尘监管，开工工地围栏作业，做到堆场有覆盖，及时清扫撒落砂石和砂土，随时洒水降尘。排查5家固体废物排放企业转运环节，对4家企业固体危

险废物排放转运实施监管；投资23万元建设府河二桥污水收集管线及应急池、沉淀池等污水处理设施；持续开展河砂整治，依法关停39个河砂码头。做好渡口渡船污染防治，建设渡口垃圾池2个，渡船配置垃圾桶。

安全应急管理。开展旅客运输、客运站场、危货运输、渡口码头、公路安全、工程建设安全整治活动。加强孝洪高速和汉十高铁2座府河特大桥施工现场监管。创建"平安水域"，加强渡口渡船监管，开展河砂整治，清理取缔涉砂机具50余艘。排查整改隐患纠纷。开展安全生产联合大检查26次，部门和企业安全检查110余次，及时整改重大安全隐患4处，消除一般安全隐患18处，督办整改运输企业驾驶员违规操作22人次，辞退违规情节严重驾驶员4人。开展矛盾纠纷排查，积极化解矛盾，群众来信来访64件103人次，其中受理来信33件52人次，全部办结。开展公路、水上安全、消防、反恐应急演练。综治工作。

精准扶贫。完成扶贫道路285.6公里建设计划任务（含增补计划），验收264公里。帮扶村级资金37.3万元，帮助贫困户实现劳务增收127.5万元，村级集体经济增收2万元，37户104人脱贫。脱贫户马超评为市级脱贫示范户。完成社会扶贫爱心人士注册工作，成功对接15户。帮扶资金7.17万元，慰问208户困难户6.5万元。开展贫困户健康体检，提供公益性岗位2个，推荐就业和转移剩余劳动力19人。搬迁66户162人，送易地搬迁户床、桌椅、条台6户4200元。危房改造13户。帮扶项目12个，帮扶60户，主要是种植艾蒿200余亩、黄桃6亩、特种稻30亩、水产家畜养殖，帮扶资金7.8万元，引进（大北农）资金30万元。安装江河村委会空调3台1万元，投资8.5万元硬化村委会广场，安装篮球架1套。投资15万元援建王河村民广场、扶贫车间。

交通改革。利用世行贷款安陆交通一体化项目，实施公交改革，实行公车公营。项目世行贷款7000万美元，

地方匹配 5 亿元人民币，总投资 10 亿元人民币，主要用于公交路网、公交客运站场、公交智能系统建设及公交车辆采购和相关技术援助。

(程作云)

【大悟县】　至 2018 年年底，全市公路里程 5767.11 公里、路网密度 212.8 公里 / 百平方公里，其中高速公路 96.2 公里、一级公路 32.57 公里、二级公路 306.41 公里、三级公路 281.82 公里、四级公路 3493.11 公里、等外公路 1557 公里。渡口 2 个。客运站 5 个，其中二级客运站 1 个、五级客运站 4 个。

基础设施建设。全年完成交通固定资产投资 20834 万元，比上年下降 43.7%。346 国道大悟县河口至城关段一级公路完成路面工程 4 公里，完成投资 5000 万元；大悟县悟峰山旅游公路殷家湾至郑家塆段完成路面工程 4.49 公里，完成投资 5000 万元。县乡道三华线升级改造全长 31 公里，完成 8 公里路面改造。完成干线公路三华线华河三桥危桥拆除重建工程，桥长 18 米，宽 8 米。完成孙河大桥危桥重建，总投资 789 万元。芳新线升级改造全长 8.5 公里，混凝土路面全部完成。新彭线升级改造全长 18 公里，完成余河段 10 公里路面改造。村级公路改造路基工程 269.1 公里、路面工程 172.1

公里，完成投资 8644.7 万元。农旅融合公路 3 个项目完成招投标工作，施工单位进场：宣化至河南苏河公路 (观新线) 全长 13.5 公里，按三级公路标准建设，路基宽 7 米；龙潭湖至芳新线公路 (观新线) 全长 4.9 公里，按四级公路标准建设，路基宽 7 米；刘集至蔡店旅游公路 (大悟段) 全长 7 公里，按三级公路标准建设，路基宽 7 米。完成农村公路危桥改造计划 12 座 385 延米前期工作。

"四好农村路"建设。推进"四好农村路"创建工作，服务乡村振兴和脱贫攻坚。完成资源旅游路计划 6.8 公里，撤并村通畅工程计划 19.6 公里。农村公路提档升级计划 167.6 公里，窄路加宽计划 51 公里。实施农村公路安全防护计划 160 公里，"美丽农村路" 15.85 公里。推荐新城镇作为省级"四好农村路"示范乡镇。

运输服务。12 月 15 日，农村客运 4G 视频监控设备安装工作和监控平台建设全面完成，争取农村客运燃油补贴省农村客运发展专项资金解决安装费用问题，全县 435 辆农村客运车辆 4G 动态视频监控设备全部安装到位。启动公交改革工作，成立大悟公交公司，新能源公交车 14 辆挂网招标，计划开通 1、2 路新能源公交线路，城区至孝感北站和孝感北站至乡村振兴示范区绿色能源公交环线 32 公里。开

展城区非法营运黑车集中整治行动 80 余次，查扣"黑车" 170 余辆次。

物流发展。启动全县促进道路货运产业发展工作，统计全县货运车辆相关数据，建立货运车辆台账。摸底调查全县规模以上物流企业 (公司)13 家。开展物流项目招商活动，引进武汉汉北物流园落户刘集。利用孝感市物流网站信息平台，发布物流新闻信息 1034 条、物流政策信息 270 条、装备技术信息 276 条、交通局资讯 239 条、招商引资信息 71 条。

公路养护。坚持干线公路预防性养护和周期性养护，全面开展坑槽修补、路肩整修、边沟疏通、完善沿线设施等工作，重点修补荷土线、三宋线、新大线等线路老化且破损严重油面。3 月 22 日，县公路管理局列养的 41 条县乡道 381.25 公里和相关 10 座道班移交至县农村公路管理局接养。县农村公路管理局落实养护责任人和管理责任人，完善检查考评机制，加大巡查监管力度，提高养护水平，纳入专业养护。

治超工作。开展 24 小时联动执法，通过"源头控、卡口守、路面查"全过程、全天候严防死守，开展公路治超源头专项治理。依托吕王固定治超站，针对黄土线、宋应线、大天线等超限车辆较多的干线公路，在河口镇、城关镇设立治超卡点，同时在宋长线河口公路管理站、河乔线与荷土线接口、大悟城区外环线隧道口等超载严重的路段分别设置电动限高架，查处超限车辆 35 辆。

安全应急管理。牢固树立安全生产底线思维和红线意识，全力查隐患、找问题、补短板、堵漏洞，结合季节性和重点时段安全生产工作特点，组织开展安全生产大检查，对检查中发现的问题和事故隐患限期整改，督促各责任单位及时落实整改措施，切实消除安全隐患。完成 108 省道、326 省道、260 省道、473 省道、243 省道 5 条干线公路实施安全生命防护工程，完成县乡和村道生命安全防护工程 35 公里、160 公里。

(肖孝儒)

2018 年 12 月 26 日，武汉至大悟高速公路大悟段正式开工建设

【孝昌县】 至 2018 年年底，全县公路里程 3710 公里，其中高速公路 45 公里、一级公路 32 公里、二级公路 140 公里、三级公路 293 公里、四级公路 3200 公里。客运站 7 个，其中二级客运站 1 个、四级客运站 1 个、五级客运站 5 个，农村综合服务站 3 个，候车亭 359 个。

基础设施建设。全年争取上级项目资金 3.2 亿元，比上年增加 19%。107 国道卫店至陆联段（孝昌城区外迁段）公路改扩建里程 24.4 公里、107 国道孝昌县王店至花园北大桥改建工程建设里程 16.2 公里，在进行路基土石方施工。261 省道孝昌县王店至季店段公路改建里程 16.3 公里、334 省道孝昌县丰山至邹岗段公路改建里程 15 公里、花西至邹岗段公路里程 26 公里，在进行清表和路基土石方施工。澴水河二桥新建工程及接线开工建设。孝昌县长途客运站至花园火车站一级公路 7.5 公里、"四好农村路"提档升级改扩建等项目完成招投标工作。115 省道京珠李集互通至黄陂区改扩建工程列入"十三五"中期调整项目库。完成武汉城市圈环线高速公路大随至汉十孝昌境内征地拆迁工作，建成观音湖至双峰山旅游公路和井边湾旅游公路，花西至白沙公路改扩建工程贯通。改扩建农村公路 294 公里，改造危桥 5 座，完成公路生命安全防护工

2018 年，孝昌观音湖景区环湖旅游专线公路

2018 年，孝昌打通脱贫致富路，图为周巷镇"十里苗木长廊"将 23 个村一线串珠

程 2573 万元，处置隐患里程 380 余公里。争创"四好农村路"示范县，推动乡村振兴，创建观双线、田堂村旅游路、十里苗木长廊"四好农村路"。

运输服务。全县客运企业 4 家、客运线路 149 条、客车 307 辆，出租车 150 辆，公交线路 4 条，公交车 46 辆；货运公司 1 家、货车 1909 辆。完成 4 路公交车公营改革，5 月 8 日投放 6 辆公交车正式营运。汽车维修企业 178 家，其中一类维修企业 1 家、二类维修企业 7 家、三类维修企业 170 家。驾培学校 7 家，有教练车 291 辆，全县取得道路运输从业人员资格证 4213 人，其中客运从业人员 414 人、货运从业人员 2810 人、出租车从业人员 798 人、道路旅客及货物运输从业人员 191 人。

养护管理。注重养护精细化，提高公路管养水平。挖补路面坑槽 5000 平方米，挖补水泥混凝土 86.36 万平方米，同步碎石封层 12447 平方米，沥青灌缝 144 公里；补划 115 省道王岗至松林岗、243 省道大涵洞至博士湾路面标线 1317 平方米。完成行道树刷白 29.25 公里，修复波形梁护栏 320 米，更换公里碑 4 块，补植百米桩 90 根、道口桩 210 根。清理高路肩 3735.5 米，整治标准路肩 32.94 公里，修复 115 省道横小线损坏硬路肩 50 米；清理路基边坡塌方 90 立方米，清理走水边沟 41 公里。桥梁管养，更换桥梁伸缩缝止水带 187 米、桥栏杆 9.6 米，桥梁防撞墙刷漆 2050 平方米，桥栏板刷白 1080 米。加固 115 省道王家河桥和 261 省道白沙大桥桩基 7 根。严格按计划对 107 国道花园北大桥危桥维修加固组织施工，加强原材料质量抽检，对分项工程质量进行管制，同时对工程质量、安全、进度及环保要求全过程跟踪管理，107 国道花园北大桥危桥维修加固工程全部完工。对 107 国道花园南大桥、116 省道姚松线沙窝桥、243 省道三宋澴水河大桥、261 省道王肖线五季桥四类危桥，在桥梁两头设置明显的限载、限速标志，加大日常检查频率，做好相应监控记录。完成 261 省道王肖线和 115 省道横小线"交通厕所"2 座。建成交通量观测站 5

座并投入使用。

路长制工作。全面推行路长制。成立路长制工作机构，完成县乡两级总路长和路长设置，设置总路长15个、各级路长248个。完善相关工作制度，初步形成巡查→处置→督查→通报运行机制。在王杨线16公里路段开展示范创建活动，全面提升王杨线示范线路整体形象。

路政管理。采取路政养护联动巡查，集中整治全县辖区内国省干线及列养公路路域环境，对侵犯公路产权违法行为做到早干涉、早发现、早处理。拆除违法建筑物8处52平方米，制止新违法建筑7处，拆除非交通标志牌164块，清理占道堆积物181处1535平方米，清理违法摊点76个，取缔洗车加水点3处。处理路损案件5件，收取公路赔偿费17230元、公路补偿费21200元，路损案件立案率、查处率、结案率100%。加强路政内业管理，整理路政赔偿类档案5件、行政处罚类档案288件，路政档案做到一案一卷、一案一考评。规范涉路施工许可申报。加大超限超载运输车辆治理力度，与交警部门联合开展专项整治，查处超限运输车辆337辆次，卸载货物9448.9吨，违法车辆信息抄告省外

2018年，孝昌县创建"四好农村路"，图为李集至邹岗农村公路

119辆次、省内176辆次。

运政管理。全年依法查扣非法营运"黑车"151辆，处罚货车非法改装71辆，纠正客车违章30余辆次，处罚违章客车51辆，处理"黑教练车"7辆、出租车违规经营4辆次，规范公交车经营行为2起，处理各类投诉38起。开展驾驶培训930人次，有效提升司乘人员服务意识。发放2017年度农村客运燃油补贴656万元，出租车燃油补贴196万元，发放农村客运财政补助资金196万元，新建港湾式候车棚20个。

安全生产。进一步健全安全管理工作制度，厘清安全管理责任。全年举办安全管理教育培训500余人次，普及交通安全法规和行业安全管理知识，有效提升干部职工和交通运输从业人员安全管理意识。结合"打非治违""两客一危"源头监管和非洲猪瘟防控等活动，查找安全隐患60余个、各类道路隐患300余处，及时通报督促逐一整改销号。公路应急全年出动抢险设备62台套、养护及应急人员244人次，抛撒融雪剂133吨。县公路应急抢险队伍出动作业车12辆，支援京珠高速公路抢险救灾工作，抛撒融雪剂作业里程80余公里。

(朱小超)

黄冈市交通运输

【概况】　至2018年年底，全市公路通车里程31365公里，路网密度179.6公里/百平方公里，其中高速公路700公里、一级公路611公里、二级公路2339公里、三级公路1910公里、四级公路24974公里、等外公路831公里；按行政等级(不含高速公路)分为国道857公里、省道2018公里、县道2886公里、乡道11162公里、专用公路100公里、村道13642公里。全市等级公路里程30534公里，占公路总里程97%，二级及以上公路里程12%。全市铁路营运里程429.5公里，其中复线里程370.1公里，电气化里程387.7公里。内河航道通航里程698公里，其中一级航道200公里、三级航道40公里、四级航道14公里、五级航道17公里、六级航道14公里、七级航道109公里，等外航道304公里。港口码头泊位167个，生产用泊位124个，非生产用泊位43个。客运站93个，其中一级客运站1个、二级客运站15个、三级客运站8个、四级客运站11个、五级客运站58个，农村客运候车亭5113个，招呼站3078个。货运站8个。

基础设施建设。全年完成交通固定资产投资142.55亿元，比上年增长16.7%，其中铁路35.24亿元、高速公路28.22亿元、普通公路69.1亿元、港航建设8.5亿元、站场物流1.49亿元。普通公路建设一级公路路基93公里、路面32公里，二级公路路基179公里、路面143公里，县乡道改造282公里，通村公路1195公里，农村公路提档升级路基2435公里、路面2097公里，安全防护工程10204公里，危桥改造266座，国省道大中修45公里。长江"645"工程蕲春水道、蕲河航道开发工程、临港新城综合码头、罗霍洲一期码头、钟家湾综合码头、张家湾港区祥宏综合码头、晨鸣纸业综合码头等项目加快推进。省政府批准同意将黄冈市沿江6个港口整合为"黄冈港"并列为全省重要港口，黄冈港总体规

2018 年,106 国道黄上公路四通八达,形成美丽公路经济带

划和疏港铁路规划编制初步完成。长江大保护三大标志性战役全面启动,全市累计拆除各类码头 142 个,清退港口岸线 13.97 公里,复绿岸线 12.3 公里。全市 11 个临时砂石集并中心全部获市政府批复,武穴、蕲春建成长期砂石集并中心,团风罗霍州、武穴振航等现代化高桩码头竣工验收。

"四好农村路"建设。提档升级农村公路 2780 公里,创建美丽农村路 1822 公里。完成"455"公路安全防护工程 4466 公里,"四年任务、两年完成"目标全面实现。11 个县市区《"四好农村路"发展规划》全部编制完成并获县政府批复。黄州区成功通过全国"四好农村路"示范县复核,浠水县被评为全省"四好农村路"示范县。

运输服务。建设完成团风客运站、龙感湖客运站。至年底,全市拥有载货汽车 26414 辆,比上年减少 3.9%,总载重 189180 吨,比上年增加 0.7%;拥有载客汽车 4200 辆,比上年减少 10%,总客位减少 4.6%。全市拥有船舶 636 艘,总净载 774465 吨。公路客运量 10165 万人,比上年增加 3.5%;公路货运量 7905 万吨,比上年减少 20.4%;水路货运量 3562 万吨,比上年减少 1%。全市内坼港口货物吞吐量 5388.82 万吨,比上年减少 10.3%。全面完成货运车辆检测"三检合一"改革任务,全市 10 家道路货运车辆检验检测机构实现货运车辆"一次上线、一次检测、一次收费"。推进创建省级公交示范城市,市政府印发《黄冈市建设湖北省公交示范城市三年行动方案》,完成《黄冈市城区公共交通规划》修编并通过市规委会审查。更新纯电动公交车 115 辆,新增和调整优化线路 9 条。

科技与信息化。充分运用互联网技术,提高科技与信息化水平。完成全市 5000 余辆"两客一危"和农村客运车辆 4G 动态视频监控全覆盖,建成市级道路运输安全第三方监测平台。完成全市 2238 辆机动车驾驶员教练车人脸识别计时培训系统安装,建成不停车检测系统 6 处、电子抓拍系统 5 处。推进市公交发展公司建立智能监控和调度系统,发行全国公交一卡通 1.5 万张并实现网上充值,开通黄冈掌上公交 App,开辟 IC 卡、银联手机闪付、"云闪付"等支付方式。

安全应急管理。市政府印发《黄冈市治理车辆超限超载联合执法常态化制度化工作实施方案》,建立《黄冈市交通运输局党政领导干部领衔整治安全隐患制度》和《黄冈市交通运输安全生产委员会工作机制》,与各单位、各县市区签订《安全生产工作目标责任书》,不断完善安全应急管理体系。推进"平安交通"建设,"打非治违"、安全生产"四大行动"和危险货物运输整治等专项行动,加强重点时段防范,开展扫黑除恶专项斗争,全力做好非洲猪瘟防控工作,全市交通运输安全生产形势安全平稳。全年培训人员 340 余人,发送各类安全宣传资料 4000 余套。开展危化品运输应急演练、公路阻断抢险保通防汛应急抢险演练、水上交通安全应急演练、长江鄂东段水上交通战备保障演习。"打非治违"专项行动检查客、货运企业站场 416 次,检查交通运输企业 536 家,检查货运车辆 16989 辆,查处各类非法车辆 1121 辆次。

2018 年 5 月 9 日,黄冈港黄州港区临港新城综合码头运营中

2018 年 7 月 31 日,整治后的长江复绿岸线

2018 年 12 月 28 日，江北一级公路南湖收费站正式撤站并停止收费

公路治超。开展联合执法、综合整治 80 多次，检查车辆 26627 辆，查处超限超载车辆 4851 辆、卸载车辆 4875 辆，卸载货物 56783 吨。整治非法改装车辆 396 辆，联合公安交警处理查扣车辆 4453 辆。

交通改革措施。争取省政府将黄冈市确定为全省普通公路"建养一体化"试点，市政府出台《黄冈市普通公路"建养一体化"实施方案》，大力推广"建养一体化"新模式，大规模引进优质社会资本投入普通公路建设。全市 9 个县市完成 8 个批次招投标工作，吸引中交、中铁、中建等大中型企业参与 39 个 815 公里、总投资 122 亿元交通项目建设。全市干线路网由典型示范、以点带面向整体推进、全面提升蜕变，获省交通运输厅优先安排补助资金。

文明创建。结合行业特色开展"践行新思想、引领新风尚"、武穴"党员示范路"、"三好"文明公交线、城区 5 路公交"千年黄州"特色车厢、公交出行宣传周等系列创建活动。黄冈市交通运输局获 2018 年度黄冈市市直单位领导班子年度目标责任考核优胜单位。

（夏彬）

【黄州区】　至 2018 年年底，黄州区公路里程 1615.23 公里，其中高速公路 21 公里、国道 35.03 公里、省道 73.56 公里、县道 164.73 公里、乡道 439.54 公里、村道 873.37 公里、专用公路 8 公里。

基础设施建设。全年完成交通建设投资 4.3 亿元，其中公路建设 2.2 亿元、港航 2.1 亿元。完成 106 国道美丽公路示范路 12 公里，推进升级改造方案，扩充为 106 国道（黄上线）美丽公路经济带创建项目，起于三台河桥，止于陈策楼镇张新湾，里程增至 23 公里。完成王烽线陵园路路面改造和王程线、河孙线刷黑工程，并交工验收通车。11 月省道黄枫线改扩建二期工程全长 2.7 公里开工建设，投资概算近 4000 万元。农村公路 PPP 项目 19.23 公里建设，完成张白线和王李线路面 12.1 公里刷黑、路太线 7.13 公里路面水稳层铺筑。全年建成"四好农村路"示范路 237 公里，提档升级"四好农村路"52 公里，建好美丽农村公

路 150 公里、绿化农村公路 50 公里，改造完成幸福岗桥、袁家铺桥、德政桥等农村公路危桥 9 座，建成农村公路港湾式候车亭 3 座，农村公路通畅率进一步提升。完成 106 国道和省道黄枫线、江北公路、城东公路等 4 条国省道 96.45 公里安全防护工程建设任务，完成农村公路安全防护工程 335.4 公里，提前实现"455"公路安全防护工程目标。完成《黄州港总体规划》修编，报省政府待批。晨鸣纸业综合码头完成建设并投入运营，黄州临港新城综合码头交工验收，禹杰综合码头、黄州港临时砂石集并中心部分码头泊位完成交工验收并投入生产。区交通运输局牵头黄黄铁路（黄州段）建设相关协调服务工作，完成土地勘界、边沟开挖、房屋测量、地面附属物登记、还建点选址等前期工作，全力推进土地征收。巴河特大桥完成工程量的 25%。投资 60 万元，高标准建成"交通厕所"1 座。

"四好农村路"建设。率先在全省编制《"四好农村路"发展规划（2018—2022）》，建成"四好农村路"示范路 237 公里，投入资金 1.8 亿元。2018 年 9 月 7 日，黄州区被交通运输部、农业农村部、国务院扶贫办联合命名为"四好农村路"全国示范县。申报陈策楼镇创建全省"四好农村路"示范乡镇，投资 3600 万元，建设陈策楼镇提档升级通村公路主干道和美丽农村公路，同时陈策楼镇通过资源整

2018 年 1 月 9 日，106 国道黄冈三台河大桥正式通车

合与多方投入相结合，投入资金1500余万元，改造扩宽产业路、扶贫路87公里，建成美丽农村路65公里，新建湾组公路23公里，带动全镇乡村特色旅游、农业特色产业、"能人回乡"创业等新业态发展，沿线农民实现收入1000余万元。

运输服务。全年完成道路客运量300万人次、旅客周转量1.5亿人公里，货运量850万吨、货物周转量32000万吨公里。完成港口吞吐量747.56万吨，水路货物周转量47565万吨公里。投入43万元建成黄州区"两客一危"4G动态视频监管平台并投入运营，投入182万元为全区697辆"两客一危"车辆安装GPS系统。严格落实实名制购票，执行"三不进站、六不出站"制度。开通运行109城东线、110循环线和111路口至太平寺线3条城乡公交线路。货运市场推行"一超四罚"制度，以火车站化工园为重点开展打非治违活动，查扣"黑车"60余辆次，吊销2辆营运车辆《道路运输证》，对16家运输企业实施停业整顿1个月，抄告的377辆营运车辆纳入"一超四罚"黑名单，125名超限车辆驾驶员实施从业资格证诚信扣分。落实维修经营备案制，推行维修电子档案，11

2018年，"四好农村路"带动产业发展。图为黄州区苗木基地

月辖区检测站全面实现"两检合一"。规范驾校秩序，打击非法培训行为，清理和录入驾培机构数据，7月1日实施人脸识别计时系统。

公路治超。加强源头治超，巴河实行全面禁采，整治拆除砂石码头，在临时砂石集并中心设立进出专用关卡和监控点，实行定时定点装卸作业。推行科技治超，建设干线公路不停车超限检测系统，形成非现场执法"天网"，其中207省道张新湾处建成投入使用，343省道江北路东方园林和罗家沟桥2处试运营。加大农村公路治超力度，重点路段设置限高架，督

促镇村落实护路责任，打破常规巡查，劝离超限车辆318辆，卸载20辆。推动联合治超，建立健全协作机制，密切配合交警部门，依托治超站点实施24小时监控监测，不定时不定路段开展流动稽查，查处违法超限运输车辆700余辆次，卸载货物6000余吨。

路政管理。公路部门以路域环境综合整治为重心，增加巡查频率，增强巡查密度，依法治路护路。制止公路打场晒粮219处，拆除违章建筑618平方米，清理占道经营905平方米，拆除非公路标志牌89块，处理结案路产赔偿31件，办理路政许可2起，发放宣传单1000余份。农路部门调整机构设置，成立2个路政大队，解决农村公路因线长、面广、点多导致管理不及时难到位、巡查有盲点等问题，全年出动机械100余台次，清除占路堆积物3000多立方米，制止公路打场晒粮60余起，迁移违建杆线18根。

公路养护。在符合条件的王盂线、王王线、上李线等路段推进"乡村绿道"建设，建成中式古典建筑风格、总占地800平方米的王盂线公路驿站。黄州区"四好农村路"养护工程预算被交通运输部推广。区公路部门以提质达标为标尺，狠抓规范养护、专项养护、机械化养护，改良养护工艺，配备新设备12台套，工作效率明显提高，辖区干线公路优良路率90.6%。开展公路扬尘治理，加大"美丽示范公路"建设，打造绿色景观长廊。区农路部门围绕建成的"四好农村路"

2018年8月16日，黄冈市区首个治超不停车称重检测项目建设中，图为207省道夏黄线张新湾段

及 351 公里农村公路主干道，加强养护巡查和排险，洒水除尘，改善路域环境，全年维修破损路面 6000 平方米，增建驳岸、挡土墙 2320 立方米。黄冈市 2018 年"四好农村路"养护现场会在黄州区召开。

水路运输市场管理。按时完成非法码头整治拆除任务，投入直接拆除费用 300 余万元，组织专班人员 1000 余人次，机械及运输车辆 170 多台套，拆除码头 9 个、泊位 21 个，拖离趸船 14 艘，平整场地近 500 亩，收回岸线 1694 米，同时完成黄州区临时砂石集并中心建设并投入使用。加强岸线清理，完成拆除码头用地平整及复绿工作，完成复绿、补绿 7.6 万平方米，栽植树木 2300 株。通过水运企业资质核查，引导督促港口经营企业、水上运输企业、服务企业依法经营。加强乡镇渡口渡船、遗爱湖旅游船舶和"三无船舶"监管，落实船舶检验、船员培训和船舶更新改造、节能减排工作。

(徐闻聪)

【团风县】　至 2018 年年底，全县通车里程 2534.60 公里、路网密度 285 公里 / 百平方公里，其中高速公路 71.40 公里、一级公路 36.06 公里、二级公路 124.97 公里、三级公路 104.74 公里、四级公路 2139.48 公里、等外 57.95 公里。内河航道通航里程 53 公里，港口 1 个，生产性码头 1 个，渡口 9 个。客运站 10 个，其中二级客运站 1 个、五级客运站 9 个。

基础设施建设。全年完成交通固定资产投资 1.6 亿元。12 月团风县马上线牛车河水库至总路咀段 5 公里完工通车。318 国道二期改扩建工程（团风标云岗至马曹庙段）、绕城公路二期工程、241 省道芦柴坳至漆柱山改建工程、四好农村公路 12 条 77.66 公里、241 省道方高坪至大广出口大修工程等在建中。完成生命安全防护工程 410 公里，完成危桥改造 24 座，完成通村公路建设 120 余公里。

行政执法。全县查处各种违法违规经营行为 442 起，清理占道经营 97 处 384 平方米，拆除违法建筑物 6 处 42 平方米、非公路标志 108 块。查处毁路损路案件 60 起，案件查处率 100%、结案率 98%，执法过错率为零，无行政复议、行政诉讼案件发生。开展打击航道内非法采砂活动，严厉打击未取得《河道采砂许可证》《水上水下施工作业许可证》在航道和航道保护范围内违法作业采砂、破坏航道整治建筑物、无序停泊影响通航安全的行为。

运输市场管理。全县有市际客运线路 8 条、县际客运线路 10 条、县内客运线路 43 条；挂靠经营航运企业 3 家，船舶总吨位 1.15 万吨。全年办理货运许可 78 个，新增货车 109 辆，更新客运 32 辆，清理注销货车 355 辆。出动运政稽查人员 3510 人次，车辆 386 车次，查处违法违规行为 700 余次，重点查处无证从事营运、不按规定线路行驶等违章行为，维护道路运输市场秩序。

路政管理。查处毁路损路案件 50 起。检测超限车辆 592 辆，卸载、转运黄沙、石子、机制砂 21619.8 吨，严格遵循称重检测、卸载放行工作原则。加强路警联动，联合执法。加大投入，在 318 国道 K802 处设置不停车检测系统，提升科技治超水平。

公路养护。新购置洒水车，通过洒水车、扫地王等机械进行日常保洁，减轻养护工人作业强度。加强应急保障，冰冻暴雪期间出动应急除冰人员 520 人次、抢险车辆 30 辆次、其他应急工程机械 63 台班，抛撒融雪剂 28 吨、工业盐 20 余吨，确保公路安全畅通。加强桥涵养护，疏浚桥涵 75 座 / 道，保证桥涵安全度汛。推进精细管理，及时安装和更换管养路段公里桩、百米桩钢护栏等，安装公里桩 61 块、百米桩 840 根，整修钢护栏 86 处，安装指路标志牌 27 块，确保安保设施齐全规范。完成缝养 55000 余米，修补（挖补）沥青路面坑槽 4100 平方米，修补砂石路面坑槽 14500 平方米，整修路肩 51200 平方米，清理边沟 48800 米。

(刘春)

【红安县】　至 2018 年年底，全县公路里程 2952.64 公里、路网密度 164.4 公里 / 百平方公里，其中一级公路 66.68 公里、二级公路 257.44 公里、三级公路 105.02 公里、四级公路 2444.93 公里、等外公路 78.57 公里。内河航道通航里程 45 公里，在营渡口 23 个。客运站 13 个，其中二级客运站 2 个、五级客运站 11 个。

基础设施建设。全年完成交通固定资产投资 5.2 亿元，建成公路 263.37 公里、危桥改造 611 延米，等级公路新增生产能力 263.37 公里。投资 36

2018 年 12 月，团风汽车客运站改扩建工程完工

万元，更新老旧客渡船 10 艘，乡镇渡口建设投资 20 万元。

"四好农村路"建设。编制完成《红安县"四好农村路"发展规划 (2018—2020 年)》并获县政府批复，相关批复文本报市局和省厅备案；编制完成《红安县农村公路发展规划 (2018—2025 年)》。全县 13 个乡镇 (场)"四好农村路"建设全面启动，完成红华线、周柏线、矿台线、工业大道、生态大道等 18 条线路农村公路提等升级工程路基 167.7 公里、路面 84.5 公里。七里坪镇申报省级"四好农村路"示范乡镇。完成农村公路提档升级 ("美丽农村路") 167.7 公里、通村达组公路路基 350 公里、路面 280 公里、农村公路安全防护工程 300.9 公里。完成农村公路危桥改造 21 座、国省干线"交通厕所" 1 座。

运输服务。城区公交实行公车公营，更新城区纯电动公交车 33 辆，开通沿河环线公交线路 1 条、街心花园到新行政服务中心公交专线 1 条。

公路管养。建成超载超限治理不停车检测系统 1 处。固定和流动治超检测车辆 11896 辆，劝返车辆 326 辆，处罚车辆 116 辆，转运、卸载货物 2000 余吨，超载超限率控制在 2% 以内。路政管理工作方法在全省作典型交流发言。查处案件 38 起，其中占利用公路 6 起，查处率、索赔率 100%。查处违法违规经营车辆 386 辆、非法经营车辆 95 辆、违规教练车 6 辆，取缔培训点 4 个。国省干线公路启动机

械化精细养护。农村公路管理机构改革完成，养护管理机制逐步健全，5 个基层养护站点履职到位，农村公路实现"春夏秋冬"四季集中养护，路容路貌和通行条件得到提升。

安全管理。客货运输动态监控服务终端全面升级。建立健全安全风险分级管控和隐患排查治理体系，持续开展公路建设、道路运输、水上交通等重点领域安全检查和隐患排查，确保隐患整改及时到位，安全生产形势持续平稳可控，全年无安全事故发生。

改革举措。完成交通放管服改革工作，进一步健全"双随机一公开"监督机制，全面对接省政务服务"一张网"，122 项行政审批事项全部入驻行政服务大厅。

(李兴名)

【麻城市】 至 2018 年年底，全县公路里程 4692.844 公里，其中高速公路 152.011 公里、国道 187.441 公里、省道 282.194 公里、县道 476.839 公里、乡道 1952.501 公里、村道 1639.358 公里、专用公路 2.5 公里。铁路通车里程 169.4 公里，其中京九铁路 58.5 公里、汉麻铁路 29.9 公里、沪汉蓉铁路 81 公里。内河航道通航里程 110 公里 (界河按二分之一算)，渡口 6 个。客运站 17 个，其中，一级客运站 1 个、二级客运站 2 个、三级客运站 1 个、五级客运站 13 个。

基础设施建设。全年完成交通固定资产投资 6.63 亿元，比上年增长

18.1%。做好沪蓉高速麻城龟峰山支线公路协调服务。106 国道绕城公路完成货币工程量 7945.5 万元。城区至三河口公路完成投资 1.2 亿元。12 月底，闵集二桥连接线竣工通车。推进普通公路"建养一体化"模式，出台《麻城市普通公路"建养一体化"实施方案》。220 国道边店至张广河段、106 国道彭店至余家寨段、106 国道福田河绕镇段等 3 个改建工程在开展前期专题报批工作；确定 323 省道蔡店河至白果段改建工程改线方案。国省干线安全防护工程建设完成货币工程量 7000 万元，农村公路完成安全隐患整治 770 公里，占总里程 980.99 公里的 78.49%，其中安装钢护栏 215.70 公里、标志标牌 2476 套。11 月 20 日，新建市汽车客运中心正式启用运营，并核定为一级客运站。

"四好农村路"建设。出台《麻城市"四好农村路"发展规划 (2018—2022 年)》。实施农村公路提档升级工程，完成全部路基工程 341.16 公里、路面 180 余公里，占计划任务的 52.76%，其中阎家河镇柏子塔至太子庙公路改建工程竣工通车，全长 5.19 公里，投资 911 万元。加快推进农村危桥改造，计划投资 8967 万元对全市 58 座农村公路危桥实施改造，完成桥梁改造 21 座，在建 27 座，余下 10 座面向社会打捆招标，签订施工合同。实施基层客运通达工程，黄金桥客运站完成维修改造，三河口新建三级客运站完成前期工作。

运输服务。全市有客运企业 14 家，其中长途客运企业 1 家、旅游客运企业 1 家、农村客运企业 12 家，客车 538 辆；货运企业 57 家，其中普通货运企业 53 家、危险品货运输企业 4 家，货车 2009 辆；城市公交企业 1 家，公交线路 8 条，公交站点 74 个，公交车 70 辆；出租汽车公司 5 家、出租车 352 辆。客运班线 177 条，其中跨县市以上客运班线 29 条、农村客运班线 148 条。全年完成公路客运量 309 万人次、旅客周转量 12364 万人公里，货运量 414 万吨、货物周转量 5672 万吨公里。完成铁路客运量 523.2 万人次、

2018 年，建设中的麻城东门大桥

2018 年 11 月 20 日，麻城汽车客运中心正式投入运营

货运量 25.2 万吨。渡船 22 艘，完成水路客运量近 3 万人次。机动车维修企业 318 家，其中一类维修企业 2 家、二类维修企业 38 家、三类维修业户 278 家。机动车综合性能检测机构 1 家，驾驶员培训 9 家，其中二类驾校 8 家、三类驾校 1 家。

公路养护。列养公路完成 106 国道路面中修 22.5 公里，完成预防性养护清灌缝 127626 米，清理水沟 9215 米，修补坑槽 4769 平方米，绿化补植树苗 13230 棵。346 国道上安线"畅安舒美"暨标准化路基防护 109.48 立方米，路肩硬化 125 立方米，浆砌水沟 570 米，路肩带维修 167 米，交通标志桥梁设施 83 块，安全防护城墙 156.3 平方米，学校及平交道口振荡线 473 平方米，中修标线 1270 平方米，沥青路面坑槽修补 4769 平方米，钢护栏维修 846 米，诱导标志 16 块，全自动交调设备基础完成 4 处。农村公路完成路面清扫 76 公里，边沟清理 50 公里，坑槽修补 56 处，边坡培土 1500 立方米，割草打药 400 公里。

运政管理。全面完成"两客一危"升 4G 工作，1055 辆车安装 BDS 车载终端设备，发送超速超疲劳警示短信 9504 条。开展打非治违活动，抓好客运市场专项整治，全年查处非法、违法营运车辆 502 辆次，查处不合格车辆 20 辆，责令限期整改。全面启动驾培"人脸识别计时"系统，安装计时设备 346 台，备案教练车 393 辆、备案教练员 410 人，建立电子围栏 35 个。清理非法培训点 52 家，规范达到要求训练场 31 家，查扣非法经营教练车 13 辆，驾校申请注销教练车 9 辆。开展维修市场清理整顿，督促二类以上维修企业安装并使用维修电子健康档案系统，打击非法修理业户 3 家，处罚不按规定开业业户 4 家，注销网上名存实亡业户 15 家。

路政管理。依法办理路政案件 22 件，其中赔 (补) 偿案件 19 件、行政处罚案件 3 件。依法征收、收缴罚没款 47400 元，公路路产损坏赔 (补) 偿费 350496 元，公路路产占用补偿费 180500 元。处理、制止路政违法行为 1600 余起，依法查处损坏公路及其设施 37 处，处理违法建筑 11 处。案件查处率、结案率 100%。开展路域环境整治活动，清理非公路标志 550 块，清理公路及用地范围内乱堆乱放 700 余处 6500 平方米。清理占道经营 80 处 700 余平方米。联合公安、水利、国土等部门开展超限专项整治，检测车辆 3816 辆，查处超限车辆 62 辆，卸载货物 3933 吨，拆除非法改装装置 76 辆次，纠正违法行为 400 余次，未发生一起行政复议和行政诉讼案件。投资 150 万元，麻城市宋埠镇长塘村 (G106 K1142+200 米) 不停车检测系统

全面完工，进入调试阶段；白塔河超限检测站"货车自动进站检测抓拍系统"开工建设，计划 2019 年春节后投入使用。

安全生产。全面落实"党政同责、一岗双责"责任制，层层签订安全生产责任状，以"生命至上、安全发展"为主题，推进安全生产各项工作。继续开展"打非治违"专项行动，启动"扫黑除恶"专项斗争行动。8 月 10 日启动安全生产"四大行动"，8 月 20 日启动"平安交通百日行动"。开展公路水路安全联防工作，领导干部领衔督办安全隐患工作。开展危险路段整治和"455"公路生命安全防护工程建设工作。全系统开展安全生产大检查 11 次，安全应急演练 5 次，安全业务培训 19 次，召开安全生产专题会 12 次，安全生产知识咨询活动 1 次，交通行业安全平稳。

（李洪波）

【罗田县】　至 2018 年年底，全县公路通车里程 3215.96 公里，其中高速公路 63.77 公里、国道 87.36 公里、省道 289.37 公里、县乡公路 842.22 公里、村道 1933.24 公里。渡口 4 个。客运站 9 个，其中二级客运站 1 个、三级客运站 5 个、五级客运站 3 个，候车亭 345 个，招呼站 120 个。

基础设施建设。全年完成交通固定资产投资 6.6 亿元。完成 228 省道松子关至河铺公路改建工程、323 省道鳡鱼咀至牌形地段改扩建工程建设，牌形地至七娘山公路 17.13 公里、大别山红色旅游公路改线及泗洲山大桥等项目在建中，大河岸至九资河旅游公路 3 个标段路基工程全面开工。9 月罗田县人民政府与黄冈市楚通路桥工程建设有限公司签订普通公路"建养一体化"建设项目，318 国道罗田县城至三里畈一级公路改建工程开工建设，全长 18.76 公里，概算投资 5.7 亿元，工期 3 年；204 省道河东街至三里桥一级公路、241 省道东界岭至李婆墩公路等项目前期工作加快推进。

"四好农村路"建设。完成两河口至李家楼、燕儿谷至叶家圈、鳌字

石甜柿公园公路、槐树坳至覆钟地、大崎毛田公路建设 34.2 公里，完成四大片区和深度贫困村通 20 户以上自然村公路建设 86.41 公里，完成易地搬迁道路建设 19 公里。启动全县行政村通 20 户自然坑组公路建设，全年下达建设计划 531.62 公里，建成 282.05 公里。

运输服务。2018 年，罗田县完成农村客运集约化经营改造。全县有长途客运企业 1 家、旅游客运企业 2 家、农村客运企业 17 家、货运企业 8 家、机动车维修企业 76 家，城市公共客运企业 1 家，出租车企业 2 家，驾校 6 家，综合性能检测站 3 座。营运货车 1082 辆，营运客车 589 辆，出租车 150 辆，公交车 52 辆，渡船 5 艘。行政村全部通客车。

公路养护。按照全市"四年任务，两年完成"总体思路，有效处置国省干线公路隐患里程 132.83 公里，处置农村公路隐患里程 1115.76 公里。修补国省道坑槽 4100 平方米，清理边沟 630 公里，沥青路面灌缝 9800 米，水泥路面灌缝 4500 米，整修路肩 44 万平方米，清洗护栏 12 公里。完成新桥中桥、平湖中桥、野鸡冲小桥、胜利小桥和邮亭寺小桥危桥改造工程招投标工作，进场开工。联合林业部门新植补植景观行道树 8300 余株，设置警示标志牌 142 块。

执法工作。以"平安交通"建设为主线，规范交通运输行业管理，派驻 6 人专班参与黄砂整治。打非治违工作实现常态化，排查整治安全隐患 31 起，实现安全生产"零事故"；侵占路产、路权、超限、超载等违法行为得到有效遏制。以"雷霆行动"为契机，重拳整治货车非法改装和超载超限违法行为，查处超限超载车辆 168 辆，卸载及转载货物 4500 余吨。开展道路运输市场整治活动，查处非法营运车辆 28 辆，下达责令改正通知书 56 份；查处不打表、甩客、载客出租车 15 辆，处理各类投诉 36 起。联合物价部门调整三里畈至七道河农村客运票价，道路客运市场秩序进一步规范。

筹融资。全年争取农村公路、安保工程、危桥改造等项目建设资金 3.26 亿元。交投公司融资 1.39 亿元。

(黄俊)

【英山县】 至 2018 年年底，全县公路里程 2776.20 公里、路网密度 192 公里/百平方公里，其中高速公路 26.11 公里、一级公路 5.39 公里、二级公路 207.25 公里、三级公路 110.34 公里、四级公路 2427.11 公里。渡口 1 个。客运站 7 个，其中二级客运站 1 个、五级客运站 6 个，候车亭 366 个，招呼站 335 个。

基础设施建设。全年完成交通固定资产投资 3.8 亿元，比上年增长 83%。318 国道英山县城区段改建工程、219 省道红红线草盘地镇红花村至陶家河乡段、县道张长线改建工程、乡道梅沙线改建工程、中央大道 B 段、长安大桥新建工程、杨柳大桥改造工程开工，两河口大桥改造完成通车，草太线、张草线东段、四季花海大道等重点改造项目完成验收。启动 211 公里农村公路提档升级项目，实施农村集中居住 20 户以上通塆(组)公路 300.26 公里。主干道和美丽乡村示范点建设仿古式八角候车亭 18 个，投资 46.8 万元。三级综合服务站 1 个、城北二级客运站 1 个立项，支持县全顺客运公司在陶河乡建设五级客运站 1 个。

"建养一体化"。县政府出台《英山县建养一体化实施方案》，将 4.4 亿元地方配套资金分 7 年纳入财政预算。2018 年 7 月 3 日在市公共资源交易中心挂网，7 月 19 日开标确定社会投资方为湖北工建集团。9 月 30 日，英山县人民政府与湖北工建集团签约普通公路"建养一体化"建设项目，该项目包由 219 省道红红线草盘地镇红花村至陶家河乡段、323 省道过三线一期过石公路、张草线西段张家咀村至叶家山村段、环城公路南环线组成，总投资约 6.4 亿元，其中建安费约 5.19 亿元。219 省道红红线草盘地镇红花村至陶家河乡段进场开始施工。

运输服务。2018 年完成农村客运集约化经营改造，380 辆个体小、微型车辆全部退出客运市场，新成立农村客运企业 3 家，购置中型以上客车 65 辆。全县有长途客运企业 1 家、旅游客运企业 1 家、农村客运企业 6 家、货运企业 5 家，城市公共交通企业 1 家，出租车企业 1 家，驾校 4 家，机动车维修企业 78 家，综合性能检测站 1 家。营运车辆 886 辆，其中货车 673 辆 4144.185 吨，客车 213 辆，出租汽车 120 辆，公交车 81 辆。新开通与罗田毗邻乡镇公交线路 1 条，延伸县内乡镇公交线路 2 条。争取立项新建公共客运综合服务站 1 个，投资 1800 多万元。运输船舶 1 艘，完成水路客运量 3200 人次。

公路养护。完成日常性国省县道整修路肩 656 公里，清理公路边沟 1389 公里，割草 1410 公里。完成路面灌缝 4.2 万米，修补路面坑槽 16400 平方米。完成国道沪聂线、省道小白线、中大线补植苗木 1 万余棵。完成团山河公路养护管理站改建工作，建设综合性服务区及"交通厕所"；狮子坳服务区建设工作完成 30%，建成狮子坳"交通厕所"；完成杨柳公路站房改造及停车区建设；鸡鸣河养护站达标改造与厕所革命项目同步进行，鸡鸣河厕所装修完工。提供护路员公益性岗位 500 个，把符合条件的贫困户选聘为护路员，提升通村公路使用效率。

路政管理。办理路产路权案件 3 起，处理赔(补)偿案件 16 起，结案 16 起。开展路域环境整治活动，清理非公路标志 60 块，清理公路及用地范围内乱堆乱放 210 处 1200 平方米。清理占道经营 70 处 410 平方米。拆除非公路标志 50 块。清理边沟 100 立方米。查处超限车辆 744 辆，卸载货物 5200 吨，超限超载卸载率 100%；本县源头劝返超载车辆 600 余辆，对暴力抗法、拒不配合检查卸载当事人移交公安机关处理。

运政管理。理顺客运市场，完成农村客运集约化经营工作。由 6 家公司承担全县农村客运经营，个体客运退出县农村客运历史舞台。投资 200 余万元，对全县农村客运车辆和公交车辆免费安装北斗 4G 动态监控和智能调度系统，全年通过流动稽查和北斗监控查处和纠正违法违规经营行为400余起。规范货运市场，重点打击无证非法经营、车辆改装、超限运输和驾驶人员无从业资格证等违法违规行为，引导货运企业加强管理，保障安全，诚信经营，优质服务。对维修企业存在管理制度不健全、经营管理不善、安全生产及环保（"三废"处理）和维修质量不符合要求等问题，降类1家、责令限期整改1家。全县11家二类维修企业完成预防职业病申报、检测工作。指导驾校规范经营，责令1家驾校解聘1名违规教练员教学资格。完成人脸识别计时系统安装。全县所有教练车人脸识别计时系统安装调试到位，并投入使用。

安全生产。完成国省道、农村公路生命安全防护工程建设909.95公里。全面启动危桥改造项目，改造完成22座。坚持打非治违，依法查处违法违规生产行为。组织应急、防汛抢险演练，加强重要时节和灾害天气交通运输安全应急处置。

体制改革。11月，英山县开源交通投资有限公司、英山县城投公司正式启动合并转型，实现政企分开，退出政府融资平台，转变为市场化主体企业。

（马小双）

【浠水县】　至2018年年底，全县公路通车里程3452.274公里、路网密

2018年，建设中的347国道浠水巴河特大桥

度177公里/百平方公里，其中高速公路112.64公里、一级公路67.387公里、二级公路271.736公里、三级公路160.249公里、四级公路2642.916公里、等外公路197.346公里。境内长江岸线40.6公里、内河航道53.9公里、白莲河水库航道40公里，港口3处、生产性码头4个、列管渡口28处。客运站9个，其中二级客运站1个、三级客运站1个、四级客运站2个、五级客运站4个、简易客运站1个，货运站1个。

基础设施建设。全年完成交通建设投资14.12亿元（不含高铁），比上年增长125.8%。完成裴麻一级公路、235省道白莲至圻阳公路、马垅至三家店公路、220国道关口街道刷黑、202省道黄港桥危桥改造、公路安全防护工程20.3公里建设。347国道巴河特

大桥、白莲河环库旅游公路白汪支线一期工程、浠散路提档升级、G347国道陶巴一级公路等项目开工建设。12月11日，黄黄高铁浠水段施工单位进场开工建设。建成巴河港区临时砂石集并中心1个、港航工作趸船1艘。启动兰溪港区4万平方米改造。完成浠水河航道整治工程工程可行性评审。完成白莲镇五级客运站、江岗客运站主体工程、老三队乡镇客运站及二级客运站候车大厅改造，新建港湾式候车亭12个，招呼站32个。

"四好农村路"建设。完成县乡道提档升级、贫困村通村通组公路、产业路、旅游资源路702公里，完成安全防护工程350公里、绿化370公里、危桥改造28座，新建候车亭12个。开工建设洗桃线洗马绕镇路、快薪线、策湖入园路等项目。6月25日，浠水县被省交通运输厅授予全省"四好农村路"示范县。

运输服务。全县有营运客车659辆、营运货车（含简易车）1982辆。客运线路135条，其中跨县以上线路23条、客车113辆，县内线路113条、客车519辆。全年完成道路客运量1785万人、旅客周转量148029万人公里，完成货运量890万吨公里、货物周转量3022万吨公里。维修企业161家，其中一类维修企业1家、二类维修企业19家、三类维修企业141家。驾培机构5家，机动车综合性能检测站1家。出租汽车公司2家、出租车299辆，公汽公司3家，公交线

2018年8月16日，浠水县清泉镇裴麻一级公路通车

路 9 条，公交车 92 辆，公交运营里程 150 公里，停靠站点 167 个，全年运送旅客 798.23 万人次。各类船舶 167 艘 144679 载重吨，其中渡船 25 艘，日渡运乘客 600 余人，泊位 6 个，年货物吞吐量近 96.8 万吨，主要货物类别为建材、矿石、石粉、豆泊等。

公路养护。处治修复国省干线混凝土路面病害 3454 平方米，沥青混凝土路面坑槽 3960 平方米，涵洞清理 5449 道次，边坡修整 14.5 万余平方米，路肩平整 39.9 万余平方米，清理边沟 462.3 公里。完成混凝土路面灌缝 54825 米、沥青混凝土路面灌缝 10630 米、洒油罩面 7800 平方米，完成公路附属设施日常维护、更新，水毁修复挡墙 5 处 185 立方米，回填土方 49 处 252 立方米。完成丁标线"畅安舒美"示范路创建路段综合整治和浠黄线 K0+000 ~ K20+920 路段标准化路基养护。更换松兰线破损盖板涵 1 道，抢修松巴线圆管涵 1 道。完成浠黄线下巴河特大桥防撞护栏预防性养护，完成 20 座桥梁"四牌一步道"设置。完成关口、洗马 2 座"交通厕所"建设，完成麻桥养护站站房维修和洗马站达标、清泉站评优站房改造初验。启动下巴河停车区建设、清泉及麻桥养护站拆迁重建。全县农村公路实施县、乡、村三级联合开展清路面、清路肩、清边沟、清路障专项行动，清整路肩 2217 公里，清理边沟 1922 公里，清扫路障 510 处 2730 立方米，在"四

好"示范路栽种景观行道树 4.4 万株，新植路肩绿被 110 公里 16 万平方米，路域环境明显改善。修复水毁 75 公里、桥梁 16 座、涵洞 63 道。

路政管理。依据《浠水县公路路域环境联合整治行动方案》，形成"乡镇主导，交通主力，部门配合"路域环境联合整治机制，联合开展路域环境整治行动 19 次，重点整治中大线、浠黄线、松兰线、丁标线、东深线等重点线路及散花镇马垱街、红莲街、清泉镇余堰街、洗马镇金三角街、巴河镇七铺街、汪岗镇杨祠街、兰溪镇兰溪街、清泉镇夏凉街、竹瓦镇朱店街、竹瓦街、关口镇关口街、胡河街、丁司垱镇丁司垱街等过境街道，拆除违章建筑 (棚屋)228 处 11822 平方米，清理路面堆积物 413 处 3937 立方米，清理占道经营 174 处 1521 平方米，拆除非交通标志 673 块，清除种植物 1340 平方米。立案 10 起，向人民法院起诉执行案件 2 起，法院执行结案 1 起，主动改正违法行为、拆除等 3 起，办理公路赔 (补) 偿案 44 件。农村公路清除占路乱堆黄砂、石子和木材点 16 个，制止路边违法建设行为 27 起，行政处罚立案 164 起，结案 164 起，公路赔补偿案件立案 16 起，结案 16 起。

公路治超。取缔非法采砂点 60 余个，切断下河通道 156 处，扣押盗采铲车 15 台次，挖掘机 5 台次，行政拘留非法盗采人员 4 人，取缔非法囤砂点 50 余个，没收非法囤砂 6000 多吨。

建成白水进超限站超限车辆电子抓拍系统并投入使用。查处非法超限超载运输车辆 2401 辆，强制拆除货车非法改装墙板 452 辆，卸货 3500 吨，行政拘留 3 人，依法摧毁非法盗采黄砂恶势力团伙 4 个，刑拘 10 人。

运政管理。办理道路运输许可 116 件，查处违法案件 440 起，其中简单程序行政处罚案件 300 起、一般程序行政处罚案件 140 起。查处非法营运车辆 15 辆次，查处异地驾校培训车辆 10 辆，查处驾培机构停车刷卡违规行为 25 起，查处无证经营维修企业 55 家。

码头治理。全年完成中央环保督查反馈 2 个问题整改销号，拆除砂石码头 18 个，规范货运码头 5 个，规划 2 个危化码头迁建点。彻底清除取缔码头建筑物和兰溪港区旧 (危) 构筑物，复绿长江岸线 2280 米，面积 70 余亩。

安全生产。落实安全生产管理"一岗双责"、企业主体责任和部门监管责任，推行安全生产标准化建设。开展平安创建活动，做好隐患排查整改督办工作，整改各类隐患 30 余处，安全生产无事故。

(王敬国)

【蕲春县】 至 2018 年年底，全县公路通车里程 3855.6 公里、路网密度 160.8 公里 / 百平方公里，其中高速公路 59.5 公里、一级公路 78.6 公里、二级公路 300.1 公里、三级公路 394.4 公里、四级公路 2997.7 公里、等外公路 25.2 公里。内河航道里程 22 公里，港口 3 个，生产性码头泊位 21 个，渡口 6 个。客运站 17 个，其中二级客运站 2 个、三级客运站 1 个、五级客运站 14 个。

基础设施建设。全年完成交通固定资产投资 16.7 亿元，比上年增长 16.7%。其中，普通公路建设投资 12 亿元，建成一级公路路基 42 公里、路面 23.35 公里，二级公路路基 16 公里、路面 41 公里；水运建设投资 2 亿元，蕲春管窑综合码头完成交工验收、蕲河航运开发工程完成工程量的 95%、新建蕲州龙全建材永久性砂石集并点投入使用。

2018 年，浠水县交通运输局投入 1890 万元，在丁司垱镇建成里天线沥青路 8.68 公里，惠及 6 个村 2.6 万人，图为浠水县丁斯当镇里天线

2018 年，棋盘洲长江公路大桥连接线施工中

"四好农村路"建设。实施提档升级、安全保障、管养达标、美丽农村路创建、运输服务提升、"垸垸通"脱贫路六大工程，争创省级"四好农村路"示范县。完成农村公路投资 2 亿元，提档升级农村公路 380 公里，改造农村公路危桥 69 座，铺设乡村油路 57 公里，累计完成安全防护工程 1136 公里，四年任务两年超额完成，120 公里县级示范线将产业基地、特色小镇、旅游景区一线串珠。

运输服务。全年完成公路客运量 1050 万人、旅客周转量 26250 万人公里，货运量 1360 吨、货物周转量 47600 万吨公里，公路客货运与上年度基本持平。水路客运量 28.5 万人、旅客周转量 280 万人公里，货运量 142.8 万吨、货物周转量 86284 万吨公里，水路客运量和货运量比上年分别下降 27% 和 70%。

行业管理。完成公路分级养护体制改革，修订出台《蕲春县农村公路养护管理办法》，农村公路养护管理实现规范化、制度化、常态化。加强路政管理，制止违章建筑 67 处，拆除非交通标识 118 块，龙门架 7 座，拆除摊棚 247 处；率先在全市探索省际联防新机制，全年查处超限超载车辆 3427 辆次，切割墙板 1050 块，卸载货物 3 万余吨，网上扣分 8000 分，关停矿山 5 家，取缔黑沙场 5 个、黄沙囤积点 7 处，行政拘留货车驾驶员 10 人，刑事拘留 4 人，超限运输得到有效遏

制。加强运输市场监管，开展隐患"大排查、大整治""打非治违"等专项行动。全年无安全生产责任事故。

（王文林　王金松）

【武穴市】　至 2018 年年底，武穴市公路里程 2384.65 公里(不含高速公路)、路网密度 191.8 公里/百平方公里，其中高速公路 53 公里、国道 94.09 公里、省道 111.99 公里、县道 222.91 公里、乡道 946.33 公里、村道 1009.33 公里。

基础设施建设。全年完成交通固定资产投资 9.08 亿元。其中武穴长江大桥建设完成投资 5.2 亿元，公路建设完成投资 3.8 亿元。高铁武穴段全面开工。武穴长江大桥在建中，接线工程路基施工完成 85%，进入路面施工阶段；桥梁工程完成 76%、隧道工

程完成 82%。220 国道界岭至大金段改建工程全长 25.7 公里，项目估算 5.05 亿元，路基工程全部完工，在进行路面施工。盘塘至李顶武公路全长 8.09 公里，投资 1.03 亿元，采用连续配筋碾压混凝土高新技术进行重建，是鄂东首条使用此技术建设的公路，年底完工。横岗至百元公路和八里崖隧道，公路全长 5.33 公里，全线采用双向二车道标准，投资 4432 万元，基本完工；八里崖隧道全长 872 米，投资 3725 万元，掘进 700 余米，计划 2019 年完工。武山湖环湖公路全长 18.84 公里，投资 5.6 亿元，是武穴市 PPP 项目之一，也是武山湖国家湿地公园重要主干线，完成桥涵构造物 80%，土方完成 10 万立方米，计划 2019 年年底完成主体工程。仙人坝环湖公路全长 25 公里，总投资 9263 万元，年底已完工。莲龙线改造工程全长 20.779 公里，投资 3966 万元，年底完工。全年完成港口建设投资 1.68 亿元，盘塘砂石集并中心综合码头、马口工业园综合码头、祥云新区综合码头在建中；黄家山、马口、余家冲、武穴 4 处砂石集并点经营主体筹建完成。完成撤并村通畅工程 9.6 公里、窄路面加宽 69 公里、自然村 36 公里、危桥改造 16 座、通客运班线提档升级 153.646 公里。完成火车站至官桥段等路段安全防护工程，完成上级下达的 860 公里安全防护建设任务，实现"四年任务两年完成"目标，对全市 222.646 公里通村公路进行提档

2018 年 10 月，武穴 402 省道梅狮线党员示范路

升级。完成乡道安全防护工程196.516公里、村道安全防护工程61.97公里。

黄冈市普通公路"建养一体化"第一批项目：黄黄高铁武穴北站集疏运快速通道、一尖山国际禅修中心旅游公路、332省道龙腰至梅川段、官桥至太白湖4个项目作为黄冈市普通公路"建养一体化"第一批项目包，完成向社会公开招投标，项目总投资15.43亿元。其中一尖山国际禅修中心旅游公路全长34.144公里，投资6亿元，10月一期工程2.5公里开工；官桥至太白湖公路全长20.885公里，投资6324万元，12月份开工。其余2个项目计划2019年开工建设。

"四好农村路"建设。编制完成全市"四好农村路"整体规划，按照省"四好农村路"示范乡镇创建标准，对余川镇农村客运班车路线、自然村通畅水泥路面硬化、窄路面拓宽等工程进行提档升级，完善重点路段候车亭10座，余川综合物流服务站改造项目通过验收。实现农村公路建管养运协同发展。提升公路服务质效。继续完善横岗山党员示范路创建工作，建成文化广场、公路驿站2个、"交通厕所"2个和2处观光台、停车场。全省鄂东片区养护工作现场会在武穴召开。

路政管理。对全市国省干线公路进行清查，重点整治武石大道、横岗山旅游路等路域环境，维护公路路产路权、优化公路交通环境。加强公路治超治限工作，成立公路治超治限大队，为交通运输局所属公益一类事业单位，委托公安局交警大队管理，负责全市治理货车非法改装和公路治超治限治抛洒工作。开展货车非法改装、超限超载和货物抛洒专项整治行动，检查车辆826辆次，查处超限车辆322辆，卸载货物近870吨；查处非法改装车辆41辆，强制切割高墙板82副。

运政执法。通过企业重组，取消2家企业经营许可，保留1家出租车企业。联合交警、物价等部门，开展为期1年的城区客运市场"打非治违"专项整治行动，出动执法人员800余

人次、执法车辆400余辆次，行政拘留2人，查处非法营运车辆31辆次、违规经营车辆11辆次，收缴非法使用出租车待租标志灯13个。

码头治理。继续突出码头拆除、港区整治、岸线复绿三大重点，港区实现"人清、垃圾清、土地清、设备清"，全市拆除货运码头41个、泊位52个，全面完成非法码头整治及中央环保督查问题整改工作。中央电视台、《湖北日报》、荆楚网等媒体相继报道武穴码头整治工作，黄冈市港口码头整治现场会在武穴召开。

服务民生。大力发展城市公交。争取市政府新增公交车30辆。落实公交优先发展战略，城区公交车安装语音报站系统，延伸3路、5路公交线路。编制城市公交专项发展规划(2018—2035年)，城东公交充电站项目在推进中。整合建设4G监控平台，实现运输车辆集约化、智能化动态安全监管，整合运输企业、监管单位双方监控平台，建设全市4G动态监控平台系统。对全市"两客一危"、公交车实现全方位监控，预留出租车安全监控接入终端，项目投入使用。

(翟中义)

【黄梅县】 至2018年年底，全县公路通车里程4056.48公里、路网密

度238.47公里/百平方公里，其中高速公路68.52公里、一级公路155.25公里、二级公路215.23公里、三级公路147.20公里、四级公路2802.28公里、等外公路668公里。内河航道通航里程133.9公里，港口码头8个，旅游码头1个，渡口27个，其中内河渡口21个、长江渡口6个，泊位18个，其中5000吨级泊位2个。客运站11个，其中二级客运站2个、三级客运站1个、五级客运站8个。

基础设施建设。全年完成交通建设投资3.13亿元。省、县、乡道公路路面改造35.58公里，完成投资4350万元；406省道红旅路大河出口路、大河宋冲段改线工程、环太白湖旅游公路、合九铁路道口平改立及引道工程完成投资6340万元；改造危桥8座，完成投资1600万元；续建沿江公路硬路肩、中央隔离带及顺接农村公路，完成投资6500万元；推进"四好农村公路"创建，通村公路加宽及新建200公里，提档升级219公里，完成投资1.25亿元。探索普通公路"建养一体化"模式，推进重点工程建设，9月5日，332省道黄标线升级改造工程开工建设，全长10.8公里，一级公路标准。做好储备项目工程可行性研究、初步设计等前期工作，实现交通项目完工一批、在建一批、储备一批、

2018年9月5日，黄梅县"建养一体化"工程正式开工建设。图为332省道黄标线工业园段

2018年5月，黄梅沿江一线公路硬路肩建设中

谋划一批。

运输服务。全县有营运车辆4518辆，其中客车402辆、出租车263辆、城市公交71辆，客船29艘，基本满足全县客货运输需要。引进新能源汽车，小池12辆新能源公交车上线运营。完成233辆出租汽车年审，完成277名从业人员服务质量信誉考核工作。

码头治理。按照"不搞大开发，共抓大保护"要求，完成拆除码头22个，浮泊设施35艘，办公用房、仓库、堆场21.8万平方米，清运货物80万吨，保留生产性码头泊位8个，长江岸线大幅腾退，港口规模效应凸显。

公路管养。探索新养护模式，应对雨雪灾害天气，做到有路必养。完成路面清扫10850公里，植树3700株。组织路政人员公路清障集中整治活动7次，安装不停车检测系统，实行24小时治超，检查车辆2347辆，治理超限超载车辆410辆，卸载货物3935吨。

安全应急管理。全面落实安全生产"一岗双责"目标责任制，关注敏感节点，针对节假日、旅游旺季，人流车流物流增多情况，坚持专题部署、一线指导，准确分析客货流量流向，科学调配运力，满足群众出行需要。突出隐患整治，按照"三关一监督"安全管理职责要求，查找出安全隐患56条，全部整改到位。推进安全防护

建设，完成英黄线行道树整枝和修剪、沿线路肩彩砖维修、缺损路缘石修复。完成京珠线县河三桥桥底护坡修建。完成梅济一桥、梅济二桥、郭林桥改造工程。完成五陈线、阻马线、烟张线、柳望线等9条农村公路安全隐患整治工作。加强安全宣传，举办安全知识宣传进企业、进校园、进社区活动，印发宣传资料5000份，制作展板7块。

交通改革举措。全面推动"双随机、一公开"，建立完善被检市场主体名录和行政执法检查人员名录库，及时向社会公布14项"一次办好"事项清单，方便群众办事。建议提案做到事前精细统筹，事中积极办理，事后认真总结，56件建议提案见面率、答复率、满意率100%。完成省一级档案复审工作。

（黄金文）

【龙感湖区】 至2018年年底，全区公路里程487.92公路，其中高速公路18公里、一级公路8.05公里、二级公路38.97公里、三级公路16.92公里、四级公路405.98公里。内河航道通航里程68公里，生产性码头泊位3个，洋湖渡口因梅济港渡改桥建成后，于2018年1月撤除。客运站8个，其中二级客运站1个、四级客运站1个、五级客运站6个，货运站1个。

基础设施建设。2018年，全区完

成交通固定资产项目投资17761万元，比上年增长180%。全年启动一级公路项目1个、县乡道改造2个、农村公路提档升级项目16个、自然村通畅工程项目30个、公路"455"安全防护工程建设16个、危桥改造8座、站场1个、综合物流服务站1个等8大类交通工程项目。除"十三五"规划高速互通口至105国道一级公路、青塞线2个项目外，其余全部完成。7月1日，佗沙线县乡道三级升二级改造工程竣工通车，路基由6米扩宽到12米，路面由5.5米扩宽9米，工程投资3077.44万元。

"四好农村路"建设。实施农村公路自然村通畅、提档升级、县乡道改造等建设。4月底，区政府印发《龙感湖管理区"四好农村路"建设规划(2018—2020年)》，完成农村公路提档升级工程56.76公里。严家闸办事处创建"四好农村路"示范乡镇工作完成自查验收，进入待审批阶段。推进"实、安、绿、美、畅"美丽农村路创建，全年创建美丽农村路14条80.85公里。公路安全生命防护工程设施建设4年任务2年完成，目标任务142.16公里，实际完成安全防护工程任务156.06公里，完成率109.5%。

公交一体化。辖区内有货运公司3家、客运公司1家、公交公司1家、客运班线13条、公交线路8条，客运中巴车36辆、公交车23辆、货运车辆466辆，机动车维修企业3家，驾驶员培训学校1所。改建龙感湖二级客运站1个，新建农村客运五级综合服务站3个，新增农村候车棚19座，全区实现公交一体化，村村通客车通达率100%，农村客运、公交车全部安装4G视频监控设备，全区小康社会公共交通服务指数达到13.5标台。

安全管理。开展安全生产宣传教育、落实安全生产制度和责任，开展"安全生产月""百日打非治违行动"等活动，以创建"平安车站、平安工地、平安驾校"等活动为抓手，夯实安全生产基础，加强交通行业监管，强化运输企业内部安全管理，全面落实安全生产制度管理。开展运输企业安全

生产检查，发现问题及时整改，督促交通相关客运企业严格落实"六不进站三不出站"安全生产管理制度，排除安全隐患，加强车辆保养和例检日常督促管理，确保交通运输安全生产持续稳定。全年开展安全生产检查 15 次，发现安全隐患 56 起，下达整改通知书 56 份，隐患整改回复 56 份，安全隐患消除率 100%。全区交通行业安全生产连续 10 余年无事故发生。

环境整治。参与管理区环保整治行动，完成拆除自然保护区红线区域龙感湖深港猪猪舍，5 月底完成交通分局责任户 4 户的全部拆除；拆除塞湖猪场 32 栋，面积 30 亩，复绿 30 亩；拆除洋湖办事处梅济港桥旁危房 1 栋 2 层楼房，面积 300 平方米，复绿 600 平方米。

公路养护。落实"路长"制，加强日常养护考核。把"四好农村路"建设作为重要民生工程，按照"建好、管好、护好、运营好"要求，扎实开展农村公路建设维护，全年投入资金 100 余万元，完成日常养护 425 公里，完成小修保养、路面调平、路肩护坡、

公路绿化等 182 公里，全区农村公路好路率 94.8%，其中优质路 38.9%，优质路比上年提高 3.8 个百分点，为实施龙感湖美丽乡村振兴战略和经济高质量发展提供交通保障。

行政执法。开展"联合治超、打非治违、扫黑治恶"行动。全年开展宣传活动 4 次，发放宣传材料 800 余份，开展路检路查 38 次，出动执法人员 86 人次，巡查里程 1860 公里，依法查处非法经营及违规经营车辆和超限超载车辆 132 辆，教育放行 60 辆，处罚非法改装（切割墙板）33 辆，上网 38 辆，卸载货物近 260 吨。交通执法立案 6 起，办结 6 起，查处率和结案率 100%。

行业管理。投入绿化资金 260 余万元，绿化率 96.8%。农村公路养护优良率 91%，好路率 94.8%。推行农村公路安保工程、危桥改造。落实村村通客车规划。开展驾驶员培训、维修市场经营行为专项治理。治理超限超载实现常态化。逐步理顺水上监管职责，行业管理职能日趋规范。

文明创建。组织开展交通行业"情满旅途"，做文明交通人、公交文明劝导、"3.5 雷锋日""拾金不昧"等系列主题活动。开展文明单位创建活动全覆盖，其中市级文明单位 3 个，交通分局连续 6 届通过省级文明单位验收达标。开展行业文明创建，在全区范围内以创建省级"四好农村路"示范县和示范乡镇建设为着力点，完成打造美丽农村示范路 16 条；创建客运文明示范线 3 条、文明示范窗口 2 个、文明进公交 3 辆、文明进驾校 1 个等系列活动，组织开设道德讲堂交通分堂 3 个。

猪瘟防控。严把交通运输"关口"，做好非洲猪瘟疫情联防联控工作。采取 24 小时不间断地值班、巡查，对从疫区过往的所有运输车辆进行检查、消毒，严格开展非洲猪瘟疫情联防联控工作。出动值班和流动检查人员 160 余人次，检查过往运输车辆 86 辆，其中运输牛、禽、鱼车辆 28 辆，普通货运车辆 58 辆，无 1 辆生猪车辆进出。

（孙红斌）

咸宁市交通运输

【概况】 至 2018 年年底，全市公路里程 16530.2 公里、路网密度 167.63 公里 / 百平方公里，其中高速公路 477.2 公里、一级公路 288 公里、二级公路 1521.5 公里、三级公路 382 公里、四级公路 12405.8 公里、等外公路 1455.7 公里。内河航道通航里程 411.6 公里，港口 2 个，生产性码头泊位 11 个，渡口 98 个。客运站 39 个，其中一级客运站 4 个、二级客运站 3 个、三级客运站 3 个、四级客运站 1 个、五级客运站 28 个，农村综合运输服务站 10 个，农村客运候车厅 777 个、招呼站 1035 个。

基础设施建设。全年完成固定资产投资 81.9 亿元，为年度目标的 136.9%。其中高速公路投资 30 亿元，普通公路投资 50.6 亿元，港航建设投资 7000 万元，站场物流投资 6000 万

元。12 月 26 日武深高速公路嘉鱼北段建成通车，嘉鱼长江公路大桥全年完成投资 7.58 亿元，累计完成投资 23.87 亿元，占总投资的 75.9%；赤壁长江公路大桥开工建设，全年完成投资 8.83 亿元，占总投资的 24.2%。

2018 年 12 月 26 日，武汉至深圳高速公路湖北段全线通车

全省高速公路现场会在咸宁召开。完成一二级公路204.35公里，为年计划的185.8%；完成农村公路提档升级1432.5公里，为年目标的286.5%，完成农村公路危桥改造20座，创建"美丽农村路"600公里。崇阳县获评全省首批"四好农村路"示范县。建设公路安全生命防护工程4054.6公里，为年目标的209.3%，实现公路安防工程"四年任务，两年完成"。编制完成《嘉鱼港总体规划》，簰洲湾港区码头建设规划稳步推进；陆水河堤枢纽至赤壁城区航道整治一期工程完工，二期工程开工建设。湖北嘉安综合物流园区主体工程基本完工，一期工程投入运营；华信综合冷链物流配送中心项目主体工程基本完工。站场建设完成投资2800万元，崇阳县港口乡三级客运站、赤壁市城南三级客运站、嘉鱼县潘家湾三级客运站主体工程完工；咸宁市温泉客运中心（改扩建）工程开工建设。

综合运输。公路客运运力结构进一步优化，清洁能源和新能源公交车、出租汽车比重加大，高中档客车占比增加。全市三类以上客运班线企业10家，班线客车1576辆，旅游客运企业8家，旅游客车146辆。"两客一危"企业20家，客车776辆、危险品货车辆117辆。营运班线563条，其中农村客运班线387条，以县城为中心、以乡镇为结点、辐射村组的农村客运网络形成。全市6家公汽公司，公交车1086辆，其中纯电动公交车50%以上。全市发行"一卡通"3万余张，市公交服务标准化试点项目通过国家市场监督管理局验收，咸宁城区公交车全部更新为新能源车，公交车352辆，公交线路19条，公交候车亭213个。全市12家出租车公司，出租车1541辆。全市客渡船311艘，完成港口吞吐量941.6万吨，比上年增长12.13%，完成水路货运量12.4万吨，货物周转量43.8万吨公里，比上年分别增长9.82%、11.96%。

公路管养。完成209省道咸安、通山段，353国道通城段，358省道通山段等大修34.04公里；完成351

国道赤壁段、208省道崇阳段等中修11公里，全市路况大幅提升，PQI值89.96，路况检测排名全省第二。完成公路管理站达标改造9个，在建6个。建成应急中心4个，在建2个。建成服务区3个，在建3个。建成停车区14个。规划建设"交通厕所"16个，建成13个，在建3个，规划外建成2个，咸安界水岭、嘉鱼潘家湾、赤壁芳世湾、通城马港等一批三星级厕所投入运营。推进路养联合巡查，开展非公路标志、违章建筑、集镇过境路段、非法占用公路行为等专项整治，咸安区对涉路施工行为开展"提前介入"管理，嘉鱼县"马路市场"沿线整治效果明显，安全通行能力和路容路貌大幅提升。

超限超载治理。推动公路治超工作，持续整治货车非法改装和超限超载，全市查处超载车辆比上年增加40%，卸载或转运货物增加500%，拆除改装车辆361辆，向省内外抄告864辆，信用交通网站公布12人，有效遏制货车非法改装和超限超载现象，超限率100%、载重100吨的"双百"现象大幅减少。咸宁市在全省公路治超工作现场会上作路警联合治超经验交流。

出租汽车市场整治。组织打非治违专项整治行动、打非治违百日攻坚行动和咸宁市区交通运输秩序联合整治三个批次的打非治违专项行动，检查出租车2200余辆次，查处违规经营出租车50余辆次，暂扣非法营运车辆70余辆，查扣疑似非法营运车辆240余辆，收缴空车灯、顶灯等装置320余个，市区公开悬挂空车灯、顶灯、安装计价器从事非法营运现象得到遏制，高铁咸宁北站、城铁咸宁南站等重点区域拉客现象得到遏制，市区交通运输秩序明显改善。

工程质量监管。开展综合督查3次、专项检查7次、例行监督巡查43次，邀请检测机构对工程质量进行检测，提出质量安全问题129条，现场下达质量安全隐患通知书16份，对全市4家等级试验机构和7个项目工地试验室综合检查和考评，全市交通建设工程质量平稳可控。

交通环保。开展船舶港口防污染专项行动，出动执法车（艇）、船舶100多辆（艘），执法人员300多人次，自然淘汰和强制报废"三无"船舶40艘，引进外籍合法船舶24艘。

码头整治。涉及交通的3项任务全部整改销号，纳入第二阶段整治范畴的9个长江非法码头，取缔5个、关停2个、经省政府批准同意作为砂石集并中心2个。取缔的34个码头堆场设施设备全部搬离现场，电力相关设施全部拆除，并对场地进行平整和覆绿，植树面积近1300亩，恢复长江岸线近4.6公里。

信息化建设。启动总投资1000万元的"智慧交通"安全应急管理平台建设，实现对全市"两客一危"、重要桥隧、危险路段、出租汽车、公交车、网约车、场站、码头等重要部位监管全覆盖。建成横沟桥治超站、咸安、嘉鱼、通城不停车检测系统，科技治超水平进一步提升。

安全应急管理。成立综合交通安全生产专委会及10个工作专班，建立健全专委会工作制度，层层压实安全责任，水陆安全联防、物流安全管理纳入全市社会管理综合治理目标考核。全年无较大及以上安全生产责任事故发生，水上交通运输安全生产工作四项指标（事故起数、死亡人数、伤亡人数、经济损失）保持22年零记录，全省交通运输系统"平安交通百日行动"推进会暨2018年"平安交通"创建现场会在咸宁召开，咸宁市交通运输局接受交通运输部安全生产综合督查考核评价。创新安全生产隐患排查双月例会和交叉检查模式，组建2个督查组和6个交叉检查专班，开展交叉检查5次，召开双月例会5次，排查各类安全隐患510处，全部督促整改完成。为全市849辆"两客一危"车辆、902辆农村客车全部安装3G、4G视频监控系统，实现"两客一危"车辆和农村客运车辆监控全覆盖。加大应急物资储备，加强应急队伍演练，加快应急预案修编，应急处置能力全方位加强。修订应急预案7个，开展应急演练15次，储备应急队伍50余支 2000 多人、应急抢险设备 100 多台套、融雪剂 100 吨、工业盐 500 吨；储备应急救援船舶 109 艘、应急指挥船舶 8 艘、救生衣 700 件。

投融资。争取部省补助资金 14.22 亿元。策划启动重点项目前期工作 26 个，里程 822.3 公里，总投资规模 300 多亿元。进一步优化服务，加大招商力度，分别与中交、中建、中铁等央企、省港发、省交投集团等大型企业，107 国道咸安绕城段、咸宁大道西延伸段招商成功。交投公司拓宽融资渠道，融资 6.1 亿元，投资全市"建养一体化"项目，中标咸安、嘉鱼、通山等地"建养一体化"项目，总投资近 23 亿元。全年完成项目投资 20.4 亿元，交通投资平台投融良性循环基本形成。

交通改革措施。深化"放管服"+"互联网"改革，开展网上办事互联互通、政务信息资源共享对接和电子证照库对接应用工作，公布"马上办、网上办、就近办、一次办"事项清单。推进道路货运车辆安全技术检验和综合性能检测合并，全市 6 家检测机构签订"两检合一"承诺书，并在规定时间内实行"一次上线、一次收费、一次检测"，减轻经营者负担。推行货运车辆省内异地检测，启动普货异地检测在运政系统办理年审的程序。构建农村物流三级配送体系，建成县级农村物流中心 5 个、镇（乡）级农村综合运输服务站 35 个、村级农村物流服务点 298 个，湖北康华智慧物流园获批国家级城乡配送服务业标准化项目试点。完善物流信息平台，推进物流信息采集与发布，物流交易量提高 5.85%，货车空载率下降 2.54%，物流成本下降 3.19%。

文明创建。以高速公路、干线公路、四好农村路、水运发展为主线，打响交通强市建设三年"四大攻坚战"。开展"讲好交通故事，寻找最美人物"推选宣传活动，涌现出一大批"立足岗位、建功立业"先进典型人物。

（蔡霖）

【咸安区】 至 2018 年年底，咸安区公路里程 2988 公里、路网密度

2018 年，咸安区咸赵线打造生态旅游路

198.93 公里/百平方公里，其中高速公路 180.54 公里、一级公路 111.69 公里、二级公路 237.95 公里、三级公路 37.23 公里、四级公路 2215.11 公里、等外公路 205.48 公里。乡镇渡口 2 个。客运站 5 个，其中一级客运站 1 个、二级客运站 1 个、五级客运站 3 个。

基础设施建设。107 国道咸安区绕城公路采取市区共建模式建设。208 省道咸安区肖桥至毛坪段一级公路完成"建养一体化"招标。356 省道咸安区横沟至黄沙铺一级公路工程可行性报告评审待批。360 省道张公至甘棠段完成路基 9 公里、路面基层 6 公里，完成窑咀大桥下部构造。大幕至肖家咀段完成"建养一体化"招标，启动征地拆迁工作。李容至双垅公路完成主体工程。361 省道咸安段星星竹海至大竹山公路工程可行性报告编制完成待批。农村公路生命安全防护工程计划投资约 5700 万元，第一批农村公路生命安全防护工程 303 公里在施工中，第二批 268.9 公里完成施工图设计，挂网招标中。完成咸安区普通公路第一批"建养一体化"项目招标工作，该项目包括提档升级工程 68 条 354.14 公里、农村公路路面改造 42.2 公里、危桥改造 20 座；208 省道咸安区甘鲁至毛坪段改建工程；360 省道咸安区大幕至向阳湖公路大幕至肖家咀段，全部项目估算总投资 82133 万元。项

目实施由湖北兴达路桥股份有限公司中标。修建农村公路 40.1 公里，其中扶贫产业路 11.5 公里，完成投资 420 万元，建成大幕双垅村、西山下村、泉山口村、金鸡山村 4 个贫困村产业路，双溪孙鉴村 4.76 公里扶贫产业路完成工程量的 40%；完成通组公路建设 28.6 公里，完成投资 715 万元。

"四好农村路"建设。计划 3 年完成提档升级工程 68 条 354.14 公里，其中 2018 年计划项目 24 条 132.58 公里；2019 年计划项目 27 条 123.62 公里；2020 年计划项目 17 条 97.94 公里。2018—2019 年计划项目路基工程基本完成。2019 年计划项目 12 条道路路面工程开工，完成路面工程约 79 公里。计划实施危桥改造 6 座全部完工。

运输服务。全区拥有营运货车 4255 辆，营运客车 370 辆，客运线路 137 条，其中区内线路 86 条、长途线路 51 条。全年完成公路客运量 862.6 万人、旅客周转量 4.363 亿人公里，比上年分别下降 1%；完成公路货运量 347.25 万吨，比上年增加 0.1%，货物周转量 3.11 亿吨公里，比上年下降 0.1%。

公路养护。加强日常养护管理，坚持全面养护、预防性养护、机械化养护，确保养护线路安全畅通，路容路貌稳步提升。投入养护资金 1224 万元，完成国省干线日常养护；投入养

护资金702.9万元，实行专业养护和群众养护相结合，加强县道以及乡镇列养的乡、村道日常养护管理。

公路治超。依托治超站和限高架，实现24小时全天候无间隙驻点执法，查处超限运输车辆513辆，分装转运货物25604.72吨，处罚183辆次处罚金97.4万元，落实路警联合驻站2个，查处非法改装车辆67辆，割除（拆除）墙板67辆。

路政管理。开展集中整治行动20次，清理乱堆乱放物255处4338平方米，拆除违章建筑78处2333平方米，拆除非公路标志72块，张贴发布《整治通告》110余份。发送各类监督函23份，责令改正各类违法行为169起，查处路赔案件13件。

运输管理。全年查处"黑"客货、危险品运输车辆37辆次，暂扣"黑教练车"23辆，对维修企业下达责令整改通知书79份、违法行为通知书39份、行政处罚决定书3份。完成永安至向阳湖奶牛场，永安至横沟农村客运线路公交化改造。

安全应急管理。全系统保持安全生产态势平稳未发生安全责任事故。圆满完成2018年春运安全运输工作，春运40天安全发送班次6200个，发送旅客12万人次，站内外未发生交通安全责任事故。严格执行长途跨市以上客运车辆实名制购票，永安客运中心和温泉客运中心站按要求实行省际、市际客运实名制售票，接入实名制信息平台。加强道路运输车辆卫星监控平台监管，实现"两客一危"及12吨以上货运车辆新入户卫星监控终端系统安装率100%。加强公路安全保畅通工作，推进道路交通安全综合治理、生命防护工程及"平安工地"建设，对省安委会挂牌督办107国道重大安全隐患，整改工作完成，通过省安委会验收销号。

（宋小方）

【嘉鱼县】　至2018年年底，全县公路里程2549.65公里、路网密度246.82公里／百平方公里，其中一级公路76.32公里、二级公路89.86公里、三级公路100.43公里、四级公路1665.58公里、等外公路617.46公里，等级公路里程1932.19公里；按行政等级分为国道53.74公里、省道90.7公里、县道181公里、乡道884.52公里、村道1339.69公里，行政村通村公路通达率100%。内河航道通航里程109.6公里（界河按二分之一算），港口1个，生产性码头泊位12个，渡口23个。客运站5个，其中二级客运站1个、五级客运站4个。

基础设施建设。全年完成交通固定资产投资39.84亿元，比上年增长91.8%。嘉鱼长江大桥主桥主墩封顶，滩桥部分桥面预制梁安装完工，在进行桥面钢箱梁制作、转场存放、安装，累计完成投资约22亿元。武深高速嘉鱼北段一期土建、二期路面、房建工程及绿化施工全部完工，法泗连接线、涵洞工程及桩基工程基本完成，12月26日主线通车。一二级公路投资5.58亿元，其中嘉鱼县陆八舒线（扶贫大道）公路改建工程投资9339万元，完成路基27.78公里，351国道嘉鱼县官桥至石埠塘改建工程投资1.5亿元，完成路基12.72公里、路面6公里，359省道嘉鱼县朱砂至白果树段一级公路改建工程投资3.15亿元，完成路基16.24公里、路面10.9公里。建成金润农产品物流配送中心、嘉安综合物流园区2个大型物流园区，投入奖补资金1600万元。

"四好农村路"建设。嘉鱼县"四好农村路"省级示范县创建工程，以农村公路"建设好、管理好、养护好、运营好"为目标，探索农村公路建、管、养、运一体化发展模式，创新农村交通工作思路，推动农村交通运输健康有序发展，完善农村公路服务功能。投入资金3089万元，改善27条106.15公里农村公路通行条件，其中县道2条60.12公里、乡道11条25.55公里、村道14条20.48公里，采用四级公路标准设计，将原3.5米宽旧路面拓宽至5.5米宽水泥路面，路基加宽至6.5米，部分道路路面破损修复及路面沥青混凝土刷黑铺装处理，11月底开工建设。完成农村公路安防工程473.43公里，计划总投资4749万元。

运输服务。全年完成旅客周转量9987.4万人公里、货物周转量17616.7万吨公里，比上年分别增长17%、12.5%。新建、改造城区公交1路站台52座、5路公交站台31座。制定县城公交线路发展规划。承接工业园内企业职工上下班定制公交；开通旅游线路定制公交。开展新能源公交前期工作。

运输市场管理。完成全县所有客货运输企业（包括出租企业）、驾校及二类以上维修企业信誉考核，督促客运企业完成车辆检测及日常年度审验

2018年，咸安区花坪至张公庙公路建设美丽乡村路

嘉鱼县国家乡村公园景观路由4条乡道14条村道组成，全线安防、绿化、照明、排水、标志标线等设施齐全

工作，监督危险品货物运输车辆按时年检，客运、危货车辆年审率100%。按照交通运输部"三关一监督"（严把运输企业市场准入关、营运车辆技术状态关、营运驾驶员从业资格关），严格审批运输企业进入运输市场，对取得许可的企业定期开展检查工作，督促营运车辆定期开展综合性能检测，不定期对驾驶员从业资格进行查验，督促客运站严格落实"三品"查验，定期检查客运站消防设施。开展道路运输市场整治专项行动，重点打击非法经营、无证经营、超范围经营的现象。开展源头治超工作，严查货运车辆非法改装行为。开展道路运输行政执法行动200余次，查处违法行为136起，结案率100%。

安全应急管理。全县运输行业没有发生一起重特大责任事故，事故指标严格控制在下达指标内，安全态势平稳。履行交通运输安全监管职责，建立和完善相关配套制度，督促企业落实安全生产主体责任。每季度组织行业内安全生产大检查不少于1次，对查出的隐患建立台账，跟踪督办。对行业内安全隐患和重大危险源进行普查、登记、建档，实行分级管理，制定整改和监控方案，督办落实。推进交通运输企业安全生产标准化建设。继续抓好"两客一危"车辆、"四类重点船舶"、库区、桥梁、渡口和大型结构工程施工现场等为重点的安全隐患排查治理，建立健全隐患排查常

态化机制。完善隐患排查、挂牌督办、信息报送、目标考核制度，及时准确报送交通运输突发事件信息。

交通改革举措。承接"推进综合交通运输体制改革取得突破性进展，降低物流成本"深改项目，该深改项目由省交通厅领衔、地方承接。初步完成行政审批"互联网＋放管服"改革和行政审批"一张网"建设，完成权责清单迁移工作。推进双随机一公开执法检查，随机事项抽查频次和随机事项抽查覆盖率均达到100%。

（宋子龙）

【赤壁市】 至2018年年底，全市公路里程2728.76公里、路网密度

158.37公里/百平方公里，其中高速公路86.52公里、一级公路61.67公里、二级公路279.93公里、三级公路55.19公里、四级公路1957.28公里、等外公路288.17公里。内河航道通航里程82公里（界河按二分之一算），港口3个，生产性码头泊位4个，渡口9个。客运站6个，其中一级客运站1个、五级客运站5个。

基础设施建设。全年完成交通固定资产投资6.8亿元。交通工程项目开工建设8个，完成2个，开展项目前期2个。赤壁长江公路大桥完成货币工程量72100万元，完成主引桥施工便道和钢栈桥建设。107国道赤壁段改扩建工程68.58公里，其中新建改线路段26.8公里、老路加宽41.78公里，完成货币工程量24000万元，完成路基90%。完成北段汀泗桥至中伙铺段14.4公里路基、中伙至官塘段8公里沥青路面工程。完成南段八王庙至羊楼司段路基23公里。城区外迁段建设里程26.8公里，采用PPP模式引入社会资本合作建设，12月7日，市政府与中标投资建设单位中交四航局签订投资建设协议合同。武赤线赤壁段改扩建工程10.90公里，洪水铺至周画岭段7.4公里路面大修改造完工，完成石埠塘至洪水铺桥2.5公里路基工程，完成货币工程量1.2亿元。361省道红旗桥至皮家岭段改建工程11.3公

2018年4月16日，石首长江大桥南岸主塔完成一次性成功封顶

里，完成路基 7.5 公里，完成货币工程量 2750 万元。8 月凤余公路改建工程 25.18 公里建成通车，完成货币工程量 4000 万元。359 省道外屋叶家至王秀英段公路改建工程 13.4 公里，完成外屋叶家至随阳段 8 公里老路面加宽，随阳至王秀英段 5.4 公里征地放线等工作，完成货币工程量 2000 万元。西杨公路改建工程 (神山镇至杨家岭段)17.9 公里，完成货币工程量 4900 万元。陆水节堤枢纽至京港澳高速桥段航道工程建设 23.3 公里，建设标准为 3 级航道，完成货币工程量 450 万元。京港澳高速中伙铺互通及连接线工程路线方案基本确定，完成工程可行性报告；车埠陆水河大桥完成项目建议书编制。"455" 生命安全防护工程完成货币工程量 4000 万元，其中南渠南路工程完成货币工程量 700 万元，其他工程完成货币工程量 1500 万元。

"四好农村路"建设。结合创建"示范乡镇"，启动创建余家桥乡示范乡镇，覆盖黄盖湖镇、沧湖开发区，联网成片实施"四好农村路"提档升级及"美丽农村路"建设。乡村道路提档升级计划通客车 23 条 191.16 公里，完成凤莲线、麻五线、易柳线、蓼五线、红芳线、凤余线、赵柳线等 7 条线路 47.58 公里，开工建设余家桥乡、沧湖开发区、赵李桥镇、官塘驿镇等 17 条线路 144.5 公里。同时，实施美丽农村路创建工程。计划完成 100 公里"美丽农村路"创建，基本完成五洪山、柳林、普安、易家堤、吴家门、双丘等村 57.46 公里"美丽农村路"创建，开工建设余家桥乡、沧湖开发区、黄盖湖镇、赵李桥镇等乡镇 78.69 公里"美丽农村路"。推进农村公路安全生命防护工程建设，完成全年建设任务 1015.23 公里。落实推进乡村振兴示范点工作，推进 14 个乡村振兴示范点、10 个田园综合体交通项目建设，完成赵李桥镇梵音瑜伽旅游公路 1.26 公里、沧湖开发区 2 条线路路基拓宽 12.61 公里，开工建设车埠镇小罗湖田园综合体彩色沥青路面 3 公里和沥青路面 3 公里以及主路 1.5 公里。支持 7 个贫困村脱贫攻坚工作，计划解决通

赤壁市老虎岩至双泉旅游公路

村公路 23 公里，对官塘驿镇龙凤山村 4 公里、神山镇莲塘村 1.5 公里、车埠镇白驹村 2 公里通客车道路提档升级工程给予政策支持。

运输服务。完成公路货运量 731.22 万吨、货物周转量 131854 万吨公里，水路货运量 450 万吨、货物周转量 108863 万吨公里。市汽运总公司更新营运客车 27 辆、出租车 7 辆。

公路养护。完成全市路面保洁 8523 公里，整修路肩 5780 公里，整修边坡 3120 公里，清理边沟 28460 公里，清理路面路肩堆积物 1300 余处，路肩除草 1080 公里，路面灌缝里程 110 余公里，修补坑槽 18720 平方米，路面标线 23000 余平方米，刷新、更换、加固公里碑、百米桩、道口桩 2200 余块 (根)。完成春季行道树补栽 24100 棵。

物流站场建设。建成康华物流园二期 2 号仓库，完成投资近 300 万元。新增 3A 物流企业 2 家，新培育湖北省重点物流企业 2 家。培育龙头企业大润发仓储有限公司降成本，节约物流成本 30% 以上。严格落实寄运物品验视、实名登记制度，物流行业违禁物品寄递制度落实到位；"三个 100%"制度落实率明显提高。完善农村物流服务功能，完成农村物流村级服务点升级改造 100 个，年配送量 5.1 万件，价值 1400 万元。引进孝感环保纸业在赤壁成立物流公司，年纸品运输量 30 万吨。

安全管理。加强安全管理和应急保障体系能力建设，切实保障水陆交通安全，全市交通安全态势持续向好。

不断完善和巩固交通运输安全生产监管体系，强化安全责任网络。开展安全生产"大检查、大整治""打非治违""专项整治百日攻坚"等行动，对全市车站、码头、渡口、渡船、营运车辆、危货运输、驾校、修理厂、国省干线、农村公路、危桥险段、在建工程等水陆交通重点部位进行全覆盖检查，对查出的隐患进行督查，要求立行立改，对一时难以整改到位的要求相关单位按照资金落实、计划落实、整改时限落实、责任人落实、预案落实限期整改到位。公路部门加大对国省道、县乡公路和桥梁以及在建工程隐患排查和整治力度，重点加强农村公路安全生命防护工程建设，对临水临崖、急弯陡坡、水毁等危险路段设置安全警示标志标牌，加强警示提醒和巡查。增设警示桩 300 余根、波形护栏 3000 余米、凸镜 12 个、警示标识标牌 50 余个，排除滑坡、落石等险情 10 处，修补路面坑槽 4000 余平方米。运管部门重点对 3 家客运企业、1 家客运站、1 家危险品货运企业、4 家驾校、17 家维修企业开展安全检查，排查安全隐患 52 处，现场整改 47 处，下达隐患整改通知书 5 份。港航海事部门突出乡镇渡口渡船、挖沙船、港口码头等重点部位专项整治。圆满完成"春运""五一"、端午、中秋、国庆等重大节假日运输安全保障工作。开展"生命至上、安全发展"宣传教育活动，全市车站、码头、渡口、工地等场所悬挂横幅、张贴安全生产

宣传标语40余条。6月12日，组织人员参加陆水湖反恐应急综合演练；6月15日，组织汽渡所职工、港航(海事)局执法人员在赤壁汽渡所联合开展水上交通安全消防、疏散应急演练活动；6月20日，组织客运企业在客运中心开展"五不一确保"宣誓活动。组织全行业参加全省第八届安全生产法律法规知识网络竞赛活动，增强全民应急意识、提升公众安全生产、提高防灾减灾能力。

综合执法。路政执法，拆除清理非公路标志(牌)210块、堆积物70处、制止违章建筑5处，办理案件36起，其中路赔案件12起，查处率结案率均98%；收取公路赔(补)偿费14.5万元，无公路"三乱"行为，无路政执法败诉案件。路政治超计检查货车12450辆，查处超限运输车辆249辆，卸载转运货物9226吨。运输执法，查处非法营运车辆45辆次，处理出租车违规行为51起，接受群众投诉60余起，基本做到件件有查处、件件有回复，保障广大乘客合法权益。无一起行政执法复议败诉案件。加强源头治超工作，对全市14家运输、矿山企业等重点货运源头单位开展清查工作，采取蹲守、突击检查等多种方式，抓好货运源头治超，查处货运源头企业违规运输行为15起，全市货物运输基本实现标准车厢装载、平车覆盖出厂(场)。港航海事执法，开展陆水河非法码头专项整治，坚持治理非法码头长效机制。不间断重点巡查赤壁长江段和陆水河，及时制止非法码头装卸苗头3起，驱赶外籍港采砂运输船舶39艘次。联合水利局、公安局和乡镇政府等部门拆除陆水河非法砂石码头13家，全面遏制陆水河非法采砂、运输现象。杜绝"三无"船舶非法从事运输现象，强制解体"三无"船舶35艘，对陆水湖3艘"三无"运输船舶安装定位监控设施，实施24小时监控，杜绝偷采偷挖行为。

(余铜山)

【通城县】 至2018年年底，全县公路里程2368.64公里、路网密度

2018年，通城县马港镇界上村至东山屋场美丽乡村路

202.102公里/百平方公里，其中高速公路49.3公里、一级公路12.14公里、二级公路179.2公里、三级公路21.34公里、四级公路2012.51公里、等外公路94.15公里。内河航道通航里程50公里，渡口8个。客运站8个，其中一级客运站1个、三级客运站2个、五级客运站5个。

基础设施建设。全年完成交通固定资产投资9.5亿元，比上年增长131%。完成106国道绕城公路银城西路至五里大道段建设、353国道关刀至白沙咀段、麦市集镇段和石南桥至贯青桥段升级改造、362省道五保公路升级改造、259省道幕阜山旅游公路通城段14公里刷黑改造等干线公路重点项目，完成菖蒲港老桥、沙堆老桥维修加固，启动铁柱港老桥拆除重建等干线公路桥梁改造。启动公路应急中心建设，完成马鞍山公路服务站建设，启动公交车站建设和塘湖、四庄、大坪3个乡镇客运站征迁，建设"交通厕所"3座。完成中医药产业园旅游公路北港互通至南山大道4.5公里路面水稳施工，完成城东新区解放东路以南"三纵三横"路网建设，完成坪山产业园"一纵三横"路网建设，按期保质完成县委县政府临时安排的太阳电子、新华洋、亚细亚、艾舒宝、润康药业等企业厂区道路、东山屋场、冷段村、马鞍山陵园道路改造和玉立酒店场地刷黑等建设任务，解决金山等贫困出列村交通出行问题，扶持杨山等3个驻点村精准脱贫，全面完成

精准扶贫农村交通年度指标任务。完成五里大道改造、隽水大桥重建、沙堆至大溪湿地公园公路等12个重点项目前期工作，推进东外环公路等20个项目前期工作。

"四好农村路"建设。完成农村公路提档升级171公里、县乡产业路改造6.7公里、自然村通畅工程22公里。完成公路安全防护工程建设700公里。实施农村公路管养工程，健全完善乡村"两站两员"管理。创建美丽农村路，打造界上村、望湖村、冷塅村、塘湖知音田园综合体、左港上善田园、麦市镇天门村、金麦村、塘湖镇大塅至荻田红色旅游公路、大坪乡至内冲村等美丽农村路172公里。提升农村公路运输服务，巩固"村村通客车"，完成五里线公交化改造，建成物流服务站点42个。

运输服务。全县有客运企业3家，农村客车185辆，长途班线客车74辆，出租车224辆，新能源电动公交车65辆，货车1890辆。全年完成水陆客运量572万人次、旅客周转量16420万人公里，货运量198万吨、货物周转量15036万吨公里，比上年分别增长1%、0.5%、1.5%、0.8%。机动车维修企业146家，其中一二类维修企业21家，车辆综合性能检测站3家，车辆维修、检测年业务量1.5万辆次。驾校5所，培训机动车驾驶员7000余人次。进一步完善县乡村三级农村物流网络，有物流企业24家，快递企业13家，物流从业人员625人，全年主

营业务收入 9585.95 万元。

行业管理。联合有关部门和乡镇，采取定点整治、流动整治、源头整治等方式，开展全县联合治超攻坚行动，有效遏制超限超载态势，查处车辆 182 辆，卸载 3460 吨，罚款 60 余万元，行政拘留 1 人。抓好运输市场监管，持续开展客运、驾培、维修市场秩序整治，化解长途班线经营纠纷，加强公共交通服务监管，运输服务市场秩序基本稳定。助推物流产业发展，引导 26 家物流企业入驻玉达物流园经营，物流成本逐步降低。

安全应急管理。推进"平安交通"创建、"打非治违""扫黑除恶"等专项行动，全县水陆运输安全生产态势持续平稳，应急保障能力提升。

交通改革举措。创新融资模式，在全市率先实施公路"建养一体化"融资模式，与太平洋西部建设集团、中冶建设集团分别签订《合作框架协议》，采取"大项目带动小项目""政府资金撬动社会资金"等举措，将在"N＋5"年内完成五里大道、隽水大桥等 16 个项目 30 亿元投资；恒丰交投融资平台成功实现土地收储、公租房等项目融资 1.4 亿元，有效缓解交通建设融资困难。推行行政审批改革，全面完成行政审批"互联网＋放管服"改革和行政审批"一张网"建设，推行"只要跑一次"改革、落实"证照分离""双随机一公开"等工作。

(杜耀武)

【崇阳县】　至 2018 年年底，全县公路通车里程 3348.9 公里、路网密度 163 公里／百平方公里，其中高速公路 92 公里、一级公路 19 公里、二级公路 339.4 公里、三级公路 87.5 公里、四级公路 2685.2 公里、等外公路 125.8 公里；按行政等级(不含高速公路)分为国道 62.8 公里、省道 255.2 公里、县道 417.5 公里、乡道 702.9 公里、村道 1818.5 公里。内河航道通航总里程 138.9 千米(界河按二分之一算)，续建三级客运站 1 个，综合服务站 1 个、新建候车亭 6 个，改扩建 1 个。

基础设施建设。全年完成交通固定资产投资 15 亿元。公路建设固定资产投资 10.8 亿元，高枧至小山界、茅井至葛仙山、三山至仙坪公路竣工通车。106 国道花山至黄龙段改扩建工程、359 省道崇阳县石家祠至王秀英段改建工程、石城至黄土塝公路等项目推进。周家门桥、谢家壁桥等建设完工。完成浪口至白云潭大桥全线 6.4 公里，投资 738.4 万元。完成 106 国道杨洪至浮溪桥段路面大修工程 8.3 公里，投资 1133 万元。完成路口绕城公路 1.8 公里，投资 300 万元。投资 600 余万元，完成 259 省道铜天线盘山公路站前期建设工作。交通运输中心、港口客运站、天成物流园二期等站场建设稳步推进。推进"455"公路生命安全防护工程建设，排查隐患里程 1408 公里，治理隐患点 130 个，完成安全防护工程 300 公里，其中国省道安全防护工程通过主管部门验收。全年新开工一二级公路路基 56 公里、一二级公路路面刷黑 48 公里，160 余公里精准扶贫"九有"项目补短板公路全面完工。

"四好农村路"建设。加大"四好农村路"示范县创建力度，完成浪口至葛仙山公路、大市村公路、回头岭村公路等 10 余条 100 公里"四好农村路"建设，崇阳县被评为 2017 年全省"四好农村路"示范县。

运输服务。全年完成公路客运量 401.23 万人次、旅客周转量 9728.32 万人公里，完成货运量 875.63 万吨、货物周转量 55136.73 万吨公里，比上年分别增长 1%。全县拥有营运车辆 2002 辆，其中客车 276 辆、出租车 218 辆、租赁车 46 辆、货车 1209 辆、教练车 185 辆、公交车 68 辆。省际班线 11 条、市际班线 8 条、县际班线 7 条，农村客运班线 58 条，公交线路 4 条。全县 12 个乡镇 186 个行政村通客车率 100%。全县客运船舶 79 艘，全年完成客运量 85 万人次。4 条公交线路 68 辆公交车全部置换成纯电动低碳环保公交车，公交老人卡 7 万余张。全面推进农村物流发展，加快农产品流通，打通农产品流通的最后一公里。在路口、铜钟、金塘等乡镇精准扶贫易地搬迁小区增设 3 个农村物流示范基地，物流经营网点由上年的 52 个增加至 108 个，日均邮件 2 万余件，为农村贫困地区、边远山区提供便捷物流服务。

公路养护。推进公路标准化、规范化和精细化养护管理。全年完成沥青路面灌缝 42.5 公里，水泥路面灌缝 28.7 公里，沥青料修补坑槽 13580 平方米，处置翻浆 4978 平方米，水稳料修补基层 3465 立方米，清理边沟 294500 米，整治路肩 239 公里，清除塌方 6750 立方米，疏通桥涵泄水孔 790 个，清理桥梁伸缩缝 78 条，修复桥涵道 61 座，修割长草 1434.7 公里，

2018 年，改建的崇阳县振兴大道(天路线)

2018 年 4 月 9 日，259 省道幕阜山旅游公路崇阳段创建"畅安舒美路"

清转路肩杂物及边缘堆积物 3400 立方米，安装修复百米桩、警示桩、公里碑、标志牌 90 多公里。修复水泥混凝土路面 3218 平方米，修复沥青路面 41400 平方米，修复水毁挡土墙 11 处 1598 立方米，清理塌方 43200 立方米。为应对年初冰冻雨雪天气备防滑料 260 立方米，撒工业盐 225 吨。加大干线公路和通村公路绿化美化，重点对 106 国道路口至沙坪段、319 省道线桂花至柳林段、铜天线、金保线、横路线、仙崇线、夏塘线、凤界线、咸赵线等国省干线路段新植补植路树 16430 棵。完成创建绿色景观点 3 个，新植乔灌木 61 公里，种植花草 26.1 公里，种植草皮 8 公里，利用道班空闲场地培育幼苗 6 万株。

超限超载整治。联合公安、交警在 106 国道沿线，全面整治货运企业和超限超载车辆，查处超限超载车辆 297 辆，卸载或转运货物 10000 余吨。深化客运市场整治，集中开展打击"黑车"、客运车辆站外经营等违法违规经营整治行动，结合文明城镇创建，严厉打击"麻木"闯禁区和城区内燃放烟花爆竹等现象，全年查处非法营运车辆 308 辆次，行政处罚 260 辆次，接受投诉 80 余次，投诉查处率 100%。

安全应急管理。建立健全"党政同责、一岗双责、齐抓共管、失职追责"的安全生产责任体系，开展安全生产教育培训，全面提升交通运输行业从业人员安全意识、忧患意识和底线思维。加快搭建客运车辆 4G 动态监控平台，对汽运总公司、装卸运输公司、旅游出租车公司 500 余辆营运车辆实行 4G 视频实时动态监控全覆盖。严格执行《道路客运安全告知制度》，全面实施安全隐患大排查，查处安全隐患 61 起，其中口头警告和现场整改 17 起，处罚违规车辆 31 辆次，下发整改通知书 13 份，均整改到位。开展安全集中学习培训 2 次、宣传活动 4 次，推进落实道路运输企业"两函两书、一岗两卡"制度，挂横标 30 条，宣传展板 24 块，发放宣传单 700 余份，全年道路运输未发生一起源头安全责任事故。

（杨亚男）

【通山县】 至 2018 年年底，全县公路里程 2703.09 公里（不含高速公路）、路网密度 100.86 公里/百平方公里，其中高速公路 97 公里、一级公路 9.49 公里、二级公路 395.21 公里、三级公路 80.12 公里、四级公路 2093.68 公里、等外公路 124.59 公里；按行政等级（不含高速公路）分为国道 87.36 公里、省道 198.98 公里、农村公路 2416.75 公里。内河航道通航里程 89 公里，渡口 29 个。客运站 9 个，其中一级客运站 1 个、五级客运站 8 个。

基础设施建设。全年完成交通固定资产投资 6.34 亿元。完成 106 国道通山县洪港至九宫山段一级公路改建工程路基 7 公里，投资 1.54 亿元；完成通山至黄沙二级公路路基路面 14 公里，投资 6300 万元；完成狮岩大桥桥梁桩基及下部构造、部分梁板预制安装主体工程，投资 1200 万元。完成白果树至大塘坳绕黄沙镇段公路建设 2 公里，投资 900 万元；完成板桥至富有路域环境整治 8 公里，投资 800 元；完成马桥至洋湖公路建设 4.5 公里，投资 2025 万元；完成富水库区南岸公路路面工程 9.78 公里，投资 5759 万元；完成闯王至石龙峡公路路面工程 17 公里，投资 5100 万元；完成闯王至高湖至老屋里公路路面工程 20 公里，投资 6000 万元；完成燕厦至新铺公路路基工程 7 公里，投资 1400 万元；完成山口至石门公路路面工程 9 公里，投资 2700 万元；5 月 1 日和平大桥正式通车，年度完成货币工程量 500 万元。完成农村公路工程 240 公里，其中村级公路提档升级 170 公里、自然湾公路 47 公里、产业路 29 公里，投资 5100 万

2018 年 6 月 18 日，通山县和平大桥建成通车

元；危桥加固 24 座，其中省道危桥改造 4 座、农村公路危桥改造 20 座，投资 3013 万元；完成渡改桥工程 3 座 167 延米，投资 679 万元。完成"455"公路安全生命防护工程里程 642 公里，投资 3750 万元，实现"四年任务两年完成"目标。完成九宫山景区公路刷黑 12 公里，投资 2760 万元。

公路管养。全年完成整修路肩边坡 85 公里，疏通边沟 246 公里，疏通涵洞 317 道，清理塌方 34406 立方米，沥青灌缝和贴缝 171 公里，修补坑槽 264 平方米。更换 106 国道京广线 8 座中大桥桥梁信息牌；逐一调查全县 81 座桥梁、317 座涵洞，并拍照、登记、整理、汇总，建立数据库，更换、增补桥梁限载牌 8 块、桥梁信息公示牌 6 块、桥梁保护区公示牌 2 块。对 209 省道咸通线、106 国道京广线、358 省道阳通线 102 公里补植苗木 25000 棵；对咸通线界水岭段、阳通线慈口段等路段撒布草籽和栽植野菊花；修剪 358 省道阳通线、209 省道咸通线行道树 46 公里，完成 209 省道咸通线边坡修整 37 公里；完成挡土墙粉刷 2460 平方米，砌筑路肩墙 320 米，加高挡土墙墙垛 1400 米，修复挡土墙 15 处 120 立方米，砌筑排水沟 420 米。根据调整的国道新桩号，完成 106 国道京广线通山县境内全线公里碑、轮廓标重新安装工作，完成 358 省道阳通线安装公里碑 23 块、示警桩 44 块、桥梁轮廓标 200 个；投资 100 余万元，在 106 国道楠林管理站、富有停车区、

2018 年 8 月 30 日，通山县高坑段"455"安防工程

209 省道望江岭观景台，建成 3 座"交通厕所"；启动板桥公路站建设，完成征地并进行三通一平和规划设计。

路政管理。全年上路巡查 560 余天，出动路政人员 1070 余人次、巡查车辆 530 余辆，整治占道经营、打场晒粮、乱堆乱倒行为 4 起，查处路产损坏案件 2 起，收取赔偿费 3000 元。清理违法占道堆积物 137 处 534 平方米，摆摊设点 4 处，清理非交通标志牌 32 块，拆除违章建筑 10 平方米。参与联合治超 7 次，出动执法人员 402 人次，检查货运车辆 3677 辆，查处超限超载车辆 141 辆，卸载 131 辆、卸货 3200 吨。

道路运输管理。全年完成公路客运量 265 万人次、旅客周转量 15950 万人公里，比上年分别增长 4%、14%；完成货运量 158 万吨、货物周转量 16960 万吨公里，比上年分别增长 4%、27%。全县有道路经营业 856 家，其中服务业 10 家、驾校 5 家、出租汽车公司 3 家、货运经营业户 821 家、客运经营业户 8 家。有营运车辆 1411 辆，其中货车 902 辆、教练车 154 辆、客车 227 辆、出租汽车 128 辆。通车线路 124 条，其中跨省 12 条、跨市线路 8 条、跨县线路 6 条、县内线路 98 条。推进全县站场建设，做好九宫山、燕厦、厦铺 3 个三级客运站，通羊、横石、闯王 3 个扶贫农村综合运输服务站项目建设前期工作。推进旅游大县战略实施和道路客运转型升级，许可湖北省九宫山旅游开发有限公司市际旅游客运经营、通山县奔阳运输旅游公司省际旅游客运经营，许可鹏程机动车驾驶员培训经营。维护运输市场稳定，及时化解黄沙大幕山赏花游、大畈隐水洞景区旅客转运，通山—燕厦、洪港，通山—横石客运线路抢客以及宏发出租汽车公司经营纠纷。

行业管理。推进"平安交通"建设，履行运输行业"三关一监督"安全监管职责，做好"两客一危"等重点领域安全生产监管工作，督促运输企业建立完善安全生产机制，严格落实安全生产制度，督促客运中心站，短途东、西站严格执行"三不进站，六不出站"

2018 年 6 月 28 日，九宫山景区道路刷黑施工中

规定；严把客运车辆技术状况关，加强年审和新增车辆安全设施设备源头把关工作，营运客车全部配备具有报警功能的应急锤；督促奔阳公司长途客运落实"实名制"和凌晨2时至5时落地休息制度；建成全市首个县级交通运输应急指挥中心。推进联合执法，联合公安、交警、城管等部门开展"平安交通""打非治违""非煤矿山源头治超""非洲猪瘟防控""禁麻打非"等专项整治行动，加强机动车维修、驾培市场监管，重点打击"两客一危"非法经营和客运站周边"黑车"非法揽客从事县外客运经营行为，全年打击违法违规车辆35辆，查扣车辆16辆，查处改装营运车38辆，清查未经许可和超许可范围经营维修企业54家。开展全县道路运输企业质量信誉等级考核工作，督促运输企业不断提升服务质量。调整优化6条公交线路，满足群众出行需求。推进宇诚和顺安机动车检测机构落实安检、综检"两检合一"政策，全面实现"一次上线、一次检测、一次收费、一次出两份报告单"，减少道路客货运车辆年检、年审环节和成本，减轻经营者负担。优化运政窗口办事流程，缩短窗口办事时间，窗口服务全年实现零投诉。

水路运输。通山县富水库区航道主要流经通羊、大畈、慈口、燕厦、九宫山等5个乡镇，全县有客渡船159艘。全年完成水路客运量45万人次、旅客周转量135万人公里，保持连续23年无安全责任事故。全面履行水上交通安全监管责任，督促涉水乡镇政府、船员落实安全责任，采取网格化监管和远程监控相结合方式，加强重点时段和重点船舶监管力度，下发安全航行指令40次，利用渡口渡船远程监控系统纠正船员站人20起、超载9起、船内放置烟花爆竹5起。组织开展水上交通安全知识进校园活动2次、船员安全知识培训班1期，联合县安监局、消防大队、大畈镇人民政府在大畈镇开展消防应急演练，承办全市内河小型船舶船员适任班，68人参加培训并取得适任资格。配合有关部门开展湖库拆违清零整治行动，投资20万元购买国标航标26个投放航道，32米海事应急救援趸船建成投用。全县首个旅游渡口码头——慈口乡旅游渡运码头建设基本完成，与茶园、山口、石印3个码头完成货币工程量1000万元。

物流发展。依托通山县家贵物流公司经营的农村淘宝村级服务站点，融合县内物流零担托运和快递等下行至各乡镇的货物，进行统一运输配送，建成并运行4个乡镇融合服务站、64个村级淘宝服务站、6条农村物流货运专线。开展物流企业信息调查、发布、A级物流企业申请评估等工作，走访企业60家，上报农副特产品具有规模的9个品种数据；构建县域物流行业交流平台，成立通山县物流协会。

精准扶贫。2018年，县交通运输局对大畈镇祝家楼村、燕厦乡南洞村、大路乡犀港村、洪港镇沙店村、九宫山风景区李家铺村等5个村进行驻点帮扶，在全系统抽调54名干部对5个贫困村建档立卡贫困户实行全员全覆盖结对帮扶，协助贫困户做好异地搬迁、生活、医疗保障、学业扶助、产业扶持等工作，如实更新贫困户扶贫台账、档案。全年完成异地搬迁119户，落实教育扶助182户，医疗救助171户，社会保障302户，政策兜底46户，产业发展204户，申请小额信贷123户700余万元。投入252万元，实施村组公路建设养护、桥梁改造、河堤修筑、党员群众服务中心、卫生室、图书室建设，自来水管及路灯安装等公共基础设施项目。

应急监控指挥中心。3月启动通山县交通运输应急监控指挥中心建设，6月底建成投入使用，总投资42万元。该项目是咸宁市第一家县级交通运输应急监控指挥中心，整合道路客运、水路客运、城市公交运行管理等视频监控系统，纳入全县客运车船564辆(艘)，其中"两客一危"车辆57辆、城市公交65辆、出租车128辆、农村客车163辆、客渡船151艘，委托第三方湖北中交兴路科技有限公司负责运营监控，重点对超载、超速、疲劳驾驶、不系安全带、开车接打电话、船头或者引擎盖坐人等违规违章行为实时报警和语音提醒，及时发现纠正各类违规违章行为，实现由原来人工监控管理向数字化智能监控管理方式转变，加快"人防"到"技防"创新转换。

(徐维新)

随州市交通运输

【概况】 至2018年年底，全市公路通车里程10259.10公里、路网密度103.14公里/百平方公里，其中高速公路320.3公里、一级公路121.326公里、二级公路1133.77公里、三级公路221.245公里、四级公路8462.457公里。内河航道通航里程150.5公里，渡口37个。客运站32个，其中一级客运站1个、二级客运站4个、三级客运站1个、五级客运站26个。

基础设施建设。全年完成交通固定资产投资20.7亿元，为年计划的103.5%。随州至信阳高速公路在编制工程可行性研究报告。浪河至何店一级公路项目路基工程基本贯通，所有桥梁下部结构浇筑完成，完成桥梁梁板预制。南外环施工图设计通过审批，规划手续办理完毕，在办理用地手续；北外环初步设计通过审查。桃园大桥项目完成全部68根桩基浇筑和承台及墩柱建设，在进行盖梁、箱梁施工。高铁客运南站将与城南高铁小镇同步建设。争取全省物流发展资金竞争性分配项目补助600万元，随州综合物流园项目与山东高速合作进展顺利，基本确定项目概念规划、运营模式和框架合作协议。路网建设步伐加快，完成一级公路路基 33.15 公里、路面 18.33 公里,二级公路路基 21.77 公里、路面 21.02 公里。完成农村公路新改建 545.8 公里,完成"455"安全生命防护工程 847.7 公里。

综合运输。全年完成公路客运量 2334 万人、旅客周转量 142048 万人公里,比上年分别下降 28.02%、17.65%,完成货运量 8822 万吨、货物周转量 1481221 万吨公里,比上年分别增长 10.45%、7.79%。新增市际旅游客运企业 2 家,新增及更新客车 115 辆,新增客运班线 1 条,新增货运业户 1542 家 3910 辆,运输结构不断优化。科学调配各类运力,圆满完成春节、寻根节、高考等重要节点运输保障工作。随州"掌上公交"App 正式上线,首批 20 个公交电子站牌投入使用,全市 18 条公交线路全部实现全国交通一卡通互联互通,与交通部全国交通一卡通清算平台完成对接,发行全国交通一卡通 CPU 普通卡 2500 张。

公路养护。推动公路养护管理精细化和标准化,提高养护质量效益。全市完成安全生命防护工程 97.47 公里,为年计划的 100%。完成国省道大修 32.30 公里、国省道中修 6.2 公里,均为年计划的 100%。新建成随县殷店公路管理站、改建完成曾都区万店管理站,启动新建广水郝店公路管理 3 个标准化公路管理站,启动广水霞家河服务区建设,续建曾都公路服务区。根据《湖北省普通国省道接养和移交办法》相关规定,随州市公路局结合随州实际,制定《随州市普通国省道接养和移交实施方案》,成立领导小组,组建工作专班,有序推进全市普通国省道移交和接养工作。全市完成普通国省道 275.55 公里全部移交任务,通过规范完善部分工程项目竣(交)工验收手续,完成 113.18 公里接养任务,占接养任务的 26.12%。

路政管理。组织开展路政执法人员集训,学习业务知识、相关法律法规和队列队形演练、执法文书制作及路政执法文书评审中的问题,提高执法人员综合素质。集中开展专项治超活动,自 4 月 20 日开始,开展由属地政府统一组织的"打击货车非法改装和超限超载运输专项治活动",由设置的 4 个流动治超临检点以联合执法为主、机动执法为辅,设置临时卸货场地,开展全天候联合治超专项行动,取得阶段性成果。加强路警联合执法,以淅河治超站为试点开启驻站执法模式,随州市交警支队 10 月正式成立淅河治超中队,派驻正式干警 2 名、协警 10 名常驻淅河治超站,开展联合治超工作,并在全市推广交警驻站模式。提升科技治超水平,与随州市交警支队达成共建协议,进行治超设备共建,在淅河治超站不停车超限检测系统基础上,与交警测速监控系统进行共建和对接,电子抓拍和不停车超限检测系统初步建成。全面开展路域环境治理,通过开展国省干线公路过境集镇路段综合整治活动,消除 2 个过境公路脏、乱、差现象。将过境路段整治与"文明城镇"创建结合起来,与过境公路所在乡镇人签订路域环境整治协议,明确双方责任和任务,上下联动狠抓整治工作落实,收到良好效果。

行业监管。在交通系统深入开展扫黑除恶专项斗争,及时印发行动方案和公告,梳理形成 8 个方面的重点打击内容并分组督导,每月摸排线索,建立工作台账。启动道路运输从业资格证清理和 IC 卡发放工作,道路运输管理水平不断提升。始终保持治超高压态势,全年检测车辆 24482 辆,其中超限车辆 1312 辆,卸载货物 55286 吨。持续加大打击非法营运稽查力度,全市开展稽查行动 380 次,打击非法营运车辆 247 辆次,客运市场秩序不断规范。加强驾培维修市场监管,完成全市驾培机构、维修企业质量信誉考核工作。推进货运车辆"两检合一"改革工作,4 家检测机构完成系统联网升级改造并投入运营,"一次上线、一次检验、一次收费"一站式服务目标基本实现。

安全应急管理。水上交通连续 22 年无安全事故。道路运输安全总体稳,组织检查企业 229 家次,查处问题和隐患 274 起,整改销号 266 起。公路安全管理意识进一步加强,一批安全隐患及时得到治理,跨年度危桥改造项目老 316 国道三道河桥及 2018 年危桥改造项目广水公铁立交桥、涢水大桥竣工通车。所有在建工程质量安全监督继续保持全覆盖、零事故。

文明创建。不断培树先进典型,推举出最美家庭田英卫家庭、省级先进工作者何宗刚、巾帼建功标兵李妍萍等一批孝老爱亲、爱岗敬业、无私奉献的先进人物,交通退休干部周忠勤被评为"致敬四十年,奋进新时代"随州优秀代表人物,公路部门职工王何林获全国"三八红旗手"荣誉,齐星物流有限公司货运驾驶员徐超获"湖北交通工匠"称号。

(关文)

2018 年 9 月 4 日,农村客运班车行驶在随州洛阳银杏谷旅游公路

【曾都区】 至 2018 年年底，全区公路里程 2324.61 公里、路网密度 163.1 公里 / 百平方公里，其中高速公路 59.8 公里、一级公路 61.41 公里、二级公路 208.69 公里、三级公路 99.45 公里、四级公路 1895.26 公里。

基础设施建设。何店至柳林段公路改建工程，全长 10.82 公里，完成路基 10.5 公里、路面 7 公里。前谢线改建工程完工交付使用，全长 7.97 公里。银杏谷景区对外连通道路(张谢线、同永线、胡周线)改建工程建成通车，全长 10.1 公里。完成通村公路建设 96.6 公里，何店中桥、洛阳桃源河溢洪道桥、万店下河小桥、何店骆家河桥、何店白谢线白果树桥建成通车，完成"455"生命安全防护工程 89.5 公里。

公路养护。牢固树立管养就是服务的理念，全力提升辖区公路路况水平及综合服务保障能力。年初暴雪公路保畅工作中，抛撒工业盐 504 吨、融雪剂 41 吨、防滑料 9000 余立方米，投入人力 3100 余人次，及时有效处理辖区公路冰冻险情。"春运"保畅工作中，做好安全隐患处置，修补路面坑槽 1800 余平方米、清理水沟 30 公里、新设置钢护栏 240 米、增设警示标志 30 余套、道口桩 300 余根。"寻根节"期间，清理转移路面堆积物近 5000 余立方米、处理各类路面病害 3800 余平方米、整修路肩 50 余公里、清理开挖边沟 30 余公里、刷新桥涵 2 座、安装钢护栏 6000 余米、维修附属设施 20 余处、消除滑坡体隐患 1 处、治理非交通标志 30 余处。明确责任，确保汛期公路安全畅通。避免因汛期降雨导致辖区公路突发安全事件，多次垫补老浙万线、万杨线贯庄段坑凹，集中铣刨修复 240 国道、316 国道油路车辙、坑槽、沉陷等病害，投入人力物力确保 262 省道畅通，垫补路面坑凹 28000 余平方米、挖补油路坑槽 18000 余平方米。通过"清理、开挖、疏通、修复、新建"等措施，切实解决公路排水问题，清理保台线、上安线等水沟 5100 米、新增设涵管 8 道。汛期期间，辖区公路边坡塌方、路基冲空、路肩冲沟现象较多，采取养护路政联动巡路机制，

水毁修复工作做到"及时发现、高效处置"，清理歪倒行道树 60 余棵、路障 20 余处、处理路面积水点 2 处，及时更换公路锥形桶 40 个、防撞桶 10 个、爆闪灯 2 套、修复 240 国道路基冲毁 3 处 800 余立方米、路肩冲沟 3 公里，清理 327 省道边沟塌方 5 处 2800 余立方米、修复挡墙 2 处 187 立方米。开展公路大修和桥梁维修，确保公路桥涵运营安全，完成 316 国道十岗路段 6 公里病害路面维修，对 240 国道小河沟桥桥面出现沉陷、桥面板开裂较大等病害问题进行抢险加固，全面清理整治谌家岭桥、吴家湾桥、双寺桥等桥桥底、附属设施、桥面、伸缩缝、泄水孔。开展路面病害处置及安全隐患治理，提高公路通行质量。完善平交道口标志标牌调整和增设工作，对国省道升级后各平交道口标志标牌重新设计和更改，标志标牌安装到位 20 套。

路政管理。加强路政巡查，保护路产路权。加大路政巡查密度，集中开展对集镇路段、违法棚屋、杂乱标牌、摆摊设点、堆物放料、砂石遗洒等违法行为专项治理。特别是"寻根节"期间，加大"路养联合"治理力度，专项整治运输石料车辆沿路抛洒石料等行为，清理辖区内新 316 国道、迎宾大道、炎帝大道违法占用公路杂物、废土、石料等，营造良好公路环境。处理路损案件 8 起，结案 8 起，结案率 100%。全年清理堆积物 1300 余平方米、制止违法建房 700 余平方米、清理大小非交通标志标牌 50 余块、下达责令改正通知书 36 份。进一步明确"路警联合执法"相关工作机制，协调公安交警部门全面落实交警驻站执法工作。率先在全市范围内启动不停车检测系统建设项目，充分运用"不停车检测系统"与公安交警联网，推进"非现场执法"卡点建设，利用大数据打击超限超载行为，提升治超能力和效率。不停车检测地磅和监控设备安装完毕，浙河治超站对面新征卸货场在建中。联合检测车辆 2373 辆、查处超限车辆 422 辆、卸(转)载货物 19816 吨，交警扣分 2061 分、罚款 28.4 万元。

安全应急管理。调整安全生产工作领导小组，制定应急预案和安全生产工作制度，编制安全生产工作要点以及"平安交通""安全生产月"活动实施方案，层层签订安全生产责任书。组织安全员、特种操作手等人员参加学习培训和考核，参训人员均取得安全证和特种作业证。实施公路安保工程建设，在临水临崖、急弯陡坡等事故易发、多发路段设置安全设施，整治重点危险路段，加大危桥改造力度，消除事故隐患，辖区事故多发路段增设安全防护工程 34.18 公里。坚持每月对施工工地、养护作业现场、公路管理站、机械设备、用电设施、消防设备等重点区域及设备开展一次安全生产大检查，对发现的安全隐患及时报送"两化"管理系统，并将排查的隐患形成通报督促相关单位逐一整改落实。开展安全隐患排查 12 次，治理纠正 26 起，排查隐患 32 起，整改率 100%。

文明创建。实施"先锋工程"建设，培树曾都交通先进典型。曾都公路局路面养护队何宗刚被省委省政府授予"湖北省先进工作者"称号。做好交通脱贫攻坚工作，再次对帮扶村府河严加畈村、万店新中村困难户档案进行整理，制定自主发展产业奖补标准和工作队员帮扶信息明白卡，通过产业支撑、政策扶持、基础建设、环境整治等措施，推进帮扶村脱贫攻坚工作。

(冷甜)

【广水市】 至 2018 年年底，全市公路里程 5681.5 公里、路网密度 212 公里 / 百平方公里，其中高速公路 58 公里、一级公路 76 公里、二级公路 317 公里、三级公路 260 公里、四级公路 3970.5 公里、等外公路 1000 公里。内河航道通航里程 122 公里(界河按二分之一算)，港口 1 个，渡口 33 个。客运站 10 个，其中二级客运站 1 个、五级客运站 9 个，二级货运站 1 个。

基础设施建设。全年完成交通固定资产投资 7.8 亿元，比上年增长 26%。107 国道改扩建工程 42 公里，一级公路，项目总投资 6 亿元，完成

路基 40.7 公里。三李线全长 14.8 公里，项目总投资 5950 万元，完成路基路面 13.2 公里。武汉城市圈环线高速公路广水段 13.92 公里，总投资 8.25 亿元，全线征地、清表工作完成，路基基本完成，在进行主体桥梁建设和部分路段培基硬化。中华山大道全长 4.15 公里，估算总投资 2400 万元，路基土石方完成 70%，小型构造物全部完成。徐家河环库公路规划的内环 54.21 公里、支线 37.61 公里，估算总投资 9.77 亿元，在马坪段路面、桥涵施工设计招标。徐家河水上救援中心总投资 1600 万元，完成征地拆迁工作。完成"四好农村路"建设 260.5 公里、县乡道危桥改造 2 座、村道危桥改造 4 座、农村公路生命安全防护工程 300 公里。全市 369 个行政村全部通水泥路和客运班车。

公路管养。完成县乡道 88.84 公里移交工作，211 省道广仙线完成 15 公里接养工作，425 省道、426 省道待竣交工验收后办理接养手续。316 国道、346 国道、210 省道沥青路面灌缝 12 万余延米，推油 2124 平方米。平应线、十新线水泥路面灌缝 75 公里。修补坑槽基层 8550 平方米，挖补坑槽面层 9460 平方米。整修路肩 27.8 万平方米，疏通边沟 92 公里，清扫路面 6875 公里，清运堆积物 1284 立方米，路肩除草 220 公里，保证路容路貌美观。对平应线灾后重建路段进行碎石化基层施工，完成平应线碎石化基层 127100 余平方米，完成灾毁修复重建工程 14.2 公里。

路政管理。全年清理占道堆积物 254 处 1612.1 平方米，清理摆摊设点 110 处 795 平方米，拆除非交通标志 79 块，路养联勤 85 次，查处路损案件 21 件、收取公路赔偿费 65194 元，收取占利用公路补偿费 41.55 万元，办理涉路施工许可 3 件。治超站检测车辆 15250 辆，依法查处超限车辆 76 辆、卸载及转运货物 4563 吨。交警处理货车 326 辆，罚款 33.34 万元，扣分 1874 分。

智能交通。广水市完成"两客一危"运输车辆及 12 吨以上货车动态监控设备安装工作。建立动态管理监控平台。通过登录系统查询数据，督促车辆在线和数据正常上传，规范经营行为促进企业监管和行业监管。启动城市综合出行信息平台建设，打造涵盖公交、出租车、班线客运、航运等领域的综合出行信息服务平台。通过定制承运、网络预约出租汽车、分时租赁等方式，在城市交通、道路客运、货运物流等领域发展"互联网＋"交通新业态。

行业标准。审批许可执行行业标准，在办理营运客、货运输车辆更新、新增业务中，申请人查询"道路运输车辆燃料消耗量检测和监督管理信息服务网"，属系统公示达标的车型方可购置、予以办理《道路运输证》，非达标车型禁止进入营运市场。

节能减排。淘汰黄标车、老旧车，督促企业建立营运车辆报废管理台账，确保营运车辆报废走合法程序，严禁私自买卖。全年更新客车 54 辆、货车 921 辆，无非达标车型。退出营运市场运输车 173 辆。

安全应急管理。引导企业自查自纠，规范管理行为。落实驾驶员对旅客安全承诺，重点加强对"五不二确保"承诺实施应用情况的监管。全市未发生较大以上道路运输事故，道路运输安全形势较好。安全管理人员专人专职专岗落实到位，违规驾驶员离岗学习整改，重新调配驾驶员上岗。对抽查出的超载超速车辆责令限期整改，整改期间暂缓办理营运证年审和线路许可证换发。对货运车辆超速超载问题，主动与路政大队检查站、交警大队联系，形成运政、路政、交警齐抓共管，有效遏制货运车辆超载、超速问题。建立《广水市道路运输行业应急资源信息库》，完善应急保障预案，组建应急保障队伍 4 支，重新调派车辆和人员。严格执行重大节假日值班工作，春运、清明、五一、国庆和中高考期间等重大节假日和重点时段，坚持"高度重视、精心组织、加强协调"原则，开展隐患排查治理，建立健全"分级负责、反应迅速、保障有力"的安全管理运行机制。

交通改革举措。8 月份，广水市交通运输局联合恒泰、安顺公交 2 家企业采取"合股经营"方式开通"应山直达广水火车站"线路班车，结束广水火车站十余年没有直达主城区班车的历史，极大方便市民出行需求。

（张圆）

【随县】 至 2018 年年底，全县公路里程 4689.64 公里（不含高速公路）、路网密度 86.54 公里 / 百平方公里，其中高速公路 220 公里、一级公路 31.79 公里、二级公路 629.87 公里、三级公路 82.53 公里、四级公路 3935.75 公里、等外公路 9.7 公里。有内河定级航道

2018 年，随县凤凰山村主要道路刷黑、绿化、安装路灯，实施道路安全防护工程

35.7公里、等级外航道40公里、渡口10个。客运站18个，其中二级客运站1个、三级客运站1个、五级客运站(包括农村综合服务站)16个。

基础设施建设。完成475省道随县草店至车云山公路路基工程10公里、263省道随州市何店至柳林段改建工程随县段路基4公里，完成东外环至王岗机场2公里新建工程、淮河高速收费站至龙潭河中桥2公里改扩建，建成"交通厕所"4座。全县92个项目124公里通村公路全部完成。完成随县境内农村公路"455"安全防护工程1551公里设计工作，完成县道安全防护建设119.56公里，涉及7个乡镇10条路线。

工程质量监督。坚持"以质为帅、安全发展"理念，严格程序管理，坚持过程控制，完成7条通乡公路40.5公里、6座大中小桥466.52米、通村公路124公里质量监督任务。监督覆盖率100%，工程质量合格率100%，未出现质量、安全责任事故。

运输服务。全年完成公路客运量503.59万人次、旅客周转量30660.03万人公里，货运量3250.39万吨、货物周转量54.58亿吨公里。503路公交车终点站延伸至随县客运站，协调县公交公司将2路公交线网延伸至烈山湖西路，提高县城公共交通出行环境。建设候车便民设施280处，其中港湾式候车亭37处、招呼站347处。万和

三级客运站在建中。

公路养护。完成上安线安居街道3.5公里、万均线尚市街道2公里白改黑大修工程。完成唐张线唐镇街道2.7公里白改黑工程前期工作、长同线沥青混凝土罩面8.04公里。整修路肩129.5公里，清挖边沟250.86公里，巩固完善标准路基152公里。建成高尖山服务区、随南超限站、小林管理站、殷店管理站4座"交通厕所"。完成国道桩号传递工作，栽置公路碑281块、百米桩2529根。安居标准化管理站、随北综合应急保障服务中心竣工。

路政管理。按照"政府主导、部门配合、源头控制、综合治理"原则，集中在县域范围以及超限运输重灾区开展为期两个月的专项整治活动，采取固定治超和流动检测相结合方式，依托殷店超限检测站、随南超限检测点、尚市超限检测点在随县国省干线公路和超限重灾区治理超限运输。交警部门在殷店、随南超限检测站和尚市超限检测点各派2名干警长期驻点值守治超，开展24小时全天候联合治超专项行动。专项整治期间，检测车辆2538辆，查处超限车辆196辆，卸货11179吨。

安全应急管理。层层落实安全生产责任，签订安全生产目标责任书。建立健全安全应急管理制度，制订安全生产培训计划，经常性开展安全教育培训。完成保台线、十新线"455"

安全防护工程10.8公里，完成兴阳线、周新线水毁修复4处，新建挡墙、护坡420立方米，完成长同线、保台线、兴阳线交警反馈道路安全隐患5处，增设交通警示标志14套，完成国省道与县道平交道口指路标志32套。组织开展"平安公路"建设，开展隐患排查与治理攻坚行动，隐患查改做到闭环管理，确保事故发生率控制在目标范围内。推进安居标准化管理站、随北应急(抢险)中心建设，加强应急物资管理，做到抢险救灾设备和物资储备到位，应急指挥车辆部署到位，应急运行长效机制执行到位。

(黄璐)

【大洪山风景名胜区】 至2018年年底，辖区内公路里程248.93公里，其中333省道22公里、国防战备公路(黄双路)9.2公里、麻竹高速公路随州西段连接线3.5公里、内循环二级旅游公路41.23公里、通村公路124公里、其他农村道路49公里。五级客运站1个，始发随州客运班车4班次/日。

基础设施建设。启动仙人洞至碑垭公路续建项目黄土垭至仙人洞路基扩改和路面修复3.5公里，10月完工。洪山禅寺至打儿崖(京山界)旅游公路项目开工建设，全长6公里。完成通村公路建设10公里。

(李汉国)

恩施土家族苗族自治州交通运输

【概况】 至2018年年底，全州在册公路通车里程24361.09公里、路网密度101.1公里/百平方公里，其中高速公路465.46公里、一级公路75.69公里、二级公路2232.60公里、三级公路760.04公里、四级公路20825.69公里、等外公路1.61公里。航道里程589.97公里，港口3个，生产性码头泊位13个。客运站54个，其中一级客运站1个、二级客运站4个、三级客运站5个、四级客运站9个、五级

客运站35个。

基础设施建设。全年完成公路水路固定资产投资104.7亿元，为年度目标的128.3%，其中高速公路投资35.5亿元，普通公路投资63.8亿元，港口航道投资1.2亿元，站场物流投资4.2亿元。建恩、宣鹤高速公路一期土建工程基本完成。国省干线公路建设进展有序，建成项目3个，续建项目36个，按期开工项目6个。普通公路"建养一体化"全面启动，咸丰县项目包

完成招标，巴东县项目包完成招标文件编制，宣恩县、利川市项目包获批复。建成"交通厕所"51座。完成"十三五"规划中期评估和交通项目五年攻坚计划清单，建立高速公路、国省道、水运、物流站场储备项目库。来咸高速公路初步设计完成部审工作，在进行施工图设计；建恩北段高速公路工程可行性研究报告召开部评估现场调研会；鹤峰东段高速公路签订投资协议，项目申请报告报省发改委待核准，完

成施工图外业工作；利咸高速公路工程可行性研究报告评估会召开，相关专题均启动；巴张高速公路启动技术方面前期研究。全州 57 个 1509 公里国省道项目前期工作进展顺利，94.7% 的项目工程可行性研究报告获批复，78.9% 的项目初步设计获批复，50.9% 的项目施工图设计获批复，36.8% 的项目开工建设。印发《恩施州 2018 年交通脱贫攻坚作战方案》，除部省补助投资外，全州通过捆绑财政资金、整合扶贫资金、争取银行贷款等方式筹集农村公路建设资金 28.7 亿元，建成农村沥青水泥路 4096 公里、砂石路 1295 公里，分别为年度计划的 102% 和 130%。宣恩、来凤和鹤峰县交通脱贫目标全面完成。加强农村公路建设质量管理，州级组织开展专项检测，恩施市、咸丰县实施第三方抽检，来凤、巴东、建始等县市不断完善质量管理机制。驻村扶贫取得实效，州交通运输局驻建始县景阳镇偏坦村尖刀班被州委表彰为驻村帮扶榜样。完成精准扶贫基础设施发展组牵头协调任务。

"四好农村路"建设。"四好农村路"创建有序推进，建成美丽农村路 971 公里、提档升级公路 1363 公里，巴东县获评省级"四好农村路"示范县，恩施市芭蕉乡等 4 个乡镇成功申报省级示范乡镇。2018 年全州成功创建和申报全省美丽农村路 579.12 公里。

运输服务。全州道路水路运输完成客运量 3905 万人次、货运量 5113 万吨，比上年分别增长 0.76%、11.28%。推广多式联运、甩挂运输等运输组织方式，落实鲜活农产品运输"绿色通道"等优惠政策，争取州政府出台推进物流降本增效促进实体经济发展实施意见，交通物流降本增效成效明显。推动"智慧交通"建设，公交优先理念逐步落实，恩施市获评湖北公交示范城市。12328 服务监督电话高效运行。圆满完成春运、新兵运输、立讯公司培训员工集中运输、鄂渝直流背靠背联网工程大件运输等重点交通运输保障任务。开展"迎旅游高峰、保安全畅通"专项行动，提升 36 个 3A 以上景区道路安全畅通度。

2018 年 8 月 15 日，恩施州利川马大线带动沿线 8 个行政村 1.3 万余村民核桃、民宿、旅游产业发展，图为谋道镇铜锣关

行业管理。建成"455"安全防护工程 4317 公里，为年度计划的 118.9%，国省道安全隐患路段安全防护工程建设基本完成。一批国省干线服务区、观景台、候车亭投入使用。干线公路"边坡治理年"活动取得实效，公路地质灾害防治能力进一步加强。制定《恩施州生态旅游公路示范工程设计指导意见》，明确普通国省道及重点农村公路设计核心内容。推行设计审查咨询单位负责制，加强初勘初测、定测详勘等重点环节外业验收，落实综合交通安全设计审查责任。推进扫黑除恶专项斗争，排查上报线索 44 条，完成州扫黑办移交 12 条线索的调查核实。危化品综合治理、"打非治违"、出租车及旅游客运安全整治、联合治超等专项行动取得实效。推进法治交通建设，交通运输行政执法综合管理信息化建设进展顺利。组织开展招投标领域专项治理，严肃查处 3 家违法违规企业。做好信用交通体系建设，道路客货运输企业质量信誉考核和普通公路施工企业信用年度评价按期完成。

科技与信息化。长江干线非法码头专项整治、长江段港口岸线资源清理整顿、船舶污染防治三大标志性战役稳步推进，圆满完成中央、省环保督察 4 条反馈意见整改销号。积极组织节能减排宣传周、低碳日及公交出行宣传周等宣教活动。州内 90% 以上途经高速的营运客车使用 ETC 不停车系统，所有港口靠泊船舶均使用岸电，全州新能源公交车总数达 343 辆，占公交车总数的 48%。包保来凤县落实中央、省环保督察反馈问题整改阶段性工作顺利完成，配合相关部门有序落实河道非法采砂整治、机动车污染防治、交通项目扬尘管控等工作任务。

安全应急管理。组织开展道路旅游、水上交通应急演练，应急保障能力不断增强。全年未发生较大及以上交通运输生产安全事故，行业安全生产形势持续稳定。

交通改革举措。"放管服"改革成效明显，州级交通运输系统行政服务事项全部纳入网上办理，37 项行政服务事项列入"一次办好"事项清单。实现"双随机一公开"行政检查事项全覆盖。州局直属企事业单位改革有序推进。

文明创建。行业软实力建设焕发新活力，"信义渡工"万其珍被中宣部、国家发改委评为"诚信之星"，以建始县店子坪村为主要拍摄地的全国首部"四好农村路"题材电影《村路弯弯》正式上映，州局机关职工书屋获评全省交通运输系统"职工书屋示范点"。

（王郑）

【恩施市】　至 2018 年年底，恩施市公路里程 3500.08 公里、路网密度 193.72 公里／百平方公里，其中高速公路 123.7 公里、一级公路 28.56 公里、二级公路 396.70 公里、三级公路 134.22 公里、四级公路 2816.9 公里。内河航道通航里程 172 公里（界河按二分之一算），港口 2 个，渡口 24 个。客运站 12 个，其中一级客运站 1 个、二级客运站 1 个、四级客运站 2 个、五级客运站 8 个，货运站 1 个。

基础设施建设。全年完成交通固定资产投资 14.3 亿元，比上年增长 13.5%。318 国道恩施吉心至虎岔口段改建工程 14.355 公里，完成投资 1000 万元。高旗大道一期工程 4.49 公里，完成工程量的 35%，完成投资 1.5 亿元。209 国道恩施龙凤坝至谭家坝段改建工程第 S03 合同段 3.33 公里、第 S05 合同段 2.57 公里，完成投资 820 万元。242 国道恩施市石乳关至白杨坪段改善工程穿心店至白杨坪段，完成路基 5.05 公里，投资 1300 万元；232 省道恩施市三岔至石心河段改扩建工程，完成路基 11.42 公里，投资 2000 万元；恩施市恩川公路花石板至青树子改扩建工程，完成路面 31.04 公里，投资 3000 万元。318 国道、233 省道、365 省道、366 省道公路安全生命防护工程 125.7 公里，投资 2500 万元；处治地质灾害隐患点 15 处，投资 500 万元；完成危桥加固改造 11 座，投资 750 万元；完成 366 省道书窝至龙鳞宫大修 8.11 公里，投资 1500 万元；完成圆梦隧道、石乳关隧道机电及安全防护改造，投资 420 万元。完成农村公路通畅工程 379.99 公里，水泥路面 587.51 公里，砂石路 287.01 公里。完成危桥改造项目 13 个，完成安全防护建设项目招标 612.8 公里。完成大清江综合码头和恩施城区港口旅游码头投资 8404 万元，新增 500 客位泊位 2 个，年通过能力 85 万人次，500 吨级货运泊位 1 个，年吞吐量 15 万吨。9 月汾水港口通过竣工验收并投入运行，恩施城区港口年底建设完工。

"四好农村路"建设。完成撤并村公路 98.14 公里、资源旅游路和产业循环路 129.02 公里、油返砂道路 18.67 公里、通畅工程 377.76 公里、以奖代补硬化水泥路 612.10 公里、泥

结碎石路面 292.81 公里。17 个乡镇建立健全农村公路管理机构，其人员经费全部纳入财政预算，全年财政预算资金 520 万元。全年规范化养护农村公路 2329.83 里，投入养护资金 913.68 万元。全市 172 个行政村全部通客运班车。

运输服务。开展"两客一危"质量信誉考核工作，健全考核台账和档案，促进企业落实主体责任，强化内部管理，提升服务质量和管理水平，对全市"两客一危"、规模较大的 29 家运输企业进行质量信誉考核。完成"五一"、清明节、国庆小长假及防汛期间应急运力调度。完成客货运输行政许可相关业务，许可普通货物运输企业 36 家，新增县内包车客运 8 辆，新增"村村通"客运车 4 辆，成立县内定线旅游公司 2 家，投入客车 11 辆。完成三岔、板桥、太阳河、芭蕉、白杨坪、沐抚、小渡船办事处 7 个乡（镇、办事处）候车亭验收，按月上报东升客运站建设进度。货运企业 1 家。

运输市场管理。开展"打非治违"专项整治，与公安、交警、城管等部门联合执法 100 余次 2800 人次，打击城市公共客运市场"黑车"，维护道路运输市场健康有序。办理一般行政处罚案件 185 件，其中客运案件 35 件、暂扣车辆 200 余辆次，拆除空车灯 110 余个，暂扣残疾人"克隆车"5 辆；移送市交警大队残疾人"克隆车"强制改色 1 辆，行政处罚 73.6 万元。拆除残疾人代步车空车牌等标识 150 余套。开展"出租车企业管理标兵""文明示范出租车"评选表彰、出租车驾驶员先进事迹和文明礼仪培训，增强行业凝聚力，展示文明窗口形象。加强出租车市场监管，全年出租车行业查处违规行为 100 余起，受理并处理各类投诉 300 起，回复率 100%。完成 70 余家维修企业和 8 家驾培训练机构质量信誉考核工作，全市一二类维修企业建立专项电子档案。完成中央环境督查组交办、省环保督察组交办的信访事项，对恩施城区内建在居民区的所有汽修厂开展现场检查，查封 28

家汽修厂废气排放不达标烤漆房。做好春节、国庆、中秋等重大节假日旅客及重要物资运输工作，全年未出现任何重大安全责任事故。

城市公交。加快淘汰能耗高、排放超标老旧车型，投入资金 2460 万元，采购纯电动公交车 41 辆。优化公交线网布局，完善公交站台设施，加快车辆提档升级，开展"六城"同创工作。9 月新开通土司城—女儿城 39 路、6+1 小区—思源学校 40 路 2 条线路，缓解沿线市民出行需求。结合全市"六城"同创工作要求，斥资近 30 万元改造升级奥山世纪城至金桂大道沿线 18 个公交站台，沿线民族特色公交站台成为州城一道风景线。配合"六城"同创办公室及时整改公交站台存在的问题。加快推进公交智能化建设，1 月全面实现银联卡刷卡和支付宝扫码乘车功能，市民乘车采用公交 IC 卡、银联卡和支付宝等电子支付人数增长较快，电子支付营运收入占比由 36% 提升至 60%。

物流发展。配合完成"十三五"综合交通运输发展规划物流专题工作，以白杨坪、三岔、沙地客运站为试点，加快农村综合服务站建设，形成以服务站为基地，商务、快递、邮政等部门网点纳入基地运营的农村物流体系，提升交通物流业综合服务质量。

路政管理。查处堆物占道、乱搭乱建及占道经营等不规范行为，及时修复列养线路因交通肇事等损坏的安保设施。全年制止新增违法建筑 4 处，清理堆物占道 330 处 971.5 平方米，拆除非公路标志牌 680 块，查处路损案件 109 起，结案 109 起，收取路产损失赔（补）偿费 140 余万元。联合治超专班以龙凤坝、谭家坝固定超限检测站为依托，打击公路货车违法超限超载、强行冲卡等突出违法行为，检测车辆 561 辆，查处超限车辆 83 辆、卸（转）载车辆 56 辆，卸（转）载 1071.3 吨，保护公路完好、安全、畅通。

安全应急管理。逐一排查列养公路、桥梁、隧道易发地质灾害和安全隐患，加强事故多发地段整治工作，

投入资金 3323 万元，完成 318 国道、209 国道边坡危岩、恩利线地灾、242 国道滑坡、242 国道滑坡等危险路段治理；投入 730 余万元，维修加固大椿线浑水河大桥桥墩、青岩沟桥、煤炭沟桥等桥梁，及时消除安全隐患。汛期国省干线公路坍方 56 处 2460 立方米，路面损坏 91000 平方米，挡土墙损坏 230 立方米，造成经济损失约 923.55 万元，投入资金 16.94 万元，抢险人员 127 人次、机械 113 台班，确保公路安全畅通。开展路域环境整治，制止新增违法建筑 2 处，清理堆物占道 292 处 864.5 平方米，拆除非公路标志牌 636 块。恩施市辖区 5 条河流 7 个库区，水域涉及 12 个乡镇、办事处。通航里程 172 公里，其中清江水布垭库区恩施段 59 公里（三级航道 31 公里、五级航道 28 公里）。有执法船 2 艘、执法车辆 2 辆。除车坝河 6 艘人力渡船外，其余 18 艘机动渡船全部安装 GPS（北斗）、AIS 终端设备。全年出动执法人员 220 人次、执法车辆 60 余辆次、执法船 40 余艘次，检查企业 2 家、船舶 400 艘次（含渡船），填发"湖北省渡口渡船安全检查记录" 280 余份，查处隐患 8 起，整改 8 起，确保水上运输连续 31 年无安全事故发生。加强源头管理，严把市场准入关、车辆技术关、从业人员资格关，监督客运站落实"三不进站、六不出站"、危险品查堵、客车例检、出站检查与发班前安全告知规定。严格执行 GPS 动态监管，确保"两客一危"营运车辆、重型载货汽车安装率、上线率 100%、企业监控平台 24 小时值守率 100%。全年检查"两客一危"车辆 1500 余辆次，下达整改通知书 11 份，约谈企业 33 家，整改全部验收合格。重点抓好客运站、市乡班线客运、"村村通"客车、旅游包车、危险品运输隐患排查治理，实行"清单管理""痕迹管理""健全基础台账"，完善隐患登记制和销号制。加强 GPS 动态监管，组织全市旅游道路运输企业开展道路安全知识培训，制定和完善道路运输应急预案。

（马莉）

【利川市】　至 2018 年年底，全市公路里程 4970.97 公里、路网密度 116.12 公里 / 百平方公里，其中高速公路 108.8 公里、一级公路 14.09 公里、二级公路 275.49 公里、三级公路 80.84 公里、四级公路 4491.75 公里。内河航道通航里程 38.5 公里，渡口 18 个。客运站 10 个，其中二级客运站 1 个、三级客运站 1 个、四级客运站 2 个、五级客运站 6 个，货运站 1 个。

基础设施建设。全年完成固定资产投资 7.9 亿元，比上年下降 12.67%。国省县道新建、续建项目 6 个 16 个标段，合同金额 49559 万元。硬化贫困村农村公路 650 公里，完成 150 公里砂石路建设任务，建设资金 24250 万元。水运建设投资 69.18 万元，新增船舶 1 艘，渡船 25 艘。投入 232 万元用于交通物流园建设，投入 100 万元用于柏杨坝综合货运站场建设。

"四好农村路"建设。投入 2.9 亿元，完成西南片区 3 个乡镇 4 条干线公路升级改造，完成片区 49 个村 189 公里村级公路硬化工程。补齐乡到村的干线公路建设短板，补齐重点贫困村道路建设短板，补齐各行政村内主干道、集中居住 20 户以上贫困村公路建设短板。全市 12 个乡镇建立农村公路管理养护公司，提高日常养护经费标准，将县道、旅游公路由 7000 元 / 公里增加到 10000 元 / 公里，乡道由 3500 元 / 公里增加到 5000 元 / 公里，村道由 1000 元 / 公里增加到 2500 元 / 公里，全年日常养护经费 2200 万元，形成建设里程增加和养护费用同步增加的长效机制。

运输服务。全市有客运企业 21 家、客运车辆 867 辆，其中城市公交车 123 辆，公交线路 11 条。城市公交车中有新能源公交车 99 辆，其中纯电动车 80 辆、插电混合新能源 19 辆。建设充电桩 80 个，办理公交 IC 卡 76263 张，其中老年卡 18748 张、爱心卡 3812 张。12 个乡镇全部组建农村客运公司，农村客运车辆 692 辆，村村通车辆 395 辆，开通农村客运线路 143 条（其中村村通 101 条），村村通客车保持率 100%，形成"内畅外联、布局合理、结构优化"的农村公路网络体系。

执法管理。开展交通运管、公安交警、城管联合执法，开展"打非治违"专项行动，检查涉违车辆 1300 余辆次，处理违法行为 360 余辆，扣留车辆 327 辆。严格执行行政处罚"三分离"、执法案卷评查制度。运用运政管理信息系统、动态监控平台系统开展"网上稽查"工作。加强路政管理，强化上路巡查，及时清理占道堆物、占道经营。

公路养护。建设国省干线公路生命防护工程 257.7 公里，投资 2838 万

2018 年，利川市创建"四好农村路"示范段

元，县乡村道 563.7 公里，投资 4796 万元。国省道修复水毁工程 32 处，清除塌方 5.5 万余立方米，修复挡墙 240 余立方米，修复路肩墙 150 余平方米，清理水沟 2400 余公里，涵洞修复 3 道。投入 1300 万元完成农村公路养护水毁工程，投入 150 万元完成危险路段边坡排险。公路灌缝 900 余公里，坑槽修补 4800 余平方米，冬季除雪防滑铺洒融雪剂 320 余吨、炭灰 550 余立方米。

安全应急管理。加强客货运输企业道路运输安全宣传教育，不定期督导检查，加强企业安全生产主体责任，不断规范企业运输行为、提升驾驶员安全出行意识，对客车、危险品运输车等车辆实行动态清单式重点管理，督导运输企业落实营运车辆 24 小时动态监控制度，加强"两客一危"4G 动态视频监控使用，严格执行长途客车凌晨 2:00-5:00 时停车休息或接驳运输制度以及长途班线实名制管理制度。在重要时段和特殊地点加强安全检查和隐患排查，加强客运站监督管理，配备驻站现场管理人员，督导客运站落实"三不进站、六不出站"规定。全年组织开展春运安全督查、交通重点工程建设安全生产专项督查、道路水路运输综合督查 60 余次。

(刘莲)

【建始县】 至 2018 年年底，全县公路里程 2941.88 公里、路网密度 327.5 公里/百平方公里，其中高速公路 23.7 公里、一级公路 5.8 公里、二级公路 263.98 公里、三级公路 56.88 公里、四级公路 2591.52 公里。内河航道通航里程 22.5 公里(界河按二分之一算)，港口 2 个。客运站 11 个，其中三级客运站 2 个、四级客运站 3 个、五级客运站 5 个、简易站 1 个。

基础设施建设。全年完成交通固定资产投资 3.1 亿元，比上年下降 43.64%。下达各乡镇 2018—2020 年补短板农村公路项目计划资金 28592.53 万元，涉及自然村通畅村组公路项目、撤并村通畅工程项目、水毁修复、砂石路等 551 个项目，2018 年完工项目 359 个，完成路基改造 819.09 公里、

路面硬化 550.80 公里，完成货币工程量约 1.6 亿元。水运建设投资 8000 万元，完成港口建设 1 个，新增泊位 1 个。

客运站场建设：为提升我县道路运输服务水平，实现铁路公路运输无缝对接的工作要求，通过积极申报争取，建始县火车站客运站纳入"十三五"交通部规划，项目总投资 4500 万元，国家补助资金 1000 万元，车站进入主站房建设阶段。

"四好农村路"建设。编制完成《建始县"四好农村路"发展规划(2018—2020)》以及实施方案，规划"四好农村路"总规模 1458.87 公里，涉及全县 10 个乡镇 156 条农村公路线路。高坪镇、花坪镇申报"四好农村路"示范乡镇创建，按照"四好农村路"示范乡镇创建要求开展相应工作。

运输服务。全县有公交车 94 辆，其中纯电动公交车 79 辆，占公交总数的 84%。为进一步提高城市公共交通服务水平，统筹推进城乡公交一体化发展，2 月 6 日开通全县首条建始至天生(二台子)城乡公交专线路；长龙公交公司收购平安公司建始至长梁线路车辆 23 辆，12 月购置 16 辆纯电动新能源公交车开通第 2 条城乡公交线路。2 条城乡公交线路有效促进城市交通服务向乡镇、村镇延伸，推进城乡客运一体化发展。

路政管理。牢固树立"执法就是服务"理念，不断加强行政执法监督，规范行政执法行为。全年清理堆物占道 122 处 1588 平方米，拆除临时建筑 5 处，拆除非公路标牌 405 条(块)，跨道龙门架 4 块；清理占道经营 67 处 286 平方米，处理路政案件 15 起，办理行政许可案件 2 起，收取路产损失费 2.31 万元，无一起行政复议或行政诉讼。治超工作成效显著，出动车辆 130 余辆次、治超人员 500 余人次，检查车辆 800 余辆，查处超限超载车辆 5 辆，卸货 30 余吨。结合法制进村镇、进校园、进厂矿、进企业等活动，在人口密集区宣传《公路法》《路政管理条例》等相关法律法规，出动宣传车 30 辆次，执法人员 60 人次。

道路运输管理。全面落实"放管

服"，运管所实行行政审批政务服务"三集中三到位"，办理行政许可 6 项、行政裁决 1 项、行政处罚 20 项，行政强制 5 项，行政确认 11 项，其他权利 10 项。全年受理行政许可(服务)事项 5878 件，办结率 100%，满意率 100%。完成全县 20 个港湾式候车亭和 60 个农村简易候车亭验收，推进县火车站二级客运站建设工作，完成马栏溪客运站维修与搬迁。

水上运输管理。完成全县 27 处渡口安全检查，处罚不在岗及将渡船交与无证人员驾驶渡工 10 人，罚金 2500 元上缴非税收入局。全年检查、排查整治清江 20 余次，检查中发现旅游船舶超载营运行为全部整改到位。在"打非治违"活动中，对原景雅公司非法营运的"高峰一号"船吊上岸，查封船舶 2 艘。在天二公路景阳段、清江集镇老码头分别设置警示牌 2 块，从源头提示旅客不乘坐"三无"船舶。按照环保督查相关要求对业州镇闸木水一级饮用水水源保护地的 3 艘渡船进行禁航、拆解，并由业州镇人民政府，同时为小茶园渡口配置划子船 1 艘，方便群众出行。协助景江公司完成景阳综合码头前期工程建设及相关前期工作，完成清江公司增加运力申请。

科技与信息化。打造科技交通，提升运营水平，促进城乡道路客运一体化发展。县农村公路管理局对全县 410 个村(社区)农村公路线路进行统一编制，制作指示牌，并制造二维码，行车人通过"扫码"可直观地了解本区域线路状况，服务全县旅游交通。建立客运信息监控平台，部分线路招呼亭、车站开通电子信息显示屏，确保交通信息畅通，新开通天生客运线路班线，全县客运线路 151 条，客车 423 辆，其中新能源车 63 辆。推进全县道路运输农村客运车辆由 2G 或 3G 升级为 4G 动态视频监控，12 月启动农村客运车辆 4G 动态视频监控设备升级工作，全县所有客运车辆均安装 4G 动态视频监控，通过科技手段，驾驶员接打电话、超员、超速等违法行为得到遏制，有效提升农村客运车辆动态监控管理效能。

安全应急管理。加强道路运输安全监管，成立应急运输保障分队，负责道路运输突发事件应急处理保障车辆。落实"三关一监督"监管职责，加强重点货运源头企业安全检查，与县治超办、交警联合开展路面治超行动，确保道路运输安全。加强水上运输安全监管，组织召开全县渡工及企业从事水上运输人员培训会，落实水上运输突发事件应急处理保障船舶，建立健全安全责任制度，实行一月一检查，重大节假日现场监管，督促公司安全标准化达标升级工作，确保水上运输秩序。做好国省道和农村公路安全监管，开展全县列养公路隐患排查治理工作，成立工程施工队，配备公路突发事件应急处理设备；成立农村公路工程施工队，配备农村公路突发事件应急处理设备，及时处理、及时防范、消除安全隐患，确保道路安全畅通。切实做好节假日期间道路保障和养护工作，落实汛期安全值班及信息报送制度，加强在建工程日常监管，对全县安全防护工程建设进行安全监督检查，保障道路畅通。

（唐雪芹）

【巴东县】　至2018年年底，全县公路里程7400公里、路网密度220.63公里/百平方公里，其中高速公路70.28公里、二级公路423.68公里、三级公路114.44公里、四级公路4700公里、等外公路2091.60公里。内河航道通航里程184.5公里（界河按二分之一算），港口2个，生产性码头泊位12个。客运站12个，三级客运站2个、五级客运站9个，简易客运站1个。

基础设施建设。全年完成交通固定资产投资70430万元，比上年下降34.93%。245省道水布垭清江大桥交工验收，完成投资500万元。348国道巴东长江大桥至平阳坝段开工建设，完成投资1.59亿元。245省道三友坪至泗淌连接线完成工程量65%，完成投资7800万元。箱子角隧道控制性工程贯通，完成投资1000万元。209国道大修在建中，完成投资1800万元。209国道麦丰隧道病害处理完工交付

使用，完成投资430万元。加固改造国省道危桥14座，完成投资1100万元。国省干线公路"455"生命安全防护工程完成投资1200万元，建成"交通厕所"11座，完成投资600万元。长江三峡库区湖北省支流（沿渡河、小溪河）航道整治工程全部完成，完成投资8373.79万元；砂石集并中心进场道路基本建成，完成投资2000万元。巴东汽车客运站开工建设，完成江北物流园进场道路及场地平整工作及物流仓库建设，完成投资1000万元。完成农村公路通畅工程600公里，完成投资1.8亿元，砂石路整修1700公里，完成投资5400万元，农村公路危桥加固改造16座，完成投资1100万元，农村旅游公路柳家山片区外环线公路、大面山旅游公路、清太坪集镇至桥河旅游公路完成工程量的55%，完成投资9000万元。

"四好农村路"建设。建成"四好农村路"188公里，其中黄三线18公里、巴人河旅游路9公里、巴野公路45公里、清太坪镇柏太循环线、祖师观旅游公路29公里，官渡口镇官万、桂边、火边、官火循环线88公里。巴野路成为全省最美"四好农村路"之一，6月巴东县成功创建省级"四好农村路"示范县。清太坪镇、茶店子镇在创建"四好农村路"示范乡镇，"四好农村路"在建200公里。

运输服务。因非法码头治理，全年完成水路客运量28万人次、货运量27万吨，比上年分别下降36%、69%。春运期间投入客运船舶24艘5089客位，运送旅客2.6万人次，比上年增长4%。全年完成公路客运量43.3万人次，比上年下降16.6%。春运期间投入车辆18973辆次，运送旅客30.74万人次、运送生产物资100余万吨。巴野客运线路车辆更新改造工作全面完成，淘汰旧微型面包车82辆，新增客车23辆。全县出租车202辆，城市公交车26辆，其中新能源公交车6辆（新增纯电动公交车4辆）。新增及更新纯电动农村客车9辆。野三关至清太坪集镇实行城镇化公交改造，投入新能源公交车7辆。完成野马赛

事运输保障任务，调度车辆172辆次，运输5000余人；完成高考、新兵、"两会"等其他运输保障任务。与环保、工商、城管等部门联动，重点整治"四废"排放、占道经营、超类别经营等违法违章经营行为，12家一二类维修企业"四废"处理达到环保标准。

公路养护。为凸显山区公路路景交融特色，在抓好路面日常保洁同时，解决季节性落叶和节假日垃圾对路面的污染，做到路面常干净、路容常整洁。全年清理路肩堆积物167处4175立方米，修补坑槽5148平方米，绿化树刷白里程520公里，桥梁刷白7座495米，防撞墙刷白43处2456平方米。清理水沟510公里，清除坍塌方30处3550立方米，清除边坡杂草75万平方米，修整绿化带2.8万平方米、观景平台45处9000平方米。修复钢护栏258处3560米，清理、更新9条线路标志标牌，新增标志标牌157块，增设167公里轮廓标41750个。318国道、348国道、231省道、245省道安全防护工程投资1700万元，安装钢护栏28303米，F防撞墙6960米。245省道、461省道二期安防工程完成招投标工作。为保证高山路段冬季安全畅通，投资32.57万元，完成扫雪防滑317公里，铺洒炭灰400吨、融雪剂40吨，投入机械台班126个。

路政管理。开展超限超载综合治理、非公路标志标牌专项清理，路政巡查，办理路损路补案件。全年出动执法人员4100余人次、检查车辆5600余辆次，暂扣涉嫌非法营运客车228辆次。流动治超中查处超限运输车辆141辆，卸载货物2709吨。出动海事执法人员30人次，检查船舶110艘，查处非法改装船舶1艘。检查交通在建工程项目30家次，查处违法生产12起。办理执法案件246件，无一起行政败诉案件。

安全应急管理。全年召开道路运输安全生产调度会和安全培训4次，组织安全生产综合检查4次，检查运输企业100家次，整改安全隐患89个。建立"一岗双责"机制，签订安全责任书118份，推动企业落实安全生产

主体责任。开展打非治违、平安交通、出租与旅游客运等专项行动，确保水陆运输市场秩序良好。提升应急保障能力，举办消防、反恐防爆和船舶污染防治等应急演练6场次，南潭河渡口反恐防爆和消防演练取得明显效果。四是安全风险管控能力逐步增强。开展交通行业安全检查52次，检查企业512家次，排查安全隐患162处。交办安全问题78项全部整改销号。

推进"放管服"改革。清理行政审批事项，原有行政审批和服务事项70项保留54项，进一步完善审批流程，优化办事流程。行政许可和服务事项全部进驻县政务服务中心办理，窗口办件2214件，办结率和服务满意率100%。落实"一网覆盖、一次办好"要求，方便企业和办事群众。利用"双随机一公开"监管平台，完成9项抽查事项40次检查任务。

文明创建。参与湖北"城乡牵手游"、森林花海国际半程马拉松赛、全省冬泳赛事志愿者服务，做好县域文明指数测评工作。交通系统均创建为县级以上文明单位，县交通运输局被评为全省交通运输先进集体、被州政府评为交通运输工作成绩突出县市，县港航所清江工作站被评为港航系统省级"六型"文明示范窗口，谭玉玲被评为第二届"最美巴东人"。

(李俊)

【宣恩县】 至2018年年底，全县公路里程6682公里、路网密度243.67公里／百平方公里，其中高速公路89.4公里、一级公路17公里、二级公路246.4公里、三级公路87.4公里、四级公路1758公里、等外公路4483.8公里。内河航道通航里程120公里，通航水域6个，达标公益性渡口12个，船舶17艘。客运站7个，其中二级客运站1个、五级客运站6个，候车亭、招呼站127个。

基础设施建设。全年完成交通固定资产投资20.5亿元，比上年增长18.5%。宣鹤高速公路宣恩段30.6公里，路基土石方完成98.7%，防护工程完成89.5%，涵洞、通道完成100%，桥梁完成70%，隧道贯通双向6座、单向5座，累计完成投资23.10亿元，占宣恩段总投资的64.30%。209国道宣恩绕城公路续建项目，完成投资1220万元，完成和平大道路面5.5公里和人行道建设。351国道宣恩县椿木营至长潭河段改建工程，完成投资5658.5万元，开工建设12.82公里，完成路基10公里。242国道恩施大集场至宣恩晓关段改建工程，完成施工图设计审查。233省道宣恩县太山庙至椿木营段改扩建工程，完成投资90万元，施工单位在进行路基清表作业。

农村公路建设：完成长潭河至椿木营段45公里水稳层及混凝土下面层铺筑，长潭河九坝至沙道沟药铺段全长33公里，完成路基26公里、挡墙8000立方米、涵洞18道、3座桥梁下构，黄坪至大坪改扩建工程路面、硬路肩全部完工。累计完成农村公路建设823.5公里，其中完成撤并村通畅120公里、自然村通畅360公里、窄路面加宽273.8公里、精准扶贫产业路69.7公里，为"十三五"期计划数的84%。累计完成农村公路桥梁8座，为"十三五"期计划数的56.5%；完成农村公路危桥改造10座，为"十三五"期计划数的58.8%；完成精准扶贫交通补短板项目9个，为计划数的56.3%。

全县交通补短板项目。2018年宣恩县精准扶贫指挥部下达交通补短板项目9个，资金计划22131.35万元，即洗马坪至药铺新改建公路工程、王家坳至板寮路面大修工程、宣恩县七眼泉至染坊湾公路改扩建工程、宣恩县王家坳至板场公路改扩建工程、松树堡至雷达岩路面维修工程、李家河至三元路面维修工程、板栗园至李家河集镇路面维修工程、晓关集镇至牛场村路面维修工程、肖家大沟至大卧龙公路水毁修复工程。完成小河口桥、摆布塘桥、中坝坪桥、老鸭溪桥、洗白溪桥、谭家院子桥、毛坪桥、铁场桥、院坝塘桥、木场沟桥(板辽三组桥)10座256.7延米精准扶贫交通补短板桥梁建设，投资609.65万元。宣恩县洞坪库区贫困地区旅游渡运码头工程完成项目审批，在施工图设计中；清江

支流忠建河洞坪库区航道整治工程，在进行工程可行性报告编制工作。

"四好农村路"建设。农村公路养护专班牵头组织实施"四好农村路"建设，完成龙洞至横坡、甘溪至东门关、椒园至香花岭、锣圈岩至石马、椒园至锣圈岩、龙井至洗草坝、黄坪至大坪、长潭河至椿木营晒坪等8条123公里建设任务。

运输服务。全县客运企业5家，城市公交企业1家，出租公交企业1家，营运车辆792辆，其中客车363辆、货车332辆、出租车63辆、公交车34辆(其中新能源公交车28辆)。全县开通客运班线207条，村村通客车保持率100%。机动车综合性能检测站1所，机动车维修企业及摊点92家，其中一类维修企业1家、二类维修企业9家、三类维修企业32家、个体修理摊点50家。驾校3所，其中一类综合驾校1所、三类单项驾校2所。

物流业。有载货汽车1717辆3538.2吨。在营物流企业13家，其中大型物流园2家、物流公司7家、物流代办点4家，营业面积1300平方米，配送车辆38辆200吨。菜鸟物流在城区设县服站1个200平方米，设乡服站9个200平方米，在高罗、沙道、珠山3镇1000人以上自然村设村服务点6个。有快递企业12家。县邮政建县级电商运营中心1个、百姓之家18个、"邮掌柜"121个、仓配中心1个、村邮站点208个。

公路养护。全年完成国省道养护资金1115万元。清理水沟6700公里，疏通涵洞608道，整修边坡22000平方米。修复桥栏杆79米、修复钢护栏692米。路面灌缝3.85万米，修复水泥路面460平方米，修复沥青路面19380平方米。完成国省干线桥梁"四牌一梯"建设35座，投入65.8万元。完成莲花坝大桥预防性养护设施建设和病害治理及美化工程，完成桥面整体铺装；完成野椒园大桥预防性养护建设。完成东门关隧道出入口整治。完成椒园公路管理站站房标准化建设及公厕建设。新四河养护管理站完成新建施工图设计工作。完成

X026 王家坳至和平段、X208 许洞线、Y030 沙沙线 49.5 公里县乡道降等养护路段移交工作。鸦晓线宣恩至万寨段(原 X027)、台小线长潭河至宣恩段(原 S365)相关接养手续在完善中。投入 662 万元，完成 1786 公里农村公路养护管理。清理涵洞 182 余道、边沟 850 余公里、伸缩缝 60 处、培护路肩 25 余公里，维护桥梁 177 座、公路附属设施 170 处。实施旅游公路整改，修补坑槽 50 处，修复钢护栏 27 块，砌挡墙 10 处。冬季投入融雪剂 40 吨、机械 235 台次。排查农村公路安全隐患，实施台账销号管理，完成挡墙修建 1200 多立方米，治理大型安全隐患 40 余处，设立指路标志标牌 184 块，完成 33 座危桥检测及危桥改造设计招标，完成 12 座危桥改造。汛期抢险投入资金 1800 万元、机械 1250 台班，清理塌方 477 处 143554 立方米，抢通公路阻断 110 处，修复涵洞 41 道，修复桥梁局部毁损 4 座。

路政管理。加强路政管理，处理路政案件 58 起，立案 64 起，罚款 2900 元，收取赔(补)偿费 14.49 万元。开展公路超限超载治理和"打非治违"行动，有效惩治公路违法和非法经营行为，查处装载不规范车辆 115 辆次，查处超限运输车辆 47 辆次，卸转货物 364.34 吨。打非治违检查车辆 450 辆次，罚款 1.2 万元。

安全应急管理。完成 270 辆农村客运车辆动态监控终端设备安装、34 辆城市公共交通客车动态监控终端设备安装、23 辆旅游客车动态监控终端设备安装。成立交通安全生产管理办公室(即工作专班)，对运输企业、重要客运线路及水运码头、重点项目在建工地、重要交通路段开展安全隐患排查和风险识别，落实监管责任。全年出动检查人员 629 人次，排查安全隐患 100 余处，整改完成 95 处，全年无安全责任事故发生。加强对重点水域、渡口、渡工、渡船、渡口设施及操作规程等安全教育和监管，坚持船艇巡航和视频巡查相结合，全年安全巡航 2000 余公里，检查船舶 131 艘次，出动执法车 84 辆次，出动执法艇 8 艘

次，查处安全隐患 8 起，整改 8 起，下达停航通知书 3 份，隐患整改率 100%。打击取缔集中式饮用水源地(龙洞库区)"三无船舶"7 艘。全年水上无事故发生。

建养一体化。统筹将 5 个国省道项目 105.22 公里、2 个县重点旅游公路项目 20.4 公里、4 个县级重点公路项目 87.5 公里一并纳入"建养一体化"模式管理，01 项目包总里程 72.61 公里、总投资 17.99 亿元重点公路获审批，彭家寨旅游公路沙道咸池至汪家寨段成功招标并开工建设。

筹融资。县政府优先安排政府债券和财政资金 4700 万元支持交通项目建设。县精准扶贫指挥部统筹交通等部门项目资金 4.26 亿元，实施补短板项目 775 个，建设里程 2149 公里。成功争取农发行贷款 4 亿元用于 351 国道和交通补短板项目。

(胡敏)

【咸丰县】 至 2018 年年底，全县公路里程 3035 公里、路网密度 118.6 公里/百平方公里，其中高速公路 47 公里、一级公路 15.95 公里、二级公路 183.8 公里、三级公路 380 公里、四级公路 2247 公里、等外公路 161.25 公里。内河航道通航里程 140 公里，渡口 12 个。客运站 6 个，其中二级客运站 1 个、五级客运站 4 个、简易站 1 个。

基础设施建设。全年完成交通固定资产投资 9.2 亿元。完成 249 省道丁寨至甲马池段路面工程量的 50%，353 国道火车站至丁寨沙坝段路基工程量的 85%，351 国道谢家土至大沙坝段路基工程量的 65%，大路坝至活龙坪资源旅游路完成路基建设，县城至火车站道路工程(咸丰大道)完成路基工程，完成路面工程量的 30%。新开工十字岭隧道及接线工程、杨洞至沙子场路面大修工程。建成白岩服务区、长湾超限检查站、朝阳客运站、双河服务区"交通厕所"4 座。新建及改扩建农村公路 602.64 公里，其中精准扶贫农村公路 448.06 公里、提档升级 154.58 公里。建设"455"公路安全生命防护工程 574.17 公里。

"四好农村路"建设。全年实施"四好农村路"建设项目 78 个，其中农村公路提档升级 31 个 154.58 公里，补助资金 3026.48 万元。全县创建美丽农村路 62 条 450 公里，通过全省初检 17 条 141.41 公里。黄金洞乡、忠堡镇创建"四好农村路"示范乡镇，黄金洞乡通过全省初评。

运输服务。全县客运企业 11 家，其中班线客运 5 家、出租企业 2 家、公交企业 1 家、租赁企业 3 家，营运客车 633 辆、货车 997 辆。客运线路 101 条，其中省际线路 10 条、市际线路 1 条、县际线路 6 条、县内线路 84 条。办理道路运输证 420 个，办理临时包车、加班线路牌 730 块。汽车维修企业 26 家，其中一类维修企业 1 家、二类维修企业 16 家、三类维修企业 9 家。驾培机构 3 家。完成水路客运量 15.5 万人次，公路客运量 1.1 万人次，均比上年下降。

公路养护。采取建养一体化模式，实施 249 省道大河边至白岩段公路沿线景观绿化工程和 8 处边坡生态修复，完成公路用地、边坡立体绿化 58000 平方米，与忠堡镇政府共建 248 省道土地关至老鸦关 14 公里绿色文化长廊、步游道和观景台。投入 150 余万元，修补坪坝营和唐崖 2 个 4A 级景区旅游公路路面坑槽，对临近坪坝营 3 公里核心区路段实施开普封层，修复受损钢护栏板 1012 米，拆除非公路标志牌 56 块。推进预防性养护，修补路面坑槽 6000 余平方米，实施沥青灌缝 268 公里，疏通桥梁涵洞 652 道，维修涵洞 2 道，11 月中旬老寨桥梁预防性养护工程完工。完成干溪、杨泗坝 2 座危桥加固；完成 45% 的安全防护工程量；新建成忠堡、金洞寺和双河 3 个交通量观测站。完成长湾超限站厕所升级改造并投入使用，9 月底白岩新建厕所、观景台建成并投入使用，11 月启动金洞寺交通厕所建设和站房改造。日常养护修整边坡 730000 平方米，清理边沟 1443 公里，清理塌方 1440 立方米，养护桥涵 665 座/道，维修标志标牌 593 块，行道树刷白 172 公里，安装钢护栏 404 米，沥

青路面灌缝 268 公里，修补路面坑槽 7100 平方米，安装桥梁警示桩 80 个，储备融雪剂 100 吨。农村公路养护，清理路面泥石 37248 立方米，修复边沟 5728 米，修补沥青路面坑槽 361 平方米，修补混凝土路面坑槽 11258.4 平方米，混凝土路面灌缝 373.38 公里，整治翻浆路基 549 平方米，疏通涵洞 176 道，整修涵洞 31 道，修复桥梁栏杆 140 米，修复钢护栏 2961 米，清除路基坍方 22148.91 立方米，修复挡土墙 28270.20 立方米，维修（增设）示警柱 279 个，维修标志 137 个，新建防撞墙 3259 米。

路政管理。开展路域环境综合整治，查处路损案件 18 起，挽回路产损失 11.49 万元。与高乐山镇政府联合治理对 249 省道梅坪集镇过境路段。做好背靠背换流站建设工程及大件运输许可和护送工作，推进服务型路政建设。协同相关部门开展"货车违法超限超载行为"整治活动，检测车辆 312 辆，处罚超限车辆 9 辆，责令卸载货物 438.7 吨。8 月中旬，在省道椒石线 K77+430 处建设全州首套不停车超载检测系统（非现场执法设备），提高科技治超水平，过往省道椒石线货车超载率由原来的 20% 下降到 5% 左右。

运政管理。加大运输市场监管力度，与公安、城管等部门联合执法 3 次，开展"打非治违"专项整治活动，重点打击"黑车"和非法驾培，出动监管执法人员 1302 人次、执法车辆 651 辆次，检查车辆 434 辆次，发放《禁止非法从事道路客运经营告知书》114 份，暂扣违法经营"黑车"14 辆、跨区域经营"黑教练车"4 辆，处理违法案件 27 起，收缴行政处罚罚款 73400 元。

安全应急管理。全年开展安全生产检查 155 次，整改安全隐患 58 起，下发隐患整改通知 52 份，督促整改率 100%。加强应急预案编制和修订，建立健全交通运输系统应急预案体系，分别以公路保畅、水上搜救、应急运输及火灾防控为主题开展应急演练 3 次。

建养一体化。申报实施普通公路"建养一体化"01 项目包 6 个项目，包括 351 国道咸丰县大沙坝至龙井段、249 省道咸丰县坪坝营至荆竹泉段、367 省道咸丰县旋坨至甲马池段、463 省道咸丰县唐崖至大路坝段、咸丰县唐崖至朝阳旅游公路、咸丰县朝阳大桥及接线工程，项目总里程 158.5 公里，总投资约 32.23 亿元，完成招标，中标单位为中铁十七局。

文明创建。打造"道德讲堂"等全县示范品牌，开展"六城同创""交通文明出行""我们的节日""全民阅读"等活动，全面提升精神文明创建水平。咸丰县交通运输局机关、公路管理局通过 2018—2019 年度届中"省级文明单位"考核，运管所、农路局通过"州级文明单位"考核，高路办通过"县级文明单位"考核，全系统文明单位创建面 100%。

（王浩霖）

【来凤县】 至 2018 年年底，全县公路里程 2439.55 公里、路网密度 1.82 公里/平方公里，其中高速公路 2.08 公里、二级公路 151.34 公里、三级公路 194.75 公里、四级公路 1841.38 公里、等外公路 250 公里。内河航道里程 125.9 公里，码头 4 个，渡口 35 个。客运站 6 个，其中二级客运站 1 个、五级客运站 3 个、简易站 2 个，货运站 1 个。

基础设施建设。全年完成交通固定资产投资 3.27 亿元，比上年下降 7.34%。投资 1.92 亿元，实施精准扶贫农村公路 542.11 公里建设。投资 1400 万元，完成农村公路危桥改造 9 座，新建桥梁 17 座。投资 1030 万元，全面实施 248 省道来凤境内公路安全生命防护工程。投资 205 万元，完成 209 国道团结桥危桥加固工程。投资 171 万元，完成 209 国道沙坨桥危桥加固工程。投资 35 万元，完成 248 省道南河隧道出入口整治工程。367 省道猴栗堡至革勒车段路基施工，完成投资 3200 万元。红花桥及连接线工程动工建设，完成投资 520 万元。全面启动农村公路安全生命防护工程 250 公里，完成投资 2900 万元。启动来凤县城市公交总站建设，完成投资 4000 万元。

运输服务。全县旅游企业 2 家，货运业户 33 家，客车 612 辆、货车 503 辆、公交车 62 辆，25 辆纯电动公交车投入营运。汽车维修企业 23 家，驾培机构 3 家 296 辆车，出租车 158 辆。年审客、货、出租车《道路运输证》534 本，发放省际加班牌 28 张，市际加班牌 1 张，县际加班牌 4 张，省际包车牌 998 张，市际包车牌 48 张，县际包车牌 17 张，完成春运、国庆等节假日加班、包车牌审核与发放。运输船泊 44 艘，货运能力 5000 吨。

公路管养。全面落实列养公路标准化养护里程 261.59 公里，清理水沟 410 公里，修复路肩墙 120 平方米，修复边沟 280 米，修补沥青路面坑槽 1610 平方米，修补混凝土路面坑槽 85 平方米，疏通涵洞 220 道，修复钢护栏 1944 米，补植公路绿化树 8000 棵，清除路基坍方 4250 立方米，维修增设示警柱 126 个，维修标志 18 个，整修软路肩 21700 平方米，新设标志 172 块。加强农村公路管理养护，实施"455"农村公路生命安全防护工程 250 公里，安装防撞墙 434 米、钢护栏 5871 米和安全警示标志 124 块；及时修复农村公路水毁工程，清理水毁跨方中断公路 24 条，在危险路段安装警示标牌 48 处。

路政管理。加强列养公路路政管理，加大超限超载治理工作力度，全年查处路政案件 19 起，结案 19 起，收取路损赔（补）偿费 6.81 万元，拆除违章非公路标牌 77 块，清理公路及用地范围内堆积物 39 处、占道经营 124 处。农村公路路政处理违规建筑、侵占、损坏公路产权 11 起。

安全应急管理。落实水上交通安全监管责任，仙佛寺码头安装视频监控设施，30 艘渡船安装北斗导航监控设施，对仙佛寺码头和渡船动态实施监控管理。制止无证船员参与渡运行为 4 次、船舶超载行为 2 次，不穿救生衣开船行为 6 次，下发停航通知书 7 份。加强道路运输安全，210 辆长途客车、334 辆农村客车、50 辆城市公交车安装 GPS 动态监控设施。全年稽查车辆 610 辆次，查处违规经营车辆 32 辆次，暂扣非法营运车辆 17 辆次；加强安全监管，落实"三关一监督"工作职责，对 9 家客运企业、4 家客运站、3所驾校、5家客运车辆维修企业进行安全隐患排查，下发《责令改正通知书》25份，未发生一起安全责任事故。严格工程施工安全，督促施工单位对从事具有重大危险源工程的一线施工人员进行岗前培训和安全技术交底，上岗统一佩戴"安全生产明白卡"，确保各重点工程施工单位项目主要负责人和专职安全生产管理人员持证上岗率100%，特种作业工种人员持证率100%。

（覃红）

【鹤峰县】　至2018年年底，全县市公路里程2842.11公里、路网密度98.56公里/百平方公里，其中二级公路317.85公里、三级公路70.67公里、四级公路2310.57公里、等外公路143.02公里。内河航道里程57.8公里、渡口18个（停航7个），趸船1艘。客运站10个，其中三级客运站2个、四级客运站1个、五级客运站5个、简易站2个。

基础设施建设。全年完成交通固定资产投资5.48亿元，比上年7.07亿元下降22.5%。完成鹤峰县中营镇黑湾至二冲公路建设，投资144万元；完成鹤峰县下坪乡两凤村至云梦村油榨河公路硬化工程，投资105万元；完成鹤峰县中营镇杨家大湾至石家坪、伍家湾至门坎岩改建工程，投资3956万元；完成鹤峰县燕子镇大岩至邬阳乡湾潭河段公路改建工程（大岩至咸盈河段），投资2214万元；江坪河库区移民公路建设完成投资1704万元。在建中的245省道鹤峰县金鸡口至下坪段改建工程，完成投资1.45亿元；鹤峰县南潼公路建设完成投资1.37亿元；351国道鹤峰县绕城公路工程（容美镇至腊树垭段），完成投资1.63亿元。

"四好农村路"建设。推进提档升级、安全保障、管养达标，美丽农村路创建，运输服务提升工程，新建、改扩建农村公路861公里，完成公路安全防护工程490公里，农村公路等级路率、路面铺装率分别达到95%和85%以上，符合"四好农村路"建设标准示范路里程100余公里，对照全省"四好农村路"示范乡镇创建条件、标准，燕子镇申报创建湖北省2018年"四好农村路"示范乡镇。

运输服务。全县有道路客运企业10家，公交企业2家，营运客车422辆，其中道路班车334辆，城市公交车38辆，个体出租汽车50辆，开通客运班线137条，2月首批16辆新能源纯电动公交车正式上线运营，6月更换新能源公交车2辆。营运货车515辆，其中道路危险货物运输车辆9辆，道路运输从业人员3896人。机动车维修企业87家，其中一类维修企业3家、二类维修企业25家、三类维修企业59家，机动车维修检测企业1家，驾驶员培训学校3家。春运期间，全县运输旅客6.07万人次，比上年下降61%，发送9313班次，其中包车43车次，无旅客滞留现象，无安全行车责任事故发生。开通农村客运行政村217个（含社区），行政村有汽车停靠点、候车室、招呼站208个，行政村通客车率100%。

物流发展。全县有登记物流企业19家，正常运营9家，均进行货运代办、货物联托运，业务以整车配送和零担快运相结合，主要采取公路运输方式，企业仓库装卸以手工作业为主，快递寄递物流企业主管部门为州邮政管理局，在太平乡、下坪乡、五里乡、铁炉乡建设乡镇物流站，通过竣工验收。

公路管养。国省道规范化养护，全年开展公路养护安全隐患大排查大整治行动3次，排查隐患35条，整改隐患35条，修复和新建警示牌170块，修复路基缺口8处2300立方米，加固维修及新建桥梁6座。处理路基沉陷1600平方米。投资1000万元完成安全防护工程近50公里。农村公路非列养公路养护，农村公路规范化管养里程1376.92公里，其中县道71.33公里、乡道442.7公里、村道1210.27公里，投入养护资金360万元。

路政管理。开展全县国省干线路域环境整治专项行动，全面清理路障路阻，加大路政日常巡查，建立路政管理快速反应机制，确保公路安全畅通。全年清理公路用地和建筑控制区内堆积物619处5922平方米，清理占道经营353处4765平方米，撤除非公路标牌53块，修复路损设施29处，收取赔（补）偿费77971.6元。

超限超载治理。全年出动执法车1730辆次、执法人员6500余人次，治超专班检查货运车辆2220辆次，查处违法运输行为160余起，其中处罚超载车辆19辆次，卸载货物51吨，查处非法改装车辆27辆，强制割除墙板27辆，运管部门吊销营运证1本，巡查重点货运源头企业75次；开展货运源头督导检查22次，约谈环卫渣土车运输企业负责人1次。

安全应急管理。农村客车235辆安装动态监控装置，在线235辆升级4G动态视频监控终端，农村客运车辆动态监控平台10个。组织开展水上交通安全检查100余次，检查渡船150余艘（次）、渡口150多道（次）；芭蕉河库区安全巡查60多次，出动巡查人员80余人次。对全县"两客一危"道路运输企业进行专项检查，出动执法人员492人次、车辆160辆次，下达监督检查记录45份，整改通知书18份，整改率100%。

（庞丽）

仙桃市交通运输

【概况】　至2018年年底，全市公路通车里程4649.12公里、路网密度183.18公里/百平方公里，其中高速公路150公里、一级公路129.01公里、二级公路376.67公里、三级公路8.89公里、四级公路3117.46公里、等外

2018 年 4 月 26 日，仙桃市黄荆大桥改扩建工程开工动员大会

公路 867.09 公里；按行政等级 (不含高速公路) 分为国道 90.56 公里、省道 282.45 公里、县道 696.14 公里、乡道 1504.53 公里、村路 1925.44 公里。辖区航道通航里程 82 公里。全市有桥梁 536 座 21138.8 延米，其中特大桥 1 座 1478 延米、大桥 14 座 3983.78 延米、中桥 141 座 7100.62 延米、小桥 380 座 8576.4 延米。

基础设施建设。 全年完成交通固定资产投资 16.83 亿元。其中普通公路完成投资 16.57 亿元，完成一级公路路基 39.15 公里、路面 20.9 公里，二级公路路基 34.44 公里、路面 30.7 公里。续建项目 6 个、新开工项目 1 个、计划外建设项目 9 个。318 国道胡场至毛嘴段改建工程完成路面 8 公里，累计完成路基 28 公里、路面 16 公里；268 省道陈场至通海口段改建工程完成路基 6.58 公里、路面 1 公里，累计完成路基 11.58 公里；321 省道彭场至仙桃段改建工程完成路基 11.67 公里、路面 2 公里，累计完成路基 19.67 公里；215 省道张沟至北口大桥改建工程完成路基 2 公里、路面 1 公里，累计完成路基 7 公里；排湖至沔城旅游公路改建工程完成路面 2 公里，累计完成路基 20.43 公里、路面 6 公里；周帮至环线高速沙湖互通公路完成路基 5.74 公里，累计完成路基 20.74 公里；240 国道岳口大桥至毛嘴段改建工程完成路基 3 公里。455 省道胡场至郭河公路改建工程完成路基 10 公里、路面 2 公里，

长埫口至周帮公路建设工程完成路基 2.5 公里、路面 3.5 公里，鄢湾深水码头至 318 国道改扩建工程完成路基路面 3.4 公里，登甲岭至方陈公路改建工程完成路基路面 2.5 公里，318 国道至胡场蔡滩砂石码头改建工程完成路基路面 5.2 公里，剅河至排湖公路改建工程完成路基路面 7 公里，丰口头至红阳公路完成路面 9.3 公里，X014 北陈线姚嘴至陈场公路改建工程完成路面 7.2 公里，318 国道黄荆大桥加宽工程完成投资 4000 万元。仙桃港区多用途码头工程完成投资 2612 万元。加快胡场砂石集并中心建设，解决部分砂石码头业主安置问题，有效缓解全市砂石建材供需矛盾。年初仙桃港总体规划修编初稿通过规划环评，7 月 15 日总体规划通过审核报交通运输部待批。启动仙桃港二期(散货码头)工程建设。

"四好农村路"建设。 调查全市农村公路提档升级项目，建立 2500 多公里提档升级项目库，制定《仙桃市村级道路改造项目专项规划》。坚持把贫困村产业路、农村公路主干线等作为建设重点，将 725 公里农村公路提档升级项目纳入"十三五"后三年乡村振兴建设规划。全年建成农村公路 301 公里，其中提档升级 150 公里、农村产业路 151 公里。全市 18 个镇(办、场)均通达二级公路，737 个行政村全部实现村村通公路。郑场镇申报创建湖北省 2018 年"四好农村路"示范乡镇。

运输服务。 全年完成道路客运量 2032 万人次、旅客周转量 7.93 亿人公里，货运量 1983.18 万吨、货物周转量 41.04 亿吨公里。水路集装箱运输产业快速发展，3 月 1 日仙桃市政府出台集装箱水路运输补贴政策，仙桃港至阳逻港"天天班"每天 1–2 个航次，9 月份单月外贸出口集装箱实现破千，11 月份年度集装箱破万，全年完成货物吞吐量 122 万吨，集装箱运输 13257 标箱，货运量 31.3 万吨、货物周转量 11663 万吨公里。春运期间运送旅客 133.9 万人次，比上年下降 10%。完成货运车辆办证 392 辆、道路运输证年审换证 517 辆，客运车辆办证 8 辆、年审 654 辆，危险货物车辆办证 35 辆，道路危险货物运输经营许可办证 2 家，道路运输从业资格证 IC 卡换证 800 人。完成客车、货车、出租车、危货车驾驶员和危货车押运员从业资格新办证 3905 件。各道路旅客运输企业改用新能源车，购置新能源车 67 辆。全市 CNG 运输车辆均实现甩挂运输模式，提高运输效率。全市货运车辆、半挂牵引车及重型载货汽车 (总质量为 12 吨及以上普通货运车辆) 全部安装卫星定位装置并接入相应监控平台。注销黄标车道路运输车辆道路运输证 78 辆。全市物流企业近 80 家，加大"仙桃物流信息网"宣传推广力度，引导企业实行信息化管理，发布信息 5469 条，与工商、公安、税务、运管等部门联合开展物流市场整顿和"物流诚信服务月"活动。仙桃市汽车客运总站将站前场地改造为停车场，降低运营成本，提高资源利用率。

公路管养。 全年完成货币工程量 6654.1 万元。与仙桃市委组织部共建打造示范公路驿站，郭河镇、中帮、应急中心服务区、共同村、王老村、土坑村公路驿站建设完工。维修改造郭河公路管理站、中帮公路管理站、剅河公路管理站。完善应急中心后场建设、水稳拌和楼及沥青混凝土拌和楼建设，以及沥青混凝土材料场地硬化及围墙建设。养护中心、服务区及站场建设完成货币工程量 959.05 万元，

购买打桩拔桩一体机、3000型沥青拌和站、500型水稳拌和站等养护设备。

路政管理。完善路政管理网络，形成以路政支队为主轴，路政大队、治超站为支撑，路政中队为节点覆盖全市列养公路的联动管护体系。开展"路政宣传月"和"宪法宣传日"活动，发放宣传资料2000份，开展流动宣传100车次，悬挂宣传横幅15条，制作宣传栏8块。加大路面管控力度，开展路域环境专项治理，清理占道堆积物440处，拆除非公路用标牌31处，拆除汉江大桥和刘口高架桥下违法建筑42间。

超限超载治理。按照"四班三运转"工作制24小时不间断开展固定治超，重点整治运输砂石料的大型工程车辆。仙桃市普通公路超限检测站1个、普通公路超限检测点2个。汉江大桥不停车检测系统和潮愿治超站电子抓拍系统投入使用。加强与特警、交警等部门联勤联动，开展流动稽查，查处超限运输车辆911辆次，卸载转运货物6338吨。

行业监管。全年查处无证经营车辆45辆，无从业资格证从事客运经营行为58起，不按核定线路运行或不按核定站点停靠60辆，其他违规经营行为380余起。查扣非法营运出租车300余辆次，其中行政处罚260余辆次。参加仙桃市交通秩序整治办联合执法行动，查扣"五小车辆"600余辆次。加强驾培学校、机动车维修业经营管理，推进使用全国统一标准的计算机计时培训管理系统，推动驾培监管平台与考试系统联网对接。取缔驾培校外培训点9个，查处教练车65辆。打击民用牌照"黑车"13辆。完成身份证取代计时IC卡的试点工作。指导驾校合股经营，13家驾校按照股份制重新注册成立1家新驾培公司。取消维修企业经营许可，改为备案制，落实400余家企业，安全达标32家。开展水路运输企业资质核查，全市6家企业及60艘运输船舶通过审核。完成检验发证船舶108艘次，受理建造检验

3艘，检验满意度98%。所辖82公里汉江航道全面达到一级维护标准，设侧面标22630座，岸标9860座。开展航道综合检查6次，航道日常巡查330多艘次。4月6日，组织2艘航道艇、10余名航标工人开展航标清障保畅大会战，维护磨损锈蚀钢缆，并对航标艇进行校对复位。打击航道非法采砂，规劝阻止危害航道整治建筑物采沙船舶12艘，8月22日，联合市水务、公安等部门开展汉江仙桃段非法采砂船舶联合整治行动，处罚无证采砂船舶11艘，罚金115万元，并联合水务部门遣返回原籍地。

交通环保。推进非法码头整治、船舶污染防治、岸线资源清理整顿的汉江大保护交通三大标志性战役。5月23日，联合执法专班开展汉江非法码头专项整治大行动，通过发放联合通告、联系场地车辆、加强岸线巡查等行动，不断巩固砂石码头整治成果。8月底，全市汉江沿线48个非法码头全部拆除完毕。9月开展汉江仙桃段船舶防污染专项检查活动，现场处罚4艘防污设施和措施不到位船舶。完善仙桃港岸电设施建设，提高港口岸电连接便利性和使用经济性。全面推进砂石集并中心防风扬尘设施建设，充实港口垃圾及水上油污处置装备。全面杜绝水上拆解船舶行为，完成运输船舶污染物储存、处理设备改造升级任务。全线迁移汉江水源保护区作业船舶，做好船港、港城之间污染物接收、转运、处置过程监督，防止次生污染发生。完成1艘垃圾接收船舶、3台真空吸油泵、4台生活污水储藏罐、50个垃圾桶等建设任务。

安全应急管理。加强第三方监测平台建设，提升行业安全监管水平，推动交通运输智能化。全年争取资金75.14万元，202辆客车、40辆旅游客车、47辆危险货物运输车辆安装4G终端设备。加强全市424辆"两客一危"车辆动态监管，杜绝车辆超速、超员和疲劳驾驶。全年检查客运车辆313辆、从业人员268人次，排查一般安

全隐患102起，下达限期整改通知书74份，提出整改意见和建议16条。严格落实渡口渡船三级责任制，11个涉渡口乡镇政府安全责任书签订率100%，38个营运渡口及其43艘渡船签订率100%，全年开展安全检查68次，现场整改安全隐患60起，乡镇去函督查整改安全隐患103起，取缔58个"僵尸"渡口及4个安全隐患较大且处于半停渡状态的渡口。指导鲜码渡口省级示范渡口达标创建，拆解黄家场渡口老旧渡船，更新30个渡口安全指示牌，新建5个渡口候渡棚，重建修复25个渡口通渡道路，督促13艘渡船进行维修保养和更新安全设备，35艘渡船加装限车桩。开展跨区域、跨部门汉江水上非法载客联合整治行动，拆除东荆河清风马场客运快艇码头。定时养护巡查管辖公路，做好危险路桥、事故多发路段监测整治，加强施工路段安全管理，设立和完善安全警示牌。全市交通运输安全生产形势持续稳定，水上船舶安全面100%，水上四个安全指数均为零。

文明创建。客运站场完善雷锋志愿服务站、旅客行包寄存室、母婴室、爱心驿站等便民服务设施。交通系统注册志愿团体12个，在职职工注册率100%。仙桃市公路管理局刘俊获省"五一劳动奖章"；仙桃市四达公司荣克明被评为仙桃市最美共产党员、仙桃工匠，其工作室被命名为"湖北省职工创新工作室"；仙桃市公路管理局被评为全省交通运输先进集体；仙桃市汽车客运总站职工服务中心被命名省交通运输系统"模范职工服务中心"，荣小宏被评为全省交通运输先进个人；仙桃市交通运输局被仙桃市委市政府评为争取上级专项资金先进单位和国家全域旅游示范市创建工作突出单位，交通运输系统志愿服务团体被仙桃市文明办、仙桃市志愿服务联合会评为"最佳文明交通志愿服务组织"。

（归烨）

天门市交通运输

【概况】 至 2018 年年底，全市公路总里程 4455.46 公里、路网密度 167.7 公里/百平方公里，其中高速公路 56 公里、一级公路 210.05 公里、二级公路 416.56 公里、三级公路 110.10 公里、四级公路 3517.06 公里、等外级公路 141.69 公里。内河航道里程 339.4 公里(界河按二分之一算)，港口 1 个，生产性码头泊位 9 个，渡口 47 个。客运站 16 个，其中二级客运站 3 个、三级客运站 2 个、五级客运站 11 个。

基础设施建设。全年完成交通固定资产投资 7.97 亿元，比上年增长 18.6%。普通公路建设项目完成投资 6.14 亿元，完成天门市竟陵至多宝公路改建工程路基路面 13.6 公里，荷沙公路干驿至竟陵段改建工程(田二河至干驿段)路基路面 2 公里，311 省道天门市香马冲至周家湾段改建工程路基 9.5 公里、路面 10 公里，皂毛公路竟陵至岳口段改建工程路基 1.6 公里，240 国道天门市界牌村至伍家台段改建工程路基 8 公里、涵洞 8 道；完成沿江公路、石佛线、多兴线等二级公路路基 19.85 公里、路面 19.9 公里；完成天仙公路、武荆连接线、客潜线、石佛线等国省干线大修 51.18 公里；

新(改)建农村公路 360 公里，完成农村公路危桥 10 座，新(改)建"交通厕所" 7 座。完成天门港天门工业园港区全部泊位及陆域办公楼主体工程。完成天门公交总站一期工程。启动熊河公交首末站建设。

"四好农村路"建设。完成"四好农村路"示范线 80 公里建设，主要为九蒋线九真至石河段、净潭乡卢白线、黄潭镇张花线、黄方线、徐刘线、竟陵办事处陆中线、佛子山镇佛火线、汪场镇三汊沟路、岳口镇四六线、彭市镇彭王线、皂市镇皂笑线等农村公路加宽改造、路肩土方回填、沟渠清理、公路标志标线、安防工程、公里碑及景观树栽植等建设工作。

运输服务。全年完成公路客运量 2228 万人次、旅客周转量 9.88 亿人公里，比上年分别下降 1.5%、1.8%；货运量 2344 万吨、货物周转量 49.64 亿吨公里，比上年分别增长 10.4%、9.2%。完成水路货运量 117.1 万吨，比上年下降 17%，货物周转量 9.58 亿吨公里，比上年增长 9.5%。全市交通综合运输货物周转量 60.21 亿吨公里，比上年增长 9.01%。圆满完成春运、端午、中秋、国庆节期间及高、中考运输保障工作。

2018 年，348 国道竟陵至渔薪段改造完成

春运期间，投放常规运力 1070 辆、应急运力 80 辆，运送旅客 272 万人次。高、中考期间组织 120 辆客车、30 辆公交车、50 辆"爱心出租"、30 辆"爱心教练车"参与考生运输工作。全市城市公交线路 13 条，180 辆公交车和 323 辆出租车全部采用电、气等清洁能源，完成天门至渔薪、天门至彭市线路车油改气、油改电城乡公交一体化改造，公交掌上 App 上线运行。农村客运线路 60 条，客运车辆 372 辆，覆盖全市 26 个乡镇办场园 621 个行政村，客车通达率 100%。完成天门至渔薪、天门至彭市农村客运公交化改造工作。

推进农村物流发展。全市在工商部门登记物流企业 198 家，其中快递企业 136 家，比上年增加 20%。加大 A 级物流企业创建力度，市天骄物流中心、伍丰物流公司、茂盛物流、亿点通物流等 4 家申报 2A 级物流企业，通过省物流促进会评估考核批复。与市伍丰物流成功对接，推进"卡行天下"物流信息平台落户天门。推进农村物流示范引导工作。围绕农资、农产品、农村日用消费品和小件物品快递等配送服务，引导物流企业为主体，完善物流节点功能，构建物流配送实体网络，全面推进农村物流配送，经营网点覆盖全市所有乡镇。协助天骄物流园区入驻物流、快递、仓储配送、物流配套服务及生产电商类企业 28 家。

公路养护。争取公路管养机械设备专项资金 300 万元，购置清扫车、洒水车、压路机等管护设备。养护机构认真履职，国省干线路面保洁、病害处治、路肩维护、边沟清理、桥梁管养、绿化养护等工作取得较大成效，路况明显改善，完好率 92.2%。出台《天门市农村公路养护理实施细则》，加大农村公路日常管护和考核力度，推进专群结合管养模式，基本做到管护全覆盖。

路政管理。加强路域环境整治，重点打击破坏公路设施、乱开道口、违章乱建等违法行为，全年制止私建、违建行为 5 起，拆除公路沿线非交通标志牌 46 块，清除占道堆积物 768 处，查处路损案件 7 起。联合治超深入推进，对超限车辆一律执行"一超四罚"（即对货运车辆、车辆驾驶人、运输企业、货运场所经营者实施处罚）和"四个一律"（即非法改装和超限超载运输车辆一律卸载、一律处罚、一律强制切割墙板、一律责令加盖篷布）标准。全年检测超限车辆 39689 辆次，查处超限运输车辆 579 辆次，卸（转）载货物 37945.37 吨。超限超载运输行为得到有效遏制。

运输市场监管。加强公交车、出租车、客货运（站）、驾培等领域日常巡查，每周巡查不少于 2 次。开展天门南火车站喊客拉客、农村班线车辆乱涨价、私设客运售票站点、"黑车"及违规旅游车、非法驾驶员培训点、货运市场"打非治违""残疾人代步车"整治行动，查处客车、出租车、"黑车"、货车违规经营行为 643 起，取缔非法售票站点 23 家、非法驾驶员培训点 21 处，拆卸残疾人代步车出租标识 45 辆次。加强汉江航道管理，辖区 80 公里航道灯光保证率和标位正常率 99%。加强运输船舶疏导抢通力度和丰枯水期设标工作，确保航道安全畅通。

节能减排。加大建设资金投入，加快技术推广。投资 1500 万元建设"绿色拌和站"，推广泡沫沥青厂拌冷再生技术应用，在天仙一级公路大修中运用泡沫沥青冷再生技术，取得较好实效。开展水污染防治工作，汉江 32 个非法码头清场完毕，启动生态修复工作。完成港口和船舶污染物接收转

2018 年，天门市"四好农村路"建设

运处置设施建设任务的 63%。结合非法码头治理，做好岸线资源登记及管控工作。

安全应急管理。整合"12328"和天门市道路运输监控平台，完成"两客一危"GPS 升级、农村客运班线 4G 监控平台建设等工作，实现企业监控网、行业监控网和第三方监测平台"三网合一"，为道路运输企业安全监管提供科技支撑。按照"超前、优化、共享"理念和"全业务联网、全过程记录、全路网监控、全路警联合、全资源共享"思路，加大科技管路治路、智慧公路建设投入力度，完成公路信息平台中心、不停车检测系统和路面预警抓拍系统建设。推进港航海事综合安防管理平台建设，建成省局、市局、海事处三级专用监控网络，全市所辖渡口渡船实现 GPS（北斗）有效覆盖，重点渡口码头安装固定监控探头，水上交通安全实现动态信息监管，完成便携式北斗设备安装 47 艘，固定监控视频监控点 2 处。全年开展水陆运输和工程建设领域安全大检查 12 次、专项督查 4 次，排查、整改安全隐患 684 件。圆满完成全省防汛抗旱军地联合演练。全市水上船舶安全面

100%，道路运输安全隐患排查和整改率 100%，建设安全管理责任制落实率 100%，无交通安全责任事故。4 月，天门市交通运输局被省政府授予全省安全生产红旗单位称号。加强应急救援队伍建设，常年储备公路抢险、道路疏运、水上搜救 3 支 60 人的应急救援队伍，应对交通运输突发事件。

交通改革举措。"放管服"改革取得阶段性成效。完成衡通公路工程咨询监理有限责任公司脱钩改革，天门市江汉汽车综合性能检测中心实行政企脱离。推进"互联网 + 政务服务"工作。取消机动车维修行业行政许可、物流行业和货运站场备案制。事中事后监管力度持续加大，推进"双随机、一公开"监管。

文明创建。开展文明窗口、文明单位、文明行业创建活动，2018 年，天门市交通运输局被评为全省交通运输系统先进集体、天门市委市政府工作实绩考核优胜单位和招商引资、创文、综治优秀单位。被市人大和市政协授予建议、提案办理优秀单位称号。获省市级表彰的优秀单位和集体 18 个、优秀个人 19 人次。

（张文敏）

潜江市交通运输

【概况】　至 2018 年年底，全市公路里程 3470.40 公里、路网密度 173.17 公里 / 百平方公里，其中高速公路 63.447 公里、一级公路 112.159 公里、二级公路 330.038 公里、三级公路 87.053 公里、四级公路 2873.329 公里、等外公路 4.373 公里。全市通河航道 6 条，通航里程 124 公里，港口 3 个，生产码头泊位 13 个，渡口 50 个。客运站

2018年5月25日，潜江市县乡公路提档升级改造。图为浩张线升级改造

16个，其中一级客运站1个、二级客运站1个、四级客运站12个、五级客运站2个，高标准港湾式候车亭105个，简易候车亭141个，招呼站556个。

基础设施建设。全年完成交通固定资产投资10.61亿元，为年度计划的136.8%。普通公路建设完成投资8.72亿元，完成路基工程197.73公里、路面工程201.42公里；完成农村公路桥梁3座92延米，等级公路新增生产能力216.18公里。水运建设完成投资860万元，完成潜江港泽口港区综合码头水工建筑部分施工。客(货)运站场建设完成投资1.8亿元，潜江传化公路港投资1.8亿元完成项目一期建设。

"四好农村路"建设。推进"四好农村路"建设，通过交通运输部和省交通运输厅现场复核验收，被交通运输部、农业农村部、国务院扶贫办联合命名为"四好农村路"全国示范县，被省交通运输厅评为全省"四好农村路"示范县。全年实施县乡公路升级改造103公里，改造农村公路危桥11座，新建通村公路53公里，对照美丽农村路标准，集中打造300公里路、渠、树交相辉映的生态绿色路，形成多个片区"四好农村路"示范线路，"一条好路、两排好树，一河清水、两岸花香"成为全市农村公路标准配置。"四好农村路"全国示范县成功创建带动全市交通基础设施提档升级。

运输服务。全年完成道路客运量1479万人次、旅客周转量6.3亿人公里，比上年分别下降8.4%、6.8%；货运量3291.7万吨、货物周转量66.7亿吨公里，比上年分别增长14.9%、12.8%。完成港口吞吐量119万吨，比上年增长13.3%，完成货运量126万吨、货物周转量4.28亿吨公里，比上年分别增长5%、4.26%。拥有道路客运班线99条，营运客车361辆，日发班次1723趟，道路客运网络延伸到全国17个省市，"村村通客车"通达率100%。公交车辆350辆，万人拥有公交车辆数9.1标台。普通货车4692辆，危险货物运输车辆1562辆，其中牵引车618辆，半挂车718辆(挂车以旧换新，旧挂尚未处理)，整体车226辆。

运输船舶50艘4.1万吨。

物流发展。编制《潜江市现代物流业"十三五"发展规划》及其子规划《潜江市农村物流发展布局规划》，并通过专家评审。2017年7月24日，经市政府审定后发布实施。围绕潜江八大产业打造对外及市域物流通道，加快推进"一园四中心多站点"项目建设，形成物流功能集聚区，提升物流信息化水平，发展城乡配送与农村物流。全市共有物流企业共有83家，其中寄递物流企业有17家，零担物流企业有60家，物流园区6家，从业人员近2000人。有6家物流企业被中国物流与采购联合会评定为A级物流企业，其中4A物流企业1家、3A物流企业3家，2A物流企业2家。2017年10月18日，华中(潜江)物流产业园潜江传化公路港项目开工建设，该项目是传化物流集团布局湘鄂两省华中大区的第6个公路港，项目一期建设完工运营，二期项目(停车场、加油站、仓储)在建，入驻快递零担物流企业21家，均正常开展业务。为构建农村物流三级网络体系，大力发展农村物流，2017年10月，潜江市被湖北省交通运输厅纳入全省农村物流试点示范项目城市。2018年，市政府成立农村物流发展领导小组，与相关单位、物流企业、电商平台合作，在乡镇村设置农村综合运输服务站及服务点，

2018年6月6日，潜江市三益线生态农村公路

2018 年 5 月 25 日，潜江市高石碑镇大岭村农村物流村级服务点

建成农村电子商务服务网点 360 家，镇级服务站 15 个，市级运营中心 1 个，物流配送中心 1 个，基本完成农村电商体系建设，确立"互联网＋农村网点＋超市＋流通（O2O）农村电商可持续发展模式"，完善"市—镇—村"三级物流网络体系，打通"农产品进城，工业品下乡"双向流通通道，实现城区到农村物流零距离中转，解决农村物流最后一百米问题，服务"三农"，降低生产成本，带动农村电商创业和农村网购、农副产品销售，推动全市农村物流健康发展。

路政管理。按照"多方联动、突出重点、标本兼治"原则，清理堆积物 52 处 463 平方米，整治马路市场占道经营 146 处 641 平方米，拆除非公路标志牌 277 块、违法横幅标语 62 条，清理倒伏行道树 43 处。下达《责令改正通知书》46 份、《限期拆除通知书》3 份、《违法行为通知书》8 份，受理公路赔偿案件 25 起，收取公路路产损失赔偿费 40300 元。坚持"政府主导、部门联合、属地联防、路警联勤"货运超限超载联合执法，开展"百日行动"治超专项行动，始终保持超限运输治理高压态势。制定《潜江市公路管理局货运车辆违法超限运输信息报送和抄告管理规定》，严格落实超限车辆"一超四罚"处罚机制，依法检测车辆 62726 辆次，查处超限车辆 348 辆次、非法改装车辆 45 辆次，卸载货物

4731.2 吨，交警扣分 606 分，全市境内违法超限运输行为得到有效遏制。

运输市场管理。以"打黑治违"专项行动为契机，持续开展道路客货运、驾培、维修、出租车等行业专项治理行动。出动执法人员 6600 余人次，开展上路稽查 220 次，检查车辆 8600 余辆次，查处违章案件 1223 起，其中班线客车违章 116 辆次、出租车违章 78 辆、货车违章 797 辆、非法从事出租汽车客运经营 98 辆、受理群众投诉举报案件 134 件，诚信考核计分 156 人次，进一步规范道路运输市场经营秩序，确保道路运输市场平稳有序。

交通信息化。9 月国省公路管理信息化系统建成运行，全市国省县乡村公路管理全面智能化。6 月份不停

车超限检测系统在 318 国道高场段建成投入使用，超限检测进入智能化。继"两客一危"车辆在 2017 年升级为 4G 动态监控后，12 月底三类客运车辆全部升级为 4G 动态监控，通过与第三方监控合作方式，实现实时抓拍违章、动态分析提醒，营运车辆安全监管实现智能化。整合交通资源，建设交通运输指挥应急服务信息中心，该中心集交通指挥、应急值守、综合调度、网络舆情监控和信息处理、12328 和 12345 电话接听处理等功能于一体，经过充分需求调研，指挥应急服务信息中心建设方案通过市发改委立项批复，计划 2019 年建成并投入使用。

安全应急管理。完成经营许可船舶检验 109 艘次，其中建造（改建）检验 12 艘次、营运检验 97 艘次，确保被检船舶质量稳定、航行安全。切割抽砂浮管 1000 余米，撤除采砂沉管及设备 8 处，拖离 9 艘非法采砂船到指定水域封存，确保水运航道安全有序。全年全系统未发生道路交通运输安全责任事故，未发生一起水上交通安全事故，未发生公路水路工程建设安全责任事故。潜江市交通运输局被市政府评为"2018 年度安全生产责任目标考核优秀单位"，被省政府和省人社厅联合表彰为"安全生产红旗单位"。

文明创建。开展"文明窗口、文明站、文明线、文明车"争创活动，全面提升行业文明服务水平。持续开展"潜江交通论坛"活动，打造潜江

2018 年 3 月，潜江市后湖莫岭村美丽农村路

交通特色文化品牌。开展第二届"最美潜江交通人"评选活动，在系统营造崇尚先进、学习先进、争当先进的浓厚氛围。市交通运输局被交通运输部表彰为"全国交通运输行业精神文明建设先进集体"，聂莉莉被评为"全省巾帼建功标兵"；市公路局董政家被推选为全市"敬业奉献道德模范"。

（何洞强）

神农架林区交通运输

【概况】 至2018年年底，全区公路通车里程2048.45公里、路网密度62.97公里/百平方公里，其中一级公路17.16公里、二级公路325.83公里、三级公路208.92公里、四级公路1443.92公里、等外公路52.62公里，等级公路1995.83公里，等级公路比重达97.43%；按行政等级分为国道159.28公里、省道216.7公里、县道366.28公里、乡道566.81公里、村道721.45公里、专用公路17.93公里。全区通车里程中有铺装（高级）路面里程1872.63公里，其中水泥混凝土路面1541.55公里、沥青混凝土路面331.08公里，简易铺装路面（次高级）里程98.20公里、未铺装路面（中级、低级、无路面）里程77.62公里，铺装率96.21%。客运站16个，其中二级客运站1个、三级客运站3个、四级客运站3个、五级客运站9个，候车亭126个，招呼站36个。货运站1个。

基础设施建设。全年完成交通建设固定资产投资8.29亿元。保神高速公路完成投资3.91亿元，完成总体形象进度的50%，其中完成隧道83%，路基75%，桥梁65%。普通公路完成投资3.86亿元，为年度计划的100%。阳日至观音河公路完成隧道开挖1520米，占隧道总长的57%。盘水至八角庙段路基、路面完工，在进行绿化及附属设施建设。八角庙至钢厂坪段在进行征地拆迁实物调查和路基施工招标。宋洛至徐家庄公路完成路基工程施工招标工作。杜阳公路完成路面基层、路面下面层摊铺、交安工程，在进行地质灾害治理和绿化工程管养。完成农村公路提档升级改造108公里，完成美丽农村路84公里创建并向省申报。聘请交通运输部公路科学院生命安全中心开展全区农村公路风险评估和隐患排查，完成现场数据采集1236公里，建成《神农架农村公路安全风险管理系统》。完成农村公路"455"生命安全防护工程年度任务268.6公里。木酒线地灾治理完成公路下边坡路基沉陷和上边坡地质灾害治理，路面大修基本完工。完成梆鼓迎宾、茨芥坪道班、野马河服务区、青天袍民俗山庄"交通厕所"改建4个，新建冷盘垭、两河口、麂子沟道班、三堆河休息区"交通厕所"4个。全区67个行政村公路通畅率100%。神农架林区被交通运输部、农业农村部、国务院扶贫办命名为全国"四好农村路示范县"。完成大九湖三级客运站和7个候车亭竣工验收。下谷客运站完成前期踏勘和测绘，在进行初步设计。新华枢纽站完成概念性方案设计。松柏一级客运站拟定项目选址初步规划方案。松柏物流园区完成主体验收，有10余家大宗物流和速递快递公司入住园区。

运输服务。全年完成公路客运量577万人次、旅客周转量21984万人公里。全区运输经营业户132家，其中客运经营业6家、货运业55家、维修业68家、综合检测站1家、驾培业1家、出租车公司1家。全区客运线路49条，其中省际客运班线2条、市际客运班线16条、"一江两山"旅游直通车线路3条、区内客运班线28条。公交线路6条，其中木鱼旅游直通车3条、松柏城区公交3条，完成松柏公交站3个站点抓拍系统及公交车手机刷卡系统安装工作，松柏公交3号线延伸至实验中学，并增设5个候车点，公交出行环境和质量明显改善。营运客车186辆，货车159辆，出租车70辆，7月统一更新新能源纯电动出租车20辆，新能源纯电动出租车达22辆。具备有效证件从业人员1287人。

路政管理。全年检测货运车辆172067辆次，超限车辆8498辆次，卸转货物2209吨，车辆超限率控制住4%以下。鄂西片区区域联动治超会在神农架林区召开。路政巡查责任管段1175次，清除障碍69处，拆除非公路宣传横幅11条，拆除非公路标牌34块。制止路肩种植作物22起，制止污染路面违法行为203起，清除占道堆物111处2814平方米，制止未经许可擅自挖掘公路用地埋设管道线缆

2018年7月15日，交通运输部公路科学研究院专家对347国道进行安全评估

等违法行为 26 起。责令当事人自行恢复受损安保设施 17 起，上报需恢复安保设施 65 例，签订涉路施工《路政管理协议》及《安全承诺书》42 份，监督涉路施工单位洒水洗路 26 次。联合政府、城管等部门开展道路环境综合整治，出动联合执法人员 34 人次，装载机 6 台次，货车 8 辆次，拆除非公路标牌 10 块，清理路边堆积物 254 平方米；与交警、运管部门开展联合执法 48 次，文明劝导游客 39 人次，春运期间救助受困车辆 4 辆；路养联合巡查 94 次，协助养护清坍抢险、地灾治理 39 次，疏导车辆 5.9 万辆次，清除路障 72 处 2310 平方米，清除路肩种植作物 20 起 620 平方米。依法查处路产损失案件 61 起，收取路产损失赔偿费 38.93 万元；依法查处未规范装载车辆 108 辆次。开展国省干线违法线杆专项治理，协调联通、电信、移动、广电四大网络通信将干线公路用地范围内堆放的电杆全部予以清理，对存在安全隐患的杆线进行整改，投入 4.5 万元整改 51 处。

运政管理。全年组织稽查人员 2097 人次，出动执法车辆 812 辆次，检查营运车辆 5232 辆次、运输企业 38 次，处理投诉中心案件 10 起，纠正违法行为 177 起，暂扣车辆 45 辆，处罚 22 起，罚款金额 46500 元。加强三类维修业户管理，加强机动车电子健康档案建设。推进道路运输证和从业人员资格证 IC 卡更新发放，为抓好"两客一危"企业安全管理打下

武汉至神农架省级文明路，图为武汉至神农架公路天燕段

良好基础。

安全管理。不断完善安全管理工作机制，层层落实安全责任制，增强运输企业、从业人员管控能力。加强客运站安全工作检查、监督，驻站人员协同企业管理人员严格执行"三把关、一监督""三不进站、六不出站"、实名制售票等规定，联合相关部门严厉打击客运站周边的"黑车、黑导、黑中介"，规范道路运输市场秩序。完成农村客运车辆视频监控 4G 升级，发挥"企业监控、管理部门监管、第三方监测"作用，建立健全 GPS 抽查和日常检查相结合的长效管理机制，把隐患排查治理和各类专项整治工作有机结合起来，督促企业全方位落实安全措施和制度，彻底排查整治安全

隐患。全年约谈企业 1 家，检查企业 65 家次，下达责任整改 8 份，行政处罚 4 起，整改安全生产隐患 42 起。

质量管理。组织巡查 22 次，全区通报 8 次，下发《安全检查整改通知书》1 份（南德线地灾治理项目）。排查并及时处理安全隐患 3 处。实现辖区公路建设工程质量安全监管覆盖率 100%。抽查各类检材 1796 个（点/组/批次），其中原材料抽检 372 组/批次，合格率 100%，路基抽检 282 点（组/个），合格率 95%，路面抽检 954 点（组/个），合格率 95.6%，隧道抽检 188 点（组/个），合格率 97.3%。全年无任何质量、安全事故发生。

（王鸽）

交通运输发展战略研究及前期工作

【物流基地研究】 多式联运示范工程建设。2018 年,武汉集装箱铁水联运示范工程完成 3.1 万标箱,比上年增长 93.8%,基本打通武汉向东"海上丝绸之路"、向西"陆路丝绸之路"。黄石新港铁水公联运示范工程在长江中上游率先实现铁路与港口水运无缝对接并实现常态化运营,港区后方物流用地和工业用地引进宝钢产业园、新港重工科技精品板材、新兴管业绿色铸造产业园、大冶有色多基固废清洁生产基地四大工程进驻,以港兴产、以产兴城、港产一体、协调发展。11 月,武汉金控粮食码头、宜昌白洋港、鄂州三江港多式联运 3 个项目入选国家第三批多式联运示范工程,湖北省共有全国多式联运示范工程 5 个。湖北赤湾东方物流有限公司、武汉大道物流有限责任公司、荆州鑫泰达物流有限公司 3 个国家公路甩挂运输试点项目通过审查验收工作,通过验收项目 8 个。

农村物流试点示范项目。按照县、乡、村三级网络构架和"多站合一、资源共享"模式,推进农村物流节点体系建设,打通农村物流"下乡进城"双向物流通道。至年底,全省建成农村客运综合服务站 433 个,省级农村物流试点示范项目 23 个,覆盖大部分市(州)。宜昌长阳以百誉智慧物流为依托建设集交通、商务、供销、邮政、快递"多业融合、多点合一"线上线下服务平台,与京东、远成、韵达等电商企业、物流企业合作,整合乡镇配送资源,开发土特产增值服务,每天有 8 条干线、40 多条镇村线路、10 辆货运班线车辆定点定时穿行 80 多个服务站点,实现当日订单货物当日达,全域物流配送全覆盖。

(彭刚)

【交通规划管理】 "十三五"交通规划中期评估。公路水路中期评估报告编制完成,5 月通过厅长办公会审议。综合交通中期评估报告编制完成,11 月通过专家评审,根据评审会专家组意见组织专班修改完善评估报告,为"十三五"后半期各项重大目标实现提供保障。

中长期规划。落实国家、省发展战略,组织编制一批中长期交通规划。组织完成《武汉长江中游航运中心总体规划》,1 月获省政府批复。组织完成《全省高速公路布局调整方案研究》,5 月通过厅长办公会审议。组织编制《湖北省内河航道规划》,规划环评报告获批复。组织编制《全省农村公路中长期发展规划》,11 月通过专家评审。启动《湖北省国家公路国土空间控制规划》编制工作,形成储备项目库。

规划衔接。做好与交通运输部对接工作,争取支持。交通运输部中期调整项目库中,湖北省新增高速公路项目 1 个、普通国道建设项目 16 个、疏港公路项目 5 个以及多个综合客货运枢纽项目。

(徐文学)

【规划编制】 湖北省公路水路交通运输"十三五"发展规划中期评估。赴全省各市(州)实地调研 2 个月,组织工作专班多次讨论,与厅直各业务局沟通衔接,加强与公路、水路、站场等分项规划评估有效对接。1 月工作专班完成"十三五"前 2 年投资完成情况支撑性材料并反馈中期评估初步思路,结合交通运输部中期评估调整方案对评估报告人纲进行调整;3 月提交中期评估报告初稿和中期评估研究报告初稿;5 月厅长办公会审议中期评估初步成果;10 月 27 日,省交通运输厅召开专家评审会,对评估报告进行评审,专班按照专家意见修改完成评估报告和评估研究报告。报告总结全省公路水路交通运输"十三五"发展规划总体执行情况,分析执行过程中存在的问题,提出为确保规划目标实现,促进"十三五"后半期全省交通发展的具体举措。

湖北省综合交通运输"十三五"发展规划中期评估。3 月,国家发改委和交通运输部下发通知启动国家《"十三五"现代综合交通运输体系发展规划》中期评估工作。省交通运输厅成立工作专班,广泛收集资料,吸收公路水路交通发展规划评估成果,

4 月底完成初步评估材料。7 月至 10 月,专班进一步完善评估报告,对《湖北省综合交通运输"十三五"发展规划纲要》实施情况进行深度评估,11 月初完成送审稿。11 月 16 日,省交通运输厅组织召开专家评审会,邀请交通运输部综合规划司以及其他省直相关部门和部分市(州)交通部门专家参加,评估报告通过评审,专班按照评审意见对报告进行修改完善。

湖北长江经济带综合立体绿色交通走廊专项规划中期评估。根据《关于分解落实黄楚平、曹广晶、万勇同志在省推动长江经济带发展领导小组第五次会议上讲话有关任务的通知》,2018 年底前完成湖北省长江经济带生态保护和绿色发展总体规划中期评估和各专项规划中期评估。组织原规划编制专班结合省交通运输"十三五"发展规划中期评估成果,12 月完成研究报告。

《湖北省脱贫攻坚规划(2016—2020 年)》交通相关工作中期评估。根据《省扶贫办攻坚领导小组办公室关于印发〈湖北省脱贫攻坚规划(2016—2020 年)〉实施情况中期评估工作方案的通知》,组织成立工作专班,省公路管理局、运管局、港航局、综交处、计划处、规划室等单位专题研究,明确各单位工作任务和重点。工作专班按照评估方案要求,7 月完成交通相关部分脱贫攻坚规划中期评估报告。

其他规划中期评估工作。根据省委、省政府工作安排,由省发改委组织开展《湖北省国民经济和社会发展第十三个五年规划纲要》实施情况中期评估工作,省交通运输厅具体负责交通相关内容评估,在全面梳理"十三五"前 2 年综合交通规划执行情况、新发展理念和重大战略贯彻落实情况、供给侧结构性改革和重大改革任务推进情况、三大攻坚战推进落实情况基础上,分析规划实施评价及存在问题,提出规划调整建议,6 月底完成评估工作。根据《省发改委办公室关于报送鄂西生态文化旅游圈发展"十三五"规划实施情况中期评估材料的通知》,评估小组认真归纳总

结鄂西生态文化旅游圈近2年规划执行情况，分析存在的主要问题，明确下一步交通发展思路和目标任务，6月完成鄂西生态文化旅游圈规划交通相关评估工作并提交评估报告。

（胡莎）

【专项研究】 湖北交通强省战略研究。党的十九大提出建设交通强国宏伟目标，湖北省委、省政府高度重视，高位推动，做出争做交通强国示范区指示，提出全面推进全省综合交通三年攻坚战，加快推动湖北综合交通高质量发展。为贯彻落实建设交通强国战略部署，加快推动建设交通强国湖北示范区和交通强省建设，组织开展交通强省战略研究工作，5月成立课题组，由厅规划室具体负责该项课题研究。课题组制订工作计划及大纲，加强前期资料收集和分析工作，多次研究讨论有关问题，12月完成研究报告。该课题立足中国国情和省情及交通发展基础，归纳总结世界交通强国发展历程及经验，研判当前经济社会和交通发展特征及形势，初步提出湖北建设交通强省战略目标任务，为加快推动建设交通强国湖北示范区提出具体措施建议。

推动湖北省港口资源整合策略研究。为全面摸底武汉长江中游航运中心建设背景下全省各港口发展情况，从港口功能和体制机制方面着手，提出推动沿江港口互动或一体化发展举措，提升全省港口发展质量和效益，开展该项研究。厅规划室课题组按照年初预算及政府采购有关政策要求，采取公开招标方式进行采购，5月选定合作单位并签订协议，课题组与中标单位完善研究大纲与调研大纲。7月至8月，课题组与项目承担单位赴长江、汉江沿线近10个市（州）开展港口发展现状调研，广泛搜集资料，充分摸清全省各港口发展现状及资源整合需求。11月，组织召开专家咨询会议并按专家意见对报告内容进行修改完善，12月，课题通过专家评审。

（胡莎）

交通建设前期工作

【重点工程前期工作】 围绕"十三五"规划目标，以在建项目、规划项目、储备项目、部省衔接为着力点，多管齐下，聚焦制约项目推进中的重点难点问题，精准施策，确保高速公路前期工作稳步推进。

在建项目前期工作全面完成。江北高速公路东延线开工建设，全省已建在建高速公路总里程7611公里，9座长江大桥同时在建（不含城市过江桥隧），开工项目前期工作全面完成。除开工项目外，"十三五"规划建设的高速公路有19个项目914公里，麻安高速公路麻城东段、武阳高速公路武汉至鄂州段、武汉市四环线与绕城高速公路共线段等6个项目136公里初步设计通过审查，具备开工前期工作条件。

规划项目前期工作基本完成。对尚不具备开工前期工作条件的13个项目778公里，协调相关各方加快项目前期工作进程，完成武大高速公路鄂豫界至河口段、利川至咸丰高速公路、京港澳高速公路湖北省北段等5个项目355公里工程可行性研究，全年完成10个项目627公里工程可行性研究，余下3个项目151公里工程可行性研究基本完成，为"十三五"中后期再开工一批高速公路项目提供较好的前期工作基础。

储备项目前期工作超前开展。根据"十三五"交通规划中期调整方案，指导相关市（州）加快推进十巫高速公路郧西至鲍峡段、孝汉应高速公路等中长期规划项目前期工作，提前启动沪蓉高速公路红安连接线、武汉至天门高速公路随岳至城市圈环线段、赤壁长江大桥东延段、沿江高速公路洪湖（万全）至武汉段等项目前期研究，为"十四五"规划项目接续创造良好条件。

部省衔接项目进展顺利。做好6个国高网项目部省衔接工作，交通运输部出具行业意见项目4个，通过交通运输部委托第三方单位组织评估咨询的工程可行性报告项目1个，待交通运输部审批的工程可行性报告项目1个。开展跨省高速公路省际对接工作，与重庆、河南签订安来高速公路、武汉经大悟至罗山高速公路省际接点协议，在"十三五"期涉及省际衔接的8个高速公路通道中，签署省际接点协议的省际通道7个。余下蕲太高速公路，安徽同意将其对接路段纳入"十三五"规划，并合力推动项目前期工作。

（徐文学）

【站场物流前期工作】 推进全省货运站场建设规划项目前期工作，重点推进武汉（江夏）德邦物流产业园、郧西县物流中心（郧西县交通物流产业园）等重点客货运枢纽前期工作。加快推进武汉顺丰电商产业园、宜昌东站物流中心、襄阳金鹰公铁联运物流园、潜江传化公路港项目等重点项目建设进度。武汉港阳逻港区集装箱多式联运一期（电厂）货运枢纽、武汉华运达物流基地、荆门市腾飞达物流园、武汉东宇阔物流园基本建成，十堰林安物流园进入竣工扫尾阶段。

（李明）

【港航工程前期工作】 加强前期工作调度力度。在2017年完成60%港航建设项目前期工作基础上，梳理筛选出40个具体项目予以重点推进，完成80%港航建设项目前期工作目标。围绕重点航道建设项目，每季度召开前期工作调度会，重点调度航道项目、扶贫地区旅游渡运码头项目、锚地项目，并提出明确要求。重点突出航道项目。松西河、唐白河等航道项目工程可行性报告、香溪河航道项目初步设计获批复，汉北河、内荆河、富水、浠水河航道整治工程等项目开展前期工作。统筹推进港口项目。按照长江大保护要求严格管控港口项目，在充分研究、实地调研基础上，充分考虑地方发展需求，加大省级对港口功能布局统筹力度，对武汉汉南滚装码头、宜昌洋溪综合码头、公安多用途码头等14个项目前期工作提出解禁意见。

有关规划完成情况。完善省级规划体系，编制完成《湖北省内河航道发展规划》报告，协调环保部门，推动环评报告通过审查。完成湖北省"十三五"水运发展规划中期评估调整工作。启动并完成《湖北省港口布局规划》初稿；根据省政府要求启动《武汉长江中游航运中心总体规划》修编完善工作。结合非法码头治理要求，督促指导各地加快港口总体规划修编工作进度。黄冈港获省政府批准。主要港口中，荆州港、黄石港、宜昌港总体规划均上报交通运输部，其中荆州港规划环评获批复，黄石港规划环评审查通过。重要港口中，武穴港、鄂州港完成全部程序，待省政府批复，仙桃港完成省级审查，沙洋港、钟祥港上报省政府待批。制定"十三五"港航项目建设库和储备库，谋划一批当前亟须推进的项目建设库和立足长远的项目储备库。

（张汪）

交通基础设施建设

【全省交通基础设施建设】 2018年，全省公路水路固定资产投资确保目标850亿元，其中高速公路310亿元、普通公路400亿元、港航建设50亿元、物流站场90亿元。至2018年底，全省完成公路水路固定资产投资1068.6亿元，为年度目标的125.7%，全面超额完成投资目标任务。

全省全年新增公路里程5555公里，其中新增高速公路115公里、一级公路219公里、二级公路467公里、三级公路240公里、四级公路5278公里，减少等外公路765公里。至年底，全省公路里程275039公里，其中高速公路6367公里、一级公路6093公里、二级公路23179公里、三级公路11035公里、四级公路219237公里，等级公路所占比重为96.68%，比上年提高0.35个百分点，二级及以上公路所占比重达13%，与上年相比基本持平。全省公路沥青混凝土路面27204公里，水泥混凝土路面207444公里，简易铺装路面13378公里，公路水泥、沥青路面铺装率为90.18%。全省公路按行政等级分，国道14130公里、省道19495公里、县道27421公里、乡道83884公里、村道129498公里、专用公路611公里。全省公路密度147.96公里/百平方公里，乡镇通畅率100%，行政村通达率100%、行政村通畅率100%。

全省内河航道里程9066.68公里，其中内河航道通航里程总计8666.94公里，与上年保持一致，其中有24公里四级航道和9公里五级航道升为三级航道。按航道结构等级分，共有一级航道269.4公里、二级航道768.5公里、三级航道954.1公里、四级航道341公里、五级航道811.4公里、六级航道1810.9公里、七级航道1210.9公里、等外航道2500.7公里，等级航道所占比重为71.1%，三级及以上航道所占比重为23%。

（1）公路重点工程建设。全省高速公路完成固定资产投资348亿元，占年度目标的112.3%，比上年增长5.68%。全省在建高速公路项目35个，项目总里程1245公里，已建在建高速公路项目总里程7611公里。2018年底，武汉城市圈环线高速公路孝感南段、武汉至深圳高速公路嘉鱼北段2个项目115.193公里建成通车；续建高速公路建设进展顺利，硚口至孝感高速公路、洪湖至监利高速公路、老河口至谷城高速公路等25个续建高速公路项目加快推进，建设进展总体顺利。2018年，全省新开工高速公路8个项目318公里，沙市至公安高速公路杨家厂至孟家溪段、武汉城市圈环线高速公路大随至汉十段、沪蓉高速公路龟峰山支线高速公路、监利至江陵高速公路东延段、十堰经镇坪至巫溪高速公路鲍峡至溢水段、枣阳至潜江高速公路襄阳北段、十堰至淅川高速公路（湖北段）、蕲春至太湖高速公路蕲春西段开工建设。

（2）普通公路建设。全省普通公路完成固定资产投资540.9亿元，为年度目标的135.2%，普通公路固定资产投资保持高位运行。从投资结构来看，国省道完成投资241.8亿元，占总投资的44.7%；农村公路完成投资295.5亿元，占总投资的54.6%。从投资区域分布来看，52个精准扶贫县完成投资304.4亿元，占总投资的56.3%；其他县市完成投资236.5亿元，占总投资的43.7%。从形象进度来看，完成一级公路路基735公里、路面513公里，完成二级公路路基1226公里、路面1207公里，县乡公路改造8115公里，通村油路、水泥路15908公里。完成计划内公路安全防护工程2.7万公里。完成对所有市（州）和大部分县（市、区）"四好农村路"实地督导考评工作，新创建"四好农村路"省级示范县12个（2年创建18个），神农架林区、潜江市、黄石市大冶市、十堰市竹山县、黄冈市黄州区申报国家级"四好农村路"示范县全部通过考核并获得命名。

继续推进通畅工程建设，进一步提高农村交通基础设施水平，突出产业路，打通断头路，构建循环路，促进农村公路交通互连互通。加快推进集中连片特困地区特色公路建设，全面建成秦巴山"生态环库路"、武陵山"清江画廊路"、幕阜山"特色香泉路"、大别山"红色旅游路"建设。以国家和省确定的52个贫困县（市、区）和4821个重点贫困村为重点，加快推进撤并村及20户以上自然村通畅工程建设；继续支持贫困地区县乡道升级改造工程和农村公路桥梁建设工程，对重要县乡道按不低于三级公路标准（特殊困难路段不低于四级公路双车道标准）进行改扩建。加快实施一批具有资源路、旅游路、产业开发路性质的公路改造建设。

（3）港航建设。全省港航建设完成固定资产投资59.5亿元，为年度目标的119%。其中航道项目完成投资17.3亿元，港口项目完成投资37.4亿元，船舶投资完成4.8亿元。碾盘山至兴隆段航道整治工程完工并开始试运行。陆水航道及汉江河口三期等航道整治工程正式开工，雅口枢纽工程一期围堰修筑完成、二期围堰开始施工，电站厂房、泄水闸全面开工，香溪河、唐白河、松西河跨省主通道整治工程完成工程可行性批复。荆州朱家湾二期、荆州港木沉渊港区江陵跃进综合码头等11个项目建成运营，新增港口通过能力2000万吨。

全省水路完成客运量647.8万人、旅客周转量4.7亿人公里，分别比上年增长3.7%、16.7%；完成货运量3.6亿吨、货物周转量2850亿吨公里，分别比上年增长0.8%、2.2%。完成港口吞吐量3.46亿吨，比上年下降6.2%。其中，煤炭完成吞吐量3139万吨，与上年持平；砂石运输完成1.1亿吨吞吐量，比上年下降22%；非金属矿石完成4075万吨，比上年下降10.9%。全年完成集装箱吞吐量193.6万标箱，比上年增长15.8%，创历史新高。其中，武汉港157.4万标箱，比上年增长16%，占全省集装箱吞吐量的81.3%，同时，宜昌市吞吐量突破15万标箱，同比持平。商品滚装车全年完成69.6万辆，比上年下降7.6%。

（4）站场建设。全省站场建设完成投资120.2亿元，为年度确保目标的133.5%。其中，客运站场建设完成投资9.5亿元，货运物流设施建设完成投资64.4亿元，城市公交站场建设、维修检测场建设、车辆购置等完成投资46.3亿元。全省公路完成客运量8.1亿人、旅客周转量453.43亿人公里,比上年分别下降6.66%、5.98%;完成货运量16.31亿吨、货物周转量2955.53亿吨公里,分别比上年增长10.45%、7.79%。

(张学阳)

【"四好农村路"建设】 落实全国"四好农村路"管理现场会和推进"四好农村路"高质量发展会议精神,全面启动和加快推进全省"四好农村路"三年攻坚战,以"补短提升、便捷通畅"为目标,聚焦突出问题,完善政策机制,强化资金保障,补齐短板弱项,加快实施通村组硬化路建设和提档升级工程,同步加快安防工程和危桥改造、"油返砂"路段维修改造和农村综合运输服务站建设,以示范创建为引领,提升管养水平,努力实现"组组通、路路安、条条畅、处处美",推进全省"四好农村路"建设向高质量跨越式发展。

坚持高位谋划,推进"四好农村路"纵深发展。坚持民生为本,攻坚氛围浓厚。省委、省政府坚持以人民为中心发展理念,2015年全省所有行政村实现"村村通客车"目标,2016年初步建立县乡村三级农村客运长效机制,2017年启动实施公路安全生命防护"455"工程建设,2018年响应习近平总书记重要批示精神,高位启动和全面推进"四好农村路"三年攻坚战,成立省政府攻坚领导小组,健全联席会议机制,多次召开攻坚专题现场会。省交通运输厅先后下发"四好农村路"三年攻坚战、示范乡镇和美丽农村路实施方案等系列文件,编制《湖北省农村公路工程技术标准》等规范性文件,明确攻坚任务清单并加强督办考核。市、县两级政府加大投入强度和推进力度,全面掀起"四好农村路"攻坚热潮。坚持顶层谋划,实现协同推进。注重规划引领,全省在"十三五"期间大幅提高农村公路建设补助标准,着力服务全面小康社会建设和美丽乡村建设。注重顶层设计,省政府以全国综合交通运输改革试点省份为支撑,

积极争取国家支持,并与交通运输部签署共建"交通强国湖北示范区"合作协议。注重上下协同,省委印发《关于推进乡村振兴战略实施的意见》,省政府印发《湖北省"四好农村路"三年攻坚工作方案(2018—2020年)》,全面加快农村基础设施提档升级,深入推进"四好农村路"建设。坚持规划引领,压实主体责任。省交通运输厅研究编制"四好农村路"五年行动计划和中长期发展规划纲要,指导各县(市、区)人民政府批复"四好农村路"发展规划并拟定三年攻坚任务清单。按照省政府部署要求,建立月通报、季调度、督导约谈、年终考评等制度,先后通过三轮攻坚专项督查,实现所有市(州)全覆盖。省委、省政府将"四好农村路"建设纳入各级党政领导扶贫和"三农"发展综合考核体系,有效压实地方政府主体责任,为推进攻坚工作提供坚实保障。

坚持民众期盼,着力补齐农村公路短板。针对群众出行不便等难点问题,持续加大居民相对集中的村组硬化路、断头路、升级路改造力度,打通最后一公里。加快推进通村组硬化路建设,实现"组组通"。在实现所有行政村通硬化路基础上,为解决撤并村和20户以上自然村存在的断头路和"肠梗阻"问题,从2017年起,湖北将用3年时间完成所有撤并村和通村组硬化路建设攻坚任务。按照"精准定位、助力脱贫"要求,连续2年每年完成新改建农村公路超过2万公里,争取2019年底提前1年实现"组组通"目标。加快推进公路安防工程和危桥改造,实现"路路安"。2017年湖北实施公路安全生命防护"455"工程,即用4年时间、构建5级责任体系、省财政投入45亿元,完成国省道、县乡道及通客运班车村道8万公里公路安全防护工程建设。2年以来,全省累计完成近6万公里,在向不通客运班车村道延伸,大幅降低农村交通事故发生率,为提前1年完成"455"工程奠定坚实基础。组织开展农村公路危桥普查相关准备工作,进一步全面加快推进农村公路危桥改造,起草

并实施全省公路桥梁"三年消危行动",从源头上消除安全隐患。加快农村公路提档升级,实现"条条畅"。为有效缓解农村公路节假日车辆拥堵现象,按照路基宽6.5米、路面宽5.5米建设标准(特殊路段路面宽度4.5米),连续3年每年完成1万公里农村公路提档升级改造任务。2018年,全省完成提档升级工程1.28万公里,并按照"先建后补"原则落实省补资金,推动农村公路逐步实现"由线成网、由窄变宽、由通到畅"。同步整治销号"畅返不畅"路段,进一步加快资源路、旅游路、产业路建设,农村路网通行能力和整体服务水平明显提升。

注重示范引领,全面调动各地创建积极性。坚持将"四好农村路"示范创建与美丽乡村、乡村振兴和脱贫攻坚等重大政策相衔接,加大农村公路路域环境整治力度,实现"处处美"。抓示范县创建,做到高起点推动。2017年,经省政府同意启动实施全省"四好农村路"示范县创建工作,2年来累计创建完成18个"四好农村路"省级示范县和5个全国示范县,给予省级示范县400万元奖励,对全国示范县再给予2000万元奖励,极大调动各地创建积极性。抓示范乡镇创建,做到全方位推进。创新将示范创建工作由县市向乡镇延伸,以点促面,推进"四好农村路"建设。印发《湖北省"四好农村路"示范乡镇建设实施方案》,明确示范乡镇创建标准,拟用3年时间创建完成示范乡镇150个,并给予每个示范乡镇200万元奖励。抓美丽农村路创建,做到整体化推进。学习借鉴浙江经验开展美丽农村路创建工作,按照"实安绿美"标准,连续3年每年创建1万公里美丽农村路,并每公里给予5万元定额奖补资金。至2018年底,全省建成美丽农村路超过1万公里,加快建成美丽公路经济带,实现路产、路旅深度融合,助力产业脱贫攻坚、美丽乡村建设和乡村振兴战略实施。

理顺管理体制,提升依法治路综合成效。健全机构管好路。2013年,省交通运输厅增设农村公路管理处,

进一步加强全省农村公路行业管理。襄阳、恩施等6个市(州)成立地市级农村公路管理机构，县级农村公路管理机构设置率提高至85%，大部分乡镇政府设置专职或兼职农村公路管理机构，属地管理、逐级负责机制日趋完善。完善制度建好路。2007年湖北省在全国率先出台《湖北省农村公路条例》，2015年湖北首部民族自治地区《恩施土家族苗族自治州农村公路条例》颁布实施，标志着农村公路发展进入规范化、法制化轨道。近年来，省政府印发《湖北省农村公路管理养护体制改革实施方案》和《关于进一步加强全省农村公路养护管理工作的意见》等规范性文件，农村公路发展做到有法可依、有章可循。依据规章护好路。修订出台《湖北省公路路政管理条例》，在全国率先将村道纳入公路路政管理范围。通过加强路产路权保护，推动路政管理实现全面覆盖、行业指导实现全程量化，不断提升农村公路通行环境。推行农村公路建设"八公开"制度，每年对新改建农村公路进行质量抽检，强化质量监督和问题整改，真正将农村公路建成放心路、幸福路和德政路。

创新模式方法，实现农村公路"养必见效"。按照"政府主导、部门联动、社企参与、共建共享"的思路，狠抓农村公路管养模式创新，实现农村公路养护管理效率显著提升。提供资金保障，探索管养模式。省财政连续3年每年按照"7351"标准，落实农村公路养护资金4.08亿元用于农村公路养护工程；县财政每年以不低于1000元的标准配套乡村公路日常养护经费，全面实现有路必养。按照省政府三年攻坚战部署要求，每年将按照"1525"标准落实农村公路养护省补资金，强化县级财政配套资金考核，确保养护资金到位。同时，创新推进农村公路养护公益性服务"以钱养事"机制，提高农村公路养护效率，实现"养必见效、养必到位"。健全激励举措，发动群众参与。每年由县政府与各乡镇、乡政府与各村委会分别签订农村公路养护目标责任状，纳入年度考核体系，推动主体责任、机构人员、养

护资金"三落实"。各县(市、区)均出台农村公路养护管理和考核办法，采取"多员合一""公益性岗位""路管家""理事会"等模式，全面开展日常养护保洁和村规民约宣传，群众爱路护路意识不断增强，共建共享理念深入人心。挖掘市场潜力，提升专业水平。各地探索形成潜江市"专群结合、合同委托、网格信息化"管养模式、南漳县"农村公路养护道班"模式、黄州区"路管家、路保姆"公益性岗位养护等经验做法。同时，农村公路"建养一体化"模式逐步推广，部分市州县出台"建养一体化"实施方案，缓解地方配套资金压力，发挥专业人干专业事的作用，实现由政府办交通、为社会办交通。

推动路产融合，不断提升运输服务水平。巩固"村村通客车"成果。省委、省政府将行政村通客车确定为"一号民生"工程，2015年底全省25989个行政村全面通车，形成以班车客运为基础、区域经营和电话约租等其他方式为补充的农村客运经营模式，2016年在湖北省十堰市竹山县召开全国"四好农村路"运输服务工作现场会。县、乡、村三级农村客运网络建成，基本满足农民群众多样化出行需求。健全农村客运长效机制。印发《关于巩固"村村通客车"成果，建立农村客运发展长效机制的意见》，坚持交通、公安、安监、乡镇四方联合会审机制，实现长效管理。用好省财政每年1亿元专项资金，加强对通村客运购车、车辆保险、动态监控及客运亏损等补贴，确保农村客运"开得通、留得住"。同时，探索"一县一公司""公交下乡"等经营模式，鼓励推进城乡公交一体化，努力提升运营效率，提高群众出行幸福指数。促进农村物流高效便捷。省交通运输厅每年安排不少于1000万元用于农村物流发展，按照"多站合一"模式建立农村综合运输服务站，加快建成覆盖县、乡、村三级农村物流配送网络。推进城乡交通线下一体化进程，初步形成交邮共建、交农对接等各具当地特色的农村物流体系，进一步降低农村物流成本，有效破解制约

农村物流发展的"最后和最初一公里"瓶颈问题。

(康新章)

【武汉长江中游航运中心建设】

2014年2月，省政府印发《武汉长江中游航运中心总体规划纲要》，明确武汉长江中游航运中心战略意义，分析发展基础，提出功能定位。2016年6月27日，省政府出台《关于加快武汉长江中游航运中心建设的实施意见》(鄂政发〔2016〕27号，以下简称《实施意见》)，明确航运中心六大定位、六大任务、15项措施、21项任务清单。12月，省政府成立武汉长江中游航运中心建设协调领导小组，领导小组组长由代理省长王晓东担任，省直有关部门、长江航务管理局、长江水利委员会及各市(州)人民政府有关负责人为成员，办公室设在省交通运输厅。2017年4月11日，省长王晓东调研全省交通发展情况，强调要加快航运中心建设。5月11至13日，副省长周先旺实地调研武汉港、宜昌港、荆州港、鄂州港等省内长江主要港口的集装箱港区，强调"一城一港、一体运营"，加快推进多式联运，加快提升港口口岸功能。7月22至23日，交通运输部副部长何建中带队在湖北调研武汉长江中游航运中心建设，对推进航运中心建设进行现场指导。2018年2月，湖北省人民政府正式批复《武汉长江中游航运中心总体规划》。

（1）航运中心建设目标任务。总体目标为到2030年，全面建成设备设施先进智能、现代物流便捷高效、港航要素高度集聚、航运服务功能齐全、市场发展环境优良、支持保障绿色平安，具有较强区域辐射力和产业支撑力的规模化、现代化、国际化长江中游航运中心。主要任务包括：全面建成完善便捷的综合交通运输网络；全面建成现代航运服务高地；全面发挥开放门户和物流枢纽功能；全面建成能力充分的支持保障体系。近期目标为到2020年，初步建成武汉长江中游航运中心。主要任务包括：基本建成较为完善的交通基础设施体系；初步

建成以综合保税区、航运交易所、航运产业总部区为主要依托的航运中心核心功能区;形成多层次的航线体系和多式联运网络;基本建成高效、快速、信息化水平较高的支持保障体系。

(2)航运中心建设成效。港口基础设施体系建设完善。港口基础能力建设不断提升。全省有港口38个,其中武汉港、宜昌港、荆州港、黄石港为4个主要港口,巴东港、嘉鱼港、鄂州港、黄州港、武穴港、襄阳港、丹江口港、钟祥港、沙洋港、潜江港、天门港、仙桃港、汉川港、恩施港为14个区域重要港口,地方一般港口20个。全省有泊位1018个,其中生产性泊位914个,生产性泊位中长江干线535个(5000吨级以上生产性泊位111个,3000~5000吨级泊位120个,5000吨级以上泊位占长江干线生产性泊位的21%,3000吨级以上泊位占长江干线生产性泊位的43%,3000吨以下泊位304个)。全省港口散、杂货设计通过能力2.75亿吨、集装箱通过能力448万标箱、滚装车辆通过能力164万辆。2018年全省完成港口货物吞吐量约3.46亿吨,其中集装箱193.7万标箱,商品滚装汽车90.9万辆。其中,武汉港完成货物吞吐量1.03亿吨,集装箱157.4万标箱,滚装车69.6万辆。

港口企业情况。2015年底,全省持有港口经营许可证企业763家。经过非法码头、水源保护地、自然保护区和种质资源保护区等码头整治、推进港口整合发展,2018年底,全省有港口企业355家,其中国有企业181家,其他民营或混合所有制企业174家。经营主要涉及集装箱、矿建材料、危化品、煤炭、件杂散货、滚装汽车等大宗货物运输为主体的专业化港口运输门类。省内主要港口投资经营企业包括:武汉港航发展集团(武汉港务集团、武汉新港建设投资开发集团等)、湖北省交通投资集团有限公司、黄石新港港口股份有限公司(深圳盐田港)、宜昌、荆州、黄石港务集团、卓尔控股(武汉国际集装箱公司)、招商局(中外运长航集团)、中远海运等。2015年,全省有港口危险货物企业123家,天

津港"8·12"事故后,全省开展港口危险货物安全环保专项整治,取缔、关停危险货物码头59家。2018年底,全省有港口危险货物企业64家,泊位94个,储罐27个(总容积13.32万立方米),危险货物集装箱堆场2个,装卸汽油、柴油、沥青、液化石油气、乙烯、丁二烯、醇类、苯类、酸碱类等30余个危险货物品种。

高等级航道建设全面推进。长江深水航道"645"工程进展迅速:长江中游蕲春水道航道整治工程完成全部沉排护底施工内容,正在进行抛石施工,抓好现场质量安全管理,落实冬季工程现场施工安全,继续加强BIM(建筑信息模型)技术在工程中的应用。工程累计完成进度投资24293万元,占总投资计划的62.24%。2018年9月30日,长江中游新洲至九江河段航道整治二期工程开工建设,正在进行蔡家渡沉排护底与徐家湾抛石施工,继续加强BIM技术应用,并确保工程施工现场冬季施工安全。长江干线武汉至安庆河段6米水深航道整治工程,第二批施工图设计获批复,正在进行沉排施工,组织开展预制场标准化建设、建立工地试验室和接入远程视频监控等工作,继续搞好BIM施工管控平台建立,进行BIM技术应用交底及模型深化拆模。同时,汉江航道整治工程全面展开。

港口集疏运体系建设加快推进。2018年,武汉长江中游航运中心加快推进武汉港阳逻港区进港专用公路建设,计划2019年前完成平江大道改造、新平江路建设。武汉长江中游航运中心加快推进武汉港阳逻港区进港铁路建设,2018年建成江北铁路二期,2020年前建成武湖港区、阳逻港区进港铁路。

航运结构进一步优化,船型标准化有效推进。加快运输企业结构调整。依法依规推进各地注销省际普货企业6家,注销省际客运企业3家;省际客运新增900客位运力指标;省际危险品运输更新5900载重吨运力指标,新增2万载重吨运力指标(其中2家企业各兼并1家外省企业)。全省省际普货企业248家;省际客运企业11家

(含3家载货汽车滚装船企业、1家客滚船企业),10426客位;省际危险品运输企业19家32.4万载重吨。全省万吨以上船舶运力规模企业143家、10万吨以上船舶运力规模企业10家。

加快船舶运力结构调整。2010年以来,全省推进船型标准化工作,督促指导加快大长宽比示范船建造,完成船舶拆改及新建1700余艘,其中新建大长宽比示范船30艘,新建LNG示范船1艘。全省运力731.8万载重吨,比2017年底增加14.9万载重吨。全省千吨级以上长江干线货船及江海直达船运力比重达70%以上,滚装船、外贸内支线集装箱船、省际散装液体危险品船、江海直达船等专用船舶运力比重达40%以上。2018年11月16日,阳逻港首次开启千箱级集装箱轮船——江海直达1140集装箱示范船"汉海1号"首航。相关单位对1140集装箱示范船"汉海1号"运行1个月各项数据进行测算和论证,结果显示"汉海1号"示范船运行1月,经济成本、环保节约等都出现显著性变化,不断推动长江内河航运跨越式发展。

推动老旧船型报废拆解。下发《省交通运输厅 省财政厅关于加快推进湖北省"十三五"期海船报废更新和内河船型标准化工作的实施意见》和《省港航局关于加快推进湖北省"十三五"期海船报废更新和内河船型标准化工作的通知》,进一步加快全省船型标准化工作进展。全省筹措船型标准化中央和地方补贴资金5.7亿元,其中中央补贴资金4.4亿元、地方配套资金1.3亿元。截至2018年底,全省完成船型标准化拆改新建船舶1432艘,其中拆解1043艘,生活污水改造376艘,新建大长宽比示范船12艘,新建LNG示范船1艘。按照"开前门、关后门、调存量、推示范"工作思路,严格禁止内河新建非标准船进入航运市场,不为新建非标准船舶和限期退出市场船舶办理营运手续。

高端航运服务能力显著提升。武汉航运产业总部区是武汉长江中游航运中心建设的重点项目。2018年2月底举办的武汉市长江中游航运中心建

设武汉市领导小组(下称武汉航运中心建设领导小组)第八次会议上,武汉市政府明确要求,加快该项目建设,项目已开工。2018年底,武汉航运交易所发布长江航运四大指数,进一步拓展武汉长江中游航运中心服务功能,完善长江运价指数体系,更好地为运输市场管理者和参与者提供了解市场、监测市场、预警市场的依据。武汉航运交易所构建大市场,促进长江流域协同发展,2018年年初率先与四川自贸区川南临港片区管委会合作筹建泸州分所,促进武汉中游航运中心与川南航运物流中心互动发展;应岳阳市政府邀请,与岳阳市交通建设投资集团共建湖南航运物流中心;应河南省交通运输厅航务局邀请,为河南省配套提供高端航运服务;与南京航运交易中心达成合作意向,将整体功能复制到江苏沿江。在加快流域布局同时,在上海、舟山、九江、重庆等地培育经纪合伙人,共同拓展业务,为建成流域型、国家级航运交易所奠定基础。

口岸通关环境进一步优化。武汉长江中游航运中心口岸通关环境进一步优化。采取"一区两园"模式的武汉新港空港综合保税区封关运行,有效连接水、陆两港,实现区港联动,为湖北、武汉构建新的开放高地提供重要平台。阳逻港进口肉类指定口岸成为湖北省外贸进出口主要窗口、中部地区开放型经济示范高地。武汉电子口岸·国际贸易"单一窗口"智能通关服务系统上线运行,为湖北外贸进出口企业带来高效便捷的通关新体验。全省有武汉、黄石2个一类水运口岸,宜昌、荆州2个二类水运口岸,全省95%以上(省商务厅统计98%)进出口货物经由水运进出口。2019年1月,国务院正式批复同意武汉新港口岸扩大开放汉南港区、花山港区、金口港区、黄州港区和鄂州港区,批准湖北黄石港口岸扩大开放棋盘洲港区,全省再增加国家一类水运口岸资质港区6个。

区域港口一体化进展顺利。2018年7月15日,武汉港航发展集团与卓尔控股有限公司签署合作协议,联合成立公司对阳逻港一、二、三期码头进行统一运营。标志着武汉长江中游航运中心建设"一城一港一主体"发展战略中的"一主体"实现,掣肘阳逻港发展多年的多主体问题得以解决。2018年5月,湖北省人民政府批准同意将黄冈市沿江团风港、黄州港、浠水港、蕲春港、武穴港、黄梅港6个港口整合为"黄冈港",组合后的黄冈港列为湖北省重要港口。

港航企业整合步伐加快。武汉港航发展集团推进港航资源整合见成效,一批港口开港,阳逻港实现扩能;小池港开港运营、仙桃综合码头开港。一批重点项目加快建设,阳逻综合保税园区累计完成投资额约8.15亿元。阳逻国际港集装箱铁水联运工程进展顺利,一期阳逻电厂工程建成并投入使用。金口港区二期全面开工等。长江中游航运中心港航联盟(下称港航联盟)在武汉成立,来自湖北、湖南、江西3省12座城市115家港航企业和行业主管单位加盟,共谋资源共享、沟通协作、抱团发展,助推鄂湘赣港口航运企业转型升级,打造利益共同体。2018年12月6日,武汉"经开港—阳逻港"互驳航线正式开通。

多式联运体系逐步成型。武汉长江中游航运中心把发展铁水联运为主的多式联运作为突破口,经过3年多的加快建设,多式联运体系逐步成型,铁水联运、江海联运、水水中转等进入常态化。

铁水联运:阳逻国际港集装箱铁水联运工程进展顺利,一期阳逻电厂工程建成并投入使用,至2018年12月底完成3万余标箱,取得良好社会经济效益。二期香炉山工程在按照国家部委、省、市政府要求加快推进。黄石新港是长江中游优良深水良港,国家一类开放口岸,且建有国家级保税物流中心,资源要素高度集中,集输运体系完善,在长江中游率先实现铁路进港铁水无缝衔接,为黄石新港打造长江中游多式联运枢纽创造良好条件。2018年6月6日,由中国铁路武汉局集团有限公司、武汉港务集团、安通控股股份有限公司联合开行的武汉—西安水铁联运班列"安通控股"号正式开通运营。

江海联运:江海联运航线进一步拓展。2018年2月27日,以阳逻港为重要节点的"北粮南运"新通道——辽宁盘锦港至武汉阳逻港江海联运航线开通。江海联运船型发展速度加快。6000吨级江海联运沥青船开工建造,计划下水进行舾装及木作装饰。1140标箱集装箱船建造项目进展顺利,华航(1艘)完成船型设计和船厂招标,长航(1艘)筹备工作接近尾声,中谷(1艘)在筹备中。另外3艘武汉—上海洋山江海直达集装箱船由安徽船东在扬州建造。江海联运大通关取得新进展。武汉海关推出内外贸江海联动突破性举措——"内外贸同船运输货物智能放行",运用大数据、物联网、云计算等技术,确保内外贸货物同船运输严格监管的同时,让企业传输数据和前端卡口采集数据自动比对,触发卡口自动抬杆放行货物,极大提升物流效率,降低企业成本。2018年1月7日,武汉花山港区获海关批准成为直接就近服务于武汉自贸片区和东湖高新技术开发区的江海联运港口。汉江干支集装箱运输取得新突破,江海联运补给航线发展迅速。在荆门—武汉集装箱运输航线基础上,仙桃—武汉集装箱运输吞吐量呈现爆发式增长。

汉新欧班列:汉新欧班列自2012年10月开通以来,拓展对外贸易,培育贸易新业态新模式,从无到有、从弱到强,班列运营实现量与质的高速发展,实载率97%,居全国前列,成为中欧班列重要品牌。

(3)绿色、高效的支持保障系统抓紧推进。港口岸电超目标任务完成,完成近60个泊位岸电标准化改造,投资5800万元。港口船舶污染防治工作取得新进展,省级层面出台船舶污染防治设施以奖代补政策,鼓励和推动相关工作。15个地市出台《港口和船舶污染物接收转运及处置设施建设方案》,并每年按照25%工作进度推进。引导鼓励和推动企业新建高效节能环保LNG动力示范船、大长宽比示范船、高能效示范船。全省新建LNG动力示范船2艘5000总吨,核准新建川江及三峡库区大长宽比示范船37艘25万总吨,新建完成12艘,其余均开工建设。长江及汉江岸线资源管控工作加强，全省长江干线取缔非法码头367个，清理岸线41031米，按照长江新建港口项目每延米岸线投资强度不低于90万元，长江每延米岸线港口吞吐能力不低于3000吨（件杂货）/5000吨（散货），折算后可腾退投资空间369亿元，港口吞吐能力12309万吨（件杂货）/20515万吨（散货）。

信息和支持保障体系建设成果显著。长江电子航道图推广应用工作全面展开，长江上有85.2%的三类重点船舶（省际客船、过闸危化品船和载货汽车滚装船）使用电子航道图数据，有效提升长江水运信息化水平，保障航运安全。进一步强化公益职责，提升长江航道公共服务能力，着手长江电子航道图App（应用程序）开发工作，年底成功上线试运行，打造"手掌上的航道，指尖上的服务"。武汉长江中游航运中心在原有信息服务体系基础上，完善门户网站日常管理，推动管理制度起草，开展门户网站规范化运行，对公共物流信息平台、航运中心网站和招商平台进行前端整合。加强平台网络安全体系建设，启动武汉新港公共物流信息平台网络安全等级保护评估工作，开展评估项目招投标，启动平台安全防护能力清查，形成等级保护差距分析报告，起草各项网络安全管理制度51项。

按照湖北省关于建设国际贸易"单一窗口"工作安排，武汉电子口岸有限公司与武汉海关、湖北出入境检验检疫局、长江海事局签订共推共建武汉电子口岸合作框架协议，联检单位共建合力形成，共同推进武汉电子口岸·国际贸易"单一窗口"建设，实现通关功能率先上线。围绕口岸政务、物流、数据等服务应用，通过整合联检单位、码头、货代公司等数据，平台实现通关全流程数据信息订阅、查询、推送等功能；通过对接海关、国检监管系统，平台进一步完善"单一窗口"基本政务服务功能，实现"一窗受理、互联互通、信息共享"的"一单两报"模式，阳逻港率先完成武汉海关出口转关业务的导入功能。

（叶莹）

【长江干线非法码头专项整治】 至2018年底，全省取缔码头1211个、泊位数1383个，清退港口吞吐能力1.56亿吨，清退岸线长度149.8公里，复绿面积809万平方米。全省码头泊位数量减少三分之二以上，所有取缔码头均达到拆除到位、清场到位、防反弹到位的要求。

码头生产环境明显改观。各市（州）严格按照规范提升工作标准，执行"四个规划""三个专题"规定要求，对保留的规范提升码头开展综合治理，全省完成规范提升工作码头44个。在严格规范提升工作要求和程序基础上，倡导各市（州）提出更高治理标准，以提高码头绿化率、安装防尘降噪设备、实施雨污分流、趸船等设施设备刷漆亮化等为重点，大幅改善码头生产环境。

岸线生态修复成效明显。全省长江沿岸腾出岸线约149.8公里，利用各项资金进行植树复绿，复绿面积达809万平方米，岸线集约利用水平进一步提高，沿江景观大幅改善。及时对未成活树木开展补植复绿，提升复绿率和成活率，巩固非法码头整治成果。

持续加强长江干线水源保护区岸线管理。全省长江干流饮用水水源一二级保护区内107个违法违规码头中，各市（州）交通港航部门协同完成整改101个（其中拆除100个，经确认不在保护区内1个）。余下6个军事及公务等特殊用途码头，相关部门同意暂按历史遗留问题处理，待国家相关政策明确后再具体处理。

推进国家级、省级自然保护区内码头整治工作。按照环保部门提供清单，全省自然保护区范围内129个码头中，完成整改119个，剩余10个（荆州8个、宜昌2个）以及后续发现的其他码头问题按省人民政府2018年下发的《关于进一步加强全省自然保护区建设和管理工作的通知》新要求督促各市（州）按进程整改到位。

增强危险化学品码头管控和检查力度。全面加强对危险化学品码头管控，所有重要部位安装视频监控设备实时动态监管。开展"专家会诊专项"行动，及时发现并整改安全隐患，且每一轮次都对上一轮次排查出的隐患进行复查，实现从问题查处到隐患整改闭环管理。全年排查整改安全隐患100余处。黄石、恩施关停3处缺少手续及存在安全隐患的码头。

建立巡查抽查机制，实行挂牌负责管理。各市（州）协调组织交通运输、公安、自然资源、生态环境、住建、水利、长江航务等部门，完善联动机制，形成齐抓共管合力，按照每周不少于2轮的频率对辖区内长江岸线实施全线巡查。对重点水域、敏感江段实行24小时轮班值守。做到每次巡查有记录，带班领导有签字，巡查统计报表有存档。对取缔码头均设立"非法码头"监管责任公示牌，标示港口码头基本信息、监管单位、责任人及举报联系方式等，实现阳光整治。

加快推动港口规划修编，集约利用港口岸线资源。结合部分自然保护区范围及功能区调整等，进一步巩固非法码头专项整治工作成效，推进落实各地港口规划修编及评审工作。长江干线各市（州）港口总体规划均完成批复或修编工作。武汉港、恩施港、黄梅港、团风港、蕲春港、浠水港、武穴港获批复，荆州港、黄石港、鄂州港、黄州港修编及评审均通过，宜昌港、嘉鱼港修编完成报送省人民政府。

推进砂石集并中心建设。除荆州石首市、洪湖市、咸宁赤壁市、嘉鱼县，宜昌西陵区、点军区、伍家岗区、猇亭区等全线位于生态保护红线区内的县（市、区），武汉江汉区、江岸区、武昌区、青山区，荆州市荆州区、沙市区，黄石市黄石港区等全线规划为非生产性岸线的县（市、区），以及部分存在手续齐全的合法散货码头，并且吞吐能力完全可以满足需求的县（市、区）之外，沿江各县（市、区）至少有1个砂石集并中心建成运营。全省长江干线建成运营的砂石集并中心43个、泊位87个，年吞吐能力1.5亿吨。

存在的主要问题和不足：

少数取缔码头复绿标准不高。虽然各地取缔码头数量大，并采取有效措施防止死灰复燃，但是码头取缔之后的岸线生态修复工作仍在进行中。

如黄石市、鄂州市还有少量码头取缔后因是硬化场地尚未进行复绿；宜昌市、黄冈市部分码头复绿标准不高、所植苗木有些未成活。

部分临时砂石集并中心运营不规范。部分市（州）建成运营的临时砂石集并中心不完全符合砂石集并中心建设技术标准，存在堤外露天堆放、砂石散落等现象。武汉市洪山区临时砂石集并中心由8家经营单位共同经营，管理经营主体不明确、安全主体责任无法落实，经营场所不规范，现场存在安全生产隐患。武汉市汉南区砂石集并中心、宜昌市红花套砂石集并中心、咸宁市石矶头砂石集并中心存在皮带机自卸砂船装卸、滩地堆砂、现场杂乱等运营不规范问题。

长期的砂石集并中心建设积极性不够。长江干流全线基本禁止采砂，主要支流汉江、清江、巴河、浠水河等大规模禁采，原本砂质优良的洞庭湖区域加大采砂监管力度，同时为数不多的可采取区为保障本地供应限制砂石出口，导致湖北省砂石来源减少，无充足砂源，致使建成运营的砂石集并中心"吃不饱"，市场主体建设砂石集并中心意愿受到极大限制，长期的砂石集并中心建设积极性不高。

（张江）

【湖北省交通投资集团有限公司】 2018年，省交通投资集团有限公司围绕"两商"定位，聚焦交通建设主业，发展相关多元产业，实现"三年攻坚"良好开局。全年融资687.6亿元，超目标34%；投资348.3亿元，超目标6.2%；建成公安公铁两用特大桥公路部分、沙公北段、城市圈环线高速公路孝感南段"1桥2路"134公里，基本建成棋盘洲长江公路大桥连接线阳新至大冶段25公里；实现营业收入260.8亿元，比上年增长17.9%，其中高速公路通行费收入117.2亿元，经营性收入143.6亿元；实现利润总额24.8亿元。三江港区国际物流铁水公空一体化多式联运工程入选全国第三批多式联运示范工程；谷竹高速公路获中国公路学会科学技术奖；财务公司被中国银保监会评为发展类最高级别B1级；楚天公司宜昌所被授予"全国工人先锋号"，荆潜公司被授予"湖北省工人先锋号"；物流集团、白洋桥公司、鄂西北运营公司获"湖北省五一劳动奖状"。

交通项目克难推进。落实全省综合交通运输体系"三年攻坚"计划，克服土地、环保政策收紧，地材供应严重不足等不利因素，迎难而上，科学调度，充分发挥平台功能。在续建"7桥17路"基础上，新开工"4路"，完成投资268.3亿元。承接专项债项目以后，及时研究新机制，前期工作提速推进，4个项目成功获批。铁路项目完成投资2.8亿元，累计完成投资8.4亿元，当远铁路有序推进；紫云铁路成功开通运营，成为全省获批的首条自主运营地方铁路。围绕长江经济带开放开发和三峡枢纽多式联运体系建设国家战略，续建长江岸线"7港"，完成投资8.4亿元，累计完成投资29.8亿元。湖北国际物流核心枢纽项目建设快速推进，累计完成投资9亿元，可行性研究报告获国家发改委批复。

融资规模再上新水平。面对金融政策变化，精心部署，融资额创历年新高，资金保障坚实有力。成功组建银团3个，累计投放项目贷款220亿元。严控资金成本，100亿元结构化融资、50亿元保险债权融资、50亿元企业债融资，成本均低于同时期、同类型、同行业市场平均水平。其中，50亿元企业债券利率5.29%，为2017年以来同评级同期限企业债价格最低，受到省政府领导批示表扬。打通境外融资通道，成功发行5笔7.7亿美元跨境直贷。

运营管理规范有序。以"增效益、强管理、树品牌"为主线，持续推进标准化建设，打造具有湖北交投特色的服务管理品牌。加强缺陷工程整改，推广大数据、"互联网+"等预警监测技术，加强节假日、恶劣天气保畅工作，全年无重大安全责任事故发生。提升服务区形象，完成京珠高速公路孝感服务区"智能成套污水处理"试点工程，投资1500余万元完成19对服务区厕所改造，着力打造生态、美丽服务区。湖北交投实业公司获评"第三届中国高速公路优秀服务区管理公司"。

经营性企业逐步成型。落实省政府赋予的"两商"定位，聚焦交通建设主业，逐步形成"交通+"相关多元产业发展格局，经营性子公司收入占比64.5%。做好"交通+区域开发"，在大保护中推进鄂州、荆州、宜昌等长江岸线"港产城"开发和三峡多式联运体系建设。联合黄冈、孝感等地方政府共同发展临空经济产业，开发区域面积超过100平方公里。做优"交通+科技"，打造全省首个"公路建设与养护技术材料及装备"国家级交通运输行业研发中心和智能检测院士工作站；携手国科量子共建湖北量子保密通信网络。做大"交通+能源"，营收突破40亿元，打造湖北"第四桶油"。做强"交通+旅游"，联合华侨城投资700亿元共建襄阳生态文旅示范区，投资规模100亿元的宜昌巴山金谷文化旅游度假区项目和50亿元的武当山太极文化古镇项目正式落地。

（赵林）

省管交通建设项目

【武汉城市圈环线高速公路孝感南段正式开通运营】 11月22日，武汉城市圈环线高速公路孝感南段正式开通运营。孝感南段全长94.548公里，路基宽度26米，设计行车速度100公里/小时。起于安陆市城南办事处闭刘村，对接孝感北段（大随至汉十段），与福银高速公路、武荆高速公路立体交叉，终于汉川市汉江特大桥与南岸引桥分界处，对接城市圈环线高速公路仙桃段起点。武汉城市圈环线高速公路孝感南段是《湖北省省道网规划纲要(2011—2030年)》中"九纵五横三环"高速公路网中"三环"的重要路段，对完善湖北省骨架公路网布局，加强孝应安、仙潜天、咸赤嘉等城镇密集区之间的联系，缓解京港澳、沪渝高速公路部分路段交通压力，改善地区交通条件，促进沿线经济社会发展，加快武汉城市圈建设，具有重要意义。

【武汉硚口至孝感高速公路硚口至京港澳高速公路段建成通车】 11月18日，武汉硚口至孝感高速公路硚口至京港澳高速公路段22.5公里主线段建成通车投入试运营。武汉硚口至孝感高速公路起于武汉三环线硚口区竹叶海公园东北角，沿线经过武汉市下辖硚口区、东西湖区以及孝感市下辖孝南区，止于孝感市孝南区毛陈镇焦湖，跨武汉市和孝感市2个行政区域。全长34.51公里，其中起点至京港澳高速公路段22.5公里、京港澳高速公路至终点段12.01公里。建设一级公路连接线0.96公里。项目起点至武汉绕城高速公路段采用六车道高速公路标准，其中起点至主线收费站设计速度80公里/小时，路基宽度32米，主线收费站至武汉绕城高速公路段设计速度100公里/小时，路基宽度33.5米。绕城高速公路至焦湖段采用四车道高速公路标准，设计速度100公里/小时，路基宽度26米。焦湖至107国道段采用四车道一级公路标准，设计速度60公里/小时，路基宽度23米。初步设计批复概算50.64亿元，工期40个月。项目计划分2期建设：一期工程从硚口至京港澳高速公路，全长22.5公里，概算投资额37.71亿元；二期工程从京珠高速公路至孝感市孝南区，全长12.01公里，概算投资额12.93亿元。2013年3月，启动起点至绕城高速公路段约12.5公里建设，2014年6月，启动绕城高速公路至京港澳高速公路段10公里建设。

工程建设情况。2018年，武汉硚口至孝感高速公路(起点至京港澳高速公路段)完成投资15489万元，为年计划的110%。累计完成投资45.25亿元，为一期工程投资的120%。11月18日，硚口至京港澳高速公路段22.5公里主线段建成通车投入试运营。

【三峡翻坝江北高速公路】 项目起于宜昌市夷陵区太平镇富城坪村，接太平溪港连接线，经望家冲、路溪坪、乐天溪、跨莲沱河、过袁家坝、覃家台子、吴家坝、聂家品、唐家坝，终点在新坪枢纽互通立交与宜巴高速公路相接。路线全长36.599公里。拟定路线方案设特大桥2座2285米、大桥31座10133.5米、特长隧道2座7975.5米、长隧道1座2150.5米、中短隧道7座2402.5米。项目主线采用双向四车道高速公路标准，设计速度80公里/小时，路基宽度24.5米。

工程项目特点。①项目采用BOT+EPC(建设运营、转让+设计、施工、采购一体总承包)模式建设，2017年12月8日开工，总工期42个月，批复概算48.78亿元，其中建安费用37.64亿元。全线设互通式立交3处，主线收费站1处，匝道收费站2处，监控管理分中心1处，养护工区1处，超限检测站1处。②项目区地形条件复杂，位于宜昌市夷陵区，总体地势西高东低，北高南低。沿线地形较复杂，起伏变化大，既有陡坡地形，也有河流与地方路形成狭窄走廊带，且两侧山势较陡。沿线不良地质现象主要有岩溶、危岩、崩塌与岩堆、泥石流等。③项目区环保要求高，分布有晓峰风景区、滴水岩景区和三峡大瀑布景区，旅游资源较为丰富。且在路线经过的莲沱河上游分布有取水口及水源保护区，路线从其附近经过需加强施工环保。④沿线河流及水利设施较多，项目区分布有乐天溪、莲沱河、晓峰河、雾渡河等河流，河流落差大、水流急、冲刷强、切割深，流域段常形成狭长河谷，降雨量直接影响河溪流量，大雨后常有山洪。另外，沿河流小型水电站较多，如莲沱河流域的唐家坝水电站、孙家河水电站。⑤项目与既有道路多处交叉，施工期间对

其干扰较大。项目局部路段与下莲路、张莲路和312省道共用走廊带，存在多处交叉；终点新坪枢纽互通立交与沪蓉高速公路宜巴段相接。项目施工期间，需要采取相应措施，确保相关道路交通畅通和运营安全。⑥桥隧比例达70.31%，预制场地布设较为困难，施工难度大，预制梁数量多。全线预制梁板4675片，梁场规模较小，桥梁架设成为关键工程，架梁工期影响因素多。⑦征地拆迁数量大、企业拆迁、电力拆迁涉及单位多、难度大。项目拆迁量大，沿线电力众多且十分复杂。

工程建设情况。2018年，项目完成投资11.38亿元，占年度计划12.6亿元的90.3%，其中建安费完成10.488亿元；自开工累计完成投资19.6712亿元，占概算总投资48.7822亿元的40.3%，其中建安费完成14.246亿元。形象进度：路基土石方完成235万立方米，占年计划的90.3%；累计完成345万立方米，占总量的79.6%。圬工防护完成6.5万立方米，占年计划的160.8%；累计完成8.5万立方米，占总量的41.7%。桥梁工程：桥梁基础完成1482根，占总量的91%；累计完成2147根，占总量的85.7%。墩柱完成926根，占年计划的73.8%；累计完成1046根，占总量的58.3%。预制梁板完成40片，占年计划的2.9%；累计完成40片，占总量的0.9%。涵洞完成19道，占年计划的100%；累计完成34道，占总量的91.9%。隧道工程：隧道开挖与初期支护完成9238.2米，占年计划的119.7%；累计完成13462米，占总量的52.3%；隧道二次衬砌完成8238.4米，占年计划的106.7%；累计完成10551.8米，占总量的41%。全线分项工程合格率100%，没有发生质量事故，无重大质量隐患；安全生产有序可控，未发生重大安全生产事故。

工程建设主要做法。加强施工单位质量保证体系检查，促使施工单位切实履行工程质量主体职责。以建设"三场一站"为起点，全面推行标准化建设，办公区、生活区、工地试验室分区明确，设施齐全，环境整洁。以质量通病治理和精细化管理为抓手，

开展"品质工程"攻关及"质量提升"行动,落实"品质工程"创建工作。通过设备微改造、工艺微改进、工法微改良等"微创新"攻关进行质量通病治理;以"隧道质量专项整治行动"为契机,集中整治超欠挖、防排水等问题,开展隧道地质雷达扫描工作,对存在问题早发现、早处理,及时改进施工工艺,提高工程质量管理目标。开展以"加强市场监管,建设质量强国"为主题,以"品质工程"为目标、以"质量通病、问题及隐患整治"为导向的宣传活动,提高全体参建人员质量意识。推行"一线技术人员岗位标准化",以《湖北交投高速公路发展有限公司集约化、标准化管控实施办法》为指南,以"一线一点一问题"为手段,以"建体系、重工序、强程序"为重点,全面推行一线技术人员岗位标准化,实现项目施工现场管理标准化、关键工序把控程序化、重要工艺控制信息管理常态化,逐步实现项目质量管理标准化。加大试验检测工作。以控制原材料进场为手段,做到工程从源头抓起,让试验检测工作起到指导、纠偏作用。针对项目桥隧比大的特点,专门聘请武汉理工大学专家团队进行技术咨询,全过程指导高标号、高性能混凝土生产、质控工作。

【武汉四环线高速公路东四环线(北湖至建设段)】 武汉四环线高速公路是国务院批复的《武汉市城市总体规划(2010—2020年)》《湖北省交通运输发展"十二五"规划》确定的重大交通基础设施建设项目,全长约146公里,线路90%设计为高架形式,投资估算408亿元。武汉四环线高速公路北湖至建设段位于四环线东部区域,也称武汉东四环。项目起于福银高速公路武汉绕城段北湖互通,路线向西跨越北湖后,沿510大港布线,在武钢自备电厂以东转向北,在挽月中学以东与规划绿色路交叉设置化工互通后,与四环线青山长江公路大桥相接。项目全长8.18公里,线路主线100%为高架形式,全线设互通立交3座、特大桥2座。武汉四环线的建设将进一步完善湖北省高速公路网构

架,有效改善武汉市城市圈交通运输条件,减少主城区废气排放量,符合"两型"社会建设总体要求。四环线建成后,武汉综合交通运输枢纽公路通行能力将增强,对推进"中部崛起"和"两圈一带"发展战略实施有着重要意义。

工程项目特点:①项目管理工程建设规模大,工期紧,桥梁施工占比高。项目采用BOT+EPC模式建设,总工期36个月,批复概算31.97亿元,其中建安费用22.18亿元。全线里程8.18公里,主线设特大、大桥及分离立交桥5座7808.71米,桥梁长度占全线路总长的95.4%;设北湖枢纽互通、北湖互通、化工互通3座互通式立交,匝道收费站2处。②全线淤泥质粉质黏土覆盖层厚,北湖局部分布岩溶地质,桩基施工过程中容易塌孔。③全线工程永久性征地,涉及工业厂房、民房、办公楼、湖泊、鱼塘、藕塘等拆迁,三电迁移等工作量大,协调困难,不确定因素多。④全线临时用地量大,选址分散,租用困难,因而对事前统筹策划、事中科学调度工作要求高。⑤全线涉及湖泊、塘区数量多,涉水面积大,环保要求高。⑥水上施工的钢栈桥、作业平台工程量大,作业周期长,施工投入大,对施工方案编制和施工中生产组织要求高。⑦沿线交叉线路多、等级高,跨线桥梁施工既要保证原有通行条件,又要保证线下道路行车安全。⑧全线预制梁数量大、类型多,架桥走向受高压线、沿线厂房征拆等因素影响,工期控制及预制梁制架均衡匹配控制困难。

工程建设情况。2018年,东四环线完成投资59529万元,为年计划的59.5%,累计完成投资225891万元,占总投资的70.7%。形象进度:临建工程完成钢栈桥2520米,占总量的94.1%;完成钢平台84个,占总量的95.5%,便道推进15795米,完成梁场建设3座。主体工程完成桩基2095根,占设计量的93.0%;系梁644组,占设计量的82.6%;墩身1741根,占设计量的83.8%;盖梁451组,占设计量的78.4%,CFG桩(水泥粉煤灰碎

石桩)193320米,PHC管桩(预应力高强度混凝土管桩)209604米,路基填方162954立方米,T梁预制2291片,T梁架设1776片,桥面铺装完成19195平方米,占比5.4%,完成防撞护栏425双延米,占比2.1%,完成18.8联现浇梁,完成2联钢箱梁厂内制造,完成1.5联钢箱梁安装。二期路面在准备水稳及沥青拌和站临建施工,三期房建工程启动北湖互通收费站地基处理施工。

【武汉四环线高速公路北四环线(武湖至吴家山段)】 武汉四环线高速公路武湖至吴家山段位于四环线北部区域,也称武汉北四环。项目起自黄陂区武湖农场汉施公路与刘大路交叉口北侧,接青山长江大桥,沿线经过黄陂区、东西湖区,于东西湖区107国道与西四环相接。本项目采用BOT+EPC模式建设,批复概算118.35亿元,其中建安费用80.05亿元。全线采用双向八车道高速公路标准建设,批复工期48个月。项目全长47.39公里,全线桥梁27座40.3公里,占比85%,设置汉施互通、白沙湾枢纽互通、鞠家咀互通、林家湾互通、三店互通(预留)、墨家湖互通、径河枢纽互通7处互通立交,收费站3处,监控管理分中心1处,养护工区1处,服务区1处,停车区1处。项目于2016年3月开工,累计完成投资94.2亿元,占概算总投资的79.6%。

工程建设主要做法:

(1)全国最大转体施工。为减少工程施工对既有铁路运营影响,在跨铁路处采用(90+150+90)米连续梁、(40+2×70)米预应力混凝土T构连续箱梁、2×55米预应力混凝土T构连续箱梁采用支架现浇转体施工。其中2号、3号墩转体质量均为3.3万吨,球铰由洛阳双瑞特种装备有限公司专业厂家铸造而成;6号墩转体质量为2.7万吨,23号墩转体质量为2.3万吨,球铰由武汉海润工程设备有限公司专业厂家制造。3.3万吨转体为国内最大吨位现浇梁转体。转体群分别跨越京广客线上下行、京广货线下行、汉丹出发线等8条铁路,施工风险高,该转体

主墩承台体积大(26.2米×31米×5米)、混凝土强度等级高、水化热大，质量控制难。转体体系复杂，球铰直径大，球铰安装精度标准高，转体悬臂长、质量大；梁体宽42.9米，箱梁采用单箱三室直腹板大悬臂箱形截面，且横隔板布置密集(间距3.5米)，施工难度大。

（2）岩溶区桩基自平衡法试验。为保证岩溶区桩基承载力满足要求，北四环岩溶区试桩试验采用的自平衡法，是接近于竖向抗压桩实际工作条件的一种静载试验方法。该方法在桩身预埋荷载箱，通过荷载箱对荷载箱上下桩段施加向上和向下的荷载，达到利用桩基自身反力进行加载的目的。该方法相比于传统试验方法，具有周期短、费用低、施工配合方便等优点，工程桩试验后对荷载箱进行高压注浆，仍可作为工程桩使用。

（3）"三场"标准化建设。各项目部对钢筋加工场、混凝土拌和站、工地试验室、项目部驻地建设，严格按照开工前印发的"三场"建设标准化指导意见及要求，以及《湖北省高速公路建设标准化指南》建设，建设前编制方案报批，建设完成通过验收才能投入使用。

（4）信息化建设。通过信息化管理规范施工现场质量行为，实现工程施工过程可追溯性。通过工地试验室数据传输和视频功能，使得工程试验各项数据真实有效；通过工地现场实时监控，强化过程工艺控制，确保施工标准与精度。项目全线各标工程试验室均完成信息化建设相关内容，现场施工监控随工程转序，部分项目在进行设备调整。

（5）开展"品质工程"攻关行动。工程质量安全技术"微创新"模块，项目6-2标采用轮胎式移梁机移梁，可多方位移动，方便快捷，适用性强；部分标段预留预埋工程质量控制采用定型钢支架进行曲线预定位，有效保证定位准确。上部结构现浇及安装质量提升。现浇箱梁混凝土采取喷淋养护，减少人工和机械投入，预防混凝土开裂，保证混凝土整体外观。施工临时用电及施工现场安全防护设施标准化。现场施工用电必须实行三相五

线制，三级供电、二级保护(总配电箱、分配电箱)，全部实行铁制配电箱，配电箱内必须设置在任何情况下都能够分析、隔离电源的开关电器，配电箱内所有开关电器应与配电线路相对配合，做分路设置，以确保专控，开关箱两用电设备之间必须实行"一机一闸、一漏一箱"制。

（6）引入SVI(安全视觉识别)系统，实现公司标准可视化全覆盖。公司引入SVI系统，从管理看板、定置定位、工具工装、安全警示、设备防护、风险告知、能源管道等方面全面开展安全可视化建设，实现管理标准化、信息透明化、风险可视化、重点常识化的"四化"建设。

（7）创新形式，加强员工安全教育培训。除保持内部培训、岗位培训、外围培训等方式，公司创新培训方式，利用VR(虚拟现实)体验馆、展板、安全多媒体工具箱、网络等媒体资源，对施工现场各项安全管理活动进行宣传，丰富安全教育培训形式，提高安全教育培训效果。2018年，北四环公司被评为"湖北省安全文化建设示范企业"，北四环TJ-1、TJ-2标获湖北省"平安工地示范工地"称号。

【武汉四环线高速公路南四环线（龚家铺至中州段）】 武汉四环线高速公路龚家铺至中州段位于四环线南部区域，也称武汉南四环线。项目起于江夏区龚家铺，接四环线沌口长江大桥段，设龚家铺枢纽互通衔接青郑高速公路和107国道，沿星光大道南侧向东，沿途跨越京广铁路、武昌大道、文化大道后，在余家咀跨汤逊湖，穿凯毅石化厂区后跨越阳光大道，在武咸城际铁路300号墩附近下穿，经莱恩电气公司北侧继续向东，跨越江夏大道，沿明泽街通道向东，跨越金龙大街、中洲路、梁子湖大道，止于江夏区中洲岛西坝湾，设中洲互通立交与梁子湖大道相接，设藏龙岛互通立交与沪渝高速公路相接，全线里程17.18公里。项目采用BOT+EPC模式建设，批复概算44.72亿元，其中建安费用30.55亿元。全线采用双向八

车道高速公路标准建设，主要工程内容包括主线桥梁6座15.61公里，桥梁长度占路线长度的90.8%，设龚家铺互通、中洲互通、藏龙岛互通3处互通立交，停车服务区1处，收费管理站2处。于2015年7月27日正式开工，计划于2019年4月30日完成。

工程建设情况。2018年完成投资6.0亿元，累计完成投资42.59亿元，占总投资的95.2%。形象进度：全线一期土建累计完成桩基4647根，占设计总量的100%；承台(系梁)累计完成1336个，占设计总量的100%；墩柱累计完成2860根，占设计总量的99.9%；盖梁累计完成930个，占设计总量的98.7%；预制梁累计完成5512片，占设计总量的100%；预制梁架设累计完成5312片，占设计总量的96.4%；现浇梁累计完成101.5联，占设计总量的99.5%；悬浇梁累计完成7联，占设计总量的100%；路基土石方累计完成131万立方米，占设计总量的95.6%。全线二期路面累计完成级配碎石层160356平方米，占设计总量的51.1%；完成水稳基层150680平方米，占设计总量的16.2%；完成沥青下面层11560平方米，占设计总量的4.0%；完成沥青中面层7000平方米，占设计总量的0.7%；完成沥青上面层7000平方米，占设计总量的0.7%。全线三期机电累计完成室外通信管道15956米，占设计总量的42.1%；室外光电缆敷设70015米，占设计总量的88.3%；完成收费广场入口设备52套，占设计总量的57.7%；完成收费广场出口设备112套，占设计总量的18.1%。全线三期交安累计完成标志牌安装215个，占设计总量的52.1%；完成隔离栅安装200米，占设计总量的1.1%；完成声屏障安装100米，占设计总量的2.9%；完成防抛网安装3850米，占设计总量的77.2%。全线三期房建累计完成龚家铺收费站综合楼，占设计总量的70%；完成龚家铺收费站天棚，占设计总量的20%；完成中洲收费站综合楼，占设计总量的20%；完成中洲收费站天棚，占设计总量的15%。

【鄂州至咸宁高速公路】 鄂州至咸宁高速公路是《湖北省省道网规划纲要(2011—2030年)》中的重要组成部分,是规划的黄冈至咸宁南北纵向通道(联络线1)中的鄂州至咸宁段。项目建成后,将葛店开发新区、三江港新区、红莲湖新区、梧桐湖新区,以及蒲团、长港、沼山、涂家垴、太和等特色乡镇用高等级公路串联起来,将实现鄂州市所有县级区通达高速公路,推动城乡一体化和以高等级公路为骨架的市域网络化城市建设,大大缩短黄冈、鄂州与咸宁距离,促进武汉城市圈一体化进程。项目起于鄂州市华容区赵咀村,止于黄石市大冶市金湖街道佘家畈村,路线全长62.63公里。主线设桥梁49座20445.64米,其中特大桥6座15344.08米、大桥17座3471.15米、中桥26座1630.41米;设分离式立交8处、通道58道、涵洞63道、天桥6座;设华容南枢纽互通、武黄枢纽互通、红莲湖互通、梧桐湖互通、梁子湖互通、沼山互通、太和互通、金牛东互通和金牛枢纽互通9处互通式立交,监控管理分中心1处,匝道收费站6处,服务区1处,停车区1处,养护工区1处。由于设计规划调整,线路起点至K18+490计划由双向四车道变为路基宽度33.5米的双向六车道高速公路标准建设;K18+490至终点段采用路基宽度26米的双向四车道高速公路标准建设。设计速度100公里/小时,设计荷载等级为公路—I级,核定概算62.21亿元(不含"四改六"增加费用),建设工期42个月。采用BOT+EPC模式,由鄂州市人民政府通过公开招投标方式,由湖北省联合发展投资集团有限公司、湖北省路桥集团有限公司和中交第二公路勘察设计研究院有限公司组成的联合体中标。于2017年2月正式开工,计划于2020年8月竣工。

工程建设情况。至2018年底,累计完成概算投资317402.48万元,为概算投资的51%。2018年计划完成投资10亿元,实际完成投资130478.98万元,为投资目标的130%。形象进度:驻地建设、便道全部完成,完成钢便桥4599米,占设计总量的99%;清表901491立方米,占设计总量的78%;清淤回填1319497.95立方米,占设计总量的61%;粉喷桩1030525.3米,占设计总量的70%;预应力管桩561814米,占设计总量的92%;挖方2035120立方米,占设计总量的62%;填方5040915立方米,占设计总量的43%;桩基3786根,占设计总量的88%;系梁716个,占设计总量的57%;承台133个,占设计总量的48%;墩、台身1772个,占设计总量的52%;墩台、帽658个,占设计总量的44%;梁板预制2192片,占设计总量的25%;梁板安装1921片,占设计总量的22%;现浇箱梁10节,占设计总量的5%;挂篮悬浇22节,占设计总量的14%;桥面系53跨,占设计总量的4%;管涵通道183道,占设计总量的85%。

【武汉至监利高速公路洪湖至监利段】 武汉至监利高速公路(S13)洪湖至监利段,起自洪湖市新滩镇,与汉洪高速公路东荆河大桥对接,沿途经洪湖市大同湖管理区、大沙湖管理区、老湾乡、乌林镇、洪湖城区、螺山镇、监利县白螺镇等乡镇(区),止于荆州市监利县柘木乡赖家村,与许广高速公路随岳段相交,全长94.79公里,其中主线路基长46.16公里,主线桥梁91座48631.06米(包含互通立交、服务区主线桥涵),桥隧比51.3%。全线设特大桥6座40382米,大桥14座4597.28米,中桥43座2790.78米,小桥28座657米,涵洞75道,通道42道。全线设置互通式立交7处,匝道收费站3处,服务区2处,停车区2处,管理分中心1处,养护工区2处。项目路基填方773万立方米,软基路段35.96公里,占路基的77.9%。全线采用四车道高速公路标准建设,设计速度100公里/小时,路基宽度26米。同步建设洪湖互通式立交连接线2.97公里,采用一级公路标准建设。本项目是湖北省规划的"七纵五横三环"骨架公路网之纵二线支线,国家发展改革委2010年批准建设。项目往北通过武汉至洪湖出口高速公路与京港澳高速公路(G4)武汉市外环段相交,向南通过荆岳长江大桥进入湖南省岳阳市后将顺接湖南省京港澳高速公路复线,其建设不仅可加强武汉市与洪湖市经济交往、促进沿线地区社会经济发展,功能上还起到京港澳高速公路湖北省南段复线功能,缓解京港澳高速公路交通压力。2018年2月28日,项目正式复工。4月27日,省发展改革委批准将洪监项目法人变更为新投资人组建的湖北交投洪监高速公路有限公司,批复工期14个月。

工程项目特点:①项目地处长江中下游地段江汉平原东南部,经过区域主要为第四系全新统冲湖积平原,海拔高程多为21~26米,区内主要由全新统淤泥、淤泥质土、一般性黏土、砂土等组成,地势平坦开阔。路线区大多位于长江一级阶地,地貌单元主要为冲湖积平原地貌,所在区域内河网沟渠纵横,鱼塘藕塘密布,地下水位高,土源匮乏,土质较差,工程借土困难。②项目软土分布极为广泛,软土厚度分布不均,差异较大,天然含水量高、压缩性大、承载力低,容易液化,软土路基处理成本高。③项目跨越洪湖东分块蓄洪区及内荆河、新堤河、新堤排水河、螺山干渠、杨林山渠等通航河流,桥梁规模大。④项目与汉洪高速公路、武汉城市圈环线高速公路、赤壁长江公路大桥接线、随岳高速公路4条高速公路交叉;与103省道、214省道支线、214省道、规划新洪路、规划四桥路、规划文泉西路等地方道路多次交叉,施工协调难度大,防护措施复杂。⑤沿线湖泊、河流、水塘、鱼塘、水网沟渠纵横,洪湖为全国重要红色教育基地、湖北省主要旅游区、主要水产养殖基地,对工程建设生态环保要求高。

工程建设情况。2018年完成投资240986万元,为年度计划的105%,累计完成投资764786万元,占总投资的86.6%。形象进度:一期土建工程,路基土石方完成120.1万立方米,累计完成625万立方米,占总量的99%;浆喷桩完成7.7万米,累计完成313.3万米,占总量的100%;生态防护完成97.7万平方米,累计完成101

万平方米,占总量的93%;圬工防护完成15万立方米,累计完成15万立方米,占总量的91%;排水工程完成83.7公里,累计完成112公里,占总量的92%;涵洞完成537米,累计完成3887米,占总量的100%。桥梁工程桩基完成88根,累计完成10279根,占总量的100%;墩柱完成478根,累计完成8142根,占总量的100%;梁板预制完成11124片,累计完成18494片,占总量的99%;梁板安装完成11784片,累计完成18235片,占总量的99%;现浇箱梁完成219孔,累计完成357孔,占总量的99%;挂篮现浇完成116节,累计完成372节,占总量的100%;桥面铺装完成58049米,累计完成60206米,占总量的60%。路面底基层完成73.3公里,累计完成89.5公里,占总量的81%;下基层完成69.8公里,累计完成84.8公里,占总量的77%;上基层完成69.3公里,累计完成78.1公里,占总量的71%;下面层完成35.3公里,累计完成35.3公里,占总量的32%;中面层完成41.8公里,累计完成41.8公里,占总量的20%;上面层完成20.6公里,累计完成20.6公里,占总量的10%。临时工程完成100%,路基工程完成98%,路面工程完成60%,桥梁涵洞工程完成95%。

【监利至江陵高速公路东延段】

监利至江陵高速公路东延段是《湖北省公路水路交通运输发展"十三五"规划纲要》重要组成部分,是《湖北省综合交通运输"十三五"发展规划纲要》列为全省交通运输重点建设项目之一。项目起于洪湖市乌林镇(与351国道交叉处),顺接赤壁长江公路大桥,向东于乌林镇水府村设乌林枢纽互通立交与洪湖至监利高速公路交叉,途经小港管理区、汉河镇、万全镇、戴家场镇、龚场镇,终点在荆州市监利县分盐镇对接监利至江陵高速公路。路线全长62.505公里。主线设桥梁56座37265.5米(含互通区主线桥、主线上跨分离式立交桥),其中特大桥7座22907米、大桥31座12667.5米、中桥18座1691米;沿线设汉河互通、

万全互通、瞿家湾互通3处单喇叭互通立交,乌林枢纽互通、分盐枢纽互通2处枢纽互通立交,汉河服务区、戴家场服务区2处服务区,瞿家湾连接线10.2公里。主线起点至乌林枢纽互通段采用设计速度100公里/小时、路基宽度33.5米六车道高速公路标准,其余路段采用设计速度100公里/小时、路基宽度26米四车道高速公路标准。设计荷载等级为公路—Ⅰ级,设计洪水频率为特大桥1/300,其他1/100。地震动峰值加速度为0.05g。其余技术指标按《公路工程技术标准》(JTG B01—2014)执行。瞿家湾连接线采用设计速度80公里/小时、路基宽度12米二级公路技术标准。项目采用BOT+EPC模式建设,批复概算87.87亿元,其中建安费用70.099亿元。建设工期42个月,于2018年1月开工建设。

该项目是荆州市南部腹地的一条通往武汉的重要高速公路,在湖北省高速公路网中具有加密和联络作用,起到加密横线、联络纵线和射线的作用,有利于完善湖北省高速公路网布局;改善荆州市东向过江出行条件,接受武汉城市圈经济辐射;加强沿江城市横向交通联系、促进长江经济带整体协调发展,推动"壮腰工程"实施;增强江汉平原和东南部山区之间联系;有利于荆州市沿线资源开发利用,有利于促进区域经济横向快速、协调发展;提高洪湖分蓄洪区防洪救援能力。

工程项目特点:①线路"长",项目贯穿洪湖市、监利县10个乡镇36个行政村,沿线水系发达,其中洪湖以"百湖之市""水乡泽国"著称;地表多为水田、鱼塘,覆盖较厚软土层,且地方沟渠纵横交错;项目措施、临建工程修筑工程量巨大。②工程量"大",项目涉及软基处理、路基工程、桥梁工程(传统桥梁工程、工业化桥梁工程、悬臂现浇结构桥梁工程、现浇箱梁结构桥梁工程、分离式桥梁工程、天桥)、交叉工程等多种工程,另外三改工程沿线涉及繁多。③工艺"新",项目施工图设计含4座工业化桥梁,工业化桥梁工程在省内高速公路建设中属首例,属于"新"工艺

工法,省内无可借鉴经验。④实施"难",项目起点临近长江,水路运输发达,但受国家政策影响,长江码头整治关停较多,资源产地受环保治理,地材青砂、碎石、中粗砂供应比较紧张,且合格材料较少,对项目建设影响较大。

工程建设情况。2018年计划完成投资10亿元,实际完成投资12亿元,为年度计划的120%,累计完成投资12.2亿元,占总投资计划的13.9%。形象进度:项目全线分10个综合施工队、1个钢便桥专业队、4个粉喷桩专业队伍均进场。完成便道70公里,占总量的85%;完成标准化工地建设的95%。路基土石方工程:路基土石方完成37万立方米,占总量的11%;水泥搅拌桩完成341万米,占总量的37%。桥梁工程:预制管桩完成1261根,占总量的18%;桩基完成539根,占总量的10%;墩柱完成110根,占总量的2.33%。没有发生质量事故,无重大质量隐患;安全生产有序可控,未发生重大安全生产事故。

【蕲春至太湖高速公路蕲春西段】

蕲春至太湖高速公路蕲春西段(以下简称蕲太西)起点位于黄冈市蕲春县官窑镇红旗岗村,对接棋盘洲长江公路大桥,经河西新区、横车镇、株林镇,止于蕲春县株林镇王细屋村附近,接麻城至武穴高速公路,路线全长24.7公里。全线设中大桥15座3961.5米、中桥5座324米,互通式立交4座,收费站2处,服务区1处。于2018年10月正式开工,计划于2020年12月底建成。

蕲太西项目建设是蕲春至太湖高速公路通道的主要组成部分,与棋盘洲长江公路大桥共同构建出一条新的跨省通道,可有效分流鄂东地区一部分东向出口交通量,缓解福银与沪渝高速公路共线路段交通压力和通行能力不足问题,提高路网运营效率;进一步加强武汉城市圈与皖江经济带之间的联系,推动长江经济带建设;改善鄂东地区对外交通出行条件,加快湖北大别山革命老区经济社会发展试验区快速发展;带动区域产业协作,促进沿线资源开发和社会经济发展。

工程项目特点。项目采用BOT+EPC模式建设，项目批复概算21.51亿元，其中建安费用15.34亿元。路线位于亚热带季风气候区，光能充足、热量丰富、无霜期长，有利于施工。项目沿线用地受基本农田政策保护影响，协调难度大，用地困难。本项目经过蕲春县城周边，离县城距离较近，沿途经过管窑镇、彭思镇、横车镇及株林镇，与城市规划和新农村建设干扰大。沿线拆迁量大，建设用地与占用基本农田矛盾突出，地方协调工作量较大。项目路线235省道、223县道、004乡道、030乡道、035乡道、037乡道、041乡道等道路与京九铁路交叉。施工时与既有道路干扰较大，需要做好与既有道路管理部门的协调工作，做好既有道路临时改移及保通工作，确保施工安全顺利进行。线路起点红旗岗枢纽互通立交与沪渝高速公路黄黄段相交，线路终点株林枢纽互通立交与麻武高速公路相交，且沪渝高速公路黄黄段车流量较大，施工干扰多，安全保通压力大。

【武汉城市圈环线高速公路大随至汉十段】

大随至汉十段是武汉城市圈环线高速公路西环的重要组成部分，起于广水市杨寨镇西湾村，接麻竹高速公路，止于安陆市南城肖杨村与环线高速公路孝感南段安陆南枢纽互通立交对接。沿线设互通式立交3处，匝道收费站2处，养护工区1处，监控分中心1处，服务区1处，停车区1处，交警营房1处。采用双向四车道高速公路标准建设，设计速度100公里/小时，路基宽度26米，平曲线最小半径2200米，最大纵坡2.63%，桥涵设计汽车荷载等级采用公路—Ⅰ级。

工程项目特点：①项目采用BOT+EPC模式建设，批复概算31.19亿元，总工期36个月，于2017年11月开工。路线全长46.42公里，新建王太连接线10公里，全线有大桥17座4724米、中桥9座694米、分离式立体交叉桥9座1066米、天桥25座1645米，涵洞、通道215道7047米。项目涉及地区和县市多、路线交叉多、杆线迁移多，协调

难度大。②项目全线210道涵洞、通道，采用装配式施工工艺。平均约200米设1道小型构造物，构造物施工进度控制，是决定本项目路基土石方能否大规模施工的关键；建立良好的进度控制计划，是涵洞、通道工程施工的重中之重。③项目设计有5座桥梁上跨高速公路、国省道，3座跨铁路桥梁。此类跨线桥施工技术难度不大，但对施工干扰较大，且施工安全风险高。

工程建设情况。2018年完成投资53124万元，为年计划的30.5%；开工累计完成投资148224万元，占总投资计划的47.5%。没有发生质量事故，无重大质量隐患；安全生产有序可控，未发生重大安全生产事故。

【沙市至公安高速公路观音垱至杨家厂段】

沙市至公安高速公路观音垱至杨家厂段起于荆州市沙市区观音垱镇，与沪渝高速公路相接，经岑河、资市、郝穴西，利用公安长江公铁两用大桥跨越长江，止于荆州市公安县杨家厂镇。路线全长36.05公里（不含公安长江公铁两用大桥合建段2.24公里），全线采用设计速度100公里/小时，路基宽度26米的四车道高速公路标准，设计荷载等级为公路—Ⅰ级；岑河连接线4.7公里、公安连接线3.55公里，均采用设计速度80公里/小时、路基宽度24.5米的一级公路标准。全线设互通立交4处，匝道收费站3处，服务区1处，监控分中心1处。公安长江大桥位于江陵西互通与公安南互通之间，全长6698.47米。主河槽内桥梁采用公铁合建方式，公铁共建段2246.07米，公路在上层、铁路在下层，主桥采用钢桁架结构，引桥采用混凝土小箱梁结构。该项目是湖北省规划"九纵五横三环"高速公路网的组成部分，也是实施荆州"状腰工程"的关键项目之一。利用新建蒙西至华中地区铁路煤运通道公安长江公铁两用特大桥，北连沪渝、南接岳宜，在荆州市城东形成新的快速公路通道。设置互通式立交或分离式立交以及通道等交叉形式，在项目走廊构筑多个交通点，方便出行，将高速公路网与地方路网有机结

合，形成多元化公路网络。

工程项目特点：①项目采用BOT+EPC模式建设，总工期36个月，批复概算38.18亿元，其中建安费用27.64亿元。线路全长36.05公里。②项目软土分布广泛，主要为淤泥、淤泥质土，特殊路基处理工程量较大。③施工沿线与铁路、高速公路、城市主干道交叉多，施工干扰及安全隐患大。且与地方道路交叉众多，车流量大，交通繁忙，施工干扰大，对施工组织、安全保通和协调工作带来较大难度。④预制梁数量大，架梁线路上关键节点多，架梁工期影响因素多。⑤征地拆迁数量大、管线迁改涉及单位多难度大。

工程建设情况。2018年完成投资7.72亿元，为年度计划的100%，累计完成投资38.18亿元，占概算总投资的100%。形象进度：一期土建、二期路面、三期绿化、交安、机电工程全部完成，三期房建工程基本完成。工程质量总体可控，未发生质量事故；安全生产有序可控，未发生重大安全生产事故。

【沙市至公安高速公路杨家厂至孟家溪段】

沙市至公安高速公路杨家厂至孟家溪段（以下简称沙公南）是沙公高速公路重要组成部分，与荆岳铁路荆州长江公铁大桥构成荆州新的过江通道。项目起于荆州市公安县杨家厂镇青龙咀南侧，接在建公安南互通立交，经公安县杨家厂镇、公安青吉工业园区、斗湖堤镇、闸口镇，于孟家溪镇北侧与岳宜高速交叉，终于跨越岳宜高速后设置临时收费站接孟章公路。路线全长27.09公里，设计速度100公里/小时，设计荷载等级为公路—Ⅰ级，路基宽度26米。全线有特大桥1座2237米，大桥17座7850.5米，中小桥13座961米；互通式立交3处，分离式立交6处；服务区1处，收费站1处。批准概算276430万元，建设工期42个月，于2017年7月开工。沙公南项目建设为湖北"壮腰工程"交通先行战略发展提供有力支撑，是完善优化荆州市公路网布局，增强荆州地区过江通道总体适应性，推动区域产业协作，促进沿线地区社会经济发展，

2018年10月，沙市至公安高速公路建设

打造荆州港成为荆州市乃至鄂中南地区现代化综合性港口，完善荆江地区应急保障通道，提高防洪救灾能力。

工程项目特点：项目采用BOT+EPC模式建设，批复概算27.64亿元，其中建安费用20.93亿元。①项目位于长江中下游江汉平原腹地，区内地形平缓，海拔高程一般为26~37米。项目区主要经过河湖长期堆积而形成的平缓开阔地带，水塘、湖泊较为发育。该区表层堆积有较厚层的第四系沉积物，项目借方量大，路线附近地形平坦，取土困难且合格填料少。②项目位于长江中下游荆江段南岸，区内河渠交错，湖泊、塘渊较多，区内地表水系极为发育。主要特殊路基为软土路基，且段落长，埋深不均。③项目地表水系发育，河网密布，跨越河流有虎渡河、柳子河、丹水河等；经过荆江分洪区和虎西备蓄洪区2个分洪区。桥梁施工占比高。④项目路线方案拟定有直接关系的城镇有公安县杨家厂镇、斗湖堤镇、闸口镇、孟家溪镇，有直接关系的沿线工业园区有公安青吉工业园等。⑤路线穿越荆江分洪区约17公里，穿越虎西备蓄洪区约5.2公里；沿线有大量已建和在建、规划高压线路，并下穿向家坝—上海、锦屏—苏南800kV特高压直流输电线路；项目涉及饮用水源保护区主要有公安县闸口站饮用水源二级保护区；路线起点与荆岳铁路公安长江公铁两用特大桥共用过江通道，终点与岳宜高速公路设枢纽互通立交连接。

工程建设情况。2018年完成投资40501万元，为年度计划的45%，累计完成投资12950万元，占批复概算的47%。

【十堰经镇坪至巫溪高速公路鲍峡至溢水段】 十堰经镇坪至巫溪高速公路是规划"九纵五横三环"高速公路网中纵八线的重要组成部分，其中鲍峡至溢水段纳入《湖北省综合交通运输"十三五"发展规划纲要》。鲍峡至溢水段起于十堰市郧阳区鲍峡镇雷家院附近，设置鲍峡枢纽互通立交接十天高速公路，止于十堰市竹山县溢水镇以西东川附近，设置溢水互通立交和溢水枢纽互通立交，分别连接346国道和麻安高速公路。路线全长58.63公里。项目全线采用设计速度80公里/小时、路基宽度25.5米四车道高速公路标准建设。全线有特大桥、大桥52座29892.06米，隧道14座33488米（左右线），桥隧比79.12%；互通式立交5处，监控管理分中心1处，养护工区1处，服务区1处，停车区1处，批准概算102.11亿元，建设工期4年。项目建设有利于加快构建鄂陕渝毗邻地区纵向通道，填补十堰西部地区南北向高速公路空白，强化十天、麻安（谷竹）等横向高速公路之间的联系和转换，增强十堰市区及各县市之间的互联互通，为十堰加快建设区域性中心城市及秦巴山区扶贫开发战略实施起到支撑性作用。

工程项目特点及存在的问题：①项目管理工程建设规模大，工期紧，桥隧占比高。项目采用BOT+EPC模式建设，总工期48个月，批复概算102.11亿元，其中建安费用79.48亿元。②电力供应问题。由于十巫高速公路鲍溢段经过地区为集中连片贫困地区，电力设施及电力供应均无法满足工程建设用电需求。虽然在十堰市供电部门大力支持下，解决部分施工用电问题，但总体施工用电缺口较大。

工程建设情况。2018年完成投资96118万元，为年计划的64.1%，累计完成投资12.70亿元，占总投资的12.4%。形象进度：施工便道累计完成70公里，占总量的85%；驻地建设完成100%，标准化工地建设完成70%；路基土石方累计完成251.53万立方米，占总量的17.2%；排水工程累计完成10.96公里，占总量的20.16%；桥梁桩基累计完成1176根，占总量的24.06%；隧道累计掘进1637延米，占总量的4.89%。全线分项工程合格率100%，未发生质量事故，无重大质量隐患；安全生产有序可控，未发生重大安全生产事故。

【湖北宜都至来凤高速公路鹤峰（容美）至宣恩（当阳坪）段】 湖北宜都至来凤高速公路鹤峰（容美）至宣恩（当阳坪）段是《湖北省省道网规划纲要(2011—2030年)》"九纵五横三环"全省高速公路网中横五线阳新至咸丰高速公路的组成部分。项目建成后，向西通过恩来高速公路可接沪渝、沪蓉高速公路，快速通达重庆主城、四川等地；向东通过石首至松滋高速公路可连国高网中杭瑞高速公路，快速通往武汉、长三角地区，实现县与州府、与高速干线公路网衔接，彻底改善鄂西南及周边地区交通环境。此外，本项目是加快鄂西生态文化旅游圈建设，促进武陵山少数民族经济社会发展试验区建设，统筹区域协调发展的重要基础之一。作为恩施土家族苗族自治州新的东西向交通运输大通道，项目建成后将极大改善鄂西南地区落后的交通状况，对加强武陵山少数民族地区经济协作，推动鄂西生态、文化、旅游产业发展具有十分重要的意义，

宜都至来凤高速公路鹤峰（容美）至宣恩（当阳坪）段

促进市县各种类型地区资源共享和优势互补，带动鄂西生态文化旅游圈"一江两山"等核心景区发展，为发展地方经济、培育新的经济增长点提供基础保证。

项目起于恩施州鹤峰县太平镇龙潭坪村，止于恩施州宣恩县当阳坪长湾，设当阳坪枢纽互通立交与恩施至来凤高速公路相接，路线全长55.63公里。项目主线设桥梁44座13927.75米，其中，大桥37座13305.5米、中桥7座622.25米，桥梁占路线长度的25%。主线设置涵洞45道，通道19道。设隧道18座18813米，其中，特长隧道2座8914米、长隧道4座4518.5米、中隧道6座4115.3米、短隧道6座1265.2米，隧道占路线长度的33.8%。建设工期48个月，土建工程施工单位4个合同段于2016年8月进场，计划合同工期36个月，一期土建工程于2017年4月6日正式开工。

工程进度。2018年完成投资142363万元，为年计划的119%；累计完成投资455251万元，占总投资651576万元的70%。形象进度：一期土建工程路基土石方完成179万立方米，累计完成2116万立方米，占总量的100%；圬工防护完成10.9万立方米，累计完成34.3万立方米，占总量的98%；排水工程完成53.5公里，累计完成116.8公里，占总量的94%；桥梁基础完成55根（座），累计完成2009根（座），占总量的100%；墩、台完成1009根（座），累计完成1594根（座），占总量的100%；梁板预制完成1803片，累计完成2786片，占总量的71%；梁板安装完成2049片，累计完成2317片，占总量的59%；现浇节段完成216节，累计完成226节，占总量的96%；现浇箱梁完成14孔，累计完成14孔，占总量的56%；桥面系完成7600米，累计完成8080米，占总量的30%；隧道洞身开挖初期支护完成7702米，累计完成33617米，占总量的89%；洞身二次衬砌完成13774米，累计完成33562米，占总量的89%。

工程项目特点：①项目地处鄂西南低中山区，区内峰峦叠嶂，峰丛林立，山高谷深。地形起伏大，部分路段在山坡布线，只能以桥梁形式通过；部分路段在山脊布线，设置短隧道群穿越山顶和大跨桥梁跨越深切沟谷，桥隧比约59%。②项目区地形中间高两端低，路线大致沿自东向西展布，从起点太平镇龙潭坪870米爬升至马家塘1230米，设隧道穿越地形分界线分水岭，后降至沙道沟镇当阳坪600米。路线高差大，长大纵坡路段多。③项目区山地小气候随高度变化垂直差异比较突出，形成立体气候，夏季灾害性天气较多，常有强降雨出现，冬季海拔较高路段易积雪结冰，大雾天气较多。另外，工程地质条件复杂，太平段为灰岩区，地下暗河、岩溶洼地、塌陷等不良地质发育；其他段泥质砂岩属较软岩，边坡开挖及强降雨易诱发滑坡等地质灾害。④项目区内资源富集，有国家级文物保护单位惰田洞和七姊妹山国家级自然保护区、省级文物保护单位茅坝会议旧址、茅坝雉类省级自然保护小区和罗鼓圈省级自然保护小区。⑤太平段地形较为平坦，受调砂河壅水水位控制，填方量大需借方，K66以后路线主要在山坡或山脊布线，桥隧比高，需大量废方，土石方极其不均衡。另外，项目沿线石灰岩、页岩、砂岩等均有分布，大部分工程用石料均可就地采用，但路面上面层材料和中粗砂缺乏，且承担项目主要交通的325省道部分路段海拔高、线形差，交通运输不便。

【银川至北海高速公路建始（陇里）至恩施（罗针田）段】　银川至北海高速公路建始（陇里）至恩施（罗针田）段是《深入实施西部大开发战略公路水路交通运输发展规划纲要(2011—2020年)》提出的"八纵八横"骨架公路方案中的纵三线，也是《湖北省公路水路交通运输发展"十二五"规划纲要》中的纵线之一，项目位于恩施州境内，是鄂西生态文化旅游圈、湖北武陵山少数民族经济社会发展试验区的重要交通项目。项目实施后，将与其他相关路段一起，在中西部地区构建一条新的纵贯南北、通江达海的高速公路通道。同时，对强化恩施作为武陵山区域中心城市辐射带动作用和交通枢纽地位，促进武陵山少数民族经济社会发展试验区协调发展等具有重要意义。

银川至北海高速公路建始（陇里）至恩施（罗针田）段，起于恩施州建始县长梁乡陇里村幺河口，向南经陇里、下坝、滴水崖设特大桥跨润河，经水井湾、朱家湾，在余家湾设大桥跨广润河，在罗针田与在建恩来高速公路对接，并从恩施市白杨坪设支线至徐家垭与沪渝高速公路相接。路线里程74.21公里，其中支线3.52公里。采用设计速度80公里/小时、路基宽度24.5米的双向四车道高速公路标准建设。主线设桥梁61座18748.24米（含分离桥），其中，特大桥2座1478.21米、大桥51座15574.15米、中桥1座47

米、分离桥3座442.75米；白杨坪至徐家垭支线大桥4座1206.1米，桥梁占路线长度的25.32%；设置涵洞68道。另外，陇里互通主线桥1座43米，建始互通主线桥2座145.75米，白杨坪枢纽主线桥2座818.5米，白杨坪互通主线桥1座289.5米，龙凤坝互通主线桥1座435.75米，虎岔口互通主线桥1座104米，恩施停车区1处162.75米，松树坪互通立交1处68.08米。隧道1座816.5米、长隧道1座2421米，隧道占路线长度的4.36%。建始连接线6.99公里，龙凤坝连接线1731.536米，设置桥梁2座660米。建设工期48个月（自开工之日起）。

工程进度。建恩高速公路前期通车7.4公里。2018年完成投资212759万元，累计完成投资717912万元，占总投资的90%。一期土建工程：路基土石方累计完成3870万立方米，占总量的100%；生态防护工程累计完成191万平方米，占总量的97%；圬工防护累计完成51万立方米，占总量的99%；排水工程累计完成212公里，占总量的100%；桥梁基础累计完成2857根（座），占总量的100%；墩、台累计完成2232根（座），占总量的100%；梁板预制累计完成5331片，占总量的96%；梁板安装累计完成4807片，占总量的87%；现浇箱梁累计完成155孔，占总量的82%；现浇节段累计完成560节段，占总量的86%；节段拼装累计完成60节段，占总量的100%；现浇桥面系累计完成29862米，占总量的80%；通道涵洞累计完成185道，占总量的100%；隧道洞身开挖初期支护累计完成6424米，占总量的100%；洞身二次衬砌累计完成6424米，占总量的100%。二期路面工程：基层累计完成296.20万平方米，占总量的66%；面层累计完成62.80万平方米，占总量的12%。三期房建工程：基础工程累计完成50%，主体工程累计完成33%，装修与总图完成20%。

工程项目特点：①项目地处鄂西南低中低山区和丘陵地区，总体地貌特征为山峦连绵、高低起伏、错落有致、丘陵叠置，地貌切割较为强烈，

地形条件复杂。受区域构造、地层岩性、地形地貌及水文地质等条件影响，存在岩溶、崩塌、岩堆、滑坡等不良地质现象。②项目区矿产资源、水利水电资源及旅游资源丰富，需要加强资源保护。③项目区地形复杂，山地小气候具有多样性，因高度变化垂直差异比较突出，形成立体气候，夏季灾害性天气较多，常有强降雨出现，其中强降雨可引发山体滑坡、崩塌等地质灾害。④项目路线部分路段与209国道、318国道同走廊，受走廊条件限制，路线与国道3次交叉。⑤路线沿城市圈边缘布设，环境保护及景观设计要求高。⑥项目区人口密集，可用耕地少，城镇化发展迅速，工程建设和用地矛盾突出。⑦项目沿线与燃气管道、高压架空运输线路、场矿等存在干扰，部分高压铁塔须迁移，路线布置需与相关部门互动协调，难度较大。

【枣潜高速公路荆门北段】 枣潜高速公路荆门北段起于钟祥市长寿镇孙家湾，向北与枣潜高速公路襄阳南段对接，在长滩镇夏家冲附近，向南与枣潜高速公路荆门至潜江段对接。路线全长53.896公里，设置互通式立交3处，收费站3处，服务区2处，管理分中心1处，养护工区1处。作为湖北省公路"十二五"规划中期重点项目，本项目建设将进一步完善湖北省高速公路网布局，促进两湖平原经济，推进区域经济一体化发展，推动鄂西生态文化旅游圈发展，强化城镇发展轴凝聚力，极大地改善钟祥市交通环境，有利于促进和带动地方经济与旅游产业的发展。概算投资29.71亿元，建设工期36个月。

工程建设情况。2018年完成投资7.54亿元，为年度计划的94.3%，累计完成投资25.31亿元，占概算总投资的85%。形象进度：一期土建工程基本完成；二期路面工程基层累计完成68%、面层累计完成30%；三期房建工程累计完成80%，三期交安工程累计完成24%，三期机电工程累计完成26%。工程质量和安全生产总体可控，未发生质量事故和重大安全生产事故。

【枣潜高速公路荆门钟祥至潜江段】 枣潜高速公路荆门钟祥至潜江段起于钟祥市罗汉寺，上跨沪蓉高速公路设钟祥枢纽互通相连，止于潜江市浩口镇刘家台附近，与潜石高速公路潜江至江陵段对接。路线全长81.34公里，其中钟祥市20.44公里、沙洋县49.37公里、潜江市11.53公里，主线设计速度100公里/小时，路基宽度26米。另建连接线2条，其中沙洋连接线5.9公里、高石碑连接线15.83公里。全线拟设桥梁及分离立交桥56座13155.5米，设钟祥枢纽互通、旧口互通、马良互通、沙洋互通、沙洋南互通、积玉口互通、浩口互通、潜江西枢纽互通8处互通式立交，监控管理分中心1处，养护中心和养护工区各1处，沙洋、积玉口2处服务区，匝道收费站6处。本项目建设，对于优化湖北省高速公路网布局，加强湘鄂豫三省经济社会交流，推进江汉经济带的开放开发，带动枣阳、宜城、钟祥、沙洋、潜江等鄂中城市和柴湖经济开发区发展，加快沿线地区优势资源开发和经济社会发展，促进"纵五"通道整体功能发挥等都具有重要意义。概算投资64.49亿元，建设工期36个月。

工程项目特点：①项目区内地形平缓，海拔高程一般为27~148米。项目区主要经过冲积平原地貌区、构造剥蚀丘陵地貌区和构造剥蚀残丘地貌区。项目借方量大，路线附近地形平坦，取土困难且合格填料少。②项目区位于襄广断裂以南扬子地台前陆褶皱带边缘地带及江汉断陷内，褶皱发育、断裂交织，沿线不良地质、特殊岩土与地层岩性、地质构造紧密相关，主要有岩溶、软土，特别是软土路基段落长，软基处理工程量大，分布广。③项目位于江汉平原，地表水系发育，河网密布，通航河流有汉江、西荆河（江汉航线），引江济汉工程、田关河等；水利设施有兴隆水利枢纽、石门干渠。项目经过汉江流域，两岸有不少临时分蓄洪区，项目区范围内分布有高阳中心水库、彭家湖、郑家套、苏家湖、虾子湖、杨贴湖、借粮湖等。④项目路线与武荆高速公路、340省道、216

省道、266省道、348国道、311省道、351省道、318国道、汉宜铁路、沪渝高速公路等道路交叉，多次与其他县道、乡镇公路、地方道路相交，施工时受既有道路干扰较大。⑤征迁协调难度大。⑥工期紧、任务重，对施工组织要求较高。

工程建设情况。2018年完成投资10.18亿元，为年度计划的115.7%，累计完成投资57.94亿元，占概算总投资的89.8%。形象进度：一期土建工程基本完成；二期路面工程基层累计完成80%、面层累计完成46%；三期房建工程累计完成60%，三期交安工程累计完成20%，三期机电工程累计完成20%。工程质量和安全生产总体可控，未发生质量事故和重大安全生产事故。

【武汉四环线青山长江公路大桥】 青山长江公路大桥是武汉市四环线东北段跨越长江通道，是《国务院关于依托黄金水道推动长江经济带发展的指导意见》中明确的长江干线新建过江通道规划重点项目，纳入《长江经济带综合立体交通走廊规划(2014—2020年)》《武汉城市总体规划(2010—2020年)》和国家发改委《首批基础设施等领域鼓励社会投资项目》，是"七纵五横三环"高速公路网的环一线，项目连接四环线东、北段，是四环线贯通、发挥环线全线功能的关键性工程。项目起点接四环线东段，在武钢外贸码头下游大众码头处跨越长江，止于黄陂区花楼街，接四环线北段。路线全长7.55公里，全部为桥梁工程，其中长江大桥4.374公里、南岸引桥1.634公里、北岸引桥1.540公里，全线设置大桥监控管理分中心1处，养护工区1处。全桥采用双向八车道高速公路标准建设，桥梁标准横断面宽度41米(不含布索区)，设计速度100公里/小时，设计荷载等级为公路—I级。其中天兴洲南汊主航道桥为主跨938米双塔双索面钢箱及钢箱结合梁斜拉桥，桥面宽47米，天兴洲北汊副航道桥为(65+3×110+65)米预应力混凝土连续梁桥，天兴洲滩地

采用60米预应力混凝土连续箱梁，南岸大堤与主桥之间及北汊副航道桥与北岸大堤间采用50米预应力混凝土连续箱梁，跨北岸大堤采用(80+120+80)米3跨预应力混凝土连续箱梁，跨汉施公路和新港铁路桥为(50+75+50+35)米4跨预应力混凝土连续箱梁，跨南岸大堤采用(50+2×85+50)米预应力混凝土连续箱梁，跨乙烯管廊采用(32+41+41+29)米钢板结合梁。南北两岸陆地引桥采用30米、35米、40米预制预应力混凝土T梁。概算投资56.03亿元，计划工期48个月。

工程进展情况。2018年完成投资150239万元，为年计划的100.2%，累计完成投资438124万元，占概算总投资的78%。形象进度：主桥南岸索塔封顶、边跨钢梁全部架设完成，累计完成中跨钢梁制造30节(A0~A29)，累计完成钢梁安装25节(A0~A24)，累计完成对应节段斜拉索94根；主桥北岸索塔封顶、边跨钢梁全部架设完成，累计完成中跨钢梁制造29节(A0~A28)，累计完成钢梁安装20节(A0~A19)，累计完成对应节段斜拉索74根。全线引桥下部结构全部完成；南岸引桥完成全部835片T梁预制及安装，北岸引桥完成全部792片T梁预制及安装，南北引桥完成桥面整体化及铺装层70519平方米施工；全线引桥防撞护栏完成8325.5米。天兴洲右缘守护工程完成上游段水下沉排及抛石施工，完成上游段岸坡防护施工。

【湖北石首长江公路大桥】 石首长江公路大桥是"234国道兴隆—阳江"跨越长江的控制性工程，也是湖北"953"高速公路网纵五线枣阳—石首过江通道。项目起点顺接潜石高速公路江陵段(江陵县普济镇)，终点对接江南高速公路(石首市高基庙镇)，于石首市大垸镇北碾村跨越长江。路线全长39.72公里，其中长江大桥10.45公里(含主桥、滩桥和引桥)、北岸连接线17.85公里、南岸连接线11.42公里。全线采用设计速度100公里/小时的高速公路标准，在石首大垸互通

至石首东互通之间12.2公里采用六车道标准，其他路段采用四车道标准。大桥主桥为(75+75+75+820+300+100)米单侧混合梁斜拉桥，位居世界同类桥梁前列。批复概算75.21亿元，建设工期48个月，于2015年12月18日开工。石首大桥建成，北可连接沪渝高速公路，南可通过江南高速公路连接杭瑞高速公路，对完善"两湖平原"地区路网布局，形成"内畅外联"快速通道网络，促进石首及沿线地区经济社会发展，推进湖北长江经济带建设，推动荆州地区旅游业快速发展，提高荆江地区防洪救灾能力等具有重要意义。

工程项目特点：①地质条件差。大桥位于素有"九曲回肠"之称的下荆江之首，河段两岸为砂质土，抗冲刷能力差，历史上河道变化及自然裁弯频繁。桥位区基础为粉细砂层，基岩埋深在250米以下。②桥梁规模大。全线桥梁(含主桥)23.75公里，桥梁比例为59.8%。主塔群桩基础采用直径2.5米，桩长119米，单塔58根桩基，混凝土约3.6万立方米，基础规模大。③软基处理重。全线软基路段14.69公里，占全线路基长度的90%，需要采用清淤吹砂筑堤、粉喷桩、CFG桩等综合处置，破解具有世界性软基沉陷质量通病难题是必须面对的课题。④安全风险高。荆州区域每年雨季汛期最长达5个月，最大阵风达八级，均在石首，偶发性龙卷风在荆江河段，大桥主桥工程总体风险值$R=18$分，等级为IV级，属极高风险。⑤科技创新多。省内首次采用桩基桩端后浆和国内首次研发运用的宽箱梁预制拼装成套装备、RPC(活性粉末混凝土)新材料配制及设计构造、钢桥面铺装等11项新技术、新材料研究。⑥建设模式新。石首大桥是湖北省首个采取BOT+EPC方式投资建设管理运营的长江公路大桥项目，是湖北省交通投资集团有限公司首次实行大桥项目群管理的长江公路大桥项目之一。

工程建设情况。2018年完成投资13.27亿元，为占年度目标的111%，累计完成投资67亿元，占概算总投资的89%。形象进度：主桥南北岸索塔封顶，钢箱梁、斜拉索制造全部完成，

钢箱梁安装累计完成 76 片，占设计总量的 89%，斜拉索安装累计完成 176 根，占设计总量的 85%；接线一期土建工程全部完成；路面基本完成；房建工程基本完成；交安工程完成总工程量的 80%；机电工程完成总工程量的 70%；绿化工程完成总工程量的 90%。全线分项工程合格率 100%，未发生质量事故，无重大质量隐患；安全生产有序可控，未发生重大安全生产事故。

【**湖北省白洋长江公路大桥**】 白洋长江公路大桥是国家高速公路网 G59 呼和浩特至北海高速公路的重要控制性工程。项目建设对于优化湖北省"七纵五横三环"高速公路网，缓解过江交通压力，促进湖北长江经济带建设发展，加快宜昌省域副中心城市建设，加强鄂湘两省经济和交通联系，推进"一江两山"与湖南张家界等世界知名景区整合联动具有重要意义。大桥起于宜昌市高新区白洋林场，对接宜张高速公路当阳至枝江段，在秦家河附近跨越长江，途经宜都市陆城、姚家店、枝城，终点在宜都市枝城全心畈与宜张高速公路宜都至五峰段连接。线路全长 15.68 公里，其中长江大桥 2210.65 米，设计为双塔单跨钢桁梁悬索桥，主跨 1000 米。大桥两岸连接线 13.47 公里，全线采用高速公路双向六车道标准建设，设计速度 100 公里/小时，路基宽度 33.5 米。全线设长江大桥 1 座，大、中桥 5 座，分离式立交 3 座，宜都互通立交 1 座，设收费站、养护工区、监控分中心各 1 处，治超站 2 处。批复概算 33.85 亿元，工期 4 年，采用 BOT+EPC 建设管理模式。其计划资金来源为资本金 8.45 亿元、国内银行贷款 25.4 亿元。

工程项目特点：①桥梁建设规模宏大。大桥主桥为钢桁梁悬索桥，跨径 1000 米。②施工科技含量高。桥梁建设集多项新技术，其中南岸重力式锚锭设计为扩大基础，基底采用帷幕注浆的新工艺，技术先进，质量可控，安全可靠，成本更低。③施工安全风险较大。桥址处航道运输极为繁忙，将对大梁吊装、桥面铺装等上部结构

施工提出更高要求。④环境保护要求高。必须尽最大努力控制桥梁施工钻孔泥浆、弃土、弃碴、施工垃圾等对附近长江水质造成影响。⑤征迁协调任务重。本项目路线穿越工业园区、码头、橘园、园林等，同地方道路、通信管道、电力线路反复交叉，环境复杂，沿线协调工作任务重。

工程建设情况。2018 年完成投资 7.15 亿元，为年度计划的 102%，其中建安费完成 5.82 亿元；开工累计完成投资 21.6 亿元，占概算总投资的 63.8%，其中建安费完成 13.95 亿元。形象进度：土石方累计完成 602 万立方米，占总量的 90%。主桥桩基累计完成 48 根，占总量的 100%。锚碇累计完成 2 个，占总量的 100%；索鞍安制累计完成 8 个，占总量的 100%；主桥承台累计完成 4 个，占总量的 100%；塔身累计完成 2 个，占总量的 100%。桥面板预制累计完成 900 片，占总量的 42%；主缆制作累计完成 170 股，占总量的 50.29%；钢桁梁制作累计完成 13 节，占总量的 37.14%。其余桥梁桩基累计完成 652 根，占总量的 100%；墩柱累计完成 312 根，占总量的 100%。T 梁预制累计完成 563 片，占总量的 50%。梁板安装累计完成 462 片，占总量的 41%。涵洞通道累计完成 100%。全线分项工程合格率 100%，未发生质量事故，无重大质量隐患；安全生产有序可控，未发生重大安全生产事故。

（苏德俊）

【**汉江航道整治工程**】 包括汉江碾盘山至兴隆段航道整治工程土建施工 TJ-10 合同段（完善工程）施工建设、汉江兴隆至汉川段航道整治工程水毁修复工程招标及施工建设管理、南水北调中线一期工程汉江中下游局部航道整治工程竣工验收工作等。

1. 汉江碾盘山至兴隆段航道整治工程

汉江碾盘山至兴隆段航道整治工程地处汉江下游，上接拟建碾盘山水利枢纽、下接兴隆水利枢纽，航道全长 110 公里，按Ⅲ(2)级航道、通航 1000 吨级船舶组成的一顶四驳船队标准建设，航道尺度 2.4 米 ×90 米 ×500 米（航深 × 航宽 × 弯曲半径）。工程概算投资 7.81 亿元。根据工程河段的河道特性，采取筑坝、护滩、护岸、洲头守护、疏浚、填槽等工程措施，达到固滩护岸、束水归槽、航道达标目的。2014 年 8 月 23 日，工程正式开工建设，2016 年 11 月 21-28 日，土建施工 TJ-01~07 合同段通过交工验收；2017 年 6 月 7-8 日，土建施工 TJ-08、09 合同段通过交工验收。至此，9 个主体土建施工合同段全面完工并通过交工验收，工程正式投入试运行。土建施工 TJ-10 合同段于 2017 年 11 月 15 日开工，至 2018 年 2 月初，施工进展顺利；2 月底，因汉江水位偏高，无法整理丁坝坝坡、坝面，工程被迫暂停；8 月中旬，具备丁坝坝坡、坝面整理水位条件，施工恢复，10 月下旬工程完工；12 月 27-28 日，TJ-10

合同段通过交工验收。

通过公开招标，2018年5月22日，指挥部与天门市双龙造船有限公司签订汉江碾盘山至兴隆段航道整治工程航道维护管理设施（航标艇、趸船）设备采购合同协议书，4艘钢质趸船和3艘航标艇建造进展顺利。经邀请招标，9月20日，指挥部与长江航道测量（武汉）中心签订汉江碾盘山至兴隆段航道整治工程电子航道图制作项目合同协议书，工作进展顺利。开展汉江航道整治工程综合效益评价研究工作，形成《汉江航道整治工程综合效益评价报告》，11月17日结题；12月8日完成《异化水沙条件下汉江中下游枢纽间不衔接段航道整治关键技术研究》科研项目验收结题工作。

2.汉江兴隆至汉川段航道整治工程

汉江兴隆至汉川段航道整治工程是"长江—江汉运河—汉江"810公里高等级航道圈重要组成部分。工程河段上起兴隆枢纽，下至汉川市，长189.7公里，投资9.26亿元，按1000吨级通航标准建设。主要通过采取筑坝、护滩、护岸、疏浚、填槽等工程措施，以消除浅滩、拓宽航槽、固定边滩、稳定过渡段，从而达到控制中枯水河势目的。项目于2010年5月正式开工建设，至2014年9月，14个主体土建施工合同段全部通过交工验收，工程进入试运行。试运行期间，根据河势变化，为确保航道整治效果，对TJ-13~TJ-15合同段河段进行完善工程。2017年4月7日，TJ-14合同段通过交工验收，6月8日，TJ-13合同段通过交工验收；2018年1月5-6日，土建施工TJ-15合同段通过交工验收。

通过公开招标，2018年6月4日，指挥部与湖北省航道工程有限公司签订土建施工17合同段的合同协议书；6月5日，指挥部与上海长通疏浚工程有限公司签订土建施工16合同段的合同协议书；6月24日，土建施工16、17合同段相继开工建设，11月、12月相继完工。2019年1月28-29日，土建施工16、17合同段通过交工验收。通过公开招标，4月23日，指挥部与理工光大造船鄂州股份有限公司签订汉江兴隆至汉川段航道整治工程航道

维护管理设施（航标艇、趸船）设备采购合同协议书，4艘钢质趸船和3艘航标艇的建造进展顺利。经邀请招标，10月24日，指挥部与长江航道测量（武汉）中心签订汉江兴隆至汉川段航道整治工程电子航道图制作项目合同协议书，工作进展顺利。

3.南水北调中线一期工程汉江中下游局部航道整治工程

南水北调中线一期工程汉江中下游局部航道整治工程。是南水北调中线工程调水后国家对汉江航运的补偿工程。工程河段上起丹江口大坝，下至汉川市，长574公里，投资4.6亿元，按500吨级通航标准建设。项目于2012年12月开工，2014年7月工程完工并通过交工验收，进入试运行。在试运行期间，经过整治效果观测和实船适航试验，航道整治建筑物稳定，航道尺度基本达到设计500吨级通航标准要求。2018年11月27-28日，南水北调中线一期工程汉江中下游局部航道整治工程通过设计单元完工验收技术性初步验收；11月29日，局部航道整治工程通过设计单元完工验收（相当于交通运输部门竣工验收）。

工程质量全面达标。汉江碾兴段土建施工TJ-10合同段、汉江兴汉段土建施工TJ-15~TJ-17合同段，工程质量一次性交工验收合格率100%，无质量事故发生。安全目标全面实现，实现安全生产"零事故、零伤亡"。

（黄凤华）

【汉江雅口航运枢纽工程】　2018年完成工程投资7.16亿元，为年度计划投资的101.27%，累计完成投资19.71亿元，占工程总计划投资的58.83%。

形象进度。土建工程：全年完成主体工程混凝土浇筑22.5万立方米、土方开挖52.4万立方米，二期纵向围堰修筑完成，一期右岸16孔泄水闸及船闸上下闸首底板浇筑完成，电站厂房34.0米以下底板混凝土浇筑完成，上游靠船墩全部施工完成，坝顶公路桥桩基施工完成。机电工程：主体工程金属结构安装完成0.81万吨，完成总量1.85万吨的43.8%，机组尾水管吊

装完成，一期围堰内泄水闸弧形门液压启闭机全部完成。征迁协调：全面完善临时用地手续，补全永久性用地申报材料，启动库区复建，完成42亩（2.8万平方米）土地征地工作，工程建设进展顺利，未发生重大上访、阻工事件。

创建品质工程。施工完工工程符合规范技术要求，质量验收合格率100%，未发生质量事故与安全生产责任事故，文明施工符合环保要求。基本完成现场布设标准化建设，"三区两场"标准化建设处于全省水运工程领先地位，粉细砂大型围堰设计及快速施工技术标准化工艺入选交通运输部十大技术创新成果。基于BIM系统的项目管理系统功能模块全面上线，运行正常。世行工作有条不紊，3月初完成贷款评判，5月中旬贷款合同获世行执董会批准，8月世行进行首次监测。

（黄凤华）

【客货运（物流）重点项目】　2018年，全省站场建设大力推进客货运（物流）重点项目前期工作与建设进度，加强重点项目前期工作指导和跟踪督办，黄石团城山综合客运枢纽、十堰客运换乘中心、汉口客运中心、襄阳市东津公铁换乘中心、孝感西客运换乘中心、随州市客运中心站等综合客运枢纽和荆门客运南站、襄阳客运西站、恩施东升客运站等重点客运站相继开工建设或推进前期工作；宜昌货运中心（白洋物流园）、荆门传化公路港、鄂州葛店宝湾物流中心、荆州盐卡综合物流园、黄石棋盘洲物流园等货运（物流）项目加快建设实施。

至2018年底，黄石团城山综合客运枢纽、襄阳客运西站、荆门客运南站建成，襄阳市东津公铁换乘中心、恩施东升客运站站房主体工程施工，十堰客运换乘中心地下负一层工程完成，汉口客运中心支护桩工程施工，孝感西客运换乘中心基础工程施工，随州市客运中心站前期工作基本完成。宜昌货运中心（白洋物流园）信息大楼裙楼主体全部完成，主楼完成23层结构施工，仓库厂房完成W1-2拆装箱DQ4挡土墙台帽混凝土浇筑、W1-3

综合仓库钢结构构件吊装;荆门传化公路港完成一期汽修汽贸中心、仓储中心、物流配载中心、汽配仓库、司机之家,在进行二期分拨中心、司机之家2号、停车场、顺丰仓库、汽贸1号和2号、汽修汽配仓库2号建设;荆州盐卡综合物流园完成零担运输专线防火门及耐磨地坪工程,完成1号、2号仓储库基础工程及1号、2号办公楼砌体施工,启动门窗安装;鄂州葛店宝湾物流中心主体工程基本建成,正在进行6栋仓库库内地面施工、消防设施安装;黄石棋盘洲物流园进行主体工程建设。

(朱燕)

各市州交通建设重点项目

武汉市

【汉江蔡甸汉阳闸至南岸嘴段航道整治工程】 2018年,汉江蔡甸汉阳闸至南岸嘴段航道整治工程是交通运输部2015—2017年长江水运重点建设项目前期工作计划项目之一,是省、市水运重点建设项目,是汉江首个2000吨级航道整治工程项目。该工程位于武汉市境内,上起蔡甸汉阳闸,下至河口南岸嘴,全长33公里。在现有河势控制基础上,通过对张家台、熊家台、胡家台、白鸽咀、舵落口、黄金口、阎王嘴、四明、月湖等滩段采取航道整治工程措施,同时配套建设航标工程、航道维护设施工程、自动检测和预报系统工程、智能航道综合管理服务平台、锚地和服务区等工程,使汉江蔡甸汉阳闸至南岸嘴33公里Ⅲ(2)级航道提升到Ⅱ(3)级航道标准,航道尺度3.2米×75米×550米(水深×航宽×弯曲半径),通航保证率98%。概算总投资6.82亿元,于2017年12月开建,工期36个月。工程采用仿沙波式软体排、柔性促淤仿生水草软体排、D形连锁块软体排、尼龙网兜装块石、立体网状护坡砖等新结构和BASF(巴斯夫)聚氨酯、新型高强耐候免维护纳米超高分子量PE(聚乙烯)材料等生态技术(结构)和新材料。2018年完成投资2.33亿元,累计完成投资3.17亿元,占总投资的46.47%。

(刘元林)

黄石市

【武阳一级公路三溪至宏卿段通车】 9月29日,武阳一级公路三溪至宏卿段建成通车。武汉至阳新公路阳新县三溪至宏卿段(K0+000—K5+480)起于大广高速公路三溪互通口,止于浮屠镇方林村,全长5.48公里,路基宽度21.5米,双向四车道,其中路面结构设计为沥青混凝土式路面12厘米(4厘米AC-13C细粒式上面层+8厘米AC-25C粗粒式下面层),下设32厘米水泥稳定级配碎石基层,18厘米水泥稳定碎石底基层;设计荷载等级为公路—Ⅰ级;设计洪水频率为1/100;地震动峰值加速度0.05g。主要工程为小桥1座、中桥1座,平交路口2处,路基路面工程5.48公里。是阳新重要进出口主干道之一。于2017年8月开工建设。

【阳新县军垦农场至大冶梅咀公路阳新段通车】 12月31日,阳新县军垦农场至大冶梅咀公路阳新段建成通车。项目起于阳新县军垦农场脑颈铺,与106国道相接,经三溪镇、殷祖镇、刘仁八镇,止于大冶市梅咀村,与鄂州规划道路对接,全长18.81公里。建设标准为公路二级,设计速度为60公里/小时,路面宽9米,路基宽12米,项目总投资16808.58万元。于2015年8月开工建设。

【203省道阳新县棋盘洲至富池段改建工程】 203省道阳新县棋盘洲至富池段改建工程(沿江大道)全长34.1公里,一级公路,估算总投资11.2亿元。新港和城投负责建设9.9公里,完成新港至三洲段路基9.2公里、路面面层7.7公里;余下三洲至富池段约24.3公里由县交投负责建设,完成3公里路基清表工作,启动海口湖特大桥临时施工便道修筑、临时用电架设、特殊路基处理修筑工作。全年完成投资0.7亿元,累计完成投资2.8亿元。

【357省道阳新县木港至龙港段改建工程】 357省道阳新县木港至龙港段改建工程长41.68公里,二级公路,总投资4.35亿元。洋港至龙港段18.3公里建成通车;燕窠桥完工,燕窠桥接线及木港至吉山段完成路基6.5公里。全年完成投资0.2亿元,累计完成投资1.35亿元。

【413省道阳新县大田至三溪段改建工程】 413省道阳新县大田至三溪段改建工程长21.93公里,二级公路,总投资1.55亿元。王英至三溪段13.2公里建成通车,累计完成投资1.1亿元。大田至王英段完成路基石方招标工作,施工单位准备进场施工。

【黄石港阳新港区富池综合码头工程】 新建5000吨级泊位4个,设计年通过能力678万吨,总投资4.53亿元,计划分2期建设完成。一期工程水下工程建设完成,水上工程在建中。全年完成投资0.57亿元,累计完成投资0.88亿元。

(谭德军)

十堰市

【汉十高铁十堰北站】 高铁十堰北站广场规划占地面积约133.3万平方米,分二期建设。2018年投资5.7亿元的一期工程完工;二期工程采取EPC模式由中铁四院承建,投资8.42

亿元，计划于2019年12月份完工。主要配套和附属工程：地面场站和人行景观广场、下层式广场及高架落客平台和匝道、迎宾大道及跨十堰大道立交桥、综合管廊、站南二路上跨铁路桥、给排水箱涵和管道工程、照明与绿化工程等。汉十高铁十堰北站建成后，将形成十堰至西安、十堰至武汉、十堰至宜昌交通枢纽中心，提升"畅通十堰"立体交通格局。

【十堰滨江新区至武当山玄岳门一级公路】 项目起于郧阳区滨江新区，与沧浪大道相接，经茶店、高铁十堰北站、驼鞍沟工业园、武当山机场、六里坪工业园、高铁武当山站、太极湖新区，终于武当山玄岳门，与316国道相接。路线全长58公里，其中郧阳段10.3公里、高铁十堰北站至武当山站28.1公里、316国道当山段新建工程19.6公里。项目总投资70亿元，主线采用设计速度80公里/小时、一般路基宽度55米、双向六车道加两辅道的一级公路标准建设；连接线采用设计速度60公里/小时、路基宽度26米、双向四车道的一级公路标准建设，路面为沥青混凝土路面。至2018年底，路基土石方累计完成挖方980万立方米，填方188万立方米；隧道开挖累计完成单洞1533米、二次衬砌896米。桥梁桩基累计完成87根，其中李家院大桥5根、泗河大桥39根、枧槽沟大桥35根、驼鞍沟大桥8根。完成涵洞2道、盖板涵166米。强夯26万平方米，重力式护肩墙(C20片石混凝土)2404立方米，三维土工网植草护坡1.5万平方米，挂网喷播植生护坡TBS完成29965平方米。

【武十高铁十堰北站至武当山机场一级公路】 项目全长19公里，主线采用设计速度80公里/小时、一般路基宽度55米、双向六车道加两辅道一级公路兼城市快速路标准建设，是十堰市第一条采用PPP模式建设的公路工程项目。建设单位分别是十堰路翔交通投资有限公司和十堰海悦建设有限公司，设计单位是湖北省交通规划设计院股份有限公司。有桥梁11座、

涵洞通道48道。项目起于十堰市武十高铁十堰北站，止于白浪开发区韩家垭，概算投资283841万元。于2018年10月开工建设，路基土石方累计完成挖方1023万立方米，填方190万立方米，隧道开挖与初期支护累计完成单洞1726米、二次衬砌1072米；桩基累计完成148根，涵洞2道，征地拆迁完成97%。

【郧阳区柳陂至五峰段改扩建工程竣工】 2月3日，郧阳区柳陂至五峰段改扩建工程竣工。路线全长42.7公里，项目起于柳陂镇白鹤观，止于五峰乡集镇，采用二级公路标准，柳陂至辽瓦段设计速度60公里/小时，路基宽度10米，路面宽度9米；辽瓦至五峰段设计速度40公里/小时，路基宽度8.5米，路面宽度7.5米。项目投资5.6亿元，于2014年9月开工建设。

【竹溪县古峰岭隧道开工建设】 3月1日，竹溪县古峰岭隧道开工建设。隧道全长1788米，位于229省道古峰岭，按40公里/小时双向两车道二级公路标准设计，其中隧道净宽10米、净高5米。概算总投资0.8亿元，计划于2020年3月贯通。

【竹溪县天宝隧道开工建设】 3月1日，竹溪县天宝隧道开工建设。隧道全长607米，位于229省道天宝乡，按40公里/小时双向两车道二级公路标准设计，其中隧道净宽10米、净高5米。概算总投资0.25亿元，计划于2019年5月贯通。

【318省道竹溪县天宝至泉溪段改扩建工程开工建设】 3月1日，318省道竹溪县天宝至泉溪段改扩建工程开工建设。全长25.4公里，起于天宝乡，止于泉溪镇。按40公里/小时双向两车道二级公路标准设计，其中路基宽8.5米，路面宽7米。概算投资2亿元，计划于2020年3月竣工。

【郧西县天河口汉江公路大桥正式开工建设】 3月5日，郧西县天河口汉江公路大桥正式开工建设。大桥

为独塔混凝土斜拉桥，全长653.8米，主桥长373.8米、宽22.5米。汉江公路大桥北岸位于郧西县观音镇天河口垭子湾村，接县道观天路，跨汉江后顺接郧阳区县道。建设工期36个月，概算投资35441万元。

【306省道郧西县马安至大坝口段改扩建工程开工建设】 3月5日，306省道郧西县马安至大坝口段改扩建工程开工建设。路线全长42.24公里，起于郧西县马安镇，止于郧西县上津镇大坝口村。按40公里/小时二级公路标准设计，路基宽8.5米，路面宽7米。概算投资42741.1万元，计划于2020年完工。

【229省道竹溪县桃源至向坝段改扩建工程竣工】 8月15日，229省道竹溪县桃源至向坝段改扩建工程竣工，其中全长2998米的五峰山隧道于2017年8月22日贯通。工程全长21.9公里，起于桃源乡，止于向坝乡。按40公里/小时双向两车道二级公路标准设计，其中路基宽8.5米，路面宽7米。概算总投资1.8亿元，于2014年10月开工。

【竹山县沧浪堵河大桥开工建设】 10月20日，竹山县沧浪堵河大桥开工建设。项目全长2.02公里，起于房县姚坪乡对峙河村，止于沧浪集镇。采用双向两车道二级公路标准，设计速度40公里/小时，路基宽12米，桥梁宽12米。其中沧浪大桥全长287米，采用预应力混凝土连续钢构箱梁。建设工期26个月，概算总投资6666万元，计划于2020年10月底完工。

【209国道十堰城区垭子至大川段一级公路开工建设】 12月26日，209国道十堰城区垭子至大川段一级公路开工建设。该工程是湖北省"十三五"交通运输规划建设项目，也是十堰市政府确定的2018年重点开工建设项目，全长11.61公里，概算总额70372万元。全线路基土石方累计完成挖方176万立方米，新建隧道1座426延米，新建桥梁18座1854延米。计划于2020年底竣工交付使用。

【337省道丹江东环路与凉习路连接线完成主体工程投入使用】 12月,337省道丹江东环路与凉习路连接线完成主体工程投入使用。全长1.41公里,建设单位为丹江口市公路管理局,设计单位是湖北省交通规划设计院股份有限公司,设有桥梁2座、涵洞4道。项目起于丹江二桥西岸桥头,止于凉水河镇莲花寺,设计标准为一级。概算投资约4897.5万元,于2017年6月开工建设。

【238省道竹溪桐树沟至习武基、泗水至界梁段二级公路建成通车】 2018年6月,238省道竹溪桐树沟至习武基、泗水至界梁段一级公路建成通车。项目全长75.74公里,建设单位为竹溪县交通运输局,设计单位是十堰市路纬交通勘察设计有限公司,有桥梁35座、涵洞215道、隧道6座。起于桐树沟,止于界梁,设计标准为二级。概算投资62899万元,其中省贷款投资27169万元,地方配套35730万元。路基工程全部完成,路面工程完成73公里。该公路分段实施,于2013年5月开工建设。

【346国道县河至黄龙、花桥寺至关垭段一级公路】 项目全长29.71公里,建设单位为竹溪县交通运输局,设计单位是湖北省交通规划设计院股份有限公司,有桥梁19座、涵洞56道。项目起于县河,止于关垭,设计标准为一级。概算投资43448万元,其中省贷款投资11884万元,地方配套31564万元。2014年6月开工建设,2016年底完成县河至黄龙段;2017年初开始修建花桥寺至关垭段16.3公里,完成路基工程28公里、路面工程22公里。

【242国道竹山城关至上庸镇段改扩建工程】 全长16.6公里,建设单位为竹山县交通建设投资有限公司,设计单位是陕西交通公路设计有限公司,有桥梁3座、涵洞72道、隧道2座。项目起于242国道庸都隧道,止于上庸镇田家坝大桥北岸,设计标准为一级,概算投资52649万元。于2017年12月开工建设,完成路基工程10公里、

路面工程6公里。

【317省道竹山县佑城城关至竹坪改扩建工程】 全长44.27公里,建设单位为竹山县交通运输局,设计单位陕西交通公路设计有限公司,有桥梁29座、涵洞73道、隧道2座。项目起于竹山县擂鼓镇佑城,止于店坪村,与317省道竹坪至铜钱关乡东垭段对接,设计标准为二级,概算投资约31621万元。于2017年3月开工建设,路基工程完成,路面工程完成24公里。

【451省道竹山县得胜至大庙段改扩建工程】 全长20.55公里,建设单位为竹山县交通运输局,设计单位是陕西交通公路设计有限公司,有桥梁6座、涵洞64道。项目起于竹山县得胜集镇,止于木瓜园,设计标准为二级,概算投资约16108万元。于2017年3月开工建设,路基工程完成,路面工程完成15公里。

【241国道丹江口市城区至陶岔段建设】 全长2.15公里,建设单位为丹江口市公路管理局,设计单位是十堰市路纬交通勘察设计有限公司,有隧道1座、涵洞4道。项目起于丹江口市桐树凹,止于丹江口市与河南省淅川县交界的白果树,与河南省淅川县241国道对接,按二级公路标准建设,概算投资6602万元。于2017年11月开工,路基工程完成,隧道工程掘进三分之二。

【郧羊路郧西县城关天丰至将军河汉江大桥段改扩建工程】 项目建设里程33.95公里,建设单位为郧西县公路管理局,设计单位是十堰市路纬交通勘察设计有限公司,新建桥梁7座710延米、隧道4座1325延米、涵洞65道。起于城关镇天丰村,止于羊尾镇将军河大桥,设计标准为公路二级。概算投资34517万元,于2014年3月开工,2016年完成27公里,受孤山电站影响的7公里未开工建设。

【279省道仓房(鄂豫界)至丹江口市土台段改扩建工程】 全长41.24公里,建设单位为丹江口市公路管理局,设计单位是武汉市公路勘察设计院,有桥梁9座、涵洞102道。项目起于仓房,终点与规划的龙山大桥北侧接线顺接,设计标准为二级,概算投资35067万元。于2017年5月开工建设,完成路基工程。

【279省道丹江口市盐池河至房县宁家坪段改扩建工程】 全长16.19公里,建设单位为丹江口市公路管理局,设计单位是十堰市路纬交通勘察设计有限公司,有桥梁18座、涵洞81道、隧道1座。项目起于丹江口市盐池河镇,止于房县万峪河乡政府,设计标准为二级,概算投资30777万元。于2017年10月开工建设,路基工程基本完成。

【280省道丹江口市大沟至艾河段改扩建工程开工建设】 10月,280省道丹江口市大沟至艾河段改扩建工程开工建设,全长21.37公里。建设单位为丹江口市公路管理局,设计单位是湖北省交通规划设计院股份有限公司,全线设桥梁7座、涵洞52道、隧道2座。项目起于丹江口市大沟乡,止于艾河,设计标准为二级,概算投资37207万元。完成路基工程约10公里。

【郧西县天河口汉江公路大桥开工建设】 11月,郧西县天河口汉江公路大桥开工建设,全长5.54公里。建设单位郧西县公路管理局,设计单位是中交第二二公路勘察设计研究院有限公司,全线设有桥梁1座、涵洞3道。项目起于郧西县观音镇天河口垭子湾村,止于郧阳区五峰乡,设计标准为二级,概算投资37625万元,正在进行桥梁桩基础施工。

【450省道郧西县土地岭至兰滩段改扩建工程】 全长36.38公里,建设单位为郧西县交通运输局,设计单位是十堰市路纬交通勘察设计有限公司,设有桥梁14座、涵洞102道、隧道1座。项目起于郧西县店子镇土地岭,止于陕西省旬阳县兰滩乡兰滩口,

与 316 省道相接，设计标准为二级，概算投资 34872 万元。于 2017 年 5 月开工建设，完成路基工程 6 公里。

【452 省道竹溪县长旺至龙坝段改扩建工程开工建设】

1 月，452 省道竹溪县长旺至龙坝段改扩建工程开工建设，全长 7.95 公里。建设单位为竹溪县交通运输局，设计单位是十堰市路纬交通勘察设计有限公司，设有桥梁 4 座、涵洞 8 道。项目起于竹溪县长旺村，止于龙坝集镇吴坝村，设计标准为二级，概算投资 4999 万元，路基工程完成。

【238 省道竹溪县宽坪至三堰段改扩建工程】

全长 23.49 公里，建设单位为竹溪县交通运输局，设计单位是十堰市路纬交通勘察设计有限公司，设有桥梁 19 座、涵洞 42 道。项目起于竹山县宽坪村，止于竹溪县水坪镇三堰兴隆村，设计标准为二级，概算投资 26234 万元。于 2016 年 8 月开工建设，路基工程完成。

【477 省道房县城关镇孙家湾至白鹤镇黄杨树段改扩建工程开工建设】

3 月，477 省道房县城关镇孙家湾至白鹤镇黄杨树段改扩建工程开工建设，全长 23.49 公里。建设单位为房县交通运输局，设计单位是十堰市路纬交通勘察设计有限公司，设有桥梁 8 座、涵洞 47 道。项目起于房县城关镇孙家湾，止于白鹤镇黄杨树村，设计标准为二级，概算投资 19016 万元。路基工程基本完成，路面工程完成 8 公里。

【汉江孤山航电枢纽工程】

累计完成投资 102180 万元，占总投资的 30.30%。2018 年完成投资为年计划的 102.7%。一期围堰达到设计度汛高程；全部 4 台机组建基面全部覆盖混凝土，1 号、2 号机组段最高浇筑至 157.9 米高程；3 号、4 号机组段最高浇筑至 153.65 米高程；安装间浇筑至 163.9 米高程；右非坝段最高浇筑至 186.0 米高程；右区泄水闸完成 4 块底板及 35 块护坦混凝土浇筑；首台机组管型座吊装完成，尾水管吊装到位，正在进行尾水管拼装组焊。

（杨林松）

襄阳市

【保神高速公路】

保神高速公路起于保康县后坪镇，止于神农架林区阳日镇，建设里程 43.2 公里估算投资 67.5 亿元。建设工期 48 个月，计划于 2020 年建成通车。全线设置互通式立交 2 处（后坪枢纽互通、马桥互通）；设置主线收费站 1 处、匝道收费站 2 处、监控分中心 1 处、服务区 1 处、养护工区 1 处。全线采用设计速度 80 公里/小时、路基宽度 21.5 米的四车道高速公路标准建设。至 2018 年 12 月 25 日，累计完成投资 282178 万元，占总投资的 42%。2018 年完成 95216 万元，为年计划的 112%。一期土建工程：路基土石方完成 209.3 万立方米，累计完成 559.3 万立方米，占总量的 71%；清淤换填完成 4 万立方米，累计完成 4.21 万立方米，占总量的 37%；坊工防护完成 4.13 万立方米，累计完成 9.32 万立方米，占总量的 53%；绿化工程完成 11.78 万平方米，累计完成 11.82 万平方米，占总量的 39%；排水工程完成 9.64 公里，累计完成 17.14 公里，占总量的 39%。涵洞工程完成 14 道，累计完成 42 道，占总量的 100%。桥梁工程桩基完成 781 根，累计完成 1731 根，占总量的 93%；墩柱完成 651 根，累计完成 915 根，占总量的 70%；梁板预制完成 798 片，累计完成 1148 片，占总量的 36%；梁板安装完成 840 片，累计完成 964 片，占总量的 30%；现浇箱梁完成 6.6 孔，累计完成 31.6 孔，占总量的 20%；现浇节段完成 45 节，累计完成 45 节，占总量的 20%；桥面系完成 3260 米，累计完成 3260 米，占总量的 14%。隧道工程开挖初期支护完成 9974 米，累计完成 24974 米，占总量的 46%；二次衬砌完成 9750 米，累计完成 21645 米，占总量的 40%。

【枣阳至潜江高速公路襄阳南段】

至 2018 年 12 月 25 日，累计完成投资 209622 万元，占总投资的 56%；2018 年完成 68065 万元，为年计

划的 124%。一期土建工程：路基土石方完成 563 万立方米，累计完成 1595 万立方米，占总量的 97%；清淤换填完成 9.78 万立方米，累计完成 57.78 万立方米，占总量的 100%；坊工防护完成 6.15 万立方米，累计完成 9.73 万立方米，占总量的 100%；绿化工程完成 62 万平方米，累计完成 90 万平方米，占总量的 85%；排水工程完成 118 公里，累计完成 154 公里，占总量的 86%。路面工程底基层完成 12 万平方米，累计完成 12 万平方米，占总量的 7%；下基层完成 1 万平方米，累计完成 1 万平方米，占总量的 1%。涵洞工程完成 28 道，累计完成 189 道，占总量的 100%。桥梁工程桩基完成 322 根，累计完成 1710 根，占总量的 100%；墩柱完成 625 根，累计完成 951 根，占总量的 100%；梁板预制完成 2360 片，累计完成 3125 片，占总量的 98%；梁板安装完成 2083 片，累计完成 2551 片，占总量的 80%；现浇箱梁完成 11 孔，累计完成 14 孔，占总量的 64%；桥面系完成 6820 米，累计完成 6820 米，占总量的 57%。

【襄阳绕城高速公路南段】

至 2018 年 12 月 25 日，累计完成投资 84184 万元，占总投资的 32%；2018 年完成 11377 万元，为年计划的 38%。一期土建工程：路基土石方完成 20 万立方米，累计完成 236 万立方米，占总量的 41%；水泥搅拌桩完成 1 万米，累计完成 4 万米，占总量的 13%；绿化工程完成 6000 平方米，累计完成 5.12 万平方米，占总量的 9%；坊工防护完成 6000 立方米，累计完成 1.13 万立方米，占总量的 21%；排水工程完成 0.8 公里，累计完成 6.64 公里，占总量的 11%。涵洞工程完成 2 道，累计完成 58 道，占总量的 52%。桥梁工程桩基完成 100 根，累计完成 784 根，占总量的 54%；墩柱完成 56 根，累计完成 202 根，占总量的 22%；梁板预制完成 49 片，累计完成 136 片，占总量的 8%；梁板安装完成 37 片，累计完成 37 片，占总量的 2%。

【枣阳至潜江高速公路襄阳北段】

至 2018 年 12 月 25 日，累计完成投资

21017万元，占总投资的6%；2018年完成20017万元，为年计划的100%。一期土建工程：路基土石方完成80万立方米，累计完成80万立方米，占总量的10%。涵洞工程完成7道，累计完成7道，占总量的10%。

【老河口至宜昌高速公路老河口至谷城段】 至2018年12月25日，累计完成投资28.07亿元，占总投资的97.80%；2018年完成22763万元，为年计划的78.34%。形象进度：路基土石方完成1130万立方米，占总量的100%；防护工程完成669538.8平方米，占总量的62.4%；涵洞、通道完成126道，占总量的100%；桥梁工程桩基完成100%，下部结构完成100%，梁板预制完成100%，安装完成99%；特大桥桩基完成560根，占总量的100%，下部结构物完成承台、系梁298个，墩柱416根，盖梁218个，占总量的100%。路面工程完成备料125万吨，占总备料的80.11%；路面底基层单幅单层完成70.68公里，占总量的89.88%；下基层单幅单层完成70.24公里，占总量的89.33%；上基层单幅完成69.1公里，占总量的87.88%；下面层单幅单层完成65.72公里，占总量的83.57%；中面层单幅单层完成66.63公里，占总量的84.74%，上面层单幅完成38.91公里，占总量的49.84%。房建工程完成总比为40%。主线收费站完成，综合楼完成；老河口收费站综合楼完成，收费棚完成；冷集匝道收费站收费天棚基本完成。交安工程完成47.4%，老河口段标志、护栏板、隔离栅、标线全部完成。机电工程完成70.8%。监控系统完成75.4%、收费系统完成70.4%、通信系统完成77.9%、供电系统完成77.9%、照明系统完成73%。

【谷城火车站至城市矿产工业园连接线改建工程】 项目起于谷城县白龙岗，与316国道平交，向南经红石亮村，利用三环大桥跨北河，止于谷城火车站货场东门，与谷水路县道平交。全长3.15公里，设计速度80公里/小时，双向四车道一级公路，路基

宽度24.5米。估算总投资4387万元，其中部省补助资金1260万元。于2017年3月开工建设，采用BT(建设—移交)模式。至2018年12月底，累计完成路基工程3.15公里、路面工程1.5公里，完成投资8200万元。项目建设单位为谷城县建设投资经营有限公司，施工单位为襄阳路桥建设集团有限公司。

【襄阳市宜远线宜城城区至火车站连接线改建工程】 项目起于宜城市张家堰中华大道与346国道(襄沙大道)交叉处，向西南方向跨鲤鱼桥水库、二广高速公路，止于雷河镇罗家冲，与雷雁大道对接。路线全长11.58公里，全线采用设计速度80公里/小时、路基宽度24.5米的双向四车道一级公路标准建设，沥青混凝土路面。项目投资31380万元，省补资金4630万元，其余为地方政府配套。于2016年3月开工建设，2018年完成路面工程1公里，累计完成路基工程11.58公里、路面工程10公里，投资30350万元。项目建设单位为宜城市公路管理局，施工单位为襄阳路桥建设集团有限公司，监理单位为湖北利民建设工程咨询有限公司。

【218省道襄阳东津至峪山镇段改建工程】 项目起于内环线与规划217省道平交处大方岗，止于峪山镇南侧218省道与规划335省道平交处时家湾。全长14.24公里，一级公路，设计速度80公里/小时，东津镇至峪山互通段采用双向六车道、路基宽度34米，峪山互通至峪山镇段采用双向四车道、路基宽度21.5米。总投资45666万元。2018年完成路基路面2公里，完成投资4500万元，累计完成路基路面12公里。施工单位为河南省洛阳市路桥建设公司，设计单位为襄阳市交通规划设计院有限公司。

【316国道谷城三岔路至水星台续建工程】 项目起于谷城县城关镇三岔路，接规划的河谷汉江公路大桥及接线项目终点，止于水星台，与036县道谷水路平交，路线全长10.36公里，计划投资12842万元。项目采用四车

道一级公路技术标准，设计速度80公里/小时，路基宽度24.5米。其中，三岔路至金洋大道段6.69公里于2014年12月完工。该段工程建设单位谷城县建设投资经营有限公司，工程分2个标段：一标段施工单位为谷城县路路通公路养建有限责任公司，负责主干道项目施工，累计完成货币工程量6793.92万元；二标段施工单位为谷城县建达市政建设有限责任公司，负责附属车道、管网及配套工程施工，累计完成货币工程量4729.83万元。金洋大道至水星台段3.69公里于2017年12月复工，2018年12月全部完工，累计完成货币工程量2586.02万元。

【302省道老河口雷祖殿至丹江口五龙山段改建工程】 项目起于老河口市北郊雷祖殿，止于老河口与丹江口交界的五龙山，全长20.75公里，计划投资36526万元。全线采用设计速度80公里/小时、路基宽度24.5米的双向四车道一级公路标准建设。累计完成路基工程19.5公里、路面工程17公里，完成投资30000万元。施工单位为老河口市公路管理局所属建设公司，设计单位为襄阳市交通规划设计院有限公司。

【河谷大桥及接线工程开工建设】 9月，河谷大桥及接线工程开工建设。项目起于老河口市城南开发区内白鹤岗南，与316国道襄阳城区段改建工程终点对接，终于谷城汉十高速公路谷城互通立交与316国道现状平交口以北王家湾。路线全长11.56公里，其中新建段8.47公里(桥长4.87公里、路基3.69公里)、与303省道谷城城区段改建工程共线3.09公里。项目设计速度80公里/小时，一级公路，老河口至谷城吴家营段采用双向六车道，路基宽度32米，吴家营到终点段采用双向四车道，路基宽度24.5米。本项目采用政府和社会资本合作(PPP)模式实施，采取"BOT+政府补助"的方式运作，核定投资12.6亿元，建设期3.5年，运营期(收费期)不超过30年。由中交一公局襄阳投资建设有限公司、襄阳路桥建设集团有限公司承建，湖北

省交通规划设计院股份有限公司设计。河谷汉江公路大桥结构形式为 (22×40+110+200+110+47.5+47.5+67.5+46+72×40+9×34) 米。上部结构第 7 联采用双塔单索面预应力部分斜拉桥，第 8 联采用预应力混凝土连续梁，其余采用预应力混凝土 (后张)T 梁，先简支后连续。下部结构 0 号桥台采用肋板台，主桥及现浇箱梁桥墩采用矩形墩，其余桥墩采用柱式墩，墩台采用桩基础。

【217 省道襄州区黄渠河至乔洼段改建工程建成通车】 12 月，217 省道襄州区黄渠河至乔洼段改建工程建成通车。项目起于湖北省襄阳市与河南省南阳市交界的黄渠河桥桥南，止于 217 省道与新 316 国道相交的平交路口，路线全长 17.61 公里。采用设计速度 80 公里 / 小时、路基宽度 24.5 米的一级公路标准建设，面层为沥青混凝土路面。概算投资 23621 万元，其中部省投资 12326 万元，地方配套 11295 万元。于 2017 年 4 月开工建设。项目业主是襄阳市襄州区公路管理局，施工单位是襄阳汇通路桥有限公司。

【346 国道南漳界碑头至县城段改建工程】 346 国道是南漳县对外交通物流的一条重要经济干线，原公路等级低、车流量大、路面破损严重，不能满足日益增长的交通量和经济社会发展的需要。项目全长 34.44 公里，被列入湖北省"十三五"公路规划，起于南漳县界碑头，经武安镇、杜家营、胡家营、关庙集、大竹园、方家冲至县城，接 305 省道。全线采用设计速度 80 公里 / 小时、路基宽度 24.5 米的一级公路标准建设，投资 10.2 亿元。2016 年 6 月开工建设南漳大竹园至舒向湾段 10 公里，至 2018 年完成路基工程 34 公里、路面工程 32 公里，完成投资 65865 万元。建设资金来源为申请部省补助资金和地方政府配套资金。项目业主为南漳县公路管理局。

【440 省道枣阳城区至汉十高速琚湾互通段改建工程】 项目起于 440 省道枣阳城区与老 316 国道 (襄阳路) 交叉处，沿 440 省道向西南，与 316 国道枣阳绕城平交，经十里铺村、鲍庄村、土铺村、青龙堰村、二王村，止于长堰埂，接福银高速公路 (汉十段) 琚湾互通立交出口，全长 12.17 公里，计划投资 13840 万元。设计标准为一级公路，路基宽度 21.5 米，设计速度 80 公里 / 小时，建设工期 12 个月。该项目的建设对缓解枣阳出入交通压力，改善区域路网结构，拓展城市发展空间，促进地方经济快速发展具有十分重要的意义。2018 年完成路基工程 3.17 公里，投资 2300 万元；累计完成路基工程 12.17 公里，投资 12800 万元。建设单位为湖北省枣阳市公路建设公司，设计单位为襄阳市交通规划设计院有限公司。

【328 国道老河口市孟楼至仙人渡段改建工程】 项目起于 328 国道鄂豫省界孟楼镇附近，与 328 国道河南段对接，止于老河口市仙人渡镇以北的王家楼附近，路线全线位于老河口市境内。全长 32.92 公里，计划投资 55031 万元，全线采用设计速度 80 公里 / 小时，双向四车道一级公路标准建设，一般路段路基宽度 24.5 米，孟楼镇区设置非机动车道及人行道，路基宽度 29 米。于 2016 年 3 月开工，至 2018 年累计完成路基工程 19 公里、路面工程 13 公里，投资 42300 万元。

【234 国道枣阳寺庄至袁庄段改建工程开工建设】 7 月，234 国道枣阳寺庄至袁庄段改建工程开工建设。项目起于枣阳市寺庄村，途经枣阳市孙李庄村、肖毛村、高夏庄村、太平集镇、胡庄村等，止于袁庄，全长 22.38 公里。公路设计采用一级标准建设，计划投资金额 36234 万元。至 2018 年底完成路基工程 7 公里，完成货币工程量 12000 万元。建设单位为枣阳市交通运输局，设计单位为湖北中广公路勘察设计有限公司。

【316 国道襄州枣襄界至周家岗段改建工程建成通车】 12 月，316 国道襄州枣襄界至周家岗段改建工程建成通车。项目起于襄州区枣襄界，沿 316 国道老路，经谭营村、下营村、八里岔村、西王家村，止于双沟镇周家岗村，路线全长 5.7 公里。项目采用设计速度 80 公里 / 小时、路基宽度 24.5 米的双向四车道一级公路技术标准建设，面层为沥青混凝土路面。概算投资 8663 万元，其中部省投资 5700 万元，地方配套 2963 万元。于 2018 年 4 月开工建设。项目业主为襄阳市襄州区公路管理局，施工单位为襄阳汇通路桥有限公司。

【207 国道襄阳段新建工程 (含跨汉江大桥)】 207 国道襄阳段改建后的新线全长 93.8 公里，起于鄂豫两省交界处魏集，在襄州区黄集镇以北向西改线，上跨二广高速公路后向南布线，在牛首镇附近跨越汉江，经卧龙镇以西，穿越隆中风景区非核心区，向南延伸，经南漳县九集镇，止于宜城绕城公路。按双向六车道一级公路技术标准建设，设计速度 80 公里 / 小时，计划投资 59.8 亿元，2018 年完成投资 4000 万元。该项目建成后，可实现新 207 国道与襄阳市内环西线 (卧龙大道) 分离，有效解决城市内部交通与过境交通相互干扰问题，提升国道通行能力，有效缓解城市交通拥堵，避免过境交通带来的噪声、尾气等环境污染。同时，襄阳市西部将增加一条南北向大通道，将更高效地服务商贸、物流等产业发展，降低物流成本，并为城市发展预留充足空间。

（王自强）

宜昌市

【三峡机场二期改扩建工程开工】 3 月 23 日，宜昌三峡机场二期改扩建工程开工。改扩建完成后，宜昌三峡机场将起降航程更远、载客量更大的飞机，满足日益增长的商务及旅游客源市场，也将通过更完善的设施、更快捷的空中通道和更优质的特色服务带动机场周边及空港走廊沿线地区物流、商流和信息流一体化发展。

【秭归县香溪长江大桥主拱成功合龙】 5月22日，秭归县香溪长江大桥主拱成功合龙。香溪长江大桥是三峡移民后续工作的重大项目之一，是世界跨度最大的钢箱桁架推力式拱桥。桥身全长883.2米，主跨531.2米，桥面宽32.3米。大桥主拱由23块弧形钢构件在空中组合，全桥没有桥墩，飞跨兵书宝剑峡口。

【277省道夷陵区殷家坪至雾渡河段改建工程开工】 10月1日，277省道夷陵区殷家坪至雾渡河段改建工程开工。起于夷陵区樟村坪镇殷家坪村，途经秦家坪、龚家河、跳鱼滩，止于雾渡河镇小庙村，路线全长32.84公里。有桥梁11座656.64米，涵洞144道，采用设计速度40公里/小时、路基宽度8.5米的二级公路标准建设。总投资20375.54万元。建设工期18个月，由宜昌通衢公路建设有限责任公司、宜昌富强工程有限责任公司承建。

【351国道五峰升子坪至渔洋关段改建工程开工建设】 9月25日，351国道五峰升子坪至渔洋关段改建工程正式开工建设。项目起于五峰县升子坪村，经一碗水、道家湾、观坪、马岩墩、小星坳，止于渔洋关镇汉马池村，路线全长25.63公里。全线采用设计速度40公里/小时、路基宽度8.5米的二级公路标准建设，计划工期30个月，由宜昌富强工程有限责任公司、河南豫通盛鼎工程建设有限公司承建。该项目是五峰对外交通的重要出口通道，项目建设对完善区域路网结构，提升路网服务水平，加强少数民族区域与周边地区经济、旅游合作，推动鄂西生态、文化、旅游产业发展具有重要意义。

【459省道长阳县火烧坪至鸭子口段改扩建工程开工建设】 3月，459省道长阳县火烧坪至鸭子口段改扩建工程正式开工建设。本项目是火烧坪乡群众出行主要通道，也是火烧坪高山农产品外运干线，项目建成对完善区域路网结构，改善区域交通条

件，促进少数民族地区经济社会发展具有推动作用。项目全长39.19公里，起于长阳县火烧坪乡与255省道平面交叉处，经溜沙口、扁担垭、碑坳、青岗坪至齐头山村。为避开杨家槽滑坡体，齐头山村至鸭子口集镇采取新建，沿梨子坪山体展线，止于鸭子口乡红岩溪，与324省道平面交叉。全线采用设计速度40公里/小时、路基宽度8.5米的二级公路标准建设，估算投资43659.05万元，计划工期24个月。由邵阳通泰路桥建设有限公司、五峰交通建设开发有限责任公司、四川华扬路桥工程有限公司、福建鑫伟公路建筑工程有限公司承建。

【458省道秭归县两河口至磨坪公路改扩建工程开工建设】 12月，458省道秭归县两河口至磨坪公路改扩建工程开工建设，与杨林桥至太坪公路工程、大岭至梅家河公路工程打包成PPP项目实施。该项目是秭归县"一纵、两横、五环、数支"普通公路建设总体规划中的重要工程，对于完善区域路网结构，改善全县西南部群众出行和生产运输条件，助推全县精准脱贫、全域旅游及经济社会高质量发展具有重要意义。路线全长25.15公里，采用路基宽度8.5米、路面宽度7.0米的二级公路标准建设，沥青混凝土路面，预算投资20935万元。

【枝江市安福寺至猇亭区古老背一级公路开工建设】 11月16日，276省道枝江市安福寺至猇亭区古老背公路改建工程正式开工建设。项目起于276省道枝江市安福寺至猇亭区古老背公路改建工程K9+500处，止于改建的张家湾路，路线全长3.00公里。采用设计速度80公里/小时、路基宽度22.5米的一级公路标准建设，概算投资10215.86万元。建设工期24个月，项目纳入全市"建养一体化"第一个项目包，由中交第四公路工程局有限公司承建。

【三峡旅游母港岸电工程试运行】 11月1日，三峡库区首个港口岸电工程——三峡旅游母港岸电工程

开始试运行，项目采用10kV斜坡道远距离岸基供电系统，有效解决码头坡道长、水位落差大、低压大容量远距离岸基供电难题，可同时为6条趸船、12个万吨级泊位停靠的游轮提供清洁能源。

【全市交通重大项目集中开工仪式顺利举行】 11月16日，宜昌市举行三峡高速公路收费站东迁工程暨全市交通重大项目集中开工仪式，标志着计划总投资93.2亿元的34个重大交通项目将陆续落地，三峡高速公路收费站东迁工程正式启动。

【宜昌市物流项目加快推进】 2018年，宜昌货运中心（白洋物流园）项目完成投资3470万元，三峡坝区（茅坪）货运中心项目完成投资6460万元，宜昌东站物流中心项目完成投资3.63亿元，姚家港物流园项目完成投资2080万元，江山贝尔物流园项目完成投资5864万元，中环物流园项目完成投资7090万元。

（许来）

荆州市

【荆州港盐卡多用途码头工程竣工】 11月11日，荆州港盐卡二期多用途码头工程通过竣工验收。本次竣工验收依据《港口工程建设管理规定》成立竣工验收现场核查组，核查组听取建设、设计、施工、监理和生产运营单位工作报告，查验工程现场，审阅工程竣工档案资料，核验工程建设规模、技术标准、工程质量、试运行情况、质监情况、概算执行情况及建设合同履行情况等。湖北省港航管理局、荆州市交通运输局、荆州市交通基本建设工程质量监督站、沙市区港航管理处、长航公安局荆州分局等单位代表参加会议。竣工验收现场核查组一致认为，荆州港盐卡二期多用途码头工程按批准的建设规模、标准和设计要求建成，工程总投资控制在批准的概算范围内，工程质量评定为合格，竣工验收手续完备，资料基本

齐全。经试运行，码头靠泊能力、主要装卸设备、道路堆场等工程均满足设计和使用要求。原则同意通过竣工验收。荆州港盐卡二期多用途码头工程是2018年3月1日《港口工程建设管理规定》实施以来，荆州市第一个竣工验收项目。

（唐凯 王昌福）

【351国道松滋段改建工程完工】 5月15日，351国道公安县斑竹垱至松滋城区公路改建工程完工。该路段起于公安县毛家港镇大公村，止于松滋城区新江口镇，与荆松一级公路相接。其中松滋段全长16.2公里，投资3.87亿元，由中交第三航务工程局有限公司承建。该路段路面工程和大中小桥通过交工验收后正式开通。

（朱卫华）

【二广高速公路荆州（中）收费站至明珠大道连接线建成】 2月8日，二广高速公路荆州（中）收费站至明珠大道连接线建成通车。为缓解城市交通拥堵，按照荆州市政府规划，荆州市高速公路管理处将明珠大道延伸至荆襄东路，与荆州（中）高速公路收费站匝道相连。连接线从2017年10月开始施工。该连接线通道为双向六车道，通车之后，司机下高速公路到沙北新区，行驶时间缩短至2分钟，是二广高速公路与荆州沙北新区相连接的快速便捷通道。

（熊宇）

【公安县4座大桥通车】 8月18日，公安县黄金口特大桥、毛家港大桥、斑竹垱大桥、滟水大桥建成正式通车。其中黄金口特大桥、毛家港大桥、斑竹垱大桥是位于351国道的二级公路桥梁，设计速度80公里/小时，滟水大桥是位于355省道二级公路桥梁，设计速度60公里/小时。于2016年5月开工建设，总长3404米，总投资1.93亿元，是351国道、355省道的控制性工程，担负着351国道和355省道客货运输和荆江分洪区防汛抗灾通道功能。4座大桥建成通车后，对缓解

沿线交通压力、方便居民生产生活、保障荆江大堤和江汉平原防洪安全起到重要作用。

（李江松）

【沙市区丫角公路渠桥竣工通车】 4月，沙市区丫角公路渠桥竣工通车。该桥位于观音垱镇丫角村二组公路渠上，属重建桥梁。于2017年12月开工，全桥长30.04米，宽7米，设计荷载等级为公路—Ⅱ级，工程投资88.6万元。

（胡敏）

【254省道松滋南海大桥建成通车】 9月30日，254省道葛东线松滋南海大桥改建完工后正式通车。大桥于3月12日正式启动拆除重建工程。桥长157米、宽12米，总投资744万元，设计速度40公里/小时。上部结构采用6×25米预应力连续小箱梁；下部结构采用柱式桥墩、肋板式桥台，钻孔灌注桩基础。南海大桥重建工程竣工通车，给松滋人民出行和外地游客带来极大的方便。

（朱卫华）

【322省道弥市中桥改造工程建成通车】 4月11日，322省道弥市中桥改造工程建成通车。项目施工中实行倒排工期，挂图作战，加强质量安全监管，组织4次质量抽检，对工程中存在的问题现场落实整改，确保改造工程项目保质保量稳步推进。加强桥梁施工期间交通管制工作，杜绝事故发生。该桥改建后竣工通车，彻底消除桥梁安全隐患，极大地提升公路桥梁安全运行水平。

（李江松）

【220省道石首市横沟市镇至赵家湾段改建工程建成通车】 8月，220省道石首市横沟市镇至赵家湾段改建工程建成通车。该路段起于石首市横沟市镇挖口子村，经天鹅洲开发区、大垸镇，止于石首市新厂镇赵家湾村，路线全长20.71公里。按二级公路标准设计建设，设计速度60公里/小时，工程投资10000万元。该道路

的完工，为石首市横沟市镇人们出行提供便利条件，推动当地经济发展。

（王军强）

【石首市应急搜救趸船建成投入使用】 11月28日，"鄂港航趸0218"水上应急搜救趸船在石首市绣林港区下锚定位停泊，正式投入使用。该船总长42米、型宽10米、型深2米、设计吃水1米，上部结构3层，高9米，投资413万元，是艘多功能公务船，设置有办公室、文书制作、会议室、阅览室、值班室、健身房、餐厅等20余个房间。主要用于海事、运政执法船艇停靠，不仅满足日常海事、运政、港口监管工作需要，而且能够作为地方水上应急搜救指挥中心使用，还能储备水上应急救援物质。该船的投入使用，既标志着石首市港航海事水上交通安全监管水平和快速反应能力的提升，又提高港航海事执法良好形象，为石首市"一江四河二故道"水上应急搜救提供坚实装备保障。

（王军强）

【监利容城港区新洲码头主体工程完工】 12月，监利容城港区新洲码头主体工程完工。该项目为3000吨级货轮的件杂货泊位2个，年设计吞吐量为件杂货65万吨、散货130万吨。港区陆域占地总面积15.59万平方米，项目总投资10854万元。于2017年3月1日开工建设，主体工程完工后，开始陆域施工和2座趸船与长60米的钢引桥建设。项目全部完工后，港口年吞吐量达1300万吨以上，可与岳阳共拥国际集装箱港口。在该港沿江上溯165公里至荆州，顺流而下90公里至岳阳、321公里至武汉，可使监利成为公、铁、水联运区域性物流节点城市。

（刘珣）

【354省道监利县黄歇口至白鹭湖段改建工程完工通车】 6月，354省道监利县黄歇口至白鹭湖段改建工程完工通车。该路段起自监利县黄歇口，终至监利县白鹭湖，全长16.41公里，其中黄歇境内10.43公里，汪

桥境内 5.98 公里，总投资 3931.47 万元。2016 年 11 月完成招投标程序并签订合同开工建设。该路段是监利县北部连接江陵县的一条重要集散公路，也是串联 240 国道（仙监线）和 351 国道（汉沙线）的连接线。该改建工程完工通车，对进一步完善监利县路网结构布局，充分发挥路网整体效益，促进地方经济社会发展起到推动作用。

（刘君立）

【监利县金塘改道河桥重建工程完工】 6 月，监利县棋盘乡金塘改道河桥改造重建工程建成通车。经招投标，金塘改道河桥中标价 148 万元，施工单位为湖北开普建设工程有限公司，监理单位为浙江东亿工程管理有限公司，2017 年 11 月动工改建。新改建的桥长 53 米，全宽 7.5 米，行车道宽 6 米，两侧设置防撞墙。桥梁上部结构采用预应力钢筋混凝土空心板，下部结构采用桩柱式桥墩、桩基接盖梁式桥台，钻孔灌注桩基础。

（胡刚）

【监利县朱河镇迎接桥改造工程完工】 8 月，监利县朱河镇迎接桥改造工程建成通车。该桥是朱河镇迎接大道的主要桥梁，经招投标，迎接桥中标价 190 元，施工单位为湖北新城九鼎建设工程有限公司，监理单位为武汉市东盛元建设项目管理有限公司，2017 年 8 月动工。新改建的桥长 26 米，全宽 22.6 米，行车道宽 16.6 米，两侧设置人行道。桥梁上部结构采用钢筋混凝土空心板，下部结构采用桩柱式桥墩、薄壁式桥台，钻孔灌注桩基础。

（胡刚）

【监利县朱河公路驿站建成】 10 月 31 日，监利县朱河公路驿站建成投入使用。该公路驿站原名监利县公路管理局李沟公路管理站，占地 4.4 万平方米，所在位置为 351 国道台小线 K1226+380 处，是湘鄂两省交界、随岳高速公路监利南出口之地。该公路驿站对李沟公路站旧站房进行改造，拓宽硬化场院内面积，搭建应急机械、

材料存放库棚，场内闲置地方培植草皮、种植各类花草、棕榈树等，保证场院环境协调美观，为过往中长途客、货车驾驶员带来舒适、便捷、安全的停车环境。该项目是普通公路推进星级服务区和优质公路服务站项目建设之一，进一步打造普通公路沿线配套产业带及"特色＋综合体"服务区。

【洪湖新堤排水河大桥建成通车】 9 月 22 日，洪湖新堤排水河大桥试运行通车。该大桥位于 351 国道洪湖段，是 351 国道洪湖段改扩建的控制性工程。改建的洪湖市新堤排水河大桥按一级公路标准设计建造，桥梁主桥 216 米，桥面总宽 25 米，两侧人行道各 2.5 米，双向四车道，设计速度 60 公里／小时，改性沥青路面，概算投资 7500 万元。于 2018 年 3 月开工建设。

（张俊）

【荆州第一艘污染物接收转运船建成】 8 月 1 日，荆州市第一艘用于船舶和港口污染物接收转运作业的多功能船舶"浩川江净 1 号"在荆州李埠港区过驳基地正式投入使用，其功能主要是接收船舶油污水和生活垃圾。这艘专门用于收集船舶生活垃圾、船舶油污回收处置的专用船舶总长 36 米、型宽 7.2 米、型深 2 米，适航于长江 B、C 级航区，结构为双底双壳。多功能船上自设污油泵 2 台及相应管系，待储存油污水到一定容量后，调遣油污水槽罐车到码头，通过管系将船舱内油污水转运至槽罐车。多功能船前舱设置由可移动式垃圾仓及 5 吨小型吊车组成，垃圾转运车到码头后，两用船通过 5 吨小型吊车将可移动式垃圾箱内垃圾卸载到垃圾转运车上。该船单次转运可接收 150 吨油污水和生活垃圾，全年可为荆州区辖区水域至少 5500 艘船舶接收油污水和生活垃圾。

【荆州港口码头整治工程完成】 2018 年，荆州市港口码头整治工程全面完成。全市纳入整治范围的 364 个码头关停并拆除 340 个，其余 24 个采取严格措施予以规范整改，清退岸线

55 公里。拆除码头中，除因功能调整或无堆场的 35 个外，完成高标准复绿 248 个。全市 61 个饮用水源保护区码头整治全部完成，110 个自然保护区内码头全部关停并拆除 106 个。港口码头岸线管控全面加强，在全省首创港口岸线管理员制度，港口岸线视频动态监控建设纳入全省试点项目。为保障砂石料市场稳定，在永久性砂石集并中心建成前，全市保留 25 个临时砂石集并点，并对长江临时砂石集并点建设与运营管理进行规范，要求一律采取车船直取，不得在长江大堤外滩设置堆场或临时堆存；配备必要的喷淋、洒水车、防尘网、洗车池等环保设施设备和必要的安全设施设备。

【松滋车阳河码头二期工程开工】 3 月 5 日，荆州港松滋港区车阳河码头二期工程 5 号泊位的第一根桩基打入水中，码头二期工程正式开工建设。按照工程建设规划，车阳河港口二期工程将建设 6 个泊位，年吞吐量 113 万吨，集装箱 30 万标准箱，投资 12.6 亿元。工程全部建成后，将成为能同时满足集装箱、件杂货、散货等各类货物装卸堆存的生态、智能型现代化港口，也将成为省内长江南岸最大的港口。

（朱卫华）

【荆州沿江一级公路开工建设】 9 月 10 日，荆州沿江一级公路江陵段召开征地拆迁动员会。荆州沿江一级公路起于荆州区李埠，终于江陵郝穴，全长 46.5 公里，投资 12.52 亿元。项目建成后将成为连接荆州港区、沙市港区、盐卡港区和江陵港区重要港口集疏运通道和中心城区东西向快速通道。

【沪渝高速公路八岭互通开工建设】 5 月 15 日，沪渝高速公路八岭互通工程正式开工建设。该高速公路八互通工程位于荆州市荆州区八岭山镇，在沪渝高速公路 (K1112+500) 处设置成 A 形喇叭互通立交，将互通立交的收费站设置在沪渝高速公路北面连接线上，互通立交左转匝道采用环

形匝道，连接线采用双向两车道匝道，出口连接线与荆当旅游一级公路平交。主线长 1365 米，路基宽度 41.5 米；互通连接线道路全长 2546 米，路基宽度 16.5 米。项目投资 1.2 亿元，计划工期 16 个月，由湖南路桥建设集团有限责任公司承建。该高速公路互通工程建成后，将缓解沪渝高速公路荆州和沙市收费站交通压力，有利于打通荆州文化旅游区通行沪渝高速公路快速通道，促进荆州旅游经济发展。

【428 省道荆州区改扩建项目开工】 6 月 15 日，荆州市普通公路"建养一体化"428 省道改扩建项目正式开工建设。该项目是荆州市普通公路"建养一体化"项目之一，由中交第四公路工程局有限公司施工建设，工期 24 个月。起于荆州区八岭山镇朱家岭村，止于李埠镇杨井村，全长 9.28 公里，全线按一级公路标准建设，设计速度 60 公里 / 小时，路基宽度 19 米，双向四车道，总投资 18535 万元。

【207 国道公安段改建工程开工】 6 月 24 日，207 国道公安县埠河至南平段、351 国道公安杨家厂至黄金口段 PPP 项目开工启动仪式在公安县举行。该项目总投资 24.33 亿元，是公安县投资规模最大的 PPP 项目。两条国道改建工程均按设计速度 80 公里 / 小时、双向四车道一级公路标准建设，全长 65.28 公里。其中，207 国道项目起于埠河镇荆松一级公路，止于南平镇汪家汉大桥桥头，全长 51.11 公里；351 国道项目起于沙公高速公路杨家厂互通连接线，止于夹竹园镇 351 国道，全长 14.17 公里。两条国道建成后将与二广高速公路、沙公高速公路及荆州长江公铁大桥衔接，与 221 省道、431 省道等普通公路网联通，成为纵连湘鄂两省、横贯周边县市的重要交通通道。该项目由公安县城建投资有限公司与社会资本方合资组建公司，双方共同完成项目的投融资、建设、运营、管理、维护和移交等工作。项目合作期为 28 年，其中建设期 3 年，运营期 25 年。

【荆州煤炭铁水联运储配基地工程开工】 4 月 27 日，荆州煤炭铁水联运储配基地工程开工建设。荆州煤炭铁水联运储配基地（一期）工程是省重点工程项目，建设方为湖北荆州煤炭港务有限公司，项目估算总投资 37.95 亿元，设计年吞吐量 2100 万吨，建设工期 36 个月。占用港口岸线 682 米，在建 3000 吨级（水工结构兼顾 5000 吨级）泊位 6 个，其中进口泊位 2 个，出口泊位 4 个，2018 年完成投资 18757.6 万元。其中 3 号、4 号泊位施工单位为长江航道局，5 号、6 号泊位施工单位为中交第二航务工程局有限公司，监理单位为湖北省水运工程咨询监理公司。

（张峥莉）

【江陵经济开发区综合码头工程开工】 3 月，江陵经济开发区综合码头工程开工建设。该码头工程是中航农业发展（湖北）有限公司根据江陵县临港产业园，利用长江航道便利的运输条件，建设现代化的粮食仓储、物流设施以及大型化的码头泊位拟申请的工程项目。项目总投资 47506.67 万元，占用港口岸线 440 米，在建 3000 吨级（水工结构兼顾 5000 吨级）泊位 4 个，其中散货泊位 2 个、件杂货泊位 2 个，设计年吞吐量 370 万吨。2018 年完成投资 7700 万元，该工程施工单位为中交三航局第三工程有限公司，监理单位为浙江港湾工程项目管理有限公司。

（张峥莉）

【221 省道石首段改扩建工程开工】 7 月 28 日，221 省道石首城区至桃花山镇改扩建工程正式开工建设。该路段全长 31.35 公里，按双向四车道一级公路标准建设，设计速度 80 公里 / 小时，投资 5.2 亿元，工期 24 个月。施工单位为中交第四公路工程局有限公司，监理单位为湖北华捷工程咨询监理有限公司。

（王军强）

【沙熊线沙市段改建工程开工建设】 6 月，沙熊线沙市段改建工程开工建设。

该工程起于沙熊线桩号 K13+998 处，止于岑河镇东市村与江陵县交界处，路线全长 6.44 公里。工程按二级公路标准建设，设计速度 60 公里 / 小时，路基宽度 10 米，投资 3215.96 万元。建设单位为荆州市沙市区人民政府，施工单位为中交第四公路工程局有限公司，监理单位为湖北华捷工程咨询监理有限公司。至 2018 年底，除岑河北环路口至莲花渠段约 1 公里暂缓建设外，其余路段道路主体工程全部完成。该项目是江陵至荆州机场及沙市区的重要通道，它的建设将优化全区路网结构，提高区域路网通行能力和服务水平，加快乡村旅游发展，促进农旅一体化的需要，为沙市区营造良好的交通运输环境。

（胡敏）

【322 省道至沙公高速公路岑河互通改建工程开工】 6 月，322 省道至沙公高速公路岑河互通改建工程开工建设。该工程起于潜江市运粮湖农场，终于白渎村，与沙公高速公路岑河互通连接线对接，路线全长 17.84 公里。其中，西湖村至白渎村段为一级公路，长 7.03 公里，同步配套市政管网工程。内荆河大桥至西湖村段为二级公路，长 10.81 公里。建设单位为荆州市沙市区人民政府，施工单位为中交第四公路工程局有限公司，监理单位为湖北华捷工程咨询监理有限公司。该项目的建设对优化区域路网结构，构筑综合交通运输体系，促进经济和城乡一体化发展等具有重要意义。

（胡敏）

【351 国道监利段改扩建工程开工建设】 1 月，351 国道监利段改扩建工程开工建设。该工程起于白螺镇与柘木乡交界处肖桥村，止于张庙村，全长 6.02 公里。该项目是《国家公路网规划（2013—2030 年）》东西方向的重要干线公路之一，也是长江经济带和洞庭湖生态经济区的骨干交通要道。改扩建工程按四车道一级公路标准建设，设计速度 80 公里 / 小时，路基宽度 24.5 米，计划工期 24 个月。项目

财评造价 8152 万元，完成货币工程量 1200 万元。

（刘君立）

【监利县郭场至大兴公路改建工程完工】 12月，监利县郭场至大兴公路改建工程完工通车。路线起于周老嘴镇周沟村，经郭杨村、中河村，止于黄歇口镇大兴村，全长 7.94 公里。工程按四级公路标准建设，设计速度 40 公里/小时，路基宽度 6.5 米，沿线桥梁 1 座，两侧居民区设置矩形盖板边沟排水。项目财评造价 1336 万元，2017 年 9 月完成招投标程序并签订合同开工建设。项目通车后，对进一步完善监利县路网结构布局，充分发挥路网整体效益，促进经济社会发展起到推动作用。

（刘君立）

【270 省道监利县泥套桥重建完工通车】 5月，270 省道监利县泥套桥重建完工通车。该桥位于 270 省道三洲镇境内，桥长 25.04 米、全宽 10 米。设计荷载等级为公路—I级，设计速度 60 公里/小时，桥梁设计安全等级二级，项目财评造价 156 万元。该桥是连接朱河镇和三洲镇的交通要道，也是三洲镇唯一的出口通道，由监利县宏大道路建设养护有限公司于 2017 年 12 月开工建设。该桥的重建，对消除安全隐患，解决居民出行难，改善现行交通条件，促进监利县经济发展和加快新农村建设起到推动作用。

（刘君立）

【215 省道监利段改扩建工程开工】 7月，215 省道监利段改扩建工程开工建设。该项目是连接监利县周老嘴镇、分盐镇和毛市镇的一条重要干线公路，起于周老嘴镇镇区东侧，接 215 省道，终于毛市镇石码村，与 329 省道平交，路线全长 19.15 公里。按二级公路标准建设，设计速度 80 公里/小时，设计荷载等级为公路—I级，洪水频率大中桥 1/100、小桥涵 1/50，桥面全宽 12 米、净宽 11 米，路基宽度 12 米，路面宽度 10.5 米。项目施

工合同价 13588 万元，215 省道分段组织实施，周老嘴至分盐段为第一合同段，分盐至毛市段为第二合同段，毛市大桥为第三合同段。其中，分盐至毛市段及毛市大桥是 215 省道全线贯通的控制性工程。至年底，完成货币工程量 2800 万元。

（刘君立）

【329 省道洪湖段改扩建工程开工建设】 7月23日，329 省道洪湖新滩至燕窝段改扩建工程正式开工建设。该项目全长 31.2 公里，建设投资 5.5 亿元，由中交第四公路工程局有限公司按普通公路"建养一体化"方式承建。荆州实施普通公路"建养一体化"，首批投资 31.27 亿元、建设里程 184 公里的 9 个公路建设项目由中交第四公路工程局有限公司中标承建。建设工期 24 个月，自交工验收合格后 5 年为养护期。

（张俊）

荆门市

【207 国道荆门桃园至子陵段、团林至砖桥段改建工程】 项目全长 103.19 公里，桃园至子陵段 59.35 公里，起点接 207 国道襄阳宜城段，经胡集镇、双河镇、石桥驿镇、子陵镇；团林至砖桥段 43.84 公里，从团林铺镇南起，经五里铺镇、十里铺镇、纪山镇，止于荆门与荆州交界处的砖桥。采用一级公路等级标准建设，设计速度 80 公里/小时，双向四车道，路基宽度 24.5 米，批复预算投资 211829.21 万元。桃园至子陵段由华杰工程咨询有限公司设计、团林至砖桥段由苏交科集团股份有限公司设计，监理单位为湖北楚维工程咨询监理有限责任公司。项目建设模式采取政府和社会资本合作 PPP 模式。根据荆门市人民政府授权，荆门市公路管理局为本 PPP 项目实施机构，负责准备、采购、监管、移交等工作。荆门中建二零七公路建设有限公司为本 PPP 项目法人（业主），负责合作期内项目的融资、建设、运营维护、移交等全面工作。

至 2018 年底，完成项目投资 6 亿元，路基清表 30 公里，路基施工 21 公里，桥梁 3 座，涵洞 19 道。

【439 省道荆门市江山至石牌段改建工程建成通车】 1月，439 省道荆门市江山至石牌段改建工程建成通车。项目全长 26.2 公里，起于掇刀区白庙街办江山村，止于石牌港区。江山村至二广高速公路段采用市政道路标准建设，设计速度 50 公里/小时，路基宽度 40 米；二广高速公路至彭墩食品产业园长寿大道采用一级公路标准建设，设计速度 80 公里/小时，路基宽度 24.5 米，两侧各 3 米绿化带，双向四车道；彭墩食品产业园长寿大道至石牌港区采用一级公路标准建设，设计速度 80 公里/小时，路基宽度 24.5 米，双向四车道。项目采用 PPP 模式建设，实施机构为荆门市交通运输局，政府出资方代表为荆门市交通旅游投资集团有限公司，社会资本方为中信正业投资发展有限公司与中国建筑第五工程局有限公司联合体，项目公司为荆门正业荆石建设发展有限公司，施工单位为中国建筑第五工程局有限公司联合体。于 2016 年 12 月开工建设。

（汪微波　汪发芝）

鄂州市

【武汉至阳新高速公路鄂州段】 武阳高速公路是国务院批复的《长江中游城市群发展规划》中武汉至南昌高速公路通道的重要组成部分，是湖北省"九纵五横三环"高速公路布局中的武汉放射线，是武汉"四环成环、外环东扩"的重要组成部分，《湖北省综合交通运输"十三五"发展规划纲要》中明确将本项目列入"十三五"高速公路重点项目。项目起于东湖高新技术开发区凤凰山互通立交，采用高架形式沿凤莲大道前行，跨梧桐湖后进入鄂州境界，止于武阳高速公路黄石段。路线主线 34.66 公里，其中武汉段 16.73 公里、鄂州段 17.93 公里。鄂州段设互通立交 2 处，预留 1

处，收费站 1 处，全线采用双向六车道高速公路标准，路基宽度 33.5 米，设计速度 100 公里／小时。项目采用 BOT 模式建设，工程可行性研究报告投资估算金额 113 亿元。完成投资 10820.69 万元，主要形象进度；驻地办公建设完成，地勘勘探正在进行中，梁场建设在建中，土地统征签订合同。

【鄂州综合客运枢纽站试运行】
12 月 10 日，鄂州综合客运枢纽站正式投入试运行。鄂州综合客运枢纽站是鄂州市"十二五"重点交通建设项目，位于鄂州市鄂城区江碧路以西，南侧为鄂州火车站及站前广场区，周边道路西可连接汉鄂高速公路、武黄高速公路和 314 省道、239 省道，东可接大广高速公路及 106 国道、316 国道，交通十分便利。项目总用地面积 75520 平方米，规划净用地面积 68522 平方米，估算投资 32489 万元。

【机场核心区及 203 省道鄂州段（鄂州机场快速通道）】　203 省道鄂州段（鄂州机场快速通道）是湖北国际物流核心枢纽区域内东西向交通要道，是机场项目的基础性、前置性工程，将为枢纽项目的建设和日后运营提供必要条件。道路全长 26.08 公里，城市主干路兼一级公路，双向六车道，包括道路交通工程、排水工程、照明工程、绿化工程、城市管廊工程及附属工程，项目投资 26.7 亿元。

【106 国道鄂州城区至分水岭段一级公路改建工程】　项目起于武黄高速公路鄂州互通连接线交叉处，止于鄂城区碧石镇超限检测站。全长 5.1 公里，按设计速度 60 公里／小时、路基宽度 20 米的双向四车道一级公路标准建设，投资 11412.2 万元，计划建设工期 18 个月。至 2018 年底，累计完成货币工程量 690 万元。

【武汉新港三江港区综合码头一期工程】　项目业主为湖北长江三江港区域投资开发有限公司，总投资 15.5 亿元，新建 5000 吨级（水工结构按照 10000 吨级货船靠泊进行设计）货船件杂泊位 4 个，多用途泊位 4 个，年设计通过能力 670 万吨（含集装箱 21.5 万标准箱）。水工建筑物码头平台及引桥单位工程通过交工验收；综合楼主体工程完工，完成场坪及道路施工，港内供电及通信工程合同签订，设备采购中，码头岸电设备完成，综合楼接电正在施工中。

【鄂州港五丈港锚地工程】　项目业主为鄂州市交通建设投资有限公司，总投资 1198.11 万元，建枯水期（水位 7.95~12.95 米）锚泊 1000~3000 吨级船舶自锚式锚位 9 个，锚地尺度 1000 米 × 150 米，面积 15.00 万平方米；洪水期（水位 12.95~24.10 米）锚泊 1000~10000 吨级船舶自锚式锚位 21 个，锚地尺度 1500 米 × 225 米，面积 33.75 万平方米。改造工作船泊位 1 个，设置 40 米 × 9 米钢质趸船 1 艘以及接岸设施，并配备相应辅助设施等。完成投资 110 万元。与中标单位签订合同。

【牛宅公路工程】　起于梁子湖区太和镇牛石村，与 314 省道铁贺线相交，止于梁子湖区宅俊中学。路线全长 7.15 公里，新建涵洞 1 道，路基宽度 6.5 米，行车道宽度 6.0 米。项目预算投资 1151.68 万元，对破损严重地段进行路基修整。至 2018 年底，完成临时设施及驻地建设 1423750 元，占合同工程量的 100%；路基填挖方及其他路基处理等工程完成 5515 万元，占合同工程量的 83%；挡土墙工程完成 107 万元，占合同工程量的 59%；路基防护工程完成 14 万元，占合同工程量的 3%；路面工程下基层、底基层、上面层、沥青下面层完成 6 公里，完成 128 万元，完成路面工程的 85%；安全设施工程完成 61 万元，占合同工程量的 16%；涵洞及圆管涵的小型构造物工程完成 93 万元，占合同工程量的 95%，完成变更工程 127 万元；累计完成工程货币量 2336 万元。

【武黄高速公路泽林上跨立交桥】　武黄高速公路泽林上跨立交桥是 106 国道上跨越武黄高速公路的重要桥梁，运行 27 年。鄂州市公路管理局委托中交第二公路勘察设计研究院有限公司对武黄高速公路泽林上跨桥进行全面检测，中交二勘院出具的《武黄高速公路立交桥检测报告》确认该桥综合技术状况评定等级为 3 类桥。为切实保障人民群众生命财产安全，确保高速公路和国道通行，鄂州市公路管理局组织对武黄高速公路泽林立交桥实施加固维修。项目概算投资 600 余万元，于 2018 年 7 月 15 日正式施工，2018 年 11 月 28 日完工，采取全封闭施工方式。

【314 省道东边朱至金牛段大修工程正式动工】　11 月 1 日，314 省道东边朱至金牛段大修工程正式动工。该工程起于 314 省道梁子湖区太和镇东边朱村，止于大冶市金牛镇交界，路线长 0.385 公里，按二级公路标准建设，路面宽 9 米。项目预算金额 216.16 万元。项目建设有利于改善梁子湖区交通环境，助推梁子湖生态示范区建设，促进武汉城市圈交通一体化。

【106 国道碧石桥至虹桥村段应急保通工程完工】　10 月 31 日，106 国道碧石桥至虹桥村段应急保通工程刷黑完工。项目位于 106 国道碧石桥至虹桥村段，路线全长 3.86 公里，维修方案为处理龟裂及坑槽、大面积路面破损、裂纹、平面交叉渠化。项目概算投资 899.41 万元。项目建设有利于改善鄂州市南部交通出行环境，提升 106 国道鄂州段通行能力，助推乡村振兴战略实施，推进鄂州、黄石交通一体化进程。

（张昭）

孝感市

【海事趸船竣工】　5 月 14 日，安陆市应急搜救趸船竣工交接。安陆市应急搜救趸船竣工交接，为加快孝感市港航海事系统"革命化、正规化、现代化"和水上搜救应急体系建设提供有力保障，将有助于提高全市水上交通安全监管能力。

【安陆市城区立体停车场】 7月18日，安陆市交通运输局与江苏五洋停车产业集团股份有限公司就安陆市城区立体停车场投资建设，签订立体停车场建设及运营项目合作框架协议书，该项目投资5亿元，规划新建停车场50个，分期分批建设，计划3年内完成。

【安赵线改扩建工程开工建设】 10月8日，安赵线改扩建工程开工建设。路线全长21.79公里，对原有道路加宽、裁弯、取直，按二级公路标准设计建设，路基10~12米，路面宽8.5米，预算投资1.3亿元。

【赵棚至钱冲红色旅游扶贫公路开工建设】 11月13日，赵棚至钱冲红色旅游扶贫公路开工建设。赵棚至接官段20.59公里、老316国道至烟店陈巷段7.45公里、烟店至雷公横冲段10.16公里，3段共38.2公里，投资30945.27万元。赵棚至钱冲红色旅游扶贫公路是连接安陆市北部7个老区、边区乡镇，连接赵棚红色旅游基地、白兆山李白文化风景区、钱冲古银杏生态旅游区等主要景点的一条旅游扶贫公路。公路全长92.8公里，二级公路标准，路基宽8.5~15.5米，估算投资60614万元。利用老路32.6公里，新建60.2公里，建设完成22公里，剩余38.2公里。

（程作云）

黄冈市

【黄冈至黄梅铁路项目】 12月10日，武九铁路客运专线湖北有限责任公司在黄冈召开新建黄冈至黄梅铁路工程开工建设动员大会，标志着黄黄高铁正式开工。黄冈至黄梅铁路是京九高铁的组成部分，是武汉至杭州的通道，是武冈城铁的延伸线。项目自武冈城际铁路黄冈东站引出，向东从巴河线路所北端侧向接入，并直向预留京九高铁接轨条件，南端新建线路向东南经浠水县、蕲春县、武穴，接入安庆至九江铁路黄梅南站，预留设置本线至安九铁路孔垄北站联络线条

件。新建正线125.2公里，设计速度350公里/小时，全线新设浠水南、蕲春南、武穴北3座车站，巴河、濉港2处线路所。黄冈西站增加2条到发线，孔垄北站办理客运业务。建设工期3.5年。项目估算投资170.4亿元。项目业主为武九铁路客运专线湖北有限公司。2018年完成投资5.5亿元。

【武穴长江公路大桥】 武穴长江公路大桥起于黄冈市武穴市四望镇，止于黄石市阳新县，接杭瑞国家高速公路湖北段，全长31公里，其中长江大桥3355米、两岸接线长27.65公里。概算总投资58.86亿元。武穴长江公路大桥采用高速公路标准建设，设计速度100公里/小时。其中武穴互通至富池互通段3.73公里采用六车道标准，路基桥梁（不含布索区）宽度33.5米；其余路段27.27公里采用四车道标准，路基宽度26米。2016年1月27日开工建设，计划于2020年正式通车。投资人由湖北省交通投资集团有限公司、中交第一公路勘察设计研究院有限公司、湖北省路桥集团有限公司、中国铁建大桥工程局集团有限公司、湖北省交通规划设计院股份有限公司、国开发展基金有限公司组成的湖北武穴长江公路大桥有限公司。至2018年底，路基土石方累计完成1006万立方米，占总量的93%；通道涵洞累计完成122道，占总量的100%；隧道洞身开挖掘进累计完成11270米，占总量的85%，二次衬砌累计完成9122米，占总量的69%；主桥桩基累计完成100根，占总量的100%；主桥承台全部完成；主塔塔身累计完成30节，占塔身总数的35%；其他桥梁桩基累计完成1491根，占总量的100%，墩柱累计完成414个，占总量的85%，梁板预制累计完成1323片，占总量的52%；梁板安装累计完成1068片，占总量的42%。2018年完成投资123647万元，为年计划的101%；累计完成投资360865万元，占总投资的61%。

【棋盘洲长江公路大桥】 棋盘洲长江公路大桥是湖北省级高速公路蕲

嘉高速公路的过江通道，是国家规划的长江干流过江通道之一，也是武汉城市圈环线高速公路跨越长江的重要桥梁。大桥南岸位于黄石市阳新县，北岸位于黄冈市蕲春县。总建设里程21.95公里。全线采用设计速度100公里/小时的高速公路标准建设，长江大桥部分采用六车道，其他路段采用四车道。项目投资估算39.1亿元，于2016年7月28开工建设，工期48个月，计划于2020年通车。至2018年底，路基土石方累计完成594万立方米，占总量的80%；通道涵洞累计完成73道，占总量的100%；隧道开挖初期支护完成1515米，占总量的100%，二次衬砌完成1515米，占总量的100%；南、北索塔54根桩基全部完成；北锚碇开挖方全部完成，锚碇混凝土全部浇筑完成；南锚碇地连墙44个槽段全部完成，南锚碇开挖和内衬全部完成，南锚碇底板浇筑完成，南锚填芯全部完成；主桥索塔承台4个全部完成；南、北主塔塔身完成60个节段，占总量的100%；其他桥梁桩基累计完成1186根，占总量的95%，墩柱累计完成707个，占总量的85%；梁板预制完成1451片，占总量的63%，梁板安装累计完成1181片，占总量的51%。2018年完成投资107580万元，为年计划的112%；累计完成投资284988万元，占总投资的72%。

【麻城至安康高速公路麻城东段】 麻城至安康高速公路麻城东段是湖北省综合交通运输"十三五"规划项目，项目横贯湖北省中北部一条东西向省际通道，起于麻城市铁门岗乡铁门枢纽互通式立交，顺接大广高速公路湖北段，经铁门，止于麻城市宋埠镇枢纽互通式立交，对接麻安高速公路麻城至红安段。项目由湖北省交通投资集团有限公司负责组织建设。项目里程16.48公里，投资17.58亿元。8月20日，省发改委批复项目工程可行性报告，初步设计通过交通运输部审查待批，施工图设计基本完成。

【347国道巴河特大桥开工】 1月17日，347国道巴河特大桥开工建设。

巴河特大桥是347国道（南京至德令哈）巴河至陶店段一级公路重要控制性工程，主桥采用3跨一联总跨260米的连续刚构箱梁，引桥浠水岸采用20跨40米预应力T梁，黄州岸采用4跨38米预应力T梁、5跨33米预应力T梁和116米跨堤预应力箱梁组合；两岸各设置3.5米桥台。桥面按双向六车道标准设计，布设6条3.75米共22.5米宽行车道、两侧各设置1.75米宽人行道和3米宽硬路肩、中央分隔带宽2.5米，桥面全宽34.5米。概算投资5.31亿，建设工期3年。项目建设单位为黄冈市公路重点工程建设项目部，设计单位为湖北省交通规划设计院股份有限公司，监理单位为山西路杰工程咨询有限公司，施工单位为中铁十四局集团有限公司，质量监督单位为黄冈市交通基本建设质量监督站。至2018年底，主体工程完成桩基176根、墩柱87根、系梁33个、承台4个、盖梁22个，完成钢栈桥及钢平台11233平方米，累计完成货币工程量1.01亿元。

【省道阳枫线黄州堵城至鄂黄桥段改建工程（一期）交工验收】 9月，省道阳枫线黄州堵城至鄂黄桥段改建工程（一期）完成交工验收。项目起于黄州区堵城镇松阳村，接江北一级公路，穿越堵城镇后，在龙王村附近下穿黄鄂高速公路，止于占岗村，全长5.67公里。全线按路基24.5米宽、双向四车道的一级公路标准设计建设，设计速度80公里/小时。项目投资7000万元。于2016年2月开工。建设单位为黄冈市阳枫线黄州段改建工程项目部，施工单位为黄冈市楚通路桥工程建设有限公司，监理单位为湖北博达公路工程咨询监理有限公司，设计单位为武汉综合交通研究院有限公司。

【318国道英山县城区段改建工程开工】 10月19日，318国道英山县城区段改建工程正式开工。项目起自英山县城东侧莲花村，与318国道平交，向北经王家坳、莲花山至河东村，跨东河后经黄泥岗村、张家畈村，接201省道。路线全长7.3公里，按一级

公路标准建设，宽23米，双向四车道，预算投资1.8亿元，工期30个月。开工后，主要进行路基桥涵工程施工，全年完成货币工程1200万元，完成总工程量的10%。

【英山县219省道红英线杨柳大桥危桥改造工程开工】 6月，英山县219省道红英线杨柳大桥危桥改造工程开工建设。改造新建桥长330.08米，桥宽15米，上部结构采用13×25米预应力混凝土预制连续T梁，下部结构桥墩采用圆柱式桥墩，基础采用桩基础，桥台采用轻型柱式台，基础采用桩基础。桥梁投资3042.6万元。计划于2020年5月完工，工期23个月。2018年完成20根桩基础及施工便道、通行便道，完成货币工程量400余万元。

【325县道长岭至张家咀公路开工】 3月，325县道长岭至张家咀公路开工建设。325县道长岭至张家咀公路是英山县通往安徽省金寨县的省际公路，是黄冈市与安徽省六安市签订《大别山革命老区交通运输发展合作协议》协定的建设项目，纳入市级、县级"十三五"交通运输发展规划。路线全长12.5公里，起于英山县石头咀镇刘家咀村，止于安徽省金寨县长岭乡西界岭村。项目升级改造将促进英山县与金寨县经济发展，进一步带动沿线群众脱贫致富。该项目按二级公路标准进行改建，设计速度40公里/小时，路基宽度8.5米，路面宽度7米，改建后路线全长10.92公里，估算投资8400万元。2018年完成路基工程施工7公里、桥涵6座，余下4公里全面启动清表工作，完成货币工程量3500万元，完成总工程量的50%。

【英山县梅沙线开工】 7月，英山县梅沙线开工建设。梅沙线起于英山县温泉镇梅岩村，与318国道相交，止于陈家河村赵家湾，与安徽省太湖县X056罗莲线对接。路线全长9.2公里，路面宽度6米，路面面层结构为22厘米厚水泥混凝土路层，基层结构为2层，分别是18厘米水泥稳定碎石

上基层和20厘米石砒垫层。路基工程基本完成，桥梁工程基本完成。完成路基挖方20万立方米，填方5万立方米，完成货币工程量1700万元，完成总工程量的51%。

（夏彬）

【318国道罗田县城至三里畈段一级公路开工】 11月12日，318国道罗田县城至三里畈段一级公路项目正式开工。项目起于罗田县客运中心与发展大道交叉口处（界河大桥），终于三里畈镇温泉村，全长18.75公里，按照一级公路标准建设，概算投资4.8亿元。2018年开工后，主要进行三里畈新桥施工。

【228省道河铺至松子关段改扩建工程完工】 12月，228省道河铺至松子关段改扩建工程完工。项目起于湖北省与安徽省交界处松子关，途经脱甲岭、黄泥畈、胜利镇、新昌河，止于对面垸，顺接麻阳连接线河铺八里畈村。项目建设分为3个标段，路线全长36.86公里，全线设桥梁16座816米，涵洞174道，平面交叉57处，全线涉及胜利与河铺2个乡镇20个行政村，建设周期24个月。项目建设业主为罗田县公路管理局，监理单位为湖北科成公路工程监理有限公司，施工单位为罗田大别山路桥工程建设有限公司。

【323省道河铺鳡鱼咀至七娘山段改扩建工程】 项目起于罗田县与英山县交界处七娘山，途经黄石河、干塘角、大地坳、牌形地、河铺镇、贺家冲社区，止于河铺镇澉鱼嘴。路线全长61.84公里，全线分4个标段，项目建设业主为罗田县公路管理局，监理单位为广东协立工程咨询监理有限公司，施工单位是罗田大别山路桥工程建设有限公司。2018年完成3、4标段河铺鳡鱼咀至牌形地24.37公里路基路面建设。

【大河岸至七娘山旅游公路开工】 4月，大河岸至七娘山旅游公路开工建设。该项目是交通运输部水毁修复项目，起于大河岸石井头与武英

连接线 T 型交叉口，途经大河岸、白庙河、九资河 3 个乡镇，止于七娘山，与 323 省道相连接。路线全长 37.93 公里，采用路基宽度 8.5 米、路面宽度 7.0 米的山区二级公路标准建设。概算投资 3.66 亿元，建设工期 36 个月。分两步实施，路基工程由涉路 3 个乡镇组织实施，2018 年完成路基总工程量的 70%。

【县道骆驼坳至土桥段公路改建工程完工】 12 月，县道骆驼坳至土桥段公路改建工程全部完工。项目起于骆驼坳镇骆驼坳中学，与 318 国道平交，经学堂村、傅家冲村、夏家坳村，终于土桥村。路线全长 5.23 公里，采用路基宽度 8.5 米、路面宽度 7 米的三级公路标准建设。概算投资 1069.12 万元，建设工期 12 个月，于 2018 年 4 月开工建设。

【县道两河口至李家楼公路改建】 项目起于凤山镇两河口村，经覆船山村、昔阳冲村、李家咀村、长塘坳村、李家坪村，终于李家楼村街道尽头。路线全长 12.5 公里，采用路基宽度 8.5 米、路面宽度 7 米的三级公路标准建设。概算投资 2386.39 万元，建设工期 12 个月，2018 年完成总工程量的 90%。

（黄俊）

咸宁市

【武汉至深圳高速公路嘉鱼北段】 12 月 26 日，武汉至深圳高速公路嘉鱼北段建成通车，标志着武汉至深圳高速公路湖北段全线贯通。武汉至深圳高速公路咸宁市境内路段由嘉鱼北段 20.65 公里、嘉鱼至通城段 90.97 公里、通城至界上段 23.81 公里 3 段构成，路线长 135.43 公里。嘉鱼北段上接武汉段，下连嘉鱼至通城段，是武汉段 33 公里和嘉鱼至通城段之间的连接路段。通城至界上段于 2014 年 10 月建成通车，嘉鱼至通城段于 2016 年 8 月建成通车，武汉段于 2017 年 12 月通车。嘉鱼北段于 2017 年 7 月开工建设。

【嘉鱼长江公路大桥】 咸宁（嘉鱼）长江公路大桥起点接武汉城市圈环线高速公路洪湖段终点，桥位北岸为洪湖市燕窝镇团结村，距离下游燕窝镇约 5.5 公里，南岸为嘉鱼县新街镇，终点接武汉城市圈环线高速公路咸宁西段。长江大桥主体大桥（包括主桥、滩桥、跨堤桥、近堤端引桥等）4690 米，其中主桥长 1650 米，采用高速公路标准建设，设计速度 100 公里 / 小时，路面宽度 33.5 米，双向六车道。项目总投资 31.4 亿元。2018 年完成投资 13.79 亿元，累计完成投资 23.79 亿元，占总投资的 75.6%，南岸和北岸 2 座主塔索塔塔座、下横梁及下塔柱施工完成，计划于 2019 年 11 月建成通车。

【赤壁长江公路大桥】 赤壁长江公路大桥起自洪湖市乌林镇水府村，在廖家墩跨越长江，止于赤壁市赤壁镇普安村，全长 11.20 公里，其中长江大桥 3350 米、洪湖侧接线 2.71 公里、赤壁侧接线 5.14 公里。全线采用双向六车道一级公路标准建设，设计速度 100 公里 / 小时，路基宽度 33.5 米（桥梁不含布索区）。桥涵设计荷载等级为公路—Ⅰ级，其他技术指标按《公路工程技术标准》(JTG B01—2014) 执行，并预留远期按高速公路运营管理条件。2018 年完成投资 8.94 亿元，占总投资的 27.6%，计划于 2020 年底前建成通车。

【107 国道咸安绕城段开工建设】 7 月 26 日，107 国道咸安绕城段正式开工建设。项目起于贺胜桥镇，与 107 国道江夏段对接，终点位于汀泗桥镇双港桥桥头，与 107 国道赤壁段对接。路线全长 36.84 公里，其中改建 1.9 公里、新建 34.94 公里。按双向四车道一级公路技术标准建设，设计速度 80 公里 / 小时，路基宽度 26 米。总造价 13.99 亿元，采用"建养一体化"模式建设，建设工期 36 个月，养护期 60 个月。中交第四公路工程局有限公司为中标施工单位，河北路桥技术开发有限公司为中标监理单位。2018 年完成投资 2.6 亿元。

【咸宁大道西延伸段开工建设】 7 月 26 日，咸宁大道西延伸段正式开工建设。项目起于咸宁大道与嫦娥大道交叉处，经金鸡岭、张家湾、与规划二路平交，至程益桥村附近接规划四路。全长 6 公里，路基宽度 29 米，按双向六车道一级公路兼顾城市主干路标准建设，设计速度 60 公里 / 小时，总造价 4.15 亿元，采用"建养一体化"模式建设，建设工期 36 个月，养护期 60 个月。中交第四公路工程局有限公司为中标施工单位，河北路桥技术开发有限公司为中标监理单位。2018 年完成投资 1.5 亿元。

（蔡霖）

【崇阳县交通运输中心】 项目位于人民大道与西外环交汇处，规划占地 150 亩（10 万平方米），内设一级客运站、城市公交总站、公路养护应急中心、机动车检测中心、加油加气站、充电站等主要交通运输服务设施，项目投资 1 亿元。项目完成勘察设计工作，完成 100 亩（6.67 万平方米）土地平整工作。

【崇阳县港口客运站】 项目位于 246 省道崇阳县港口乡小东港村村委会处，按三级客运站标准设计，占地面积 11390 平方米，主站房建筑面积 2177.2 平方米，停车场面积 5770.7 平方米，可满足日发量 2400 人次，项目投资 1300 万元。项目完成站前道路、主体建筑 2 层，完成投资 1000 万元。

【清水百果园旅游公路】 项目起于 246 省道铜钟乡清水村，止于青山镇磨刀村，接森旺公司旅游公路。路线全长 10.5 公里，拟按路基宽度 6.5 米、路面宽度 5.5 米的四级公路标准建设，项目投资 1500 万元。项目路基工程完工，完成投资 1000 万元。

【362 省道崇阳县高枧至老虎洞公路新建工程】 项目起于崇阳县青山镇盘山村沈家，终于崇山县与通城县交界处的天井埫。路线全长 12 公里，采用路基宽度 8.5 米、路面宽度 7 米的二级公路标准建设，投资约 1 亿元。项目完成立项批复，在开展施工图设计工作。

【106 国道崇阳县花山至黄龙段改扩建工程】 项目起于崇阳县天城镇花山村，终于 106 国道与杭瑞高速公路石城连接线平面交叉处。路线全长 16.6 公里，其中改扩建路段 11.9 公里、新建路段 4.7 公里，全线采用路基宽度 24.5 米、设计速度 80 公里 / 小时的一级公路标准建设。项目投资 2.5 亿元。全线征地工作基本完成，完成路基土石方工程 5 公里，路基、桥涵全面开工建设，完成投资 1.2 亿元。

【106 国道崇阳县桃树窝至浮溪桥段改扩建工程】 项目起于崇阳县与通山县交界处的桃树窝，止于天城镇浮溪桥，路线全长 22.7 公里。全线采用路基宽度 24.5 米、设计速度 80 公里 / 小时的一级公路标准建设，项目投资 4.54 亿元。项目完成立项批复。

【崇阳二桥改造】 崇阳二桥位于 106 国道花山至谢家坳段，跨陆水河，桥梁全长 287 米，改造后桥面宽 24.5 米，桥梁上部结构采用 7 跨 40 米预应力混凝土 T 形梁，下部结构采用柱式墩台、桩基础，项目投资 5000 万元。完成梁场征地、平整及相关设备购置、施工准备等工作。

【359 省道崇阳县石家祠至王秀英公路改建工程】 项目起于路口镇石家祠，止于崇阳县与赤壁市交界处的王秀英，路线全长 25.5 公里。其中石家祠至柳林段 8.3 公里、柳林至后沙坪段 8.7 公里 (利用段)、后沙坪至王秀英段 8.5 公里，实际建设里程 16.8 公里。全线采用路基宽度 8.5 米、路面宽度 7 米、设计速度 40 公里 / 小时的二级公路标准建设，项目投资 1.5 亿元。该项目完成后沙坪至王秀英段路基 8.3 公里；石家祠至柳林段 8.5 公里完成征地工作，正在开展路基土石方施工。

【高枧至中山公路改建工程】 项目起于高枧乡高枧桥头，止于与江西省接壤的小山界，路线全长 12.8 公里，按二级公路标准建设，路基宽度 8.5 米、路面宽度 7 米，项目投资 9763 万元。沥青路面完工通车，正在开展标志、标线及安全防护、绿化等附属工程建设。

【桂花泉至神口公路改建工程】 项目是崇阳国家森林公园桂花景区公路的一段，路线起于武深高速公路崇阳互通连接线熊家堤处，止于南山林场场部，平交黄石公路，路线全长 19.5 公里。采用二级公路标准建设，路基宽度 8.5 米，路面宽度 7 米，项目投资 1.5 亿元。完成路基工程 8 公里，完成投资 2000 万元，剩余路段按建设程序正在开展施工图设计工作。该项目因国家森林公园景区规划未确定，暂停施工建设，待规划确定后再纳入建设计划。

【葵山至盘山农村公路改建工程】 项目起于金塘镇葵山，与 246 省道成 T 形相交，终于青山镇盘山村，与 259 省道相接，路线全长 15 公里。采用路基宽度 8.5 米、路面宽度 7 米、设计速度 40 公里 / 小时的二级公路标准建设，项目投资 8956 万元。已完成沥青路面工程 5 公里。

【浪口大桥至葛仙山公路改建工程】 项目起于崇阳县浪口大桥西桥头，终点至崇山县天井埚接 361 省道，路线全长 16 公里。按路基宽度 8.5 米、路面宽度 7 米的二级公路标准建设，项目投资 1 亿元。该项目于 8 月完成沥青路面工程并通车，按高标准要求建设完成公路安全防护、标志、标线、绿化等附属工程。

【二环线 (石城至黄土塝段) 改建工程】 项目起于石城集镇，止于桂花泉集镇，路线全长 13.9 公里。按路基宽度 8.5 米、路面宽度 7 米的二级公路标准建设，总投资 9865 万元。该项目路基、桥涵工程全面完工，正在开展路面施工准备工作。

【沙坪至堰市公路改造工程】 项目起于沙坪大桥南桥头，止于崇阳县与通城县交界处的堰市，路线全长 6.5 公里，主要建设内容为旧路基处理、路面改造、绿化与交安设施等工程，项目投资 1500 万元。该项目已完工通车。

【仙坪至桂花泉公路】 项目起于三山村刘家门，途经下堂、灯盏坡，止于仙坪，路线全长 9.48 公里。采用路基宽度 6.5 米、设计速度 20 公里 / 小时的四级公路标准建设，项目投资 2000 万元。该项目路面工程全面完工，计划开展路肩培土及安全防护工程施工。

【路口镇田铺至田心公路大修】 项目起于路口镇田铺村，沿田铺至田心老路进行改造，路线全长 4 公里，主要改造内容为旧路面大修，项目投资 400 万元。该项目已全面完工。

【国省道干线路面大修】 246 省道大源岭至界上段、洪下段等国省道进行路面大修，大修里程 20 公里。主要内容为路面改造刷黑、交安设施等，总投资 4300 万元。已完成 106 国道白霓至天城段旧路面处理 8.3 公里、沥青路面施工 5 公里，完成投资 4000 万元。

【"交通厕所"】 新建、改建厕所 9 座，其中改造升级厕所 7 座、客运站厕所 4 座、公路沿线厕所 5 座；新建界头塘停车区厕所和佛岭停车区厕所 2 座。项目投资 300 万元。该项目中的县客运站、短途站、白霓客运站、路口镇站、翠竹岭服务区、通衢养护中心、佛岭停车区、肖岭客运站等 8 座厕所完工，界头塘停车区厕所在建中。

【天成物流园二期工程】 项目位于迎宾大道与金城大道交汇处，规划占地 250 亩（16.67 万平方米），计划建成吞吐能力 400 万吨/年的冷链仓储、农副产品加工、物流等项目，投资 1.6 亿元。该项目完成楼房主体结构及剩余部分土地征用及三通一平工作。

【沈家墩至大岭公路改建工程】 项目起于港口乡塘口村沈家墩，止于铜钟乡大岭村，路线全长 25 公里。全线采用路基宽度 6.5 米的四级公路标准建设，项目投资 8824 万元。该项目完成全线简易路基土石方工程、龙泉山风景区大岭村地段 15 公里沥青路面铺筑及边沟等。

（杨亚男）

随州市

【随州市浪河至何店一级公路】
随州市浪河至何店一级公路起于编钟大道与麻竹高速公路交叉口的王家冲，在邓家咀接263省道，对接汉十高速公路何店互通立交出口，全长7.29公里。预算投资51271万元，施工工期24个月。建设单位为随州市交通投资建设有限公司，监理单位为广东协立工程咨询监理有限公司，施工单位一标为中铁二十局集团第一工程有限公司、二标为京山市路桥建设有限公司、三标为随州市九易通路桥工程有限公司。至2018年底，项目路基土石方及主线桥涵下部结构全部完成，累计完成投资3亿元。

【随州市桃园大桥】　随州市桃园大桥位于随州市区北部，是桃园路㴇水河上的控制性工程，线路东接交通大道，西接播鼓墩大道。桃园大桥设计行车速度60公里/小时，荷载等级为城—A级，设计安全等级一级。设计基准期100年。桥梁结构设计使用年限100年，设计洪水频率1/100。全长322.45米，桥宽26米，桥面按双向六车道设计，即行车道21米、两侧人行道各2.5米；桥梁两端与河堤、沿河大道立交，且东堤采取"喇叭口"道路互通形式。桥梁上部结构

采用(3×35+3×35+3×35)米预应力混凝土连续小箱梁，下部结构桥墩为双悬臂门式墩，桥台采用U形台，墩台基础为桩基础。选用悬索桥型，桥梁装饰结构为(35+70+35)米悬索结构，桥面以上桥塔高19.2米。估算投资3966万元，资金来源为部省补助资金和地方自筹资金。至2018年底，下部结构基本完成，预制箱梁25片，累计完成货币工作量2500万元，占总计划的63%。计划于2019年10月完成大桥主体工程。

【武汉城市圈环线高速公路广水段】　项目起于杨寨镇以东粉铺湾附近，与麻竹高速公路交叉，设置杨寨东枢纽互通立交，在广水市太平镇以东设置太平互通立交连接太王公路，经竹林湾进入孝昌县境。广水市境内里程13.92公里。项目按高速公路标准建设，设计速度100公里/小时，四车道标准，路基宽度26米。投资预算82486.64万元。至2018年底，全线征地、清表工作完成，路基基本完成，正在进行主体桥梁建设和部分路段培基硬化工程。

（关文）

潜江市

【247省道汉江大桥至潜江渔洋一级公路】　项目起点对接潜江汉江大桥，止于监利新沟大桥，全线50.67

公里，概算投资13.21亿元。至2018年底，完成汉江大桥至318复线段11.2公里路面工程、总口至渔洋段5.5公里老路面改造。

【318国道一级公路改造】　318国道深江站至徐魏台、周矶至丫角一级公路改造全长34.09公里，其中改线新建3.55公里，概算投资6.27亿元。至2018年底，完成深江站至徐魏台段路面施工7.3公里、周矶至高场段路面施工5.85公里、浩口街道段路基填筑5.6公里。

【泽口港区综合码头改造】　潜江港泽口港区综合码头建设项目是全省"十二五"港口建设重点项目之一，该项目新建4个1000吨级泊位，其中杂货泊位1个、通用泊位1个、散货泊位2个，年设计通行能力290万吨，其中杂货泊位通行能力34万吨、散货泊位通行能力256万吨。同步建设相应的生产、辅助生产建筑，配备相应的装卸、运输机械设备和供水、供电设备。概算投资4.03亿元，需征用土地272.25亩（18.15万平方米）。至2018年底，完成4个泊位前沿水工建筑施工及后方堆场征地拆迁工作，并与武汉新港建设投资开发集团有限公司签订合作协议。

（何洞强）

农村公路建设

【武汉市】　2018年，全市建成通村公路282公里、县乡产业路71公里，完成提档升级工程路基460公里、路面226公里。江夏区被评为省级"四好农村路"示范县（区），黄陂区完成申报工作。组织开展首批示范乡镇创建，经市级评审后推荐黄陂区祁家湾街、姚家集街，江夏区山坡街、湖泗街4个乡镇创建示范乡镇。各区《县道网规划(2018—2030年)》《乡道网规划(2018—2030年)》分别获市政府、区政府批复同意。

（王志）

【十堰市】　2018年，全市农村公路建设完成投资20.5亿元。其中，完成县乡道二级公路17公里，完成投资1.96亿元；完成县乡道改造100公里，完成投资4亿元；完成村级公路新改建1447公里，旧路提档升级1897公里，完成投资14.2亿元；完成新建农村公路桥梁1219延米，完成投资0.31亿元。至2018年底，十堰市农村公路总里程25853.71公里，其中县道2286.51公里、乡道6478.20公里、专用道75.94公里、村道17013.06公里。全力实施农村公

路"百千万"工程，即改造县乡道100余公里、建设通村公路1000余公里、完成农村公路安全生命防护工程1.2万公里。坚持建管护运，精心打造"四好农村路"精品工程。坚持上下联动，市财政每年安排一部分资金，采取"以奖代补"的形式支持农村公路建设，各县（市、区）政府出台加快推进农村公路建设政策文件，并多方筹措配套建设资金，加快打通农村公路"最后一公里"。健全管理机构，加强保障，建立市有农村公路管理办公室、县（市、

区)有农村公路管理部门、乡镇有专兼职管理机构的三级农村公路管理体系，农村公路管理经费全额纳入地方财政预算，加强机构、队伍、经费保障。以"村村通客车"为抓手，因地制宜推行区域化整合、公司化经营、个性化预约等多元化的城乡客运模式，开通农村客运班线 300 余条、客车 1500 余辆，行政村客车通达率 100%。

（杨林松）

【宜昌市】　2018 年，全市计划农村公路建设规模 1500 公里，实际完成建设 1958 公里，占年度目标的 130%，为省厅计划的 189%。全市农村公路硬化率 79%，撤并村和 20 户以上自然村通畅率分别为 87%、73%。全市提档升级建设计划 1286.5 公里，全部完成，完成率 100%。行政村双车道率提升 13 个百分点，达到 65%。全市农村公路安全防护工程目标任务 6812 公里，全部完成，完成率 100%。全市农村公路危桥改造项目 24 个，完成 18 个，秭归县 6 座危桥改造尚未完工。"美丽宜道"首期工程完成 187 公里。

（许来）

【荆州市】　2018 年，全市完成农村公路提档升级和新建 2000 公里，打造美丽乡村路 1000 公里，完成公路安全生命防护"455"工程 3000 公里。江陵县、荆州区命名为全省"四好农村路"示范县，荆州市"四好农村路"创建工作获奖励资金 1600 万元。在农村公路建设中，荆州市交通运输部门强化全域"四好"理念，实现县县有规划，年年有计划，示范创建有重点，"四好"创建有氛围。荆州市"四好农村路"建设三年攻坚行动方案决定在"十三五"后三年，全市完成新改扩建农村公路 3000 公里，所有县（市、区）达到省级示范县标准；创建 5 个省级示范县，创建 8~10 个省级示范乡镇，力争创建 1~2 个"四好农村路"全国示范县。该方案按照"农村公路网络化、养护管理全面化、路容路貌

生态化、城乡客运一体化"思路，结合美丽乡村规划、村庄规划、全域旅游规划，构建路网结构优化、体制机制顺畅、安全保障有力、生态环境优美、运输服务优质的农村交通运输服务体系。重点实施"五大工程"即实施提档升级工程，完成新建任务 1000 公里；实施公路安全保障工程，完成农村公路安全生命防护"455"工程 7000 公里，安全隐患排查率、治理率 100%；实施农村公路管养工程，做到县乡两级农村公路管理机构设置率 100%；实施美丽农村路创建工程，每年建成 1000 公里美丽农村路；实施运输服务提升工程，确保农村客运班线"开得通、留得住"，乡镇、建制村通客车比例达到 100%。

公路建设中，将全市 371 个精准扶贫村的通村公路建设、安全防护工程、危桥改造和中小修工程均纳入计划范畴，科学编制扶贫公路建设计划。与地方政府协调、配合，争取建设资金和政策支持。各单位对标对表摸排扶贫公路建设中存在的问题，制定措施，及时整改。建立健全扶贫公路项目台账，加强交通扶贫基础工作和信息报送，实现任务清单化、进度数字化、成效可视化，较好地完成年度扶贫公路各项任务。计划优先安排扶贫村主要及重要路段通村公路提档升级，优先安排 20 户以上自然村通村公路建设、优先安排乡道和通客车通村公路安全防护工程建设、优先安排危桥改造等"四个优先"。6 月 4 日，荆州市交通运输局开展农村公路提档升级项目调研，将农村公路提档升级项目向贫困村延伸、向贫困人口覆盖，增强贫困村脱贫内生动力，让群众出行和农产品外运更加便捷。至年底，全市完成扶贫村通村公路 169.2 公里，贫困村通村公路达 2366 公里，惠及贫困人口 10 万多人。督促指导各地建立完善贫困村客运长效运营机制，松滋市以新江口至洈市客运班线为试点，推行农村客运公交化改造。洪湖市出台农村客运公交化发展实施方案，以"一线、一片、一公司"为单位，对新堤到汉河线片区 16 台车

实行公交化改造。

（王昌福）

【黄冈市】　2018 年，全市农村公路完成县乡道改造 282 公里、通村公路 1195 公里，农村公路提档升级路基 2435 公里、路面 2097 公里，安全防护 4229 公里。浠水县创建全省"四好农村路"示范县，全市创建黄梅县五祖镇等"四好农村路"示范乡镇 6 个。获省政府正向激励资金 1200 万元。

（夏彬）

【咸宁市】　2018 年，全市完成新改建县乡道 64.7 公里，农村公路提档升级工程 1432.5 公里，为年度目标的 286.5%。建设公路安全生命防护"455"工程 4054.6 公里，为年度目标的 209.3%，实现"四年任务两年完成"。完成农村公路危桥改造 20 座，为年度目标的 100%，创建美丽农村路 600 公里。崇阳县获评全省"四好农村路"示范县。围绕强化乡村基础设施建管养水平、完善农村公路治理体系，在崇阳县、嘉鱼县建立县乡村三级农村公路"路长制"管理制度，落实农村公路管理主体责任，形成农村公路管理长效机制。

（蔡霖）

【随州市】　2018 年，全市完成新改建农村公路 545.8 公里，完成提档升级工程 387.2 公里（按路基不低于 6.5 米、路面不低于 5.5 米标准），创建完成美丽农村路 200 公里，完成农村公路安全生命防护"455"工程 678 公里，危桥改造 15 座，助推脱贫攻坚和乡村振兴战略实施。同时，按照省交通运输厅要求推行农村公路建设"八公开"制度，一次性交工验收合格率达 98% 以上。至 2018 年底，随州市农村公路里程 8874 公里，其中县乡道 4607 公里、村道 4267 公里，实现所有乡镇和行政村通沥青（水泥）路，干支相连、镇村直达、对接循环的区域公路网络基本形成。

（关文）

旅游公路建设

【十堰市】 12月，经十堰市政府同意发布《十堰市环库沿库生态旅游公路规划(2018—2030年)》。《规划》明确以汉江、堵河、金钱河为轴线，环绕丹江口水库、黄龙水库、潘口水库、金钱河水库改造规划建设环库沿库生态旅游公路，该规划辐射十堰市所有行政区。环库沿库生态旅游公路建设涉及较多产业部门，全市上下树立"一盘棋"思想，整合资源，集中力量，全力推进规划实施，将环库沿库生态旅游公路建成生态路、景观路、文化路、产业路，支撑十堰市全域旅游发展。

2018年，十堰市交通运输部门按照环库沿库旅游公路和库区联络线、亲水支线3个层次以及环库沿库公路服务设施布局进行规划建设，路线总规模2000公里，其中环库沿库生态旅游公路主线1300公里、亲水支线700公里。为使公路主体工程路线和线位选择充分展现全市水域风光旅游价值的同时，又严格保护自然环境，环库沿库1300公里主体线路全部利用现有国省干线和县乡道，没有任何新建线路，只对其中118公里三级以下公路进行二级路改造；同样对700公里县乡道亲水支线进行等级路改造，通过设置支线方式连接亲水观光平台。环库沿库生态旅游公路主线和支线串连56个景区，影响51个乡镇，连接2个特色小镇、10个重点镇，有效连通旅游、农产品生产和加工、工业、养生、体育及住宿、餐饮等产业。

（杨林松）

【荆州市】 环洪湖公路。4月26日，洪湖市单体投资最大旅游项目环洪湖公路动工，环洪湖公路投资34.82亿元，全长104.41公里，起于螺山，止于瞿家湾，分为环湖东线、环湖北线以及环湖南线。该环湖公路兼具防灾减灾、休闲旅游等多种功能，是践行"绿水青山就是金山银山"发展理念的新实践，是促进人与自然和谐发展，推动洪湖全域旅游产业发展的新样板。

沪渝高速公路八岭互通工程。5月15日，荆当旅游公路与沪渝高速公路相接的沪渝高速公路八岭互通工程正式开工建设。该互通工程采用双向两车道匝道、3进5出的设计，出口连接线与荆当旅游一级公路平交，主线长1365米，路基宽度41.5米，互通连接线道路全长2546米，路基宽度16.5米，项目投资1.2亿元，计划工期16个月，由湖南路桥建设集团有限责任公司承建。该互通工程建成后，将有利于打通荆州文化旅游区通行沪渝高速公路的快速通道，促进荆州旅游经济发展。

松滋卸甲坪至洈水水库旅游公路改建工程。12月18日，松滋卸甲坪至洈水水库旅游公路改建工程开始进行测量放线，至年底，完成测量放线、施工设计、承建单位及监理确定等前期工作。该旅游公路全长29.4公里，按二级公路标准建设，投资5.23亿元，由荆州市交通运输局按"建养一体化"

标准统一实施。该旅游公路是松滋市旅游发展轴线的重要组成部分，项目起于卸甲坪乡曲尺河温泉度假村，止于洈水镇龙华园，与拟建松滋市环洈水水库旅游公路平交。项目建成后，卸甲坪乡到洈水镇路程时间缩短，极大地方便沿线居民与外来旅客交通出行，为松滋争创国家全域旅游示范区提供良好的交通硬件设施。

318国道荆州段改扩建工程。318国道荆州段改扩建工程全长52.19公里，由于改扩建工程紧邻长湖、海子湖和庙湖水域，且穿越大半个纪南生态文化旅游区，该路段建成后将成为荆州风景最美的一条道路。至年底，该项目进入路面路基、桥梁施工。

（王昌福）

【孝感市】 2018年，孝感市观音湖至清凉寨、观音湖至龙潭湖孝昌段、双峰山至木兰景区群、汉川横堤至茶棚、孝昌丰山至邹岗、赵棚至接官红色旅游公路等7条旅游线路开工建设。

（来宾）

【仙桃市】 编制通过环排湖风景区旅游交通概念规划方案，持续推进建设环排湖旅游交通体系。455省道仙桃市胡场至郭河公路改建工程完成路基10公里、路面2公里；仙桃市剅河至排湖公路改建工程完成路基7公里、路面7公里。

（归烨）

交通建设和质量管理

【交通基本建设管理】 完善相关制度。出台《湖北省公路工程造价管理实施细则》《湖北省绿色公路建设技术指南》《湖北省普通国省道交通厕所标准化设计手册》《湖北省美丽

公路经济带建设指南(试行)》，制定《湖北省公路工程施工分包管理实施细则》等管理办法和技术指南，加强工作指导，做到有章可循。

推进前期工作。除建成通车的6251

公里高速公路外，在建高速公路项目中初步设计审查审批1598.2公里，其中，批复项目33个1211.6公里，审查、待批复项目9个386.6公里（完成省内预审、报部审批国高网高速公路项目4个

103.4公里、工程可行性报告尚未核准项目4个240.5公里、审查未报批项目1个42.7公里);施工图设计批复项目33个1195.9公里,为项目建设奠定基础。

提升审批服务效率。通过投资项目在线监管平台办理交通建设项目审批,完成枣潜高速公路襄阳北段等14个项目设计审批、施工许可等,实现"一网申报、一网办理、一网公开、一网监督"目标。

组织市(州)交通运输部门及有关从业人员,参加新版《公路工程标准施工、勘察设计、施工监理招标文件》《标准设备采购招标文件》《标准材料采购招标文件》《国家公路网命名编号调整》《公路交通安全交安设施设计规范》《湖北省绿色公路建设技术指南》等3个批次500人次宣贯;开展评标专家在线培训,提高从业人员业务水平,推动制度有效落实。

(苏德俊)

【交通基础设施建设市场管理】 加强建设市场督查。按照"双随机、一公开、差异化、全覆盖"等要求,采取专项督查和综合督查相结合的方式,通过工程质量专项督查,加强工程材料、产品抽检力度,实现全省公路水运工程质量监督覆盖率100%;通过综合督查,对在建的7座长江公路大桥和武深嘉鱼北段等高速公路重点项目开展市场准入、招投标管理、信用体系建设、分包管理、质量安全等方面督查,紧盯发现的问题,督促整改,提升管理水平。开展质量安全专项整治。根据交通运输部统一部署,开展公路交通标线质量控制专项整治、公路隧道建设工程质量安全专项整治行动,集中整治、有效消除公路建设过程中的质量突出问题和重大安全隐患,提升公路交通安全保障能力。加大招投标监管力度。利用电子招投标手段,通过电子投标文件生成的机器码识别,完成对中交远洲交通科技集团有限公司等10家企业围标串标行政处罚并通报,形成震慑,净化建设市场。加强交通建设招投标市场监管。联合湖北省公共资源交易监督管理局,编制并发布2018年湖北省公路水运工程勘察设计、施工、

监理招标文件示范文本及高速公路机电维护、养护施工招标文件示范文本,降低招标人、评标专家评分不公平、不公正和明显倾向性等廉政风险。

突出重点,完善信用交通建设。组织信用评价考核。组织开展设计、施工、监理信用评价,2018年有334家企业参与湖北省交通信用等级评价,其中设计企业39家(评定结果AA级10家、A级26家、B级3家),高速公路施工企业38家(评定结果AA级9家、A级28家、B级1家),普通公路施工企业186家(评定结果AA级26家、A级141家、B级16家、C级3家),水运港航施工企业17家(评定结果AA级5家、A级10家、D级2家),监理企业54家(评定结果AA级1家、A级42家、B级11家),另外,有1020名监理工程师参与评价,其中32人因失信行为扣分。完善奖惩机制。在公路水运设计、监理、检测招标文件中将相应的评价结果纳入信誉评分,2018年针对河南森泰园林景观工程有限公司等4家公司相互串通投标行为,按照行政处罚双公示和联合惩戒要求,在信用中国网站予以公布,营造"一处失信、处处受制"的诚信氛围。信用信息系统应用。应用建设市场信用信息系统,加强对从业单位日常管理,将有关结果应用到信用等级评价中,增强从业单位守信意识。

创新发展,助推"交通强省"建设。打造绿色示范公路。以交通运输部第一批绿色公路建设典型示范工程麻竹高速公路大悟段为建设重点,紧扣"生态优先、绿色发展"理念,带动各市(州)、各参建单位在鄂咸高速公路、保神高速公路、丹江口市环库绿色公路、327省道京山三阳至钟祥张集段等项目上开展绿色公路建设,以点带面,推动绿色公路发展。麻竹高速公路大悟段通过设计优化、技术创新,做好永临结合、边坡修复、土地集约利用、弃渣处理、新能源利用等,打造"融合地域文化、内在安全耐久、外在美观舒适、优在和谐环保"的绿色公路,并于11月向交通运输部提交创建总结。创建"品质工程"。以高质量发展为理念,注重功能与效益有机结合,先后制定《湖北省公路

水运品质工程示范创建工作方案》《湖北省公路重点工程攻关行动试点方案(2018—2020年)》,以长江大桥、雅口航电枢纽为重点,组织25家建设、施工单位,在16个在建重点项目,开展桥梁上部结构现浇(预制)及安装质量提升等七大品质工程攻关行动。推进交通"厕所革命"。根据省政府"规划先行、统筹协调、分类指导、科学治理、精心实施"要求,先后印发《湖北省交通"厕所革命"专项规划(2018—2020年)》《湖北省普通国省道交通厕所标准化设计手册》《湖北省普通国省道厕所通用图》等,制定交通厕所验收标准,按照3年内完成260座普通国省道沿线交通厕所建设及提升改造工作目标,加大督办协调力度,2018年完成127座,达到年度目标(85座)的150%。

做好服务,营造良好发展环境。加大协调服务。针对当前建设中存在的土地审批难、地材供应紧张和价格飞涨等突出问题,通过调研,向厅领导建言献策,收集其他省份好经验,争取省政府重视和支持,为项目建设营造良好环境。加大指导服务。先后完成阳新、大悟、孝昌等地交通扶贫专项督查,十堰、神农架等地"四大攻坚战"专项督查等,在检查督办的同时,注重调研指导,在发现和提出问题的同时,提出一些针对性的建议,推动问题解决,推进工作进展。

(苏德俊)

【交通建设造价管理】 造价审查。严格依据现行规范标准,从项目造价文件编制依据的合法性、工程数量的准确性、技术经济指标的合理性等方面进行认真细致的造价审查。2018年,厅造价站全年审查各类项目造价文件104项次。高速公路项目11个12项次,其中,工程可行性研究报告3项次、初步设计6项次、施工图设计3项次;国省道项目26项次,其中,初步设计12项次、施工图设计14项次,包括普通国省道应急养护、灾害治理、桥梁隧道维修项目15项次;高速公路专项工程项目59项次;水运工程项目1项次;信息建设工程项目3项次,基建项目2项次。上报金额5521753万

221

元，审查金额 5363232 万元，核调金额 158521 万元，其中核增项目 11 个，核增金额 4149 万元，核调比例 2.87%。为推进公路造价从业单位信用评价工作，根据《湖北省交通基本建设项目造价文件审查规定（试行）》有关规定，厅造价站对送审造价文件及编制单位进行评分评价。全年发布造价审查简报 4 期，对促进造价文件编制单位提高编制水平起到积极作用。

定额管理。开展湖北省高速公路养护工程预算编制办法及配套定额修编工作，完成定额及编制办法修订初稿。开展省内公路工程预算补充定额基础资料收集及定额编制工作，完成嘉鱼长江公路大桥节段箱梁预制预算补充定额初稿，编制完成 10 个相关定额子目。深入项目加强调研，主动收集在建项目中新技术、新工艺、新材料的基础资料。2018 年，利用武汉军山长江大桥钢箱梁裂缝维修、UHPC(超高性能混凝土) 桥面铺装改造工程，多次与项目管理、设计、施工单位对接，收集该项目定额基础资料，条件成熟时将推进该项补充定额的编制工作。配合交通运输部路网中心完成高速公路养护运行经费的调研工作，收集上报 18 个高速公路项目管理公司近 100 份反馈表格；配合交通运输部路网中心完成《公路养护工程量清单及计量规范》调研工作。

信息化管理。完成 12 期湖北省交通建设工程主要材料生产厂（场）价格信息收集、分析及发布工作，结合地材价格快速上涨现状，实地走访多家地材生产厂家及公路项目建设工地进行核实；向交通运输部水运工程造价定额中心报送 4 期水运工程材料价格信息报表；完成湖北省交通建设工程材料价格信息系统的运行及维护工作，及时上传、更新厂家信息数据和材料价格信息。

造价管理及调研。按照交通运输部《公路工程造价管理暂行办法》要求，结合湖北省管理实际，省交通运输厅发布《湖北省公路工程造价管理实施细则》，厅造价站适应新形势，开展造价监督和备案工作的探索。参加省交通运输厅组织的湖北省高速公路项目综合市场督查工作，完成对武穴长江公路大桥、

棋盘洲长江公路大桥、武深高速公路嘉鱼北段等项目计量支付、设计变更等方面的造价督查工作。开展"两项备案"前期准备工作。调研部分在建项目的项目管理模式以及交竣工情况，对"两项备案"依据文件、备案前置条件以及需要进行备案内容进行收集、整理，收集宣鹤高速公路土建部分合同文件。

（周振）

【交通工程质量监督】 高速公路监督。2018 年对全省在建高速公路重点工程进行质量综合督查 3 次、质量保证体系专项督查 4 次、桥梁工程质量专项督查 2 次、隧道工程质量专项督查 2 次、路面工程质量专项督查 2 次、防护排水工程专项督查 1 次、原材料及工程实体质量专项抽查 3 次、预制梁板等专项治理专项督查 3 次、巡视检查 2 次。涉及 86 个施工合同段、49 个监理合同段，覆盖全部参加的施工单位。通过督查，发现质量隐患逾 1200 个，经项目建设单位组织参建单位整改，对质量隐患进行销号处理，有效保证工程质量。对不符合要求的原材料及工程实体加大跟踪督办力度。经统计，清退处理不合格钢筋、水泥、外加剂等原材料 23 批次，报废处理预制梁板 12 榀，返工标线单线逾 40 公里，返工应急车道路面单幅近 10 公里，有效把住质量关口。综合全年督查情况，对质量综合督查和专项督查涉及的 66 个施工合同段、37 个监理合同段进行督查量化排序，未发生质量责任事故。对路基、路面、桥梁、隧道、交安等实体工程中涉及 74 项指标和钢筋、水泥、沥青、集料、钢绞线、支座、锚具、夹片等原材料进行抽查和检测，全省在建公路重点工程监督抽检（含交工）数据 345232 个(组)，总体合格率 94.38%。完成武深高速公路武嘉段、麻竹高速公路大悟段、武汉城市圈环线高速公路孝感南段、硚孝高速公路(1、2 合同段)、武深高速公路嘉鱼北段、沙公高速公路、棋盘洲连接线等 7 条高速公路交工检测、验证性检测等相关工作。在全国率先编制交工质量验证性检测管理试行办法，明确工作流程、检测项目和频率，并对 5 个项目实施交工验证性检测，保证部令在

湖北省第一时间落地实施。

水运工程监督。全年组织水运工程质量综合督查 2 次和专项检查 11 次，下发质量督查通报 4 份，质量抽查意见通知书 11 份。强化交竣工质量检测检验检查工作，完成汉江碾盘山至兴隆段航道整治工程、武汉新港三江港区综合码头一期工程、蕲春港管窑港区管窑作业区物流综合码头工程水工建筑物交工质量核验。完成黄石港阳新港区富池作业区富江公用码头工程和武汉新港白浒山港区左岭作业区煤码头扩建工程质量监督手续办理。完成交通运输部安排的《航电枢纽工程质量交(竣)工核验(鉴定)验收不合格项清单》编制工作。全省在建水运工程整体实体质量保持较高稳定水平，全年质监机构和监理单位抽检质量数据 64823 个(组)，总检测合格率 96.9%，比上年上升 0.2 个百分点。

普通公路监督。全年对蔡甸至汉川城关公路汉川段、省道分当线钟祥汉江公路二桥、348 国道沙洋汉江公路二桥及 247 省道潜江汉江大桥 (第二施工标段 K2+900—K5+360) 等 4 个直接监督项目，组织质量安全综合督查 1 次和质量专项督查 8 次，印发督查通报 5 份。组织第三方试验检测机构对省道分当线钟祥汉江二桥、蔡甸至汉川城关公路汉川段等项目开展交工前质量检测及交工验证性检测等相关工作。上、下半年组织 3 个督查组分别对全省 17 个市(州)34 个在建普通公路工程项目进行质量安全综合督查，印发督查情况通报 2 份。组织各市(州)交通质监机构和第三方试验检测机构，对全省 17 个市(州)普通公路工程项目，开展工程实体质量抽查 2 次，印发抽查情况通报 1 份。全省各级交通质量监督机构认真部署，开展各类巡视督查、专项督查、综合督查，全年干线公路监督抽检数据 150357 个(组)，合格数据 143869 个(组)，总体合格率 95.7%，比上年下降 0.1 个百分点；农村公路监督抽检数据 52196 个(组)，合格数据 48504 个(组)，总体合格率 93.0%，比上年下降 1.7 个百分点，全省在建普通公路工程实体质量继续保持较高水平。

222

既有高速公路改扩建工程监督。对军山长江公路大桥维修加固工程、随岳高速公路汉北河大桥加固工程、沪渝高速公路新建八岭互通等3个既有高速公路改扩建工程项目，组织质量安全综合督查2次和质量专项督查5次，印发督查通报4份。参与完成军山长江公路大桥维修加固工程及汉洪高速公路小军路分离式立交工程竣（交）工验收、随岳高速公路汉北河大桥加固工程项目交工验收工作。

资信管理。完成25家监理企业资质延续换证和4家监理企业资质定期检验工作；完成63家监理企业、141个工程项目、164个监理合同段、1075名监理工程师2017年度信用评价工作。完成保神高速公路等12个重点项目480余名监理人员岗前考核工作。对6家监理企业进行双随机检查。

试验检测管理。完成3家等级检测机构等级评定。开展检测机构能力验证（比对试验），涉及全省87家公路水运工程试验检测机构、122家重点工程工地试验室，对比对试验结果为"不满意"的13家检测机构和工地试验室做出暂停相应参数试验、限期整改、年度信用评价扣分等处罚。开展对检测机构"双随机"检查，抽查等级检测机构12家，其中3家机构因技术、质量管理等方面存在较大缺陷要求限期整改。完成90家等级检测机构、358个工地试验室（含现场检测项目）、约3000余名检测人员2018年度信用评价工作。

（沈磊）

【厅重点办工作】 2018年，重点办做好全省高速公路攻坚战统筹管理、协调督办等工作，建立健全常态化、制度化的宏观调度、监督检查、督办考核机制；第一时间召开高速公路攻坚战动员会，印发三年攻坚任务书；实施精准协调服务，对进展滞后项目下发督办函，协调解决许多长期制约项目建设的重难点问题，高速公路项目建设总体推进正常。

高速公路投资目标全面完成。宣恩至鹤峰高速公路、武汉四环线高速公路北四环线（武湖至吴家山段）以及石首长江公路大桥、青山长江公路大桥等在建项目加快推进，建设进展总体顺利。全年高速公路完成投资348亿元，占年度目标的112%，超额完成年度310亿元投资目标任务。

计划建成项目正常推进。武汉城市圈环线高速公路孝感南段、武深高速公路嘉鱼北段建成通车。沙公高速公路观音垱至杨家厂段、公安公铁两用长江大桥建成，推进房建等收尾工程；棋盘洲长江公路大桥连接线除1处下穿铁路桥310米外主体工程基本完工。全省新增高速公路里程116公里，总里程达到6368公里。全省已建和在建高速公路7611公里。为做好高速公路建设，主要措施如下：

（1）突出重点，强化目标刚性。以落实"全省交通系统三年四大攻坚战"决策部署为契机，做好顶层设计和统筹谋划，明确将实现7500公里通车里程和全面实现"县县通高速"为重中之重的工作目标，树立"党建引领，全力打好高速公路攻坚战"的工作思路，确定续建项目每月巡视、社会投资项目重点督办、拟开工项目实时跟踪的工作方式。在抓好在建高速公路项目投资目标、进度目标的同时，重点督促涉及"县县通高速"目标的保康至神农架高速公路、洪湖至监利高速公路、宣恩至鹤峰高速公路等项目建设推进情况，通过与建设单位、施工单位联合开展党建活动为载体，明确目标，坚定信心，助推项目推进。印发《湖北省高速公路三年攻坚任务书》，分年度明确建设任务、明确相关责任主体、明确工作要求、明确时间节点，确保高速公路项目有充足、合理的建设周期。

（2）精准督导，督促目标落实。针对在建高速公路项目，对照各项目建设目标和进度计划，每月深入工地一线进行现场督办，月底定期汇总、分析各项目投资完成情况，通过约谈投资人后方公司领导、厅领导现场督办、召开专题督办会议等系列措施，推动项目施工组织计划、投资目标的落实，促进项目朝着既定目标正常推进。针对拟开工高速公路项目，对照年初下达的拟开工项目时间节点和阶段任务，实时跟踪项目前期工作情况，督促相关责任单位加快完成相关专题审批、项目核准及设计批复，督促地方政府及时开展挖沟放线、征拆工作，督促建设施工单位提前进场开展驻地建设、场站建设等施工准备工作，为项目实质性开工做好准备。针对制约项目推进的难题，从深层次、矛盾根源去找准制约推进问题的实质，通过实施精准的督导解决制约难题，确保全年高速公路投资任务、开工目标、建成目标的落实。

（3）主动作为，协调制约难题。为确保高速公路项目建设正常推进，重点办主动服务，真心实意帮助项目解决实际困难和问题，为项目推进扫清障碍、赢得时间。协调省直相关单位，加快拟开工高速公路项目核准要件及相关专题审查审批进程，采取发函、厅领导带队上门沟通等方式商请省生态环境厅加快环评专题审查批复。协调铁路管理部门，给省政府专题汇报请求协调武汉铁路局支持全省高速公路项目涉铁交叉建设，建立与武汉铁路局、省铁路办沟通联系机制，解决高速公路跨铁路制约问题。协调地方政府，督促保障项目建设环境，加快拟开工项目前期工作，督促加大征迁协调工作力度，限期解决征地拆迁中的突出问题，保障项目建设正常推进。协调厅相关处室及直属单位，争取涉及行业审查审批事项高效办理，涉及行业管理事宜及时解决，为项目推进提供优质服务。

（4）加强沟通，及时通报动态。为保证项目建设动态、需解决的主要问题等信息及时高效沟通，重点办建立检查通报机制，强化主要问题整改、重要时间节点落实、目标完成情况考核通报。采取紧急事项和特殊情况专报、严重滞后项目旬报、全省高速公路项目月报、每半年全省通报的督办通报机制。分别向保康至神农架高速公路、洪湖至监利高速公路下发《重点项目督办函》；向省政府金融办、相关银行等部门和单位多次去函协调老河口至谷城县高速公路融资工作；召开全省高速公路建设推进会，通报全省高速公路项目推进情况，对推进较好的市（州）给予表扬，对未完成目标任务的市（州）点名批评，并要求上报整改措施。

（左小明）

交通基础设施养护和管理

【高速公路养护】 全年各路段投入养护资金 20.62 亿元。着重抓好道路技术状况评定工作，各单位均按要求完成道路和桥隧技术状况年度评定，为养护决策提供科学依据。探索建立养护监管激励新机制。推行养护技术状况定期检测机制，约谈没有达到养护标准的单位，挂牌督办上年检测连续 5 公里 PQI（公路路面使用性能指数）小于 90 的高速公路路段和三类及以上桥梁、隧道。完成军山长江大桥超高性能混凝土组合桥面施工。出台高速公路隧道养护管理工作制度、除雪保畅技术指南、隧道出入口交通安全设施通用图设计，推广养护"四新"技术应用。开展养护施工企业信用评价工作，规范高速公路养护市场秩序，湖北省交通投资集团有限公司鄂西北公司、随岳高速公路管理处、鄂西高速公路管理处在年度行业大检查中排在前列。

提高养护管理水平。印发《湖北省高速公路 2018 年养护补短板暨路况大提升"三年行动"方案》，明确养护管理工作阶段性目标任务 11 条、要求 4 条，各项主要工作圆满完成。完成管理处专项工程招标统一采购工作，对 2018 年汉十、鄂西、武黄、黄黄高速公路管理处专项工程以及军山长江大桥养护加固工程进行统一采购，并对专项工程实施进行督查。落实交通运输部关于提高预防性养护比例达到总里程 8% 的要求，落实"8·10"事故后交通运输部对隧道入口交通安全设施要求。国高网标志标牌调整是全国"一盘棋"，同步整改。开展养护检查和检测工作，除组织路面技术状况检测外，对标线进行抽检，按标线质量控制统一要求，分步骤开展标线检测、整改工作。约谈 2017 年路况不达标 11 家单位负责人，对 2017 年高速公路技术状况未达标路段、桥梁、隧道进行挂牌督办，要求被挂牌路段整改后各项技术指标达到厅颁养护标准，年底检查上述挂牌督办基本完成整改。加强养护管理检查力度，采取每条路段徒步行走 2 公里方式，对全省所有路段进行详细检查，对检查结果进行评分和排名，对落后单位和突出问题进行通报，提出整改要求。年底对所有高速公路管理单位进行综合检查，并进行通报和表彰。

做好高速公路技术状况评价工作。完成公路抗滑性能和桥梁、隧道、标线检测评定工作。全省高速公路路面平均 PQI 值 93.76，比上年 93.5 环比上升 2.8%。抽检桥梁均为二类桥，大岩坝隧道上行线、天池岭隧道上行线、楚阳隧道上行线为二类隧道，需要挂牌整改。加强养护市场管理，依托省交通运输厅信用评价系统，组织完成 2017 年度高速公路养护施工企业信用等级评价工作，获 AA 信用等级企业 29 家、A 信用等级企业 13 家、B 信用等级企业 2 家，并进行公布。严格按程序和要求开展养护项目招投标管理和涉路工程管理。完成交通运输部 2017 年度路面和桥梁监测迎检工作，对全省高速公路路面和随岳高速公路管理处汉江桥进行抽查检查，路面主要检查 G42 高速公路下行全线，总体检查情况较好。6 月 6 日至 7 日，开展全省高速公路桥梁养护工程师培训，全省高速公路经营管理单位桥梁养护工程师及相关技术人员 140 余人参加培训。

（熊万全）

【高速公路服务区】 结合服务区管理实际，推进"厕所革命"工作，进一步完善服务区标准化建设体系，加快服务设施升级改造，全面提升全省服务区管理水平和服务质量，完成年初确定的各项目标任务。至 2018 年底，全省开通运营 107 对服务区、32 对停车区。全年投入 7000 多万元，完成 97 座高速公路服务区厕所改造。在首届全国高速公路服务区"920"美食评鉴会中，仙桃服务区"沔阳三蒸"和潜江服务区"龙虾荟萃"获评"最佳菜品"，湖北省高速公路管理局获首届活动优秀组织单位奖。

推进服务区"厕所革命"。抓好高速公路"厕所革命"工作总设计，印发《关于开展全省高速公路服务区"厕所革命"工作的通知》《湖北省高速公路服务区"厕所革命"工作方案》，2 月组织编制高速公路"厕所革命"专项规划和行动方案，明确总体目标，强化组织领导，细化工作责任，制定目标完成时间。健全高速公路"厕所革命"标准规范体系，3 月在充分征求服务区管理单位意见基础上，借鉴国家旅游厕所标准和交通运输部服务区服务质量等级标准，制定《湖北省高速公路服务区厕所等级标准》《湖北省高速公路服务区厕所服务质量管理标准》，印发《湖北省高速公路星级服务区创建管理办法》《湖北省高速公路服务区星级厕所考核评定实施办法》。5 月印发《关于统一湖北省高速公路服务区公共厕所图形标志的通知》。6 月印发《关于湖北省高速公路服务区实施"公厕长"制的通知》，在全省服务区厕所推行"公厕长"管理。建立健全现场督导和通报约谈机制，对"厕所革命"进行全面督导和过程控制。

提高服务区服务能力。组织服务区经营管理人员参加中国公路学会服务区经理（主任）培训班、服务区高级经理培训班、服务区工作年会、外省服务区学习等。10 月 29-31 日，在武汉组织 2018 年度全省高速公路服务区经营管理培训，提高服务区经营管理人员战略视野和管理素养，提升服务区服务能力和服务水平。塑造服务区经营服务品牌，组织服务区经营管理单位参加全国高速公路服务区"920"美食评鉴会，开展湖北"荆楚行 湖北情"系列比赛活动，通过竞赛预演，广告策划，挖掘服务区菜品文化，借国家级菜品烹制之机，向全国展示湖北服务区经营品牌，树立湖北省高速公路窗口形象。通过第三方暗访，半年检查，专项检查，随机抽查、问题督查等方式，科学、多维度、全方位评价高速公路服务区的服务质量。第三方暗访结果显示，全省服务区服务质量 6 月暗访平均分为 83.05 分，10 月暗访平均分为 89.4 分。

（彭城）

【普通公路养护】 全省公路部门把"公路养护精细管理年"活动作为全年工作主线，贯穿公路养护管理工作始终，着力在推动养护工程精细化、日常养护精细化、桥隧管养精细化、站场建设精细化、养护作业精细化、服务保障精细化等方面做文章、见实效，取得较好效果。

抓质量，实施好公路养护工程。贯彻落实交通运输部《公路养护工程管理办法》，把工程质量安全作为第一根本，遵循决策科学、管理规范、技术先进、优质高效、绿色安全原则，把好设计质量关、施工质量关、验收质量关，规范实施好公路养护工程。实施好路面改善工程，突出全寿命周期理念，按照"一调查、两分析、三方案"要求，注重工程质量，提升工程耐久性，实现工程内外品质全面提升，全省实施养护大中修工程1105公里，为计划的155%。实施好公路安全防护工程，公路部门发挥技术优势，加强服务指导，全力推进公路安全生命防护"455"工程建设，全省完成公路安全生命防护工程27078公里，为确保目标(2万公里)的135%。实施好危桥改造工程，加强危桥改造工程专项指导督办，对下达计划的项目确保按照既定时间节点完成，全省完成乡道及以上危桥改造318座，为年度目标(169座)的188%，完成村道危桥改造366座，为年度目标(320座)的114.4%。实施好地质灾害整治工程，委托有资质、有经验的单位进行地质勘查和方案设计，多方案比选，加强质量管控，全省完成地质灾害整治工程179公里，完成投资6267万元。

抓整改，全面加强日常养护管理。围绕日常养护管理检查考核中发现的问题，抓好督促整改工作，全面提升国省干线服务保畅水平。加大公路巡查力度，加强路基养护、过境路段排水设施整治，加强不良地质路基坍塌、滑坡等灾害的防治和抢险工作，提升公路安全保障水平。做好桥梁日常巡查和经常检查工作，完善桥梁附属设施，全面建设检修步道，规范设置新升国省道桥梁标志标牌。按照交通运输部《关于开展公路隧道安全风险防控专项行动的通知》的要求，加强隧道日常养护工作，建立隧道风险台账

和基础数据库，督促完成隧道入口段行车安全隐患整改。按照交通运输部《关于开展国家公路网命名编号调整工作的通知》要求，加快推进普通国省道桩号传递工作，完成公里碑、百米桩更换见新工作。全面排查干线公路路面上的线条、箭头、文字、立面标记、突起路标和轮廓标等公路标线，按照标准规范施划，确保公路标线完整、规范、清晰。加强内业规范管理，按照"国检"标准，健全完善日常养护管理制度、基础图表、巡查信息、检查督办、督促整改等资料，形成规范、闭合的内业管理体系。

抓验收，加快推进养护设施建设。加快推进养护站场建设，制定公路养护管理站和养护(应急)中心考核评定工作方案，采取"县级申报、市州验收、省局考评"方式，组织开展验收考评工作，促进普通国省道养护基础设施升级改造。充分利用管养设施，整合资产、资源、资金，加快推进普通国省道服务设施建设，完成普通公路服务区及停车休息区188个，为计划总数的83%。加快推进"交通厕所"建设，组织开展普通国省道"厕所革命"三年攻坚行动，建成"交通厕所"165座，为年度计划的194%。

抓安全，提升公路服务保障能力。按照"管行业必须管安全、管业务必须管安全、管生产经营必须管安全"原则，加强责任意识、风险意识、担当意识、保护意识和警醒意识，做好养护工程实施、养护企业生产经营安全监督管理工作，规范养护作业区布设，合理制定养护保通方案，加大养护安全隐患排查治理，提升养护工作安全保障水平。抓好国省道交接养，在上年工作基础上，组成工作专班到各地开展问题调研、指导和督办，加快推进各级部门审查、审批工作，加快普通国省道交接养工作，完成宜昌、十堰、咸宁、随州、仙桃、天门、潜江等地国省道第一批接养项目初验工作。至12月底，市(州)公路部门审核同意上报接养里程9239公里，占接养里程的63.82%；市(州)公路部门审核同意上报移交里程7551公里，占

移交里程的91.97%。贯彻落实"以人为本、安全至上，生态环保、资源节约"理念，推广应用养护"四新"技术，解决老路资源浪费较大、技术指标采用不够合理、部分桥隧方案比选不充分、方案不合理等突出问题。

抓创新，切实做好典型示范创建。试点"路长制"，在孝感市和咸宁市崇阳县试点先行，坚持"政府主导、属地管理，坚持问题导向、因地制宜，坚持依法管理、严格执法，坚持强化监督、严格考核"原则，探索建立"政府主导、部门参与、多方配合、齐抓共管"的公路发展长效机制。试点实时监测系统建设，在神农架林区试点先行，通过整合、扩展、提升各信息化平台数据资源，实现普通国省道重要桥梁、隧道、重点路段实时监测覆盖率100%。试点智能化养护管理系统建设，在潜江市试点先行，依托信息化手段，构建公路智能化养护管理信息模块，实现公路养护管理信息化、智能化和集约化，最大程度降低养护管理成本，提高养护管理工作效率和养护资金使用效益。试点第三方养护考核机制，在黄石市试点先行，依托养护季度考核开展，通过公开招标方式，择优选择有经验和资质的公路监理(检测)单位，对各县(市、区)普通国省道日常养护管理工作进行第三方检查考核。

抓指导，推进"四好农村路"攻坚战。到浙江湖州学习调研"美丽公路"和"四好农村路"建设，协助完成调研报告，报省政府转各地学习贯彻。印发《湖北省美丽农村路创建活动实施方案》，结合乡村振兴战略实施和美丽乡村建设，组织开展农村公路路域环境整治，打造美丽农村路。加快推进"四好农村路"示范县创建活动，评选出2017年度"四好农村路"示范县12个。印发《湖北省"四好农村路"示范乡镇建设实施方案》，以点带面，全面推进"四好农村路"建设。督促各地"四好农村路"工作纳入各级政府目标考核体系。编制湖北省地方标准《农村公路工程技术标准》，9月20日开始实施，提升农村公路项目

工程建设质量。开展 2018 年农村公路建设项目质量检测工作，委托第三方专业检测单位，对全省 2500 公里农村公路建设项目进行质量抽检，检测指标主要包括路面宽度、厚度、水泥路面混凝土强度、结构物混凝土强度、路基防护工程等，检测结果与 2019 年农村公路切块规模挂钩。

（吕厚权　杨志刚）

【航道养护】　全省境内可通航航道 293 条，航道里程 9065.88 公里（含境内长江航道 1038 公里，下同），通航里程 8665.2 公里。境内长江、汉江和江汉运河为国家规划的水运主通道。汉江航道里程 867 公里，其中丹江口大坝坝下 617 公里航道规划等级为Ⅲ级、坝上 250 公里航道规划为Ⅳ级，实施管养里程 802 公里；江汉运河全长 67 公里，规划等级为Ⅲ级。2018 年全省列养航道里程 2622.5 公里，其中一类养护里程 665 公里、二类养护里程 937.7 公里、三类养护里程 1019.8 公里。

湖北省汉江航道严格执行《中华人民共和国航道管理条例》《中华人民共和国航道管理条例实施细则》《中华人民共和国航标条例》《内河通航标准》《内河航道维护技术规范》等法律法规和技术规范，通过实施"一办法""两标准""一书"多措并举，形成统一高效的养护管理常态，打造航道养护文化品牌。印发《湖北省汉江及高等级航道应急抢通专项资金管理办法（试行）》进一步规范应急抢通工作，确保专项资金合理合规使用；通过不断完善《汉江文明示范航道创建标准（试行）》，开展文明示范航道创建，加强航道日常养护管理，改善通航环境，促进全省航道管理水平提高；委托专业机构编制《湖北省内河航道、通航建筑物日常养护费用标准》，进一步规范预算管理和成本核算依据，提高全省内河航道维护管理科学化、规范化和透明化，促进内河航运可持续发展；完成《湖北省内河航道养护管理白皮书》，梳理全省内河航道养

护管理需求、剖析汉江航道养护管理中存在的突出问题，同时为社会各界了解、支持和监督湖北航道养护管理工作提供依据。

针对汉江不同航段等级标准，严格按照养护计划落实养护管理工作，基本保证全年航道维护尺度满足维护标准要求。加强航道巡查，做到勤探勤测、改槽及时、驻守重点；充分利用部、省补助的应急抢通资金，对枯水期汉江襄阳—沙洋航段容易出现浅滩碍航的情况，及时高效开展浅滩疏浚工作；运用网站水情公告、QQ 和微信群平台等多种形式，及时向社会公众通报汉江航道水位、水深情况。汉江航道整治建筑物主要集中在襄阳—皇庄河段及河口—汉川河段，按照《内河航道维护技术规范》要求，主要对建筑物尺寸、水流状况、功能、缺陷等进行检查，利用省财政安排的地方航道整治经费，对水毁较严重及对航道影响较大的 47 处建筑物进行修复。

（何静）

市州公路养护及改革

【武汉市】　2018 年，全市公路养护部门开展公路病害歼灭战和持久战，蔡甸区对重点路段进行专人专项巡查处置，黄陂区实行养护目标责任制，江夏区创新管理站站长与职工双向选择机制，其他各区及养护所在路面灌缝、绿化补植、绩效考核等方面有措施、有成效。推进公路扬尘污染防控，加强养护巡查与路面清洁。争取区政府资金用于国省道路面损毁修复，全年完成 106 国道新洲区京广线、105 省道蔡甸区蔡城线、318 国道黄陂区沪聂线、112 省道东西湖区舵朱线、321 省道汉南区汉仙线等大中修项目 61 公里。加强桥梁养护管理，对全市桥梁安全运行进行全覆盖检查，完成国省干线危桥改造 6 座。推进公路安全生命防护"455"工程建设，加大隐患路段整治力度，完成安全生命防护工程 1070 公里。开展"厕所革命"行动，

黄陂区建成"交通厕所"1 座。推进站场建设，建成 230 国道新洲公路综合服务区以及 6 个公路停车区。35 座交调站点基本建成，初步实现全市国省道交通流量观测全覆盖。全年拆除非公路标牌 439 块，清理路面堆积物 695 处、占道经营 2019 处。

（王志）

【十堰市】　基础管理。全市公路管养里程 3670.61 公里，其中国道 1049.56 公里、省道 2621.05 公里。规范公路养护管理站场建设，建成公路服务区 6 个、停车区 24 个、中心管理站 35 个，其中 2018 年建成公路管理站 8 个。全市规划的 8 个养护（应急）中心，建成城区西沟、郧阳区杨溪、竹溪龙王垭、竹山潘口、丹江口市城区、房县军店养护（应急）中心 6 个，郧西五龙河养护（应急）中心主体工程

完工，正在完善配套设施中，武当山特эл元和观养护（应急）中心正在协调征地手续。规范桥隧养护管理，城区小峡沟桥、千字沟桥，竹山县拨鱼沟桥、竹溪县塘坊沟桥危桥改造全部完成；房县梅花山大桥正在进行桩基施工。86 座隧道口安全防护工程全部完成。做好"十三五"国省道接养和移交工作，至年底，全市接养国省道 1707.46 公里，为计划任务的 80.1%；公路移交全部完成。完成国省道安全生命防护工程项目前期设计工作，年计划 771.53 公里全部完成，累计完成 1454.29 公里。

示范创建。2018 年全市完成"一路一站"创建"畅安舒美"示范路 350 公里，全市"畅安畅美"示范路实现 1100 公里目标，沿线创建标准化公路养护管理站 18 个、停车港湾 30 个、观景台 60 个，整治修缮养护作业点 20 个，全路段绿化全覆盖。

抢修复建。全市集中精力处治上年秋季特大水毁路段，按照"先急后缓、先易后难"原则，分步实施重建工作。完成水毁修复资金 2.64 亿元，占整个修复工程量 4.1 亿元的 65%，大部分水毁路段按照修复设计方案基本完成，有效保障公路安全畅通。对通过大修争取计划的项目，纳入 2019 年第一批灾毁重建项目向省公路管理局申报。全市申请灾毁重建路段 59.161 公里待批。对于 41 处需要采取综合地质灾害整治措施处治的灾害点，完成全部灾害点专项勘察设计并上报省公路管理局审查，总投资 1.46 亿元。为确保公路运营安全，各县（市、区）重点地质灾害整治项目陆续开工，部分灾害点处治完成。

春运保通。全市连续发生全域性降雪 5 次，国省道多处发生积雪、冰冻，对春运工作造成不利影响。公路管理部门加强应急处置工作力度，密切关注天气变化，提前做好物资储备工作，每一次降雪发生，养护、路政人员及时赶赴现场，开展除雪防滑工作。利用信息监控中心，紧盯全市 20 多处高山高寒路段，第一时间掌握公路运营状况。一线养护人员利用撒布车等机械，播撒融雪剂，确保一般路段积雪不过夜、高寒路段过夜不结冰，提高除雪防滑应急保通工作效率。整个春运期间，全市国省道除雪防滑投入机械台班 982 个、人员 9497 人次，融雪剂 193 吨、防滑料 125 吨，警示标志标牌 244 块，没有发生一起因国省道积雪结冰而造成的交通中断。

（杨林松）

【宜昌市】 2018 年全市大中修计划 106.83 公里，完成 102.52 公里。公路安全生命防护"455"工程计划建设 351.26 公里，完成 274.26 公里。危桥改造 14 座，其中续建项目远安沮河二桥完工通车、下牢溪桥完成梁板吊装；2018 年危桥改造计划 12 座，完成危桥改造 5 座、在建 3 座。危隧改造续建项目 4 座，夷陵区木鱼槽、天柱山、黄山洞 3 座危隧改造基本完工，兴山灵老爷危隧改造在建中。地质灾害治

理项目 4 个，其中续建项目 2 个、新建项目 2 个，续建项目长阳县 318 国道榔坪段由国土部门治理中、秭归县 255 省道杨林段在施工中；新建项目秭归 348 国道链子崖段完工，城区分局 348 国道将军岩段基本完工。养护站标准化改造项目 12 个全部完工，其中续建项目 3 个、新改造项目 9 个。服务设施计划项目 17 个，其中续建项目 3 个、新建项目 14 个，完工 14 个、在建 3 个。计划新建"交通厕所"10 座，建成 7 座、在建 3 座。

（魏松）

【荆州市】 2018 年，全市公路养护里程 23496.12 公里，其中国省干线养护里程 1871.08 公里。普通公路桥梁 3942 座 109812.86 延米，危桥 1100 座 26658.06 延米。国省干线公路停车区 11 个，停车位 222 个。

公路养护。开展"公路养护精细管理年"活动，实行月度巡查、季度通报制度，进一步规范基础图表、巡查日志，内业资料准确闭合。完成境内国省道移交工作，基本完成新升国省道接养公路的公里碑、百米桩更换见新。荆监一级路大修纳入"建养一体化"第三批项目包。完成松滋南海大桥、洪湖排水河大桥、监利新沟大桥等桥梁改造和预防性养护，完成 351 国道松滋段等 8 处水毁路段治理。推广旧水泥混凝土共振碎石化技术等"四新"技术，倡导"零借方、少弃方"，统筹土石方调配，实现填挖平衡。加强公路建设期污水处理和扬尘控制，建设工地裸露泥土和砂石覆盖防尘网。开展普通公路服务区建设，推进"厕所革命"，建成洪湖汊河、公安麻豪口等 9 个综合服务区、6 个标准化公路站及 12 座"交通厕所"。"建养一体化"3 个项目包 26 个项目中，开工 15 个项目并建成 1 个。

养护改革。主动对接"十三五"规划中期调整方案，第一个公路 PPP 项目 207 国道公安县埠河至南平段改建工程、351 国道沙公高速杨家厂互通至黄金口段开工建设；推进 221 省道石首市城区至桃花山段、428 省道

荆州区朱家岭至李埠段等 49 个项目前期工作，完成规划内一二级公路项目工程可行性批复 48 个、初步设计批复 36 个，"十三五"公路项目全部进入实施阶段。出台《荆州市普通公路"建养一体化"实施方案》和《普通公路"建养一体化"建设管理办法》，总投资 107 亿元的 3 个项目包实施，3 家央企参与建设，26 个项目中 15 个项目开工并建成 1 个，"建养一体化"工作经验在全省交流。推行"路长制"，全年落实养护配套资金 5070 万元。

（王昌福　郑娅莉）

【鄂州市】 实施路面病害处治工程，及时采用微表处、铣刨、冷补材料、稀浆封层、压浆和精表处等新技术、新工艺、新机械等，对 316 国道、106 国道、铁贺线、阳枫线等路面早期轻微病害、坑槽、翻浆等及时进行修补、罩面。全市完成整修路肩 285330 平方米，清理边沟 240050 米，转运路肩堆积物 4057 立方米，清扫路面 3775 个工日；投资 2022.5 万元，完成坑槽修复 65765.5 万平方米。严格程序抓规范养护，坚持"日保畅通无阻、周保修补及时、月保设施完善、季保检测达标、年保目标考核"养护传统，严把养护质量关，杜绝修补面层出现脱落、松散。实施安全防护修复工程，开展专项排查，对被损毁的安防设施及时修复，对必须安装防护栏、轮廓标或安装不符合规范要求的进行完善、整改。完成省道阳枫线破板约 1700 平方米、106 国道破板 3286 平方米、沼山街破板 1598 平方米修复，投入资金约 200 万元。委托葛洲坝集团勘测设计有限公司对全市国省干线公路安全防护工程实施第三方监理，确保安全防护工程质量。建立机制抓桥梁养护，桥梁工程师制度落实到位，突发事件预案齐全，开展桥隧经常检查、定期检查和特殊检查，检查记录规范完整。全市国省干线公路无四、五类桥梁，完成 316 国道东港桥、批林港桥和 257 省道车湾港桥支座更换。

（张昭）

【孝感市】 坚持养建并重、质量为先的原则，提升公路管养水平和服务功能。在全省率先实施"路长制"，印发实施市、县、乡三级工作方案，全市明确各级路长 1521 名，其中市级路长 7 名、县(市)级路长 48 名、乡镇级路长 180 名、村级路长 1286 名。建立市领导包保责任制，市领导通过协调督办，带动各级路长履行巡查、处置、督查职责。孝感市、孝南区、孝昌县各级路长联合带队，在黄孝线、王杨线沿线开展多次大规模路域环境专项整治行动，成效明显。全市确定 316 国道、347 国道、210 省道等示范线路 8 条，按照"五减五增"要求，设立"路长制"公示牌 237 块，制作悬挂宣传标语 83 处，修复路面坑槽 5 万余平方米，修整路肩 1091 公里，补划标线 288 公里，更新各类公路标志牌 948 块，清理非公路标志牌 723 块。各条示范线路初步达到"安全、通达、净美"要求。开展公路养护精细管理活动，牢固树立"365"和全寿命周期养护理念，加大日常养护力度。全市修补坑槽 5.8 万平方米，灌养缝 45 万延米，清理边沟 190 公里，修整路肩 830 公里。投入公路绿化资金 180 万元，完成绿化补植新植 7.2 万株，绿化 12 公里。根据全省公路服务区、停车区、"交通厕所"总体安排部署，狠抓站场建设工作。全市计划建设停车区 4 个，全部完成；服务区 1 个，完成建设；改造站房 5 个，完成 4 个、在建 1 个；国省道"交通厕所"三年规划 14 个，其中新建 4 座，累计完成 11 座、在建 1 座；交调站计划 22 个，全部完成。加快绿色交通建设，全面完成船舶污染防治、岸线资源清理整顿工作。推广废旧路面材料回收利用、橡胶沥青同步封层等"四新"技术成果应用于公路养护，路面旧料回收率及循环利用率达 100%。推动市域范围内城市公共交通、道路运输、水路运输企业使用清洁能源和新能源运输装备。

（来宾）

【黄冈市】 全市公路部门开展"公路养护精细管理年"活动，从养护内业管理精细化、公路日常养护精细化、养护工程管理精细化、桥梁养护精细化等方面布置和落实，普通公路养护质效全面提高。国省道路况检测综合 PQI 值 88.7，与上年相比有大幅提高。针对不同季节养护特点推进机械化养护，养护作业规范化、安全化。加强路面、桥梁日常养护和预防性养护，完成水泥路面清灌缝 100.71 公里、沥青路面清灌缝 547.29 公里、水泥路面修补板 11.75 公里、沥青路面修补坑槽 2.35 万平方米、边坡修整 182.93 万平方米、路肩平整 511.81 万平方米，完成"畅安舒美路"创建 231 公里，完成路基标准化养护 329 公里。全市更新(更换)29 座桥梁伸缩缝，其中 9 座桥梁采用无缝伸缩缝新工艺。完善 288 座桥"四牌一步道"设置。

不断完善农村公路管理和养护长效机制，推动设立农村公路乡镇管理站和村级护路员。黄州、浠水、蕲春 3 县(区)率先实现县乡村三级农村公路管理全覆盖。实行专群结合，设立公益性岗位 760 个，推选 520 个贫困户参与日常养护，为农村公路配备"路管家""路保姆"、实行"定路段、定人员、定标准、定责任"。推行"路长制"，开展清路面、清路肩、清边沟、清路障、清环境"五清"行动，实施农村公路治超专项治理。

（夏彬）

【咸宁市】 2018 年，咸宁市公路养护以"全域美丽国省干线"创建为抓手，以"公路养护精细管理年"为重点，完成公路养护综合投资 3.75 亿元，实施灾后重建项目 44.1 公里，大修 34.04 公里、中修 11 公里，公路安全生命防护"455"工程 332.16 公里，危桥改造 9 座，完成日常养护投资 1 亿元。完成 209 省道咸安、通山段，353 国道通城段，358 省道通山段等大修项目；351 国道赤壁段、208 省道崇阳段等中修项目。落实日常养护管理考核办法，推进日巡、月检、季查、年评工作，增强养护积极性和主动性。及时处置裂缝、翻浆、坑槽等病害，修整路肩、边沟、涵洞，完善公里碑、百米桩、道口桩、桥梁信息牌，国省道桩号传递工作基本完成。推进 330 省道安醉线、102 省道武嘉线精表处等预防性养护，赤壁构建"互联网+"预防性养护模式。在国省道接养、路况水平整体被拉低的压力下，通过推进分类养护工作，全市路况仍然大幅提升，PQI 值达到 89.96，路况检测排名全省第二。实施公路安全生命防护"455"工程，增设大量波形钢护栏、钢筋混凝土护栏、诱导标、凸面镜、反光标、警示警告牌。一批四类危桥得到整治，与铁路部门沟通协调，中伙立交桥恢复重建。完成公路管理站达标改造 9 个，在建 6 个。建成应急中心 4 个、在建 2 个。建成服务区 3 个、在建 3 个。建成停车区 14 个。规划建设"交通厕所"16 个，建成 13 个、在建 3 个，规划外建成 2 个，咸安界水岭、嘉鱼潘家湾、赤壁芳世湾、通城马港等三星级厕所投入运营。停车、加水、如厕、手机充电、母婴护理等公路服务配套设施的完善，较好满足交通出行多样化需求，有效弥补公路不平衡不充分发展的短板。依托"美丽公路经济带"等创建载体，创建 209 省道咸通线、259 省道铜天线、362 省道金保线、415 省道厦塘线、208 省道横路线、361 省道大羊线、107 国道、106 国道、246 省道凤界线、358 省道阳通线、353 国道宁福线、330 省道安醉线等 13 条线路 150 公里示范线路。组织全市公路航拍活动，推出以幕阜山省道网络为代表的"网红公路"。259 省道崇阳铜天线被"长江云""湖北旅游"等新媒体推介为湖北最美十条路之一。咸安、通山合力创建 209 省道"平安公路"示范路，咸安段被评为全省交通"平安公路"。

（蔡霖）

【随州市】 随州市公路养护工作重点从推进养护工程精细化、日常养护管理精细化、桥梁管养精细化、战场建设精细化、养护作业精细化、服务保畅精细化等方面着手，建立一套制度、健全一套流程、创建一套方法、推树一批典型，推动公路养护管理精细化和标准化，提高养护质量效益。2018 年，省公路管理局下达随州市普通国省道大修计划 32.30 公里、中修计划 6.2 公里全部完成；下达普通国省道安全生命防护工程 97.47 公里全部完成，其中随县 10.76 公里、广水市 40.64 公里、曾都区 46.07 公里；下达标准化公路管理站改扩建计划 3 个、公路服务区建设计划 1 个、公路停车区改建计划 5 个、公路停车区建设计划 1 个，至年底，完成新建随县殷店、改建曾都区万店、启动新建广水郝店 3 个标准化公路管理站改扩建，启动广水霞家河服务区建设，续建曾都公路服务区建设，计划外与随县公路管理局、唐县镇人民政府共建唐镇公路服务区，完成八里岔、万店、小林、十里河、洪山、张畈 6 处公路停车区建设任务。

公路水毁。5 月 7 日至 11 月 7 日，随州市发生 4 次强降雨，对全市道路交通安全造成极大影响，全市保台线、京港线、沪霍线、上安线、兴阳线、长同线等 6 条国道，十新线、万杨线、平应线、万均线、长张线、周新线、唐张线等 7 条省道严重受灾，造成直接经济损失 1982.07 万元。经过及时抢修，国省干线恢复畅通。水毁投入人员 489 人、机械台班 186 台次，抢通资金 249.43 万元。加强桥面、陡坡、急弯、危桥加固工程便道等路段巡查工作，在重点路段、桥梁设置警示标牌，及时撒铺融雪剂、工业盐、防滑料，出动装载机、铲车等机械设备，全力应对低温雨雪灾害天气。投入融雪剂 460 吨、工业盐 613 吨、碎石 11033 立方米、砂 17800 立方米、草袋 4800 条、警示标志牌 611 块、机械台班 1311 台班、巡查车辆 619 辆次、人力 4561 人次、资金 604 万元。

公路移交和接养工作。制定《随州市普通国省道接养和移交实施方案》，成立领导小组，组建工作专班，有序推进全市普通国省道移交和接养工作。普通国省道 275.551 公里移交任务全部完成；通过规范完善部分工程项目竣（交）工验收手续，完成 113.178 公里接养任务，占接养任务的 26.12%。

（关文）

【仙桃市】　制度管理。制定日常养护管理考核办法、小修保养验收评定办法，规范公路日常保养、小修工程、综合管理、资金使用、公路技术状况评定等日常养护管理工作。按照"定额养护、合同管理、计量支付"养护管理模式，每月月底对养护管理站进行日常小修工程考核，验收合格后办理计量与支付手续，以省公路管理局检查和市公路管理局季度检查为依据进行考核奖惩。

日常养护。规范路面病害处治，推进养护绿色作业，推广废旧路面材料循环利用。对路基日常养护，按人均承包管养 4 公里"分路基到人"，确保路肩横坡度，保证排水畅通。与当地政府协商共建，对路面保洁实行国路民养。在实施公路绿化工程中，打造绿化示范景观带，完善公路排水设施，形成"畅安舒美"通行环境。与公安交警联合行动，开展交安设施整治。对国省干线公路进行拉网式排查，提升公路安全保障能力。加强内业规范管理。重点宣贯省养护基础图表范本，结合实际修改完善，做到内业资料整理、归档的完整性、及时性和闭合性。

拓展经营。在确保计划项目的同时，对外拓展经营。仙桃市安捷公路养护有限公司对外承接百万花海景区公路建设、大柳湖道路建设、陈姚线道路建设 3 个农开办工程项目。承接大福（武禹、大葛）道路建设工程、三伏潭（三丰公路、通北河路）、剅排公路道路建设工程 3 个乡村振兴项目，完成货币工程量 6091.7 万元。

（归烨）

【天门市】　2018 年，公路部门以"公路养护精细管理年"活动为契机，提高养护质量效益，全面加强养护工作。日常养护方面，完成沥青面层修补 23146.3 平方米，基层修复 2814.4 平方米，清灌缝 273918 米，清理整修路肩、边坡 105 公里，新植、补植行道树 31229 株，植草皮 16800 平方米。修理行道树 92 公里，行道树刷白 120 公里。升级改造养护服务区站

场，为让基层站所成为驾乘人员温馨港湾，向上争取补助资金，按高标准星级品牌站要求，重新建设改造杨场、李场 2 个养护站，完成主体工程建设，2019 年初投入使用。

（张文敏）

【神农架林区】　2018 年，林区公路管理局做好公路日常养护、小修保养、保畅保通、桥隧检修等工作，不断完善公路服务功能。多方争取，新聘 3 名青年人员充实到各基层养护站所，组织开展内业人员学习培训，规范填报整理养护基础管理资料。养护检查考核常态化制度化，对各基层养护站所实行一月一路检，养护站所每季度开展一次交叉检查，结合检查结果对养护工人实行绩效积分考核制，检查结果予以通报，以检促学、以查促改。逐步推行养护作业机械化，探索人工清扫和机械清扫相结合，做好路面日常保洁，及时清除路边杂物和垃圾，完成全线绿植冬季刷白。做好小修保养，对油路病害，随时发现、随时修补，坚持小坑大补、浅坑深补、圆坑方补的办法，注重处治效果，全年完成坑槽修复 5618 平方米，贴缝 8300 米，维修 5 座桥梁伸缩缝，清除堵死涵洞 23 道，清除 448 省道野机线挂网落石 1840 平方米，完成国省干线 180 公里路树刷白，完成河堤修复 8 处。保障公路安全畅通，春运期间投入碎石料 51.5 立方米、煤渣 43.4 立方米、融雪剂 18.9 吨、工业盐 7.5 吨、防滑草垫 1513 条，出动机械台班 88 台次、人员 438 人次，施救被困车辆 20 余辆次。维修损坏波形钢防护栏 22 处 152 米。

公路桥隧维护。定期进行桥隧保洁及日常养护，及时清理桥隧遮挡物、截水沟残渣，重新喷刷全区 9 座隧道名称和道口标识，更新补换所有桥梁标志牌，增设防撞沙桶。每月进行桥隧安全隐患排查，组织专班对桥隧行车安全隐患大排查，加固桥梁基础 7 处，更换桥梁伸缩装置 4 座，配合省公路管理局完成杜九线东沟大桥专项桥梁检测。组织桥梁工程师外出学习桥梁检修新工艺、新技术、新方

法，提升业务能力。做好国省道接养和移交工作。"十三五"期间，林区列养公路里程调整为 427.816 公里，其中国道 2 条 192.087 公里、省道 5 条 235.729 公里。林区公路管理局国省道接养里程 269.884 公里、移交里程 46.019 公里，完成接养里程 177.45 公里，为接养里程的 66%；移交线路 2 条全部完成，其中 004 县道麂板线 29.002 公里、002 县道八红线 17.017 公里。林区所有省道公里桩号、百米桩号更新传递工作于上年全部完成，2 条国道未完成更新，其中 Z09 国道苏北线因前段 32.08 公里(杜阳段)在建中，后段 43 公里在进行二级公路升级改建中，该线路公里桩暂未更新；347 国道南德线有 42 公里在进行灾后重建和大中修改造、有 46 公里属于景区路段，待公路改造项目施工结束后更新该线路公里桩号。

(王鸽)

厅直养护经营管理单位

【**京珠高速公路管理处**】 全年通行车流量 6861.3 万辆，日均 18.8 万辆，比上年增长 8.4%；征收通行费车道收入 28.55 亿元，清分后收入 22.88 亿元。通行绿色通道车辆 62.6 万辆，减免金额 2 亿元；"四大节假日"通行 7 座以下免费小客车 253.1 万辆，让利社会 1.4 亿元。

费收管理。持续开展全员练兵、业务培训。组织"京珠收费课堂"巡讲活动 21 场、667 人次参训。参加全省高路系统"工匠杯"收费业务技能竞赛获团体第一名和优秀组织奖，宿瑞军、付甜获个人第三、第四名。举办收费业务骨干培训班和"双争双创"收费业务交流会，重点统一现金对账、银联支付、支付宝支付、货车超限超载新的认定标准等共性问题解决方案，对"绿色通道"政策调整后出现的问题统一工作标准。加大收费窗口服务行为日常监督考核，通过实时监控和录像稽查，通报考核不规范操作 1003 条，整改落实第三方暗访问题 28 条。通过"五星微笑"评级等活动，涌现一批微笑明星和业务能手。武麻、东荆河、咸通、通界委管人员主动加强与业主单位沟通，以支部共建、收费业务结对等活动为载体，推进精细管理和窗口服务升级，得到业主单位支持和认可。开展第二区域专项稽查 2 次，查处偷逃费车辆 5185 辆次，追缴通行费 78.7 万元。加强收费站入出口违法超限运输联合管控，坚决执行超限车辆"灰名单"制度和现场劝返制度，劝退车辆 6882 辆；新增收费站入口治超称重设备 19 套，全线入口货车超限

率下降至 0.46%。配合防疫部门建立并坚持非洲猪瘟疫情全天候 24 小时联防联控和信息上报制度。

养护管理。通过优化施工方案和施工组织，高质量完成军山长江大桥钢箱梁裂缝处治、大桥索塔支座更换和超高性能混凝土组合桥面浇筑施工。此次军山长江大桥超高性能混凝土桥面铺装加固技术，为同类大桥维修施工提供经验和借鉴。道路养护中修工程和专项工程坚持早准备、早开工、早计量"三早"和精技术方案、精施工组织、精计量程序"三精"，完成中修工程 55 公里，建设标准化路段 30 公里，完成京澳向 K1048+430 护坡垮塌修复、蔡甸站匝道改造工程、斧头湖大桥围堰拆除等 6 个专项养护。质量控制上加强监督，隐蔽工程必须要有相关图片、数据资料备查，责令工程质量整改 7 次。联合路警部门开展随意抛洒物专项治理行动。"四新"技术引进运用成果显著，利用多波束测深系统进行桥梁基础冲刷检查，引进 LSPM-25 大粒径透水性沥青混凝土，施工路段 9.4 公里、坡道预防性养护行车道微表处治 16.24 公里 6.01 万平方米，更新预应力中央隔离带防撞活动护栏 21 处 727 米。

安全管理。完善隐患排查治理和安全风险防控机制，印发安全生产"党政同责、一岗双责"办法，开展安全知识应知应会问答和网上答题活动。完善由 1 项综合应急预案、22 项专项应急预案和 11 项现场处置方案组成的应急预案体系。开展春运、消防、防汛、军山大桥施工安全等专项检查，重点

2018 年 4 月 18 日，京珠高速公路管理处举办"筑梦新时代 交通强省我先行"演讲比赛

2018 年 9 月 20 日，京珠高速公路管理处联合路政、交警在武汉西收费站开展"扫黑除恶"宣传活动

整治东西湖南桥桥台支座脱空、K1048 高边坡垮塌、绕城高速公路豹澥互通 E 匝道桥梁净高不足、汉丹铁路桥梁墩台顶部废弃石砟掉落、汉江石洋堤应急抢险工程、斧头湖桥下围堰清除等安全隐患，排查隐患 2308 项，治理 2040 项。开展扫黑除恶、消防安全、防汛抗旱、防冻防滑等应急演练 63 次。圆满完成春运、"两会"、清明节、国庆节等重要时期安全稳定任务，基本实现全线路段无滞留、无交通阻断目标。在年初和年末多轮冰雪来袭时，全力以赴打好湖北京港澳高速公路除雪保畅攻坚战，投入融雪剂 2530 吨、作业车辆 1100 辆次、应急人员 12143 人次、设施设备 39019 件；开展志愿服务 495 次，为驾乘提供物资 5052 件。

文化建设。承办省交通运输厅"书香交通·文化同行"第一期读书交流分享会。举办"书香京珠·微笑同行"特色读书活动 5 次。全年开展大型徒步健身活动 4 次，各类兴趣小组活动 15 次。举办第五届"筑梦新时代 翰墨丹青颂交通"职工书画摄影展，展出职工自创作品 133 件。组织单身青年职工参加鄂西"女儿会"及江北总支"浓情九月 浪漫相约"等相亲活动。按照"劳模引领＋团队创新"模式，加强"杨丽工作室""周晶工作室""吕浩稽查先锋工作室"引领辐

射功能。策划实施抗冰保畅、湖北省技术能手梁俊、京珠"四大攻坚战"、"京珠靓荆楚"文化品牌等重大宣传，418 篇作品在省交通运输厅及相关媒体上刊发。举办"跨进新时代 踏上新征程"京珠职工风采展，全年有 18 个单位和 26 名个人获省级以上表彰。

（詹枫）

【汉十高速公路管理处】 湖北省汉十高速公路是国家规划建设西部大开发 8 条公路干线中银川至武汉公路的重要路段，是湖北省"大三角"高

速公路主骨架中的重要组成部分，是国家批准的重点建设项目。汉十高速公路全长 511.22 公里，其中由 G70 福银高速公路 485.754 公里、G55 二广高速公路 22.956 公里、S49 随岳高速公路 2.540 公里组成。汉十高速公路主线路基宽度 28 米，路面采用沥青混凝土路面，桥梁设计荷载等级为汽车—超 20 级、挂车—120，全封闭全立交。主线桥梁 897 座 104100 延米，其中特大桥 12 座 26172 延米、大桥 227 座 65635 延米、中桥 111 座 7335 延米、小桥 547 座 4956 延米；隧道 31 座 15054 延米，其中特长隧道 1 座 3069 延米、长隧道 4 座 6026 延米、短隧道 26 座 5959 延米。其中孝感至襄樊段是湖北省首条绿色环保高速公路，襄樊至十堰段是湖北省第一条山岭重丘区高速公路。

收费管理。汉十主线通行费清分后收入 18.89 亿元，比上年增长 5.72%；堵漏增收 314.77 万元，比上年增长 12.87%。修订完善《汉十高速公路管理处收费管理办法》。完善"四站一体"功能定位，实现收费站标准化"四室"全面覆盖。健全"大数据稽查平台"，初步建成"智慧汉十"收费营运管理板块，首批"智能费亭"在安居所安装运用，智能导游服务平台、车道安全预警装置、收费站智能控制终端、智能收费电子抽屉等一批成果落地应

2018 年 1 月 18 日，汉十高速公路管理处举办"行远·未来"职工读书活动

用。开展"最佳温馨魅力使者"评选活动,杨程在湖北省交通运输行业"交通工匠杯"职工职业技能大赛中获技能竞赛第一名。收费营运工作经验在全省收费公路统计工作布置会上交流;温馨创建经验在第五期全国收费公路管理培训班上交流发言。

养护管理。开展养护"四新四化"主题活动,完成养护货币工程量 1.75 亿元,养护质量指数 (MQI) 为 94.51,各分项指标均不低于 93,废旧沥青混合料回收率 100%,再利用率 95%。完成 65 座隧道 130 个单洞入口交通安全设施配置工程,整改上跨天桥安全隐患 17 处,完成 G59、G4W2 与 G70 交叉路网标牌改造工作,成功应对 2018 年初特大暴风雪。完成《基于沥青路面结构损伤的汉十路况后评价研究》和《基于细观结构与动态无损检测的沥青路面黏弹塑性力学性能研究》课题研究;出台《长大桥隧养护技术手册》,开展"养护内训师"评选活动,推进"桥隧长制"。全年创建示范路段 130 公里,二道垭隧道在全省桥隧规范化检查中获全省第一,汉江四桥 (G55) 在 2017 年度交通运输部路网技术状况检测中获得第一名。

服务区监管。"厕所革命"稳步推进,服务区管理办公室及其主线、委管路段 2 个监管专班,对服务区开展行业监管日常巡查 207 次,开展专

2018 年 12 月,汉十高速公路隆中管理所被交通运输部授予"2016—2017 年度全国交通运输行业文明示范窗口"荣誉称号

项督导、驻点督导 3 次,协助各服务区经营管理单位投入 2449.56 万元对所辖 35 对服务区厕所进行改造和功能升级,汉十高速公路主线新增孝感五星级公厕 1 处,安陆、随州、枣阳、钟岗、武当山四星级公厕 5 处。持续推进服务区服务质量大整治,各路段服务区各项检查平均得分 812.75 分,服务区检查评分环比提升 3.7%。

综合管理。建立健全"科学合理、规范统一"的管理制度体系,修订完善管理制度 20 个。完成绩效考核、工作督办、在线培训等功能板块上线运行,实现工资、人员、考勤等数据报表自动关联统计,全面落实制度执行与系统评价关联应用。完成标准化档案室改造,完成 2011—2016 年档案整理归档及数字化工作,档案工作目标管理通过"省特级"复核验收。建立专业技术人才培养长效机制,2018 年新增副高级职称 1 人、中级职称 10 人、助理 6 人。持续推进"平安汉十"建设,成立应急办,形成"责权明晰、齐抓共管"的工作格局。开展入口超限综合治理和"扫黑除恶"专项行动,协助警方捕获网络逃犯 1 名,扫除长期"霸站拉客"黑恶势力 4 股。开展"2018-畅享汉十"应急演练,汉十除雪保畅经验在《湖北日报》专版刊载。完成法律诉讼案件应诉工作 12 起,处理综合治理信访案件 6 起。全年未发生一起安全责任事故,管理处连续 3 年在全省安全生产目标考核中获评"优秀"等次。

机电管理。全年故障修复率 98%。上报信息 1365 条,回复微信消息 844 条,发布路况信息 3614 条,情报板信息发布 73489 条。启动孝襄、襄十站所供配电改造,初步实现站所电力监控联网。襄十段桥梁通信管涵全面修复,十白段机电隐患安全基本处治完毕,并进行隧道安全预警试点。入口称重系统建设完成,并正式启用

2018 年 12 月 14 日,汉十"馨逸·未来"收费岗位金牌内训师总决赛

联网，成为全省第一家建成入口治超系统。全省首家高速公路应用 100 路视频分析系统，提高道路运行监测准确率与及时率。完成管理处服务器虚拟化，网络安全工作顺利实施。持续优化和改进"智慧汉十"系统功能，"BI 综合分析平台"上线运行，道路、设备、环境等参数采集与应用实现与省高路管理局应急中心接轨对标，初步实现信息实时传递向预测分析的阶段性转变。全省首个"高速公路全智能AI(人工智能)站所"在汉十建成落地，创新成果获全国"小谷围"三等奖，《基于资源整合方式的智慧高速公路实践与研究》课题成果获"全国交通运输行业设备管理创新成果"二等奖。《基于大数据的"智慧"高速公路运营管理体系建设与研究》项目分别获"2018中国交通企业管理创新成果"及湖北省公路学会科学技术二等奖。

文明创建。举办 2018 年汉十文化周系列活动。打造"馨心襄应""匠韵襄东"等系列文化子品牌群。开展"馨宝"志愿服务品牌创建，管理处被中华炎帝故里寻根节组委会评为"突出贡献单位"，被十堰市委授予第四届国际道教论坛"突出贡献集体"称号。深化"千里温馨汉十"创建，开展"最美汉十人""最佳温馨魅力使者"评选活动，隆中管理所获"全国交通运输行业文明示范窗口"称号，老河口、青曲获评省交通运输系统"职工书屋示范点"，陆由获"2018 年湖北省先进工作者"称号，《以文载道 至善行远——"善为治道"文化轨迹解析》获"全国交通运输文化建设论文"二等奖。襄阳党总支的微电影《假如世界没有微笑》入围"中国交通·辉煌40 年"全国交通运输行业微视频大赛，获优胜奖和优秀组织奖。

(杨晨)

【鄂西高速公路管理处】 收费管理。全年征收窗口通行费 23.6 亿元，清分后收入 21.96 亿元，比 2017 年增长 11.21%。开设 POS 机支付车道116 条，电子支付率提升到 38.37%；2018 年重大节假日出口小型客车通行

175.69 万辆，绿色通道车辆 39.21 万辆。争创椰坪、利川、点军、兴山 4 个全省标准化站所，对达标的 8 个标准化站所进行达标复查。全年以"八佳两星"活动为契机，组织开展收费业务大型集中培训 3 次，参训人数 273 人次，合格率 100%；选派优秀内训师17 人，开展"流动讲堂"活动，受训人员 800 余人次。严格落实全省非洲猪瘟疫情Ⅰ级响应措施，查处移交无证运输活禽及其产品车辆 118 辆。精准查处冲岗换卡车逃费事件 10 余起，抓捕违法逃费嫌疑人 10 余名，进一步净化通行环境。

安全应急。全年路段发生交通事故量 407 起，均为一般性事故，事故量比上年减少 15.21%。全年排查隐患 1078 处，完成销号治理 899 处，整改中 114 处，计划整改 75 处，整改率 93.97%。及时消除夏季汛期道路险情 64 处，成功处置沪渝高速公路恩利段 K1459 边坡垮塌、贺家坪上匝道边坡滑坡、兴山服务区后山滑坡等安全应急事件，未发生安全责任事故。完成体制改革后管理处安全应急体系和专项应急预案编制工作，1 月 16 日，由省交通运输厅主办、管理处承办的2018 年反恐综合应急演练在沪渝高速公路金龙隧道举行，进一步检验管理处应急处理突发事故能力。处置宜巴高速公路 60 年一遇强降雪，投入巡查

人员 1403 人次，出动巡查车辆 761 辆次、融雪剂撒布机 528 辆次、人工撒盐车 178 辆次，撒布固体、液体融雪剂3923.7 吨，保障沪渝、沪蓉 2 条高速公路畅通，实现春运期间省界车流拥堵从2017 年 7000 米到 2018 年不足 70 米。

养护管理。全年完成土建、隧道消防养护工作量约 1.93 亿元，公路技术状况指数 (MQI 值)94.9，合格率100%，优良率达 95% 以上；完成机电项目工程量 (含隧道电费)1.27 亿元，执行率 99.75%；累计处置各类机电故障 3813 起，修复率 99.81%，设备完好率 99%；全面完成了宜巴高速公路涉水桥墩的防护加固工程；完成了 22个站所入口称重检测系统建设；对全线隧道消防设施进行隐患排查，对沪渝高速公路巴东至恩施段隧道的模拟监控摄像机进行网络高清化改造；累计建设 30 个温湿度监测预警点和 17处温度看板，助力"抗冰雪、保安全、保畅通"工作开展；建立基于 B/S 应用体系架构的机电系统管理信息化平台，保证机电系统运维工作顺利进行。

综合管理。首次在湖北省政府网开设"勇做湖北山区高速公路安全排头兵"专栏，在湖北日报专版刊登《党建引领、文化为魂，用心呵护八方旅客》文章，微信公众号推送信息阅读量 11万人次。修订宣传管理办法，全年向省交通运输厅报送政务信息 330 余篇，

2018 年 1 月 17 日，鄂西高速公路管理处桥梁养护人员检查桥梁整体情况

2018 年 9 月 17 日，沪渝高速公路野三关至恩施段路面中修工程路面完工。图为大水井隧道路面摊铺完工

2018 年 1 月 4 日，鄂西高速公路巴东所应急突击队除雪保畅，确保道路畅通无阻

在省级媒体登载 200 余篇，与《中国交通年鉴》社联合编纂《沪渝高速公路鄂西段工程档案》。按照程序选拔一般管理员 13 名，一般管理员轮岗交流 3 名，聘任桥梁工程师 3 名。分批次举办 2018 年干部能力提升培训班，选派干部参加党校学习培训；组织机关职工开展"我当"系列角色转换互动活动，干部职工工作作风持续改进。建立"预算编制有目标、预算执行有监控、预算完成有评价、评价结果有反馈、反馈结果有应用"的财务管理机制。开展固定资产清查及废旧物资报废工作，推进全线房屋维修和恩施所职工宿舍扩建施工。为高海拔站所供暖设备进行检测，为一线站所更换净水装置；在全线范围内开展空调维修、清理、加氟及热水器漏电检测工作。开展"荆楚行·湖北情——情满旅途"主题活动，完成恩施、高家堰服务区和榔坪停车区星级厕所改造。

文明创建。鄂西高速公路管理处主导的山区高速公路信息化建设和智慧运营管理工程获"中国高速公路 30 年·信息化经典工程奖"，管理处获评"2018 年度全国交通运输文化建设优秀单位"称号，白羊塘所、宜昌北所 2 个职工服务中心被省交通运输厅授予"模范职工服务中心（站）"，巴东所、秭归港所职工书屋被授予"职工书屋示范点"，鄂西养护创新工作室被省交通运输厅授予"职工（劳模）创新示范工作室"。成功举办"缘来九是你"鄂西高速公路第九届"女儿会"，16 对青年成功牵手，交通文化和地域民族文化影响力不断扩大。开展"咏动青春·书香为伴"五四青年读书会、白羊塘"品味书香·愉阅人生"读书分享会等活动。创建职工电子书屋，通过微信公众号和移动 App 方式进入阅读页面，利用微信群，掀起"读书""品书"热潮。

（汪妮）

【随岳高速公路管理处】 随岳高速公路是国家高速公路网许（昌）广（州）高速公路的重要组成部分，编号为 G04₂₁，随岳高速公路连接三省七市（连接河南南阳，途经湖北随州、京山、天门、仙桃、监利，湖南岳阳等地市），是重要的荆楚中轴线，全长 335 公里。随岳高速公路管理处承担随岳高速公路北段、中段和荆岳长江大桥运营管理职责。2018 年，随岳高速公路清分前收入 17.3 亿元，比上年增长 22.12%；清分后收入 12.82 亿元，比上年增长 23.2%；通行车辆 2030.06 万辆，比上年增长 12.77%；服务绿色

2018 年 2 月 15 日（除夕），交通运输部党组书记杨传堂与随岳高速公路进行视频连线，询问荆岳长江大桥春运安全保畅情况

通道车辆 73.83 万辆，优惠 5.19 亿元。全年完成养护产值 9697 万元，在全线车流量持续增长情况下，MQI 指数始终保持在 95 以上，工程质量合格率 100%。预算执行质量和进度实现"双提升"，资产管理规范和效率"双优化"，工程项目廉政和安全保持"零事故"，全年无重大安全责任事故，道路运营管理水平稳中有升。

收费管理。以"随岳通，则中部通"为行业担当，立足内部挖潜，绿色通道 X 光查验系统、ETC、客货复式收费、非现金支付等新技术、新举措全部落地，标准化收费站建设和入口计重设备改造全面推进，连续 6 年组织"十佳阳光天使"评选，对标升级、持续加力，有效提升窗口服务质量和道口通行效率。健全"领导督导到片、应急指挥到段、重点防控到点"三级责任包干工作机制，成功应对 2018 年初"十年未遇"强降雪恶劣天气，探索出"0"字形双向循环和"1"字形单向往返作业法，推行客货分流、信息推送、视频加密、双重稽查等立体化安全管控新机制，有效应对春运、国庆等重大节期多轮车流"井喷"，保障湖北中部"南大门"荆岳长江大桥安全畅通。

养护管理。着力打造养护"品质工程"，持续优化"畅安舒美"通行环境，建立桥隧长安全责任制度，扎

2018 年 10 月 25 日，随岳高速公路管理处荆岳长江大桥桥区水域通航安全维护站建成，是全省运营期长江大桥中的首次探索

实推进荆岳长江大桥白螺匝道站改扩建，建成全省首个运营期长江大桥通航安全维护站，顺利完成新一轮监理、施工招标，持续打造 151 公里标准化示范路段，高标准完成 2018 年交通运输部重点桥梁迎检工作，道路管养水平获得部专家组一致赞誉。

信息化管理。推进"智能站所"建设，打造"智慧费亭"，做到信息服务"可测、可视、可知、可用"。成功开发视频分析、智能门户、信息预测及发布等三大系统，进一步提升智慧高速公路服务水平。2018 年除夕，

管理处代表湖北省交通运输系统，作为全国唯一一家高速公路运营单位与交通运输部视频连线，在荆岳长江大桥现场汇报春运情况，随岳高速公路"一条路、一盘棋、一张网"的指挥调度体系和干部职工饱满的精神状态，受到部党组书记杨传堂的高度肯定。

安全管理。开展"大建设、大排查、大整治"和"打非治违"等专项行动，完善风险管理、隐患排查治理双重预防机制，编制安全标准化制度体系和工作流程，率先在高速公路系统开展安全生产标准化评审，全面推动安全评级"保二争一"。全面建成鄂、豫"两省两站"联动合作机制，压实双月安全督查机制，开展全国首家通航大桥水域安全风险评估，深化与高德地图、楚天交通广播无缝信息对接，组织除雪保畅、山体滑坡、危化品处置等应急演练，"平安随岳"基石更加坚实。

综合管理。全面推进标准化"制度、质量、安全、廉政、绩效、文化"六大体系建设，连续 4 年修编管理制度，逐步健全具有随岳特色的标准化、规范化制度体系。坚持目标引领、路径细化、制度落地、管理闭合，探索月督办、季检查、年考核绩效评价机制，坚持项目执行与政府采购相结合、内部审计与第三方审计相结合、纪委监督与财务监督相结合、专项检查与

2018 年 1 月 3 日，随岳高速公路全面开启"防冻模式"迎战冰雪天气

综合督办相结合，推进经济责任、工程养护等专项审计，完成路政执法服务点审计结算。全面推进服务区"厕所革命"，建立总支联动督导和定期约谈整改工作机制。

文化建设。持续完善"理念、形象、行为"三大识别系统及手册，重新定义"五型随岳"发展目标，组织《一路阳光》路歌传唱，建成机关阳光文化展厅，丰富走廊文化，完善基层培训基地建设，全年举办阳光青年读书分享会9场，连续4年举办"大手牵小手、爱在阳光路"亲子夏令营，得到新华社、湖北日报、荆楚网、省政府门户网站等主流媒体广泛宣传。管理处获"全国交通运输行业文明单位""全国交通运输文化建设卓越单位"称号；"太阳花"志愿服务队被命名为"湖北省本禹志愿服务队"；京山所阳光天使班组获"全国工人先锋号"；天门服务区连续2次获"全国百佳示范服务区"后，再次被授予"全国扫黄打非先进基层示范点"称号。张思在省直机关纪念建党97周年暨"党建工作先进单位"表彰大会、省委办公厅、省老干局作交流汇报，被评为第五届"最美中国路姐"，荣登《党员生活》杂志封面人物。安健获省人力资源和社会保障厅"湖北省技术能手"、省交通运输厅"优秀共产党员"称号。

（丁慧）

【黄黄高速公路管理处】 收费管理。严格落实"一降两减"惠民政策，全年免费通行车辆368.15万辆，免收通行费4.18亿元，重大节假日7座以下小型客车免费通行220.46万辆，免收通行费1.26亿元。出台收费运营管理手册，开展"双争双创"大比武大练兵活动，首次将微笑服务优秀率作为考核指标，首次通过微信公众号公开展示收费服务流程，首次在麻城东所试点运行微笑服务自动评价系统，窗口服务质量稳中有升，一大批"微笑之星"脱颖而出。在硬件提档和机制优化上下功夫，全线21个收费站中创建标准化示范站所13个，新组建的收费稽查队稽查逃费车辆1万余辆，

武汉至英山高速公路，是湖北省第一条穿越大别山革命老区的高速公路

追缴通行费960余万元。全年累计收取通行费24.66亿元，比上年增长8.7%。安徽皖通高速公路、江西昌九高速公路、乌干达国家公路局先后到管理处交流学习窗口服务经验。

养护管理。以打造"绿、洁、畅、美、安"的高品质通行环境为基本要求，树立全寿命周期成本理念，应用养护管理系统和移动App平台提高养护效率，全年完成养护货币工程量8400万元，巴河大桥桩基施工、大别山隧道防水涂料更新、全线隧道入口交通安全设施改造、黄梅南所基础设施整体升级等中修养护项目提升路容站貌；9.8公里"微表处"路段、4.9公里"超黏耐磨层"路段、重点桥梁实时健康监控等预防性养护措施延长道路使用寿命。全线路况综合指数93.9，连续5年评定等级为"优"。按照先急后缓思路，建立"四路一站"养护难点基础清单，完善技术档案，明确整改时限。武英高速公路国网标牌改造项目全面启动，4个省际收费站消防项目获批，红安收费站"5改8"、蕲春收费站"4改6"、武穴和龙感湖收费站匝道拓宽、黄黄高速公路全线移动费亭升级等工作全部完工，英山收费站改扩建项目加速推进，汪集、麻城东收费站改扩建前期工作进展顺利，通行环境更加优质和便捷。"厕所革命"工作稳步推进，建设2对五星级和3对四星级服务区厕所，服务区硬件设施提档升级。

委托管理。管理处所辖"四路一站"，有"一路一站"为企业投资委管路段，占总里程的三分之一。管理处协商黄黄公司、招商公路形成共同目标和愿景。在黄黄高速公路管理上，保证黄黄公司知情权、监督权、预算审批权，管理处履行运营事权、管理自主权、人事归属权，双方分工不分家，在日常管理上做到相互沟通和尊重，重点在人员、经费、资产、车辆使用管理方面进一步融合，发现问题，共商对策，形成管理合力。黄黄高速公路、鄂东大桥散花所一直保持良好的运营管理态势，效益连创新高。争取黄黄公司投资近2000万元，升级改造黄黄高速公路全线站所和收费机电设施，在界子墩、蕲春2个标准化收费站基础上，武穴所打造成为标准化收费站。争取招商公路支持改造散花所收费机电设施和供水系统，启动职工之家建设，站所条件得到有效改善。

安全生产。成立管理处安委会，设立安全应急办公室挂靠处办公室，为党总支配备专职安全员，形成三级安全生产管理架构，层层压实安全主体责任。编制《管理处安全生产标准化工作手册》，规范全部岗位、全部层级操作流程，进一步提升安全生产工作规范化、标准化水平。聘请第三方开展安全检查8次，实施自检自查1479次，发现和处置安全隐患192处。通过整改，站所供电负荷过大、费亭

线缆浸水漏电等隐患得以根治，消除安全风险。

应急保畅。联合罗田县、黄黄路政支队、高警七支队等18家单位在武英高速公路举行暴恐袭击应急处置演练，"一路多方"应急协同机制不断拓展，成功处置"3·26"麻武高速公路液化气泄漏、"4·15"木子店服务区油罐车泄漏等重大安全危机。在抗冰雪工作中，"领导驻点、总支统筹"一线工作法、"路、警、养三位一体"联合巡查法、抗冰雪保畅通"24字工作法"和"远端诱导、中端分流、近端管控"分流工作法等得到广泛应用，使用融雪剂510吨，投入机械设备420台班，分流车辆4000余辆，实现不封路不封站。管理处安全应急工作在省高管局工作会上做经验交流。

省际联动。省际联动推陈出新，建成黄梅南区域应急仓库，恢复小池所省际大站运行，举行九江一桥小池区域应急保畅演练，跨省人员互补、跨省融冰除雪打通省际堵点，保证鄂赣、鄂皖省际交通大动脉平安畅通。

绿色发展。组织开展多种形式的低碳环保宣传实践活动，印发《管理处施工扬尘污染防治暂行办法》，加强施工现场环保监测，施工环境得到有效改善。推广应用"四新"技术，不断强化节能减排措施，广泛应用废料热再生、LED节能照明等新技术，罗田所生活污水纳入地方污水管网统一排放。围绕废气污染防治，以服务车辆快速通行为治理思路，在黄梅南主线站建成湖北首个"一道多收"复

2018年1月11日，麻武高速公路信息监控分中心全程监控保平安

式收费项目，可随时投入运行的收费窗口由14个增加到45个，同时在9公里北引道配套建设全程高清监控系统，实现车流高峰提前预警。项目投入运行后，黄梅南站最大通行能力提升3倍以上。

智慧发展。以破难题、补短板，推进信息化建设转型升级为基本方向，全面落实智慧黄黄建设3年规划，一批开创性示范项目落地。集成20年信息化发展成果，开发应用智慧黄黄——协同管控平台，实现"四路一站"协同办公、协同指挥、协同应急，平台获第17届全国交通企业管理现代化创新成果三等奖。为提升山区高速公路安全指数，完成全线入口超限检测设备安装，建设麻武高速公路全程高清监控系统，发现和处置路面险情244起，违法超

限运输明显减少，事故现场疏通大大提速。管理处改版升级门户网站，加强网络安全监测，网上公开、网上办事更加规范。

内部管理。突出政治标准选拔人才、提拔干部，选拔任用副科级干部3名，中层干部轮岗交流15名，管理人员挂职锻炼1名，养护、机电技术人员择优定岗12名，盘活人力资源，激活内生动力。建立健全职工菜园财务管理、差旅费管理、政务采购管理、政务值班管理、公务用车管理等内控制度，完成废旧资产清理处置，执行公车改革制度，升级人事管理平台，引入固定资产二维码识别，推行资金全覆盖审计。财政预算执行率98.7%。全年未发生重大安全责任事故。

法制建设。坚持依法治路，用法律武器营造良好的外部环境，办结诉讼案件3起，胜诉1起，被判无责1起，成功索赔1起。麻武高速公路举水河大桥依法索赔工作进展顺利，第一笔224万元赔偿金到账。函告黄冈市政府，武英高速公路12.9公里连接线将一次性移交地方管理，彻底厘清安全职责，消除法律风险。加强外部舆论环境营造，全年在湖北日报、中国交通报等主流媒体发表稿件640余篇。

文明创建。以普及职工文化服务阵地为目标，建成1个厅级职工服务中心和4个厅级职工书屋，全线拥有

2018年7月27日，"书香黄黄 文化同行"读书分享活动经常性开展

国家级职工书屋 2 个、厅级职工书屋 9 个，读书分享活动蓬勃开展。想职工所想，急职工所急，按上限提高职工医疗费和退休人员医疗费报销标准，兑现劳务工、实习生薪酬上涨，开设站所微型超市，管好职工菜园，丰富职工餐桌。戴茹冰被评为湖北"最美诵读者"、朱灵童获全省"双争双创"竞赛实操技能第一名、赵广亮获全国交通新闻摄影大赛二等奖、贾丽芬工作室被评为省级"劳模创新工作室"，湖北日报、湖北卫视专题报道管理处"家文化"建设成果。

（吴辉）

【武黄高速公路管理处】 2018 年，完成征收通行费 6.94 亿元，完成全年目标（6.72 亿元）的 103.3%，其中武黄高速公路完成征收通行费 3.96 亿元，比上年增长 4.56%；杭瑞高速公路完成征收通行费 2.98 亿元，比上年增长 39.65%。养护计划执行率 98.23%，武黄段、杭瑞段完成养护工程货币量 5239.88 万元，公路技术状况评定指数 MQI 值分别为 93.5、95.2。预算执行率 97.35%，政府采购合同备案率 98.87%。完成广告、门面租赁等经营性收入 304 万元。全年安全态势平稳向好，所辖路段未发生一起重特大交通安全责任事故。武黄高速公路管理

武黄高速公路和大广高速公路互通立交

处被评为"2018 年度全省交通运输系统先进集体"。

费收管理。开展费收技能竞赛活动 40 余次，参与人数 2800 余人次。深化内训机制，推选精品课程，新增中级内训师 2 名、初级内训师 6 名、精品课程 4 个。持续释放许湘秦劳模创新工作室品牌效应，实行"老带新、一对一、体验式"跟研学习机制，采用"录像看、到岗练、现场学"亲身体验模式，全年培训 2000 余人次，许湘秦劳模创新工作室获湖北省总工会"示范性职工（劳模、工匠）创新工作室"称号。开展"创优质服务站所评窗口服务明星"活动，评选窗口服务明星 170 余人次。推进标准化、精

细化管理纵深发展，综合服务水平全面提升，武东所获"全国交通运输行业文明示范窗口"称号，通山所、鄂湘所通过省高速公路管理局"标准化示范站"验收，崇阳所通过"标准化示范站"复检验收。推进"六型班组"创建，信息监控中心监控班获中国公路协会"最美中国路姐团队"入围奖。加大科技稽查力度，做好货车精准收费及二代卡启动工作；整合区域各路段集中治理假冒绿通、超限运输、冲磅跳磅等违规行为；首次联合省交通投资集团有限公司利用"ETC 防作弊系统"开展跨区域 ETC 逃费专项稽查活动。全年开展稽查 1650 次，查处逃费车辆 7399 辆，追缴通行费 38 万元。

养护管理。超前谋划养护专项工程，配合省高管局完成 2018 年养护专项工程申报、招标、履约检查、合同签订等工作，精心组织养护施工，完成武黄高速公路沥青路面铣刨摊铺专项工程 3.145 公里；对杭瑞路段上官隧道、鸡口山隧道路面和明沟进行处治改造，对 106 国道分离式立交、石铺大桥等桥梁粘贴碳纤维布、修复裂缝、更换支座，完成 4 座限高门架、24 座桥梁除锈刷漆、8 处路基压浆、边坡防护工程施工以及突发应急项目等病害检测及处置工作，持续改善道路通行环境。严格对标国检标准，在标准化养护站、项目部、养护路段既有建设成果基础上，制定完善的质量保证体系和规章制度，配备管理和技术人员，优化施工组织设计，将"品质"

2018 年 6 月 22 日，武黄高速公路管理处联合路政、交警部门开展湖北杭瑞高速公路上官隧道安全应急演练

管理延伸至施工、监理、设计、检测等各个施工环节，加强施工技术、施工工艺、工序质量监理，严把工程项目审批、合同签订、工程计量支付等主要关口，确保工程质量安全、程序规范。推行路面预防性养护技术，先后对武黄、杭瑞88.724公里单车道进行路基边坡加固、微表处、开普封层等沥青路面预防性养护；抓好桥梁隧道安全隐患排查，建立完善的病害桥梁隧道档案，落实安全隐患排查治理台账制度；建立回收和循环利用台账，确保路面废旧材料100%利用，做到养护施工节能环保。

安全应急管理。开展全国"安全生产月""安康杯"及湖北省网络安全等知识竞赛活动，开辟安全宣传专栏，利用电子显示屏、微信公众号等媒介，着力培育安全文化。组织"安全生产标准化""平安交通""扫黑除恶"等专题安全知识培训9次，发放安全宣传资料2500余份，接受群众咨询600余人次。养护二站被中华总工会授予"安康杯优胜班组"称号。层层签订安全责任书，分解安全生产重点工作任务，压紧压实安全生产责任；修订印发安全考核奖惩、公共事件处置、防冻防滑等37项工作制度预案。落实全省高速公路安全应急管理会商机制，上报安全动态信息332条，

保障春节、"两会"、国庆等重要节点道路安全畅通。开展安全生产"大建设、大排查、大整治"活动及"平安交通百日行动"，加大安全隐患排查整治力度，开展隐患排查整治80余次，清查安全隐患11项，有效防止安全生产责任事故。汲取陕西"8·10"特大隧道交通事故教训，严格按照交通运输部及省交通运输厅有关隧道入口段交安设施配置工作要求，筹集资金93万元，对杭瑞高速公路3处隧道入口段交安设施进行全面整改优化。组织开展上官隧道、陆水河特大桥、消防应急疏散逃生等突发性事故应急演练。借助全国上下"扫黑除恶"有利时机，推动路政、地方公安、城管等多个部门联合拆除鄂东桥下违法建筑6.6万平方米。协助地方检疫部门做好高速公路入口非洲猪瘟疫情管控工作。

智慧交通。加大科技征费步伐，在ETC基础上，推进支付宝、微信等移动支付方式。全年银联卡(移动)支付占总交易量的12.33%，电子收费(ETC)支付占总交易量的24.62%，非现金使用率36.95%。加大投入，助力硬件设施升级，完成万兆以太网建设、隧道设备机箱改造、入口超重检测系统和杭瑞分中心监控大屏4个机电专项工程，对武黄监控平台进行高清数字化改造，打造集信息发布、视频监

控、指挥调度为一体的应急会商平台。全年提供路况、路线咨询服务5117次，入口劝返超限运输车辆2479辆次。利用高速公路信息发布、协同管理等道路监控设施，及时发布恶劣天气、车辆滞留等预警信息。严格信息报送制度和重大突发事件拥堵情况报告制度，加强与路政、交警等部门协调配合，做到信息互通共享、上报及时，发挥路网最大通行效率。全年受理车辆故障救援、交通事故2873起，发布可变情报板信息6159条，发送应急短信100897条。

综合管理。管理处连续7年被东湖高新区评为综治先进单位，档案管理通过省特级复查。推进事业单位工资制度改革、新老保险新老机保衔接。做好委托管理工作，坚持区域合作共赢理念，续签鄂东大桥、汉鄂高速公路2019年委托管理合同。做好后勤服务保障工作，完成站所房屋维修、新增固定资产及报废资产处置。严格规范财务管理，打造财务预算"数字化"管理平台，修订下发财务收支等4项管理制度并汇编成册，将44个养护性支出项目7788.24万元纳入审计结算。印发《武黄管理处政府采购管理办法》，针对电商采购流程和关键环节，完善资产、物资采购管理办法，规范自行采购程序。加强服务区日常监管和广告、房屋租赁等经营开发工作，落实服务区服务质量等级评定标准，扎实推进服务区"厕所革命"，定期对所辖服务区开展文明礼仪培训和消防安全演练，提升服务区服务质量，培训人员1500余人次，鄂州服务区厕所改造完成并投入使用。协调地方政府投资620万元、管理处配套113.8万元对庙岭收费站进行改扩建，收费车道由"一进二出"变成"二进三出"，极大缓解站口通行压力。

文化建设。启动"书香武黄·文化同行"活动，推出"一书一课"App线上学习平台，基层单位相继组织开展读书沙龙、好书分享、诗歌朗诵等读书交流活动。投入200余万元，对武黄历史文化展厅和鄂州、鄂东南等5个站所职工之家、真情书屋和班组

2018年5月4日，武黄管理处开展"争当青年先锋 立足岗位建功"主题演讲活动

活动室进行整体配套设计、提档升级、黄石所职工书屋被省交通运输厅命名为"职工书屋示范点"。开展全民健身、户外踏青、主题演讲等文体活动，开展示范性"职工之家"和"服务中心"创建，管理处工会委员会获"全国模范职工之家"称号，在省高速公路系统第九届职工体能技能竞赛中获团体第二名，处羽毛球队获东湖高新区羽毛球赛团体冠军。

（孟一帆）

【崔家营航电枢纽管理处】 枢纽运营情况。至 2018 年 12 月 31 日，枢纽持续安全运行 3577 天，累计通航船舶数量 32937 艘，通航船舶吨位 674.7 万吨。电站全年发电量 5.03 亿度，累计发电量 39.83 亿度；全年上缴税收 3287 万元，自发电以来上缴税收突破 2.5 亿元。全年未出现人身伤亡等安全事故。

生产管理。按照"安全、高效、便捷、畅通、智能、绿色"发展思路，优化通航信息服务系统、完善通航服务交流平台，开展通航服务满意度问卷调查活动 2 次，船民满意度 99%。探索快速抢修、恶劣天气应急通航保畅等工作法，确保各类船舶特别是大件运输船舶过闸效率，筑牢"魅力通航"特色品牌。加强辖区内船舶监管，规范通航管理秩序，持续开展超载、超速、抢航等专项治理，加强坝区通航巡查管理，及时修缮受损设施设备，确保通航船舶过闸安全。坚持满发多供运营理念，保证机组在最优工况下稳定运行。持续完善电站运行制度，规范"两票"管理办法，探索推进"定路线、定设备、定位置、定内容、定标准"的"五定"巡回检查法，机组运行稳定系数显著提升。坚持合理安排机组检修时间，做到"小缺陷不过班，大缺陷不过天"，最大程度提升设备检修能力，完成机组 1 台次 B 级检修监管和 5 台次 C 级检修任务，机组稳定运行能力明显改善，实现节水增发。

生态管理。坚持绿色发展，突出生态管理，环保功能日益凸显。完成崔家营管理处水资源论证报告，为合理开发水资源和可持续利用提供依据。响应省防办汉江中下游梯级联合生态调度计划，认真做好水资源生态调度。利用鱼道监视系统，探索最优过鱼环境，按计划开展增殖放流，全年向库区投放 20 万尾 10 余种鱼苗，清除水上漂浮物 6255 平方米，为保护库区鱼群种类多样性和汉江优质水质做出应有贡献。响应国家颁布实施的《汉江生态经济带发展规划》，对上游锚地新增船舶污水收集设备设施，体现保护环境绿色发展理念。

安全管理。修编发布《安全生产考核奖惩规定》，建立安全生产风险和隐患双防控机制，不断织密安全生产监督网络，推进安全生产主体责任落实。定期召开安全生产分析会，加大反恐防范、水路交通、电力安全等工作隐患排查和风险管控，加强隐患清单管理，明确责任单位和整改期限，层层压实安全责任，全面提升安全管理能力。以"安全生产月"为载体，组织开展职业健康与防护、消防安全等安全教育专题讲座 6 次。加强安全技能培训，安全管理人员和特种作业人员持证率 100%。结合行业要求和实际需求，夯实信息化基础设施，强化信息技术应用能力，完成电力调度数据网双平面传输、省港航水上搜救应急管理平台监控对接、OA 办公系统异地迁移等技术改造。制定标准化运维台账记录模板，完善信息化运维管理机制，做到系统运维管理规范化。宣传网络安全知识、完善信息系统内在安全、健全网络安全管理体系，严防网络信息安全漏洞，枢纽网络信息安全防线进一步筑牢。

综合管理。制定《关于加强政务督办工作的办法》，通过明确政务督办工作思路、工作范围、机构职能及工作流程，健全政务督办台账，形成定期督办和定期通报制度。全年督办落实重点工作 89 项，政务信息和新闻报道进步明显。围绕预算绩效管理工作，构建"整体支出、一级项目支出、重点子项支出"三层绩效评价体系，实现重点项目重点监督，提高项目绩效管理质量。运用"互联网+"思维，开发财务综合管理信息系统，通过精简优化财务管理流程，严控预算执行关键环节，提高财务管理效率。根据部门职能和人员岗位职责，突出集中考核、加强平时考核、统筹处级考核、落实部门考核，及时公示考核情况，每月对接考核应用，促进更好地履职尽责。

文明创建。开展"魅力书香 文化助航"系列活动，组织"弘扬传统文化 严守道德纪律""纪念孔子诞辰"等全民阅读活动和"筑梦新时代 交通强省我先行"主题演讲比赛。组织开展读书分享活动，发布好书导读和听书信息，营造"爱读书、多读书、读好书、共分享"的浓厚氛围。管理处浩然书屋获中华全国总工会"全国工会职工书屋"称号，管理处获"全国安康杯示范单位"称号，航电工作室团队完成泄水闸弧形门锁锭装置设计方案开发、5 号机组振动源分析研究等 4 项年度技术创新攻关项目，被命名为"湖北省职工创新工作室"。黄伟获"湖北省先进工作者"称号，庄建新、黎茂芳、叶功博获"湖北省技术能手"称号。管理处职工服务中心被授予湖北省交通运输系统"模范职工服务中心（站）"。

（薛若忱）

【江汉运河航道管理处】 全年通航船舶 8638 艘次，船舶总吨 650 万吨，货物 433 万吨。自 2014 年 9 月 26 日通航以来，累计通航船舶 30235 艘次，船舶总吨 2190 万吨，货物 1264 万吨，货物品种 44 种，江汉运河继续发挥出"畅通、快捷"的航运优势。

航道管理。不断创新通航管理机制，把改革向纵深推进。通过修订《船闸运行管理办法》、制定《船闸巡查巡检制度》，促进船舶调度规范化、机电设备维保科学化、通航管理考核常态化。船舶过闸登记系统手机 App 终端服务正式推行，过往船舶中 90% 以上使用手机 App 登记过闸，实现船舶过闸更高效、"水上高速"更顺畅，实现 3000 吨级集装箱船队首航江汉运河。不断加快绿色发展步伐，优化通航环境。加快推进绿色示范航道建设，

2018 年 12 月 14 日，江汉运河迎来集装箱船队首航

和《江汉运河船闸及引航道防洪度汛应急预案操作手册》等，在高石碑船闸举办防洪度汛应急演练。开展"扫黑除恶"专项斗争行动，制定《扫黑除恶专项斗争行动实施方案》，成立打击整治枪爆违法犯罪专项行动领导小组，与李埠镇、高石碑镇派出所建立联络机制，形成常态化工作机制。

文明创建。培育和谐惠民品牌，做好文明创建，塑造情满运河形象，成立"运河先锋志愿服务队"和"扬帆青年读书会"。江汉运河航道管理处首次被评为"全国交通运输行业精神文明建设先进集体"，管理处党委被厅党组授予"党建工作先进单位"，第三党支部党员活动室被授予厅直单位"示范党员活动室"，1 名基层党支部书记被厅授予"优秀党务工作者"，职工服务中心被授予全省交通运输系统"模范职工服务中心（站）"。

（张辉）

江汉运河智能航运服务系统全面开工，高标准、高质量、高效率推进船闸智能调度等 16 个子系统建设。继续抓好长湖碧水保卫战"清流行动"，加强与荆州、荆门、潜江 3 市联系，落实好省级湖长各项日常工作，发挥江汉运河绿色生态航运补水工程作用，推动优化江汉运河通航环境"含金量""含新量""含绿量"。

安全管理。船闸运行安全，船闸安全通航率 100%；进出口船闸无水上交通安全重特大责任事故。落实航道管理责任，依法管理保畅通。推动 3 个基层单位优质服务，全年完成陆上巡航 125 次、水上巡航 20 次，巡航里程 19500 公里，劝阻垂钓人员 173 人次，查处违规卸货 3 起。在航道执法过程中，规范执法程序，把握执法力度，合理利用相关法律法规及相关条款，许可项目全程跟踪服务，主动沟通协调，航道产权得到有效保护，确保航道安全畅通。开展航道通航标志维护，全线航标、标志牌清洁保养 2 次。开展航道污染防治，全年组织漂浮物打捞 30 次，全面清理航道内垃圾、渔网，开展航道无死角观测，按期进行扫床，

及时清除障碍物，密切关注航道内边坡稳定情况。筑牢安全责任防线，组织开展强降雨、高温、汛期、冰冻雨雪等恶劣天气下航道、船闸、用电、消防等专项检查 10 余次，常规安全检查 12 次，检查中发现问题及隐患全部要求责任单位整改到位。突出安全专项行动，修订完善《湖北省江汉运河航道管理处突发事件总体应急预案》

【联网收费中心】 联网收费业务。2018 年，全省高速公路联网收费里程 6058 公里。有 69 个路段单位 368 个收费站 2429 条车道，其中进口车道 922 条、出口车道 1507 条。全年通行收费车辆 3.2 亿辆，比 2017 年增长 9.01%；免费通行绿通车 700.2 万辆、7 座以下小客车 2674 万辆；归集联网高速公路通行费 219 亿元，增长 9.11%；归集

江汉运河航道管理处 "运河先锋志愿服务队"

网外收费公路 6 路 2 桥非现金通行费 658.72 万辆次 1.13 亿元，通行车辆和通行费比 2017 年分别增长 128.57%、165.33%。

非现金支付业务。ETC 车道发展到 366 个站 748 条，覆盖率 99.73%。新增发行 46.95 万，通衢卡发行用户 306.52 万，其中累计注销 63.88 万户、实际在用 242.64 万。银行柜面、高路沿线、网上掌上"三位一体"ETC 客户服务体系基本形成，一站式人工客服网点增长至 4498 个，38 对服务区布设 ETC 自助充圈一体机，"湖北 e 出行"的"掌上服务厅"更全面、更便捷。2018 年 ETC 通行车辆 9851.58 万车次，交易金额 113.86 亿元，全年优惠 7500 万车次 6.7 亿元。ETC 使用率 36.14、支付率 52%。银联卡（移动）支付应用快速增长，新增支付宝支付，试运行银联"无感支付"（停车），全年交易量 2453 万笔，交易额 16.25 亿元（日均 445 万元），使用率 9%、支付率 7.4%。

运行监测工作。印发《湖北省高速公路多义性路径识别系统试应用总体工作方案》，完成二代卡车道软件、后台清分软件开发升级，改进精确路径识别算法，完成基站和收费站匹配算法，完善二代卡操作流程和管理制度。7 月 1 日，货车精确收费准时启用，运行平顺，堵漏增收效果明显，日均直接增收近 6.5 万元。同步开发升级 OMP 智能监控管理系统，推进 LBS 平台、OMP 系统与收费系统联调联试，初步发挥路网智能监控、数据分析和精准打逃重要作用。持续推进路网运行管理，升级更新监测平台。全年发布监测日报 244 期，监测故障 22671 起。

较好完成 ETC 全国联网基础信息和动态运输量信息月报统计。完成与重庆、陕西相邻省界站的车辆信息共享。

公众出行服务。立足服务公众、服务路网、服务机关，推动数据服务出行、服务运营、服务决策。"湖北 e 出行"关注用户近 46 万户，获"2018 湖北十佳政务微信"省直政务微信第 2 名，10 余项服务接入"鄂汇办"，推动公众出行服务从"电话线"向"网线"转移，推动 ETC 客户服务由"银行营业厅"向"掌上服务厅"转移。树立"路网""联网""全网"思维，搭建业务数据汇聚平台和关联信息资源整合平台。多次为省政府出台降成本、兴实体、激活力等政策提供数据支撑。为路网单位及有关单位提供数据分析和挖掘。基本完成 3 个省级公共服务事项标准化建设相关工作。"12122"服务热线和"96576"客服专线全年受理 88.84 万件（日均 2433 件），比上年增加 31.34%。其中，电话受理 38.83 万件（日均 1063 件）、自动语音受理 29.64 万件（日均 812 件）、微信多客服人工在线受理 20.37 万件（日均 558 件）。微信自助点击查询 631.73 万次（日均 1.73 万次），是人工受理量的 16 倍。

政策落实。全年服务保障 13 项重大政策落地，减免通行费近 70 亿元。做好通行费"营改增"技术保障，1 月 1 日正式开具通行费增值税发票，全年开票 779 万张（含不征税发票）。完成普通收费公路电子收费数据上传等配套工作。做好平台投诉受理相关业务，受理平台投诉 179 起，无响应不及时、逾期及积压投诉等情况。汉洪、岱黄、利万、蔡琴区间政府统一支付

小客车通行费 2.21 亿元。做好车道收费系统升级更新，及时完善新能源车、领事馆车号牌输入系统。加强通行卡管理，确保路网流转正常。建立路段"黑灰名单"与全省"黑灰名单"双轨管理制度。

联网技术保障。建立网络安全通报、函告机制，进一步明确全网联网收费系统网络安全职责、分工。制定《湖北省高速公路联网收费系统网络安全技术要求（试行）》。实施联网运行核心系统网络安全升级，将收费网络终端纳入安全准入控制设备管理，初步构建集防护、检测、响应于一体的安全保障体系。引进专业化网络安全服务商驻点开展日常巡检、病毒预警、路段抽查等服务，提升网络安全处置能力。成功抵御联网收费系统"9·23"病毒感染。完成基于 Linux 操作系统的联网软件有关研发。处理通信系统主干网业务故障 17 次。开展主干网通信设备巡检及保养 12 次，收费软件维护 955 次、升级 10 次、新增报表 6 张，收费数据应急处理 275 条。新增虚拟机 34 台，处理紧急故障 7 次，开展机房巡检与维护 48 次。中心机房设备完好率 100%，故障修复及时率 100%。

综合管理。全员签订岗位聘用合同，岗位绩效工资向公益一类事业单位规范转轨。53 名工作人员完成机关事业单位养老保险改革参保预登记初审。总工程师配备到位，选拔正科级干部 1 名、副科级干部 3 名，领导班子和中层干部配备到位。干部内部轮岗交流 13 名。完善财务内控管理体系，修订预算管理考核实施细则、资产管理办法等，全年预算执行率 94.58%。

（胡芯蕌）

综合交通和水陆运输

【综合交通】 至 2018 年底，全省综合交通网总里程约 29.55 万公里（不含民航航线、城市内道路），综合交通网密度 158.7 公里/百平方公里。全省铁路营业里程 4414 公里，其中高速铁路和城际铁路 1130 公里；公路总里程 27.5 万公里，其中高速公路 6367 公里；航道通航总里程 8667 公里，其中高等级航道 1992 公里；油气管道 7151 公里。2018 年全省港口货物吞吐量 3.5 亿吨，集装箱吞吐量 193.6 万标箱；全省民用机场 6 个、通用机场 5 个，民航旅客吞吐量 3109 万人次。

铁路。武汉至十堰高铁等建设进展顺利，黄冈至黄梅高铁等开工建设，沿江高铁武汉至宜昌段前期工作正式启动。天门至仙桃、天门至潜江铁路支线即将建成，铁路网络进一步完善。

公路。武汉城市圈环线高速公路孝感南段、武深高速公路嘉鱼北段建成通车，全省已建、在建高速公路里程 7611 公里；全省 9 座长江大桥同时在建，创历史之最。普通国省干线提档升级，四好农村公路建设强力推进。全省一级公路里程 6093 公里、二级公路 23179 公里。

水运。"645"长江深水航道整治工程先期项目蕲春水道、宜昌至昌门溪河段航道整治二期工程加快建设，武汉至安庆 6 米水深航道整治工程全面开工。雅口等汉江枢纽、汉江河口三期工程建设加快推进，松西河、唐白河等省际航道前期工作有序推进。宜昌白洋作业区二期工程、荆州江陵煤炭铁水联运一期工程等加快建设。

民航。湖北国际物流核心枢纽项目全面开工，襄阳刘集机场改扩建工程完工，宜昌三峡机场改扩建工程、荆州民用机场开工建设。通用航空发展迅速，麻城等一批通用机场加快建设。

邮政和管道。干支管道及联络线建设重点开展，新疆煤制气外输通道湖北段一期工程、荆门—襄阳成品油管道等项目建设加快推进，管道网络进一步完善。邮政快递发展迅猛，全省邮政行业业务总量完成 345.13 亿元，比上年增长 30%；快递业务量完成 13.5 亿件，比上年增长 33.5%。

综合交通枢纽。依托机场、高速铁路、城际铁路、城市轨道交通等，建设一批集多种运输方式于一体的综合客运枢纽，襄阳东津公铁换乘中心、孝感西客运换乘中心等项目建设加快推进。依托港口、铁路场站、机场等，建设一批临港、临铁、临空货运枢纽（物流园区），黄石多式联运物流园、宜昌白洋物流园等项目建设加快推进。

综合运输服务。多式联运等加快发展，武汉、黄石、鄂州、宜昌等 5 个多式联运示范项目列入国家多式联运示范工程，项目数量位居全国第 1 位。中欧班列（武汉）发展迅速，中欧班列（武汉）进出口总货运量和进口货运量位居全国前列。武汉基本完成国家公交都市创建目标，宜昌、襄阳入选国家第三批公交都市创建城市。城乡客运一体化加快推进，进一步巩固"村村通客车"成果，确保农村客运开得通、留得住。

（徐文学）

【全省道路水路运输】 多式联运发展。争取省政府支持，出台《湖北省推进多式联运发展的实施意见》，成为全国率先由省政府出台支持多式联运发展政策文件的省份。精心服务，点对点指导，全省有 5 个铁水联运项目纳入国家示范工程，位居全国前列。武汉、黄石、宜昌相继于 3 月、6 月、11 月正式实现铁水联运，长江主要港口集装箱码头基本实现铁路进港，全省铁水联运集装箱数量比上年增长 233%。11 月，全国多式联运发展现场会在武汉召开。

治理超限。争取省政府批复普通公路超限检测站 110 个、超限检测点 108 个，解决公路治超执法存在盲区、盲点问题。联合省公安厅出台路警联合执法规范性文件，明确规范工作流程和纪律。推进高速公路入口称重监测系统安装，完成 60%，全省高速公路收费站入口货车超限率从 2017 年 12 月 4.05% 下降至 2018 年 11 月 0.96%，整体超限率下降 76.30%。基本完成 50 处普通公路超限检测站电子抓拍系统建设，为科技治超打下坚实基础。

道路货运行业健康发展。省人民政府办公厅印发《湖北省促进道路货运行业健康稳定发展实施方案的通知》（鄂政办发〔2018〕44 号），两检合一、异地年审、大件运输、通行费优惠等道路货运行业降本减负 10 件实事基本落实。特别是"两检合一"工作取得实效，全省 102 家"两检合一"检测站上线，相同项目不再重复检验检测、重复收费，每年可降低物流成本 7000 万元。

水路货运稳步发展。全省水路货运（含滚装）企业 273 家，货船 2865 艘，货运泊位 903 个。湖北省水路货运主要货种为矿建材料、金属矿石、非金属矿石、煤炭，所占比例分别为 32%、13%、12%、9%，货物流向主要为长江沿线省市到省内港口。受国内外经济增速放缓、环保整治以及大宗散货运输需求不足、运力供大于求的影响，全省水路货运量增长乏力。2016—2018 年，水路货运量年均增长 1%，其中大宗散货运量呈下降趋势，集装箱货运量快速增长，特别是铁水联运集装箱量大幅增长，2018 年完成运量 5.6 万标箱，比上年增长 250%。高端航运服务日趋完善，2018 年武汉航运交易所完成交易额 54 亿元，比上年增长 51%，宜昌等地航运交易业务量快速增长；华中航运、锦海捷亚等一批传统航运企业主动向现代物流供应商转型。

（彭刚）

【节假日运输】 春运 40 天。2018 年 2 月 1 日至 3 月 12 日，全省铁、水、公、空发送旅客约 10261.8 万人次（包含渡运），比上年增长 1.71%。其中，铁路发送旅客 2193.5 万人次，比上年增长 6.29%；道路客运发送旅客约 7512.2 万人次，比上年下降 4.14%；民航发送旅客 188.4 万人次，比上年增长 10.8%；水路客运发送旅客约 15.6 万人次，比上年下降 19.15%，水路渡运发送旅客约 352.2 万人次。全省高速公路通行车流量 4700.7 万辆次，比上年增长 15.74%。春运期间，没有出现旅客滞留、积压等现象，没有发生重大服务质量投诉事件，全省旅客运输情况总体平稳。国庆黄金周。10月1日至10月7日，全省道路、水路发送旅客915.71万人次。其中，道路发送旅客898.2万人次，日均投入运力约3.5万辆，客运量比上年下降35.89%；水路发送旅客17.51万人次，比上年下降21.32%，投入运力660艘。全省高速公路通行车辆1130.68万辆，其中7座以下小型客车免费通行960.95万辆。国庆节日期间，全省道路、水路运行平稳，安全生产形势良好。

（彭刚）

【交通运输节能减排】 清洁能源和新能源汽车推广。加快新能源车在城市公交、出租汽车领域的推广应用。2018年，全省新增及更换公交车3608辆，其中新增及更换新能源公交车2404辆，新增及更换比重78%。

交通一卡通互联互通工作。按照交通运输部推进交通一卡通全国互联互通要求，湖北省继续推进城市公交卡公交互联互通工作。咸宁、黄石、潜江、荆门、随州、鄂州、宜昌、襄阳、十堰、黄冈等10个城市实现一卡通互联互通，累计发卡近10万张。3月1日襄阳公交集团公司开始在全市范围内发行交通一卡通，武汉市一卡通秘钥获批复，孝感、荆州正在申报中。

做好国家公交都市和省级示范城市创建工作。指导武汉市做好第一批国家公交都市验收工作，12月13日，武汉市被交通运输部命名为"国家公交都市建设示范城市"。按照交通运输部要求，组织相关单位专家和公交劳模代表督导宜昌、襄阳2个城市的公交都市创建工作。开展公交示范城市第三方考评，委托公交协会组织专家和2位全国公交劳模代表参加第三方公交示范城市考评，在媒体上对考评结果进行公示宣传，其中第一批7个城市，连续三年考评，达到创建目标；第二批4个城市基本完成阶段性创建目标，各指标按照时间节点保持进度。

开展公交企业文化建设活动。为增强企业发展核心竞争力，引导企业争创文化品牌，印发《关于在全省公交企业开展文化建设活动的通知》，从3月份开始在全省公交企业开展文化建设活动。联合公交协会调研襄阳公交企业文化，总结推广武汉公交"日行一善"、宜昌"文化进车厢"、襄阳公交"三讲"等典型企业文化，推广黄冈市城区"三好"文明公交线创建活动，在中国道路运输、湖北交通报以及厅局网站等媒体，大力宣传文化创建活动。

组织开展"公交出行宣传周"活动。全省公交都市创建城市、省级公交示范创建城市和大部分市（州）城市普遍开展公交出行宣传周活动，并向县级城市延伸，有10余个县级城市开展公交出行宣传周活动。全省大部分市（州）举办活动启动仪式，政府分管领导出席启动仪式，并乘坐公交车。武汉公交在宣传周期间开展绿色出行文化宣传，结合"日行一善、德润江城"活动表彰先进典型；襄阳公交开展奖征集公交站名、公交开放日等活动；宜昌邀请人大代表和政协委员到BRT调度中心、收银中心、IC卡管理中心、充电（站）桩亲身感受公交各工序和发展现状；十堰组织志愿者在车厢内广泛推广支付宝扫码乘车，倡导市民绿色低碳乘坐公交出行。

推广岸电技术应用。与交通部长江航务管理局、国家电网、湖北省能源局、宜昌市人民政府、中国船级社等多家单位合作，共同推进长江三峡坝区岸电实验区建设。完成长江三峡坝区岸电实验区规划布点方案、建设营运方案、政策研究报告，为全国内河岸电建设、政策等提供实践及研究经验。8月，长江流域港口岸电建设技术标准研讨会在宜昌召开，国家能源局、交通运输部水运局、中国电力企业联合会、长江航务管理局、国家电网、中国船级社等多家单位参加会议，加速岸电建设多项技术标准制定进度。按照稳步推进与适度超前、重点突破与整体推进相结合的原则，编制完成《湖北省港口岸电建设布局方案》。

开展"节能宣传周"活动。6月13号是全国低碳日，6月11日至17日为全国节能宣传周。围绕"节能降耗，保卫蓝天""提升气候变化意识，强化低碳行动力度"宣传主题，结合湖北交通运输工作实际，开展系列主题宣传活动，形成政府主导、企业主体、部门推动、全民行动的互动格局。6月13日，省交通运输厅开展"节能减排，保卫蓝天"倡议签名活动，宣读《节能减排倡议书》，倡议大家要从身边做起，从点滴着手，用实际行动践行节能低碳，为节约能源、保护环境贡献自己的力量。

（彭刚）

【全省道路运输业发展】 做好节假日及重点时段运输保障工作。全力做好春运、国庆黄金周等节假日期间运输服务保障工作，按要求报送相关数据及信息。特别是春运组织工作有序、部门协调得力、市场监管到位、服务保障有力，全省发送旅客898.2万人次，全面实现既定目标。按照交通运输部要求，加强"青岛上合峰会"期间入青长途客运车辆管理，加强与部信息沟通，及时核查相关班车、包车信息18辆次，督促基层运管机构核实处理违规行为5起，涉及运输企业4家。

试点推进客运企业转型升级。在全省范围内选择服务能力强、质量信誉优、社会效益好的班线客运企业作为试点，在简政放权、服务方式转变、组织模式创新、综合服务能力提升、客运价格改革等5个方面13个项目上推行改革举措，通过试点先行方式推进传统道路客运行业转型升级。

推动建立农村客运长效机制。完成《2018年度农村客运发展专项资金分配方案》编制工作，招标确定调查机构，制定调查方案，启动农村客运和出租车油价补助政策调整成效考核工作，鼓励支持具备条件的农村客运线路实行公交化运行，进一步推动城乡道路客运一体化发展。开展农村客运发展专项资金和农村客运油补退坡资金使用情况调查摸底工作，了解全省各县相关资金使用情况。

推动农村客运服务升级。开展农村运输服务提升行动，进一步巩固

"村村通客车"成果。研究制定《农村客运文明示范线路评定标准》，培育100条"文明示范线"和100辆"优质服务车"。进一步加强客运站厕所管理，推动农村客运服务水平提升。参加交通运输部开展的"四好农村路"建设及交通扶贫督导省际交叉互评工作。对交通运输部《城乡交通一体化发展水平评价指标体系和评价标准（征求意见稿）》进行认真研究、广泛讨论，提出修改意见。

稳步推进长途客运接驳运输发展。根据交通运输部相关文件要求，制定湖北省《〈道路客运接驳运输管理办法（试行）〉实施意见》，组织各级运管机构、接驳运输企业贯彻学习。按时上报湖北省长途客运接驳运输数据，指导各市州按时完成湖北省长途客运接驳信息在全国道路客运接驳运输管理平台的录入工作。开展多种形式监督检查，以查促改，逐步规范接驳运输行为。至年底，全省实行接驳运输长途客运企业69家，运输线路338条，运输车辆794辆，接驳点79个。

延续考核合格的试点企业试点资格。督促试点企业如实、准确、及时报送无车承运业务单证，避免数据漏报、错报，降低运单综合异常率。协助试点企业增补资金流水单，3月底前完成与交通运输部监测平台对接，4月起上传资金流水单。组织、整理并向交通运输部运输服务司报送湖北省行业管理部门及典型企业创新案例6篇。开展无车承运试点上半年综合监测评估。

推进危险货物运输行业管理工作。按照省交通运输厅下发的有关环保督查行动部署，结合《湖北省危险货物道路运输安全综合治理实施方案》要求，继续督导各地加强危险货物运输行业管理工作，督查隐患整改。配合省安委会开展危险货物运输行业调研工作，形成全省危险货物道路运输安全综合治理阶段性工作情况报告。

开展全省道路客货运输企业及客运站质量信誉考核工作。发布考核工作通知，在全省范围内开展本年度客货运输企业及客运站服务质量信誉考核工作，通过考核，加强全省道路运输市场管理，加快道路运输市场诚信体系建设，完善优胜劣汰的市场竞争机制，引导和促进道路客货运输企业及客运站依法经营、诚实守信、公平竞争、优质服务。

配合做好联网售票系统资产划转工作。根据省政府办公厅《关于将省道路客运联网售票系统整体划转省联投集团运营的意见》《湖北省财政厅关于省交通运输厅划转湖北省道路客运联网售票系统资产的复函》，与湖北省联合发展投资集团有限公司签订《湖北省道路客运联网售票系统资产划转工作框架协议》，配合做好资产整体无偿划转工作。

开展行业应急维稳工作。针对元月份的雨雪灾害天气，成立应急指挥部，全省各级运管机构一律实行领导带班、24小时值班制度，每日上报当地道路客货运输相关情况。按照《湖北省道路货运行业维稳工作预案》部署，及时了解各地货运行业状况并上报，督促基层管理部门处置化解可能存在的稳定风险，贯彻落实促进道路货运行业健康稳定发展的有关要求。

（张改欣）

【班线客运】 加快推进道路班线客运转型升级。遵循市场规律，充分发挥道路班线客运比较优势，在全省开展道路班线客运转型升级试点工作，扩大道路客运企业经营自主权，促进道路班线客运资源整合，有效激发班线客运企业创新内生动力，不断提升道路客运发展质量和综合服务能力。

促进道路客运高质量发展。发挥道路客运面广、线多、有固定车站以及专业车辆和驾驶员等方面优势，推进站商融合、运游结合、城际公交、定制客运及物联网发展，通过挖掘旅客流量潜在价值，提升客运企业盈利能力。配合打好"四好农村路"攻坚战，推动农村交通运输融合发展。开展农村运输服务提升行动，巩固"村村通客车"成果，评选"农村客运优质服务车辆""农村客运文明示范线路"，支持农村客运班线实行公交化改造。

加强事中事后监管。深化"双随机一公开"机制在客运审批方面的运用，加强客运审批流程监管，加强动态监控第三方监测平台数据在审批中的应用。加强审批后的监督检查，完善投诉举报受理及办理机制，依法处置违法行为，保障行政相对人行政复议和行政诉讼的权利。

加强道路客运领域信用体系建设。优化考核机制，修订全省道路客运企业质量信誉考核办法，对班线客运、旅游客运企业分开考核。建立与相关部门信用信息互通，将失信企业列入"黑名单"并实施联合惩戒。

进一步规范道路客运接驳运输。根据交通运输部相关文件要求，制定湖北省《〈道路客运接驳运输管理办法（试行）〉实施意见》。

（刘璟）

【旅游客运】 加强旅游客运市场管理。全省各级运管部门以提高旅游客运服务质量为出发点，加大对客运站、旅游集散中心及各旅游景点的监督检查力度，确保旅游客运车辆持证运行，杜绝旅游景点接纳无证无牌客车进入旅游景区，旅游客运服务质量明显提高。促进旅游客运发展，针对班线走弱、旅游走强趋势，省内部分地市制定政策，鼓励客运企业将多余班线运力依法转为旅游客运运力，引导企业合理调用运力，增加客运企业车辆利用率，使之运行效益最大化。

合力督促旅游企业安全主体责任落实。全省各级运管部门督促属地旅游客运企业严格落实安全生产主体责任，坚持"安全第一、预防为主"方针，贯彻落实安全生产各项工作要求，主动接受管理部门监督，加强企业内控制度，强化负责人员培训，提升安全生产意识。发挥旅游运力应急储备功能。全省各级运管部门到企业和各旅游景点，调查了解旅客流向、流量，合理规划旅游客运线路。特别是重大节假日期间，为应对客流高峰，提前做好预案，主动对接高铁、民航等运输方式及学校、旅行社等机构，组织运力，做好旅客疏运，确保旅客走得安全、便捷。

（张改欣）

【城市公交运营】 落实公交优先发展战略，进一步提升城市公共交通服务水平，实现城市交通与城市良性互动、协同发展，增强广大人民群众公共出行获得感、幸福感、安全感。

国家公交都市和省级示范城市创建工作齐头并进。指导武汉市做好第一批国家公交都市验收工作，12月13日武汉市被交通运输部命名为"国家公交都市建设示范城市"，在广州召开的公交都市建设推进会上，武汉市公交都市创建成效得到称赞。按照交通运输部要求，组织相关单位专家和公交劳模代表对宜昌、襄阳2个城市公交都市创建工作进行督导。开展公交示范城市第三方考评，委托公交协会组织专家和2位全国公交劳模代表参加第三方公交示范城市考评，在媒体上对考评结果进行公示宣传，其中第一批7个城市连续三年考评，达到创建目标，上报待命名；第二批4个城市基本完成阶段性创建目标，各指标按照时间节点保持进度。

公交企业文化建设初显成效。为增强企业发展核心竞争力，引导企业争创文化品牌，内强素质、外树形象，印发《关于在全省公交企业开展文化建设活动的通知》，从3月份开始在全省公交企业开展文化建设活动。联合公交协会对襄阳公交企业文化进行调研，总结推广武汉公交"日行一善"、宜昌"文化进车厢"、襄阳公交"三讲"等典型企业文化，推广黄冈市城区"三好"文明公交线创建活动，在中国道路运输、湖北交通报以及厅局网站等媒体，大力宣传文化创建活动。

交通一卡通互联互通工作循序渐进。按照交通运输部推进交通一卡通全国互联互通要求，湖北省继续推进城市公交卡公交互联互通工作。咸宁、黄石、潜江、荆门、随州、鄂州、宜昌、襄阳、十堰、黄冈等10个城市实现一卡通互联互通，累计发卡近10万张。武汉市一卡通秘钥获批复，孝感市、荆州市正在申报中。

公交移动支付再上新台阶。武汉、宜昌、襄阳"一主两副"城市继续拓展实施公交移动支付业务。其中，武汉公交与互联网+不断融合，智能公交App下载量、电子公交卡用户双双突破600万；襄阳公交成为湖北省首个支持线上支付、公交卡、现金等多种支付手段的全支付平台；宜昌加推一卡通二维码扫码支付；赤壁公交手机扫码云闪付系统在全线路公交车同步上线。

做好燃油补贴数据申报和资金分配工作。组织各地开展上年度新能源公交车运营补助申报工作，按照规定程序做好审核、公示、上报。组织2个组对6个城市公交企业申报的上年度新能源汽车运营补助数据进行实地核查，并通报考核检查情况。配合财务审计部门对上年城市公交车成品油补贴资金项目进行绩效评价。完成2016年度全省各市县新能源公交车推广应用情况考核工作，根据各市县2016年度新增及更换公交车中新能源公交车比重，对未完成考核目标的市县予以扣减。按要求对2016年度新能源公交车营运补贴进行测算分配。

特殊时期运输保障有序。高考和中考期间，指导城市公交主动开展"中高考学生免费乘车"等活动，为高考、中考学子提供免费服务。其中武汉、咸宁等公交企业继续推行高考考生免费乘车（船、地铁）优惠政策，考点线路加密班次，增大运力对点运送考生。武汉新增2489辆公交车辆全部安装防护栏。武汉市文明办、交委、交管、总工会等4部门联合倡议"共创和谐交通环境，争做遵德守法市民"，民营老板重赏公交"勇敢抱"感动江城，为维护公交运营安全制造良好舆论环境。

行业改革。按照湖北省城市公交规模化、集约化发展思路，引导各地公交企业进行公车公营改革，不断引进社会资本对原企业进行改造。黄冈公交公司在完成华兴公交公司收购基础上，修订完善《黄冈市城区公共交通规划（2018—2030）》。十堰对中心城区公交场站布局进行专项规划，提升中心城区部分公交服务薄弱地区服务水平，满足中心城区市民出行需求和提高公交出行便捷性、舒适性。孝昌城区停运1年多的4路公交改造公车公营。潜江民营改国有正在进行中。武汉在黄陂临空产业园开通PG22路定制公交，有效解决万名企业职工和居民出行难题；4月光谷有轨电车开通，光谷公共交通再添新元素；与小码联城共同打造"暑期专线"定制公交，不仅提高存量车辆使用率，也满足乘客多层次和差异化出行需求。宜昌市开通宜城城区至当阳市城际公交，实现县市区全覆盖。

（徐晓婷）

【城市轨道交通运营】 2018年，武汉市建成开通轨道交通7号线和11号线东段一期2条运营线路，新增里程67.5公里；在建轨道交通线路11条，在建里程约242.2公里。至年底，武汉轨道交通开通运营1号线、2号线（含机场线）、3号线、4号线、6号线、7号线（含纸坊线）、8号线、11号线、阳逻线等9条线路，运营里程305公里，车站206座，运营列车377列，全年总客流10.37亿人次，日均客运量284.14万人次，日最高客运量372.66万人次。全年未发生重大安全事故及安全责任事故。

轨道交通建设。轨道交通7号线是全地下线，全长47.9公里，由园博园北站至青龙山地铁小镇站，设站26座，其中换乘站10座，设野芷湖车辆段与综合基地（与8号线二期停车场共址合建）和长丰停车场。武汉长江公铁隧道是轨道交通7号线一期控制性工程，总长4.66公里，其中公铁合建部分约2.6公里。它是穿越长江的首条公铁合建隧道，也是国内直径最大的江底隧道，采用的公、铁共用隧道逃生通道在全球运营的公铁隧道中属于首例。10月1日7号线一期（北起园博园北站，南至野芷湖站）开通试运营，12月28日纸坊线（即7号线南延线，止于青龙山地铁小镇）开通试运营。轨道交通11号线东段一期是全地下线，全长 19.7 公里，起于光谷火车站，止于左岭新城，设站 13 座，其中换乘站 3 座，设长岭山车辆段与综合基地 1 座。该线是武汉市轨道交通骨干快线的东段，是东湖高新区内东西发展主轴上的大运量轨道交通线路。其中，光谷五路站是武汉市首次引入水电工程建筑技术修筑的车站，是武汉首个不做吊顶的"免装"地铁车站，也是武汉市地铁站内跨度最大、层数最高、宽度最宽的"三最"车站。10 月 1 日开通试运营。

轨道交通建设规划。12 月 25 日，《武汉市城市轨道交通第四期建设规划 (2019—2024 年)》正式获国家发展改革委批复，拟建设 12 号线、6 号线二期、8 号线三期、11 号线三期 (武昌段首开段、新汉阳火车站段和葛店段)、7 号线北延线、16 号线、19 号线、新港线项目，总长 198.4 公里，其中地铁项目 4 个 (含延伸线) 81.7 公里，市域快线项目 4 个 116.7 公里。

（刘元林）

【客运出租车运输】 加强对各地改革工作指导，多次到重点城市督办指导出租汽车改革工作，市级层面仅仙桃、潜江 2 个城市未出台《网络预约出租汽车经营服务管理实施细则》和《深化出租汽车行业改革的实施意见》。不断规范网约车发展，根据《网络预约出租汽车经营服务管理暂行办法》和《关于网络预约出租汽车经营者申请线上服务认定流程的通知》要求，对斑马公司、风韵公司、鸿路行公司、省客集团、襄阳公交、宜昌交运、东风电动、安捷在线等 8 个从事网约车经营公司线上服务能力材料进行审核，指导各市州按文件要求给合法合规的公司、车辆、驾驶员办理相关证件。湖北省有首汽约车、神州专车、易到、呼我出行、斑马快跑、风韵出行、万顺叫车、尚车出行、曹操专车、轩轩出行、滴滴出行、去哪儿、东风电动、阳光出行等 28 家平台公司在全省 10 个市州分别办理网络预约出租汽车经营许可证，全省为 7594 辆车办理网络预约出租汽车运输证、22102

人办理网络预约出租汽车驾驶员证。此外，湖北省省级和 17 个地市州全部接入部监管信息交互平台。其中，武汉市除接入部监管信息交互平台外，还自建信息平台。

排查化解不稳定因素。开展出租车行业风险隐患排查，全省梳理出影响出租汽车行业稳定问题 19 个。接交通运输部、省维稳办、省政法委等部门出租汽车维稳化解通知要求，按照"属地管理、分级负责"原则，将主要风险点进行分类，划定风险等级，落实包案领导，明确各地矛盾化解时限，努力把问题解决在当地、消除在萌芽状态。

不断增强行业服务质量。高考和中考期间，指导城市出租汽车企业主动开展"中高考学生免费乘车"等活动，为高考、中考学子提供免费服务。武汉、十堰、宜昌、黄冈、咸宁等出租汽车行业组织运力开展"中 (高) 考直通车""爱心送考车""雷锋车"等志愿公益活动。指导各地在出租汽车行业开展"日行一善"活动，发掘典型、总结经验、收录典型事例，进行全省推广，以善行善举为主线，在全行业培树以知善、行善、乐善、扬善为特征的"日行一善"行业文化品牌，进一步增强交通文化引领力和凝聚力，提升市民、乘客交通出行获得感和幸福感。做好燃油补贴基础工作，利用好油补政策，加快新能源车发展步伐；及时报送 2018 年度出租汽车补助分配方案。

（吴松）

【城乡客运一体化】 持续推进城乡道路客运一体化建设，组织开展国家油补资金、省级 1 亿元专项资金使用成效评定，鼓励支持具备条件的农村客运线路实行公交化运行。至 2018 年底，从事农村客运公交车 4560 辆，班线客车 19358 辆 (其中公交化改造车辆 1708 辆)。全省建制村 24057 个，通客运班车 (包括区域经营) 建制村 19310 个 (80.27%)，其中公交化改造通车建制村 4595 个 (19.10%)，通公交建制村 4056 个 (16.86%)，通电话预约车建制村 3021 个 (12.56%)，通网络预约

车建制村 310 个 (1.29%)。(注：各种方式通村的数量允许交叉统计，因此百分比之和不为 100%)。各地大力支持公交化改造，支持城市公交向县城周边延伸覆盖。武汉市以及黄州区等县市实现全域农村公交化。

（刘蔚）

【农村客运】 因地制宜采用各种通车方式，全省"村村通客车"继续保持 100%。开展农村运输服务提升行动，加强农村地区客运站厕所管理，提升农村地区客运站服务水平。开展农村客运"双百"评选，研究制定《农村客运文明示范线路评定标准》，在全省培树一批"文明示范线"和"优质服务车"。2018 年底，全省统一喷涂农村客运标识客车 16019 辆，统一标识率 85.32%。拓展农村客运经营，全省建成农村客运综合服务站 433 个，其中开展农村客运与物流、邮政、快递等融合服务站 232 个，参与小件快运农村客运车辆 7156 辆。

加强农村客运市场秩序及安全监管。全省实现农村客运车辆动态监控全覆盖，全省 18775 辆农村客运车辆全部纳入动态监控联网联控，其中 13131 辆实行视频监控，占农村客运车辆总量的 69.94%。各地落实"县管、乡包、村落实"管理机制，开展农村客运市场打非治违专项治理行动。完善落实发展长效机制。完成《2018 年度农村客运发展专项资金分配方案》编制工作。招标确定调查机构，制定调查方案，启动农村客运和出租车油价补贴政策调整成效考核工作。开展农村客运发展专项资金和农村客运油补退坡资金使用情况调查摸底工作，收集了解全省各县相关资金使用情况。

（刘蔚）

【全省交通物流行业管理及发展】 物流发展资金竞争性分配有序进行。研究拟定 2018 年交通运输物流发展资金竞争性分配实施方案并上报省交通运输厅审批发布。在开展实务培训基础上，经市州申报、形式审查、

专家评审等程序，分配项目8个、资金4100万元。在广泛征求意见的基础上，拟定农村交通物流发展资金竞争性分配实施方案获省政府批复，明确农村物流"以奖代补，先建后补"的资金分配原则，明确项目申报条件、申报程序、评审办法、奖励标准等事项。

试点示范工作积极推进。湖北赤湾东方物流公司、武汉大道物流公司、荆州鑫泰达物流公司等3个国家公路甩挂运输试点项目通过审查验收工作，通过验收项目达到8个。襄阳、十堰成功入选国家城市绿色货运配送示范工程创建城市。省级农村物流试点示范项目达到23个，覆盖大部分市州。部分地方推进农村物流试点工作成效明显，长阳以百誉智慧物流为依托积极建设集交通、商务、供销、邮政、快递"多业融合、多点合一"线上线下服务平台，与京东、远成、韵达等电商企业、物流企业合作，整合乡镇配送资源，开发土特产增值服务，每天有8条干线、40多条镇村线路、10辆货运班线车辆定点定时穿行在80多个服务站点，实现当日订单货物当日达、全域物流配送全覆盖。

行业基础工作不断夯实。印发《关于建立重点物流园区联系制度的通知》，建立联络员制度、重点联系企业座谈会制度、信息反馈制度、物流园区学习交流及宣传制度、数据信息报送制度等五大制度。将36个公路货运服务型物流园区(企业)纳入重点监测范围，收集监测数据，掌握重点物流园区及企业运营情况。配合交通运输部开展农村物流网络节点体系建设和城市绿色货运配送有关情况调研工作，填制上报湖北省农村物流县乡村三级节点体系建设情况。赴宜昌、荆门等地调研农村物流，了解情况。编印《十三五湖北省运输与物流研究成果汇编》，供各级领导和广大干部职工参考学习。

物流治理体系更加完善。全省物流发展机构积极作为，不断强化职能，在服务物流业和经济社会发展中发挥着越来越重要的作用。荆门市物流发展局承接发改部门物流综合协调规划

职能，负责编制全省物流发展规划，代表市政府起草《物流龙头企业培育实施方案》和《促进现代物流业发展实施意见》等重要文件。鄂州物流局配合省人大、市人大开展《促进物流业发展条例》立法工作，负责相关调研、论证和起草工作。宜昌市物流局按照市委市政府统一部署，草拟《进一步推进现代物流业转型升级促进实体经济发展的实施意见》，谋划物流新一轮发展。咸宁物流局为市政府代拟《支持现代物流业发展的实施意见》。黄石、黄冈、潜江等地物流发展机构负责统筹、协调物流行业安全事宜。大物流工作机制逐渐推广、行业治理能力明显提升。

(白云峰)

【驾驶员培训行业管理】　完成驾培服务模式改革年度目标。围绕交通运输部提出2018年"计时培训、按学时收费、先培训后付费"驾培服务模式覆盖率100%的目标，对市州进展情况采取"每月一统计、每月一上报"的方式进行督办。截至12月，全省724所驾校提供"计时培训、按学时收费、先培训后付费"模式，覆盖率100%，完成交通运输部年度目标任务。

公示2017年度驾培机构质量信誉考核结果。按照新的《湖北省机动车驾驶培训机构质量信誉考核办法》规定，督促各地运管机构开展2017年度驾培机构质量信誉考核工作，督促各市州将考核结果在门户网站或者新闻媒体向社会公布，9月全省驾培机构质量信誉考核结果通过报纸及局外网面向全省公布。

继续推进驾培监管平台与公安考试系统对接。为落实公安部、交通运输部关于机动车驾驶员培训考试工作有关通知精神，确保驾培与驾考信息互联互通，12月，省运管局会同省公安交管局赴河南省、福建省考察学习驾培计时管理系统与公安考试系统对接工作做法与经验。

开展驾培行业整治与专项检查活动。印发《关于开展湖北省机动车驾驶员培训行业整治与专项检查的通知》(鄂运物综运〔2018〕58号)，明确整

治重点和目标，要求各市州自查自纠驾校违规经营行为，11月全省成立5个交叉检查组，对各市州驾培、维修与检测工作进行交叉检查，根据检查结果向全省进行通报。

推进驾培网络远程理论培训。为推进驾培网络远程教学，提高驾驶培训专业化水平、提升培训质量，按照交通运输部《机动车驾驶培训网络远程理论教学技术规范》要求，对拟接入省驾培监管服务平台的5家网络远程理论教学系统进行审查备案，有2家系统运营商提供服务。

(胡礼苗)

【道路从业人员培训】　组织全省道路货运汽车驾驶员竞赛。9月19日至21日，在孝感举办第十届全国交通运输行业职业技能竞赛湖北省选拔赛暨湖北省交通运输行业第二届"交通工匠杯"职工职业技能大赛，全省各市州32名选手通过角逐，孝感市肖海峰等前10名选手获优胜奖，孝感市、荆州市、鄂州市分别获团体第1、2、3名。10月，肖海峰、张俊平2名选手参加全国决赛，取得团体第12名的好成绩。

全面推进IC卡从业资格证换发工作。2017年鄂州、襄阳两市率先试点IC卡道路运输从业资格证换发工作。2018年7月，湖北省全面启用IC卡道路运输从业资格证，同时向其他省、自治区、直辖市函告，确保换证期间，IC卡证件与纸质证件更替工作不受影响。全省IC卡道路运输从业资格证的全面使用，达到IC卡从业资格证2018年全覆盖目标。

开展货运驾驶员免费网络继续教育试点工作。交通运输部确定包括湖北省在内的5省市开展道路货运驾驶员免费网络继续教育试点工作。为落实十四部委关于开展道路货运驾驶员免费网络继续教育部署要求，部资格中心接受湖北省申请，配发各市州道路货运驾驶员免费网络继续教育平台管理员账号。宜昌市先行试用部免费网络继续教育平台。

(胡礼苗)

【机动车维修和检测】 全面推广应用湖北省汽车维修电子健康档案系统。全省加强汽车维修电子健康档案系统使用工作管理，按季度对全省汽车维修电子健康档案系统使用情况进行通报，进一步推进汽车维修电子健康档案系统使用工作；印发《关于进一步加强和规范汽车维修电子健康档案系统使用工作的通知》，对进一步加强和规范全省汽车维修电子健康档案系统使用工作提出要求。2018年，全省3359家（含新增企业）一、二类维修企业全部安装系统，一、二类维修企业维修数据上传253.98万条，上传率56.27%，其中宜昌市上传率98.8%，武汉市、荆门市、潜江市、荆州市、十堰市、孝感市、咸宁市上传率50%以上；17.5%的企业完成系统对接，实现数据自动上传。全省1762家一、二类维修企业，出具汽车维修竣工出厂合格证53.18万张；有1494人进行App注册，访问量60603次。湖北省汽车维修电子健康档案系统率先实现跨省对接。

落实机动车维修经营备案制度。根据《国务院关于取消一批行政许可事项的决定》（国发〔2018〕28号），取消机动车维修经营许可，改为备案制度。为规范机动车维修经营备案管理工作，依据《中华人民共和国道路运输条例》等有关规定，印发《关于进一步规范机动车维修经营备案工作的通知》（鄂运物综运〔2018〕108号），明确规定备案流程、报送资料等。从2018年12月起，全省取消机动车维修经营许可，取消道路运输经营许可证发放和许可现场审核流程，统一执行机动车维修经营备案制。

有序推进落实道路货运车辆年检（安全技术检验）和年审（综合性能检测）合并工作。加快推进道路货运车辆检验检测改革实施，调研综检机构基本情况、召开座谈会、升级改造检测系统、与相关部门协调，代拟省交通、公安、环保、质监等部门联合印发关于加快推进道路货运车辆检验检测改革工作的通知。至12月31日，经省质监局、省环保厅、省交管局、省运管局共同确认，并发布全省122家同时具备安检、综检、环检"三检合一"资质的检验检测机构公告，均全面开展"三检合一"工作，落实车主"交钥匙"工程。初步估算，全省货运经营者每年可节约检验检测费用约9300万元。异地检测车辆21859辆次，其中本省籍19399辆次、外省籍2460辆次。

开展全省机动车维修检测行业专项检查。11月印发《关于开展湖北省驾培维修检测工作交叉检查的通知》（鄂运物综运〔2018〕98号），组织5个检查组对全省维修与检测工作进行交叉检查，重点检查机动车维修企业经营行为、汽车维修电子健康档案系统应用情况、辖区机动车维修行业基本台账情况及全省"两检合一"政策各地落实情况，通过检查发现存在的问题，交流好的工作经验，提高行业管理水平。"三检合一"检测站按照承诺要求，全面实施车主"交钥匙工程"便民服务措施，实现"一次上线、一次检测、一次收费"。

（陈蕊）

【水路运输管理】 水运经济运行平稳。全省水路运输行业保持总体平稳、稳中向好发展态势，需求结构优化，经济效益提高，航运企业总体经营状况持续稳定复苏。随着非法码头和环保整治不断深入，助推水运转型升级。全省全年完成水路货运量36971万吨、货物周转量2878.1亿吨公里，完成水路客运量650万人次、客运周转量47298万人公里。

水路运输组织结构不断优化。全年省际客运新增900客位运力指标，省际危险品运输更新5900载重吨运力指标，新增2万载重吨运力指标（其中2家企业各兼并1家外省企业）。至2018年底，全省船舶运力693万载重吨，省际普货企业257家；省际客运企业11家（含3家载货汽车滚装船企业、1家客滚船企业），10426客位；省际危险品运输企业19家，43.7万载重吨。全省万吨以上船舶运力规模企业127家、10万吨以上船舶运力规模企业8家。1140标箱集装箱船建造项目进展顺利，"汉海1号"完成首航。

铁水联运蓬勃发展。大力推进多式联运示范工程，阳逻港铁水联运一期工程武汉市全年完成铁水联运量5.3万标箱。黄石新港铁水联运实现铁路与港口无缝衔接，发挥示范工程示范作用。鄂州三江港、宜昌白洋港、武汉金控粮食码头铁水联运项目列入交通运输部第三批多式联运示范工程。全国第三次多式联运现场推进会在武汉举办。江海联运进一步巩固发展。武汉"江海直达"航线稳定运行，武汉港集装箱"水水"中转占比达到40%以上，成为中西部地区最佳"出海口"。"泸汉台"集装箱近洋航线、武汉至东盟四国航线、武汉至日韩航线等"水水"中转品牌航线不断巩固，成为中部地区对东盟国家重要水运物流大通道。发展汉江沿线港口至武汉港集装箱喂给航线，仙桃、荆门等地政府相继出台《集装箱水路运输专项补贴资金管理办法》。

水路运输行业监管持续加强。开展2018年度全省水路运输及其辅助业核查，通过市州水路运政交叉检查，对全省水路运输企业实行全覆盖式核查。配合交通运输部水运局开展"双随机"抽查工作，进一步加强水运行业监管，促进航运企业依法规范经营。通过开展为期100天的水路客运专项治理行动，检查全省客运企业经营资质维持情况等。组织召开全省水路运政管理工作会和油价补贴政策培训，研究探讨水路运政管理工作中的热点、重点和难点，进一步提升全省港航管理部门运政管理水平，切实履行水路运政管理职责。加强水运市场经济形势预测、分析。委托第三方机构开展湖北省水运市场监测指数研究，形成季度经营情况分析报告。组织召开湖北高端航运服务发展暨水运市场分析座谈会，支持武汉航交所积极搭建合作交流平台，帮助航运企业以更低的成本解决融资难、融资贵、融资效率低下等问题。

（姚万军）

【长江航运管理】 贯彻实施《湖北省水运发展三年攻坚工作方案(2018—2020年)》，重点实施航运中心核心功能区建设、高等级航道畅通、多式联运培育、绿色安全智慧航运等4项任务，2018年全省完成水运固定资产投资59.5亿元，超计划19%，新增港口吞吐能力2054万吨，新增三级以上高等级航道60公里。

打好水运发展攻坚战，加快长江湖北段水运保障工程建设。《武汉长江中游航运中心总体规划》获省政府批复。《湖北省内河航道发展规划》环境评估报告通过审查，全省"十三五"水运发展规划中期评估调整方案编制完成，武汉港、荆州港、黄冈港等一批港口总规修编取得重大进展。荆州江陵港、襄阳小河港等疏港铁路项目纳入全省铁路中长期发展规划。航道建设实现新突破，长江武汉至安庆长江航道6米整治工程开工建设。汉江碾盘山航运枢纽工程实质性开工，雅口航运枢纽、武汉至蔡甸航道整治工程等一批在建项目进展顺利。清江航道整治工程等一批项目完成竣工验收。"十三五"项目库前期工作累计完成80%，唐白河、松西河、香溪河、汉北河航道整治工程等一批重大项目前期工作加快推进。港口和集疏运建设进展加快。黄石新港二期、荆州车阳河港二期等港口项目开工建设，鄂州三江港集装箱码头等港口项目基本建成，阳逻港铁水联运二期疏港铁路开工建设。

加强长江大保护，保障黄金水道湖北段更清洁。湖北省开展长江大保护十大标志性战役以来，涉及水运领域非法码头整治、船舶港口污染防治、长江汉江岸线清理整顿等取得成效。非法码头整治。在巩固成果、严防反弹、岸滩复绿、砂石集并中心建设、建立长效机制等方面取得新进展。武汉市对二七长江大桥和鹦鹉洲长江大桥之间所有货运码头集中拆除、搬迁或集并，宜昌市配合化工企业搬、改、关行动对相应区域内的码头实行搬迁，码头整治和集并向更深层次迈进。船舶港口污染防治。全省港口设置船舶

2018年3月16日，葛洲坝一号船闸完成停航大修任务，如期恢复通航

生活垃圾箱2000多个，流动接收船舶71艘8000总吨。落实《防治船舶及其有关作业活动污染环境应急能力建设规划》，严格实施船舶污染物接收、转运及处置联单制度和联合监管制度，加强船舶污染监督检查和整改。加强船舶防污染检验，严格按照环保要求签发船舶适航证书。武汉、宜昌、荆州、黄石、黄冈、仙桃等港口安装到位泊位标准岸电设施58个。宜昌市绿色服务区等一批绿色航运项目建成使用。岸线清理整顿。全面普查长江汉江岸线，编制长江汉江岸线清理图册，摸清岸线使用现状。腾退长江岸线150余公里。

铁水联运、江海联运发展，促进湖北航运快速发展。推进多式联运示范工程。阳逻港铁水联运一期工程实现满负荷运营，全年完成铁水联运量5.3万标箱。黄石新港铁水联运实现铁路与港口无缝衔接。鄂州三江港、宜昌白洋港、武汉金控粮食码头铁水联运项目列入交通运输部第三批多式联运示范工程。巩固深化江海联运发展。武汉"江海直达"航线稳定运行，武汉港集装箱"水水"中转占比达40%以上。"泸汉台"集装箱近洋航线、武汉至东盟四国航线、武汉至日韩航线等"水水"中转品牌航线不断巩固。

发展汉江沿线港口至武汉港集装箱喂给航线，仙桃、荆门等地相继出台集装箱水路运输专项补贴资金管理办法。出台《湖北长江经济带集装箱江海联运发展工作方案》。研究制定《湖北省深入推进长江经济带多式联运发展三年行动计划实施方案》《开展全省多式联运示范工程创建方案》。1140标箱集装箱船建造项目进展顺利，"汉海1号"完成首航。高端航运服务发展迅速。武汉航交所发布长江内河集装箱、散货、滚装运输等系列指数，搭建货运交易、船舶交易、航运人才服务、航运司法拍卖等平台，航运金融、保险发展势头良好。全年实现交易额54亿元，比上年增长51%。宜昌等地航运交易业务量快速增长。

加强水上安全风险防范和隐患治理，支持湖北专项治理。完善安全管理责任体系。全面推进渡口渡船网格化，省、市、县逐级推进责任落实，实现全省所有渡口渡船安全监管责任100%由执法人员包干。推进全省乡镇船舶县市、乡镇、村组、船主"四级"责任制落实。省、市、县三级按频次要求开展港口危险货物安全检查。重点领域重点时段安全排查保障。开展水路交通安全生产"大建设、大排查、大整治"，开展内河船非法从事

海上砂石运输治理、中小型船舶安全管理专项治理、船舶进出港报告专项治理等专项行动，全省核查排查企业506家次，个体工商户548家，船舶10000余艘，有效排查治理隐患770处，开展安全检查3000余次，涉及公司166家次、船舶2900余艘次，及时发现和处置问题259个，滞留船舶10艘次。港口危险货物安全专项整治。发挥"湖北省港口危险货物安全监管基础信息系统"辅助监管作用，实现监管过程和履职情况"痕迹化"，港口企业安全意识、安全投入、从业人员资格、安全制度、安全设备、应急管理等明显改观，企业安全主体责任进一步得到落实。开展安全宣传教育，开展"水上交通安全知识进校园"活动，受教育学生1000余人，赠送《小学生水上交通安全教育读本》2000余册。各级港航海事部门围绕"生命至上，安全发展"主题，举办开展"6·16"安全生产宣传咨询等活动48场，参加人员9234人；开展各类安全主题培训89场次，培训人员3765人，组织开展为期9个月的典型事故案例"双进"活动。2018年，全省发生水上安全责任事故1起、死亡1人，比上年下降50%、66.7%。

深化改革提升服务。深化"放管服"改革。继续推进简政放权，优化审批流程，精简申请材料，取消国际船舶管理业审批（中资）。推进"证照分离"，统一规范省、市、县三级水路交通行政管理权责清单，清理审批中介服务收费、涉企证照。推进"互联网＋政务服务"，全面开展"一张网"对接工作，全省港政、水路运政审批全部纳入"湖北政务服务网"，船员适任证书核发、船舶检验证书核发、船舶登记审批系统与省政务审批平台实现对接。推进法治部门建设。贯彻实施法治宣传教育第七个五年规划，落实普法责任清单和普法责任考核，开展"法律六进"活动。完成全省水路交通执法骨干培训和执法资格考试。修编水路交通行政处罚自由裁量基准，组织执法案卷评查活动，监督规范行政执法行为。坚持依法决策，充分发挥法律顾问作用，顺利办结相关案件。

（曹慕鑫）

【港口管理】 港口经营基础发生根本性转变。非法码头专项整治成效显著，通过长江干线非法码头整治、中央环保督察整改等专项行动，全省取缔各类码头1103个（泊位数1262个），规范提升52个，腾退岸线150公里，清退港口吞吐能力1.27亿吨，实现长江岸滩岸线生态复绿面积566万平方米。港口经营资质管理逐步规范，严格港口经营许可，倒查港口码头依法完善相关专项审批、验收等相关手续，落实安全、环保等要求，依法撤销不符合资质规定的企业经营许可，结合非法码头整治，全省核发港口经营企业由2016年的800多家减少到300多家。逐步推行网上许可，指导全省港口市场培育和行业管理。将管行业、管经营、管许可必须管安全和环保的要求贯彻落实到港口全过程管理中。开展经营资质核查工作，依法核发港口经营许可证，配发港口危险货物作业证。

港口安全管理基础显著提升。进一步落实港口危险货物企业安全主体责任，通过三年专项整治，港口企业安全意识、安全责任、安全投入、从业人员资格、安全制度、安全设备、应急管理等明显改观。省港航管理局指导全省港口安全监管工作，市（州）港航管理部门负责督促检查本辖区港口安全监管工作，县（市、区）港航管理部门具体负责本辖区港口安全监管工作。省港航管理局对辨识为重大危险源的港口危险货物企业，组织检查组开展不少于1次的全面安全检查；对有港口危险货物安全监管职责的市（州）港航部门履职情况开展督查；市（州）港航管理部门对辖区港口企业开展不少于1次的全面安全检查；对有港口安全监管职责的县（市、区）港航部门履职情况每半年至少开展1次督查；县（市、区）港航管理部门每季度至少组织1次覆盖辖区所有港口危险货物、客运企业经营人的安全专项检查，每半年至少开展1次其他港口企业安全检查。加强"湖北省港口危险货物安全监管基础信息系统"运用检查，发挥辅助监管作用。实现监管过程和履职情况"痕迹化"；按照"一经营人一档案"和"一项目一档案"基本原则建立监管对象基础档案，内容涵盖单位基本信息、经营资质、监督检查和隐患整改落实等情况，相关信息及时录入"湖北省港口危险货物安全监管基础信息系统"；建立隐患排查治理台账、监管责任人台账。开展专项检查和"专家会诊"，明确检查职责、范围、要求，组织开展"回头看"，做好检查记录和台账管理，运用行政处罚、行政强制等手段，确保隐患整改。联合长江海事部门，组织开展港口船舶安全与防污染联合大排查大整改行动。牢固树立"隐患就是事故"的理念，针对检查中发现的港口企业安全隐患和相关港口管理部门履行职责存在的问题，综合运用行政处罚、通报、约谈等措施强化督办整改。

港口污染防治稳步推进。推进岸电设施建设，武汉、宜昌、荆州、黄石、黄冈、仙桃等港口有58个泊位安装标准岸电设施，宜昌与国网湖北公司合作，推动三峡坝区岸电整体布局建设。2016—2018年，全省标准化岸电建设投资近5500万元，其中纳入国家奖励范围7个项目投资1503万元，申请国家补助631万元，省交通运输厅配套补助140万元。多种手段加强港口船舶污染物接收转运处置设施建设工作，荆州市港航部门联合当地多部门开展专项治理及整治工作，组织当地港口企业到环保公司考察，切实推动港口船舶污染物接收设施建设。武汉发布《武汉市港口和船舶污染物接收转运及处置设施建设工作检查方案》，分三阶段对全市码头防污染设施情况进行检查。多种措施推动全省港口船舶污染物接收处置能力进一步提高。省交通运输厅出台《关于印发引导推进湖北省港口和船舶污染物接收转运处置设施等建设实施方案的通知》，对船舶污染物接收转运处置等设施进行补助。省政府下发鄂政发〔2018〕24号文件，组织开展十大标志性战役，成立湖北省船舶污染防治攻坚战役指挥部，以攻坚战方式推进港口船舶污染防治工作。至年底，港口全面设置船舶生活垃圾接收设施，有垃圾桶或垃圾转运箱2000多个。港区接收船舶生活垃圾，与相关垃圾接收企业签订协议，付费运送至垃圾处理企业处理。全省流动接收船舶71艘，总吨级约8000吨级，主要接收油污水、部分接收生活垃圾。

（叶莹）

【港口岸电工作】 港口岸电建设。2016—2018年，全省标准化岸电建设投资近5500万元，全省标准化岸电泊位数58个。武汉市完成集装箱泊位岸电设施8套，重件多用途泊位岸电设施4套，3000吨级以上客运泊位1个。黄石市完成集装箱泊位岸电设施7套，宜昌市完成客运泊位岸电设施8套、多用途泊位岸电设施4套、通用散货泊位岸电设施1套，荆州市完成集装箱泊位岸电设施2套、件杂货泊位岸电设施4套、客运码头岸电设施1套，汉江仙桃港区完成4个多用途泊位岸电设施，黄冈市重要港口完成5个散杂货码头岸电设施配备并运行。全省集装箱泊位岸电设施任务达到交通运输部《港口岸电布局方案》2020年建设目标，客运和客滚（客货滚装）泊位积极推进，计划2020年完成目标。

出台支持政策。2016年7月，省交通运输厅印发《2016年船舶港口大气污染防污工作实施方案的通知》，指出要推动港口开展靠港船舶使用岸电试点，鼓励企业争取交通运输部码头岸电示范项目。印发《湖北省船舶与港口污染防治专项行动实施方案(2016—2020年)》。2017年11月，印发《省交通运输厅关于印发推进港口岸电建设实施方案的通知》，明确2020年全省港口岸电建设目标；9月，印发《关于印发引导推进湖北省港口和船舶污染物接收转运处置设施等建设实施方案的通知》，对纳入交通运输部岸电试点补助的项目加大补助力度，计划补助纳入交通运输部岸电试

点项目140万元。2018年5月，武汉长江中游航运中心建设协调领导小组办公室印发2018年武汉长江中游航运中心建设工作要点，将积极推广港口岸电建设列入重点工作之一；6月，省人民政府印发十大攻坚标志性战役工作方案，其中《湖北省船舶污染防治工作方案》第一条目标任务，就是岸电建设目标，明确"比照中央支持港口岸电补助奖励政策，按照核定的项目设施设备投资额一定比例予以一次性奖励"。

存在的问题。技术问题。标准规范尚在完善阶段。岸电设施建设对于内河港口来说，还处在摸索阶段。湖北省以内河船舶为主，主要港口船型货船大多为2000~5000吨级内河船舶，客船大多为500客位以下客船。相关的配套标准，比如船舶岸电设施接插件标准等一系列标准尚需完善。国家电网公司和交通运输部均在研究和制订相关标准。岸电建设在实际使用过程中也存在技术问题，在三峡坝区客运码头使用时，因电缆过于粗重，无法采用人力拖移电缆到并联的另一艘船上使用。水位落差影响使用便利和安全生产，宜昌三峡库区垂直水位落差大，电缆展放长度长，难度大，对操作要求极高。对安全性也产生影响，武汉地区垂直水位差有10米左右，操作使用不方便。经济问题。湖北省处于内河地区，长江船舶吨级普遍为5000吨级以下船型，除客船外各类船舶装卸停靠时仅需停靠3小时左右，岸电接电时间短，对于岸电投资企业来说并不能产生经济效益；对于船舶来说，接岸电节省不了多少经济效益，以社会效益为主。体制机制问题。岸电设施建设涉及交通、供电、价格、环保、安全等多个部门，谁来建设、谁来管理运营机制体制存在协调沟通问题。

（叶莹）

【船舶检验】 全年未出现因检验质量责任导致的水上交通事故，为保证全省水上交通安全持续稳定起到良好的源头管理作用。2018年，全省完成

审图199套，建造检验423艘、35.3万总吨，营运检验7439艘次、551.4万总吨，产品检验1056件（批、次）。全省检验登记船舶8645艘、528.9万总吨、184.4万千瓦。全省在岗持证验船师253人，其中持有A级证书2人、B级证书58人、C级证书97人、D级证书8人，持有小船营运检验适任证书65人。

加强行业管理，提升船检服务水平。简政放权力度加大，根据湖北省政府办公厅下放行政审批事项文件精神，省船检局编制下发《关于调整全省船检系统检验工作职责的通知》，明晰省市县各级船检机构检验工作职责和权责边界，进一步强化"谁检验、谁发证、谁负责"责任制。调整优化全省海船检验管理工作流程，省海事局从事前审核调整为事后随机监督检查为主，即停止新建（改建）海船（审图/建造检验）业务受理和发证前审核，对营运海船跨省转籍不再进行受理前审核，交由武汉等6个市级海船检验机构直接负责受理、检验、审核发证。船检机构资质建设有效推进，全省各级船检机构加强硬件和软件建设，做好交通运输部海事局第三轮换证审核中提出的11个不符合项整改，按时上报整改情况报告。6月，部海事局以海船检〔2018〕258号文件批复湖北省船检机构B级资质。9月，部海事局船检机构资质不定期检查组现场审核省海事局及荆州、黄石市船检机构，对湖北省船检资质能力保持、验船人员培训、档案管理等方面给予肯定。深化"双随机、一公开"监管实践，开展季度检验质量督查。1季度，以客（渡）船和自卸砂船为重点对象，通过海事船检平台信息系统，随机抽查16个市州近期签发检验证书和检验记录。制定下发湖北省船检证书记事指南，有效规范证书中关于船舶航行限制条件等记事。继续以船检登记号授号为载体，严格船检登记号三级审核制度，利用船检管理信息系统监督功能，加强新建船舶检验过程管理。全年审核授予船检登记号338个。采取公开招标方式，委托中国船级社实业公司

实施客船安全评估项目，对 7 艘省际客船和 38 艘客渡船检验质量进行专项检查，对检验质量问题责成船检机构认真整改。安排专人跟踪督办部海事局和直属海事局转来的"利通 366"等 4 艘船舶检验质量问题调查处理。

持续推进质量体系，加强基础管理。根据部海事局统一部署，在部海事局印发的《船舶法定检验质量管理体系质量管理手册及工作程序模板》基础上，多次征求意见和集中研讨，形成《湖北省船舶法定检验质量管理体系文件 (B/O)》，从 7 月 1 日起实施。11 月份，专题组织召开全省船检质量体系推进会，及时总结交流做法、分析研究问题，部署体系下一步工作。邀请北京宝锐公司专家到会讲解电子印章和吨位复核抽查操作程序。12 月上旬，运用体系内审方法，采取交叉考核方式，连续第 5 年组织开展全省船检工作质量年度检查考核，并将对考核优秀单位予以通报表彰。黄冈市除组织内部船检人员培训外，采取多种方式加强船公司、船厂、设计单位等服务管理对象的培训；荆门市梳理各工作岗位职责，形成专人负责、全员参与的体系工作氛围；荆州市、十堰市根据新版体系文件，修订完善内部管理制度，强化内部管理，促进检验行为规范。

突出重点船舶检验管理，消除船舶安全隐患。坚持将"四类重点"船舶作为检验管理重点，确保发证船舶具备适航技术条件。为全面了解掌握全省客 (渡) 船安全技术状况，通过政府购买服务方式，聘请中国船级社实业公司作为项目单位，开展船舶安全技术评估项目。对 7 艘跨省航行客船和省内航行 38 艘 100 客位以上客 (渡) 船，逐船进行检验档案核查、实船勘验，重点核查影响船舶安全航行的船体结构和消防、机电设备，并应用 COPASS 专业软件复核船舶稳性，编制形成客

船安全评估报告，通过专家组评审。这项工作为促进提升湖北省客 (渡) 船安全技术状况提供重要技术支撑。为推进湖北省内河客船和渡船开航风级限制核定工作，编制印发《湖北省河船开航风级限制核定办法》。全省完成客船和客 (渡) 船抗风等级核定。按照严格谨慎原则，妥善审查处理"鄂广水驳 0027""鄂航道囤 601"等 13 艘历史问题船舶初次检验工作。

加大船舶防污染检验力度，促进绿色船舶发展。全省船检系统将船舶环保和船舶安全放到同样高度，注意从图纸审批、建造检验和营运检验等各个环节严格把关，对船舶不满足环保要求的，一律不予签发船舶适航证书。对于防污染设备不齐全或不正常、技术状况不好的外省籍船舶，一律拒绝转入省内。建立月度船检防污染报表统计制度，及时统计防污染检验发证数据，掌握相关信息动态。全省全年签发各类船舶防污染证书 9811 份，其中防止油类污染证书 3168 份、防止生活污水污染证书 2301 份、防止垃圾污染证书 3614 份、防止空气污染证书 728 份。配合完成 11 艘垃圾油污水接收船建造检验。武汉市加大科技创新，与武汉理工大学联合开展船舶生活污水处理装置工作记录仪研制工作；鄂州市参与"基于梁子湖的封闭水域船舶污染监控关键技术研究"项目，研发船舶含油污水在线监控原型系统。

加强吨位复核管理，防止"大船小证"现象反弹。按照部海事局新建船舶吨位抽查工作要求，省海事局组织复核人员开展吨位抽查，保持检验与复核人员分离。继续推进船舶吨位复核，妥善解决省航道处等单位 10 余艘长期脱检船舶吨位复核及换证。

强化行业软实力建设，提升船检队伍素质。加强人才队伍建设，除组织人员参加部海事局业务培训外，6 月份主办船检质量管理体系内审员培

训班 (40 名内审员)，10 月主办船检新法规规范培训班 (50 名验船师)，聘请武汉规范研究所专家授课，及时宣讲船舶防污染检验、LNG 船检验等新法规政策；继续发挥鄂州光大实训基地作用，组织 8 名骨干验船师参加为期 2 个月实训。宜昌市定期组织集中学习和技术研讨，有效提升验船师检验能力；黄冈市 4 名船检人员完成江苏理工大学专业学习并取得毕业证书。秉承"服务船检"理念，全省船检系统主动从"管理服务"向"服务管理"转变，向船厂和船东提供技术指导。黄石、天门等市充分利用 QQ、微信等自媒体平台及时发布信息，为船东降低检验成本；武汉市多次与船舶设计公司集中研讨，了解设计单位诉求，及时答疑解惑；孝感等市州推行验船师廉政承诺书制度，让检验对象直接评判监督验船师工作。

加强省际协作，促进对外交流。派遣荆州市船检局骨干验船师赴西藏进行技术帮扶，协助西藏自治区地方海事局组织开展船检管理信息系统操作培训和船舶年度检验业务知识培训。接待浙江省船检局调研组对宜昌船检档案管理工作调研，并就船检档案电子化建设进行交流探讨。

主动作为，服务经济社会发展。为妥善解决 2017 年底宜昌市短时间内出现船厂承接大批量开工建造 129 米大长宽比川江标准货船，以致宜昌市船检无法承担的局面，满足船东、船厂合理诉求，争取部海事局特别授权，与重庆市船检局沟通，编制宜昌川江标准货船建造检验"会战"方案。集中省内武汉、荆州、宜昌和重庆市船检力量，共同开展宜昌建造检验"会战"。通过此次"会战"，推动 30 余艘大长宽比川江标准船型建造完工，为宜昌市创造造船产值 4.5 亿元，提升宜昌造船工业形象。

（郭兴）

安全应急管理

【全省水陆交通安全】 2018 年，全省发生"两客一危"行车事故 21 起（含较大事故 1 起），死亡 29 人，与上年相比，事故起数下降 22%，死亡人数下降 15%。全省地方海事管辖水域发生船舶交通事故 1 起，死亡 1 人，比上年分别下降 50%、66.7%。轨道交通无事故。

加强安全监管。认真做好元旦、春节、清明、全国"两会"、五一、高考、中秋、国庆等重要时段安全应急工作，加强重要桥梁隧道、事故多发路段安全监管工作，严格检查督办，确保全省公路、水路安全畅通。组织开展公路安全专项督查和综合督查，及时指导督促各地做好各项安全工作，保障交通运输部和省委省政府各项安全工作落实落地。开展道路运输企业"突击"安全检查，现场指出存在的问题，督促企业严格落实安全生产主体责任。开展港口危险货物"专家会诊"、中小型船舶专项整治等活动，湖北水上交通安全推行"痕迹化"监管模式，重点围绕管理制度、基层基础、信息化、监管队伍建设四大方面，排查港口、航道、企业、船舶船员、在建输运工程五大领域，整治危险品码头、四类重点船舶等十大重点工作，开展全过程留痕检查，制定监管清单、问题清单、任务清单、责任清单。以"平安工地"创建为抓手，开展"电气火灾综合治理"等专项活动，督促落实安全责任，有效遏制重特大安全责任事故发生。

整治事故隐患。建立约谈、通报、隐患销号等制度，形成安全隐患整改"闭环"。对交通运输部挂牌督办的 52 项隐患，全部整改销号。对省安委挂牌督办的 5 项重大隐患，全部建立清单，明确责任，按时整改销号。开展专项整治行动。开展公路隧道安全风险防控专项行动，全面排查全省隧道安全状况，隧道风险管控水平大幅提升。港航海事部门系统核查水上运输企业、个体商户，检查船舶 10000 余艘，全力整改事故隐患。公路部门在汛前，对近 3 年新建的公路，特别是对山区公路上方边坡进行排查整治。质监部门成立多个监督小组，采取综合督查、专项督查等方式，针对不同季节施工重点，制定措施，全面加强工程监督安全检查，并将检查结果在全省进行通报，督促施工单位整改安全隐患。

拓展 4G 视频监控安装升级应用。在 2017 年全省"两客一危"车辆 4G 视频监控全部升级基础上，2018 年启动农村客运车辆 4G 视频监控升级，仙桃、黄冈农村客运车辆实行动态监控安装全覆盖；咸宁市咸安区、通城县农村客运车辆 4G 动态监控系统安装率 100%，全省近 2 万辆农村客运车辆可实现 4G 视频监控全覆盖。开展动态监控领域培训，进一步提升重点营运车辆动态监控科学化、规范化和智能化水平。第三方监测服务成效开始显现，春运期间，湖北省第三方监测服务平台正式上线运行，对全省 19 万辆"两客一危"及 12 吨以上重型货车等道路运输车辆提供监测服务，并将监测结果自动生成报表，向运输企业、相关管理部门推送并处置运用。车载智能报警终端试点逐步展开。积极推进 ADAS、DSM 等智能报警设备运用试点工作，安装各类智能报警设备约 2000 台（套），自动提醒不规范驾驶行为达数百万次，违规驾驶行为大幅度下降。

全面创建安全文化。组织开展"安全生产月"活动启动仪式、"6·16 安全生产日"等系列活动，组织开展湖北省安全生产知识网络竞赛、全省道路运输重点企业安全生产座谈会等。部分交通系统主要负责人撰写以安全生产为主题的署名文章，谈安全主体责任落实，话平安交通生产建设。全省交通运输系统精心策划，组织路政、运政、港航海事等人员，在人流密集的城市中心广场及客运站场、渡口码头、收费站、服务区及工程建设一线，开展形式多样的、丰富多彩的安全知识宣传活动，通过"面对面、零距离、互动式"方式，使广大驾乘更直观地了解交通安全知识，营造人人关注安全、重视安全、参与安全的良好氛围。水陆并进，开展安全知识进校园活动。港航海事部门围绕"水上平安交通、安全伴我成长"主题，联合地方政府和教育部门，开展"水上交通安全知识进校园"活动，受教育学生 1000 余人，赠送《小学生水上交通安全教育读本》2000 余册。高速公路部门开展"关爱留守儿童，安全知识进校园"活动，针对小学生年龄特点，以通俗易懂的语言为大家讲解饮食卫生安全、交通安全、活动安全、防流感安全等，达到"教会一个学生，带动一个家庭，影响整个社会"的效果。

（郑上）

【工程安全监督】 全年组织开展综合检查、安全专项督查 15 次，对水运重点项目开展综合检查 2 次，对汉江大桥及改扩建项目开展综合检查 2 次，发现问题 1267 项，下发隐患整改通知书 71 份、通报 15 份。在项目安全监管上，以新机制、新方法、新活动为载体，不断拓展安全管理办法，通过购买服务、邀请行业专家组成督查组等方式，增加安全监督技术支撑力量，提升督查工作专业性。鼓励项目设立各种安全专项奖励机制，开展"十星安全项目部""五星安全工区""安全之星"评选、安全知识竞赛等活动，激发参建单位和人员积极性。

（沈磊）

【普通公路安防工程】 全省公路部门发挥技术优势，加强服务指导，全力推进公路安全生命防护"455"工程建设。至 12 月底，全省完成公路安全生命防护工程 27078 公里，为确保目标（2 万公里）的 135%。

（杨志刚）

【普通公路地灾整治工程】 高度重视前期工作，委托有资质、有经验的单位进行地质勘察和方案设计，进行多方案比选，加强质量管控。至 12 月底，全省完成地灾整治工程 179 公里，完成投资 6267 万元。

（杨志刚）

【普通公路危桥改造】 加强危桥改造工程专项指导督办，对下达的计划项目确保按照既定时间节点完成。

至12月底，全省完成乡道及以上危桥改造318座，为年度目标任务169座的188%；完成村道危桥改造366座，为年度目标任务320座的114.4%。

(杨志刚)

【道路运输安全监督】 2018年，全省发生"两客一危"行车事故21起(含较大事故1起)，死亡29人，与上年相比，事故起数下降22%，死亡人数下降15%。

落实责任，强化工作落实。层层建立安全责任体系，层层签订安全管理责任书，形成一级抓一级、层层抓落实的安全工作机制。制定《湖北省道路运输管理机构安全监管责任清单》，细化道路运输安全监督管理等主要职责。其中，省级职责11项、市(州)职责13项、县级职责13项。为进一步推动重点道路运输企业安全主体责任落实，湖北省在重点客运企业中推行重点道路客运企业负责人跟车督导制度。推行以来，全省有150家旅游包车和长途客运企业开展跟车督导工作，跟车督导393车次，其中51家企业主要负责人跟车督导94次、94家企业分管安全主要负责人跟车督导186次，相关重点客运企业负责人通过跟车了解客运线路和驾驶员操作基本情况，荆州先行集团、天门汉羽公司等企业对跟车情况进行分析并形成文字报告，并就如何加强运输安全制定针对性措施，有效推动企业安全生产水平提升。制定《湖北省道路运输行业重大安全隐患整改台账》，针对道路运输安全隐患具有动态性、行为类的特点，分省、市、县三级建立安全隐患目录。印发《关于推行"双随机一公开"监督检查工作的通知》，通过采取随机抽取检查对象、随机选派执法检查人员方式，进一步深化监管范围、优化监管方式，为各级运管机构有效落实监管职责、提升监管效能提供机制保障。组织开展运政稽查培训、第三方平台检查、安全竞赛和安全咨询日活动，印发安全宣传资料5000份，在孝感云梦举行安全应急演练。

动态监控体系初步形成。4G视频监控安装升级向农村客运拓展，全省启动农村客运车辆4G视频监控升级工作，近20000辆农村客运车辆实现4G视频监控全覆盖。第三方监测服务成效开始显现，春运期间，湖北省第三方监测服务平台正式上线运行，对全省19万辆"两客一危"及12吨以上重型货车等道路运输车辆提供监测服务。至12月17日，平台累计向企业和驾驶员推送1100余万条信息，向相关管理部门推送报送周报6484份、月报234份、季报78份。据监测平台数据统计，2月到11月，报警数下降31.5%，其中超速下降63.71%、疲劳驾驶下降44.32%；报警数月均下降4.09%，其中超速月均下降11.21%、疲劳驾驶月均下降6.3%。推进ADAS、DSM等智能报警设备运用试点工作，全省安装智能识别设备1134套，其中客车759套、危险货物运输车辆375套。通过几个月试运行，自动提醒不规范驾驶行为达数百万次，违规驾驶行为大幅度下降。

动态监控管理机制日趋完善。针对运输企业、平台服务商、第三方平台、管理机构分别制定应用管理规范、标准及考核办法，初步搭建全流程、全要素的制度体系，通过制度化进一步提升湖北省道路运输车辆动态监控系统应用规范性及效率。各级运管机构履行职责，加强动态监控系统监督检查，定时接收、分析、处理第三方监测推送信息，对发现的违规情况，及时通报企业，督促企业核实整改，并在企业完成整改后进行复查，制作工作档案，形成闭环管理，有效促进道路运输安全生产水平提升。省运管局坚持每月通报平台服务商服务质量，8月份约谈部分动态监控核心指标数据较差的卫星定位运营服务商，重大节假日多次突击检查3家第三方平台履责情况。

"十百千"培训深入推进。为进一步提升湖北省营运车辆动态监控系统运行效率和质量，全省开展重点营运车辆动态监控培训"十百千"行动，主要是在运管机构、道路旅客运输企业、道路危险货物运输企业和拥有50辆及以上重型载货汽车或者牵引车的道路货物运输企业、相关动态监控服务商和监测平台运营商中开展重点营运车辆动态监控知识、系统操作应用和相关政策培训，提高重点营运车辆动态监控工作科学化、规范化和智能化水平。6月份，在武汉举办动态监控领域"十百千"培训，全省省、市、县三级运管机构127名运政稽查及动态监控管理人员参加培训，17个市州和109个县所开展"十百千"培训。

安全监管力度加大。制定《道路运输安全监管行动计划》和《道路运输稽查工作计划》，14项稽查行动和25项行动计划全部实施，并就客站、危货运输、超限治理等重点工作下发专项安全整治方案，各地结合实际进行细化。继续开展公路超限运输治理工作，开展不合格商品车运输车清理整治工作，全省注销不合规车辆1568辆、恢复出厂状态157辆，完成率100%。1~11月，全省运管机构检查发现安全隐患6394处、整改安全隐患6152处、约谈警告839次、责令湖北捷安运输公司(危货)等8家道路运输企业停产停业，吊销宜昌市有林客运公司、宜昌市鑫昌旅游客运公司2家道路运输企业。

打非治违精准有力。严厉打击各类"黑车""黑站""黑班线"，对存在严重违法违规行为企业、车辆依法依规实施上限处罚。对投诉举报和反映强烈的重点线路和违规车辆，组织相关市州运管机构进行严厉打击。对仙桃郑场镇、毛嘴镇和天门岳口镇违法违规经营问题突出的区域，组织仙桃、天门运管局开展重点稽查和联合稽查，停运整改长期违法违规经营车辆4辆，企业相关人员均受到相应处罚；对钟祥宇风运业有限公司客车违规经营问题，组织荆州、荆门运管机构调查核实情况，根据相关法规对违法违规经营客运企业、汽车客运站进行处罚，违法违规经营班线停运整改。1~11月全省运管机构出动执法人员137087人次、检查企业12227家次、检查营运车辆254405辆次、查处违法行为13480起。

扫黑除恶全面推进。坚持把"扫黑除恶"作为净化道路运输行业发展环境的重中之重，深度摸排涉黑涉恶线索，全力开展打黑除恶工作。全省各级运管机构利用宣传片、宣传画册、汽车 LED 顶灯屏滚动宣传标语、建立举报投诉电话等方式，在本行业、本辖区营造严打声势和斗争氛围。各级运管机构将打黑除恶与专项整治行动相结合，与道路运输行业打非治违工作相结合，采取排查梳理、串并分析、明察暗访等方式，查找道路运输领域涉黑涉恶问题及其保护伞等问题。

突出预防，强化应急保障。做好应对自然灾害、恶劣天气预防预控工作，排查消除可能因雪灾和降温大雾天气造成的安全隐患。各级运管机构加强道路客运特别是长途客运车辆、旅游包车和危险货物运输车辆安全监管，督促企业加强从业人员管理和培训，教育运输企业和驾驶人员提前了解沿线天气和道路通行情况，防范山洪等突发事件对道路车辆和旅客带来的威胁。加强与气象、公路、公安交警等部门联系和沟通，强化预警机制。

严格敏感时期安全管控。做好"青岛上合峰会"期间入青长途客运车辆管理，加强与部信息沟通，及时核查相关班车、包车信息 18 辆次，督促基层运管机构核实处理违规行为 5 起，涉及运输企业 4 家。根据国家防总和省委、省政府、交通运输部有关防汛抗旱工作要求，做好道路运输防汛抗旱保障工作。省运管局从各地组织由省直接调用应急运力 1000 辆，其中客车 500 辆、货车 500 辆；对荆州、荆门、仙桃等防汛重点区域特别制定运力组织方案，有效衔接省直管防汛运力和地方防汛运力，提高防汛工作效率。

（朱俊文）

【全省交通应急管理】　全面提升应急能力，全省交通系统在重要时段加强重点车、船、港、站监测预警，联合交管、气象、旅游等部门联动，提前做好防范和处置工作，确保重要时段安全应急信息畅通、政令畅通。组织开展涉高速公路施工道路交通事故应急演练、武汉中韩石化码头危化品消防演练、2018 交通应急平台拉练，省、市、县交通部门组织开展形式多样、有针对性的演练活动，广大干部职工安全意识和能力得到提升。

（郑上）

【普通公路安全应急管理】　层层传导安全责任。坚持安全工作与业务工作同研究、同部署、同落实、同考核。采用述职形式对 17 个市州公路部门上年安全应急管理工作履职尽责和目标完成情况进行考核，严格落实安全生产约谈、挂牌督办、"一票否决"等制度。开展安全生产综合督查，开列问题清单，下发督查通报，督促安全应急责任落实。209 省道咸通线 K0+000~K22+000 段被省交通运输厅授予全省"平安公路"称号。

重点强化安全防控。抓好安全专项行动，严控质量安全风险。全省公路部门开展隐患排查整治活动 1320 次，排查各类隐患 3636 个，整治隐患 3564 个，整改率达到 98%。以长大桥隧、急弯陡坡、临水临崖、事故多发易发等重要路段安全运营为重点，对重大隐患进行挂牌督办整改落实，对 10 个市州普通公路危桥改造执行情况进行专项约谈督办，有效推进普通公路危桥改造工作。

夯实基础强化保障。对特大型、特别重要、特殊桥梁、隧道实现健康监测。推动普通国省道长大桥隧、城市出入口等重要节点全过程实时监控。6 个公路专业渡口、6 个收费站实现和省公路管理局视频监控联网。湖北省公路水路安全畅通与应急处置系统和全省公路应急处置调度系统全面推广应用。组织开展公路反恐、应急指挥车拉动、渡口安全、钢桥架设、隧道坍塌等应急演练，组织安全应急培训 50 余次，受训 1500 余人次。

（姜元洪）

【高速公路安全应急管理】　组织制定《省高管局安全生产"党政同责、一岗双责"实施办法（试行）》，推行安全生产责任清单和目标责任考核制、桥隧长制。开展安全生产标准化建设，葛洲坝集团、荆东公司、汉孝公司等 3 家单位通过安全生产标准化企业二级达标创建评审。

加大打非治违力度。督导建成 208 处收费站入口超限检测设施，路网入口超限率降至 0.84%，比上年下降 79%；制止侵占路产路权违法行为 189 起，清理桥涵堆积物 6.6 万立方米，成功查处鄂东大桥桥下空间重大疑难案件，清除违法设施 17 处 10.4 万平方米，路域环境明显改善。

2018 年 6 月 22 日，武黄高速公路管理处联合辖区路政、交警部门开展杭瑞高速公路上官隧道交通事故应急演练

加强安全隐患排查治理。规范高速公路风险辨识和重大隐患判定，实行台账式管理、清单化销号。全年组织开展专项风险隐患排查 6 次，治理各类安全隐患 2000 余处。跟踪督办省安委会挂牌 3 处、局安委会挂牌 6 处重大安全隐患，按期完成整治 6 处，省安委会挂牌督办的襄州北收费站拥堵安全隐患通过整改验收。

着力提升高速公路本质安全。推进"平安高速"、隧道风险防控、"降风险、保安全"等专项行动，全年投入 17.26 亿元进行路面养护和桥隧维修，路网 PQI 均值 93.89，比上年提升 0.39。4 座三类桥梁、5 座三类隧道全面完成整改并达到二类标准。710 座隧道入口段交安设施改造工程完工 505 处。

加快安全应急信息化建设。推进视频监控整改、路网监测设施配备和应急会商系统配置工作，全省高速公路 33 家管理单位、77 条路段的 13053 路视频、48 套交通气象信息标志、应急会商系统全部接入应急处置服务中心，逐步实现全省路网运行"可视、可测、可控"。

深化"一路五方"（高警、路政、经营单位、养护部门、施救部门）协作机制。经受住春运、春节、国庆等节假日车流高峰考验，有效应对年初年末 4 轮持续冰雪灾害天气，妥善处置"4·5"沪渝高速利川段山体滑坡、"7·5"恩黔高速隧道顶部垮塌等重大应急事件。中国交通广播湖北高速频率（FM94.8）筹建开播，发挥"应急疏导先锋、省际联动平台"作用。全年收集汇总路况信息 41000 余条，发布恶劣天气预警 95 次，通过各类媒体平台推送路网信息 3100 余次，发布节假日出行指南 8 期，高速公路应急信息服务水平不断提升。

（何林燕）

【道路运输应急管理】

着力加强应急预案体系建设，全面提高道路运输应急保障能力，逐步推进应急管理工作规范化。按照统一领导、分级负责、条块结合、属地为主原则，各级道路运输管理机构成立道路运输应急管理组织机构，初步构建省、市、县三级应急组织体系，负责应急指挥与协调、应急日常管理、现场指挥等工作，为有序开展道路运输应急保障工作奠定基础。全省各市、县两级道路运输管理机构结合本级实际，成立相应领导小组，明确各级职责，形成统一指挥、分级负责的应急管理工作机制，进一步加强应急处置组织领导。

预案修订完善。为切实做好应急管理，加强应急工作准备，提高道路运输行业快速有效提供应急保障能力，最大限度减少灾害损失。修订和完善《2018 年湖北省道路运输防汛抗旱保障工作预案》，重点对组织机构、抢险救援、人员车辆保障上进行修订和完善，提高预案针对性和可操作性。督促各地市修订完善本级预案，加强应急物资储备，形成纵向到底、横向到边、覆盖全行业的预案体系。

强化应急车辆保障建设。为确保应急运力储备，各级运管机构在本辖区内建立应急运力储备，做到领导责任、车属单位、车牌号码、驾驶人员、带队人员、集结地点"六落实"，并结合交通战备管理体系组建应急运输保障车队，落实应急运力，依托客运站、货运站、物流园区等场站建立应急运输集结点。有效衔接省直管防汛运力和地方防汛运力，储备应急运力 1000 辆，重点针对荆州、荆门、仙桃等防汛区域制定完善运力组织方案。

做好冰冻雨雪天气应对工作。针对年初雨雪冰冻恶劣天气，迅速启动应急机制，及时下发《关于做好雨雪冰冻天气道路运输保障工作的紧急通知》。各级运管机构人员加强驻站管理和路面巡查，配合客运站做好对旅客宣传解释工作，防止经营者私自发班运行；对具备安全通行条件的班线，督促客运站落实"三不进站、六不出站"管理制度，督促运输企业保证车辆技术状况、按要求配备三角木、防滑链等安全生产设施，加强从业人员教育和路况气象预警，保障道路运输安全；联合有关部门，采取集中发班、（客车）编组运行，（警车）专车护送、限时通过等应急运行模式疏运乘客。1 月份，全省停班 34168.5 班，停业客运站 117 个。全省出动运管部门 1300 人次参加冰雪应急保障工作。

应急演练针对性不断提高。为了检验预案可操作性，提高综合实战能力和应急反应能力，在孝感组织开展全省道路运输应急演练。省交通运输厅、省安监局、省公安交管局、全省运管机构及部分危险货物企业代表观摩安全应急演练。演练进行防汛集结抢险和 LNG 槽车失真空抢险等 2 个演练科目，集结 20 辆客车和 20 辆 12 吨以上载重货车、23 辆后勤保障和应急指挥车。

（黄继兵）

【水路运输安全应急管理】

2018 年，全省围绕"让航行更安全、让水域更清洁"目标，继续深化"碧水安澜"行动，突出责任落实，狠抓专项整治，强化隐患治理，保障全省水路交通安全形势持续稳定。全省发生水上交通安全事故 1 起，死亡 1 人，各项指标均在考核范围之内。

坚持责任导向，层层传导责任"红线"。省市县逐级推进责任落实，层层传导责任压力和目标"红线"。全面推进渡口渡船网格化，按照"分片包干、责任到人"原则，把全省所有渡口渡船安全监管责任 100% 包干执法人员。推进全省乡镇船舶县市、乡镇、村组、船主"四级"责任制落实，逐级签订责任状。"春运""两会""五一"等重点时段，全省各级港航海事部门主要负责人带头到一线，加强监督检查，督促各项安全工作落实，全力以赴把好安全关口，保障水路交通安全形势持续稳定。特别是"春运"40 天，省市两级成立 50 余个督查小组，采取"四不两直"方式，开展现场督查，保障 1342 艘客渡运船舶和 367.7 万人次乘客安全。

坚持问题导向，牢牢抓住安全"牛鼻子"。开展为期一年的水路交通安全生产"大建设、大排查、大整治"、围绕"四大方面建设""五大领域排查""十大重点整治"工作，全面深化排查和整治。活动期间,全省核查排查企业 506 家次,个体工商户 548 家,船舶 10000 余艘,有效排查治理隐患 770 处。活动任务开展整个过程留痕,制定监管清单、问题清单、任务清单、责任清单"四个清单"。突出中小型船舶重点整治攻坚。按照部海事局要求,针对全省辖区中小型船舶、船员、船公司存在的突出问题,开展全面、深入检查。全省开展安全检查 3000 余次,检查公司 166 家次,检查船舶 2900 余艘次,及时发现和处置问题 259 个,滞留船舶 10 首次,罚款 11 万余元。

开展船舶污染防治专项治理活动。9 月份以来,到辖区汉江、清江、丹江水库、梁子湖等重点水域,突出加强油船、危险化学品船、客船、餐饮船等船舶污染物排放、接收、转运、防治及船舶作业活动可能造成污染的监督检查,重点做好六个"严查",严厉查处船舶污染防治违法违规行为,取得明显成效。至 11 月 15 日,全省出动船艇 1571 艘次、车辆 1851 辆次、人员 8362 人次,查处违法违规行为 217 起,罚款 3.3 万元,暂扣船员适任证书 8 本,禁止离港船舶 32 艘,协查 10 次。

坚持基础导向,筑牢安全监管"屏障"。加强船舶污染防治基础设施建设,推进 16 个市州地方政府落实《防治船舶及其有关作业活动污染环境应急能力建设规划》,重点督促武汉市、十堰市做好汉江沿线 2 个 50 吨级溢油应急物质储备点建设前期工作。推进落实船舶污染防治联合监管机制,督促各地联合环保、城市管理部门等推进《船舶污染物接收、转运及处置联合监管制度》和《船舶污染物接收、转运及处置联单制度》落实;暗访调查小组到辖区汉江沿线武汉、潜江、荆门、襄阳段,对 32 艘船舶开展船舶污染防治暗访调查,重点调查船员污染防治意识情况,船舶污染防治证书持证情况,船舶污染防治设施设备安装、使用、记录情况,船舶污染物排放、接收、记录情况,船舶燃油来源及加注记录情况等,对调查发现的突出问题在全省通报,推进联单制度实施。推进《船舶安全监督规则》实施。加强渡运基础建设,跟踪推进渡口灾后修复重建项目实施,对全省 718 处水毁严重渡口进行补助修复原貌。"以奖代补",推进 7 处"平安示范渡口"创建工作。

坚持能力导向,加强监管队伍建设。组织开展全省海事调查业务培训。5 月 17 日在武汉组织开展全省海事调查业务培训,全省近 80 名业务骨干和基层海事执法人员参加学习,重点培训海事调查法规、水上交通事故调查取证和现场勘查经验技巧、典型案例、海事调查报告编写以及立案、结案等,提升基层海事行政执法队伍水平。加强与新疆地方海事及新疆兵团海事结对共建,签订共建协议书;做好对青海省和西藏自治区地方海事局技术帮扶,开展现场培训指导。

加强意识导向,提升群众安全思想"防线"。开展"水上交通安全知识进校园"活动,受教育学生 1000 余人,赠送《小学生水上交通安全教育读本》2000 余册。6 月,联合地方政府及有关部门,围绕"生命至上,安全发展"主题,集中开展"七进"、咨询日等宣传活动,组织开展水上综合应急演练,不断提升水上交通应急处置和搜救实战能力。全省开展"6·16"安全生产宣传咨询等活动 48 场,参加人员 9234 人;开展各类安全主题培训 89 场次,培训人数 3765 人。开展安全警示教育 201 次、应急演练 52 次,发放宣传书籍 7412 本,制作张挂宣传标语横幅 487 条,制作活动现场展板 327 块,制作发放宣传册 17296 册。

(董少青)

交通财务费收和筹融资

【交通预算管理】 预算编制。加强预算编制主体责任，形成分工明确、协调有力、沟通顺畅、上下联动的预算工作机制，印发预算编制工作实施方案，明确三年支出规划和预算编制具体要求。完成2017年部门决算编报工作，批复下达2018年部门预算，做好2019年部门预算编制工作，提升预算编制质量。结合年度预算执行实际，通过预算调整，优化支出结构，保障年度交通工作目标任务，提高资金使用效率。

预算执行。召开推进会，督促厅直单位预算执行，进度比上年同期明显加快，定期通报执行进度，实行"一对一"上门服务，有效提升执行进度。组织做好中央、省对下转移支付资金分配、请拨款及下达工作，合理统筹，提高资金配置效率。

绩效管理。采取"事前申报绩效目标和指标、事中开展绩效日常监督、事后进行绩效评价、财政部门选择性组织重点评审"方式，建立贯穿项目支出"事前、事中、事后"全过程的绩效管理模式。以绩效目标为导向，做好2017年部门预算项目支出、部门整体支出、车购税重点项目、省对下交通专项转移支付项目绩效评价工作，加强评价结果应用。

内部控制。进一步完善内部控制建设，编制省交通运输厅2017年度行政事业单位内部控制报告，明确下一步方向。

人员培训。贯彻实施新政府会计准则制度，举办厅直单位新政府会计准则制度培训班，做好厅财务管理信息系统升级工作，为2019年1月1日执行新准则制度提供信息化保障。

（黄河清）

【全省交通费收】 收费公路。至2018年底，湖北省收费公路里程6518.6公里，占公路总里程27.5万公里的2.4%。其中高速公路6026.0公里，一级公路417.2公里，独立桥梁隧道75.3公里，占比分别为92.4%、6.4%、1.2%。全省收费公路里程比上年净增加102.4公里，其中，高速公路净增加152.7公里，一级公路减少50.3公里，独立桥隧无增减。

主线收费站。全省收费公路有主线收费站39个，比上年减少3个。其中，高速公路27.5个，一级公路8个，独立桥梁隧道3.5个，占比分别为70.5%、20.5%、9.0%。

建设投资。2018年末全省收费公路累计建设投资3873.3亿元，比上年末净增加215.3亿元，增长5.9%。其中，累计资本金投入1053.3亿元，资本金比例27.2%；累计债务性资金投入2820.0亿元，债务性资金比例72.8%。

债务余额。2018年末全省收费公路债务余额2963.2亿元，比上年末增加220.0亿元，增长8.0%。其中，年末银行贷款余额2244.8亿元，年末收费公路专项债余额4.2亿元，年末其他债务余额714.2亿元，占比分别为75.8%、0.1%、24.1%。

收入支出。2018年全省收费公路通行费收入225.9亿元，比上年增加18.8亿元，增长9.1%；支出377.8亿元，比上年减少36.4亿元，下降8.8%；通行费收支缺口151.8亿元，比上年减少55.2亿元，下降26.7%。2018年度支出中，偿还债务本金176.9亿元，偿还债务利息136.0亿元，养护支出25.3亿元，公路及附属设施改扩建工程支出2.1亿元，运营管理支出23.3亿元，税费支出14.2亿元，其他支出185.2万元，占比分别为46.8%、36.0%、6.7%、0.5%、6.2%、3.8%、0.0%。

政府还贷公路。全省政府还贷公路里程3640.8公里，累计建设投资2170.1亿元，债务余额1681.9亿元，年通行费收入113.5亿元，年支出197.6亿元，分别占全省收费公路的55.9%、56.0%、56.8%、50.2%、52.3%。政府还贷公路里程中，高速公路3216.5公里，一级公路398.4公里，独立桥梁隧道25.9公里，占比分别为88.3%、10.9%、0.7%。政府还贷高速公路占收费高速公路里程的55.9%。

建设投资。政府还贷公路累计建设投资总额2170.1亿元，其中，高速公路2040.8亿元，一级公路78.2亿元，独立桥梁隧道51.1亿元，占比分别为94.0%、3.6%、2.4%。政府还贷公路累计建设投资总额中，累计资本金投入584.8亿元，资本金比例26.9%；累计债务性资金投入1585.3亿元，债务性资金比例73.1%。

债务余额。2018年末政府还贷公路债务余额1681.9亿元，其中，高速公路1607.5亿元，一级公路45.8亿元，独立桥梁隧道28.5亿元，占比分别为95.6%、2.7%、1.7%。

收支情况。2018年政府还贷公路通行费收入113.5亿元。其中，高速公路104.5亿元，一级公路2.5亿元，独立桥梁隧道6.6亿元，占比分别为92.0%、2.2%、5.8%。政府还贷公路支出197.6亿元，其中偿还债务本金87.4亿元，偿还债务利息80.0亿元，养护支出14.8亿元，公路及附属设施改扩建工程支出0.4亿元，运营管理支出12.0亿元，税费支出3.0亿元，其他支出55.0万元，占比分别为44.2%、40.5%、7.5%、0.2%、6.1%、1.5%、0.0%。2018年政府还贷公路通行费收支缺口84.1亿元。其中，高速公路缺口82.7亿元，一级公路缺口3.6亿元，独立桥梁隧道盈余2.2亿元。

经营性公路。2018年全省经营性公路里程2877.8公里，累计建设投资总额1703.2亿元，债务余额1281.3亿元，年通行费收入112.4亿元，年支出180.2亿元，分别占全省收费公路的44.1%、44.0%、43.2%、49.8%、47.7%。经营性公路里程中，高速公路2809.5公里，一级公路18.9公里，独立桥梁隧道49.5公里，分别占经营性公路里程的97.6%、0.7%和1.7%。经营性高速公路占收费高速公路里程的44.15%。

建设投资。经营性公路累计建设投资总额1703.2亿元，其中，高速公路1578.1亿元，一级公路4.5亿元，独立桥梁隧道120.5亿元，占比分别为92.7%、0.3%、7.1%。经营性公路累计建设投资总额中，累计资本金投入468.5亿元，资本金比例27.5%；累计债务性资金投入1234.7亿元，债务性资金比例72.5%。

债务余额。经营性公路债务余额1281.3亿元，其中，高速公路1204.4亿元，一级公路5.4亿元，独立桥梁隧道71.6亿元，占比分别为94.0%、0.4%、5.6%。

收入支出。2018年经营性公路通行费收入112.4亿元。其中，高速公路96.3亿元，一级公路0.9亿元，独立桥梁隧道15.2亿元，占比分别为85.6%、0.8%、13.6%。经营性公路支出180.2亿元，其中偿还债务本金89.5亿元，偿还债务利息56.0亿元，养护支出10.5亿元，公路及附属设施改扩建工程支出1.7亿元，运营管理支出11.2亿元，税费支出11.2亿元，其他支出130.3万元，占比分别为49.7%、31.1%、5.8%、1.0%、6.2%、6.2%、0.0%。2018年经营性公路通行费收支缺口67.78亿元，其中，高速公路缺口66.0亿元，一级公路缺口1.5亿元，独立桥梁隧道缺口0.28亿元。

通行费减免。2018年全省收费公路减免车辆通行费49.6亿元，比上年增加4.4亿元，增长9.8%。其中，绿色通道（鲜活农产品运输车辆）减免25.9亿元，重大节假日小型客车免费通行减免15.5亿元，其他政策性减免8.2亿元，占比分别为52.1%、31.3%、16.6%。

（黄河清）

【全省普通公路费收】 2018年，全省专业公路渡口开行航班8.11万次，渡运车辆150.86万辆次，收费站通行车辆1684.89万辆次。全省8个一级公路收费站通行费收入计划20700万元，实际完成通行费收入27642.35万元，完成年度收入目标的133.54%。全省8个收费站全部实现微信、银行卡、支付宝非现金支付收费方式，荆门沈集收费站实现全部车道全国ETC不停车联网收费。

（叶春松　张明杰）

【降成本工作】 降低高速公路收费标准。为有效降低企业物流成本，激发市场活力，优化发展环境，促进经济平稳健康发展。自2016年6月1日

起，全省实行联网收费的高速公路、长江大桥的收费标准，在现行收费标准的基础上降低10%左右，累计减收通行费46.09亿元。其中，2016年减收9.16亿元，2017减收17.66亿元，2018年减收19.27亿元。2016年1月1日起，高速公路联网维管费由车辆通行费清分后实际通行收入的3‰降至2.5‰，降幅16.67%。2017年5月1日起，高速公路联网维管费停止征收。累计降低企业成本1.18亿元。其中，2016年845.28万元，2017年4391.14万元，2018年6568.47万元。

推广电子不停车收费系统（ETC）。为进一步降低企业物流成本，将ETC客车用户5%优惠政策，延续至2020年12月31日。2016-2018年12月份，累计ETC客车优惠金额2.60亿元。其中，2016年7298.57万元，2017年9116.96万元，2018年9587.74万元。2016年6月1日，湖北省对使用通衢卡电子支付的货车用户给予10%的优惠，自2017年5月1日起其正常合法装载部分通行费优惠比例由原来的10%提高到15%，自2018年7月1日起对行驶谷竹高速公路使用通衢卡电子支付的货车用户其正常合法装载部分通行费优惠比例由原来的15%提高到20%，累计货车使用通衢卡优惠金额8.67亿元。其中，2016年3967.02万元，2017年2.50亿元，2018年5.77亿元（含谷竹高速货车通衢卡优惠金额190万元）。

落实"绿色通道"车辆免费通行政策。湖北省高速公路"绿色通道"政策从2010年开始实施，对降低流通成本、稳定物价、促进农业经济发展起了重要作用。2016年—2018年12月，累计对正常合法装载运输鲜活农产品车辆免费金额76.71亿元。其中，2016年24.99亿元，2017年25.93亿元，2018年25.79亿元。

对集卡车实行高速公路通行费50%优惠。2018年6月1日起，进一步对经指定高速公路收费站进出省内长江沿岸主要港口的国际标准集装箱运输车辆，实行高速公路通行费50%优惠（包含使用高速公路通衢卡电子

支付给予的15%优惠），主要港口由原来的10个扩大到12个，指定收费站由原来的11个扩大调整为14个，累计优惠金额2521.40万元。其中，2017年773.24万元，2018年1746.19万元。

落实普遍服务邮政车辆免费通行政策。2016—2018年12月份累计减免邮政车辆通行费3645.30万元。其中，2016年954.66万元，2017年1208.68万元，2018年1481.96万元。

保障重大节假日小客车免费快速通行。2016—2018年12月份累计免收小型客车通行费40.06亿元。其中，2016年11.26亿元，2017年14.09亿元，2018年14.71亿元。

实施区间车辆免费通行，政府统一支付政策。全省有4个区间路段（汉洪、岱黄、蔡琴、利万）实行用户免费通行，政府埋单。2016—2018年12月份累计免收以上4个区间路段通行费小型客车通行费4.31亿元。其中，2016年7676.15万元，2017年1.33亿元，2018年2.21亿元。

（黄河清）

【资产债务管理】 控制和化解债务风险。学习国家和省关于防范债务风险文件精神，依法依规加强债务风险防控，加强行业指导。开展各项工作按财政部门要求，填报政府债务报表。申报置换债务债券资金，政府债务系统内的省级二级公路债务全部置换完毕。根据省财政厅要求，完成交通系统省级债券偿还有关测算。

控制资产管理关键环节。在资产购置环节，结合省财政厅政府采购审批权限下放新要求，做到"应编尽编、应采尽采、不编不采"，并依法依规办理调拨、出让、置换、报废报损和资产损失核销等资产处置事项，确保国有资产不流失。依法依规做好政府采购工作，严格审批政府采购计划，紧扣行业特点，用好用足采购政策，指导、规范厅直单位采购行为。

开展政府资产报告试点报表填报工作。对界定为政府经管资产范围的交通公共基础设施，从实物量和价值

量两个方面，全面摸清家底，逐步建立经管资产信息库。6月，按财政部门要求，完成会审工作。

（黄河清）

【交通建设筹融资】 筹措部省资金。筹措省级对下转移支持预算资金84.14亿元，其中分配下达75.61亿元。落实普通公路政府债券资金50亿元，"四好农村路"债券资金10亿元，全部分配下达各地。争取中央车购税资金87.97亿元，全部分配下达各地。

推进PPP模式等筹融资工作。根据现行财税体制、预算体制和政府债务管理要求，为解决交通发展资金不足问题，组建工作专班，研究交通发展资金筹融资路径。与交通运输部对接，掌握政策，依法依规指导地方开展多层次PPP项目试点工作。据统计，2015年以来，全省各地市交通运输领域实施PPP项目约30个。有13个市（州）在交通运输领域不同程度地实践运用PPP模式。PPP模式运用领域，涉及普通国省干线、高速公路和农村公路。

（黄河清）

【利用世界银行贷款项目工作】 始终秉承"做好世行项目服务，共同推进雅口建设高质量发展"宗旨，实时跟进，配合雅口航电枢纽项目世行工作。世行贷款正式谈判顺利完成并通过世行执董会批准，项目协定、贷款协定等法律文件正式生效，项目世行成分由前期准备全面进入正式实施阶段。

（向元）

【交通内部审计】 内审工作计划有安排，工作有部署，整改有落实，结果有应用。召开2018年度部门预算审计整改会议，分析原因，督促落实。厅长办公会凡资金分配议题，均听取审计办意见。部门合力是发挥审计整改的基础。审计发现问题，整改落实责任主体在有关职能部门和厅直单位，2018年部门预算审计中，针对审计提出交通补助项目变更和进度滞后问题，厅计划处详细分析产生原因，及时修订相关制度，全面布置和督导落实整改工作，推动交通运输计划管理制度创新，审计成果得到运用。统筹资源是审计作用发挥的推手。由于客观原因，"同级审"使审计作用难以充分发挥。"十三五"普通公路建设养护项目审计中，组织省公路局和市州交通局内审人员参加，效果良好。通过"上审下"，利用内外和上下资源，可以协调统筹审计计划、人员使用，共享资源信息，构建交通内审网络，增强审计人员胜任能力。主要做了以下工作：

推进审计全覆盖，审计作用增强。全年开展经济责任审计、预算执行和财务收支审计、重点建设项目（资金）审计、高速公路养护工程专项审计等内部审计业务，开展"十三五"普通公路建设养护项目审计，指导开展交通专项资金审计项，提出审计整改意见或咨询建议，促进增收节支，推动各单位公共资金安全高效和厉行节俭。

修订实务模版，制度规范完善。修订《湖北省交通运输厅内部审计手册》，进一步完善审计工作业务流程，提高审计规范性。建立整改问题登记和销号制，确保审计发现问题能够有效整改，提高审计效能。

加强队伍建设，提升胜任能力。组织行业和厅直单位内审人员参加《审计署关于内部审计工作的规定》知识竞赛，组织参加修订交通运输部《交通运输行业内部审计工作规定》，推荐人选参加交通运输部对安徽省高速公路绩效审计工作。抽调省公路局、部分市州内审人员参加"十三五"普通公路建设养护项目审计。选派2人参加厅对厅直单位专项巡察。通过以审代训，储备审计力量，促进良性互动，提高交通内审人员业务能力和综合素质。依托现有平台和渠道宣传交通运输部门内审先进工作实务，营造良好内审氛围。

注重协调配合，统筹各方资源。及时向审计署武汉办、省审计厅报告年度审计计划安排。完成2018年度部门预算执行审计和整改。协调审计署重大政策落实、长江经济带生态环境保护情况审计。协调省人大财经委委托省审计厅对浠水县三角山旅游公路和保康县襄关线保康城区改建项目审计。注重委托审计过程控制，不当"甩手掌柜"，委托审计质量进一步提高。

存在的主要问题。部分单位对内部审计重要性认识不够，内审机构不健全；对新时代交通内审工作职责定位、范围把握不准；新形势新要求下内审人员内生动能不强、职业胜任能力不足；存在贪多求全、应付性审计走过场现象，审计时效性、针对性、审计质量、结果运用有待提高。

（胡敏）

交通法治

【交通法治建设】 加强组织领导，完善法治交通领导体制。根据领导班子和人员变动情况，及时调整法治交通建设领导小组组成成员，切实将法治建设扛在肩上、抓在手上。厅长认真履行法治建设第一责任人职责，对依法行政和法制宣传教育工作亲自部署、亲自指导、亲自督办。厅领导班子成员全年组织各类政策法规调研不少于15次。年度法治政府建设情况在厅门户网站公开。厅领导带头落实科学民主依法决策制度，凡涉及"三重一大"事项，必须坚持民主集中制原则，经厅党组会(或厅长办公会)按规定程序讨论决定，厅法制机构按规定列席会议。加强经费保障，将立法、行政复议、行政诉讼、执法监督、普法宣传、法律顾问、执法信息化建设等工作经费纳入财政预算。

紧盯重点难点，持续培育法治精神。对照《湖北省交通运输法治政府部门建设实施方案(2016-2020年)》确定的30项具体目标任务，逐一压实责任。制定落实领导干部年度学法计划和公务员法治学习培训考试制度，全年组织法治培训班和专题讲座3场，受训领导和执法骨干300余人。按照省普法办要求，组织500名机关干部和直属单位领导、公务员参加无纸化学法用法学习考试。新提拔领导干部任前必须进行法律基础知识培训与测试。全面建立法律顾问制度，压实法律顾问责任。

坚持科学决策，提高决策质量。建立完善厅党组议事决策规范、厅长办公会、厅务会制度，不断完善重大事项制度廉洁性评估实施办法、规范性文件管理办法、财务审计制度等各项管理制度，强化对权力运行的每个岗位、每个人员、每个流程制度化、规范化约束。制定"廉政阳光审批""廉政阳光服务""廉政阳光执法""廉政阳光工程"四大工程方案和农村公路"八公开"实施意见。持续清理、公开省本级行政许可和公共服务事项清单，配合省审改办建设完善省级行政职权与事项管理系统，细化责任清单内容，确保权责清单数据同源、更新及时、信息准确。省交通运输厅未发生1起行政决策未经过合法性审查

或者审查不严引发本系统重大负面影响或重大突发性公共事件，未发生1起因履行法治建设职责不力引发系统内安全生产、环境保护等重特大案件。

（鲁军）

【交通行政立法】 立破并举，强化法规的实施监督。落实省委《关于加强和改进法律法规实施工作的意见》要求，以推进《湖北省公路路政管理条例》实施和相关配套制度建设为抓手，开展法规制度实施责任督查和实施效果评估。与武汉大学合作，对现行6部地方性交通法规实施情况进行评估，形成评估报告。继续推动《湖北省道路运输条例(修订)》《湖北省高速公路服务区管理办法》立法进程。

关口前移，加强规范性文件监督管理。建立法律顾问、相关专家、企业代表、高校科研团队和社会贤士"智囊团""人才库"，将行政行为合法性审查关口前移。不断完善规范性文件合法性审查机制，将合法性审查、公平竞争审查、制度廉洁性评估和社会风险评估"四审合一"。建立规范性文件制定起草、分析评估、审查备案、公布清理全过程的长效工作机制。对交通运输法规、规章、规范性文件组织定期清理，确保常用常新。对3部新制定规范性义件组织公平合法廉洁性审查，对22部规范性文件进行清理，废止2部，清理结果向社会公布。

（鲁军）

【交通行政执法】 以信息系统应用为导向，实现"建学管用"四同步。强力推进行政执法综合管理信息系统建设和应用，工程建设如期完成并组织交工评审验收。全省各地市现场培训工作有效开展，完成培训70余场，培训人数超过3000人。全省各级交通行政执法机构全面完成系统安装并实际应用，系统录入人员信息14760条、车辆信息1356条、案件信息2万余条，行政处罚、强制类案件全流程线上办理，执法监督网上进行，行政执法效率和质量明显提高。落实"两法衔接"制度，通过行政执法与刑事司法衔接

平台录入案件线索4件。

加强执法人员管理，规范行政执法行为。组织修订《湖北省交通行政处罚自由裁量执行标准》《湖北省交通运输行政执法文书规范》《执法人员年度审核表》，统一自由裁量标准、文书制作标准及规范格式。加强执法人员考核力度，组织2次200名执法人员参加的全省行政执法人员网上集中考试，对考试结果进行定性定量分析，对16名不达标人员执法证件予以暂扣处理。

稳妥推进交通综合执法体制改革。按照中央、省委关于机构改革总体部署和要求，坚持问题导向，深入调查研究，积极稳妥推动综合行政执法改革各项工作。配合交通运输部课题组，组织人员赴上海等地开展基层执法队伍职业化、基层执法站所标准化、基础管理制度规范化、基层执法工作信息化的建设标准和制度体系调研，形成基层执法站所机构设置和人员配备标准、基层执法站所基础设施建设标准、基层执法站所装备配备标准课题研究成果。加强事中事后监管，全面落实"双随机一公开"制度。

（鲁军）

【执法队伍建设】 持续开展湖北交通巡回宣讲团"送法进基层"活动。按照《全省交通运输行政执法队伍建设实施方案》要求，有计划、不间断地对基层执法人员组织培训。通过召开座谈会、情况分析会、评查执法案卷、查阅工作台账，组织执法人员考试、督查整改措施等方式加强执法队伍建设。严格资格准入，对没有取得执法证件的人员，一律不得上路执法，对屡次执法培训考试成绩不合格的人员，建议所在单位调岗或转岗。继续开展"局(处、站、所)长大走访""送法进企业""执法开放日""开门评执法""上门送服务"等5类行动。组织全省高速公路路政执法人员执法技能竞赛活动，通过理论考试、业务技能比武、大队长授课竞赛、体能达标、队列与交通指挥手势竞赛等活动载体，使路政执法人员综合素质得到全面锻炼。

促进法律顾问队伍建设，提高行

政复议和应诉质量。指导督促厅直单位全面落实法律顾问制度，厅机关及厅直18家单位均聘有法律顾问，基本形成与法治政府部门建设要求相适应的法律顾问队伍和法律顾问体系。落实《湖北省交通运输厅行政复议与行政应诉工作规则》，实行行政首长出庭制度，规范出庭应诉行为，对行政首长因故不能出庭的，向人民法院提交书面说明，规范行政案件办理责任和程序。在办案过程中注重以案释法，强调办案政风，不断增强法治意识，提高依法行政水平。组织开展行政复议、行政诉讼案例征集汇编工作。全年办理行政复议、应诉案件各2件，无一败诉，办结案件胜诉率100%。

（鲁军）

【普法依法治理】 落实普法规划，夯实法治宣传教育基础。印发《全省交通运输系统法治宣传教育第七个五年规划》《关于贯彻落实交通运输系统"谁执法谁普法"普法责任制的通知》，制定年度普法责任清单。组织湖北交通法治宣讲团成员遴选，充实法治宣传教育师资力量。全年组织"送法进基层"教育培训16场，受训执法人员2000余人。组织法治动漫微电影和"我与宪法"微视频征集活动，省高速公路管理局拍摄法治微电影《什么都没发生》参加湖北省第三届法治动漫微电影大赛。组织"七五"普法中期督导大检查，指导各单位创新普法形式、落实普法责任。开展法治文化示范点创建活动，为创建活动筹集分发各类图书4000余册。各基层单位普遍开展结对普法、共建共治活动。宪法宣传周、路政宣传月、"法律六进"等各种法治宣传教育活动有声有色，成效明显。

强化履职尽责、务求工作实效。组织高速公路、干线公路、"四好农村路"、水运建设"四大攻坚战"、长江汉江非法码头整治等多项重大决策事项的实施。组织对全省交通运输法律法规规章清理2次，对保留的47项行政许可、66项行政处罚进行网上"双公示"。深化"放管服"改革，深化交通运输供给侧结构性改革，做

好跨省大件运输并联许可联网相关工作，全年办理审批事项11771件，其中超限运输审批10917件，跨省大件运输审批5513件，实现零差错、零投诉、零诉讼。做好收费公路通行费营改增相关工作，出台集卡车通行费优惠政策，开展差异化收费试点，实行货运车辆安全技术检验和综合性能检测"两检合一"，为民营经济发展创造良好环境。加强道路运输安全监管，全省近20万辆"两客一危"、12吨以上重载货车、农村客运车辆纳入动态监控。开展"大建设、大排查、大整治""打非治违"行动，安全生产形势持续稳定。嘉鱼长江大桥、雅口航电枢纽等16个重点项目品质工程创建加快推进。增设流动联合执法点108个，联合治超步入常态。高速公路路网超限率下降至1.1%。

积极搭建"法治文化"阵地。注重培育"七五"普法联系点和法治宣传教育基地，推荐指导武黄高速公路管理处和高速公路路政执法总队武黄支队第二大队申报全省第三批"省级法治文化建设示范点"。在全省交通运输系统组织开展法治动漫微电影和"我与宪法"微视频征集活动。向省普法办推荐漫画《遵守交通法规，关爱生命旅程》和微电影《你我同路》，报送法治微电影《什么都没发生》和"我与宪法"宣传片参加湖北省第三届法治动漫微电影大赛。黄黄高速公路管理处组织的"对内全员学法，对外广泛普法"工作，将法治文化与党建文化、廉政文化、读书文化有机结合，开展所(站)内"法治讲堂"活动，在年度"三比两赛"和站所文化建设工程中充实宪法精神、交通法规条款，实现普法工作、运营业务、文化建设同频共振。

（鲁军）

【厅行政审批工作】 2018年，厅审批办担责履职，对照清单，一手抓省级许可日常办理，一手抓"放管服"改革，以机制建设推动放管结合，以人民为中心推动优化服务，各项工作发展取得明显成效。全年办理省级行政许可事项11771件。3月，省交

通运输厅在全省深化"互联网＋放管服"改革工作电视电话会上做先进经验交流。

科学调度。面对"互联网＋政务服务"改革层层递进，新技术、新机制复杂，跨省大件许可量"井喷"、涉及省市单位人员多的局面，科学应对，完善机制，加强调度。到厅直单位、市州开展督查督办，召开调度会、推进会，组织指导"放管服"改革、重要审批事项许可工作，协调解决部省平台联网联通、上网审批覆盖面不够、群众办事提供材料多、超时审批等问题。重点解决跨省大件许可基层办理难、效率低问题，支持高管局增设跨省大件许可受理点27个。

优化服务。针对跨省大件许可大量增加情况，及时调整办件人员，为申请人开展延时服务、提前办理、首站服务，帮助免费复印资料、帮助申请人上网填报资料，督促基层路政部门加快审核，开展跨省大件运输公路执法服务大走访活动。完善政务大厅管理制度，推出"650"便民服务模式(6上5制0见面)，各类许可办理做到"三零"(零差错、零投诉、零诉讼)。

简政放权。及时调整权责清单，督促省港航局、厅建设处制定完善事中事后监管细则等工作。与省审改办、省发改委协调理顺投资项目审批问题，联合发文减少厅建设处和厅计划处许可各2项。实施3项道路运输告知承诺制，跨省大件运输提前申请办理。《市县两级拟调整一批事项清单》《市县证照清单通用目录》，形成相关意见报省审改办，推动开展市县事项标准化。进一步压缩审批时限和材料，优化审批流程，梳理各类证明事项，制定并落实"一次办好"事项清单。6月，召开解决企业群众"办证难办事堵点"问题研讨会，将各单位70%的跨省大件审批事项办理时限压缩70%。

配套改革。组织召开"证照分离"改革推进会议，制定省交通运输厅"证照分离"改革工作方案、落实措施。开展行政审批中介服务收费、涉企证照清理。加强部门协调，协调解决省公路局、省高管局等部门在省林业厅

林木砍伐指标问题。组织落实交通运输部办公厅《优化交通运输行政审批工作举措清单》，针对超限运输审批管控难等问题，组织高管局、公路局、运管局、经营公司等召开专题研讨会议，形成具体落实措施。协调开展省信用监管平台、中介平台的运用。

网上审批。继续开展"一张网"对接。在厅审批平台与省政务服务网系统成功对接、使用基础上，组织协调厅直单位开展部省平台对接，重点督办4个交通部系统与省网对接。推进事项标准化，组织对"一张网"中省许可事项服务指南、审查细则完善更新，指导省局对市州县事项推进标准化工作。多次赴省政务办、信息中心、标准院衔接协调相关工作，配合省信息中心确定16项交通电子证照库清单及上传、质监局政务外网开通、App事项增设上网、政务信息资源共享平台建设工作。

部省网上并联审批。交通运输部跨省大件运输审批平台从上年10月开始启用后，办件量从20件/月，递增到1000多件/月，省交通运输厅办理跨省大件运输审批5513件。组织召开厅跨省大件运输并联许可推进会，明确下一步优化服务分工安排，向部报送落实方案，并督办落实11条交通运输部工作措施要求。配合省发改委开展联审投资平台应用工作，制定投资联审平台推进方案，与省发改委开展月度通报协调工作，组织省发改委、省交通厅到6个市交通运输局检查督导，督促地方交通运输部门应用投资平台网上办理交通建设项目。

（鲁琴）

【高速公路路政管理】 2018年，全省高速公路机构检测货运车辆106712辆，处置超限车辆18764辆，锁定违法超限车辆45637辆，警示教育28859人次，路网内49吨以上货车超限率降至0.84%，比上年下降79%。查处路产赔补偿案件5717起，实施行政处罚7起、行政强制23起，保持无错案和执法过错、无行政复议、无行政诉讼败诉案件的良好态势。

办理行政许可事项11523件，其中大件运输许可11266件，比上年增加291%，无1起举报投诉事件。制止侵占路产路权违法行为189起，清理桥涵堆积物66000余立方米，拆除违法跨线67处、非公路标志牌152处、违法建筑47096平方米。

超限运输治理。探索新治超实践经验，推进全省超限运输治理工作，制定全省高速公路治超攻坚实施方案，出台违法超限运输警示教育管理实施办法、联合执法常态化制度化工作实施方案等5项制度规范，逐步健全路警地联动、省际联动、失信联合惩戒、入口超限率考核通报机制；制定印发《入口检测系统标准化建设指导意见》，细化建设计划，明确时间节点，开展入口称重检测设备建设督导检查2次，约谈2次，通报11次。年内督导建成208处收费站入口称重检测设备，覆盖率63%，厅直6个管理处及其他14个经营单位实现路段全覆盖。

路域环境整治。制定"路产大清查、路域大整治"专项活动方案，确定工作目标任务和时间周期，要求各路政机构结合实际制定治理工作方案和举措，成立工作专班，明确分工，责任到人，确保专项治理实效。通过宣传动员、全面清查、集中整治、巩固提升四个阶段清查整治行动，梳理路产、路域基础数据，争取地方政府支持，加强路企共建、路地共管综合治理模式，联合打击高速公路路域环境各类违法行为，路产得到有效保护，路域环境显著改善。

信息化基础建设。全面启用54个执法服务点，完善执法服务点宣传公示栏、便民服务台等设施，建成路政执法指挥调度中心，推进总队、支队、大队视频会商全覆盖。升级改造车载视频传输系统，增配大型无人机7架、视频会商系统62套、车载视频传输系统51台、执法记录仪639台、对讲机792台，为实现执法过程全记录、管理手段科技化、决策指挥智能化打下坚实基础。

队伍建设。分层分类组织开展路政干部、路政员、新员工培训15期，参训人员1100余人。开展大队长讲堂、

业务理论知识测试、模拟案件现场操作、队列与交通指挥手势、体能竞赛等执法竞赛活动，营造学业务、比技能、强素质的良好氛围，涌现出"全国交通运输行业文明示范窗口"京珠路政三大队、"全国交通运输行业文明单位职工标兵"吴凤文等优秀集体和个人。

行政执法服务。开展行政执法突出问题专项治理、规范公路治超执法专项整治和路政执法服务大走访活动，建立推行路政执法业务目标责任制考核，实行月度抽查、季度检查和年度总评，加大纪检暗访监察力度。健全完善定点执勤、动态巡查、点面结合方式，在重要路段、重点站口、重大时段、重心区域，形成巡查网格化体系。推进巡查任务"清单式"、巡查频率"类别化"、巡查质量"可视化"管理，全方位规范加强值班执勤、行政执法、应急处置、便民服务各项管理。优化大件超限运输许可服务，实行"网上办、就近办、一次办"，实行"全线受理、网上流转、并联审批、阳光作业、规范管理"。大件运输审批时限缩减53%，涉路施工许可申请材料核减40%。深化"双随机一公开"监管，优化清障施救监管考核机制，严格执行新开通路段清障施救服务单位进驻审查报备制，推进事中事后监管制度化、规范化、常态化。

（李先国）

【普通公路路政管理】 推进治超联合执法常态化制度化，营商环境全面优化。调整优化治超站点布局。按照统一规划、合理布局、适时调整、总量控制原则，经省政府批准，对全省110个普通公路固定超限检测站和108个超限检测点位置、名称进行调整、增设，新增普通公路固定超限检测站3个、超限检测点108个，优化调整站点布局24个，进一步优化公路超限检测站点布局和联合执法网点。完善路警联合执法机制。省交通运输厅和公安厅联合印发实施方案，全面推行治超联合执法常态化制度化工作；各市（州）按照要求制定印发联合执法实施细则，细化工作流程，统一认定标准，

全面落实路政监督消除违法行为、交警单独处罚记分工作机制，重复罚款、以罚代管现象基本解决。正常运行的87个治超站中，有73个基本实现"肩并肩"式联合执法、8个实行"前后协同"式联合执法。严管严控路面超限运输。各市(州)依托治超站点，组织路政和交警联合纠查，路面治超力量、效果有效提升。全年检测货车137万辆(含超限货车6万辆)，处理违法超限货车4.6万辆，卸转货物92690吨。公安部门处罚20393辆、记88734分。加大问责监督检查力度。省公路局组织、参与治超执法督导检查30多人次，立查立行立改社会反映焦点问题。如随州、孝感、武汉等被央视《焦点访谈》曝光，交通运输部暗访通报宜昌兴山、襄阳保康、神农架林区未执行全国统一超限认定标准等问题，有效保障治超新政和联合执法常态化制度化的贯彻落实与执行。

推进科技治超、信用治超，威慑力显著增强。在科技治超方面，启动并完成50处治超站货车引导电子抓拍系统建设。电子抓拍系统移交交警部门正式公告或启用43处，提高公路执法安全系数。各市(州)继续推进100处不停车超限检测系统试点建设项目(建成50处，在建14处，招标或招标中9处，纳入道路改扩建拟同步施工8处，尚处筹措配套资金4处，因多种因素提请取消或调整项目建设计划15处)，主动作为、先行先试，利用系统实施路网监控精准打击，积极探索非现场执法，加强路面管控力度。在信用治超方面，按照界定标准上报交通部确认严重违法失信行为43起，并将确认的严重违法失信限超载运输行为信息纳入公路涉路施工活动行政许可、大件运输许可和公路建养工程招投标等资格审查范围，按照联合惩戒备忘录等有关失信联合惩戒规定，实施限制措施。各市(州)向各地运管机构、公安交管等部门抄告信息大幅增长，取得效果良好。

开展路域环境综合整治，通行环境持续改善。全省查处公路违法行为15791起(违法超限运输除外)，罚款72.13万元，收取赔补偿费920万元；拆除违章建筑812处，清理非公路标志1.95万块，清理公路堆积物2.5万余处，清理占道经营1.3万处，完成40个集镇过境路段整治任务。各市(州)针对严重影响公路安全、畅通和路容路貌的违法行为，集中开展"非公路标志""非法占用公路行为""集镇过境路段"等路域环境清理整治行动，加大日常损路查处管控力度，创新管理方式、探索长效治理，国省干线公路基本实现"八无"目标，路域环境明显改善。

加强规范化管理，执法形象全面提升。3-6月组织开展为期100天的全省公路治超执法"大学习、大整顿、大检查、大提升"活动，分级分批轮训全省路政执法人员5000余名。加强路政大队和超限检测站软硬件建设，基层执法站点规范化、标准化、制度化水平稳步提升。2018年授予武汉市公路管理处养护管理所路政大队等11个大队为"标准化路政大队"、武汉市江夏区公路管理局宁港超限检测站等9个超限检测站为"标准化超限检测站"。按照《省人民政府办公厅关于印发湖北省深化"互联网＋放管服"改革工作方案的通知》要求，严格落实行政许可首问责任制、一次性告知制、一站办理制、限时办结制和服务承诺制。编制、公开公路行政审批事项《审查细则》和《服务指南》，以规范化文字和图表形式记录行政审批流程，固化审批环节和时限，实现审批工作公开、公正、规范、高效。全年办理涉路施工许可167件，超限运输车辆行驶公路许可6093件，其中跨省大件运输许可5513件，群众满意率100%。各市(州)组织开展公路执法服务大走访活动，即时整改相关问题并健全完善有关制度。围绕"规范执法，护路为民"宣传主题，组织开展第四个路政宣传月活动，同时把"路政宣传月"和"湖北省公路路政管理条例"宣贯活动紧密结合，因地制宜开展丰富多彩、形式多样、各具特色的宣传活动和整治行动。5月"路政宣传月"活动中，全省出动执法人员1.2万人次，宣传车5000余辆次，发放宣传资料35万余份，设立宣传展板(栏)1000余个，设置宣传横幅(标牌)1600余条，设立咨询台300余个，接受咨询服务超过2万人次，新闻媒体宣传报道400余篇。

(李振兴)

【道路运政执法监督】　落实道路运输服务"一门一网一次"改革。实现省级8项道路运输政务服务事项在湖北政务服务网全面上线。配套下发《关于规范行政职权和服务事项管理系统中行政许可事项标准的通知》，督促市、县两级运管机构完成湖北省政务服务网许可事项匹配。

提出"证照分离"改革事项实施意见。对涉及的8项市、县两级道路运输行政审批事项提出管理意见，其中5项许可由交通运输部作为地方交通部门第一批"证照分离"改革事项对外公布。

推进道路运输行业信用体系建设。上报《关于在湖北省交通物流市场实施联合惩戒意见的通知》《湖北省道路运输行业信用信息管理办法》《湖北省道路运输行业信用"红黑名单"管理制度》等3个文件，起草《关于对全省运管行业行政审批实施信用承诺制度的通知》。

规范执法标准化工作。集中修订70余项道路运输行政处罚裁量执行标准，完成道路运输行政执法案卷填制范本的制定；清理《交通运输综合行政执法事项指导目录》，修改69项行政处罚和行政强制事项。

组织开展全省道路运政执法骨干培训。针对基层执法出现的问题，拟定执法人员如何规避责任追究、如何用行政诉讼标准检验行政处罚行为、结合道路运输市场发展变化如何修改完善《湖北省道路运输条例》3个课题，组织开展全省道路运政执法骨干培训班。

提供法律服务保障权力良好运行。全年审签机关民事经济合同68件；审核拟办执法证人员88人，审批通过71人。回复依申请公开意见2份；对相关部门8部法规、3部标准、5件清单提出修改意见，对《关于进一步规范机动车维修备案工作的通知》出具审查评估报告。

(莫传琴)

交通科技与培训教育

【科技项目研究与管理】 制定年度科技项目计划。根据《湖北省交通运输厅科技项目管理办法》，按需求征集、需求分析、专家审查、会议确定的流程制定全省交通运输行业2019年度科技项目计划。2018年4月13日，印发《关于征集2019年度湖北省交通运输厅科技项目需求的通知》，明确以湖北交通运输建设中的技术创新为重点，围绕高速公路、干线公路、四好农村路、水运发展"四大攻坚战"中的重大、关键技术问题，面向应用基础研究，交通运输建设研究，软科学研究，信息化技术研究，标准、计量及质量研究，企业创新研究和科技成果推广等7个研究方向，在全省交通运输行业征集2019年度科技项目需求。经需求调研分析，结合湖北省交通运输发展实际，7月4日，印发《关于发布2019年度湖北省交通运输科技项目申报指南的通知》，明确课题申报坚持采用各市（州）交通运输局（委）、厅直各单位及厅机关处室作为保证方的保证方申报负责制、网上申报相关要求、年度重大科研方向和重点支持研究领域。根据对各单位申报项目查新的结论，专家网审评分情况，会议审定结果，11月16日，印发《省交通运输厅关于下达2019年交通运输科技项目计划的通知》（鄂交科教〔2018〕422号），明确应用基础研究方向课题21个，交通运输建设研究方向课题6个，软科学研究方向课题6个，信息化技术研究方向课题9个，交通标准化建设研究方向课题2个，企业技术创新研究方向课题1个。

2019年湖北省交通运输厅科技项目计划表

序号	项目名称	申报单位	保证方单位
一、应用基础研究			
1	大跨径钢桥高耐候长寿命铺装体系与产业化研究	湖北省交通投资集团有限公司，湖北石首长江公路大桥有限公司，湖北交投建设集团有限公司，东南大学，海聚高分子材料科技（广州）有限公司，广东省长大公路工程有限公司，湖北嘉鱼长江公路大桥有限公司，湖北武穴长江公路大桥有限公司	湖北省交通投资集团有限公司
2	大跨钢混组合桥面系钢桁梁悬索桥关键技术研究	湖北省路桥集团有限公司，湖北省联合发展投资集团有限公司，湖北白洋长江公路大桥有限公司，武汉理工大学，中交第二公路勘察设计研究院有限公司，武船重型工程股份有限公司，西南交通大学	湖北省联合发展投资集团有限公司
3	高性能100%废旧沥青混合料树脂沥青厂拌热再生成套关键技术研究与应用	中南安全环境技术研究院股份有限公司，宁波天意钢桥面铺装技术有限公司，长安大学，武汉理工大学，湖北省交通运输厅武黄高速公路管理处	中南工程咨询设计集团有限公司
4	径流污染净化的大孔隙沥青混凝土的制备与应用研究	咸宁市安达公路养护工程有限公司，武汉工程大学	咸宁市交通运输局
5	基于典型示范点的高速公路边坡自动监测预警系统研究	湖北省交通规划设计院股份有限公司，中南设计集团（武汉）工程技术研究院有限公司	中南工程咨询设计集团有限公司
6	基于大数据技术的省级长江大桥群智能监测网研究	湖北省交通投资集团有限公司，湖北石首长江公路大桥有限公司，湖北嘉鱼长江公路大桥有限公司，湖北武穴长江公路大桥有限公司，中交公路规划设计院有限公司，湖北交投智能检测公司	湖北省交通投资集团有限公司
7	山区高填方边坡沉降对上部建筑的危害与治理对策研究	十堰市交通投资集团有限公司，湖北工业大学	十堰市交通运输局
8	湖北省高速公路沥青路面预防性养护技术研究	中南安全环境技术研究院股份有限公司，湖北省交通运输厅高速公路管理局，湖北省交通规划设计院股份有限公司	中南工程咨询设计集团有限公司
9	鄂西山区高速公路融雪除冰技术安全性、时效性、经济性的研究与应用	中南安全环境技术研究院股份有限公司、湖北省交通运输厅鄂西高速公路管理处	湖北省交通运输厅高速公路管理局
10	武汉地区海绵园区建设与水环境治理研究	武汉科技大学，武汉宏润通工程科技有限公司、湖北交通职业技术学院	湖北交通职业技术学院
11	储能缓释型自发光路面材料制备及性能研究	武汉轻工大学，湖北交通职业技术学院	湖北交通职业技术学院
12	大跨径悬索桥大节段钢桁梁整体架设施工关键技术研究	湖北省路桥集团有限公司，湖北交通职业技术学院	湖北交通职业技术学院
13	荷载与增减湿循环下绢云母片岩路基填筑方法与性能评价	三峡大学，郧阳区交通运输局	十堰市交通运输局

续上表

序号	项 目 名 称	申 报 单 位	保证方单位
14	考虑时间稳定性的废弃机油再生老化沥青及混合料性能研究	武汉工程大学，潜江市交通运输局，武汉工大研究所	潜江市交通运输局
15	新式轻型桩板式路基结构体系研究	武汉东四环线高速公路建设管理有限公司，安徽省交通规划设计研究总院股份有限公司	武汉市交通运输委员会
16	临江高水位悬索桥锚碇内部裂缝动态感知的新型光纤光栅系统开发及其防渗技术研究	湖北省路桥集团有限公司，华中科技大学	湖北省联合发展投资集团有限公司
17	废旧油毡改性沥青及其混合料的性能与应用技术研究	咸宁市安达公路养护工程有限公司，武汉工程大学	咸宁市交通运输局
18	新近堆填土对桥梁桩基力学行为影响及处置措施研究	湖北省交通规划设计院，十堰市公路管理局	十堰市交通运输局
19	快速布设移动式公路凝冰监测装置	湖北联投鄂咸投资有限公司，重庆开瑾科技有限公司	湖北省联合发展投资集团有限公司
20	基于热成像损伤监测的远程控制机器人技术在智慧桥梁长期健康保障体系中的开发研究	武汉轻工大学，咸宁市安达公路养护工程有限公司，武汉工大研究所	咸宁市交通运输局
21	基于遥感定量反演技术的道路工程污染物定量监测及污染特征研究	武汉工程大学、大悟县交通运输局	孝感市交通运输局
二、交通运输建设研究			
1	平行钢丝斜拉索全寿命防护体系关键技术研究	湖北省交通规划设计院股份有限公司	中南工程咨询设计集团有限公司
2	湖北省汉江雅口航运枢纽进口集鱼系统关键技术研究	湖北省汉江雅口航运枢纽建设指挥部	湖北省汉江雅口航运枢纽建设管理处
3	大跨波形钢腹板 PC 组合箱梁桥建设关键技术研究和示范	湖北联投鄂咸投资有限公司，中交第二公路勘察设计研究院有限公司	湖北省联合发展投资集团有限公司
4	基于嘉鱼长江公路大桥工程的 BIM 技术研究	湖北省交通规划设计院股份有限公司	中南工程咨询设计集团有限公司
5	雅口航运枢纽工程大体积混凝土控裂关键技术研究及应用	湖北省汉江雅口航运枢纽工程建设指挥部	湖北省汉江雅口航运枢纽建设管理处
6	全预制拼装超高性能混凝土桥梁设计与快速建造关键技术研究及工程示范	湖北省交通规划设计院股份有限公司，湖南大学	中南工程咨询设计集团有限公司
三、软科学研究			
1	基于数据挖掘技术的湖北省高速公路运输景气指数体系构建及测度研究	武汉理工大学，湖北省高速公路联网收费中心	湖北省高速公路联网收费中心
2	基于 SD 模型的江汉运河通航风险管理研究	武汉理工大学，湖北省江汉运河航道管理处	湖北省江汉运河航道管理处
3	汉江航道（湖北段）与区域经济适应性研究	湖北省汉江碾盘山至兴隆段航道整治工程建设指挥部，武汉理工大学	湖北省交通运输厅港航管理局
4	公路改扩建施工区行车风险评价及交通事故防控策略研究	武汉综合交通研究院有限公司，武汉工程大学	武汉市交通运输委员会
5	以香溪长江大桥 PPP 建设为核心的县域交通经济可持续发展的极核战略研究	武汉工大研究所，中南财经政法大学	宜昌市交通运输局
6	交通专业群内涵建设及人才培养体系研究	武汉理工大学，湖北交通职业技术学院	湖北交通职业技术学院

续上表

序号	项目名称	申报单位	保证方单位
四、信息化技术研究			
1	基于多源数据融合的高速公路新型区域路网技术监测研究	湖北省交通科学研究所、北京同方软件股份有限公司、湖北省交通运输厅汉十高速公路管理处	湖北省交通运输厅高速公路管理局
2	适用于长距离的公路铁路安全防护监测技术研究	武汉驭光科技有限公司，湖北交通职业技术学院	湖北交通职业技术学院
3	智慧黄黄–协同管控平台应用与研究	湖北省交通运输厅黄黄高速公路管理处	湖北省交通运输厅高速公路管理局
4	综合交通出行服务大数据分析与应用研究	湖北省交通科学研究所，武汉佳软信息技术有限公司	湖北省交通运输厅通信信息中心
5	新时期高速公路"智慧站所"服务与管理探索研究	湖北省城建设计院股份有限公司，湖北省交通运输厅汉十高速公路管理处	湖北省交通运输厅高速公路管理局
6	鄂咸智慧高速公路广域诱导与控制决策技术研究与应用	湖北联投鄂咸投资有限公司，招商局重庆交通科研设计院有限公司	湖北省联合发展投资集团有限公司
7	一种改进的分布式计算框架在车辆高速通行流水数据分析挖掘中的应用研究	湖北省交通科学研究所，湖北省高速公路联网收费中心	湖北省高速公路联网收费中心
8	车路协同环境下驾驶行为与交叉口协同控制关键技术研究	武汉市交通科学研究所	武汉市交通运输委员会
9	鄂咸智慧高速公路交通状态识别技术研究与应用	湖北联投鄂咸投资有限公司，招商局重庆交通科研设计院有限公司	湖北省联合发展投资集团有限公司
五、交通标准化建设研究			
1	湖北省高速公路路面设计标准化指南	中南安全环境技术研究院股份有限公司，湖北省交通规划设计院股份有限公司	中南工程咨询设计集团有限公司
2	基于iso9001质量认证体系的治超工作标准化建设研究	湖北省标准化与质量研究院，湖北省孝感市公路管理局，湖北光谷标准创新科技有限公司	孝感市交通运输局
六、企业技术创新研究			
1	湖北省交通消防管理平台	武汉理工光科股份有限公司，湖北交通职业技术学院	湖北交通职业技术学院

组织科技项目验收评价。本着完成1个验收1个的原则，按《湖北省交通运输厅科技项目管理办法》规定程序，组织对往年厅科技计划项目进行验收评价。2018年验收科技项目22个，有2个项目被专家委员会评价达到国际领先水平、7个项目被专家委员会评价达到国际先进水平、5个项目被专家委员会评价达到国内先进水平。

入选交通运输产品质量行业监督抽查机构信息库。根据《交通运输部办公厅关于公布交通运输产品质量行业监督抽查机构信息库名单的通知》（交办科技〔2018〕149号），湖北省交通运输厅推荐的"湖北交投智能检测股份有限公司"和"中南安全环境技术研究院股份有限公司"2家单位入选交通运输部交通运输产品质量行

业监督抽查机构信息库，全国有51家单位入选。

编制完成2项湖北省地方标准。湖北省地方标准《农村公路工程技术标准》，2018年7月19日发布，2018年9月20日实施。湖北省地方标准《湖北省高速公路命名和编号规则》，2018年9月4日发布，2018年11月24日实施。

交通运输部"公路交通节能与环保技术及装备交通运输行业研发中心"科研活动情况。

1.项目研究情况。依托湖北国创高新材料股份有限公司的交通运输部"公路交通节能与环保技术及装备交通运输行业研发中心"，按照研发中心发展规划及研究计划，2018年主要开展以下几个方面的研究工作：

（1）环境友好型路面降噪技术研究。2016年申报立项的湖北省技术创新重大项目《环境友好型路面降噪技术及材料研究》，完成降噪路面试验段铺筑、相关材料的外检及路面噪声检测。

（2）自修复沥青混凝土路面工程化研究及应用。2017年申报立项的湖北省技术创新重大项目《自修复沥青混凝土路面工程化研究及应用》，建立一整套完善的沥青混凝土自修复性能评价体系，研究沥青混凝土自修复时机，提出自修复沥青混凝土科学设计方法，与华中科技大学合作完成部分试验工作。

（3）复合改性沥青工艺研究及应用。针对西藏市场改性沥青要求，开展西藏Ⅱ-B和Ⅱ-A改性沥青技术指

标及工艺研究，摸索出配方调整规律，开发出复符合工艺、黏韧性指标等都能满足施工要求的改性沥青。

（4）高性能彩色沥青技术研究。针对不同客户需求，分别确定普通、改性和特种3种彩色沥青类型，为满足客户不同颜色需求，制定红色、蓝色、绿色、黄色、灰色等颜色的彩色沥青配制方案。

（5）微表处乳化沥青工艺研究。对微表处用改性乳化沥青生产工艺进行优化，制备出满足实际项目需求、性能稳定的改性乳化沥青，成功应用于内遂高速和武麻高速微表处预防性养护工程。

（6）路面保护剂在彩色沥青路面上的应用研究。为彩色沥青路面的新建与维护应用提供一种新材料、新思路，主要解决时间推移带来的彩色沥青路面掉色、褪色问题，初步完成实验研发，成功应用于武汉光谷三路及黄龙山路蓝色沥青路面修补工作。

2.取得的科技研究成果。获"一种自循环SBS/胶粉复合改性高温沥青汽运储罐""一种减缓路面裂缝的热拌沥青混合料接缝帖及其制备方法"2项发明专利授权。《废旧资源在道路建设上的循环利用》获第九届中国技术市场协会金桥奖优秀项目奖。

"公路建设与养护技术、材料及装备研发中心"科研活动情况。

1.项目研究情况。依托湖北省交通投资集团有限公司的交通运输部"公路建设与养护技术、材料及装备研发中心"，按照研发中心发展规划及研究计划，2018年主要开展了以下几个方面的研究工作：

（1）分散式智能成套污水处理系统研发。通过对国际先进污水处理技术引进消化再研发，成功研发出基于MABR工艺的分散式智能成套污水处理系统，建成孝感服务区污水处理示范工程，累计获得工程合同额1.8亿元。

（2）高速公路智能巡检养护系统研发。完成"高速公路智能巡检养护系统"基础功能研发，并在湖北省交通投资集团所属749、792养护片区进行推广试用。完成2000公里历史数据录入。

（3）桥梁群健康监测系统研发。完成"桥梁群健康监测系统"研发，在宜巴高速公路4座桥梁进行试点应用，健康监测效果良好。

（4）公路工程试验检测设备期间核查方法研究。完成厅科技项目"公路工程试验检测设备期间核查方法研究"，并将该项目研究成果转化为湖北省地方标准，规范相关领域工作。

2.取得的科技研究成果。获"一种柔韧致密建筑砂浆及其制备方法""一种老化沥青再生剂、再生沥青混合料及其制备方法""一种连接多种传感器的桥梁结构安全信号采集装置""一种高速公路智能监控装置""一种高速公路环境温湿度监测装置"5项发明专利授权。参与研究的"机制砂高性能混凝土生态应用关键技术"科技项目获2018年度湖北省科技进步二等奖。参与研究的"大断裂区超深埋特长隧道关键技术研究与应用"科技项目获2018年度湖北省公路学会科学技术一等奖。

（周建勋）

【标准化工作】 为促进工程建设规范化，加强技术创新与规范编制。《桥梁多点同步顶升施工技术规范》成功申报湖北省地方标准，于2018年7月经湖北省质量技术监督局批准同意立项。以落实监管新要求为重点，推进监督工作标准化。按照《交通运输部关于加强公路水运工程质量安全监督管理工作的指导意见》要求，落实项目监督组制度。以质量安全综合督查为主，重点督查长（汉）江桥和山区高速公路项目，实现重点项目全涵盖，其中督查公路重点工程项目4次、水运工程项目2次、普通公路工程项目2次。充分发挥社会资源力量，全面推行政府购买服务和外聘专家方式，有效补充监管力量，不断提升监管成效。重点推进嘉鱼长江公路大桥、雅口航运枢纽等标准化示范项目，推动全省交通工程项目施工标准化。总结提炼沌口长江公路大桥经验，通过示范引领、稳步推进、总结推广，不断健全创建机制和评价体系，推进品质

工程建设，推进现代工程管理理念，全面提升全省公路水运工程质量安全水平。

（沈磊）

【交通环境保护】 加强交通大气污染防治，推进交通运输节能减排。持续加强道路运输车辆大气污染防治。继续实施政策引领，调动各地发展新能源、清洁能源公交车积极性。严格把好营运车辆准入关，加快老旧运输车辆淘汰，2018年全省按要求核查营运车辆40000余辆，注销各类营运老旧车道路运输证44918本。加快港口岸电设施建设。在政策和资金方面支持引导港口岸电建设，对建设港口岸电设施设备在交通运输部补助基础上配套进行补助，申报3个批次总计项目7个，涵盖武汉、宜昌、黄石等重点码头，建成岸电泊位30个。加快编制《湖北省港口岸电布局建设方案》，对全省岸电布局进行顶层规划设计，力争更大范围推广使用岸电，减少船舶大气污染。加强港口船舶大气污染防治。加强船舶尾气排放达标控制管理，定期开展船舶燃油使用情况检查和船舶防止造成空气污染检验，有效减少油耗降低排放。

加强港口船舶水污染防治，推进内河航运绿色发展，制定并经省政府印发《船舶污染防治工作方案》，积极推进方案落到实处。加快推动老旧船型报废拆解。完成全省2010年到2017年船型标准化工作清算，全省纳入统计范围船舶1744艘，其中拆解船舶1040艘、防污改造船舶689艘、新建大长宽比示范船14艘，新建LNG示范船1艘。夯实港口船舶水污染防治基础，督办各市州加快推进港口船舶污染物接收、转运、处置设施建设，至年底完成建设方案内容近50%。加快调度武汉化学品洗舱站建设前期工作，督促武汉市、十堰市做好汉江沿线2个50吨级溢油应急物资储备点建设前期工作。建立港口船舶防污染统计报表制度，及时跟踪督办、调度港口船舶防污染工作。完善船舶污染防治联合监管机制，按照发布的"一预

案一规划二制度",督促市州联合环保、城管等部门推进联单制度落实。联合长江海事部门开展联合执法,现场督查2个制度落实情况。开展船舶防污染专项检查,到汉江、清江、丹江水库、梁子湖等重点水域,对船舶燃油、废气、垃圾、油污水、生活污水防治和排放、不能达到污染物排放标准的船舶等进行专项检查,加强危险化学品船舶监管。配合开展固体废物污染治理,在全省范围内组织开展危险废物水上大排查,重点排查辖区内危险废物在散杂货码头装卸以及长江主要支流水上转移情况,配合相关部门坚决打击各类"污染转移行为"。

落实"长江大保护",持续推进码头专项治理、生态修复和港口岸线管控。制定并经省政府印发《长江干线非法码头专项整治工作方案》和《长江段和汉江沿线港口岸线资源清理整顿工作方案》,将码头专项治理引向深入,推进岸线资源高效利用。持续做好非法码头治理和环保督察码头整改。继续采取断水断路断电停航、坚持日常巡查、加强社会监督等措施,防止非法码头死灰复燃。跟踪完善规范提升工作,继续加强全省饮用水水源地保护区、自然保护区、危险化学品码头整治。加大长江岸滩生态修复,继续开展非法码头取缔后恢复岸滩原貌和滩地补植复绿工作。开展长江、汉江港口岸线清理整顿,启动岸线清查工作,调查摸底岸线资源使用情况,着手研究港口岸线资源整顿具体实施方案,进一步严格岸线资源管控。推动各地砂石集并中心码头建设,按照疏堵结合原则继续加快组织长江沿线8个市(州)长期或临时砂石集并中心建设,满足各地基本建设砂石基本需求。

(张学阳)

【港口船舶污染防治】 加强组织部署,明确目标责任。全省及各级地方政府为实施绿色生态发展战略发布相关指导意见、制定行动方案,推动港口绿色发展。6月省人民政府印发《关于印发沿江化工企业改搬转等湖北长江大保护十大标志性战役相关工作方

案的通知》(鄂政发〔2018〕24号),将船舶港口污染防治工作作为一项标志性战役,进行安排部署,并将专项战役指挥部办公室设置在省交通运输厅港航管理局。为进一步细化责任落实,省交通运输厅下发《关于印发〈湖北省交通运输污染防治攻坚战工作实施方案〉的通知》《省交通运输厅关于印发引导推进湖北省港口和船舶污染物接收转运处置设施等建设实施方案的通知》。省港航局印发《关于印发2018年湖北省船舶污染防治攻坚战工作要点的通知》《关于印发2018年湖北省船舶污染防治重点工作任务清单的通知》,编制《湖北省港口岸电建设布局方案》,全方位、有重点地推进全省港口污染防治工作。

强力推进"水十条"和"大气十条"目标考核任务完成。强力推进港口船舶污染物接收转运处置设施建设。2018年,省交通运输厅从长江港航建设专项经费中列支1000万元,实施"以奖代补",对建设接收油污染和其他污染物体分别按80%、50%的标准实施奖励。全省15个地市政府推进实施《港口船舶污染物接收转运处置设施建设方案》,均完成50%方案建设目标。全省流动接收船舶约70艘,主要接收油污水、生活垃圾。港口全面设置船舶生活垃圾接收设施,有垃圾桶或垃圾转运箱2000多个。港区接收船舶生活垃圾,并于相关城管部门相关垃圾接收企业签订协议,付费运送至垃圾处理企业处理。

稳步推进港口岸电建设。全省主要港口19个泊位岸电建设纳入交通运输部规划,近两年投入约5500万元,完成全省标准化岸电泊位数58个。岸电港口布局方案的集装箱泊位岸电设施任务超过建设目标任务。客运泊位目标稳步推进。全省编制《湖北省港口岸电建设布局方案》,方案提出全省2020年岸电建设任务。

引导支持水上洗舱站建设。为防止化学品船舶更换货种时的洗舱水直接排入长江,针对化学品洗舱设施不足够实际情况,出台引导政策,对建设化学品洗舱站按建设经费的50%、不

高于500万元的标准实施奖励。武汉市洗舱站建设推进中,已完成建设方案。

加强港口作业扬尘监管。印发《关于开展港口作业扬尘监管专项整治行动的通知》,全面推进港口扬尘污染防治工作,各地市相继开展港口作业扬尘监管相关行动。全省煤炭、矿石码头、散货码头的大型堆场采取设置防风抑尘网、喷淋设施、干雾抑尘设施、封闭皮带机等多种措施进行防尘。对不满足环评要求的码头,下达整改通知,责令停业停产,待配备相关降尘、洒水设施设备,完善环保措施,经整改验收合格后方可生产。全省大部分散货码头均配置港口扬尘设施。

加快淘汰老旧高排放港作机械。按照交通运输部要求,对全省码头港作机械进行调研,根据调研统计,全省港作机械达到国三以上港作机械占比85%。集装箱码头装卸设施90%以上采用电力驱动。要引导港口企业加快淘汰老旧高排放机械,加快淘汰不满足国内第三阶段非道路移动机械用柴油机排气污染物排放限值的港作燃油机械。

加强港口污染防治督查考核。联合长江海事部门,组织开展港口船舶安全与防污染联合大排查大整改行动,自6月1日起,对辖区港口船舶危险品作业码头开展一次全面的联合检查、对辖区港口码头(普货码头)开展一次全面的防污染联合检查、对船舶污染物接收作业开展联合检查、进一步加强长江干线固体危险废物排查、对中央环保督查提出的整改意见进行再检查等5项。开展无环评危险货物码头整改行动,对因历史原因形成的全省61家无环评手续危险货物码头完善环评手续或实施关停。按照国家长江经济带领导小组办公室和交通运输部统一部署,多次组织开展长江、汉江沿线固体危险废物大排查行动,全面排查全省散货码头,系统排查检查运输船舶。将港口污染防治工作列入湖北省船舶港口污染防治专项战役,年底开展自评估自核查,结合省级指挥部对港口污染防治工作进行考核。

(叶莹)

【交通信息化建设】 厅政府门户网站建设。根据《省人民政府办公厅转发国务院办公厅关于加强政府网站域名管理的通知》要求，清查省交通运输厅及厅直单位网站域名使用情况，厅及厅直单位网站启用符合规范的网站新域名。2018年，湖北省交通运输厅门户网站(交通运输部湖北子站)主动公开交通运输政务信息24000余条。建设"2018年湖北省交通运输工会""抗冰雪保畅通""坚持党建引领奋力打赢四大攻坚战""扫黑除恶专栏"4个专题，向社会公开交通运输行业重大工作动态。公众出行服务系统及时更新动态路况信息，为社会公众便捷出行提供参考。利用"网上调查、意见征集、互动访谈"3个栏目，组织开展在线访谈5期，网上调查9期、民意征集6期，处理各类网上诉求650件，在线沟通168人次，及时回应交通运输社会热点。坚持"以评促建、以评促管"，开展全省交通运输系统网站绩效评估，对17个厅机关处室子站、22个厅直单位网站、17个市州交通运输局(委)网站开展绩效评估，通报绩效评估结果。厅政府门户网站2018年度在省直有行政审批事项部门网站绩效评估中总分第二，在全国交通运输行业地方主管部门网站绩效评估中排名第二。厅政府门户网站在近7年省直部门网站绩效评估中取得6次第一、1次第二的成绩，连续6年在全国交通运输行业地方主管部门网站绩效评估中名列前三。

重新规范交通运输信息化建设程序。为加强全省交通运输信息化建设管理、规范建设程序，5月31日，印发《湖北省交通运输厅信息化建设管理办法》，该《办法》在2012年《暂行办法》基础上，着重对信息化项目建设的前期工作、数据资源共享、项目运行情况评估等环节进行规范。

交通运输数据资源整合共享。配合交通运输部推进数据资源交换共享与开放应用平台建设，做好高速公路运输量动态监测数据自动报送、部省两级交通运输信用信息交换共享等工作。做好湖北省政务信息资源整合工作，完成34项与省信息中心对接测试，实现省交通运输厅政务信息资源平台与省政务信息资源共享平台联通。完成政务信息资源目录报送，实现省交通运输厅平台与省政务信息资源共享平台的联通及政务信息资源共享。至年底，厅直各单位整合数据资源106项，全部与省政务信息资源共享平台实现对接。

信息化建设。10月，"湖北省交通运输行政执法综合管理信息系统"上线运行，为交通执法、证据规格、裁量基准和法律文书格式等提供统一标准和参考，实现交通运输执法办案网上流程控制、执法现场取证、信息采集资源共享。完成"湖北省江汉运河智能航运管理与服务系统""省高速公路管理局路政高度会商系统""湖北省公路地理信息图层"3个信息化项目初步设计文件批复，项目建设按设计内容有序推进。

ETC不停车收费系统应用。2018年新增联网收费里程196公里，高速公路联网收费总里程6099公里。开通ETC车道40条，累计开通ETC车道750条。OBU发行电子标签415899个，总计发行电子标签(OBU)2502995个。全省ETC"一站式"服务网点3805个，覆盖100%的县市。全省ETC通衢卡发行用户突破260万户。"湖北e出行"微信公众号粉丝突破43.5万，获"湖北十佳政务微信"称号。

网络安全。按照湖北省网络安全和信息化领导小组办公室《关于开展2018年全省网络安全宣传周活动的通知》和《2018年湖北省暨武汉市网络安全宣传周活动实施方案》部署，开展形式多样的网络安全宣传教育活动。高速公路管理单位在全省355个收费站出入口、150对服务区悬挂宣传横幅，张贴宣传标语，制作宣传展板，发放网络安全宣传材料，向过往司乘人员宣传网络安全知识。天门市交通运输局所属单位，组织职工到客运站、公交车、出租屋等人员密集地发放宣传资料500余份，向社会公众宣传网络安全常识。湖北交通职业技术学院利用宣传橱窗、电子屏、广播、校园网、微信公众号、主题班会等形式开展网络安全知识宣传，制作展板、宣传画12幅，微信公众号专题推送1期，组织主题班会1期，覆盖师生13000余人。对全省交通运输行业78个信息系统信息安全等级保护情况、等级测评情况、安全建设整改情况进行检查，提高全省交通运输行业网络信息系统安全防护能力。组织网络安全与信息化建设培训，100余人参加培训。

(周建勋)

【厅直职工教育与培训】 厅办培训班按计划按规定组织实施。统计分析全省交通系统上年度教育培训基本情况和交通职工队伍素质，结合交通运输部部办培训班计划和厅机关处室、厅直单位年度培训建议，4月3日，印发《关于印发2018年度湖北省交通运输厅举办培训班计划的通知》，明确省厅年度培训工作目标及要求。培训班严格按中央"八项规定"、《交通运输部关于落实中共中央组织部〈关于在干部教育培训中进一步加强学员管理的规定〉的通知》《湖北省省级党政机关培训费管理办法》的要求，规范参训人员管理、培训费管理。2018年度厅办培训班计划63期，实际执行63期，培训6196人次。

厅外培训班按规定组织参训工作。严格落实湖北省财政厅《湖北省省级党政机关培训费管理办法有关问题的解答》中关于培训班参训规定，对厅外单位组织的培训班通知严格审定，对一些收取培训费、确有培训需求的培训班，转发市州交通运输局(委)、厅直单位和厅机关处室按规定酌情安排。至年底，全年组织参加厅外培训单位举办的培训班104期，参加培训468人次。按交通运输部通知要求，完成交通运输部网络培训班报名工作，全省交通运输行业460人报名参加培训。组织全省交通运输行业单位收看第33期、第34期、第35期、第36期交通科技大讲堂。

(周建勋)

【湖北交通职业技术学院】 新校区建设。项目完工30万平方米，完成合同金额12.2亿元。其中一、二组团项目基本完成装饰装修工作，三组团1标、2标主体结构封顶。各组团项目陆续达到竣工验收要求。

办学水平。学校在4年一届的代表全国教育教学最高荣誉的教学成果奖评选中获二等奖。在全国700余所高职院校竞争中，学校获物流管理专业竞争力排行榜全国第四名，湖北省第一名，学校被教育部评为"国防教育特色学校"，获教育部—思科"数字化创新人才培养项目"2018年度优秀院校，被省总工会授予"湖北省产业工人培训示范基地"。成功获批省级职教师资培养培训基地，程海潜入选湖北省新世纪高层次人才工程，石小平工作室获评全省职业教育技能名师工作室，万雯礼仪工作室获评全省交通运输系统职工(劳模)创新工作室。办学经验、办学成果获省内外40余家主流融媒体关注报道。

专业设置调整。学校围绕7大交通特色专业群，开展专业设置工作，备案46个专业，分别是道路桥梁工程技术、建设工程监理、道路养护与管理、工程造价、土木工程检测技术、建筑工程技术、高速铁道工程技术、城市轨道交通工程技术、汽车运用与维修技术、汽车车身维修技术、汽车改装技术、新能源汽车技术、工程机械运用技术、汽车营销与服务、机电一体化技术、飞行器制造技术、飞机机电设备维修、无人机应用技术、工业机器人技术、计算机应用技术、计算机网络技术、电子商务、智能交通技术运用、城市轨道交通机电技术、城市轨道交通通信信号技术、移动通信技术、电子信息工程技术、会计、物流管理、邮政通信管理、快递运营管理、旅游管理、市场营销、空中乘务、道路运输与路政管理、城市轨道交通运营管理、酒店管理、航海技术、轮机工程技术、船舶电子电气技术、港口机械与自动控制、电气自动化技术、港口与航运管理、环境艺术设计、工业设计、建筑装饰工程技术。其中，新增飞行器制造技术、邮政通信管理等2个专业。暂停工程测量技术、铁道工程技术、港口与航道工程技术、计算机信息管理、商务管理、艺术设计、地下与隧道工程技术、智能终端技术与应用、建筑智能化工程技术、物联网应用技术、视觉传播设计与制作等11个专业。

专业建设成果。计算机网络技术专业获批省级品牌专业，道路桥梁工程技术、汽车运用与维修技术、轮机工程技术、物流管理4个专业通过省级品牌专业验收，城市轨道交通工程技术、智能交通技术运用2个专业通过省级特色专业验收。

中高职衔接的职业教育体系建设。联合武汉市供销学校、武汉市石牌岭高级职业中学、湖北省旅游学校、湖北东风汽车技师学院和十堰市郧阳科技学校5所中职学校，成功申报物流管理等7个"3+2"分段五年制高等职业教育招生专业，录取考生444名。7个专业分别是：物流管理、电子商务、道路桥梁工程技术、土木工程检测技术、汽车营销与服务、汽车运用与维修技术、智能交通技术运用。

深化产教融合、校企合作。发挥交通职教集团平台功能，推动集团成员间深度融合，紧密合作，集团吸引力和影响力持续增强。集团成员单位增至153家。成功获批"全国邮政行业人才培养基地"，全省仅2所高校入选。组建全省无人机产教联盟，当选理事长单位，引领无人机专业抱团发展。与洪山区签署区校人才战略合作协议，开展"订单式人才培养计划"。与省路桥、浙江吉利、京东、百度、华工激光、荆州港务集团、湖北名星等开展合作，组建校企教学团队，开设订单班，联合人才培养。全年新增校企合作协议37份。校企合作典型案例入选全国邮政行业校企合作优秀案例，获全省校企合作典型案例成果一等奖。

对外合作交流。与俄罗斯共青城国立大学合作，联合举办机电一体化技术专业；与泰国民武里技术学院签订合作框架协议书，在合作办学上达成初步意向；与美国马歇尔大学签订专升本合作备忘录；加入"中国湖北—南亚大学联盟"，参加两岸职业教育交流会，当选湖北职教国际交流联盟副理事长单位。

创新发展行动计划。对创新发展行动计划14类33个项目和36项任务开展检查，核查文本资料621份。对照行动计划实施工作进行认真总结，完成实施工作总结撰写与上报。完成交通运输部高水平优质交通运输职业院校申报工作。

诊改工作。修订《湖北交通职业技术学院内部质量保证体系诊断与改进工作实施方案》，制订《湖北交通职业技术学院"十三五"内部质量保证体系建设子规划(2016-2020)》，组织34个部门进一步完善和修订内部质量保证体系建设资料，"目标链""标准链"基本形成。

"三风"建设。继续推进教风学风建设，落实"三个一"(一师一优课、一课一名师、一课一团队)活动实施方案，推进"严管与厚爱"学生教育管理活动，制定出台学校"禁烟""禁酒"管理办法，开展"禁烟禁酒教育"主题实践活动，开展手机袋、桌签进教室、学风督查等教育管理活动。开展学生素质学分考核，学风督查队，"宿舍文明、文化双建设"检查、评比及表彰，诚信考试，诚信还款教育等。推进"一院一品"文化建设，打造形式新颖、内涵丰富、富有特色的文化育人品牌。刚毅志愿服务队获全省"本禹志愿服务队"称号，成为全省共青团50支示范团队之一。湖交青年QQ公众空间入选全国高校QQ公众空间影响力排行榜第29名。

技能竞赛。学校代表队参加"新能源汽车技术与服务""电子产品芯片级检测维修与数据恢复""电子产品设计与制作""虚拟现实(VR)设计与制作"4个比赛，"新能源汽车技术与服务"赛项获二等奖，另外3个赛项均获团体三等奖。报名参加13个全省职业院校技能大赛，获一等奖4个、二等奖5个、三等奖10个，全年获省级以上大赛94个奖项，其中一等奖15个、二等奖32个、三等奖47个。

教科研工作。学校主动搭建科研平台，激发科研活力，成立科学技术协会，发布《重大科研成果奖励办法》，为科研工作规范管理打下良好基础。围绕学校教育教学改革，确立项目60项，下达科研经费近46万元。完成项目结题40项。学报刊发文章90余篇。

招生就业。全年录取新生5289人，报到4898人，投档线高出省批次线60余分。定向培养士官面向10个省份进行招生，海军面向航海技术、轮机工程技术、船舶电子电气技术3个招生专业，新增空军面向航海技术、汽车运用与维修技术和物流管理专业招生，武警面向航海技术和计算机网络技术专业招生，3个军兵种招生专业增至6个，招生计划增加至540人。学校被授予"空军士官人才培养定点院校"；道路养护与管理、航海技术等2个单独招生专业面向中等职业学校开展高职单独招生考试，录取529人。从2018年开始，学校承担面向全省交通运输行业单独招生，开展技术技能人才定向培养工作，分别为道路桥梁工程技术、工程机械运用技术、智能交通技术运用3个专业，录取204人。组织完成2018年汽车维修类专业技能高考考试工作，全省1376名考生报名参加考试。落实就业4107人，就业率98.23%，协议就业率91.80%。大学生创业特区累计入驻团队(项目)63个，2018年入驻在孵团队(项目)31个，参与创业项目在校生120人，创业带动就业300余人。

社会服务。完成省运管局金轮宾馆《资产划转协议书》签订，马沧湖校区土地房屋处置工作取得进展，校属企业体制机制进一步完善，经营管理进一步规范。省交通职工教育培训中心实现营业收入1190万元，盈利39.76万元，是中心开业18年来首次实现盈利。顺达公司全年新签订项目合同6个，收入3191.34万元。楚雄公司新承接技术服务项目5个，完成合同产值90余万元。驾培中心被确定为武汉市退役士兵定点培训机构，全年完成招生600余人。成人教育完成招生558人，开办各类培训班160期18000人次。承接各类考试12次21000余人次，完成职业技能鉴定2361人次，协助雅思考点组织口语考试25000人次。

党建工作。程玲在省交通运输厅微党课展示活动中获一等奖，石小平在武汉市组织的"红动江城·百优党课"比赛中获一等奖，2个支部活动室获评省交通运输厅首批示范党员活动室。开展第十九个党风廉政建设宣传教育月活动，组织准则条例知识测试。全年查找廉政风险点193个，重大风险点47个。用好监督执纪"四种形态"，综合运用约谈、函询、诫勉谈话、组织处理、纪律处分等手段，严肃处理各类违纪行为。

(夏勇子)

【荆州港航职工中等专业学校】

2018年，举办船员适任证书培训班2期，培训船员500余人；举办基本安全知识培训班18期，培训船员763人次；举办客船及客船再有效培训班4期，培训船员489人次。举办油船再有效培训班2期、包装危险品培训班1期。

抓好教学管理，提高教学质量。严格管理，做好船员培训工作，在出勤率、课堂纪律、实习情况、班风、学风、校纪校规等方面建立一系列规章制度，保证教学工作顺利进行。学校设置指纹考勤系统，每个学员从开学到培训结束全程上课考勤，保证课堂教学及晚自习出勤率，较大程度上保障教学质量。严格管理，严格要求，热情服务，形成良好的班风、学风。学员进校后首先学习校纪校规，培训期间请公安民警给学员上法制教育课，培训结束后评选优秀学员。平时教学过程中，抓好备、教、辅、改教学环节管理。以《考试大纲》为依据，结合船员实际情况备好每节课。课堂教学采用船员通俗易懂的教学方法，激发船员学习热情，便于船员理解和记忆，使船员既增长知识，又提高实际操作能力。不断提高教学质量，教学管理做到教学规范化、系统化。除了注重平时教学过程外，对原有旧题库，结合新法规进行更新，把历年来考试重点及时融合进题库，学员们在上课之余掌握不同类型的题目，既巩固所学知识点，又熟悉不同题型。

依托创建活动，做好综治工作。创建"平安校园"，狠抓学校安全管理规范化、学校周边环境整治、消防安全整治、法治教育等工作，在维护校园稳定、保障师生生命和学校财产安全方面取得明显效果。学校把扫黑除恶行动和系统治理、综合治理、依法治理、源头治理结合起来，把扫黑除恶作为一项重大政治任务，列入学校中心工作突出位置，倡导全体党员干部勇于担当，敢于碰硬，旗帜鲜明地参与扫黑除恶工作。以微信测试、纸质测试卷和签订承诺书等形式加大宣传力度，确保学校全年无刑事案件、无治安案件、无违纪案件、无群体事件、无邪教组织、无安全事故。

严格内审程序，确保体系有效。学校针对教务科、办公室及质量体系管理办公室3个科室进行船员教育和培训质量体系内审，内部审核工作采取查阅资料、现场询问、实地查看等方式，整个内部审核工作严格按照质量体系审核流程进行，确保公开、公平、公正原则，各审核小组互相交叉审核，即参加审核的人员不审核本部门工作，审核完成后对不符合项限期整改，质管办对全年质量体系审核工作形成一个评审报告，便于有效监督下年质量体系运行。

抓好文明创建，增强文明意识。学校以荆州市创建全国文明城市为契机，以"文明家庭"创建活动为抓手，以道德讲堂、"我们的节日"为平台，对职工多方位、多角度进行思想教育，在学校营造良好的文化氛围。通过组织开展"读一本好书""暖冬送服务行动""森林竞走""第八个世界海员日""社会主义核心价值观讲座""未成年消防知识培训"等活动，既对广大职工及船员进行宣传教育，又增加干部职工之间凝聚力。组织开展"交通文明劝导""进社区清洁家园"等志愿者服务活动。

(王昌福 黄俊)

交通综合管理

【机构编制】 进一步规范机构编制管理，完成厅直系统厅(处、科)级职数核定情况统计，对科级干部职数配备进行自查。优化调整省交通运输厅信息中心、宣传中心、高速公路应急处置服务中心等单位内设机构和职数。对部分尚未核编的单位，严格按厅定员数控制，积极同有关部门沟通，争取政策支持。

（倪伟）

【干部工作】 严格有序开展干部选拔任用工作，对省公路管理局、港航管理局、湖北交通职业技术学院、省道路运输管理局、省高速公路管理局、崔家营航电枢纽管理处、黄黄高速公路管理处等7个厅直单位20名副处级干部进行平级调整，提拔重用27名正副处级干部(含1名援疆干部)。完成厅机关5名干部职级晋升工作。从紧从实加强干部监督管理工作，突出抓好干部日常管理监督，完成5家单位9名正科级干部选拔任用方案审核、备案工作。对9名未认真填写事项报告的处级干部进行函询，对2名未认真填写事项报告的处级干部进行诫勉谈话。继续拓展干部成才渠道，完成上年度22名挂职锻炼干部的考核工作。全年安排30名厅直单位干部开展挂职锻炼，安排2名厅机关干部到厅直单位挂职。

（倪伟）

【干部培训】 以领导班子和党员干部为重点对象，严格落实上级调训任务和各项培训规定，制定全年培训计划，组织各级干部参加各类主体培训，突出抓好年轻干部、新任公务员、新提拔干部、军转干部等教育培训工作，确保全员培训率100%，实现教育培训全覆盖。组织1名厅级干部、26名处级干部、38名科级干部参加主体培训。

（倪伟）

【援藏工作】 加大资金投入力度。按照每年不少于150万元要求，2018年省交通运输厅援助山南市交通运输局资金280万元，用于建设国道349线泽当Ⅰ级超限检测站改造。深化交流互动。5月初，山南市交通运输局党组副书记、局长李国忠同志一行5人到湖北省交通运输厅汇报交流，省交通运输厅党组召开专题座谈会，听取汇报，研究对口援藏工作。厅党组明确，保持和加大对口援藏工作力度，在资金、项目、人才和智力援助等方面给予大力支持。按省交通运输厅要求，汉十高速公路管理处协助山南市交通运输局拍摄《山南市交通局简介》视频宣传片，得到山南市党委政府和交通运输部门好评。加强人才和智力援藏。2018年，省交通运输厅有1名党政领导干部、4名专业技术人才赴西藏工作。5名援藏干部主动融入工作，以扎实和务实的作风，得到山南市交通局领导、干部职工和驻藏工作队一致好评。4月底，针对山南市、县(区)交通局局长业务水平、管理能力亟待提高等现状，省交通运输厅在湖北宜昌举办"首届西藏山南市交通运输系统局(科、段)长培训班"，就"如何当好交通局长"、交通业务知识、工程财经知识和相关法律法规等，对22名山南交通系统县(区)交通局(科、段)长进行专题培训，收到良好效果。

（鲁撰）

【援疆工作】 提高政治站位，创新交通对口援疆工作机制。省交通运输厅主要领导亲自抓落实，与博州党委、政府领导及博州交通运输系统单位领导加深交流，建立交通对口援疆联谊联动长效机制，以协议形式建立并固化人才援博机制，采取互派专业骨干挂职、学习锻炼和"一对一结对子"等方式，加强人才交流和培养。将博州交通系统干部职工教育培训纳入省交通运输厅培训计划，每年定期组织2-3期(每期15人左右)培训学习，重点突出公路工程施工技术标准、公路工程标准化施工、交通施工企业安全生产标准化、公路工程质量检测标准等内容开展集中培训。实行对口支援"一对一"模式，发挥2017年10名援疆专业技术人才帮带辐射作用，以"师傅带徒弟""干部结对子，一帮一对红"等多种形式开展技术援建，

开展技术人才共建交流互访活动3次，着力建设一支带不走的技术人才队伍。

加强项目援助，助推博州交通高质量发展。2018年9月20日，省交通运输厅向博州交通运输局捐赠150万元，用于州交通运输局博州公路质量监督总站中心试验室建设。湖北交通援博技术人才发挥合力，针对博州交通技术基础工作薄弱点，科学制定相关制度标准，起到引领和示范作用，带去全新交通技术理念，因地制宜地应用于实际项目，提高博州交通建设技术水平。中心实验室建设工作年底前通过自治区交通运输厅公路工程质量监督局的验收。

深化联动交流，推动互促共赢发展。2018年，鄂博双方互访活动5批37人次，组织开展专业培训2批23人次。2月2日，博州交通运输局党组副书记、局长郑斌同志带队到湖北省交通运输厅就"深化鄂博交通行业交流交往"、"技术援建"、"民族团结一家亲"活动等事宜进行工作对接；6月16日，博州交通运输局、博尔塔拉路政海事局5人，到湖北省交通运输厅参观学习高速公路管理和路政执法工作；7月22日，在湖北省交通建设监理协会秘书长董勇刚带领下，该协会13个具备公路工程甲级资质的监理企业组成赴疆考察团，到博州交通运输局开展交流座谈；9月12日，鄂西高速公路管理处到博州交通部门考察交流，捐赠视频监控系统设备等安防设备，并提供相应技术指导；9月20日，二级巡视员阮云旻代表省交通运输厅，带队到博考察交流。11月19日至25日，博州交通运输局公路质量监督总站站长孙友亮一行到武汉参加"鄂西高速公路管理处干部能力提升培训班"，并赴鄂西高速就隧道管理、收费站建设及运营管理等进行实地考察交流；12月4日至11日，由博州交通运输局副调研员董曙带队一行到省交通运输厅厅直单位鄂西高速公路管理处、京珠高速公路管理处、江汉运河航道管理处开展交流。春节期间，委托援疆干部博州交通局副局长陈骞臻送慰问金2000元、日常生活

用品和药品,看望省交通运输厅主要领导结对户安长发及生病的母亲,协调博州交通局现场研究解决安长发家危房和围墙维修重建,6月初落实到位。

(鲁撰)

【驻村扶贫工作】 领导重视保障有力。厅党组高度重视,多次研究部署驻村扶贫工作,始终关心爱护驻村干部工作和生活,安排专项工作经费,为驻村工作队开展工作创造有利条件。厅党组成员王本举、姜友生、高进华分别多次到黄丝村调研脱贫攻坚,并慰问贫困户。2018年省交通运输厅投资175万元建设黄丝村公墓园内道路硬化800平方米、连接公墓园道路硬化2000米,硬化黄丝渠3300平方米,通组公路行道树300余棵。协调洪湖市政府投入整村推进资金100万元,建设高标准垂钓园、采摘园及华贵基地采莲景观路等基础工程,投入资金55万元用于"厕所革命"项目改造。

党建引领助推扶贫。6月13日,厅人劳处党支部联合黄丝村党支部开展"支部结对共建、助力脱贫攻坚"主题党日活动,带领驻村工作队前往瞿家湾革命教育基地接受革命历史教育,在革命烈士纪念碑前庄严宣誓,重温入党誓词,坚定革命信念,要求驻村工作队不忘初心,履职尽责,坚持做好精准扶贫工作。7月25日,厅党组成员、副厅长王本举到黄丝村参加黄丝村党支部主题党日活动,并结合学习省第十一次党代会精神,为村全体党员和驻村工作队员讲党课。随岳高速公路管理处、厅造价站、世行办、京珠路政支队、山东高速湖北公司等党支部与黄丝村党支部,先后开展主题党日活动。驻村工作队配合万全镇党委对黄丝村党支部进行换届,选举出新一届村支部班子5名。

落实政策帮扶精准。按照政策要求对黄丝村35户建档立卡贫困户进行"回头看",对贫困人口重新进行核查,完善信息采集,做到国网信息、扶贫手册、分困户实际三对口,并制定帮扶措施和政策落实清单,确保产业、健康、教育、就业、扶贫小额信贷、危房改造、保证兜底等方面扶贫政策落实到位。1月5日,副厅长王本举带领厅机关处室,在黄丝村开展"暖冬行动",为35户贫困户送去米、油和棉被,同时,向黄丝村转交省交通运输厅"助力黄丝村集体经济发展"捐款10.88万元。2月11日,厅机关20个处室支部对35户贫困户开展春节前走访慰问。10月17日,全国第五个"扶贫日"来临之际,副厅长王本举带领厅机关20个党支部和随岳管理处志愿者到黄丝村,开展以"精准脱贫、携手同行"为主题的"扶贫日"系列活动,慰问贫困户和留守老人,在贫困户家中开展卫生大扫除"亮堂行动"(厅机关7位女处长甘当爱心妈妈,结对帮扶7名留守儿童,为他们带来衣物、学习用品和儿童玩具,鼓励孩子们好好读书,帮助解决家庭实际困难)。省交通运输厅在黄丝村建立"爱心妈妈服务站",捐赠5000余元的图书和2台电脑。

产业发展支撑脱贫。成立洪湖市黄丝红虾蟹养殖专业合作社,引进洪湖市闽洪水产龙头企业,对合作社、贫困户进行技术指导、订单收购,实行"龙头企业+合作社+农户"的产业发展模式,将黄丝村作为"洪湖清水"品牌虾蟹养殖基地,引导有土地没有劳力的贫困户对土地进行流转,带动贫困户增收;建成华贵集团"鱼莲共生"产业基地230余亩,将22户地势低洼、收益甚微的230亩土地实行流转,引进农产品加工企业湖北华贵食品集团进行连片开发,推行"鱼莲共生"综合种养模式,走"公司+基地+农户"的产业化道路,对原种植水稻调整为鱼莲、龙虾共生,形成以生产莲子、龙虾、鱼类为主,夏季观光采摘为辅的产业基地,带动贫困户增收。建成黄丝渠生态养殖基地45亩,投资6万多元对渠道进行隔离拦网,投放鱼苗1.8万余尾,每年可为村集体增收4~5万元。建设高标准垂钓采摘园,对七八组屋后100余亩土地进行整治,实行迁坟围地,作为垂钓采摘产业用地,引进市场主体进行开发,可为村集体增收5~7万元。

文化活动丰富多彩。协调省文化厅开展"精准扶贫、送文化下乡"文艺展演活动。开展"十星级文明农户""脱贫光荣户"评选活动,并在文艺汇演活动中进行颁奖表彰。购置户外乒乓球桌、羽毛球、毽子、健身器材,邀请随岳高速公路管理处艺术特长生开办广场舞培训班,鼓励群众参与到全民健身中。培树文明家风典型,倡导文明新风,丰富群众文化生活,持续开展"爱心妈妈""希望家园""大手牵小手""金秋助学""老人之家""敬老爱老"等关爱活动,关怀每一个需要帮助的村民。

(鲁撰)

【交通职业资格】 着力推进职业资格规范管理。做好考务管理工作,服务从业人员素质提升。组织开展公路水运工程试验检测专业技术人员职业资格、全国机动车检测维修专业技术人员职业资格2项专业技术人员职业资格工作。指导开展3项技能人员职业技能鉴定工作。

组织实施危险货物水路运输从业人员考核、公路水运工程施工企业主要负责人和安全生产管理人员考核、路桥港航专业各等级职称水平能力测试、机关事业单位工勤人员技术等级考核、全省交通运输行业技术技能人才定向培养考试等5项行业考核考试工作。举行各类考核考试80余场次,组织各类考务工作人员2000余人次,参考人数17700余人,其中专业技术人员16700余人、技能人员1000余人。

组织开展规范化建设,完善职业资格工作机制。根据规范化管理要求,反复总结分析考试考务中报名收费、考务培训、试卷流转、考场管理、证书管理等环节,初步研究制订《湖北省交通运输行业职业资格考务管理办法》,进一步规范和完善考试考务工作。针对考试性质、等级和规模不同,加强考点单位的协调指导和考核工作,对考场采取分类建设,分级管理,逐步实现考场建设与管理标准化、科学化,不断探索和完善湖北省交通运输行业职业资格工作机制。

加强能力建设，完善职业资格服务社会功能。充实考点布局，逐步扩大职业资格服务覆盖面。新增襄阳、宜昌和黄冈3个机动车检测维修专业技术人员职业水平考试考点，总数达4个，覆盖全省汽车产业重点区域，考试报名踊跃。新申请襄阳、宜昌2个鉴定站，武汉地铁集团公司、湖北铁道运输职业学院等新鉴定站申请材料上报交通运输部职业资格中心待批。以创建"交通人才评价服务创新工作室"为载体和契机，实现和适应"放管服"改革要求，加强政府审批一张网对接工作、积极谋划考试方式改革、推进考试大纲和题库建设、落实"试卷保密室"建设。充分发挥行业协会、职业资格联系点作用，服务企事业单位和广大从业人员。根据行业协会和职业资格联系点同企业联系紧密的特点，报名审核工作采取联合办公形式，为从业人员提供报名方式更灵活、资格审核更高效、服务设施更完善的服务，得到社会和考生的一致认可。

做好培训工作，服务从业人员队伍建设。为进一步提高考评员职业道德和业务素质，规范鉴定行为准则，加强职业资格能力建设，举办鉴定考务人员培训班，邀请省人力资源和社会保障部门专家授课，给学员颁发培训证书。进一步加强考务培训，每逢大型考试前组织考点举办考务人员培训班，制作PPT和视频课件，对考试考务全过程进行宣讲。

加快职业资格信息化建设工作，服务行业管理。以"互联网＋职业资格"理念，推动职业资格信息化建设，启动办网站查询系统升级项目，按要求完善网站布局并充实各栏目信息，升级查询系统，配合行业市场监管做好查证、统计工作。实施水危系统与省级系统对接，实现全省政务信息共享互通、证照电子化，企业和个人可以在"一张网"办理所有省级政务事项，进入最后联调阶段。

（向元）

【工资】 2018年，根据《省人民政府办公厅转发省人力资源和社会保障厅、省财政厅〈关于调整机关事业单位工作人员基本工资标准和增加机关事业单位离休人员离休费三个实施方案的通知〉》，厅机关事业单位在职人员调整基本工资标准，离休人员按规定标准增加离休费。继续推进厅直单位参加新的省直机关事业单位养老保险，有6家厅直事业单位进入实质性审核阶段。

（方敏）

【职称】 主动适应职称制度改革。面对职称改革新形势、新政策和省交通运输厅赋予厅职业资格中心职称工作新职能，主动与厅人事劳动处沟通衔接，建立健全相关工作制度，拟定《湖北交通分类推进人才评价改革清单》和《关于推进湖北省交通运输行业人才评价机制改革的实施办法》。完成路桥、港航专业水平能力测试题库更新工作。认真把握职称评审制度改革新导向、新标准，坚持程序，确保规范，组织完成路桥港航专业各等级职称水平能力测试700余人、职称评审人员500余人，其中副高级职称评审工作全面实施网上审查、网上表决，评审结果实时传送到省人力资源和社会保障厅，进一步增强评审工作公平、公正和透明。

（向元）

【目标管理】 谋划实。厅党组始终把目标责任制管理工作摆在重要位置，列入党组重要议事日程，形成党组统一领导，"一把手"亲自抓，分管领导具体抓，各单位、各部门负责人分工负责、齐抓共管、严格监督的领导体制和工作机制。厅机关各处室和厅直各单位按照省委、省政府决策部署和厅党组全年重点工作安排，结合自身工作实际，拟订目标责任书初稿，反复征求意见、组织讨论修改，厅主要领导亲自把关审定。

推进实。围绕全省交通运输中心工作和年度目标任务，将督查事项列为长期督查重点和年度督查重点。督查重点围绕交通固定资产投资、"455"工程进展、"四好农村路"、高速公路建设和拟开工重点项目、多式联运、安全生产等工作进展情况。发挥综合督查职能作用，对督查工作实行牵头单位（部门）责任制，明确责任部门、责任人、责任事项，层层传导督查压力，压实办理责任。厅办公室定期或不定期对各单位、各部门落实督查要求的情况进行督促、统计，作为年度目标责任制检查考核重要依据。充分利用《厅主要领导重要事项交办单》《重要工作交办单》《重要工作专报》等督查载体，全年编印厅长办公会、厅长碰头会、双周碰头会、专题会议纪要45期，发出《厅主要领导重要事项交办单》《重要工作交办单》《重要工作专报》《交通情况通报》148期，建立督查工作台账、厅主要领导重要批示落实情况台账580条（项），狠抓工作落地。

效果实。2018年，省交通运输厅与省委、省政府签订责任状中的各项目标任务均圆满完成，部分指标超额完成。如超额完成交通固定资产投资任务，全年完成交通固定资产投资1068.6亿元，为年度目标的125.7%。建成高速公路116公里、一级公路513公里、二级公路1207公里。新改建农村公路路基路面里程2.4万公里，完成计划内公路安全防护工程2.7万公里。全省长江沿线取缔各类码头1211个（含沙堆），规范提升52个，腾退岸线149.8公里，复绿总面积超过809万平方米。武汉长江中游航运中心总体规划获省政府批复。长江"645"武汉至安庆段6米航道整治全面开工。高速公路ETC累计发行用户突破306万户。扎实开展党建"十个一"工程，率先在省直机关开展党员活动室标准化阵地建设。开展"我最喜欢的党课"展示活动，举办基层党组织书记讲党课比赛。推进普纪教育三年工作计划。主动开展厅直单位巡察。创建全国文明单位10个、省部级文明单位157个。全国首部"四好农村路"电影《村路弯弯》正式上映。"书香交通·文化同行"活动全面启动。全省交通运输系统广大干部职工，为湖北统筹推进稳增长、促改革、调结构、惠民生、补短板各项工作发挥重要支撑作用。

(范建)

【社会管理及综合治理】 综治(平安建设)工作责任落实到位。坚持把综治(平安建设)工作摆上重要议事日程，厅党组会、厅长办公会学习、研究综治(平安建设)相关工作24次。制定年度综治工作要点，与38个机关处室、直属单位负责人签订《2018年度综治信访工作目标管理责任书》，与17个市州交通运输局(委)负责人签订《2018年度安全应急工作责任书》，督促工作逐项落实。

"平安交通"创建工作"系统抓、抓系统"成效明显。制定印发《湖北省交通运输系统"平安交通"创建活动实施方案》，平安创建工作覆盖全省交通运输系统，明确5年"平安交通"创建目标。将年度3个综治职能工作项目任务主体责任分解到厅直业务局，通过"系统抓、抓系统"，推动整个交通系统综治工作齐抓共管。公路水路安全联防工作每年得到交通运输部肯定。在年初全省综治工作全会上，省交通运输厅代表省直单位做经验交流发言。

维护社会稳定积极有效。针对全省实施的城乡客运一体化、村村通客车以及客运线路更新、客货运输集约化经营、运营站点线路调整、出租车行业管理等方面涉及群众切身利益、容易引起社会矛盾和群体性事件的问题，加强政策、法规宣传力度，推进重大决策社会稳定风险评估工作落实，加强矛盾纠纷源头治理。进一步完善矛盾纠纷排查调处工作机制，把依法办事作为基本要求，综合施策，预防和化解矛盾纠纷。定期分析研判信访维稳工作，摸排交通运输领域隐患风险，强化源头预防化解，组织开展全省出租车、道路货运行业维稳排查，加强对重点行业、地区督导检查，成立专班、明确要求，持续开展矛盾攻坚化解工作。

属地综治共建不断深化。落实综合治理"属地管理"原则，将协助、支持属地开展综治工作列入年度工作计划和目标管理责任书内容，将支持属地社区平安建设经费纳入财政预算。动员广大干部群众支持和参与所在地区、街道开展社会治安及其创新工作，落实有关社会治安防控措施，形成"社会治安人人参与"的群防群治格局。组织参加社区党建联席会，联合航空社区对辖区困难退休职工家庭走访慰问30户，落实慰问资金1.9万元，援建航空社区航空片区综治安全建设项目，安装摄像头10个、刻录设备1套，落实项目资金1.49万元，全面提升驻地社区社会综合治理、安防管控能力。

联系点综治帮扶工作。将开展综治联系点工作作为本单位联系服务基层群众的一项重要举措。制订联系点荆门市东宝区综治工作三年规划，确定综治示范点、示范村。加大对综治示范点、示范村交通安全整治、综治项目资金投入，全年支持综治示范点公路安全隐患整治资金260万元，综治示范点东宝区浏河新村智慧平安小区援建资金60万元，浏河新村智慧平安小区建成后，受到荆门市"雪亮工程"建设推进会和湖北省智慧平安小区创建现场会大力推介。

(李永胜)

【信访】 加强组织领导，落实信访工作领导责任制。面对新的信访形势，厅党组坚持把信访工作纳入重要议事日程，履行部门职责，做到领导重视到位、安排部署到位、督促落实到位、检查考核到位。根据人员变化，调整厅信访工作领导小组及成员。制订《2018年全省交通运输信访工作要点》《湖北交通运输领域主要事项法定办理途径及相关法律依据》《关于进一步加强交通运输系统信访事项办理工作的实施意见》。与38个厅直单位、机关处室签订目标管理责任书，落实信访工作责任。明确厅直各单位、厅机关各处室主要领导是信访工作第一责任人，分管信访工作领导负直接责任，形成一级抓一级、层层抓落实的信访工作责任体系。综合运用教育、调解、疏导等办法，解决好群众合理合法诉求，落实信访工作领导责任和首访责任，依法依规回应群众诉求。推行律师进信访大厅、进疑难信访案件等工作，引导群众理性合法表达利益诉求，公开办理过程和结果，接受群众监督和评价。全年办理信访事项840件(批)。其中"阳光信访平台"受理699件、群众来信69件(领导签批49件)；来访72批220人，信访事项按时答复率100%。信访量比上年下降近63%。

坚持法治思维，构建依法有序的信访工作秩序。针对交通运输系统战线长、专业性强、服务面广，涉及民生问题多，群众关注度高，信访事项内容涉及各个业务处室和相关部门。按照"防范为先、化解为主、基础为要、民生为本"原则，加强厅机关各处室之间、省厅与地市交通运输管理部门、相关部门之间密切协作，构建依法有序的信访工作秩序。重视初信初访办理工作，规范受理办理工作程序，落实信访事项责任单位承办责任和工作人员首办责任，引导信访人员树立法治思维化解社会矛盾纠纷，把信访问题化解在基层，依法落实逐级走访制度。

归纳整合，形成常见问题信息资源库。积极推行"阳光信访"，将省交通运输厅网站上厅长信箱、公众交流、咨询投诉等栏目主动并入"阳光信访信息系统"，实现信访事项办理"阳光"运行。日常工作中经常有些公众会就同一类或同一个问题进行咨询，为了提高工作效率，也为了公众能更快、更便捷地获取其所查询信息，对一定时期内公众问得最多、最具有共性的信件进行归纳整合，形成常见问题信息资源库，并在网站"政民互动"栏目设置"常见问题解答"栏，公众可以直接搜索查找咨询问题。

(李永胜)

【档案管理】 年初，印发《2018年全省交通运输系统档案工作要点》，指导全系统有计划、有步骤地开展档案工作。完成科技档案、实物档案进馆工作。指导厅直单位全面加快档案在线归档工作进程，加强档案安全意识，确保档案安全零事故。档案工作目标管理是加强机关和事业档案工作规范化建设的重要抓手，部分单位抓早抓实，进一步深化档案目标管理组织工作。以升级达标、争优创先为动力，以科学化、规范化建设为重点，对照湖北省档案工作目标管理认证标准，厅机关完成档案目标管理省特级(复查)考评工作；指导、参与部分厅直单位档案目标管理复查考评工作。

进一步加强档案安全管理。进一步建立完善档案安全管理制度，加强制度执行情况考核管理，构筑人防、物防、技防相结合的档案安全体系，确保档案库房、档案实体、档案信息和档案网络安全。加强安全保密专项检查，进一步完善安全防护措施和应急预案，确保档案实体和信息安全。充分利用档案信息化建设成果，推进信息共享，提高档案服务能力和水平。以高度政治敏锐性，做好涉及敏感档案资料的管控，严格审批制度，发挥档案部门为维护交通发展的稳定作用。充分发挥档案法律凭证作用，服务好交通建设。切实做好创新驱动、转型升级工作，完成电子文件在线归档工作，以厅机关为重点，扩大在线归档范围，厅直各单位全面实行机关档案在线归档工作。完成厅机关全部文书、声像、实物档案的收集、整理工作，并完成 OA 电子文件归档工作。完成档案统计年报工作。

(咸媛)

【省人大建议、政协提案办理】 2018年，收到全国人大建议5件、全国政协提案3件、省人大建议122件、政协提案55件。主要内容包括公路桥梁事业、发展航运事业、交通规费征收、发展旅游事业、加快高速公路与管理等方面。截至8月10日，185件建议提案全部办结，答复率、见面率、满意率均100%。办理结果均完成网上办理、纸质回复的"双轨制"，答复意见资料统一归档管理，较好地完成办理任务。主要做法：

加强领导，落实责任，提高办理能力。建议、提案办理工作做到认识到位、领导到位、责任到位"三到位"。

从讲政治的高度，充分认识建议、提案办理工作是关乎全厅的重要工作，是新形势下群众工作的重要载体，把做好办理工作作为推进经济社会发展、做好交通运输工作的重要举措来抓。收到省政府建议提案交办件后，成立由主要领导任组长的建议、提案办理工作领导小组，确定主要领导亲自抓，分管领导负责抓，承办处室具体抓，经办人员专门抓，一级抓一级，层层抓落实。厅党组专题研究建议、提案办理工作，厅办公室组织制定办理工作方案，召开分办会，明确每件建议、提案的主办处室、会办处室、分管领导、办理时限，确定办公室督办岗专人负责跟踪督办和答复工作，做到"定人员、定任务、定时限、保质量"。把建议、提案办理工作纳入年度工作目标责任制考核内容，加大办理考核力度。

健全制度，规范办理，提高办理质量。建议提案办理中，严格按照规范程序，在收到建议、提案后，认真清点分类，逐件登记核实，不断探索办理工作新思路、新方法，完善办理机制，在提高办理质量上下功夫。对不满意件，由承办处室负责人到代表委员所在地上门与建议提案人当面沟通，了解他们想法与建议要求，并将办理件的工作内容、方法与思路耐心的与代表们进行交流，在充分沟通基础上形成行之有效的答复意见。例如，第 2018094 号"关于取消鄂黄长江大桥公汽及小汽车的过桥费的建议"，及时征询代表意见，但反馈到省人大代工委的意见是对答复不满意，接到通知后，及时走访该代表，再次听取代表建议，经过进一步沟通，讲明政策，得到代表理解。本着"把协办件当作主办件来办"的工作态度，主动配合、积极协助主办单位，参与每一项协办件办理，为主办单位提供协办意见。

突出办理重点，兼顾点面统筹。结合建议提案所涉及的工作领域，多次到重点建设项目、农村公路、港航站场开展实地调研走访活动，更大范围内征集建议意见，力求建议提案办理更具代表性和实效性。做到点面结合，使建议提案办理更加科学合理。

承办的主办件第 2018625 号"关于要求解决 212 省道封堵问题的建议"，被列入 2018 年省人大常委会领导督办的重点建议，该建议列为办理的重中之重。该建议涉及的巡检桥危桥改造和护子潭大桥封堵问题也是厅关注和督办的项目，省公路管理局分管领导带队多次赴实地调研，走访人大代表，与代表沟通交流，在充分交流后初步形成答复意见，并就答复意见初稿多次与人大代表沟通，得到代表肯定与好评。

(咸媛)

【研究室工作】 扎实开展调查研究。围绕交通运输发展热点、难点问题，开展大调查大研究。赴市县交通主管部门及厅直单位开展基层调研，提出合理化建议。发动全省交通运输系统开展调查研究，收到调研论文 60 篇。厅主要领导挂帅的 1 篇文稿被省委省政府内参采用。

高效完成文稿任务。累计完成文稿任务超过 50 万字。完成全省交通运输工作报告、半年经济形势分析会报告，起草 2019 年工作报告。参与起草公路水路"三大攻坚战"工作思路汇报稿、在全省投资和重大项目谋划推进现场会上的发言、关于省政府三季度综合督查情况的汇报、扫黑除恶工作汇报、"转作风、抓落实、促攻坚"专题视频会讲话、交通运输工作情况汇报及重要的信息约稿近 80 篇。配合修改、审核领导参与的重要活动讲话稿 30 余篇。根据省改革办要求，上报改革相关情况 6 次。

密切关注舆情发布权威信息。发挥部门网站、微信等媒体主阵地作用，及时发布正面、权威信息，聚焦专题性重点工作，编发《舆情专报》122 期。编印湖北水运高质量发展的理论与实践、交通热点关注、多式联运以及厅长讲话文稿，下发厅直单位和各市(州)学习贯彻。

组织政研专题培训。举办 1 期全省交通运输政研人员培训，邀请省政府研究室、省委党校、交通运输部领导、专家授课，传授经验和实战技能。

摘编部省领导讲话文稿27期，供全省交通运输政研人员学习参考。

(许磊)

【机关后勤服务】 机关大楼及宿舍区水电服务。针对办公大楼近20年房龄带来的设施设备老化等问题，做好区域内水电设施设备维修维护以及房屋的维修改造。完成江汉路自管房屋维修，消除安全隐患；更换厅大楼中央空调楼层供回水阀，确保大楼设备正常运转。全年为机关供暖和制冷168天，实施水电及维修服务823次，加班抢修23次，确保厅机关大楼及宿舍区正常用水、用电、供暖、制冷以及房屋设施的有效使用。

机关食堂膳食服务。严格落实食品安全卫生制度，食品从采购到送上餐桌每个环节都有专人把关，确保食品安全；客餐接待严格按照规定执行，对不符合要求的一律不予安排，全年安排接待28次(其中会议2次)。优化采购流程，与武汉市大型食品供应企业合作，实施原材料统一采买，从源头上保证食品安全。加强食堂运行费用管理，严格报销程序，确保伙食经费收支平衡。

机关会议接待及绿化保洁服务。坚持高标准、严要求，从细节上做好厅机关大楼会议室管理和会议接待等保障工作，全年提供会议接待服务786次，其中大型会议38次。加强绿化和保洁服务外包监督管理，在服务标准量化和检查考核上着力，不断提升厅机关区域绿化、保洁质量，适时进行机关树木、草坪修剪。

机关公务用车保障服务。以"管理规范、服务优质、安全行驶、节能降耗"为目标，按照公务用车相关要求，从加强日常管理着手，突出规范用车和安全行车，强调文明服务，安全高效地为厅机关日常公务出行及重大型活动用车提供保障。完成中央、部、省级在汉重大型活动用车保障9次。全年安全行驶约15万公里，无重大交通责任事故。

厅机关区域安保和消防工作。不断完善安保工作人防、物防、技防措施，全力提升保卫工作科学化、智能化水平，全年无安全责任事故。全年接待来访活动3853次，接待来访人员7540人次，协助接待上访事件84次，疏导上访人员300人次，圆满完成厅机关10次重大活动及会议安全保卫、停车、疏导工作。定期开展厅机关大楼消防安全培训，有效保障厅机关区域工作秩序。

厅机关节能工作。严格按照省机关事务管理局要求做好网上能耗统计及上报，通过国家机关事务管理局组织的公共机构能源消耗统计数据质量核查。配合厅节能办做好厅机关大楼水电设施设备节能更新、改造。组织开展"节能降耗，保卫蓝天"节能宣传周系列活动及垃圾分类专项活动。

车改专项工作。配合厅车改领导小组推进厅直事业单位公务用车改革工作，主动沟通协调、整理汇总，做好16家厅直单位车改方案上报工作。在车辆编制批复后，协调各厅直单位做好车辆公务用车统一标识喷涂、通勤车路线规划、处置车辆评估等车改后续工作，确保车改工作顺利推进。

(黄飞)

【湖北省综合交通运输研究会】 2018年2月，研究会受托参与编制《湖北省道路运输与物流十三五规划中期评估报告》，多次到省道路运输管理局听取意见，不断完善研究报告，8月初完成报告并通过专家评审。11月，研究会参加"航运绿色发展研讨会"，会上，研究会积极和行业内专家学者进行学术交流，展示分享《湖北省绿色航运指标体系研究》成果。12月，研究会完成《高速公路联网收费数据与经济社会发展关系研究》课题，并通过专家结题评审。研究会与高等院校密切合作，分析湖北省高速公路联网收费大数据，研究高速公路交通流时间、空间分布特征，深度挖掘高速公路运输变化规律，高速公路建设对经济社会发展影响，为湖北省高速公路建设管理提供依据。

(谭静)

【湖北省公路学会】 2018年，省公路学会依靠12个专业委员会，发挥各市州学会和会员单位及广大公路交通科技工作者积极性、创造性，按照学会年度工作安排，有效组织开展国内外高端前沿学术交流、有序推进和承接政府转移职能、服务创新驱动发展战略、服务科学决策、民主决策及广泛开展科普活动、精准推送科普服务等，圆满完成各项工作任务。2018年元旦前夕，根据《省交通运输厅机关党委关于社会组织党支部选举的批复》，学会机关临时党支部转为成立正式党支部。

2018年12月20日，湖北省公路学会成立40周年纪念会在武汉召开

2018年10月25日,"五省一市二区"公路长大桥隧创新技术论坛在宜昌举行。图为现场考察修建中的白洋长江公路大桥

上下联动,广开言路当好参谋。2月5日,在武汉召开2018年秘书长工作研讨会,各市(州)公路(交通)学会、专委会秘书长及秘书处有关部门负责人40余人参加会议。表彰2017年度优秀秘书长、优秀会员和优秀通讯员。与会代表对《湖北省公路学会组织机构运行绩效考核办法(征求意见稿)》和新形势下如何做好学会工作进行研讨,提出多项合理化建议。6月30日,召开湖北省公路学会八届五次理事会议,会议审议通过八届四次理事会工作报告和3个重要工作事项,一致通过白山云当选为新任理事长,增补方晓睿为副理事长,新增7名常务理事、8名理事,9个单位会员和123名个人会员;审议通过《湖北省公路学会专业委员会考核评估办法》《湖北省公路学会地方学会考核评估办法》《湖北省公路学会专家委员会工作条例》。

组织参加2018交通运输大会。2018世界交通运输大会上,湖北省公路学会相关专委会分别进行"BIM技术在交通工程项目中的研究和应用"主题论坛演讲、"湖北省代表性的桥梁介绍"主题论坛演讲、"基于服务区网格救援体系研究"主题论坛演讲,湖北楚天联发路桥养护有限公司在科技博览会上集中展示斜拉索检测、钢

波纹管涵加固、桥梁顶推及桥检车租赁等公司项目。本次世界交通运输大会,全省提交论文近50篇,其中在主题论坛演讲8篇、专题论坛演讲37篇、大会墙报展示7篇。

承办区域学术交流活动。10月25—26日,"五省一市二区"公路长大桥隧创新技术论坛在湖北宜昌举行,来自湖南、广东、山东、辽宁、上海、香港、澳门公路学会(工程师学会),湖北省公路学会及所属专委会、市(州)公路(交通)学会和有关会员单位220余名代表参加论坛。本次论坛活动由湖北省公路学会承办。会上大专院校、设计、管理、施工等单位12名专家作专题技术交流,印发汇集80篇长大桥遂专题的论文集,共同分享公路长大桥隧创新技术,组织考察修建中的白洋长江公路大桥和营运中的宜巴高速公路隧道群。

各专委会开展技术业务活动。5月17—18日,交通工程专委会在广州市组织"广东广佛肇高速、惠清高速绿色低碳公路创新技术交流及现场考察活动",会员单位工程技术人员60余人参加活动。8月18日,高速公路养护技术与管理专委会在武汉组织召开"沥青路面养护技术交流和《布敦岩沥青改性沥青路面施工与验收规范》

宣贯会",全省公路设计、施工、检测、管养单位工程管理、技术人员150余人参加,与会代表参观布敦岩沥青生产基地和铺装岩沥青的白沙洲大桥引桥桥面现场。11月15—16日,桥隧专业委员会在云南大理组织"云南九顶山特长隧道学术交流和技术考察活动",32个会员单位工程技术人员70余人参加活动。

根据行业特点和需求,开展四新技术培训成为新常态。4月11—12日,省公路学会和孝感市公路学会在恩施共同举办"武汉城市圈片区、鄂西南(恩施、宜昌)片区绿色公路建设策略与沥青路面再生利用关键技术应用专家讲座",2个片区从事公路勘察设计、施工、养护与管理、公路绿化与美化、监理与试验检测等单位工程技术人员170余人参加。10月11—12日,省公路学会和十堰市公路学会在十堰丹江口市共同举办"鄂西北片区、鄂西南(荆州市、荆门市)片区绿色公路建设策略与沥青路面再生利用关键技术应用专家讲座",2个片区从事公路勘察设计、施工、养护与管理、公路绿化与美化、监理与试验检测等单位工程技术人员200余人参加,参观、考察丹江环库公路绿色、生态、环保公路路段。

根据高速公路建设需要,组织档案管理人员培训。受湖北秭兴长江大桥建设开发有限公司委托,学会档案管理专班在调研基础上,为该项目档案文件编制实施细则,3次到工地对施工单位资料管理人员进行培训和指导。对十房、十白、沙公南、江北东等项目档案管理人员分别进行培训和指导。

市州学会和会员单位为基层工作人员和技术人员开展面对面培训。11月23日,襄阳市公路学会与公路养护工程专业委员会共同举办"2018年襄阳市公路桥梁和路面养护培训班",参训人员106人;11月,汉十高速公路管理处与武汉尚元管理咨询有限公司联合举办"汉十高速公路2018年养护内训师培训暨选拔赛"。道路工程、交通工程监理专委会结合行业需求举

办多期专业技术、技术标准和技术规程培训班。黄冈、仙桃、鄂州、潜江、天门公路学会对基层工程技术人员开展"四新"技术培训。

参加全国科普日活动。9月21日，参加省科协在襄阳市举办的2018年湖北省"全国科普日"活动启动式暨主场系列科普活动，省公路学会、环保与安全专委会、襄阳市公路学会、省高速公路联网收费中心参加活动，发放《高速公路行车指南》《驾驶员安全行车手册》《图说这5年交通》《中国制造2025》《湖北省高速公路ETC用户须知》《通衢卡用户指南》等公路交通科普宣传资料1200余份。科技活动周中，省公路学会在全省交通行业开展"公路交通科普知识有奖答题活动"，采取网上答题和现场答题2种方式，普及交通知识，宣传交通成就。11月9日，省公路学会科普部和省交通运输厅老干处共同组织约80名离退休老同志到中国公路学会第一批全国公路科普教育基地、湖北省公路学会首次认定的公路交通科普教育基地"武汉桥文化博物馆"参观学习。

做好新技术、新方法、新设备的推广应用。9月6-7日，省公路局、省公路学会筑路机械专业委员会在孝感市举办"筑养路机械设备发展研讨及设备展演活动"，筑机专委会委员和公路学会会员160余人参加研讨，在湖北省公路交通应急物资储备中心进行设备展演，近50种筑养路机械装备进行现场演示和展览。开展农村通村路养护施工人员培训辅导，全年安排包括农村公路养护施工技术人员培训及现场观摩活动18次，培训农村管理养护人员近800人。

课题研究和技术咨询。高速公路养护技术与管理委员会助推新技术应用。4月2日，由湖北省高速公路实业开发有限公司主导推广并承担实施、高速公路养护技术与管理委员会组织的沥青路面就地热再生工程施工进行现场演示。省内汉宜、襄荆、武黄、武英、麻武、大广北高速及武汉沿江大道等市政道路成功开展就地热再生施工，累计实施面积超过100万平方

米。发挥人才优势和专业特长，解决施工现场难题。应湖北香溪长江公路大桥建设开发有限公司的邀请，11月27—28日，省公路学会由学会理事长带队、教授级高工组成的专家组对香溪长江公路大桥进行技术咨询服务，专家组对大桥施工后期技术上要注意的问题及科技成果集成应用提出改进方案和建议。荆州、襄阳、咸宁、随州、鄂州公路学会开展公路改扩建、桥梁建设与施工，以及改造与加固等技术咨询，帮助解决技术难题。

服务科学决策、地方标准编写。7月，高速公路养护技术与管理专委会协助湖北省高速公路实业开发有限公司修订完成《公路沥青路面就地热再生技术规范》(DB/T 1336—2018)、《激光式高速弯沉仪测量路面弯沉试验规程》(DB/T 1337—2018)两项湖北省地方标准；10月，省公路学会协助省公路管理局、宜昌公路局历时2年编制完成的《湖北省农村公路工程技术标准》批准发行使用；汽车运输专委会协助省运管局和交通运输部科学研究院、同济大学等单位编制的国标《城市公共交通发展水平评价指标》，经国家标准化管理委员会批准发布，从7月1日起实施。

承接政府转移职能。宣贯培训有关技术评定标准。3月27—28日，省公路学会与省交通运输厅工程质量监督局在武汉共同举办"《公路工程质量检验评定标准第一册土建工程》(JTG F80/1—2017)培训班"，全省各市州公路(交通)学会会员、工程技术人员近400人参加培训。受省交通运输厅委托，组织开展职称评定相关工作。组织全省路桥港航专业技术人员水平能力测试的技术人员727人，其中高级578人、中级135人、初级14人，完成全部初审工作，并协助省交通厅完成评审工作。孝感市公路学会受孝感市职称评审委员会委托，开展公路专业技术工人技术等级评审工作，对公路专业初、中级职称申请资料进行审查。

12月20日，湖北省公路学会成立40周年纪念会暨湖北省公路交通40年发展成就专家讲座在武汉召开。

6名湖北省公路交通行业专业领域学术带头人和专家分别从桥梁、隧道、高速公路、国省干线公路及农村公路建设成就和交通信息化、道路运输及物流现代化40年巨变等作专题报告。会上，颁发2018年度湖北省公路学会科学技术奖和第十七届湖北省公路学会自然科学优秀学术论文奖。印发《热血写传奇，奉献铸辉煌——湖北公路交通40年发展成就图文集锦》《2008年至2018年获奖论文汇编》等。

(杨运娥)

【湖北省交通建设监理协会】 2018年，协会开展监理员业务培训3期、培训人员300余人；开展安全、环保监理员业务培训，培训人员110人；与中国交通建设监理协会共同举办监理招标文件培训1期，组织部分会员单位到新疆考察。编辑出版2018年会刊、系列丛书，完成协会企业安全生产标准化交通工程建设评价资质换证。获"湖北省民政厅4A级社会组织"称号。

为服务会员单位培训交流提供全方位。与中国交通建设监理协会在武汉共同举办"《公路工程标准施工监理招标文件》(2018年版)和《公路工程质量检验评定标准》(JTGF80/1-2017)宣贯培训会"。宣贯公路工程监理招标文件，延续"四制"中完善招标投标制和强化合同管理制政策。5月在湖北荆州召开2018年度联络员工作会议，提高企业对外宣传力度，加强信息联络员队伍建设，提高信息建设与应用水平，发挥联络员在新闻宣传工作中的作用。7月组织13家会员单位20名代表到新疆开展相关交流考察，进一步加强湖北交通建设监理、试验检测行业与博尔塔拉蒙古自治州的交流，助力全省监理、试验检测行业发展，拓展合作空间。经与中国交通建设监理协会沟通，在湖北宜昌举办1期110余人的公路水运工程施工安全监理、环境保护监理培训班，确保会员单位能满足监理人员岗位登记要求，落实监理岗位职责，加强监理工作管理。

为树立行业品牌力和提升竞争力

提供软实力。对湖北交通建设咨询监理、试验检测队伍进行梳理和记录。提炼、汇集行业发展资料，梳理行业发展脉络、调整方向，盘点优势与不足，助力企业改革转型发展。通过汇编监理咨询、试验检测行业故事，提高企业自信，丰富企业图书馆藏。发表各类新闻数据88条，新增"湖北省交通建设监理协会在线报名系统"功能。协会设立微信公众号，发布各类消息24条。

围绕行业特点承接主管机关职能，为服务会员单位提供便利。4月受省交通运输厅职业资格中心委托，发放2017年度湖北省公路水运工程试验检测师及助理试验检测师证书，发放证件484本。与厅职业资格中心共同组织实施2018年公路水运工程试验检测专业技术人员职业资格考试报名现场审核工作，全省报名参加考试考生8563人，审核考生资料7959份。联合武汉理工大学举办公路工程监理业务培训班3期。

加强协会自身建设。协会在第二届二次会员大会上与会员单位签订行业自律公约，建立湖北省交通建设监理、检测行业自律机制，规范从业者行为，促进和保障全省交通建设监理、检测行业健康发展，维护全省交通建设监理、检测市场秩序和行业合法权益，提高交通建设监理、检测企业服务水平和行业社会声誉。成立公路水运监理专业委员会及试验检测专业委员会。联合19家企业开展"扶贫捐赠，助力脱贫攻坚"公益活动，向湖北省麻城市木子店村捐款10万元整。经协会自评、社会组织总会专家实地评估、评估专家委员会评定和公示公告等程序，评估协会为湖北省4A级社会组织。

拓展业务。协会取得安全生产标准化评价机构二级、三级等级证书以来，有序开展各项工作。年初接受湖北度秋建设有限公司申请三级评价，武汉公路桥梁建设集团有限公司、武汉江夏路桥工程总公司、湖北省华晟通建设工程有限公司3家企业换证评价工作。4月组织被评价企业在安陆市参加"武汉城市圈环线高速公路大随至汉十"湖北长江路桥股份有限公司项目部企业安全生产标准化现场学习，到一线施工项目实地考察外业。完成协会自有评审员年度教育考试及"交通工程建设"类二级、三级评价机构资质延期备案工作。

（姜红莲）

【**湖北省交通会计学会**】 1月19日，学会召开八届二次常务理事会议。会议通过《关于2017年学会工作总结及2018年学会工作安排》《学会2017年财务收支情况的说明》《表彰2017年学会活动先进集体和先进个人的情况说明》。3月23日，在省交通职工教育培训中心（宜昌龙泉山庄）召开省交通会计学会第八届二次理事会议。《领会新思想内涵，紧跟新时代步伐，为湖北交通强省建设作出学会应有的贡献》工作报告，全面总结学会上年工作，布置2018年学会工作任务。表彰2017年学会活动先进集体和先进个人及组稿先进单位、撰稿积极分了，确定学术研讨提纲分配安排，通过增选学会副会长及增补学会理事等事项。学会获2018年"全省会计学会先进单位"。3月，学会将《湖北省交通会计学会第八届理事会学术研讨规划》分解下发各会员单位，作为年度撰稿指南。2018年学会向中国交通会计学会和省会计学会推荐10篇论文参加优秀论文评选，其中4篇论文获三等奖。

会刊宣传。11月2日，在鄂州举办湖北省交通会计学会通讯信息联络员会议，会议邀请教授全面系统讲解会计论文格式要求、方法要领、修改投稿等方面内容。学会全年编辑出版《湖北交通财会》会刊4期，《湖北交通财会》经过省出版局年审，从2018年第3期起刊号改为"（鄂）4200_2018264/连"，全年刊登学术论文50余篇，集中宣传学会工作、财会工作研究、筹融资探讨、财务管理、资产管理、审计监督、内部控制等方面工作，连续刊登省交通会计学会成立30周年表彰的先进个人事迹材料，会刊成为宣传交通财会工作的阵地。

片区活动。10月19日和11月23日，学会分别在潜江市和襄阳市举办片区学术交流会。2个片区学术交流会收到论文180余篇，评出优秀论文29篇，其中12篇优秀论文分别在片区交流会上做交流发言。片区学术交流活动呈现新亮点，会上论文作者与参会人员互动交流、专家点评，大家就交通财会工作热点、重点和难点及出现的新情况新问题，相互讨论交流，把片区交流会作为共议交通发展大局的平台。

学会发展。5月开始，学会分别走访调研省公路管理局、省港航管理局、汉十高速公路管理处等会员单位，了解财会人员基本情况，征求会员对学会工作和学会会刊等方面意见和建议。召开座谈会，与部分财会人员座谈交流，对学会活动形式、财会业务培训、学术交流等方面工作提出意见和建议，有利于学会工作的改进和提高。

人员培训。8月10-12日和8月29-31日，在湖北省交通职工教育培训中心举办2期《政府会计制度》培训班，各市州交通系统行政事业单位财会人员400余人参加培训。根据财政部规定，《政府会计制度》将于2019年1月1日起施行。为促进新制度有效贯彻实施，确保新旧制度顺利衔接、平稳过渡，学会邀请老师重点讲解《政府会计制度》有关资产部分、会计科目和报表部分以及行政事业单位新旧制度衔接问题的处理，指导交通行政事业单位财务人员准确理解和掌握政府会计制度基本内容和核算方法，正确进行科目设置、账务处理、具体核算以及做好新旧会计制度相互衔接，规范交通行政事业单位会计核算。

服务会员。协助省交通运输厅财务处对2010-2016年度财会文件，包括国家及省有关财经法规、制度、办法、条例等600余份文件，约215万字进行清理和整编，出版《交通财经法规文件汇编》并下发各会员单位。完善"湖北省交通会计学会网页"，学会制作《湖北交通财会》电子版并上线运行，为会员学习和交流提供阵地和平台。

队伍建设。进一步修改完善学会各项管理制度和办法，《秘书处工作人员岗位责任制》《"湖北交通财会"编辑管理规定》《湖北省交通会计学会会议制度》《湖北省交通会计学会通讯信息联络员管理办法》《湖北省交通会计学会财务管理制度》等修改稿提交会长办公会议讨论通过，印发各会员单位。

（韩晓真）

【**湖北省城市公共交通协会**】 为政府提供服务。独立开展公交示范城市创建第三方考评。受省运管局委托，协会开展2017年度公交示范城市创建第三方考评工作。7月30日至8月17日，对11个省公交示范城市创建进行考评，邀请省劳模李福斌、何方梅和王文洪全程参与，考评工作主要按照创建方案，对创建以来城市公共交通设施设备、服务水平、保障措施等指标进行量化考核，总结创建工作经验和成效，并将考评结果按规定进行通报。10月上旬，协会按期提交工作考评报告，完成第三方考评任务。配合开展公交企业文化建设活动。配合省运管局在全省公交企业开展文化建设活动，6月5日，到襄阳公交等单位专题调研企业文化建设，督促引导会员单位结合实际开展企业文化建设活动。活动开展以来，武汉践行"公交进步，城市文明"的企业文化发展理念，不断优化公交服务，推广"日行一善·德润江城"活动；襄阳公交以"三讲"文化为抓手，推动文化建设，相继举办女职工健康讲座和技能大比武等活动；荆州公交加强企业文化建设，开展"牢记使命、不忘初心"大型汇演活动，有效提升公交形象；十堰公交开展"公交之星"评选、"十进十建"学习教育活动，有效提升服务水平；仙桃公交开展廉政文化进公交，打造"清风"站台，有效传播廉政文化。

为行业提供服务。点面结合抓好行业调研。履行沟通协调职能，主动开展调研，收集资料，切实维护行业利益。3月份转发《中国道协城市客运分会需求调查表2018年公开课计划》到公交企业，收集20多个企业需求调查表，配合城市客运分会做好企

业教育培训工作。通过走访调研、电话约谈等方式，就公交创新驱动发展，相继开展《新能源公交车电池使用调查》《城市公交车移动支付专项调查》《省部分城市公交政策补贴、补偿调查》等，汇总整理，查找问题并提出建议，及时上报中国道路运输协会城市客运分会和省有关部门，推进有关问题的解决。协调解决公交企业疑难问题。关注公交行业企业难点和诉求，为企业排忧解难。4月上旬就武汉市新能源公交车辆租赁采购模式运营补助申报的问题，协会向中国道路运输协会城市客运分会上报《关于对融资租赁新能源公交车营运补助的紧急报告》，及时通过中国道协城市客运分会上报交通运输部协调解决武汉公交新能源公交车辆租赁采购模式运营补助政策的落实问题。宣传服务品牌发挥示范作用。通过"会刊""动态"和"通联群"对服务品牌加强宣传，系列报道武汉公交驾驶员李福斌、襄阳公交27路熊会萍、宜昌公交何方梅和恩施公交王文洪4名省劳模事迹；同时报道全国"三八红旗手"标兵荆门公交孟丽华和"湖北十大好司机"天门汉羽公交冯汉飞先进事迹。宣传报道省级文明示范线武汉24路线、襄阳27路党员文明示范线路、黄石公交1路线和荆门公交刘于兵工作室等优秀服务品牌典型事迹。宣传报道襄阳公交以"三讲"推动企业文化建设、宜昌公交集团"文化进车厢"、十堰

公交集团开展争创"双十星"活动等，彰显公交行业精神风貌。开展鄂豫皖三省文明示范线结对共建活动。8月15日至11月30日，协会与安徽省、河南省公交协会联合开展鄂豫皖三省文明示范线结对共建活动，湖北省10条省级文明示范线分别与安徽省5条线路、河南省5条线路结对开展共建活动；武汉、宜昌、襄阳、荆州、黄石、荆门和随州公交主要领导率干管人员、驾驶员代表到结对单位开展交流活动；合肥、芜湖、商丘、汝州等公交主要领导一行到武汉公交结对单位交流学习。编印完成《公交优先政策汇编》。为推进公交优先政策的制定和落实，推动城市公交持续健康发展，元月份经分类、归集、整理，编印完成《公交优先政策汇编》（以下简称《汇编》）。《汇编》收集2010年至2017年7月国务院、部委、省政府等部门有关公交法规标准65件，3月初发行至会员单位和公交主管部门。

为会员提供服务。开展年轻干部挂职交流活动。6月1-30日，协会组织公交干部赴安徽省合肥、芜湖和蚌埠公交企业挂职锻炼，9家公交企业选派16名干部参加交流活动。9月10日—10月20日，安徽省14家17名年轻干部到武汉、襄阳和宜昌公交企业开展挂职交流，学习任务完成后向两省公交协会所在单位递交挂职学习报告。定期召开信息通联会。3月15日，协会在大冶市召开第二十一次全省公

2018年8月28日，皖鄂豫三省公交行业省级文明示范线路结对共建活动正式启动

交行业信息通联会议。信息通联会议，会员单位办公室主任、有关负责人和通讯员参加会议。办好《湖北城市公交》和《湖北公交动态》。编辑发行《湖北城市公交》4 期、《湖北公交动态》12 期，免费赠送会员单位，向 20 多个外省公交协会和公交单位赠送。搭建对外交流学习平台。参加公交行业改革发展高峰论坛暨中国道协城市客运分会 2018 年年会。组织会员单位参加全国公交都市创建经验研讨会、新能源车高质量高发展研讨会和 2018 公交都市发展等论坛活动，加强行业间交流合作，推进行业创新和发展。组织会员单位报名参加中国道协城市客运分会在杭州举办的中层管理人员进修班和在北京举办的高级管理人员研修班，襄阳、宜昌、黄石、荆州、十堰、大冶、武穴、利川和新洲等公交企业管理人员 40 余人参加培训。

加强自身建设。加强规范化建设。按照规定向省民政厅提交协会年度审计报告，按期完成社会组织年检等事宜。按照有关规定和程序吸收江陵县永通公交公司等 3 家企业加入协会，协会会员 107 家。不断完善协会秘书处规章制度建设，定期召开会议，结合行业实际研究工作，交流工作经验和党建学习心得，着力提高创新能力、办事能力和应急处置能力，以适应协会不断发展的需要。

(孙新荣)

【湖北省交通造价研究会】 3月17 日，湖北省交通造价研究会第二届会员代表大会在武汉召开。第一届会长向大会做第一届理事会工作报告，会议代表审议通过《第一届理事会工作报告》《第一届理事会财务工作报告》、研究《换届选举办法》、研究《章程修改草案及说明》、第二届会员、理事、候选人员名单，选举产生会员 178 人、理事 30 人。选举第二届理事会会长高进华。

开展培训，提升素质。举办《湖北省公路工程造价管理实施细则》《公路工程建设项目造价文件管理导则》和《公路工程标准施工招标文件》宣贯培训，邀请国内知名专家、学者授课，参加培训 240 人。

承接项目，诚信服务。按照社会招投标方式投标政府采购项目，中标承担"湖北省公路工程材料价格信息调查与发布"项目，专人专程到全省 17 个市州 150 余个料场、工地、材料供应商走访调查，行程 1 万余公里，获取真实可靠的第一手信息和第一手资料，为提高信息采集发布时效性、准确性做大量有成效的工作。

搭建平台、促进交流。为加大工程造价政策理论与实践运用的研究，扩大会员间互动交流，组织开展"湖北香溪长江公路大桥"项目群工程造价管理学术交流活动，会员单位及个人会员等 90 余名专家代表参加交流活动。开展 2017-2018 年度交通工程造价学术研究、创新成果活动，收到创新成果 8 项，学术论文 12 篇，评选表彰湖北省交通造价研究优秀成果 7 项，优秀论文 12 篇，优秀论文在湖北公路交通科技专刊上发表，推广学术成果在实践中运用。

技术咨询，打造品牌。针对主管部门"简放政权"限下项目前期文件由地方主管部门审批的新情况开展咨询服务，直接服务工程建设，应中铁九桥工程有限公司、中煤第三建设(集团)责任公司第二项目部造价工程预算编制等问题进行咨询服务。

(王萍)

【湖北省交通历史文化学会】 立足会刊，发挥文化阵地引领和传播作用。会刊通过记载湖北交通行业发展历史，推介湖北交通文化建设最新成果，开展湖北交通文化学术交流，传播文化知识，展示文化才艺，架起学会、会员单位和湖北交通员工交流的桥梁和纽带。会刊在各会员单位、交通系统、文化研究者、大交通部门中引起反响和共鸣。在此基础上，进一步加大宣传力度，引导鼓励各单位、交通一线工作者以及热爱交通历史文化的离退休人士踊跃投稿。全年征集交通稿件 600 余篇、图画 100 余幅，编辑出版刊物 4 期，采纳作品 200 余件、出版文字 30 万字，发放 2000 余本。

《湖北高速公路建设实录》正式出版。2016 年学会通过招标程序，承接《中国高速公路建设实录》(湖北分册)编撰工作。这部书内容涵盖 30 年。2018 年 6 月，《湖北省高速公路建设实录》12 月 20 日由人民交通出版社股份有限公司，正式出版发行，顺利交付甲方，如期履行项目合同。学会在完成文稿的同时，根据交通运输部要求，整理制作大量视频资料以及纸质和电子地图。配合交通运输部实录编撰需要，按时完成搜集上报湖北峡谷桥信息，完成"全舆图"(即高速公路地图集，内容涵盖省(区、市)高速公路发展规划图和现状图，国家高速公路的零点、转接点、终点图以及"71118"

2018 年 3 月 17 日，湖北省交通造价研究会第二届会员代表大会在武汉召开

2018 年 9 月 11 日，湖北省交通历史文化学会换届暨第二届会员代表大会在武汉召开

规划中建成通车的每条线路的重点项目、特大桥梁、长大隧道和其他需加注的内容湖北部分电子版收集整理上报工作）。同时完成 U 阅通（即将视频影音资料集于一体的电子出版物，内容包含高速建设项目纪实、重大活动演练、新闻报道、宣传片，部分高速公路立项审批文件影印图片、项目开工、项目建设宣传片、获奖照片和视频、竣工验收文件影印图片、通车典礼图片或影像、运营管理的管理图片或视频，领导视察、沿线景观、环境保护、文化建设、重点工程等高速公路建设相关文件、影音视频资料等制作任务）。

《黄冈交通运输志》通过评审。编纂《黄冈交通运输志》以记录革命老区交通改革发展的历史，传承黄冈交通人的奋斗精神，黄冈交通运输局 2012 年列入工作计划，但未能成稿。2015 年 4 月，黄冈交通运输局将编纂工作通过招标由省历史文化学会承担，要求 2016 年 4 月启动编纂工作，2017 年 12 月完成编纂，2018 年出版。2018 年 3 月，学会对送审稿再次进行增添删改，特别补充中华人民共和国成立前有关交通历史方面内容，达到纵不断线要求。补充彩页、插图、序、后记、索引等，体例更加完备，最终形成 100 万字终审稿，7 月 16 日通过专家评审。

完成《中国桥谱》（湖北卷）编撰工作。学会通过政府采购承接省交通运输厅《中国桥谱》（湖北卷）修编项目。修编内容包括湖北省内铁路、公路、立交桥及市政、旅游观光桥梁，总体按梁、拱、悬索、斜拉 4 大桥型，按照交通运输部规定的标准桥型提供基本信息、文字说明、技术图、图片等内容，按规范要求对《中国桥谱》（湖北卷）进行修编，要求 2018 年 7 月份启动工作，12 月 31 日前完成编撰工作。10 月份，通过整理编辑，形成约 12 万字文稿以及《湖北省大桥汇总表》。

所录特大桥族谱按桥型分为梁桥、刚构桥、拱桥、悬索桥、斜拉桥、其他 6 大类，位置排列主要选录湖北省公路局《湖北省公路养护建设统计资料 2017 年》和《湖北省高速公路电子地图统计资料》表列特大桥；重要桥梁技术创新主要选录 2018 年 12 月底前建成和在建的长江、汉江上的桥梁（含铁路和城市桥梁）；获省部级以上奖项的公路、市政或创新特点显著的大型桥梁，突出新技术、新材料、新工艺，突出勘设施工技术特色、重大创新、重要设施构件及难点、特点等，并配有整体照片或施工照片。同时，根据交通部布置，按时完成搜集上报《中国桥谱》所需资料的任务。12 月初，经反复修改、甄选、编辑、封闭改稿，《中国桥谱》（湖北卷）最终定稿并印刷，顺利交付甲方，如期履行了项目合同。

挖掘交通各具特色的文化内涵。为丰富湖北省交通行业文化载体形式，促进文化活动落地生根，学会在深入调研基础上，创新提出八大文化载体，即全员阅读活动、全员青年志愿者服务活动、全员服务技能竞赛活动、全员行为习惯养成活动、全员兴趣小组培养活动、全员文化熏陶活动、全员培树文化标杆活动、全员集体人格塑造活动。借助这些文化载体，一些交通运输企事业单位结合实际，在文化建设落地上进行有益探索，扎实有效推进文化建设工作，形成一批有

2018 年 11 月 15 日，省交通历史文化学会组织会员参观学习武铁动车段特色安全文化

特色、有品位、有地位、影响大的交通文化品牌。武铁动车段以动车特色安全文化引领发展，打造"动车之家"；湖北高速公路以"楚道行天下"为高速公路文化品牌，以"同大道、行天下"为高速公路核心价值观，精心打造出"微笑京珠""温馨汉十""真情武黄""阳光随岳""活力黄黄""和谐鄂西"等各具特色的文化品牌；宜昌市公交集团围绕"车车有文化、车车皆不同"的思路，通过车厢挂旗形式，将礼仪文化、国学文化、民俗文化、低碳文化、道德标杆引入车厢，把车厢打造成一所所流动的市民学校；港航系统则以文化建设统领行业精神提振，形成"同心同行 创新超越"的湖北港航海事文化。11月15日，学会组织会员单位50余人到武汉铁路局武汉动车段参观学习文化建设，现场感受动车段特色文化建设氛围，深入学习"八大文化载体"是如何在动车段文化建设中落地生根的。

创办交通文化网站。学会依靠会员群体，以"交通史志"资源为依托，按照用户要求和文化内容整合信息资源，创办湖北省交通历史文化学会网站。学会通过网站创办申请，签订《网站服务协议》，设置网站栏目，在完善相关内容中，搜集需要上传的资料、文件，计划2020年年初完成网站创办工作，为会员提供交流平台。

完成换届选举。按照学会章程规定，第一届理事会及学会领导机构2018年任期结束，5月29日学会召开常务理事会，讨论会议议程以及选举具体事项，9月11日召开学会换届暨第二届会员代表大会，表决通过工作报告，选举产生学会第二届领导机构。第二届理事会进一步完善学会《表决与选举办法》《章程》《会费标准》《固定资产管理办法》《财务管理制度》《会计核算办法》《学会日常财务开支标准》《项目经费管理办法》等系列规章制度，实现学会自身管理规范化。

（王汉荣）

党群工作和精神文明建设

【党建工作】 2018年，省交通运输厅机关党委贯彻落实新时代党的建设总要求，把握质量这根生命线，压紧压实党建工作主体责任，推进"两学一做"学习教育常态化制度化，不断深化红旗党支部创建，交通党建规范化、制度化、科学化水平不断提升。

抓书记，发挥头雁作用，落地落实主体责任。推进党建工作责任清单管理，年初印发工作项目清单、制定工作要点明确目标任务，对照整改落实省直机关工委下发的4批次问题清单，把责任落实到各级党组织书记身上，目标明确、重点突出、任务具体。坚持党务培训与党建拉练结合起来，到尧治河举办1期党务干部培训班，组织3批次60余人参加交通运输部组织的党务干部培训，进一步提升书记抓党建工作能力水平。落实好党组织书记抓基层党建工作述职评议考核制度，加大考核结果应用，对评议得分靠后的党组织负责人及分管领导进行工作约谈。

抓思想，强化理论武装，坚决做到"两个维护"。按照"学懂弄通做实"的要求，推进"两学一做"学习教育常态化制度化，充分发挥中心组理论学习的龙头带动作用，用好支部主题党日活动这个有效载体，注重依托省直机关党员干部教育基地，开展多形式、分层次、全覆盖的培训学习，

举办副处级党员干部专题培训班，党员干部至少参加12次支部学习、完成50小时在线学习，自觉使用湖北机关党建App开展学习，实现党员干部参加十九大精神和习近平总书记视察湖北重要讲话精神专题培训全覆盖，教育引导党员干部深入学习领会习近平新时代中国特色社会主义思想，进一步树牢"四个意识"，坚定"四个自信"，坚决做到"两个维护"，自觉做习近平新时代中国特色社会主义思想的坚定信仰者、忠实践行者。

抓规范，推进"十个一"工程，夯实党建基础基层。坚持问题导向、目标导向，制定并围绕2018年交通党建"十个一"目标任务，制定出台《党员活动室规范化建设、常态化开展活动的指导意见》，按照"规范节俭、实用创新、因地制宜、突出特色"原则，重新布置、命名授牌25个示范党员活动室；落实《支部主题党日活动指导书》要求，统筹部署、认真组织、全员参与、全程记录，做到每次活动有主题、有主讲、有讨论、有收获；坚持"领导干部带头讲、支部书记必须讲、党员代表轮着讲"，推进讲党课全覆盖，在"七一"前夕组织"我最喜欢的党课"展示活动，全厅系统兴起上党课、听党课热潮；启动"书香交通·文化同行"品牌创建，开展系列读书分享活

动，做到"月月推新书、季季有书评、人人爱读书、大家来分享"，形成"爱读书、多读书、读好书"的浓厚氛围。突出做到"两个维护"政治责任，坚持政治体检职能定位，对厅直单位开展政治巡察工作。

抓融合，强化党建引领，保障改革发展大局。坚持党建引领，自觉把交通党建工作放到打赢打好湖北综合交通公路水路"四大攻坚战"、建设交通强省的大局中去思考、去定位、去谋划，从推进党建与业务中心工作相融合方面出实招，制定加强党建引领实施方案，明确"一个指导思想、三个方面"工作目标，落实"六个方面"引领措施，切实把攻坚责任落实到基层党组，让基层党组织和党员动起来，实现项目建设党员带队、服务群众党员带头、信访维稳党员当先，充分发挥党组织战斗堡垒作用和党员先锋模范作用。

抓创建，突出示范带动，丰富党建实践成果。牢固树立一切工作到支部的理念，推动党支部对标"六强"标准，着力在打基础、求实效、创品牌上创新突破，推进红旗党支部创建全覆盖，总结宣传一批具有交通特色、适合交通实际的可复制可借鉴的支部党建工作法，2018年厅党组表彰红旗党支部15个，一系列党建工作经验、工作案例入选省直机关工委相关资料汇编，一批党员先进事迹得到广泛赞誉认同，以点带面、典型示范、比学赶帮、创先争优，出现"红旗更艳、红旗满园"的争创局面。

（邱欣年）

【行业精神文明建设】 健全工作机制，加强精神文明建设工作组织领导。将精神文明建设工作纳入年度工作目标和机关党建工作重要内容，列入党组会、厅长办公会、双周碰头会的重要议事日程，年初印发工作要点，在宜昌召开全省交通运输系统精神文明建设座谈会，年中结合省级文明单位届中测评、全国交通运输行业文明单位申报、"全国青年文明号"创建工作，加强现场调研，开展座谈交流，加强分类指导，层层压紧压实责任。协调

2018年6月28日，省交通运输厅举办纪念中国共产党建党97周年大会暨"我最喜欢的党课"展示活动

组织交通运输各行业开展文明创建工作、行业文化建设和群众性创建活动，推动文明创建和业务工作融为一体、协调配合，营造"一把手抓两手、一班人两手抓"、主要领导亲自抓、分管领导具体抓、党政工团齐抓共管的创建氛围。

注重典型培树，积极践行社会主义核心价值观。开展行业先进典型培树，深度挖掘、总结宣传全国"诚信之星"万其珍、"中国最美路姐"张思等先进典型事迹，发挥先进典型对践行社会主义核心价值观、弘扬时代新风尚的示范引领作用，在行业掀起学习先进、争当先进、赶超先进的热潮。开展巾帼文明岗、学雷锋示范岗、"青年文明号"创建活动，十堰市交通运输局等5个单位获评"2016—2017年度全国交通运输行业文明单位"，长阳港航局等5个单位获评"2016—2017年度全国交通运输行业文明示范窗口"，杨新慧等6人获评"2016—2017年度全国交通运输行业文明单位职工标兵"，刘秋林获评"2016—2017年度全国交通运输行业精神文明建设先进工作者"。京珠管理处鄂北所被评为第十二届湖北省职工职业道德建设先进单位，刘慧玲被评为第十二届湖北省职工职业道德建设先进个人。湖北白洋长江公路大桥有限公司等2个单位获"湖北五一劳动奖状"，刘俊等2人获"湖北五一劳动奖章"，京珠高速公路管理处鄂北所收费二班等3个单位被评为"湖北省工人先锋号"。

突出文化熏陶，丰富交通行业精神文明建设内涵。组织开展"文明礼仪""文明餐桌""文明旅游""文明交通""网络文明"等宣传创建工作，在全省公交系统启动"日行一善"活动，参与"炎帝故里寻根节""温泉节""银杏节"等地方文明旅游活动保障。广泛开展"文明机关""文明处室""文明家庭"等创建活动，组织开展"交通文化月""我们的节日"等系列活动，全面启动"书香交通·文化同行"活动，通过开展创建一个品牌、打造一批书屋、推荐一批好书、办好一个讲

堂、组建一个微信群、搭建一个平台、开展一轮交流、组织一次征文、举办一场比赛、策划一次展览等"十个一"主题活动，引导广大干部职工好读书、读好书，培养干部职工积极健康志趣，随岳高速公路管理处被授予"全国交通运输文化建设卓越单位"称号，黄黄高速公路管理处戴茹冰获评湖北"最美诵读者"。组织开展"筑梦新时代、交通强省我先行"主题演讲比赛，来自各市州交通部门和厅直单位12组选手参加比赛。开展丰富多彩的读书分享活动，全厅系统组织2期交通运输系统读书分享会，240余名书友分享阅读《红色延安的故事》《诗的八堂课》等书的感悟和体会。组织开展第十届全国交通运输行业职业技能竞赛湖北省选拔赛暨湖北省交通运输行业第二届"交通工匠杯"职工职业技能大赛，举办全省高速公路系统第九届职工体能技能竞赛。

履行社会责任，展示交通运输行业文明新风尚。动员和组织厅机关及厅直单位参与文明城市、文明村镇(社会)建设，厅机关在职党员进社区活动。开展"金秋助学""重阳敬老""爱心妈妈""希望家园"等活动，为贫困地区儿童捐献新毛衣80余件，选派第八批次工作队入驻洪湖市万全镇黄丝村，8位爱心妈妈持续结对关爱留守儿童，厅机关20个党支部结对厅驻点帮扶的洪湖市万全镇黄丝村35户贫困户，组织交通"亮堂"志愿服务队为贫困户打扫清洁，策划举办"精准扶贫、送文化下乡"文艺巡演暨黄丝村"十星级文明户""脱贫光荣户"颁奖典礼。邀请交通运输部专家作军民融合专题讲座，组织机关党员干部到部队驻地开展国防教育暨军事实践活动，进一步加强交通系统干部职工国防意识，树立国家安全观念，推动军民融合在交通领域的深度发展。组织《宪法》专题讲座和新提拔干部宪法宣誓活动，开展"12.4"国家宪法日法制宣传教育，全年举办"送法进基层"专题培训14场次，全面提升交通运输系统干部职工的法治思维和法治意识。继续抓好交通运输系统企业信用等级评价工作，

提升行业诚信水平。

(邱欣年)

【党风廉政建设】 做好"三个表率""两个维护"更加自觉。组织厅党组中心组集体学习11次，举办副处以上党员干部专题培训班，全系统广大干部职工采取中心组集体学习、专题培训、党支部主题党日活动、个人自学等方式，深入学习习近平新时代中国特色社会主义思想和党的十九大精神，学习习近平总书记视察湖北重要讲话精神和关于交通运输工作系列重要指示精神，不断树牢"四个意识"，坚定"四个自信"，坚决做到"两个维护"，切实把一切工作置于党的集中领导之下，把加强党的领导体现在交通运输各领域、各项工作中。加强中央和省委重大决策部署落实情况监督检查，成立由厅领导挂帅的7个督导专班，深入县市、深入项目、深入一线，督查指导、答疑解惑、排忧解难，加大对贯彻落实中央和省委重大决策部署情况的监督检查力度。

层层压紧压实，"两个责任"落实有力。坚持第一时间学习传达和贯彻落实党中央从严管党治党决策部署，坚持将交通运输行业党风廉政建设会议开到市(州)，进一步强化责任清单、任务清单、履责纪实台账管理，让各级党组织、各级党委书记和纪委书记切实把责任担起来、落下去，形成层层传导压力、层层分解责任、层层抓好落实的工作局面。制定《湖北省交通运输厅党组巡察工作办法》，通过加强日常监督和专项督办、政治巡察等方式，倒逼责任落实，省交通运输厅成立2个巡察组，分两轮对省道路运输管理局、京珠高速公路管理处、雅口航运枢纽建设指挥部和信息中心等4家直属单位开展政治巡察，抓早抓小，形成震慑。同时，由厅领导带队检查考核2017年度落实党风廉政建设责任制情况，确定优秀单位4家，取消1家单位年度评先资格，指出厅直单位在推进党风廉政建设方面存在的突出问题及整改要求，并跟踪督办整改到位。

强化宣传教育，底线思维不断增强。纵深推进交通系统纪检监察宣传教育工作"六进"活动，健全经常性宣传教育工作机制，开展第十九个党风廉政建设宣传教育月活动，举办《宪法》《监察法》《纪律处分条例》《支部工作条例》等专题讲座，厅领导带头讲廉政党课，全厅系统3000多名党员参加全省党纪法规知识测试，集中观看《不忘初心警钟长鸣》警示教育片，编印发放《交通系统违纪违规案例选编(2017)》，教育引导党员干部"以案学纪"，保持政治定力，把握红线底线。利用报刊、网络、广播等媒体推出专题化、系列化宣传报道，培树一批交通系统勤廉典型，打造勤廉工作室，创新廉政文化走廊，做到廉政"眼睛看得到、耳朵听得到、日常感受得到"。

狠抓作风建设，促进发展成效明显。贯彻落实习近平总书记关于纠正"四风"不止步、作风建设永远在路上的重要指示精神，组织召开全省交通运输系统"转作风、抓落实、促攻坚"专题视频会议，针对形式主义、官僚主义新表现，集中整治能力不足"不能为"、担当不足"不敢为"、自律不够"乱作为"、履职不够"不作为"问题；大力践行"一线工作法"，做到领导在一线指挥，工作在一线落实，问题在一线解决，作风在一线转变。印发《加强党建引领工作推进交通"四大攻坚战"实施方案》等5个攻坚战方案，把攻坚责任压实到基层，让基层党组织和党员动起来，实现项目建设党员带队、服务群众党员带头、信访维稳党员当先。按照省纪委关于进一步加强扶贫领域监督执纪问责工作部署要求，集中8个月时间组织开展省交通运输厅扶贫领域监督执纪问责专项行动，成立11个督导组，集中对全省37个省精准扶贫县市区，重点就政治责任落实、规划计划执行、项目资金使用、工程建设管理、项目统计数据和驻点队员工作情况，特别是纪律作风问题进行专项督查。

扎牢制度笼子，监督机制不断完善。坚持问题导向，针对交通工程建设、运输服务、资金拨付管理等重点领域关键环节，查找制度漏洞，制定修订出台厅党组会议事和决策规则、货运车辆检验检测改革、全省治超联合执法等一系列制度，把权力关进制度笼子，让权力在阳光下运行。坚持把纪律挺在前面，对照"六大纪律"标尺，严格执行《问责条例》及"两个责任"追究办法，支持配合驻厅纪检监察组开展工作，强化对处室主要负责人廉政约谈，落实新任处级干部廉政谈话制度，加大对全省交通扶贫领域监督执纪问责工作再监督、再检查；支持驻厅纪检监察组参与厅党组"三重一大"事项决策实施的监督把关，严把干部任前廉洁评价关，对5名干部暂不任用或暂缓任用，对1名拟提拔处级干部违反廉洁纪律问题线索，及时进行核查了解，澄清事实，保护干部。准确运用监督执纪"四种形态"，重点用好"第一种形态"，及时调查核实、依规依据处理违纪违规行为和违纪干部，形成有力震慑。

(邱欣年)

【交通运输工会】 着力强化思想政治引领，坚定正确的政治方向。把学习贯彻习近平新时代中国特色社会主义思想和党的"十九大"精神、中国工会十七大精神、省工会十三大精神作为首要的政治任务，6月、8月、11月分别组织开展交通运输系统工会主席培训班、专题传达学习会、工会主席座谈会等，全体工会干部职工在深入学习的基础上，明确新时代新思想下工会工作的发展方向和主要任务，当好新时代工会工作"答卷人"。各级工会组织通过集中培训、主题宣讲、专家辅导等多样化形式，全方位地掀起学习贯彻热潮，团结引领广大交通运输职工听党话、跟党走，坚定走中国特色社会主义工会发展道路。

着力助推打赢"四大攻坚战"，坚定发挥主力军作用。打造劳动和技能竞赛升级版，在全省交通运输系统组织开展"进入新时代，展示新作为"主题劳动竞赛。围绕交通三年"四大攻坚战"专题开展"砥砺奋进新时代、'四大攻坚'建新功"主题劳动竞赛活动。分攻坚领域组织开展高速公路"攻坚杯"、干线公路攻坚战、"四好农村路"攻坚战、"决战决胜、打赢水运三年攻坚战"等为代表的重大项目劳动竞赛，各项目在各单位专业技术工种中组织开展阶段性、特色性劳动竞赛，近百万名职工参与其中，助推全省交通运输目标任务完成。2018年，由省交通运输厅牵头，联合省总工会、省人力资源和社会保障厅举办"第十届全国交通运输行业职业技能竞赛湖北省选拔赛暨第二届'交通工匠杯'职工职业技能大赛"，组织开展筑养路机械操作工(挖掘和压路项目)等5类7个项目工种竞赛活动，决出12名优胜选手代表参加全国交通

2018年4月28日，省交通运输厅启动"书香交通·文化同行"品牌创建活动

2月9日,2018年湖北省交通运输厅"交通文化月"系列活动落下帷幕

运输行业技能比武决赛,彰显新时代湖北交通职工新风采。多元化构建职工素质提升大舞台,利用职工劳模创新工作室、职工(产业工人)培训基地等平台,组织开展"万名职工技能大培训"活动。2018年获评湖北省示范性职工(劳模、工匠)创新工作室1个、湖北省职工(劳模、工匠)创新工作室2个、职工(产业工人)培训示范基地1个,命名交通运输系统职工(劳模)创新示范工作室3个、职工(劳模)创新工作室6个。在上年"六型班组"创建基础上,完成全省交通运输系统60名优秀班组长专项培训、500名班组长内部轮训目标。注重选树先进典型强引领,2018年获全国交通技术能手4名;湖北省五一劳动奖状2个、湖北省五一劳动奖章4名,湖北省工人先锋号3个,湖北省技术能手16名;获湖北五一巾帼奖1个,女职工建功立业标兵岗1个,女职工建功立业标兵1名,"最美娘家人"2名和"最美娘家人"提名奖1名。以评选表彰"五一"劳动模范和先进工作者为契机,在主流媒体上以"劳模专访""劳模风采"为专题,总结推广劳模工作经验,全面弘扬交通运输工匠精神和爱岗敬业风尚。

着力满足职工美好生活需要,坚定服务职工根本宗旨。坚持织密立体服务网提升职工幸福感,因地制宜打造"职工之家""爱心母婴室"、文体活动室等阵地和便民惠民场所,2018年获评湖北省"示范爱心母婴室"1个,创建命名厅级模范职工服务中心(站)13个。按照《全省工会"互联网+"服务职工体系五年建设规划》要求,探索建立和完善网上服务信息管理平台、工会智能化办公系统、服务职工平台等,使"数据多跑路、职工少跑腿"成为常态。坚持打好帮扶组合拳提升职工获得感,摸清困难职工底数,建立完善困难职工档案动态管理信息库,继续唱好工会普惠服务和帮扶服务"四季歌"。春节前夕,慰问困难职工(含困难党员)、劳模等9类129名职工代表。7月、8月,厅领导带队分组前往交通一线开展"走基层、送清凉"活动。8月、11月,开展"暖心励志·金秋助学""真情暖心、困难救助"等活动,将帮扶项目送往困难职工家庭。10月以来,针对治超集中整治工作的开展,组织慰问全省10个重点道路治超站点一线交通执法员工。坚持当好桥梁与纽带,提升职工安全感,各级工会抓好职工代表大会提案落实,答复率100%,职工满意度达95%以上。4月、5月联合机关纪委开展全省交通运输系统厂务公开工作巡查,6月,组织开展工会女职工工作情况调研,8月,陪同省总工会一行到高速公路收费一线开展"联帮促"活动,与职工同吃同住同劳动。以"安康杯"竞赛活动为契机,开展"安全生产月""平安交通""安全船舶"等创建活动,全省交通运输系统25家单位541个班组7582人报名参加"安康杯"竞赛活动,获2016-2017年度全国"安康杯"竞赛优胜集体1个、优胜班组1个、先进个人1名。

2018年11月30日,"书香交通·文化同行"湖北省交通运输厅第1期读书分享会在京珠高速公路管理处举行

着力深化交通文化品牌创建，坚定丰富交通运输文化内涵。做实"书香交通"文化品牌，探索实体书屋创建与电子书屋建设相结合的新模式，聘请专业团队在厅门户网站和工会子站、手机客户端建成"全省交通数字职工书屋"，进一步通过线上线下推动全民阅读进机关、进基层。省交通运输系统获省总、全总命名的职工书屋 16 个、厅级命名的职工书屋示范点 42 个。2018 年通过创建考核，命名厅级职工书屋示范点 17 个。通过发挥领导班子"带头"作用和基层工会组织"基础"作用，搭建湖北交通书香文化群、读书分享会等交流平台，做到月月推新书、季季有书评、人人爱读书、大家来分享。4 月，组织开展的"筑梦新时代、交通强省我先行"主题演讲比赛及"书香交通·文化同行"读书活动启动仪式，作为书香交通文化品牌创建中"十个一"的具体内容之一，在广大职工中获一致好评。7 月，交通职工徐鑫获省直机关"中国梦 劳动美"演讲比赛一等奖后，在全省职工演讲比赛中再获二等奖。打造文体活动特色新亮点，持续举办"交通文化月"，满足职工精神文化生活需要，各单位工会分别开展职工体能技能竞赛、第九届鄂西女儿会、汉十"文化周"等特色活动。7 月，省交通运输工会以展示改革开放 40 周年交通改革发展成绩为主题，组织开展全省交通运输职工书画摄影创作比赛，收获一批高水平的书画摄影作品，充分展现湖北交通先行发展的卓越成就和干部职工亮丽风采。

着力构建坚强有力工作体系，坚定提升综合服务能力。纵深推进工会组织建设，落实省总工会提出的"职工说了算"评价体系，坚持增"三性"、去"四化"，开展"强基层、补短板、增活力"行动，夯实工会工作基层基础。根据 2018 年年报统计，厅直基层单位均建立并完善工会组织，职工（含农民工）入会率 100%。市州交通局及直属二级单位均配备专职或兼职工会主席，基层工会管理不断规范。由省总工会交由经贸工会和省交通运输工

会联合承办的物流货运企业建会工作，在中国石油运输有限公司湖北分公司等 3 家试点单位展开推进。纵深推进从严治党管会，贯彻执行《湖北省基层工会经费收支管理实施细则》，聘请会计事务所对厅直 21 家工会财务审计，组织开展经费使用管理培训、工会经费内审和抽查检查以及困难职工帮扶资金专项检查，各级工会组织规范运转。纵深推进工会干部作风建设，深化"三亮"活动，践行工会主席一线工作法，广泛开展"联、帮、促"活动，大兴调查研究之风，搞好结对帮扶工作。6 月，在武汉大学举办全省交通运输系统工会主席培训班，学习相关法规制度、讨论交流工作经验、提升服务能力水平、锤炼过硬工作作风，切实当好交通运输职工的"娘家人"。

（张娟）

【离退休干部工作】 坚决维护以习近平同志为核心的党中央权威和集中统一领导。引导老同志认真学习贯彻习近平新时代中国特色社会主义思想和党的十九大，十九届二中、三中全会及省第十一次党代会精神，学习贯彻习近平总书记关于老干部工作的重要论述，学习贯彻党中央和省委重大决策部署，多形式多渠道向广大老同志宣讲党的十八大以来党和国家事业取得的历史性成就、历史性变革，教育引导广大老同志坚决维护习近平同志党中央的核心、全党的核心地位，始终在思想上政治上行动上同以习近平同志为核心的党中央保持高度一致。

组织开展主题教育。按照厅党组统一部署，结合交通实际，采取举办报告会、读书会、支部学习、座谈讨论等形式，利用好老干部活动中心、宣传栏、微信平台等阵地，开展主题教育，引导老同志珍惜光荣历史、不忘革命初心，永葆政治本色。组织引导老同志到交通运输行业一线讲好初心故事、讲好交通故事、讲好党的优良传统和作风、讲好优秀传统文化、讲好先进典型事迹、讲好改革发展变化等，为主题教育贡献力量。

组织引导离退休干部党支部和党

员学习遵守维护党章。结合推进"两学一做"学习教育常态化制度化，引导老同志把党的十九大报告和党章作为经常性学习内容，坚持学习遵守贯彻维护党章，争做合格党员，争当风范长者，始终做到对党绝对忠诚、与党同心同德，《中国共产党支部工作条例（试行）》出台后，及时组织离退休党员进行学习。

加强离退休干部党支部建设，发挥党支部战斗堡垒作用。落实离退休干部党建责任，把离退休干部党组织建设与在职人员党建同部署、同推进。落实党费对离退休干部党组织活动支持力度，加大离退休干部党费返还比例，落实离退休干部党组织书记和委员工作补贴及党支部工作经费。开展离退休干部示范党支部创建活动。落实支部主题党日等组织生活制度。按照机关党办每月主题党日活动安排，每月 10 日固定为离退休支部主题党日活动，按时组织离退休党员学习。根据厅老干部人数多、分片居住等特点，成立 2 个活动室，完善各项制度，促进工作制度化、经常化。组织老干部支部书记参加省委老干局组织的培训班，提高支部书记开展党务工作能力。按照有利于教育管理、有利于发挥作用、有利于参加活动的原则，探索老干部支部党员自我教育、自我服务、自我奉献的管理模式。发挥老干部党支部在离退休干部活动中的管理、兴趣团体组建、凝聚人心等方面的作用，为老干部开展学习教育、丰富文化生活、参加组织活动等提供便利，增强离退休干部党组织的吸引力感召力。坚持做到每周组织 1 次阅文、每月集中组织 1 次学习、每季度组织 1 次学习体会交流、每月通报 1 次交通工作情况，及时将省委、省政府、厅党组的决策和交通工作情况向老干部进行传达学习。注重发挥先进典型示范引导作用，坚持利用读书会、书法摄影展、心得交流等，每年对政治信念坚定、积极发挥作用、自身要求严格、家庭团结和谐的老干部进行表彰，调动广大老同志拥护支持改革、争做新贡献的积极性，保持老干部队伍思想稳定。

厅机关离退休党员积极踊跃交纳党费，4月离休干部陈杰去世，临终交代女儿向组织缴纳30000元作为特殊党费，体现一名党员的高尚品质。

用心用情做好服务管理，将涉老政策落地。确保"两个待遇"的落实。组织离退休干部春游和秋游，组织老干部到大桥博物馆参观交通发展成果。协调新华医院完善社区医疗上门服务工作，确保老同志看病取药足不出户，全年办理特诊病情审批300余人次，到医院慰问病人60余人次。

规范细致，坚持做好日常管理。工作中坚持"六必访"，即老干部生病住院必访、重要寿辰必访、新春佳节必访、矛盾纠纷必访、生活困难必访、丧葬大事必访。全年老干处走访厅直和厅机关离休老干部、老领导、遗属、生活困难和住院老人等100余人次。老同志提出的任何问题，厅老干处均核实情况了解政策，对能协调解决的积极协调有关部门解决，确属不能解决的问题做好说服工作。坚持热情接待、认真倾听、真诚交流、耐心解释，不回避、不推诿，及时向相关单位或部门反映情况、化解矛盾，消除不稳定因素，维护交通和谐稳定局面。

组织老干部参与社会公益活动。紧扣"展示阳光心态、体验美好生活、畅谈发展变化"主题，引导老同志参与"和谐社区创建""全民读书"等活动。按照省直关工委统一安排，厅关工委组织到省未管所对未成年服刑人员开展"一对一"结对帮教。厅6位老干部结对帮扶6名少年犯，让失足少年牢记教训踏实改造，早日回归社会，做一个对社会有用的人。开展形式多样的文化活动，让老同志老有所乐。组织参加省委老干部局举办的庆祝改革开放40周年系列文体活动，安排部署改革开放40周年书画作品展、征文等系列活动。编写老干部书画、纪念文章。

打造让老干部信得过的工作队伍。开展调研，创新老干部工作思路。围绕加强老干部服务工作，为党和人民事业增添正能量开展调查研究。创新工作思路，通过对厅机关及厅直单位老干部工作的调研，探索做好老干部工作新思路。加强老干部工作部门自身建设，为老干部工作人员进步成长创造条件，及时帮助解决思想、学习、工作、生活等方面困难，不断提高老干部工作者政策运用、管理服务、沟通协调、开拓创新能力，建设一支讲政治、重感情、业务精、作风好、老同志信得过的老干部工作队伍。加强厅直单位老干部工作组织领导、人员配备、经费安排以及经常性工作督促检查，确保工作有人管、事情有人办、经费有保障。

(胡树江)

【交通宣传报道】 延伸"广"度，建立立体的内部宣传网络。围绕厅党组决策部署和重点工作推进落实情况，明确专人专报，做到调研有配合报道、活动有深入报道、落实有跟踪报道，实现交通动态新闻报道全覆盖。利用自办报纸、杂志等传统媒体传播方式，常设交通"四大攻坚战"专栏，策划和搜集交通运输领域好经验、好故事，严格按时出版发行，做到新闻宣传覆盖全行业、全部门。利用交通门户网站、微信、电子屏等新媒体传播方式，在湖北省交通运输厅网站上设置"四好农村路"、扫黑除恶、安全生产等专栏，及时更新《交通快讯》《媒体看交通》等栏目内容，在长江云交通栏目、《湖北交通》微信公众号上，及时刊发交通新闻，利用交通电子大屏，滚动播放交通成果图片，内部宣传平台建设不断夯实完善。

聚焦"强"度，营造声量巨大的对外宣传。围绕交通主业，以交通项目集中开工、交通精准扶贫、公交行业"日行一善"、交通投融资、"最美货车司机"、运输结构调整等为主题，及时、准确、有效地开展和策划对外宣传报道，在行业内外壮大交通发展声量。省交通运输厅与湖北日报、湖北电视台等省内重点媒体建立良好的合作关系，在湖北日报开办交通行业版，在湖北交通台定期推出湖北交通新闻，在湖北电视台平均每周播发1~2条交通新闻。邀请新华社、人民日报、湖北日报、中国交通报、湖北电视台等中央驻汉和省内主流媒体记者，开展"四好农村路"、交通扶贫和最美货车司机等集体采访，做到报纸有文章、电视台有新闻、电台有声音、新媒体有内容。作为湖北交通行业新闻宣传主阵地——《中国交通报》，省交通运输厅相继策划和撰写交通项目开门红、运输结构调整六大工程等头条和专版文章，通过《中国交通报》这个平台，全面展示湖北交通形象，湖北交通每月发稿量稳居全国各记者站前列，湖北站每年都被评为全国最佳记者站、正副站长均被评为"全国十佳站长"，连年在全国会议上交流经验。每年按时按质完成《湖北交通年鉴》的组稿、编辑、出版。

11月，全国首部反映"四好农村路"建设的电影《村路弯弯》在武汉首映，交通运输部向全国交通部门和基层推广，在湖北省各县市交通系统、农村巡回放映，并在全国公映。厅宣传中心筹划拍摄《村路弯弯》，派专人与剧本创作人员一起，到湖北省20多个县市区、100多个行政村、采访1000余名对象，收集"四好农村路"素材，广泛征求交通运输部、省文联、电影家协会专家和专业影评人意见，完成影片全部制作任务。

(赵超)

调查研究

高位谋划　强力推进
促进多式联运高质量发展

湖北省交通运输厅　朱汉桥

近年来，我省认真贯彻落实习近平总书记关于交通运输工作的重要指示和视察湖北重要讲话精神，着眼湖北经济转型升级新要求，坚持政府引领、市场主导、高位谋划、强力推进，坚持跨方式、跨部门、跨区域创新协作，努力走出一条结构优、质量高、效益好、带动力强的多式联运发展新路子，为促进湖北高质量发展提供有力交通支撑。

一、政府引领，多式联运发展保障有力

一是部省合作谋大局。2018年交通运输部与我省签订了《关于加快湖北省交通运输发展2018—2020合作协议》，明确支持交通强国湖北示范区建设，支持多式联运发展。省政府出台推进多式联运发展意见，确定了多式联运工作目标、工作重点，省财政统筹安排资金支持多式联运示范工程建设。

二是超前谋划引方向。武汉长江中游航运中心总体规划已获省政府批复，制定了以铁水联运、江海直达为主的多式联运物流中心的发展战略。编制完成了《湖北省多式联运发展战略与政策研究》《湖北省多式联运示范工程总体方案》和《武汉城市圈多式联运发展研究》，确立了将湖北建设成为国家多式联运中心战略定位，规划了我省多式联运"三纵两横四支线"和由武汉、宜昌、襄阳、黄石、荆州"1+4"联运节点组成的多式联运布局。

三是政策支持添动力。自2016年起，对使用通衢卡的货车用户给予减免高速公路通行费10%~20%的优惠，对全省14个高速公路收费站进出省内长江沿岸12个主要港口的国际标准集装箱运输车辆，实行高速公路通行费50%优惠，累计优惠金额7亿多元。

武汉、宜昌、黄石、仙桃、荆门等地相继出台集装箱多式联运专项补贴政策，以"真金白银"有力促进了当地多式联运发展。

二、强力推进，多式联运发展步伐加快

一是强化部门共建。2015年，省交通运输厅与中铁武汉局公司签订了共建协议，加强规划衔接，促进集疏运体系建设，共同推进多式联运发展。建立健全多式联运会议协商制度，与省发改委等单位共同谋划推进武汉、黄石、宜昌、鄂州等地5个国家级示范工程建设，开展省级多式联运示范工程创建，一大批铁水、公铁、公空多式联运项目在省内全面开花。与民航、邮政等部门合作，我省邮政企业广泛运用多式联运，多式联运比例约占我省国际邮件出口量的23%。

二是坚持克难攻坚。省政府领导多次实地调研指导长江航运中心建设、多式联运发展，积极破解"最后一公里"难题。针对阳逻港铁水联运进港铁路推进难的问题，省、市、区三级政府，按照交通运输部的部署，充分发挥骨干港航企业的主力军作用，以"三铁"精神奋力攻坚，初步打通了铁水联运"最后一公里"。针对阳逻港经营主体不统一，船舶靠港效率低等问题，武汉市政府领导多次赴阳逻港现场办公，协调解决各种分歧，2018年7月合资经营合同和多主体整合备忘录正式签订，标志着"一主体"运营初步实现。

三是着力强基补短。加快推进水运主通道能力建设，长江航道"645"工程、汉江航道整治工程进展顺利，连接长江和汉江的江汉运河已建成通航，碾盘山以下航道提升为千吨级航道。干线铁路通道建设加速推进，争

取国家制定了推进沿江高铁实施方案，沿江高铁武汉至宜昌段即将启动。枢纽集疏运体系加快完善，一批重点港口枢纽的集疏运项目纳入国家《"十三五"港口集疏运系统建设方案》及省相关交通规划，主要港口核心港区的疏港公路实现二级及以上公路连通，阳逻港、棋盘洲港、宜昌港疏港铁路建成运营，长江主要港口的铁路集疏运比例进一步提升。国际航线通达40国家和地区，顺丰航空枢纽即将进入大建设阶段。国内16个主要快递品牌在湖北设立了分拨中心，快递网络已实现省、市、县、乡四级全覆盖。

三、成效初显，多式联运发展迈向高质量

一是长江中游航运中心提档加速。适度超前建设了武汉港、黄石港等主要港口的规模化、专业化港区，湖北省港口整体吞吐能力进一步提升，达到3.3亿吨，集装箱通过能力已达到448万标箱。武汉新港空港综合保税区获批，采用"一区两园"模式，涵盖阳逻港和吴家山铁路中心站。核心港区阳逻港已成为长江南京以上最大的内河单体集装箱港，今年累计已完成153.7万标箱，同比增长17.6%。

二是铁水联运示范工程成效凸显。国家级示范工程加速推进，武汉集装箱铁水联运示范工程2018年累计完成3.1万标箱，同比增长93.8%，基本打通了武汉向东海上丝绸之路向西陆路丝绸之路。黄石新港铁水公联运示范工程在长江中上游率先实现了铁路与港口水运无缝对接并实现常态化运营，港区后方物流用地和工业用地成功引进宝钢产业园、新港重工科技精品板材、新兴管业绿色铸造产业园、大冶有色多基固废清洁生产基地四大工程进驻，以港兴产、以产兴城、港产一体、

协调发展。全省集装箱铁水联运和煤炭铁水联运发展迅猛，2018年全省重点港口铁水联运箱量同比增长250%，中铁武汉局公司2018年铁水联运发送量比2017年增长1倍以上。

三是江海直达快速增长。武汉至上海洋山港已实现天天班运营，武汉"泸汉台"集装箱近洋航线、武汉至东盟四国航线、武汉至日韩航线等"水水"中转品牌航线不断巩固，成为中部地区对东盟国家的重要水运物流大通道。武汉"江海直达"航线共运行281个班次，武汉港集装箱水水中转占比达到40%，已经成为中西部地区最佳"出海口"。

四是中欧（武汉）班列产业聚集效益显著。借助"汉新欧"通道和"江海直达"航线的有效对接，中欧（武汉）班列打造了一条贯穿"一带一路"及长江经济带的国际集装箱铁水联运闭合环线，外贸拉动效应明显，以台湾冠捷、奇宏为代表的一批生产企业陆续登录湖北，全省汽车、钢铁、光电子、消费电子、航空等支柱产业通过铁路"走出国门"。2018年中欧（武汉）班列共发运1240列，其中回程643列，占总数的51.9%，是全国唯一回程货量高于去程货量的城市班列，实载率达97%，居全国前列。

五是喂给航线、翻坝运输等运输组织方式异军突起。积极启动汉江沿线港口至武汉港的集装箱喂给航线，2018年汉江荆门港完成集装箱吞吐量1.6万标箱，同比增长304.2%，仙桃港自2018年3月运行以来，平均月增长55.3%。此外，武汉新港与宜宾、泸州、宜昌、荆州等地港口建立小支线，与武汉市域内港口谋划试行区域绿色短驳航线，干支衔接水平不断提升。三峡翻坝运输重载汽车滚装翻坝年货运量约1500万吨，减轻三峡船闸过闸压力约11%的货运量。

下一步，我厅将积极落实国务院办公厅《推进运输结构调整三年行动计划（2018—2020年）》要求，学习借鉴兄弟省市的先进经验，再鼓干劲，再添措施，努力为推进全国多式联运发展作出新的更大的贡献！

派驻监督工作高质量发展的实践与思考

湖北省纪委监委驻省交通运输厅纪检监察组　刘汉诚

一、近年来派驻监督工作的实践

近年来，驻省交通运输厅纪检监察组发挥"派"的权威和"驻"的优势，在高质量推进"五个监督"上做了一些探索，取得了一定成绩。

（一）提高政治站位，高质量推进政治监督。

一是抓住"牛鼻子"推动主体责任落实。督促召开全省交通运输党风廉政建设工作会议，认真及时传达并深入学习中央纪委全会和省纪委全会精神，驻厅纪检监察组坚持逐年通报履行监督责任的情况，对下一年度重点工作进行安排部署，并逐级分解党风廉政建设目标责任，层层签订责任书，层层压实管党治党从严治党主体责任。二是对厅系统贯彻落实党中央、省委系列重大决策部署情况进行监督检查。坚持围绕中心，服务大局，为打好交通运输领域三大攻坚战提供纪律保障，参与制定交通系统重大廉政风险和隐患研判指南，积极推进贫困县市自然村和撤并村通畅工程实施，全力抓好中央生态环保督察"回头看"反馈问题整改工作。三是着力净化政治生态。准确把握"树木"和"森林"的关系，加强对班子和班子成员的监督，加强对中层干部和全体党员的监督，做好纪律处分后半篇工作，配合省纪委做好对原厅党组成员、副厅长谢强的处分决定宣布工作，将处分宣布会办成一次纪律警示会、廉政教育会、法规宣传会，教育班子成员以案为鉴、警钟长鸣。对风险防控措施进行查漏补缺，筑牢拒腐防变的思想和法纪防线。

（二）坚持防微杜渐，高质量推进日常监督。

一是严肃党内政治生活。立足长常，把"四种形态"第一种、第二种形态的工作做实做细，坚持咬耳扯袖、红脸出汗，防止小问题酿成大问题。督促高质量开好民主生活会，对厅直各单位2018年度民主生活会开展全过程监督检查，确保直面问题揭短亮丑，相互批评直言不讳，对个别对待民主生活会不认真、不用心的干部，分别进行约谈和批评教育，切实起到"红脸出汗"效果。二是对廉政风险点实施动态监控。坚持"三重一大"集体决策情况报告制度，全面监督"三重一大"集体决策情况，定期研判厅直单位班子成员廉洁自律情况，深入排查项目资金分配、工程招标采购、机电养护等重点领域、重点环节的廉政风险点。严把干部选拔任用政治关、廉洁关、形象关，为37名拟提拔重用干部在干部选拔任用工作中开了"路条"，对5人提出了暂缓或不予使用的意见，对新提拔重用的干部逐一进行了廉政谈话。三是加强廉政宣传教育。扎实开展党风廉政建设宣传教育月活动，督促厅党组召开中心组学习会，集中观看警示教育片，开展讨论交流发言。开展领导干部"公开诺廉"活动，组织处级以上干部撰写诺廉格言警句，通过上栏、上墙、上网、上报公开展示，并汇编成册交流学习。结合交通实际，制定出台省交通运输厅党员领导干部廉洁自律"十五不准"，印发警示卡片人手一份。开展"品读红色家书、不忘初心使命"红色经典分享活动，重温革命历史、传承红色基因、弘扬革命精神。

（三）保持坚强定力，高质量推进作风监督。

一是严防节日腐败。坚持在节日前夕以多种形式向驻在部门党员干部发信号、打招呼、提要求，坚持发送廉政短信重申廉洁过节纪律要求，组织各级党员干部认真学习中央纪委和省纪委公开曝光违反中央八项规定精神问题的通报，组织开展公车私用、私车公养、滥发钱物、利用空白公函违规公务接待、在隐秘场所违规公款吃喝等问题的明察暗访、随机抽查，积极营造风清气正的节日氛围。二是着力整治形式主义、官僚主义。对交通运输系统形式主义、官僚主义问题进行专题调研，提交了《关于交通运输系统形式主义、官僚主义问题主要表现及治理对策》的专题报告，印发了《关于开展形式主义、官僚主义问题自查整改工作的通知》，聚焦省交通运输厅系统可能存在的7类形式主义、官僚主义问题，督促开展自查整改工作。驻厅纪检监察组进行暗访调查，对发现在自查整改工作中不认真、不负责、敷衍塞责的单位和个人，严肃追责问责，并追究有关单位主要领导、分管领导和相关责任人的领导责任和直接责任。三是坚决遏制"四风"反弹。持续释放正风肃纪的强烈信号和鲜明态度，对厅直单位1名处级干部违规收受礼品礼金问题进行立案审查，给予党内警告处分；对厅直单位2名处级干部违规收受礼品礼金问题进行谈话函询，给予批评教育处理并责令作深刻检讨；对1名厅直单位主要领导干部和1名副处级干部以打麻将方式进行赌博问题予以停职检查并立案审查。

（四）突出标本兼治，高质量推进执纪监督。

一是强化审查调查工作，持续释放越来越严的强烈信号。按照信访举报工作"一规则、二制度、三办法"要求，发挥信访核查的基础作用，对收到信访举报件，认真受理认真办理或澄清事实，予以了结；或诚勉谈话组织处理；或转初核立案，给予纪律政务处分，做到件件有着落，事事有回音；坚持重遏制、强高压、长震慑，实施全员办案，按照问题线索四类处置方式，经组务会集体研究确定分办和处理意见，分别予以谈话函询，初步核实，转立案审查调查。二是督促落实中央脱贫攻坚专项巡视反馈问题整改任务。驻厅纪检监察组将整改工作任务进行分解，明确到具体责任部门和责任人，分别约谈省交通运输厅办公室、机关党委、计划处、建设处等相关部门负责人，压实责任，传导压力。针对问题较严重、项目集中的通山县、巴东县和房县3个县交通运输局下发《整改通知书》，明确指出项目存在的问题，要求逐一核实，限期整改到位。截至目前，对37个责任单位分别给予警告、通报批评、书面开出行政处罚罚单处理；对82人分别给予政务、党纪和组织处理。三是持续开展扫黑除恶专项斗争。督促省交通运输厅制定《湖北省交通运输扫黑除恶专项斗争资料台账和宣传工作方案》，在客运站、港口码头、交通工程施工等人群集中的地方，组织张贴《关于深入开展扫黑除恶专项斗争的决定》，持续宣传，形成声势和震慑。组织全行业开展扫黑除恶专题调研督导，涉及17个市州交通运输局及二级单位和企业、15个厅直单位及20余个处室、站所，对涉及砂站码头、客运出租等重点部位的问题及时督促整改，向公安机关移交了一批线索。

（五）践行自身过硬，高质量推进内部监督。

一是完善支部组织建设。严肃支部组织生活会，开展批评与自我批评，完成党员民主评议，坚持每月一次的支部主题党日活动。召开支部党员大会选举了新一届支委，明确各支委分工。在完成委机关党委规定动作的同时，支部书记带头讲党课，定期开展党员干部交心谈心、知识测试、警示教育、廉政参观，不断增强政治自觉、夯实党建基础、发挥凝聚作用。二是强化自身监督。定期通报厅机关和厅直属各单位纪委开展纪律审查相关工作情况，组织厅直单位纪委书记年度述职述廉，约谈测评得分靠后的纪委书记，指出存在的问题和不足、提出意见和建议。定期通报纪检监察干部违纪违规案例，严格对标省纪委"十五不准"行为规范和"十一不得"规定

抓好落实。三是提升队伍能力素质。组织召开厅直单位纪委书记学习会，积极指导基层纪委落实好监督执纪问责责任，集中学习《中国共产党纪律检查机关监督执纪工作规则》，进一步明确信访举报受理办理、问题线索处置、谈话函询、初步核实、立案审查调查等各环节具体要求。

在看到纪检监察工作取得成绩的同时，也要坚持问题导向，高度重视交通系统仍然存在的一些问题：一是有的主要领导和班子成员对"两个责任"认识模糊，讲起来重要、干起来次要，会上重要、会下次要，领导之间、单位之间落实主体责任不够平衡；二是落实监督责任的底气不足、胆气不壮，办法不多，效果不佳；三是项目资金分配、工程招标采购、机电养护、财务支出以及行政执法、行政审批、交通运输服务等领域的风险防控措施不够扎实，不敢不能不想腐的机制不够完善、违纪违规违法问题还时有发生；四是严管厚爱，激励干事创业，为担当者担当，为负责者负责的成效还不够明显。这些问题，需要在以后的工作中认真研究解决。

二、下一步派驻监督工作高质量发展的思考

按照省纪委监委在全省纪检监察系统开展"推进纪检监察工作高质量发展"大调研活动要求，我组高度重视，结合派驻监督省交通运输厅实际，认真调查研究，现就以高质量监督促进纪检监察工作高质量发展提出相关意见建议。

（一）高质量监督需要全方位的政治监督。紧紧把握派驻机构是代表上级纪委对下级党组织进行监督的政治机关的职能定位，全方位拓展政治监督的广度与深度是高质量监督的关键所在。一要善于从政治上认识和看待纪检监察工作。纪检监察工作本质是政治工作，开展政治监督必须旗帜鲜明讲政治，必须把政治纪律和政治规矩摆在首位。将践行"两个维护"作为重要政治任务和根本政治责任，在监督检查落实党中央、省委系列重要决策部署上聚焦发力，重点助力打好交通运输领域三大攻坚战重点战役，

压实厅系统各级党组织的政治责任，强化督查督办，对责任落实不力、推诿扯皮、没有完成工作任务的，依纪依法严格追责问责。二要注重政治生态监测评估。对驻在部门进行政治生态监测预警与分析研判是做好政治监督的基础性工作，要全面掌握驻在部门思想动态、班子团结、干部作风、选人用人、廉洁自律等情况，实现对厅系统各单位部门、领导干部、班子成员的"把脉问诊"和"精准画像"，努力营造积极向上、干事创业、风清气正的良好政治生态。三要实施靶向治疗。政治监督具体来说要瞄准政治意识不强、政治立场不稳、政治能力不足、政治担当不够等突出问题，坚决纠正"不敬畏、不在乎、喊口号、装样子"等行为，坚决查处有令不行、有禁不止、上有政策、下有对策的行为，坚决清除政治上蜕变的"两面人"。

（二）高质量监督需要全天候的日常监督。派驻机构具有与驻在部门同在一个办公楼办公的显著优势，全天候近距离采取日常监督是高质量监督的重要手段。一要紧盯"关键少数"。日常监督要重点盯住党员领导干部这个"关键少数"，传导管党治党责任，带动"绝大多数"。我组派驻省交通运输厅三年来，尽管厅主要领导换了三任，但坚持定期与每任厅党组主要负责人和班子成员专题研究党风廉政建设和反腐败斗争重大事项，及时传导压力、压实责任，确保以点带面，实现管住"绝大多数"的效果越来越显现。二要抓早抓小，动辄则咎。日常监督要立足常长，从点滴小事做起，发现苗头就要及时进行提醒，有了疑点就要及时谈话警示。综合运用站岗放哨、决策参与、督促协调、明察暗访、专项治理等监督方式，经常抓、抓经常，持久抓、抓持久，实现在监督中参与、在参与中监督，把咬耳扯袖、红脸出汗融入日常管理中，从而达到事半功倍的效果。三要坚持严管厚爱。树立澄清事实也是政绩的理念，建立容错纠错机制，激励支持党员干部敢于担当、善于担当、体现担当，想干事、能干事、干成事、不出事。

（三）高质量监督需要全视角的作

风监督。在防止"四风"问题反弹的同时，深化对疑难问题的治理，全视角把控作风监督是高质量监督的有效抓手。一要坚决整治形式主义、官僚主义。形式主义、官僚主义涉及面广、影响广泛，在抓住普遍问题的同时，治理具有行业特点的问题，切实为交通系统基层减负，让基层干部从一些无谓的事务中解脱出来，更好地投入到干实事、求实效中去。要紧盯"政令空转""闭门施策""为官不为""推诿扯皮""过度留痕""卸责甩锅""文山会海""督考繁复"等形式主义、官僚主义顽疾，开展整治形式主义、官僚主义专项行动，驰而不息、久久为功；把握阶段性目标，在整治实效上取得真正的突破。二要坚决纠正损害民生利益的行为。坚持把人民群众拥护不拥护、赞成不赞成、满意不满意，作为作风监督工作的出发点和落脚点，办实办好交通民生实事，强力纠治交通扶贫领域出现的违规决策、弄虚作假、瞒上欺下问题，坚决惩治贪污侵占、虚报冒领、截留挪用交通项目建设资金等违纪违法行为。注意排查交通领域在环境保护督查、防范金融风险、维护社会稳定和机构改革工作中存在的突出问题，及时调查处理，化解矛盾，排除隐患。三要树立正确政绩观、权力观。作风问题背后是政绩观错位、权力观扭曲。党员干部特别是领导干部时刻都要坚持党性原则，牢记为人民服务的根本宗旨。要彻底摒弃落实工作等待观望、拈轻怕重，使用权力以权压人、以势欺人，以及拍脑袋决策、搞"一言堂"等顽疴痼疾。

（四）高质量监督需要全过程的权力监督。驻在部门在其职能范围内，对人、财、物、事等各项权力都存在着不同的廉政风险点，全过程实施权力监督是高质量监督的核心要素。一要持续推进"廉政阳光交通"建设。梳理交通系统行政权力，紧紧围绕工程、审批、执法、服务和财务收支等重点部位、重要环节规范权力运行程序，重点抓好人、财、物管理，完善源头治理措施，不断完善监督办法，及时堵塞机制制度漏洞，在工程招投标、政府采购、网上审批、执法规范化建设和阳光服务等方面，推动形成"廉政阳光"行动自觉。二要不断加强廉政风险防控。督促厅直属单位和厅机关各处室对预警防控廉政风险工作进行自查自纠"回头看"，深入排查项目资金分配、工程招标采购、机电养护等重点领域、重点环节的廉政风险点，重新进行分析、研判和评估，实现对廉政风险点实行动态管理，研究制定预警防控的关键措施并狠抓落实。三要健全完善规则制度。进一步完善交通建设项目"事前预防、事中监督、事后查处"的监督制约机制，确保项目程序规范、资金使用合理。积极探索"先审后补、以奖代补"的省补资金交通项目立项方式，坚决破除市州县"为争补助硬上项目""夸大投资规模争取最高补助"等突出问题。健全完善权责统一、奖惩分明的工作机制，进一步压实主体责任，夯实"一把手"负总责，谁主管谁负责，一级抓一级、层层抓落实的责任制度，坚决把责任的落实情况同干部的奖惩、任免、进退、去留相挂钩。

（五）高质量监督需要全覆盖的执纪监督。交通系统反腐败斗争形势依然严峻复杂，决不能有松劲、歇歇脚的想法，更不能有疲劳厌战的错误情绪，坚持挺纪在前，保持高压态势不动摇，加强全覆盖的执纪监督是高质量监督的执行利剑。一要高度重视信访举报和线索处置工作。牢固树立执纪审查程序意识和证据意识，所有信访举报件都要按规定及时处理，确保无遗漏、无积压，事事有着落，件件有回应。同时对不负责任、道听途说、甚至编造事实、造谣诽谤、诬告陷害的，也要严肃查处，坚决惩治，为受诬告的干部澄清正名。二要一体推进不敢腐、不能腐、不想腐。强化不敢腐的震慑、扎牢不能腐的笼子、增强不想腐的自觉，三者构成紧密相连、相互贯通的有机整体，贯穿全面从严治党从治标为主到深化治本、坚持标本兼治的全过程。执纪监督要树立系统思维，坚持整体渐进和局部突破相结合，通盘谋划、同步推进，做到惩中有治、治中有惩，通过一案一曝光、一案一剖析、一案一整改，既强化惩的震慑，也发挥治的长效。三要努力取得良好综合效果。执纪监督要注重政治效果、纪法效果、社会效果的有机统一。对党的十八大后仍然不收敛、不收手，顶风违规违纪违法案件，要敢于亮剑，从严从重从快，坚决予以查处，毫不心慈手软，持续释放越往后执纪越严的强烈信号。对主动认错悔过、积极配合组织调查，以及具有其他从轻或者减轻处分情形的，要坚持"惩前毖后、治病救人"方针，实行惩戒和教育相结合，把握好政策界限，做到宽严相济、区别对待。要增强执纪监督风险意识，提前防范、及时发现、有效处置办案过程中的各类风险，尤其要严格审查调查安全责任制，严防各类办案安全事故发生。

（六）高质量监督需要全过硬的内部监督。打铁必须自身硬，管住监督执纪权力，正风肃纪反腐的腰杆才能更直、底气才能更足，践行政治过硬、业务过硬、作风过硬、纪律过硬、廉洁过硬、学习过硬的内部监督是高质量监督的根本保障。一要强化思想理论武装。要持之以恒学习贯彻习近平新时代中国特色社会主义思想，不断提高政治站位、政治觉悟、政治能力，在思想和行动上不折不扣贯彻好、落实好"两个维护"，通过实践锻炼磨砺纪检监察干部的政治品格和斗争精神。二要加强内控机制建设。坚持"五管一体"，即将管人、管权、管案、管事、管物结合起来，形成派驻机构负责人一岗双责、纪检监察干部人人担当尽责的责任体系，把监督贯穿执纪执法全过程和各环节，严格执行省纪委"十五不准"行为规范和"十一不得"若干规定，坚持刀刃向内清理门户，净化优化纪检监察干部队伍。三要不断提高专业化水平和队伍素质。加强交通系统纪检监察干部分级分类培训和练兵，加强全省交通运输行业内纪检监察工作交流，进一步激活厅直单位监督网络"神经末梢"，以更高标准更严要求全面适应在监督下履行责任的新常态，锻造忠诚干净担当、让党和人民放心、群众满意的纪检监察干部队伍。

高速公路ETC发展应用工作调研报告

湖北省交通运输厅　王本举

重视调查研究,是我们党在革命、建设、改革各个历史时期做好领导工作的重要传家宝。习近平同志指出:领导干部不论阅历多么丰富,不论从事哪一方面工作,都应始终坚持和不断加强调查研究。8月6-8日,我带领撤站指挥部综合协调办、厅人劳处、工会、联网中心、宣传中心有关同志,赴天门、荆门(沙洋县)、荆州、宜昌四市,对高速公路ETC安装发行,进行了为期两天的专题调研,面对面座谈交流,广泛听取意见建议。

一、上下同心,共同发力,在为民尽责中守初心担使命

一是政府领导给力。省委省政府将ETC安装发行作为重大政治任务、重大经济工作、重大民生工程来抓。蒋超良书记、王晓东省长、曹广晶副省长高度重视,多次亲自在全省性会议上安排布置,经常了解询问ETC安装发行工作。省政府专门召开推进深化收费公路制度改革取消高速公路省界站工作电视电话会议,省政府办公厅印发大力推进高速公路ETC发展应用实施方案,省委宣传部专门召开加快全省高速公路ETC发展应用新闻发布会。省交通运输厅及时组织ETC发展应用政策宣贯培训,并联合省机关事务管理局、省政府国资委印发关于公务用车全面安装ETC的通知,联合省公安厅印发机动车辆及时安装ETC的通知。厅长朱汉桥亲自到交通运输部汇报争取支持,亲自督办指挥。在省委省政府的领导下,全省交通运输系统主动担当作为,目前已形成省、市、县、乡镇、村五级联动,上下同心、共同发力,你追我赶、不甘落后的发行局面。

二是市场主导给力。银行是ETC发行安装服务的主体。省交通运输厅积极争取省政府支持,先后两次召开备选拓展银行沟通会。目前,已有工行、建行、农行、中行、邮储银行、省农信联社及其省农商行、交通银行、招商银行、华夏银行、汉口银行、湖北银行、武汉农商银行12家银行及其系统,成为高速公路ETC合作银行。各银行采取"线上+线下""固定网点+流动网点""合作银行+自营网点"相结合方式,多策并举力促发行,实现了对全省乡镇级行政区的全覆盖。截至8月7日,建设银行发行量最大,累计发行111.06万辆,占比29.9%;省农信联社及其省农商行全行高度重视、全力优惠、全面宣传、全行优化服务、全员人人参与,发行进度最快,累计发行96.46万辆,新增64.44万辆,增长201%,本籍车净增量排名已由第五位跃升到第二位。

三是安装发行数据给力。截至8月7日,我省ETC累计发行397.30万户,占发行用户总目标648.16万户的61.30%,全国排名由19位上升到第10位,周发行量和周完成进度基本保持在前三位。

四是调研的四市工作给力。对宜昌、荆门、荆州、天门四市工作的调研中,我们感到,四市党委政府、交通及有关部门高度重视,加强组织领导,细化工作方案,层层压实责任,超常规运作,超常态推进,推进措施各具特色,ETC发行持续向好。截至8月7日,荆州市累计完成进度69.34%,排名全省第5;荆门市累计完成进度68.69%,排名全省第6;宜昌市累计完成进度67.49%,排名全省第7;天门市累计完成进度47.37%,排名全省第16。天门市政府及交通运输局负责人在座谈会上表示,将进一步提升政治站位,加大工作力度,克服畏难情绪,正视差距,迎头赶上。

二、奔着问题,检视问题,在走深走实中找差距抓落实

调研中,先后走访7家合作银行的7个ETC办理网点,查看了解7家合作银行的发行情况,与现场办理ETC用户面对面交谈,慰问ETC发行工作人员,召开有当地政府领导、交通运输部门、公安交通管理部门、合作银行负责人等参加的4个座谈会,面对面交流近百人次。

(1)短期内电子标签(OBU)设备供应不足越来越突出。7月以来全国范围内大面积发生缺货情况,主要原因是发行工作全国同时启动,OBU生产厂商准备不够充分,尤其是上游的芯片、电池、电容、微动开关等厂家都没有料到需求会突然爆发,造成OBU生产厂家产能不能满足全国市场所需。我省的OBU一直由各银行省行自行向厂家采购,再分发到各市州支行。从全省来看,初步统计,截至7月底,OBU设备缺货量已达56万个。从调研的四市来看,由于农商银行安装发行量大,缺货占发行量的比重最大。天门市农商银行缺货50%;荆门市总体缺货90%,沙洋县农商银行缺货60%;荆州市农商银行缺货70%、工行缺货60%,按照该市每周发行2万辆ETC计算,全市各银行缺口达到1.5万个;宜昌市工行缺货60%,仅农商银行缺货就达1.7万个。大量已登记办卡车辆无法安装OBU设备,严重制约办理进度。

(2)后续工作难度会越来越大。一是部分工作人员出现疲劳疲倦情绪。由于持续高温天气、长期5+2、白+黑,加班加点工作,有的银行工作人员白天在网点接待,夜晚加班录入数据到凌晨2点,有的工作人员还提出要向当地人社部门去投诉;二是发行重点区域已从城区转向郊区和乡村。发行

重点对象更多面向乡村车主。由于认知度差异、高速公路使用率等原因，城区有的未装车主还在继续等待观望，乡村车主"不上高速不用装不愿装"。三是随着未安装用户的不断减少，安装发行效率也不断降低。就像池塘打鱼，刚开始一网下去就有鱼，到后期可能出现一网下去打不到鱼。荆州市邮储银行在市车管所门前设立的办理网点，7 到 8 人驻点 3 天，安装发行 19 个，平均 1 天 1 人安装 1 个。四是车主的准确信息不够精准。由于 ETC 用户目标数量是根据车辆保有量测算出的预测数，不是车辆实际拥有数，加之无法获取车主的准确信息，到后期可能出现"任务没完成，但又不知道车在哪"的极端情况，只见数字不见车、不见人。

（3）银行间的竞争将越来越激烈。随着未安装用户的减少，合作银行的增多，银行间的竞争将越来越激烈，已经出现无序和恶性竞争的苗头。在办理优惠上，农行推出十重礼，建行、农商银行都推出八重礼、通行费 8 折优惠，邮储银行推出 8 折加油、通行费 8.2 折优惠，招商银行拟推出通行费 5 折优惠等，由于各银行间的优惠差别较大，已经出现已安装用户要求销户，转其他银行重新办理 ETC 的现象。还有的银行工作人员只宣传本行的优惠，却对本行优惠的期限、折扣的封顶等，未向车主讲清楚，引起车主误解。

（4）ETC 用户投诉越来越多。6 月，联网中心共受理 ETC 相关投诉 110 笔，环比上月增长 120%；7 月，共受理 ETC 相关投诉 185 笔，环比上月增长 68.18%。其中，问题涉及车牌信息占用导致车主无法办理 ETC、增值税发票无法开具、银行线上发行办理及账单更新不及时、ETC 车道拥堵等多个方面。反映比较突出的是 ETC 车道出现了拥堵，ETC 绑定信用卡只能对个人不对公、发票开具周期长（10 天后）、分路段开具导致票据多等问题。在三峡翻坝高速宜昌点军收费站，我们看到 ETC 车道出口行驶缓慢，而人工通道出口车辆畅通。宜昌市机关事务管理中心反映，该中心一公务车在

票根网开具发票，一单程 75 元通行费开具了 3 张发票，一单程 100 元通行费开了 4 张发票，由于该中心管理车辆较多，如果发票不能实现消费总金额开票，会对该单位会计核算带来额外的巨大工作量。对以上问题，厅工作专班和联网中心及时梳理、及时研究对策，该答复的答复、该协调的协调、该向交通运输部反映的及时反映，确保 ETC 发行工作的快速平稳、有序推进。

三、紧盯目标，紧盯问题，在专项整治中精准发力持续用力

紧盯目标，就是要按照国家要求，加快推进我省高速公路 ETC 安装发行的三大目标任务，即到 2019 年底，一是全省新增 ETC 用户 400 万户以上，二是汽车 ETC 安装率达到 80% 以上，三是通行高速公路车辆 ETC 使用率达到 90% 以上，确保如期完成工作目标任务。

紧盯问题，就是要针对后续工作难度越来越大、问题和投诉可能越来越多等问题，通过卓有成效的工作，全面提升交通职能部门和 ETC 合作银行安装发行的服务能力，全面提升高速公路 ETC 通行服务能力，全面落实完善促进 ETC 发展应用的政策规定，全面提升 ETC 用户的幸福感、获得感、安全感、体验感，把好事办好，好事办实，以专项整治成果检验主题教育实效。

1. 宣传再掀新高潮

实现 ETC 安装发行三大目标任务，需要各级政府及有关部门全面组织发动、需要各 ETC 合作银行系统全力以赴营销，更需要发挥新闻宣传和舆论引导作用，营造浓厚的发行氛围。调研中，我们发现，宣传工作仍然存在一些薄弱环节，如宣传经费投入不足、宣传的语言还不够贴近群众，乡镇干部、村干部还没有充分发动，乡村宣传还不够到位，在宣传的主导上，有的地方政府和交通部门发挥主导作用不够，出现银行宣传代替政府宣传的现象，导致一些群众产生误解，ETC 发行工作被单纯看成是银行的金融产品和营销业务。当前，必须进一步集中火力加强宣传，进一步凝聚社会共识。

一是宣传什么，政策宣传还要加强。要进一步宣传 ETC 安装发行工作是党和政府的决策部署，是紧迫的政治任务，是重大的民生工程，是支持交通发展，建设交通强国、交通强省的有效举措，引导公众正确认识和支持 ETC 发展应用工作。以"安装 ETC，畅行高速路"为主题，以"安装 ETC，便捷又实惠"等群众通俗易懂的语言，充分宣传 ETC 在便捷交通、节能减排、提高公路通行效率等方面的重要意义，让群众听得进、能动心、有效果。

二是谁来宣传，政府和部门宣传还要加强。各级政府和交通部门是政策宣传的主体，各合作银行是营销宣传的主体，坚持政府宣传为主，银行营销宣传为辅，银行宣传不能代替政府部门的宣传，增强宣传的公信力。厅宣传中心已拟定下一步全省宣传的工作方案。各级交通运输部门也要加大宣传经费投入，制定工作方案，继续加大和保持高密度、大力度的宣传，宣传触角要更多地向乡镇干部和乡村用户延伸。

三是赶有目标，基层先进典型的宣传还要加强。调研中，我们看到，一些银行基层网点和员工冒高温、战酷暑，坚守岗位，兢兢业业，加班加点，夜以继日，工作条件简陋，十分艰苦，事迹十分感人。荆门市沙洋农商银行的一位领导在发言中表示，农商银行的发行进度快，离不开农商银行领导的政治站位高、重视程度高，也有激励和优惠措施的因素，但更主要的因素还是基层员工的一种拼劲、一种奉献、一种付出。对基层先进典型、对基层好的经验作法，还要进一步加大宣传力度，弘扬和凝聚交通高质量发展的社会正能量。

2. 发行再添新举措

ETC 发展应用关键在于安装发行。一是发行重点要逐步向社区、乡村转移。通过实施行政事业单位车辆、道路运输营运车辆的率先行动和分类安装，有效促进了 ETC 安装发行。社区、郊区、乡村车辆将是今后工作的重点和难点。要结合乡镇、社区工作实际，

充分发挥社区网格员、扶贫工作队、农村"路长制"的优势和作用，深入小区、村组宣讲政策，将工作做到实处，实现城市服务到社区，农村服务到村组。

二是发行对象要更加精准。要加强与公安交通管理部门的对接，发挥部门协作的优势，依法依规共享未安装车辆和车主的必要信息，努力做到精准宣传、精准服务、精准发行。

三是发行要更好适应"互联网+"社会发展需求。积极协调银行加快开发和完善线上发行服务。以支持客户自行注册、自行绑卡、自助安装。

3. 服务再优提质量

一是要优化ETC售后服务。ETC不是安装了就完事，ETC售后服务直接关系到用户的体验感、获得感，也影响下一步的安装发行工作。由于安装工作时间紧，任务重，工作量大，有可能出现设备和服务质量降低、网络服务延迟等问题。随着工作的不断推进，也可能出现目前还无法预测的问题。联网中心要充分运用"湖北e出行"微信公众号、在线客服等互联网手段，及时收集有关投诉和意见，及时进行研判，及时答复解释，及时研究解决，提升服务效率和服务质量。

二是要做好OBU缺货用户的服务工作。重点做好两方面的工作。一方面，针对短期内OBU设备供应不足的问题，为解决湖北市场缺货情况，做好发行工作，省厅已向湖北供货各厂家发了"要求紧急供货"的公函，并由厅领导带队，到北京、广东所有湖北供货厂商进行走访协调。各厂商均表示在目前产能不足的情况下，尽力重点供货湖北。目前全国供货最紧张的阶段正在度过，往后随着产能调整和释放到位，会逐步缓解。另一方面，对已安装通衢卡但未装OBU的用户，能够享受优惠政策但不能实现不停车收费。一要及时调剂货源，为这部分用户及时安装OBU；二要加强对这部分用户的解释和跟进服务工作，避免出现"被套路"的误解，引发不确定因素。

4. 督办再加新力度

一是加强ETC安装发行的督办。ETC发展应用是一项系统工程，工作量大、任务繁重。要针对发行工作中出现的思想认识和工作力度不平衡，"上热下冷"的现象，坚持厅领导分片督导，督促各市州交通局切实扛起ETC安装发行的责任。通过每日统计分析、每周发布通报、及时总结经验、及时分析研判，及时调整工作策略，结硬仗、硬结账。荆州市政府将ETC发行纳入政府督查工作项目和绩效考核，实行领导联系包保责任制，责任下延到县市、到乡镇、到单位、到村组，交通运输局还组建推广、督办、宣传3个工作专班，抽调业务骨干定人、定责、定项负责，经验作法值得推广。

二是加强ETC车道建设的督办。我省高速公路绝大多数收费站只有1条ETC专用车道，无法满足加快增长的ETC车辆通行服务需求。近期出现的ETC车道拥堵、慢于人工车道的现象，虽然是个别的，但随着ETC安装车辆的增多，出现拥堵的地点和现象也会逐渐增多，建议抓紧推进ETC车道的建设，确保2019年10月底前，我省高速公路所有车道均将具备ETC服务功能，直至保留1条人工（混合）车道，并努力实现大中城市、新建城镇、旅游景区周边收费站ETC专用车道占比不低于70%。同时要督促高速公路经营管理单位确保所有收费站ETC车道开启率100%、24小时不间断服务。

5. 营销再促更规范

加快推进ETC发展应用，是利国利民的好事，必须做到依法依规，营销规范，引导得当。一是银行营销行为要规范。针对有银行员工穿印有"稽查"字样反光背心，在汉蔡高速琴台收费站前拦车办ETC的事件，我省高速公路管理部门在事发后第一时间对涉事银行进行了批评教育，并及时纠正不当行为。高管部门同时强调，银行工作人员在推广ETC时要统一规范着装，不得混穿标记"稽查""湖北交通""高速路政"等字样服饰，不得随意拦车宣传。

二是银行营销竞争要有序。针对银行间竞争越来越激烈，已经出现的无序竞争的苗头，厅工作专班要及时与省人民银行及各省行联系，及时协调解决。荆州市在中心城区，规范有序安排各银行轮班进驻车管所、检测站、物流园区、高速路口，以及机关单位、政务服务中心，并引导各银行达成默契，12月1日前，不支持、不主张、不游说客户注销已有银行办理其他银行ETC，共同营造良性竞争、有序推广的氛围。

三是ETC办理举措要依法依规。ETC办理可以采取有效激励和引导措施，但不能强制。如个别地方出现或建议采取将ETC办理与车辆年检相捆绑的措施，对此建议不提倡，以免造成舆论不良影响。

关于全省交通基础设施建设投融资工作的调研报告

湖北省交通运输厅　姜友生

一、我省交通基础设施投融资的基本情况

党的十八大以来，"政府主导、分级负责、多元筹资、规范高效"的交通运输投融资模式逐步形成，我省连续5年的交通运输固定资产投资均保持在1000亿元左右，有效促进了我省交通运输高质量发展。

（一）实践探索

自2009年国家实施燃油税改革以来，我省交通运输投融资改革经历了10年的转型，即以交通专项税费和"贷款修路、收费还贷""航电结合、以电促航、滚动发展"等政策为基础的"中央投资、地方筹资、社会融资、利用外资"的投融资模式，向主要依靠地方政府债券和政府和社会资本合作(PPP)方式的基础的"政府主导、分级负责、多元筹资、规范高效"投融资方式转型，各地立足政策变化、自身实际、交通特点实践探索了一些行之有效的交通基础设施投融资模式。详见表。

当前我省交通基础设施主要投融资模式一览表

表

序号	投资主体	投融资模式	参考样本	适用性分析
1	企业投融资	1.BOT模式	武汉四环线、青山长江大桥、硚孝高速二期、武阳高速武汉段等	我国最常见、最成熟的PPP类型
		2.BOT+EPC模式	宜昌白洋长江大桥、三峡翻坝江北高速、宜来高速宜昌段等；咸宁咸通、通界、嘉通高速以及嘉鱼长江大桥等	特许中标企业承揽能力范围内的整个建设工程的勘查、设计、采购、施工
		3.PPP模式	武汉黄陂、东西湖、江夏区；宜昌枝江、秭归、兴山；襄阳宜城；荆门绕城线；咸宁武深高速武嘉段、赤壁长江大桥；恩施利川、咸丰、巴东、恩施市；随州绕城段	采取竞争性方式选择具有投资、运营管理能力的社会资本，双方按照平等协商原则订立合同，由社会资本提供公共服务，政府依据公共服务绩效评价结果向社会资本支付对价
2	政府投融资	1.建养一体化模式	荆州所有县市区；黄冈8个县市区；咸宁咸安、赤壁、嘉鱼；宜昌当阳、兴山和猇亭；十堰丹江口、郧阳、郧西；襄阳老河口、樊城、宜城；荆门京山、钟祥、东宝；恩施咸丰、巴东；随州随县	以"预期资金前期化、融资成本最小化"作为切入点，有效破解项目建设与补助资金时间错配的矛盾
		2.地方债券模式	武汉汉口客运中心、物流交易所、阳逻港铁水联运一二期工程；鄂州S203；荆门掇刀区、钟祥、孝感大悟；宜昌五峰；随州广水；仙桃、潜江、神农架林区	
		3.农发行、国开行PSL政策性贷款模式等	黄冈武穴、麻城、蕲春等；宜昌宜都、兴山、点军、五峰、秭归、长阳、远安等；十堰丹江口、房县等；黄石大冶、阳新等；天门	
		4.地方平台融资模式	黄石市本级交投融资52亿元（其中46亿元用于武阳高速黄石段建设），发行公司债券40亿元；市县两级城投、高新投、国资投担保贷款11亿元	

（二）存在问题

随着国家经济形势的发展，"十三五"以来，我省交通基础设施投资继续保持高位运行，但增速回落的趋势明显，项目建设融资难、融资贵的问题逐渐突出。主要表现在：

一是资金筹措困难。在国家防范化解重大风险，特别是地方政府债务风险的前提下，各地政府举债能力接近国家红线，且态度趋于谨慎。特别是对于公益性交通运输基础设施建设，市场参与有限，公共财政投入不足；近来因政策收缩，鄂州、黄石、咸宁等地方交投公司因资产规模小、偿债能力弱，导致融资困难；咸宁至九江等速公路项目投资效益较差，招商难度较大；襄州区正在实施的PPP乡村振兴暨四好农村路建设项目，融资回报率为6.7%，成本偏高，债务风险较大。

二是主体责任不落实。一些地方政府想发展但怕负债、想修路但没配套，或不同程度的存在"等、靠、要"思想，导致地方资金配套不到位，制约了工程建设的快速推进。据统计，

"十二五"期间,全省一二级公路建设中地方需自筹资金1081亿元(占比为76%),实际到位地方自筹资金仅308亿元,到位率不足30%。

三是筹融资渠道单一。我省普通公路建设资金更多的是依靠部省补助资金和地方政府自筹,存在项目建设时序与政府资金到位的错配,即项目建设相对集中、时间相对提前,而补助资金相对稳定、时间相对延后的矛盾。高速公路投资建设市场竞争不充分,省级平台公司承担了约80%的建设任务,实际上垄断了高速公路、长江大桥等建设市场,制约了市场竞争,抬高了建设成本,限制了更多有实力的企业参与竞争。

四是建设成本增长较快。随着人工费、地材大幅度上涨,沥青、水泥、钢材等原材料价格的也不断上涨,据测算交通项目建设成本较"十二五"末期提高30%以上,部分干线公路项目处于停滞或半停工状态。统计数据显示:鄂西山区高速公路造价指标增长明显,2009年度的造价指标为0.82亿元/公路公里,2018年造价指标为1.68亿元/公路公里,增幅超100%。

从我省现行交通运输投融资的形势来看,交通运输投资需求大、筹资难,单纯依靠政府投入为主的传统交通基础设施建设模式,已不能适应建设交通强国示范区、开创九州通衢新优势,已不能适应支撑和服务省委省政府"一芯两带三区"产业和空间布局规划的需要,已不能适应人民日益增长的美好生活需要。我省迫切需要建立完善市场公平开放、融资渠道多样、职能转变到位、政府行为规范、宏观调控有效、法治保障健全的新型投融资体系。

二、交通基础设施投融资发展的形势

当前是交通运输发展的重要战略机遇期,就是习近平总书记强调的,"十三五"交通运输仍处于基础设施发展、服务水平提升和转型发展的黄金时期。也是省委省政府新战略的"机遇期",省委省政府提出的"一芯驱动、两带支撑、三区协同"区域和产业战略布局,必将为交通基础设施拓展更

大空间。近段时间,中央和国家部委密集下发了一系列法规和规范性文件,推动和深化投融资体制改革;相关省份因势而谋、应势而动、顺势而为,积极开展交通投融资改革,促进了交通运输事业的快速发展。

(一)中央文件的主要精神

一是《政府投资条例》于2019年7月1日起施行,立法目的"规范政府投资行为,激发社会投资活力",条例明确提出:政府投资资金应当投向市场不能有效配置资源社会公益服务、公共基础设施等公共领域的项目。

二是《中共中央国务院关于深化投融资体制改革的意见》(中发〔2016〕18号)提出:建立完善企业自主决策、融资渠道畅通,职能转变到位、政府行为规范,宏观调控有效、法治保障健全的新型投融资体制。

三是中共中央办公厅、国务院办公厅近期下发《关于做好地方政府专项债券发行及项目配套融资工作的通知》(厅字〔2019〕33号),要求:进一步健全地方政府举债融资机制,推进专项债券管理改革。

四是《国务院办公厅关于保持基础设施领域补短板力度的指导意见》(国办发〔2018〕101号)要求:加强地方政府专项债券资金和项目管理,充分调动民间投资积极性,规范有序地推进PPP项目。

五是《国务院办公厅关于创新农村基础设施投融资体制机制的指导意见》(国办发〔2017〕17号)要求,推广"建养一体化"模式,通过政府购买服务等方式,引入专业企业、社会资本建设和养护农村公路。

从国家政策来看,着力推进供给侧结构性改革,充分发挥市场在资源配置中的决定性作用和更好发挥政府作用是国家的大政方针;需要进一步规范政府投资行为,充分发挥政府投资作用,提高政府投资效益;需要进一步确立企业投资主体地位,激发社会投资活力;需要进一步做好专项债券项目融资工作,增加有效投资的带动作用,切实保障经济健康发展可持续。

(二)外省的成功经验

一是浙江省交通运输厅全力破解"融资难"问题。加强与省财政厅沟通对接,创新方式方法,积极破解资金筹措难题;支持政府还贷公路向政府还债公路转变,积极争取收费公路专项债券支持;转变传统的高速公路投融资模式,今后国高网项目原则上采用PPP模式,并申请车购税补助,省高网项目原则上采用经营性模式。

二是山东省向深化改革找出路,创新高速公路投融资体制和机制,组建山东齐鲁交通发展集团有限公司,有效化解政府债务风险,提升可持续发展能力。山东省2018年全省综合交通固定资产投资突破1600亿元,投资总量和增量创历史新高,获国务院办公厅表彰奖励。

三是山西省构建"国高网省建、省高网市建"的建设体制,推进高速公路项目投资向市场开放,通过加大政策支持力度、优化营商环境、采取PPP等方式,引导社会资本进入高速公路领域,社会资本成为高速公路建设的主要投资主体。目前,国高网项目主要采取PPP模式,省高网项目基本采用BOT方式。

四是安徽省出台《安徽省人民政府办公厅关于创新交通基础设施建设和管理模式的指导意见》(皖政办秘〔2017〕266号)文件,优化交通基础设施建设模式。省属国有企业负责投资、建设、经营和管理的高速公路、省域公益性重点水运项目,采用"省市共建、以省为主"模式。有条件的市可采用"省市共建、以市为主"方式,实施本行政区域内高速公路和一般性内河水运项目。普通国省干线公路项目采用"省市共建、以市为主"模式。农村公路项目采用"省市补助、以县为主"模式,县级政府充分整合旅游、土地等资源,通过打捆建设,统一招标。运输站场项目采用"部省补助、市县建设、企业运作"模式。

六是贵州、安徽等省近年来均出台相关文件,深化交通基础设施投融资体制改革,鼓励社会资本参与交通基础设施建设。贵州省经过几年的努力,交通发展现状已与我省相近,远

景规划大大超过我省；安徽省的综合交通建设今年来也突飞猛进。

从外省的发展形势来看，各地积极推进交通投融资改革后的成效明显。因此，在省级层面推动交通投融资体制改革，积极创造条件促进社会资本参与交通建设已是时不我待之势。

三、交通基础设施投融资改革的基本思路

各市州2019-2021年交通固定资产投资需求年均超1000亿元，交通基础设施发展需求强劲。通过均衡照顾地方政府、市场主体、金融机构、行业部门的合理预期和主要诉求，秉承开放性、市场化、法制化原则，进一步优化交通基础设施建设市场投资环境，建立更加公开、透明、开放的市场化竞争秩序，增进地方政府的"积极性"、增强交通市场的"多元化"，打通参与各方的"利益链"，打好政策的"组合拳"，增强社会资本进入交通基础设施建设市场的积极性和创造性，努力实现互利互惠、合作共赢。

——地方政府：一是加强领导。真正把交通基础设施纳入属地经济社会发展的全局，把创新交通基础设施投融资工作纳入党委政府工作的大局，通盘考虑，系统谋划，统筹推进。二是创造条件。具体负责属地规划内项目交通基础设施项目的征地拆迁工作并承担相关费用支出，力争"交净地""保供地""多配地"（经营性高速公路一般按照项目用地的10%、"择地块"配套经营开发用地）。三是加大投入。各级财政资金和地方政府债券支持力度，建立交通运输发展规划资金保障能力评估制度，努力做到规划与财力相适应。四是整合资源。灵活运用土地等政策，充分挖掘交通外溢效应反哺交通，将受益土地、旅游等经营性资源与公路打捆综合开发，提高项目的经济效益和实施的可行性。

——交通行业：一是释放政策导向。持续加强与地方党委政府、各级交通运输部门、相关省直单位的沟通联系，持续释放"只求所在，不求所有""事业发展、企业发财"的鲜明

政策导向，引导地方政府开放、舍得、发展，引导施工企业参与、共赢、法治，引导金融单位放心、优惠、创新。二是释放政策红利。依据《国务院办公厅关于印发交通运输领域中央与地方财政事权和支出责任划分改革方案的通知》（国办发〔2019〕33号）文件精神，结合湖北省交通运输工作的实际，建立健全事权与支出责任相适应的政府投入体制。三是加强正向激励。进一步健全正向激励机制，充分激发和调动各地从实际出发干事创业的积极性、主动性和创造性，促进形成担当作为、竞相发展的良好局面。

——市场主体：一是深度参与。引导和鼓励大型央企集团层面深度参与湖北交通基础设施，充分发挥大型企业的融资、管理、技术实力。二是合理预期。推动地方政府、交通行业、市场主体加快形成风险共担、利益共享机制，稳定中标企业"有市场无垄断、有效益低风险，有利润无暴利"的市场预期。

——金融机构：一是创新融资模式。创新融资模式、金融产品和金融服务。为交通基础设施定向量制"大额度、低成本、长周期、可持续"的全方位、高品质金融服务。二是发挥银团优势。发挥国家政策性银行的政策优势、国有大型商业银行的规模优势、股份制银行的灵活优势。

四、深化交通基础设施投融资改革的具体建议

（一）充分发挥政府投资的引导作用

1.建立健全事权与支出责任相适应的政府投入体制

（1）高速公路

①国家高速公路：采用"部省共建、以省为主"的方式，一般采用政府收费公路或PPP模式建设，资本金争取中央专项补助资金；政府收费公路以省级政府为主体发行收费公路专项债券，筹集中央专项补助资金以外的其余资金。

②省级高速公路：采用"省市共建、以市为主"的方式，一般为经营性公路，采用PPP模式或特许经营模式建设。资本金和项目建设资金以项

目法人自筹为主，市州政府给予可行性缺口补助。

（2）普通国省道

①普通国道：采用"部省共建、以省为主"的方式，一般为非收费公路，采用政府投资建设。除中央专项补助资金外，省级交通运输主管部门负责筹集除中央支出以外的其余支出。

②普通省道：采用"省市共建、以市为主"的方式，一般为非收费公路，采用政府投资建设。省级交通运输主管部门承担由省级负责事项的相应支出；地方交通运输主管部门负责筹集除省级支出以外的其余支出。

（3）农村公路项目：县（市、区）级政府为责任主体，一般为非收费公路，各有关部门按照职责通过财政、土地、税收、金融以及产业政策，引导、支持和促进农村公路发展，县（市、区）级政府切实履行主体责任。

（4）道路运输站场及其他项目：省级交通运输主管部门承担管理职责，地方承担支出责任。非收费项目、政府收费项目按照建设事权以政府投入为主；经营性项目建设和运营以社会资本投入为主，对确需政府投资支持的，主要采取资本金注入方式投入，也可适当采取投资补助、贷款贴息等方式进行引导。

（5）内河航道、内河港口公共锚地：汉江航道采用"省市共建、以省为主"的方式，其他航道采用"省市共建、以市为主"的方式，一般为非收费项目，采用政府投资建设。省级交通运输主管部门承担省级负责事项的相应支出；地方交通运输主管部门负责筹集除省级支出以外的其余支出。

（6）港口基础设施：一般采用经营性项目建设，运营以社会资本投入为主；对确需政府投资支持的，主要采取资本金注入方式投入，也可适当采取投资补助、贷款贴息等方式进行引导。

2.创新政府投资支持方式

一是加大公共财政对普通公路建设资金投入力度，解决普通公路建设资金短缺问题。地方政府适度发行地方政府债券用于普通公路、内河航道等非收费的基础设施建设，定缓解各

地财政支出压力。通过交通资产变现出让或股权合作方式，转让已建成交通基础设施项目特许经营权或产权等，建立政府和社会共同参与的投融资机制。

二是发挥政府财政性资金的撬动和引导作用，鼓励采取投资补助、资本金注入、财政贷款贴息、以奖代补、先建后补等多种方式支持交通基础设施建设。对非收费交通基础设施的建设、维修、养护资金需求，纳入同级财政预算。对运营期有稳定现金流的项目可采用存量资产处置方式筹集新建项目资本金，加快新建项目的速度。

三是鼓励有条件的地区将交通基础设施建设与产业发展、园区建设、乡村旅游、资源开发等捆绑实施一体化开发。深化"以电补航"、港口码头资源综合开发利用等方式，筹集航道建设和养护经费。

（二）充分激发社会资本的活力

一是优化营商环境。按照"非禁即入、平等对待"的原则，全面放开社会资本投资交通基础设施领域，营造权利平等、机会平等、规则平等的投资环境，简化行政审批手续，加强市场监管和服务，鼓励和引导社会资本进入交通领域。加大市场信息透明度，及时更新和发布全省各地年度重大交通基础设施项目信息，充分发挥发展规划、产业政策、行业标准等对投资活动的引导作用。

二是全面推行建养一体化模式。对于没有收益的普通国省道和农村公路，应按《国务院办公厅关于创新农村基础设施投融资体制机制的指导意见》（国办发〔2017〕17号）要求，推广"建养一体化"模式，引入大型施工企业建设和养护普通国省干线、农村公路，以规模换效益、以市场取资源、以时间换空间。通过引进建设水平高、市场信誉好、融资能力强的大型施工企业，有利于充分发挥大型企业在融资、技术、管理和设施设备等集团化优势，缓解地方技术力量不足，减轻地方政府当期财政压力，平滑财政支出，破解项目建设与补助资金时间错配的矛盾，促进规划项目的整体实施、整体推进，提高投资效益。

三是规范有序推进PPP模式。省级交通运输主管部门会同省级投资主管部门对全省交通运输基础设施PPP项目进行行业统筹管理，建立PPP交通项目库，完善PPP项目管理办法。各级交通运输主管部门应做好项目储备和筛选工作，加强PPP项目可行性论证，合理确定项目主要内容和投资规模，并及时向社会公开发布项目信息。各级政府要将PPP项目政府所需出资纳入年度预算和中期财政规划，规范PPP项目操作，构建合理、清晰的权责利关系，发挥社会资本管理、运营优势，提高项目实施效率。积极推动符合条件的PPP项目发行债券、规范开展资产证券化。

四是继续完善交通基础设施的特许经营模式。对预期收益较好、投资风险较小的交通基础设施，可采取"BOT+EPC"一体化公开招标方式，通过签署特许权协议明确投资人在一定时期的建设、运营、移交等权利和义务，项目由投资人自筹资金、自主建设、自行经营、自负盈亏。对达不到收益预期、有一定投资风险的项目，采用"BOT+EPC+建设期补助"模式；政府补助资金只作为项目建设资金，项目的损益由投资人自行承担。鼓励通过出让或股权合作方式，转让已建成交通基础设施项目特许经营权或产权等，建立以社会资金为主、政府和社会共同参与的投融资机制。

（三）利用资本市场拓宽融资渠道

一是大力发展直接融资。依托多层次资本市场体系，拓宽交通基础设施的融资渠道。积极探索和推进有良好现金流和收益支撑的存量交通基础设施项目的资产证券化和信托产品的运用，拓宽融资渠道，降低融资成本，提高流动性。加强与保险资金的对接，扩大保险资金在交通基础设施的投资渠道，鼓励推广保险资金"以投贷保"等方式发起资产支持计划。支持承担交通基础设施建设任务的企业更多利用资本市场融资，广泛利用公司债券、企业债券、中期票据、私募债等融资工具进行融资，提高直接融资比重。推动各级政府的交通融资平台市场化转型，加快建立规范的政府举债融资机制。

二是积极争取国家政策性贷款和资金。加大与国家开发银行、省农发行沟通，取得政策性融资支持交通项目；申请利用国家开发银行、中国农业发展银行的抵押补充贷款、专项金融债等优惠资金，支持重大高速公路、国省干线、长江大桥、四好农村公路、长江汉江航道整治等项目建设，为全省交通基础设施建设提供中长期、低成本的信贷资金支持。

三是充分发挥银行金融服务作用，促进交通企业与金融机构战略合作，建立良好的信用环境，提高银行对企业扩大授信范围、增加授信额度的积极性。建立健全"政、银、企、社"合作对接机制，搭建信息共享、资金对接平台，协调金融机构加大对重大交通基础设施项目的支持力度。在审慎管理、规避风险的前提下，积极合理利用国际金融组织和外国政府贷款。

（四）充分挖掘配套支持政策的叠加效应

一是促进交通企业良性发展。统筹利用好政策资源和资金资源，支持交通建设投融资企业做大做强，提高自我发展能力和水平。探索实行政府收费高速公路资产不计提折旧政策，增强高速公路经营单位的银行信用评级和融资能力。

二是在符合土地利用总体规划、城乡规划等相关规划的前提下，支持划拨方式供应的公路项目建设用地依法改变为其他用途，盘活公路沿线闲散土地资源，对符合《划拨用地目录》的土地使用权可继续划拨，不符合《划拨用地目录》的应以有偿方式提供土地使用权，其中对改变为工业用地、新产业新业态用地或旅游相关建设项目用地的，可采取先租后让、租让结合等方式供应。高速公路服务区、停车区改扩建所超出用地纳入省级新增建设用地指标计划，公路沿线配套产业开发所需新增建设用地纳入地方政府批次用地指标计划。

三是加快编制交通运输配套产业发展规划，大力打造以服务区、停车区为龙头的公路沿线经济带，盘活存量资产，提高经营收益，着力改变单一依靠通行费收入偿还债务现状。积极发展"交通＋物流""交通＋旅游""互联网＋交通"等新兴业态，充分发挥大数据在交通运输领域的运用，提高交通基础设施社会效益和经济效益。

四是切实防范债务风险。要健全交通基础设施建设政府债务管理办法，强化交通建设政府债务预警预判机制建设。统筹利用好交通运输建设各类资金，研究建立偿债准备金制度。严格规范举债、偿债程序，确保合理举债、按需偿债、贷偿有序，杜绝违规担保、明股实债、管理使用不规范、资金闲置等问题的出现。充分利用国家政策资源和各种资金、基金、债券等资源，进一步优化债务结构，缓解还贷压力。

浅谈加强我省高速公路建设管理

湖北省交通运输厅　高进华

厅党组对标党的十九大"交通强国"战略，提出"建设交通强国示范区，开创九州通衢新优势"新定位。高速公路作为我省骨架公路网的重中之重，对经济社会发展有着重要的基础支撑和先行引领作用，在全省综合交通运输三年四大攻坚战中承担着"主力军"作用，加强我省高速公路建设管理的顶层设计，促进高速公路健康可持续发展至关重要。

一、我省高速公路现状与发展趋势

自1991年武黄高速公路建成通车以来，我省高速公路实现了"零"的突破，"十一五"期，全省新增高速公路2024公里，总里程达到3673公里；"十二五"期，全省新增高速公路2531公里，总里程达6204公里，基本形成"七纵五横三环"高速公路网；"十三五"以来全省新增高速公路202公里，通车里程达到6406公里，在建项目36个1330公里，已建和在建总里程达到7736公里。

全省近期（至2020年）以构建高速公路主骨架为重点，加快形成以武汉为中心，连通县市、辐射市州、通达全国、内捷外畅的高速公路骨架网。到"十三五末"，全省高速公路总里程将突破7000公里，基本形成"九纵五横三环"高速公路网。中远期（至2035年）将按照建设交通强省、打造交通强国示范区的总体要求，进一步加密骨架通道、完善城际功能、优化路网布局、扩容干线瓶颈，全省高速公路总里程将达到10000公里，路网面积密度达到5.38公里/百平方公里，（目前为3.44公里/百平方公里，距离先进省份4公里/百平方公里的标准还有差距）形成"能力充分、覆盖广泛、便捷高效、开放互联"的高速公路网，高品质服务百姓出行需要，有效支撑国家和省重大战略的顺利实施。

二、发展中的问题与矛盾

1. 路网布局有待优化，连通顺畅度有待提升

从湖北省已建成高速公路布局来看，路网分布不均匀和省际通道连通不畅的问题还较为突出，不能适应"一芯两带三区"区域和产业发展布局的需要。路网利用率在不同路段之间的差异较为明显，例如沪渝高速武汉至黄石段饱和度较高，而麻竹高速谷城至竹溪段饱和度较低。在鄂豫湘赣皖渝六省交界处，共有9条省际联通路连通不畅（十巫高速、十淅高速、武大高速、蕲太高速东段、武阳高速黄石段、宜张高速省界段、建恩高速省界段、枣潜高速襄阳北段、武穴长江大桥），致使省际交通出行不畅。同时，长江大桥和部分路段建设滞后形成"盲肠"，成为制约高速公路通道功能发挥的关键节点。

2. 生态环保有待加强，可持续发展理念有待提升

虽然我省高速公路建设近几年取得了一定的成绩，但是仍然存在资源浪费、破坏生态等问题。一是高速公路建设要消耗多种资源，特别是土地资源，每公里占用80~110亩的土地。近几年，交通建设用地指标占全省各行业建设项目用地指标的比例逐年上升，土地资源紧缺是当前高速公路继续发展的突出问题和主要矛盾。今年以来，许多地市州无法做到高速公路用地占补平衡，用地指标不足以严重影响到现有12条在建项目的顺利实施，新的项目也难以实质性开工。二是高速公路建设逢山开路、涉水架桥，穿越田地村庄，环绕城镇等与生态环保的矛盾比较突出。涉及自然生态环境、人文景观保护、城乡群众生活和经济社会再发展，稍有疏忽，可能使自然景观失去原始状态，文物古迹遭到破坏、群众生活受到严重干扰，经济发展受到阻碍。

3. 建设管理有待加强，投资主体履职尽责有待提升

近年来，我省高速公路项目建设高位运行，市场竞争不够充分，投资人以市场、效益为主，投资主体过于集中和建设资源严重不足的矛盾突出。部分项目现场管理力量不足，落实现代工程管理理念不够，规范化水平不高，没有产生出一批在全国有影响力的典型示范工程。部分设计单位受制于投资人，工程造价控制不严，项目建设成本超出其他省份同类水平。同期同条件下，贵州省桥隧比较高的路段建设成本是四车道约1.1~1.3亿元/公里，我省约1.4~1.7亿元/公里。

4. 质量控制有待增强，工程品质有待提升

随着我省高速公路建设步伐的加快，项目建设过程中的质量问题也逐渐显现，我们必须清醒地认识到，制约工程质量的一些深层次的矛盾和问题尚未得到根本解决。一是管理体系不够健全，责任意识仍需增强。有的项目投资人缺乏质量意识，未严格按照质量保证体系的要求配置足够的质量管理人员。对施工单位和监理单位缺乏有效监管，过度的以进度和营利为目的，无形中降低了质量标准和要求。二是市场秩序仍需规范。有的项目招标、投标程序不规范，造成没有能力的单位中标和过低价中标，中标单位往往以不按照规范和设计要求施工、偷工减料、以次充好等手段弥补工程单价的不足，为工程质量埋下隐患。三是创新驱动仍需加强。有的项目为节省施工成本，未按照标准化、精细化等手段进行项目管理，有的仍采用落后的工艺工法和设施设备，使工程质量受到影响。

315

三、有关建议

1.科学规划布局，统筹协调发展

高速公路建设具有较强的先导性、开发性，对所在区域的经济社会发展起着重要的支撑和推动作用。为充分发挥高速公路的综合效益，一要科学规划布局。在进行路网规划时要更紧密地结合经济社会发展规划、城镇体系布局、产业布局和重大基础设施建设规划等，统筹新型城镇化建设、开发区、工业园区等经济节点，兼顾重要的风景旅游区、交通枢纽和物流园区，合理布局高速公路网，以路网带动城镇发展轴、产业发展带、旅游发展网。二要合理安排建设时序、消除路网瓶颈、提高路网连通度。目前，我省高速公路建设应优先打通省际"断头路"和"肠梗阻"，达到内畅外连。三要着力加强高速公路与其他运输方式的衔接，使高速公路能够方便迅速地与重要的机场、港口、铁路国省干道转换，逐渐形成完善的现代综合交通运输体系，大幅度提高运输效率，节省物流成本。

2.加强生态环保，注重自然和谐

"绿水青山就是金山银山"，绿色发展已经成为"十三五"和今后经济社会发展的基本理念。建设绿色高速公路一要集约利用通道资源。鼓励公路与铁路、高速公路与普通公路共用线位，改扩建公路要充分发挥原通道资源作用，安全利用原有设施。二要严格保护土地资源。科学选线、布线，避让基本农田，禁止耕地超占，减少土地分割。积极推进取土、弃土与改地、造地、复垦综合施措，高效利用沿线土地。三要积极应用节能技术和清洁能源。加强隧道等设施节能设计，推进节能通风与采光等技术应用。四要推行生态环保设计。加强生态选线，依法避绕自然保护区、水源地保护区等生态环境敏感区。重点加强对自然地貌、原生植被、表土资源、湿地生态、野生动物等方面的保护。

3.坚持分类施策，拓展建设模式

建立政府收费公路与经营性公路并行发展的建设投资多元化模式。一是全面开放高速公路建设市场，打破一家独大的垄断局面，通过公开招标、公平竞争等方式，引进信誉好、实力强的大型企业参与我省高速公路建设，形成健康有序的竞争局面，解决垄断造成的目标任务完成不力、资源投入不足、管理水平下滑、成本上升过快等问题。二是积极争取国家车购税等补助，充分利用政府收费公路专项债券建设政府收费公路。三是推广应用PPP模式建设经营性高速公路，学习贵州经验，支持市州政府运用"BOT+EPC""BOT+EPC+政府补助""股权合作+BOT+EPC"等PPP模式，加大引入社会资本参与经营性高速公路投资建设的力度，加强对投资人的债务风险考核。

4.着眼寿命周期，强化工程品质

打造品质工程是公路水运建设贯彻落实五大发展理念和建设"四个交通"的重要载体，是深化交通运输基础设施供给侧结构性改革的重要举措。提升工程品质一是要提升工程设计水平。以工程质量安全耐久为核心，强化工程全寿命周期设计，明确耐久性指标控制要求。二是要提升工程管理水平。推进工程施工标准化，积极推广工厂化生产、装配化施工，着力推进施工工艺标准化，施工管理模式体系化，施工场站建设规范化，逐步推进工程建设向产业化方向发展。三是要提升工程耐久性。加强工程耐久性基础研究工作，创新施工工艺，加强关键结构、隐蔽工程和重要材料的质量检验和控制，切实提高工程耐久性。四是要健全工程质量责任体系，明确界定建设、勘察、设计、施工和监理单位等责任主体质量责任，强化考核和责任追究，实现质量责任可追溯，推动落实质量责任终身制。

关于道路货运业营运证件改革问题的建议

湖北省交通运输厅道路运输管理局　陶维号

据有关资料，截至 2018 年 6 月底，我国道路货运经营业户 643 万户，营运货车 1368 万辆，从业人员超过 2100 万。道路货运业作为国民经济的基础性行业，在支撑经济高质量发展、服务城乡居民生活方面肩负着的重要使命。但是，最近，半月谈、澎湃新闻等杂志相继发出《谁在驱使大货车玩命狂飙？揭开货车挂靠潜规则》《开个车需要办 6 个证！》《兰州发生重大车祸：肇事半挂车司机已被公安机关控制 车辆系挂靠在某公司名下》等文章，道路货运业再次被推向风口浪尖。笔者认为，当前道路货运业安全发展水平、运营环境、运营组织、驾驶员生存状态等亟待改善，而这些问题或多或少与营运证件办理相关，迫切需要深入研究，加快解决"证件多""办证难"问题。本文拟结合湖北实际，提出相关建议。

一、我省道路货运业发展基本情况

（1）基本情况。截至 2018 年 10 月，我省有道路货运经营业户 19.5 万家，其中个体户约 18 万户，占比 92%，略高于全国水平（为 91%）；有营运车辆 38 万辆，其中个体车辆约 18 万辆，占比约 47.37%；有货运驾驶员约 75 万人。数据表明，道路货运业吸纳就业人员多，行业庞大。

（2）经营模式。主要有三种：一是公司化经营、公车公营模式，即经营权、车辆产权都属企业，这种模式占比不到 2%；二是挂靠经营模式，即车辆注册登记在挂靠企业名下，对外以企业名义经营，内部以承包合同形式明确经营权、产权均属车主，由车主自主经营、自负盈亏，这种模式约占 50.63%；三是个体经营模式，占比约 47.37%。数据表明，道路货运业基本属于个体运输组成的高度流动分散的行业。

（3）办证情况。从事道路货运经营至少需要办理企业《工商营业执照》和《道路运输经营许可证》、车辆《机动车行驶证》和《道路运输证》，驾驶人员《驾驶证》和《从业资格证》六个证件等。其中，涉及交通部门的有《道路运输经营许可证》《道路运输证》和《从业资格证》等三个证件。

按照"先照后证"规定，申请人需先取得《工商营业执照》后才能申请办理道路运输经营许可手续，但普货运输特别是个体驾驶员均为流动经营，很难具备工商登记所要求的经营场所及相关证明材料，部分地方办理工商登记存在一定难度。如《武汉市企业住所（经营场所）登记管理暂行办法》规定：将城镇住宅作为企业住所（经营场所）登记的，需经有利害关系的业主书面同意，必要时应当进行听证。此外，交通部门《道路运输证》《从业资格证》与公安部门的《车辆行驶证》《驾驶证》分属两个机构管理，其培训、考核、年检年审、违章处理等，环节多、手续杂，均需企业或个体驾驶员及车辆在两个部门分别现场办理，东奔西跑，耗时费力。情况表明，个体运输"证件多""办证难"的问题存在。

（4）挂靠问题。挂靠经营主要有四种情形：

一是自愿挂靠。个体驾驶员通过挂靠经营，能够获得挂靠公司集中采购的折扣优惠，快捷处理车辆年审年检、维护保养、事故理赔等事宜，减少误工时间和劳务成本，并增加揽收货便利。据调查，这种情形占主要部分，所以，不能简单诟病挂靠经营，而应该深入分析其内生动力和外部经营环境。

二是被动挂靠。如上述政策方面的原因，为方便证照办理及资质获取而挂靠，还有的是为规避地方通行管制措施而挂靠（如武汉市规定外地货车不允许通行三环以内区域）。

三是引导挂靠。个体运输业户流动性强、经营空间广，部分基层管理部门为减少管理跨度、强化安全监管，在个体运输业户申请经营许可的时候，引导、默许，甚至私自提高门槛，造成个体驾驶员挂靠经营。

四是误入挂靠。国家明确规定，个人可以购置车辆从事普通货运经营，但有的车辆经销商和挂靠公司（甚至相互勾结）利用个体运输户对政策把握不准确的特点，谎称个人只有挂靠公司才能从事货运，导致一部分车主误入挂靠经营。

货运挂靠的矛盾主要集中在第四种情形。部分货运企业实质是一个以收取管理费、服务费为主要营利方式的中介服务机构，公司重收费、轻管理，对车辆和驾驶人员"挂而不管"，将矛盾推向社会和政府。部分个体驾驶员将车辆所有权登记在挂靠公司名下，车辆的所有相关手续均需挂靠公司委托授权才能办理，当合法利益受到侵害时，个体驾驶员势单力薄，维权难，易受到挂靠公司挟制，导致矛盾激化，发生上访、罢运等不稳定事件。

二、治理思路

（1）深化道路货运业改革。一是全面落实交通运输部取消 4.5 吨及以下普货车辆《道路运输证》和驾驶员《从业资格证》的决定；二是实现全省货运车辆安检、综检、环检"三检合一"，实现普货车辆异地年审和驾驶员异地考核；三是进一步利用多种方式广泛宣传道路货运市场准入政策，开设绿色窗口，便利个体驾驶员申请经营许可，全力减少个体车主误入挂靠现象，同时严禁管理部门引导个体车辆挂靠；四是积极协同发改、商务、工商、税务、公安等部门，形成政策合力，切实解决个体驾驶员在税票、工商登记、通行路权、企业收费以及车辆购置等诸多方面的痛点。

（2）督促落实企业主体责任。进一步加强对企业的诚信考核，督促货运企业建立现代企业制度，履行主体责任，特别是消除挂靠企业重收费、轻管理行为，督促企业加强所属车辆和人员管理，规范合同文本和各类收费行为，保障驾驶员的合法权益，将严重违法失信的运输企业和法人代表列入黑名单，实施联合惩戒，对煽动、组织及参与违规上访、罢运等不稳定事件的人员和企业进行严厉打击。尤其是要督促货运企业履行安全生产主体责任，打通政府到企业、企业到驾驶员两个安全管理两个最后一公里，特别是在安全生产事故处理方面，依法严肃追究挂靠企业和企业法人责任，防止和纠正企业逃避安全等责任的情况。

（3）推进道路货运业治理机制创新。目前，全省38万辆普通货物车辆中，个体车辆和个体挂靠车辆约37万辆，这些车辆大多数都有社会化组织提供服务的迫切需求。近年来，我省大力推进无车承运人试点工作，2018年上半年，全省9家无车承运人试点企业共整合服务社会运力30328辆，签约货源客户2600余家，完成运单22.3万单，货运量477万吨，运费收入72764万元，单车效率、行业利润显著提升，成为推动道路货运行业转型发展、降本增效的有效途径。此外，全国性的货运平台企业G7公司以智能终端（"安全机器人"）为基础，构建智能化物流车队运输管理体系，实时感知包括车辆位置、速度、驾驶员驾驶行为、货物装卸等物流运输的全过程，全面提升了运输服务时效、安全和成本管理。还有其他社会化货运服务平台企业，如福佑卡车（城际整车货运）、壹米滴答（城际零担货运）、东方驿站（货运挂车共享）等已经成为当前和未来道路货运业治理的重要载体和抓手。我省将在发挥政府之手履行道路运输行政管理职能的同时，引导发挥"市场之手"，充分运用这些平台企业的社会组织功能，为个体运输业户指引方向（引导不要去挂靠），为个体运输车辆提供全链条服务，推进湖北道路货运转型升级和安全、稳定运行。

三、改革建议

道路货运现行管理体系是20世纪80年代在打破"三统（统一组织货源、统一调度车辆、统一运输价格）"基础上形成并沿袭、演变而来的，行政审批色彩浓厚，与时俱进不够。面对如此庞大、零散、跨区域流动的货运市场，传统的人盯人、人盯车管理方式已经严重滞后，随着"放管服"改革的深入、互联网技术的发展和社会治理机制的创新，以下三个证件可以探讨逐步取消或简化。

（1）普通货运驾驶员《从业资格证》。主要依据：一是客运驾驶员的服务对象是人，应当具有较强的职业素养和操作技能，而普通货运驾驶员因其服务对象不同，主要强调的是对运载工具的操作能力，对职业素养的要求相对可以简化；二是《从业资格证》考核内容与《驾驶证》考核内容部分重叠，学习考试耗时较长、成本较高，且继续教育、诚信考核等日常管理与《驾驶证》管理内容相似度较高，重复办理，耗时费力，增加经营者负担；三是在驾驶证培训环节可增加对普通货车驾驶员需掌握内容的培训和考核，以满足从业要求。取消这一证件，受益群体约75万人。

（2）普通货运车辆《道路运输证》。随着4.5吨及以下普通货运车辆《道路运输证》和驾驶员《从业资格证》的取消，业内呼吁取消4.5吨以上车辆《道路运输证》的诉求强烈。主要依据：《道路运输证》管理工作与《车辆行驶证》管理内容重叠较多，相关违章处理、年检车审、计分考核等工作均可探讨合并，进行简化，如同目前正在开展车辆综检安检"两检合一"

改革工作一样；同时，有利于减轻企业及个体驾驶员负担，降低经营成本，减少挂靠经营行为，维护行业稳定。

考虑到货运车辆数量多，可以探讨分步取消：第一步，全面落实取消4.5吨及以下普通货运车辆《道路运输证》，湖北全省受益车辆约17万辆；第二步，取消4.5~12吨普通货运车辆《道路运输证》，湖北全省受益车辆约5万辆，这些车辆主要从事城市内配送业务，其中个体车辆居多，且车辆尺寸、吨位均较小，安全风险性小；第三步，取消12吨以上重载普通货运车辆《道路运输证》，目前这部分车辆大约16万辆，已经全部纳入湖北省重点营运车辆动态监控系统。

按照现有分工，公安部门通过现场对车辆和驾驶员的管理，延伸至企业源头管理；交通部门通过源头对企业的管理，延伸至车辆和驾驶员的管理。《道路运输证》取消以后，交通部门主要通过对道路运输企业的管理，实现对其所属车辆的管控和培训、教育。同时，借助和发挥无车承运人、社会化货运平台企业的作用，实施对个体车辆的全过程管控、服务和援助。

（3）普通货运个体经营户《道路运输经营许可证》。主要依据：就个体运输户而言，其《工商营业执照》《道路运输经营许可证》是一一对应的，工商营业执照已经确立其主体资格，没有必要另行特许发放道路运输经营许可证。这一简化，受益车辆约18万辆。

按照现行管理法规，货运车辆全国通行需携带《道路运输证》和《从业资格证》，建议交通运输部从顶层设计层面研究解决普货运输营运证件改革措施，使基层管理人员从烦琐和繁重的审批备案、发证审验、证件签注、从业人员考试等环节解脱出来，转向对企业的企业源头管理和车辆信息化监控，真正落实部门监管责任和企业主体责任，促进货运业健康发展。

湖北水运服务"一芯驱动两带支撑三区协同"战略路径研究

湖北省交通运输厅港航管理局　　王阳红

省委十一届四次全会暨全省经济工作会议提出了"一芯驱动两带支撑三区协同"新发展战略,这一新的战略有三大鲜明特点:一是区域统筹协同发展,二是外向型发展,三是生态绿色发展。经济产业发展的区域性、协同性、外向性越强,对交通运输的先导性、便捷性、经济性需求就越强。深入贯彻中央、省委省政府的重大战略决策部署,要求我们研究制定交通强国湖北方案,建设交通强省,明确目标和任务,做到"一建立""两转""三对接":即建立现代综合交通运输体系,促进"公转铁、公转水",湖北的重大生产力项目部署到哪里,交通运输的大通道就连接到哪里;湖北的产业集聚布局到哪里,便捷高效的物流运输就对接到哪里;湖北的区域协同战略规划到哪里,铁、水、公、空综合运输就服务保障到哪里。

水运强省是交通强省的重要内容。湖北建设水运强省,是发挥水资源优势的内在要求,是交通运输供给侧结构性改革的重要阵地,是落实"一带一路"、长江经济带系列战略的重要载体,是实现湖北率先在中部地区建成小康社会的重要支撑。湖北水运服务"一芯驱动两带支撑三区协同"战略,可以考虑重点从以下两个方面着手:

(一)加快构建现代综合交通运输体系,推进铁水公空多式联运,有效提升运输效率、降低物流成本。

当前,我省综合交通运输体系尚不完善,铁路、水运比较优势未能充分发挥,综合交通枢纽及集疏运体系建设仍需加强,各种运输方式之间,城市与城乡、城际交通之间衔接不畅,与区域、城乡及综合交通一体化发展要求不相适应。多式联运是交通运输现代的必由之路,也是提升运输效率、降低物流成本的根本途径。

一是重点发展铁水联运这一多式联运的主要形式。要加快推进武汉阳逻港、鄂州三江港等5个国家多式联运示范工程,加快疏港铁路、疏港公路建设,开辟多式联运线路,培育多式联运企业,开发多式联运信息平台。要巩固提升中欧(汉欧、宜欧等)铁水联运班列运行效率,以铁路班列为主线,水运、公路完善集装箱配载系统,加快高新技术产品进出口通关效率,为高新技术产业提供有力服务和保障。要加快实施一批重大交通工程项目。包括湖北国际物流核心工程项目、长江航道645工程,襄阳荆门荆州等港口与蒙华铁路连接线工程。

二是按照"加密提升畅通"的总要求完善公路网。要适当加密江汉平原人口和产业密集区高速公路,适当加密长江、特别是汉江垂江通道。要适当提升部分区域普通公路、农村公路等级,提升连接长江汉江港口、铁路站场、物流园区的公路等级,提升连接产业园、旅游点、资源区的公路等级。加快京港澳高速、汉宜高速的"四改八";畅通107、207、316、318等重要的国道、沿长江汉江经济带的沿江公路通道和鄂东、汉江平原、鄂西三个区域间的公路通道。同时,要重点畅通武汉长江中游航运中心核心功能区——武汉港的集疏运体系,主要包括:构建武汉港"三环六横两纵"公路集疏运网络;形成武汉港"三纵两横三联"铁路集疏运网络;完善衔接重点港区的集疏港连接线;推进以武汉天河机场、湖北国际物流核心枢纽机场建设为重点的机场新格局的加快形成。

三是围绕培育和打造中部强大市场的任务,加快畅通中部省市间的交通运输通道。在畅通铁路、高速公路省际通道的基础上,完善省际普通公路路网建设,连通省际普通公路、农村公路网。加快推进连接湖北汉江和河南南阳地区的唐白河航道升级项目、连接湖北荆州与洞庭湖地区的松西河航道升级项目。加快推进长江中游航运中心建设,强化武汉港的集聚效应和辐射效应,加强长江中游各港口的整合联营。

(二)做好长江黄金水道、汉江黄金水道两篇大文章,充分发挥水运低成本、大批量、远距离的固有优势。

把长江全流域打造成黄金水道,把长江经济带建设成为生态更优美、交通更顺畅、经济更协调、市场更统一、机制更科学,这是习近平总书记对长江经济带发展的殷殷嘱托,对交通部门来讲,把长江、汉江航道建设好、维护好、运营好,是责任所在、使命所在。建好长江、汉江两条黄金水道,总体思路是落实好韩正副总理指示的"四统一"要求(航道标准统一、港口运营统一、船型标准统一、管理体制统一),实施好武汉长江中游航运中心建设"五通"工程(航道畅通、枢纽互通、江海联通、港城融通、关检直通),不断提升航道和港口条件,巩固发展江海联运品牌,优化水运服务软环境。

一是优化提升航道畅通条件。2020年以前完成长江武汉至安庆段6米深水航道工程、汉江雅口、碾盘山等5级航运枢纽工程,形成武汉—安庆万吨级航道、武汉至襄阳千吨级航道。主要包括:以645工程为重点进一步提升长江干线通航标准;以加快推进航道梯级渠化建设进展和配套航道整治工程为重点打造骨干航道;以内荆河水系、汉北河水系和洞庭湖四口水系为重点地建设江汉平原航道网;加强清江通航设施建设,提升航道通航能力,促进沿线旅游开发。

二是打造结构合理、功能完善的港口群。结合航运中心功能定位和运输发展需求，未来重点围绕多式联运、港产城互动等功能，强化武汉港的核心枢纽功能；宜昌港重点加快构建"两坝两联动、四路四港区"的三峡翻坝转运体系；荆州港重点加快以集装箱运输为主的盐卡港区建设和以煤炭铁水联运为主的江陵港区建设；黄石港重点加快棋盘洲港区建设，推动黄石新港由"终点港"向"中转港"转型；襄阳港重点推动小河、余家湖、唐白河港区建设，打造蒙华铁路集疏运基地、鄂西北电煤储备基地，进一步增强襄阳港辐射能力。

三是巩固和开辟沿江港口的江海联运和江海直达的航线。把湖北沿长江和汉江城市的产业经济与长江经济带和21世纪海上丝绸之路沿线国家（地区）的产业经济紧密连接起来，让湖北更好地融入全球性区域产业分工布局。继续提高集装箱江海直达航线服务能力和水平。延续航线补贴扶持政策，积极探索武汉自由贸易试验区相关政策，提高武汉港集装箱水水中转的竞争力和吸引力，努力开辟汉江、江汉运河、洞庭湖区等港口至武汉港的中转航线。开发大容量、低能耗、高效率的江海直达集装箱船型，开发适应汉江和江汉运河的新船型，促进船舶标准化、大型化。

四是优化水运发展软环境。加快转变港航管理职能，为航运市场提供更加便捷高效的服务。自贸试验区内工作部门依法公开管理权限和流程，建立各部门权力清单和责任清单制度，明确政府职能边界。加强港航管理部门与公路、铁路、航空系统、地方政府、自贸区以及相关单位之间的协作，形成推进武汉长江中游航运中心发展的合力。加强船舶交易市场管理，规范服务收费行为和标准。加强支持保障设施和机动力量。加强高等级航道、重点航段和重点湖库区等重点水域应急救助基地建设。要建立汉江航道上下游、左右岸统一管理体制，切实提高汉江航道的保障水平。

逐梦汉江

湖北省交通运输厅　研究室

汉江是长江中游最长的支流，流经湖北10市（林区）39个县（市、区），流域面积6.3万平方公里，占全省面积的1/3，是重要的经济走廊和产业聚集区。沿江的汽车、能源、建材、矿产等对水运需求巨大，汉江航运在降成本、补短板、提质效等方面潜力巨大。

——悠久的汉江航运史

《尚书·禹贡》云："嶓冢导漾，东流为汉。"

汉江，又称沔水，发源于陕西汉中，从一座隐没于云雾的嶓冢山峰溶洞汩汩而出，穿越秦岭巴山，流淌鄂中丘陵，滋养江汉平原，九曲回肠，在汉口龙王庙汇入长江。

汉江上连陕豫，下通湘赣，历史上是我国西部高原通往中部盆地和东部平原的五大走廊之一，是连接黄河流域与长江流域的黄金水道。两千多年前，汉江是荆州（今湖北、湖南等省）和梁州（今四川和陕南）向中原运输贡赋的要道。《禹贡》记载贡赋路线为"浮于江、沱、潜、汉，逾于洛，至于南河"，即从长江、汉江北上河洛，水陆接转。1897-1898年，汉江开始有商营汉口至蔡甸、仙桃的小轮航线，1904年小轮航线上溯至襄阳、老河口。《东方杂志》第11期《各省航路汇志》记载："创办襄阳樊城航业，均经江汉关及洋务局批准，近已一律开行。"新中国成立后，流域内公路运输虽有所发展，但沿江地区绝大部分中长途运输都要依靠汉江水运，直到20世纪50年代末期，汉江水路货运量仍占腹地总运量的90%以上，汉江航运的辉煌历史可见一斑。

——前行中的汉江航运

汉江航运进入快车道。经过持续的水运大建设，汉江钟祥碾盘山以下已基本建成千吨级航道且实现昼夜通航，汉江河口至蔡甸33公里2000吨级航道提等升级加快推进，雅口等枢纽建设进程加快，崔家营枢纽运营以来累计发电38.7亿度，

江汉运河通航以来过闸船舶2.69万艘次，810公里高等级航道圈经济社会效益日渐突显。沙洋港、仙桃港、钟祥港等具有集装箱功能的现代化港口相继建成开港，喂给阳逻港的集装箱支线稳定运行。2017年汉江沿线完成港口吞吐量2485万吨，比2011年增长68%。

汉江航运发展依然任重道远。距离2020年只剩下不到3年时间，但仍有部分枢纽尚未实质性开工，其通航设施能否按期建成，直接影响汉江丹江口以下千吨级航道能否全线贯通，事关国家"两横一纵两网十八线"高等级航道网能否形成。

汉江航运的进展情况，牵挂着共和国部长的心。8月23日，交通运输部何建中副部长一行，飞临襄阳，顺汉江而下，沿途查航道、看枢纽、进港口、听汇报，现场调研汉江航运发展，在随后召开的部省座谈会上强调要进一步做好内河航运总体谋划，进一步完善航道、船型、港口和服务等规范标准，进一步加快运输结构调整和多式联运发展，进一步推进内河航运绿色安全发展，为汉江航运"大发展、大攻坚"指明方向。

——迈向高质量发展新征程

汉江是连接长江经济带和"一带一路"的重要战略通道。新时代，必须抢抓水运高质量发展的黄金机遇期，大力推动汉江航运提档升级，为加快培育湖北新的经济增长极当好先行。

生态大保护。保护是高质量发展的重要基础。牢固树立"共抓大保护、不搞大开发"的规矩意识，重点围绕省政府长江大保护标志性战役部署，同步开展汉江非法码头治理。加大港口船舶防污染力度，加快汉江航运"柴改气"，加快岸电推广应用，抓好汉江溢油应急物资储备点前期工作。深入开展汉江岸线清理整顿，编制岸线利用控制性规划，确保以最严格的岸线管控促进港口集约高效发展。

航道大升级。加快枢纽建设，提高通航水位，推动丹江口以下至碾盘山航道按期达到千吨级标准。加快航道整治，推动汉江蔡甸至河口早日建成2000吨级航道，开展汉江襄阳以下至蔡甸2000吨级航道远期规划前期研究论证。加强沟通协调，推动丹江口大坝下泄流量、引江济汉对汉江兴隆以下补水量，达到通航所需的最低设计标准。

枢纽大联通。加强对在建枢纽通航设施建设的指导协调，积极争取交通运输部投资补助，确保按时建成通航。加快推进已建枢纽船闸改造，推动王甫洲船闸从300吨级提升到1000吨级，推进开展兴隆枢纽二线船闸前期工作，逐步破解已建通航设施制约。开发应用"船闸通"App，以信息化提高通航效率。加强常态化的联席制度建设，探索建立枢纽通航效率考核制度。

港口大联盟。针对汉江港口"小、散、弱"等问题，在坚持"一城一港一主体"的前提下，鼓励以资本为纽带，推动相邻区域港口联盟化、一体化，加快建成丹江口坝上库区旅游客运中心港、襄阳汉江航运中心、荆门国际内陆港、江汉平原港口群，推动形成汉江港口联盟，实现"优势互补、错位竞争、协同发展"。

管理大统一。借鉴长航模式，建立集中统一高效的汉江航务管理体制和应急救援机制。建立统一的船型标准，实现干支联动、江海直达。建立统一的市场管理体系，推动港口、航运、造船企业融合发展。构建"信息互换、监管互认、执法互助"口岸大通关模式，服务沿港外向型经济发展。

宏伟的目标需要驰而不息的奋斗。在逐梦汉江航运现代化、服务流域经济发展的征程中，湖北水运人将不忘初心、牢记使命，真抓实干、埋头苦干，以不胜不休、决战决胜的气魄奋力谱写汉江航运高质量发展新的篇章。

专题资料

省人民政府印发湖北省综合交通公路水运部分四个三年攻坚工作方案 (2018—2020 年)

(鄂政发〔2018〕20 号)

湖北省高速公路三年攻坚工作方案

(2018—2020 年)

为深入贯彻落实习近平新时代中国特色社会主义思想和党的十九大精神，对标交通强国战略实施纲要，切实解决人民日益增长的美好生活需要和不平衡不充分发展之间的主要矛盾，着力推进高速公路高质量发展，特制订本工作方案。

一、总体要求

以习近平总书记关于交通运输的重要指示精神为统领，以落实省第十一次党代会精神为指导，围绕"四个全面"战略布局湖北实施和"建成支点、走在前列"总体要求，坚持目标导向，以"加快建成国高网、科学加密地高网、有效扩容拥堵路、全力建设过江通道"为重点，着力打造高品质快速交通网；坚持规划引领，强化资金支持，形成以武汉为中心，覆盖全省、通达全国、内捷外畅的高速公路骨架网，为建成交通强省、决胜全面建成小康社会提供坚实保障。

二、工作目标

(一)总体目标。

三年建成高速公路 1250 公里，力争建成 1750 公里。到"十三五"末，我省高速公路里程达 7500 公里，力争达 8000 公里。

(二)年度目标。

2018 年开工监利至江陵高速东延段、武汉至阳新高速黄石段等项目，建成武汉城市圈环线高速孝感南段、棋盘洲长江公路大桥连接线、沙公高速观音垱至杨家厂段等项目 158 公里。

2019 年开工通山至修水高速湖北段、武汉至大悟高速河口至鄂豫界段等项目，建成宜来高速鹤峰至宣恩段、枣

潜高速荆门至潜江段等项目 561 公里。

2020 年开工蕲春至太湖高速蕲春东段、利川至咸丰高速等项目，建成保康至神农架高速、武穴长江公路大桥等项目 530 公里以上，全省高速公路总里程突破 7500 公里。

三、保障措施

(一)精心策划，做实做细项目清单。围绕"十三五"建成 7500 公里高速公路目标，立足"大交通、大枢纽、大网络"，通过规划中期评估，按"一张图规划"要求，在原有规划项目库基础上，科学谋划一批高速公路建设项目，充实高速公路规划项目库。根据高速公路开工时间、进展情况及难易程度，分解项目清单，将责任分解和压力传导至市(州)、具体路段、具体单位。鼓励各级地方政府、各项目参建单位采取超常规措施加快实施、加快推进。

(二)提高效率，加快推进项目前期工作。前期工作是争取项目建设合理周期的关键。应切实履行高速公路项目建设和招商引资主体责任，及时完备确定投资人的相关程序，优先保障高速公路项目用地年度计划指标，积极争取国土资源、环保、林业等部门的支持，加快办理相关手续，确保高速公路建设用地和相关专题及时审批。相关责任市(州)抽调交通、发改、国土、环保等部门精干力量，成立高速公路前期工作专班，整合各方优势，提高工作效率，加快工作进度，最大限度缩短前期工作时间。

(三)拓宽渠道，构建多元筹资融资模式。支持地方政府采用 PPP、BOT、BOT+EPC、BOT+EPC+ 可行性缺口补贴等模式，推进高速公路项目建设。经营性公路缺口补助由所在地

方政府财政保障。深化高速公路投融资体制改革，依法依规用好政府收费公路专项债券。继续发挥省级投融资平台作用，支持其作为市场主体，合法合规以多种方式参与高速公路建设。

(四)强化管理，促进项目高质量推进。各责任单位和项目参建单位要对高速公路项目建设实行动态管理，科学配置施工资源，狠抓现场监管，提高工程的精细化管理水平，确保项目按时限开工和建成。按照高质量发展的要求，加强各类原材料检验验收和工艺工序控制，加强全过程工程质量和安全管理，打造"品质工程"，建设"平安工地"。

(五)严格检查，完善考核奖惩机制。

强化目标任务的刚性要求，将高速公路三年攻坚情况纳入省政府督查范围、相关投资人目标责任考核范围，适时启动约谈问责机制。省交通运输厅按省政府部署安排，承担三年攻坚监督检查、考核评比、发布通报等日常工作，重要情况报省政府并及时通报给相关市(州)政府。

四、责任分工

(一)强化组织领导。省政府成立常务副省长任指挥长、分管副省长任副指挥长的全省综合交通运输体系建设指挥部，负责组织领导、统筹协调等工作。省交通运输厅成立高速公路三年攻坚工作专班，具体负责三年攻坚的组织、实施、协调、督促和考核等工作。各市(州)政府相应成立领导小组，具体负责攻坚推进工作。

(二)落实各方责任。市(州)政府是高速公路项目推进及招商引资责任主体，按 PPP、BOT 等特许经营方式，引进社会资本投资建设。项目投资人是项目建设和融资责任主体，负责资

金保障、计划安排、施工组织、质量安全管理等项目建设具体工作。省交通运输厅负责行业统筹管理，健全常态化、制度化的宏观调度、监督检查、督办考核机制，促进项目按计划推进。省发改、国土资源、环境保护、物价等相关部门在项目立项审批、用地、环评、通行费定价等方面，加强改革创新，从制度上、政策上加大支持和保障力度。省审计厅等监管部门加强高速公路建设过程监督管理，建设廉洁工程。

省交通运输厅根据本方案制定高速公路三年攻坚任务书并组织实施。

湖北省干线公路三年攻坚工作方案
（2018—2020 年）

为深入贯彻落实习近平新时代中国特色社会主义思想和党的十九大精神，对标交通强国战略实施纲要，切实解决人民日益增长的美好生活需要和不平衡不充分发展之间的主要矛盾，着力推进干线公路高质量发展，特制订本工作方案。

一、总体要求

坚持目标导向，着力打造高品质快速交通网、高效率普通干线网、广覆盖基础服务网，加快形成高质量立体互联的综合交通网络化格局；坚持规划引领，创新规划理念，改进规划方法，做精做细做实规划，增强规划的科学性、实效性；强化资金支撑，按照分类指导、统筹推进原则，多渠道筹资融资，进一步鼓励和引导社会资本投向交通领域，加大公共财政对干线公路的投入力度；深化综合交通运输、财政事权和支出责任划分、投融资等关键性改革，加快建立统一开放、竞争有序的交通运输市场，不断推进行业治理体系和治理能力现代化。

二、工作目标

（一）总体目标。

重点实施主通道扩容工程、国省道提升工程和集疏运完善工程，打造高品质的国省干线公路网，全省二级及以上公路里程突破36000公里、力争40000公里，实现全省干线公路二级及以上公路比重达到80%以上。

（二）年度目标。

2018年度目标：建设一、二级公路项目272个，建成一级公路450公里，建成国省道二级公路600公里，县乡二级公路650公里。

2019年度目标：建设一、二级公路项目249个，建成一级公路455公里，建成国省道二级公路700公里，县乡二级公路650公里。

2020年度目标：建设一、二级公路项目166个，建设一级公路455公里，建成国省道二级公路700公里，县乡二级公路700公里。

三、保障措施

（一）强化组织领导。省政府成立常务副省长任指挥长、分管副省长任副指挥长的全省综合运输体系建设指挥部，负责组织领导、统筹协调等工作。省交通运输厅成立干线公路三年攻坚工作专班，具体负责三年攻坚的组织、协调、督促和考核等工作。各市（州）政府相应成立领导小组，具体负责攻坚推进工作。

（二）强化整体推进。鼓励支持以市县为单位，将纳入部省"十三五"国省干线公路项目库的项目，以及部省规划外、地方需求迫切且有明确资金来源的项目，采取"建养一体化"模式，通过分区域或分类别"打捆"招标，向社会公开招标，由中标单位承担项目包的总承包施工或施工图设计总承包施工以及交工验收后5年的养护服务工作，市县政府依据项目建设及养护的绩效评估情况，按照合同分年度支付合同费用。

（三）强化示范带动。省对先行先试、推进力度大、实施效果好的市（州）、县（市、区）规划内项目，在计划上优先安排、资金上优先落实；对计划外项目积极争取政策支持或依据考核办法，适当给予一定资金支持。2018年上半年在荆州、黄冈等市县启动若干交通项目"建养一体化"试点，2018年下半年起在全省全面推广、加速推进。

（四）强化政策支持。省发展改革委、交通运输厅负责争取国家政策、项目、资金等支持，省财政厅负责落实交通发展省级补助资金，国土、环保、

公安、农业、林业、能源、电力、通信、铁路等相关部门支持普通公路政策参照支持高铁的政策执行。

（五）强化廉政建设。从制度机制、督促检查、严格管理等方面入手严守工程质量、工程安全和生态发展三条底线，建精品路、平安路、生态路。加强项目建设各环节尤其是廉政风险点的监督管理，着力推进信息公开，建立健全有效管用的管理制度，最大限度预防腐败，切实做到工程优良、干部优秀。

四、责任分工

（一）县（市、区）政府。县（市、区）政府是实施干线公路建设三年攻坚的责任主体，具体负责辖内干线公路建设项目的组织实施工作。同时负责落实除中央和省级补助资金以外的县（市、区）应承担的建设资金，并将其纳入同级政府财政预算和中期财政规划；积极推广应用"建养一体化"模式；负责落实征地拆迁工作，落实临时砂石料场及工程建设中的协调工作，按照部省政策要求落实干线公路小修保养资金。县（市、区）交通运输局负责年度建设计划编制上报工作；组织对纳入"十三五"干线公路发展规划的项目开展设计等前期工作；审批农村公路项目施工图设计和预算；对在建项目工程管理、质量、安全进度等进行监督，对小修保养工作进行指导和监督，对交工运营项目按照法律法规要求履行路政管理、治超等职责。

（二）市（州）政府。市（州）政府是实施干线公路建设三年攻坚的领导主体，组织指导辖内干线公路建设项目的实施工作。各市（州）政府负责落实除中央和省级补助资金以外的市（州）级应承担的配套建设资金，按照部省政策要求落实干线公路小修保养资金，并将其纳入同级政府财政预算和中期财政规划。市（州）交通运输局负责对县（市、区）交通运输局编制上报的年度建设计划进行审核、汇总、上报；审批国省道项目施工图设计和预算；严格按照工程建设标准规范，对工程预算进行控制，对在建项目的

质量、安全和进度等进行督查，对项目质量及养护技术状况进行评定，对交工运营项目路政管理、治超工作进行考核。

（三）省交通运输厅。按照"谁积极支持谁、谁实施得好支持谁"的原则，确定并下达全省年度建设计划，协调落实中央和省级补助资金及时到位，拟定普通公路"建养一体化"实施考核办法。省公路局负责对市（州）交通运输局上报的年度建设计划进行审核、汇总后上报省交通运输厅；负责中央和省级补助资金的监督管理；对市（州）交通运输局上报的普通国道项目或特殊结构的桥隧项目设计图纸进行联合审查，对在建项目的质量、安全和进度等进行抽查。

省交通运输厅根据本方案制定干线公路三年攻坚任务书并组织实施。

湖北省"四好农村路"三年攻坚工作方案（2018—2020年）

为认真贯彻落实党的十九大精神和习近平总书记关于"建好、管好、护好、运营好"农村公路（以下简称"四好农村路"）的重要指示精神，服务乡村振兴战略和脱贫攻坚，加快交通强省建设，根据全省综合交通运输体系建设三年攻坚部署安排，特制定本工作方案。

一、总体要求

聚焦突出问题，完善政策机制，加快补齐短板。按照"总量控制、以奖代补、先建后补"的原则，坚持目标导向和规划引领，强化资金支撑，深化关键改革，加快推进农村公路提档升级，实现"由线成网、由窄变宽、由通到畅"，完善农村公路管养体制机制，提升农村公路通畅水平和安全条件，改善农村公路路域环境，构建路网结构优化、体制机制顺畅、安全保障有力、生态环境优美、运输服务优质的农村交通运输服务体系，与乡村振兴战略紧密结合，促进全省农村公路建管养运协调可持续发展，更好服务精准扶贫和经济社会发展。确保到2020年实现"四好农村路"建设总目标，为交通扶贫攻坚、决胜全面建成小康社会提供坚实保障。

二、重点任务和工作目标

（一）加快提档升级。按照路面宽度不低于5.5米、路基宽度不低于6.5米的标准，对3万公里通客运班车的农村公路进行提档升级，每年确保完成1万公里。对于交通量小、地形地质条件复杂、拓宽难度较大的特殊路段，可适当降低标准，但路面宽度不得低于4.5米。推动农村公路向进村入户延伸，全面完成1.3万公里20户以上通组公路建设任务，且路面宽度原则上应达到4.5米以上，每年确保完成4000公里。

（二）强化安全保障。进一步加快农村公路安防"455"工程建设，确保"四年任务、三年完成"，力争两年完成。2018年确保完成2万公里、力争完成3万公里，2019年全面完成公路安防"455"工程目标任务。对于提前实施达标的项目，省将确保兑现补助资金。在全面排查评定的基础上，改造现有通客车农村公路四、五类危桥，推动农村公路危桥比例逐年下降，从源头上消除安全隐患。

（三）提升管养水平。探索推行农村公路"路长制"等管养模式，推进县乡两级农村公路管理机构设置率实现100%，落实机构及人员经费，有效维护农村公路路产路权。进一步完善农村公路养护制度和技术规范，适时提高农村公路养护资金省补标准，将农村公路养护资金省补标准由"7351"（即每年每公里县道7000元、乡道3500元、村道1000元）提高至"1525"（即每年每公里县道10000元、乡道5000元、村道2500元），县级财政按不低于省补标准相应配套农村公路养护资金，推动地方政府将农村公路管养资金纳入一般公共财政预算并建立稳定增长机制，确保"有路必养、养必到位"。

（四）创建美丽农村路。结合乡村振兴战略实施和美丽乡村建设，组织开展农村公路路域环境整治，积极打造美丽农村路。每年建成1万公里美丽农村路，每个县有一条示范县道，每个乡镇有一条示范乡道，每个村有一条示范村道，鼓励连网成片打造美丽农村路。加快推进"四好农村路"示范创建由县市向乡镇延伸，每年创建一批示范县和示范乡镇，以点带面，全面推进"四好农村路"建设。

（五）提升运输服务。巩固"村村通客车"成果，大力推进镇村公交化，全面提升农村群众出行服务质量和服务品质。加快推进县、乡、村三级农村物流体系建设，促进农村电商、快递线上线下资源高效整合，畅通农产品进城、工业品下乡双向流通渠道，进一步降低农村物流成本，实现农村物流网络节点全覆盖。

三、保障措施

（一）强化组织领导。省政府成立常务副省长任指挥长、分管副省长任副指挥长的全省综合运输体系建设指挥部，负责组织领导、统筹协调等工作。将"四好农村路"建设纳入各级政府重点督查内容和目标考核体系，强化"四好农村路"建设组织保障。省交通运输厅成立"四好农村路"三年攻坚工作专班，具体负责三年攻坚的组织、协调、督促和考核等工作。各市（州）政府相应成立领导小组，具体负责攻坚推进工作。

（二）强化政策支持。研究制定关于认真贯彻习近平总书记重要指示精神、高质量推进全省"四好农村路"建设的政策性文件，明确支持政策措施。加大省级财政对"四好农村路"建设的扶持力度，重点用于农村公路提档升级、维修养护和"美丽农村路"建设。

（三）强化机构建设。省交通运输厅要加强全省农村公路行业管理。市（州）交通运输主管部门要有农村公路养护管理部门（机构）。县（市、区）政府要设置专门的农村公路管理机构，乡（镇）政府要有农村公路养护管理部门和专门的管理人员，并将县乡两级农村公路管养经费和人员经费纳入财政预算。村委会要建立农村公路养护管理议事机制。完善农村公路路政管理体系，推进"县有路政员、乡有监管员、村有护路员"。

（四）强化责任落实。县级人民政

府是实施"四好农村路"建设三年攻坚的责任主体，负责组织编制"四好农村路"建设规划，拟定三年目标任务报省备案，具体负责规划项目的组织实施，落实除部省补助资金以外的县(市、区)应承担的建设资金，按照中央和省政策要求落实农村公路养护资金，发挥市场机制作用，逐步完善"四好农村路"建设筹融资机制。市(州)政府要加强对所辖县(市、区)"四好农村路"建设规划、示范创建和项目实施的指导工作，落实除部省补助资金以外的地市级应承担的"四好农村路"发展资金；市(州)交通运输主管部门要成立专班，履行组织领导和统筹协调工作责任，开展"四好农村路"建设督导考评，加强规划项目前期工作、实施进度、质量安全、试点示范和考核验收等行业监管工作。省财政厅负责省级补助资金落实，并加强财政专项资金监管。省交通运输厅按照"谁积极，支持谁"的原则，负责统筹确定各地"四好农村路"建设三年目标任务，分解下达全省年度计划目标任务，实行定额补助包干政策，将"四好农村路"作为重要内容开展交通运输大调研活动，进一步完善农村公路技术标准、管养机制和考核体系。

省交通运输厅根据本方案制定"四好农村路"三年攻坚任务书并组织实施。

湖北省水运发展三年攻坚工作方案
(2018—2020年)

为深入贯彻落实习近平新时代中国特色社会主义思想和党的十九大精神，对标交通强国战略实施纲要，进一步抢抓长江经济带、长江中游城市群等重大战略机遇，充分发挥水运载量大、占地少、能耗低、绿色环保等优势，结合我省水运发展实际，特制订本工作方案。

一、总体要求

坚持精准发力、补足短板。深入推进水路交通运输供给侧结构性改革，优化供给结构，提高供给质量，充分发挥水运优势，突出航道基础设施建设。坚持生态优先、绿色发展。贯彻长江经济带"不搞大开发，共抓大保护"战略，走生态优先、绿色发展之路，集约高效使用岸线资源，建设生态航道、绿色港口、低碳船舶。坚持改革创新、破立结合。推进港口资源整合，发展多式联运，深化以港口为节点的综合交通建设管理机制创新，打造航运中心核心功能区。深化汉江航道管理体制改革创新，构建统一高效的汉江航道管理体制。坚持省级统筹、地方主导。调动各方积极性，各市(州)主体担责，积极作为，形成合力共建、共赢局面。

二、工作目标

通过三年攻坚，重点实施航运中心核心功能区建设、高等级航道畅通、多式联运培育、绿色安全智慧航运等4项任务，全省港航建设投资完成180亿元(不含长江航道、集疏运通道投资)，全省三级以上高等级航道里程突破2000公里，港口年通过能力突破4亿吨，集装箱年通过能力突破500万标箱，基本建成功能完善、资源集聚的武汉长江中游航运中心，畅通成网、干支联动的高等级航道体系，无缝衔接、开放高效的多式联运体系，覆盖全面、防控有力的绿色安全保障体系。

三、重点任务

(一)航运中心核心功能区建设。

1. 改建阳逻港区进港专用公路。完成既有平江大道改造，将港区段改造为港区集疏运专用道路。新建新平江路，承担城市道路功能。

2. 打通阳逻港区进港铁路。建设江北铁路二期。建成阳逻港区集装箱铁路专用线。

3. 扩展阳逻港区综合保税园区功能。在阳逻临港综合保税区一期工程已通过国家部委验收并封关运行的基础上，进一步建设阳逻港湖北进口肉类分销中心、国际商品展销中心等，扩展服务功能，形成保税仓库、出口加工、海关查验、综合展示、现场服务、综合服务6大功能区。启动综合保税园区二期工程前期工作，力争2020年前开工建设。

4. 做强武汉航运交易所。一是加强信息平台建设，在武汉航交所综合信息服务平台(一期)已建成航运交易、航运人才服务、航运招标代理、网络司法拍卖平台的基础上，进一步完成集装箱内支线订舱平台、汽车滚装运输公共综合服务平台、航运知识产权交易平台等建设。二是拓展服务功能，建成航运人才信用评价体系，开展多层次航运人才评估服务、航运知识产权业务，设立长江海事司法鉴定中心和仲裁中心。三是发布航运指数，在已发布中国长江商品汽车滚装运输运价指数基础上，进一步研究发布内河煤炭运价指数和集装箱运价指数，开展船舶交易价格指数、船员就业指数、内河航运景气指数等基础研究。

5. 建设阳逻航运产业总部区。围绕柴泊湖东北部30万平方米区域，集聚武汉航运交易所、海关、商检、海事法院、行政服务等政务机构和金融、保险、法律、培训等服务机构，引进世界500强、航运企业总部等项目入驻，发展航运交易、航运金融、航运保险、航运咨询等高端航运服务产业。

(二)畅通高等级航道。

6. 积极推进长江645工程。积极配合长江航务管理局推进长江645工程，确保武汉至安庆段402公里6米深水航道工程全面开工、基本建成，实现万吨海轮常年直达武汉。力争武汉至宜昌段626公里4.5米深水航道工程完成前期工作、开工建设。

7. 完成汉江枢纽通航设施建设。一是2018年开工建设碾盘山水利枢纽，2020年前建成1000吨级船闸，渠化三级航道58公里。二是2020年基本建成雅口航运枢纽，建成1000吨级船闸，渠化三级航道52.7公里。三是2018年开工建设新集枢纽，2020年前建成1000吨级船闸，渠化三级航道47公里。四是2018年开工建设孤山航电枢纽，2020年前建成500吨级船闸，渠化四级航道35公里。

8. 破解汉江航道瓶颈制约。2020年前完成王甫洲枢纽二线1000吨级船闸前期工作并力争开工建设。启动兴隆枢纽二线船闸前期研究论证。2020年建成汉江蔡甸至河口33公里2000吨级航道。启动汉江兴隆至蔡甸2000吨级航道整治工程前期工作。

9. 推动高等级航道干支成网。建设松西河、唐河唐白河等省际通道，推进以清江、内荆河、汉北河、香溪河、富水等为主要支撑的骨干航道建设，形成内畅外联、干支直达的长江中游高等级航道网络体系。

（三）加快发展多式联运。

10. 建设阳逻港区集装箱铁水联运示范工程。一是建成武汉阳逻港多式联运海关监管中心，分别建设海关特殊监管区、检验检疫处理区、办公及配套服务区，海关、检验检疫机构对进出口货物实施"一次申报、一次查验、一次放行"，实现企业在不同口岸间、转换不同交通工具只需进行一次转关申报，提高通关效率降低通关成本。二是续建完工集装箱铁水联运工程一期阳逻电厂货运枢纽改造，改造铁路货场，建设铁路装卸堆场区、空箱堆场区、仓储区及辅助区等，设计年吞吐能力260万吨。

11. 建设棋盘洲港区集装箱公铁水联运示范工程。重点培育三条多式联运示范线路，一是"港到厂"铁水联运线路，通过沿海港口转运至黄石新港装卸，再通过港区短距离铁路线直接运送至企业站场。二是"港到门"公水联运网络甩挂线路，通过沿海港口转运至黄石新港，再通过港口物流园分拨转运。三是"港到站"长距离铁水联运线路，通过沿海港口转运至黄石新港，以港口铁路物流园为起点，通过国家铁路网直接运送至成渝地区。

12. 拓展集装箱江海直达航线。一是在巩固"江海直达""泸汉台"、武汉至日韩和东盟四国及内支线集装箱班轮基础上，继续开辟武汉、黄石至国内沿海及东亚、东南亚近洋航线。二是发展汉江集装箱班轮运输，拓展钟祥、沙洋、仙桃等汉江沿线港口至武汉港、黄石港的集装箱喂给航线。三是研发建造江海直达1140标箱集装箱示范船，2019年建成6艘。

13. 提高三峡枢纽翻坝转运能力。一是建立常态化、高效率的客滚、货滚翻坝转运体系，完善坝上、坝下滚装码头设施，降低中转运输成本，提

高中转服务质量，引导滚装翻坝运输有序发展。二是建立翻坝转运公共信息服务平台，将各管理部门、各种运输方式、各物流园区（站场）以及各物流企业之间的物流信息联通共享，规范权威、及时准确地发布信息，提高多式联运、物流配送的效率，从源头上分担三峡船闸通航压力。

（四）发展绿色安全智慧航运。

14. 实施港口船舶污染防控工程。一是全面完成各市（州）政府发布的《港口和船舶污染物接收转运处置设施建设方案》明确的建设任务，在2017年已完成25%建设内容基础上，2018年至2020年每年完成25%以上建设内容，2020年全部完成。二是实施港口岸电建设工程，到2020年，武汉、宜昌、荆州、黄石港90%的港作船舶、公务船舶靠泊使用岸电，50%的集装箱、客滚和邮轮专业化码头具备向船舶供应岸电的能力。三是建成武汉油品、化学品船舶洗舱站。

15. 加大安全监管基础设施建设。一是在汉江武汉、十堰分别建成集巡航、救助和船舶污染应急处置于一体的水上交通应急救助及船舶污染应急处置综合基地。二是对全省学生渡、千人渡等客流量大的渡口率先实施农村渡口生命安全防护示范工程。

16. 推进信息化建设。一是建设全省水路交通4G动态监管平台，实现我省监管水域危险品船、旅游客船、千人渡和学生渡渡船4G动态监管全覆盖。二是建设汉江航道综合管理信息化工程，建成汉江碾盘山以下390公里电子航道图、视频监控及综合管理平台，实现汉江航道数字化、立体化的实时监控。

四、保障措施

（一）加强组织领导，明确责任落实。省政府成立常务副省长任指挥长、分管副省长任副指挥长的全省综合运输体系建设指挥部，负责组织领导、统筹协调等工作。省交通运输厅成立水运发展三年攻坚工作专班，具体负责三年攻坚的组织、协调、督促和考核等工作。各相关市（州）人民政府相应成立领导小组，具体负责攻坚推进工作。

充分发挥省治理长江干线非法码头联席会议的统筹、协调、督办作用，在省治理长江干线非法码头联席会议办公室（以下简称省联席办）职责中增加水运发展三年攻坚的协调、督办职责，增加长江水利委员会、省南水北调管理局、武汉新港管理委员会等为成员单位，定期召开联席会议，研究解决水运发展三年攻坚有关问题。充分发挥武汉长江中游航运中心建设协调领导小组的领导统筹作用，推动武汉长江中游航运中心建设攻坚和汉江五级枢纽建设攻坚。

（二）实行多方筹资，加大建设投入。以省部补助资金为支撑，争取地方财政资金和债券资金用于水运基础设施建设。探索流域捆绑综合开发模式，吸引大型企业利用港口后方土地、矿产资源、水电开发、产业经营等收益投资航道、港口、物流园等设施建设，实施流域矿产、水电资源、港口岸线、后方土地产业及商业开发与航道港口建设捆绑式统一开发模式。汉江、清江上已建枢纽的扩能改造通航设施项目采取"以电养航"的模式由枢纽建设运营单位筹集资金建设。

（三）加强统筹协调，深化体制改革。充分考虑我省汉江中下游航运用水需求，保障丹江口大坝下泄最小流量和引江济汉对汉江兴隆以下补水，建立多部门联合会商的汉江中下游航运流量保障长效机制。借鉴长江航务管理局对长江航道的统一管理模式，推进汉江航道管理体制改革，对汉江及江汉运河航道、船闸实施统一管理，建立统一、高效的汉江航道船闸管理体制。

（四）强化监督管理，确保质量进度。各市（州）组建水运建设质量安全进度督查组，对项目质量、安全、进度等进行督查，对发现问题及时组织整改。各有关部门严格落实水运建设有关法律法规及制度，加强监督管理，强化项目法人责任制、招标投标制、工程监理制和合同管理制，确保按工程招投标、设计文件审查、施工许可、质量监督、竣工验收等基本建设程序执行到位。

（五）纳入目标管理，强化奖惩措施。省联席办定期召开会议，总结和推广典型经验，分析存在问题，制定整改措施，明确年度建设目标。将水运攻坚目标任务纳入省政府对各相关市（州）政府和投资主体目标责任考核范围，由省联席办组织对水运发展三年攻坚进行监督检查、考核评比、发布通报，将考核结果报告省政府，由省政府向各市（州）政府进行通报，将项目建设主体责任压实到市（州）政府。各地三年攻坚考核结果作为年终考核表彰、下年度项目资金计划安排的重要依据。

（六）加大宣传力度，营造活动氛围。各地要多形式、多渠道、全方位开展宣传工作，向社会宣传水运发展对产业经济发展的巨大拉动作用，寻求社会各界的支持，切实为三年攻坚顺利开展、有序推进营造良好舆论氛围。

省交通运输厅根据本方案制定水运发展三年攻坚任务书并组织实施。

2018年5月22日

湖北省促进道路货运行业健康稳定发展实施方案

（鄂政办发〔2018〕44号）

为贯彻落实交通运输部等十四部委《关于印发促进道路货运行业健康稳定发展行动计划(2017-2020年)》(以下简称《行动计划》)精神，促进道路货运行业健康稳定发展，维护和保障道路货运行业从业人员权益，经研究，特制定本实施方案。

一、总体思路

认真贯彻落实党中央、国务院和交通运输部等部委关于维护道路货运行业健康稳定发展的决策部署，结合我省实际，以"减负增效、提质升级"为核心，以改革引领、创新驱动、标本兼治、综合治理为原则，以减轻经营负担、改善从业环境、优化市场秩序、提升治理水平为重点，着力推进道路货运行业转型升级，促进行业持续健康稳定发展，为降低物流成本、增加社会就业、服务湖北经济转型升级和全面小康建设提供有力支撑。

二、主要目标

2018年，完成降本减负10件实事，推动政策落地并取得实质性进展。建设完善全省公路沿线"司机之家"，货车驾驶员生产生活条件得到改善，行业平稳发展的基础更加牢固。

到2020年，道路货运行业改革创新取得突破性进展，货运物流企业加快成长，运输组织化程度明显提高。公路服务区建设不断完善，货运业主的获得感、归属感持续增强。先进运输组织模式广泛推广，道路货运比较优势得到有效发挥，资源集约利用效率稳步提高。

三、工作措施

（一）切实减轻经营者负担。

1.推进货车检验检测改革。推进并实现普通营运货车安全技术检验与综合性能检测"两检合一"。严格落实取消二级维护强制检测规定。(省交通运输厅、省公安厅、省质监局)

2.落实普通营运货车异地年审与考核。加快我省道路运政信息系统与全国联网，建立与公安部门信息系统的共享联动机制。推动道路普货驾驶员基本信息及违法、信用信息共享，实现证件转籍、信用考核等事项异地办理。(省交通运输厅、省公安厅)

3.精简许可流程。推进跨省大件运输并联许可全国联网。取消危险货物道路运输驾驶员异地从业资格证转籍要求。探索普货驾驶员从业资格异地考核。落实关于道路货运驾驶员免费网络继续教育的有关政策。稳步实施限量瓶装氮气、二氧化碳等低危气体道路运输豁免制度。(省交通运输厅、省公安厅)

4.制定城市配送通行便利政策。以各市州为重点，推动建立"交通运输主管部门负责需求管理和运力调控、公安交通管理部门负责通行管控"的协同工作机制。推广使用符合标准的新能源配送车辆并给予通行便利。(省公安厅、省交通运输厅)

5.优化收费公路通行费政策。对符合政策的运输车辆实行高速公路通行费优惠，对使用电子不停车收费系统(ETC)非现金支付的车辆给予通行费优惠。继续落实好鲜活农产品运输"绿色通道"车辆政策，进一步完善鲜活农产品运输"绿色通道"检测体系，加强和规范检测工作，提高通行效率。做好收费公路通行费营改增相关工作，落实湖北省收费公路通行费营改增工作实施方案。(省交通运输厅、省财政厅、省税务局)

（二）促进货运行业创新发展。

6.推进货车标准化。推进低水平非标车型车辆更新改造，实行老旧车淘汰月通报制度。深化车辆运输车治理工作，全面完成年度治理目标。开展超长平板半挂车、液体危险货物罐车专项治理。鼓励推广使用新能源车和清洁能源车。加快中置轴汽车列车等先进车型推广应用。(省交通运输厅、省经信委、省公安厅、省财政厅)

7.大力推动运输组织模式创新。支持公铁合作，共同开发多式联运服务产品。广泛推广网络化、企业联盟、干支衔接等甩挂模式，支持创新"挂车池"服务、挂车租赁、长途接驳甩挂等新模式。探索开展覆盖国内、联通国际的陆空联运，支持发展卡车航班对接服务。(省交通运输厅、省发展改革委)

8.优化城市配送体系。支持在城市周边统筹布局规划和建设一批具有干支衔接功能的大型公共货运配送综合体，同步优化城市内末端共同配送节点。组织开展城市绿色货运配送试点。

（省交通运输厅、省公安厅、省经信委）

9. 加快传统道路货运企业转型升级。鼓励传统货运企业积极参与多式联运经营活动，加快向多式联运经营人、现代物流服务商转型发展。提升无车承运人资源整合能力，强化全程运输责任。鼓励发展"互联网＋车货匹配""互联网＋运力优化""互联网＋运输协同"等新业态。做大做强华中甩挂运输联盟。（省交通运输厅、省发展改革委）

（三）维护公平竞争市场环境。

10. 严格落实治超全国统一标准。进一步健全完善全省统一领导、各级人民政府负责、相关部门协调配合、多方联动的治超工作机制。规范统一执法自由裁量权、执法流程和执法标准，定期组织货车非法改装、超限超载运输认定标准和处罚标准贯彻执行情况检查督导。（省交通运输厅、省公安厅、省财政厅、省经信委、省质监局，各市州人民政府）

11. 规范公路货运执法行为。调整优化国省干线公路超限检测站点布局，加快国省干线公路不停车称重检测系统建设使用，推广高速公路入口货车称重超限劝返模式。进一步推进交通和公安部门公路治超联合执法常态化、长效化，加快建设公路超限检测站进站检测指示标牌、标线和电子抓拍系统，规范公路路政部门货车称重、卸载及信息登记录入和公安交管部门处罚记分工作流程，落实信息抄告和"一超四罚"措施。健全公路执法监督举报平台，强化 12328 交通运输服务监督电话应用。（省交通运输厅、省公安厅，各市州人民政府）

12. 推进超限源头治理工作。制定道路货运源头治超办法，明确县级以上人民政府源头治超主体责任和相关职能部门职责。县级以上人民政府牵头组织相关部门与货运源头单位签订责任书，指导建立货物装载工作制度、安装称重及远程监控系统等设备，重点加强矿山、水泥厂、钢铁厂、沙石料场、建筑工地、港口、火车站、道路货运站场（含物流园区、物流中心）等道路货运源头的监管。（各市州人民

政府，省交通运输厅、省公安厅、省国土资源厅、省水利厅、省经信委、省工商局、省国资委）

13. 合理引导市场预期。坚持治超工作的延续性，合理确定过渡期和实施步骤。完善公路货运统计监测体系，有效整合社会大数据平台，加强道路货运市场运行动态跟踪和量化分析，定期发布道路货运市场供需状况，引导经营业户理性进入市场。（省交通运输厅）

14. 强化行业诚信监管。加快省交通运输信用信息系统建设，推进与全国交通运输信用信息平台互联互通。实行企业诚信信息公示制度。落实守信联合激励和失信联合惩戒制度。鼓励企业自行发布服务标准和信用承诺。研究推行对超限超载货运车辆保险费率上浮制度。（省交通运输厅、省发展改革委、中国银保监会湖北监管局）

（四）保障道路货运从业人员合法权益。

15. 改善货车停车住宿条件。严厉打击高速公路服务区和货运站场等重点区域盗抢车货和偷油等违法犯罪行为。在省内公路沿线积极规划建设"司机之家"，力争到 2020 年建成 300 个提供停车、加水、如厕等基本服务的开放式便民服务站，90 个能够提供停车休息、餐饮购物、加油汽修等多种服务的普通公路综合服务区。（省交通运输厅、省公安厅）

16. 强化从业人员社会保障。指导督促货运企业与驾驶员依法签订劳动合同并依法参加社会保险，有序扩大从业人员社保覆盖面。研究完善货车驾驶员工伤保险参保缴费政策，不断提升工伤认定和劳动能力鉴定工作效率。探索道路货运互助保险机制。道路货运经营者应按照《劳动法》有关规定合理安排货车驾驶员工作量，保证法定休息时间。（省人社厅、省财政厅、省交通运输厅、中国银保监会湖北监管局）

17. 加强货车驾驶员职业教育。鼓励校企合作，建立大型货车驾驶人订单式培养机制。制定政策推动大型客货运输驾驶员职业技能教育工作，引导符合条件的生源参加大型货车职业

教育，逐步缓解职业货车驾驶员日趋短缺的矛盾。（省交通运输厅、省教育厅、省公安厅）

18. 发挥工会和行业协会作用。加强道路货运工会建设，确保货车驾驶员正确行使民主参与和行业监督权利。依托工会组织开展货车驾驶员安全节能驾驶技能竞赛，广泛开展专业培训、法制教育、评优评先等工作，开展多种形式的关爱货车驾驶员活动。推动行业协会和产业工会定期开展货运营商环境、货车驾驶员经营状态等社会调查，及时向有关部门反馈意见建议。支持为货车驾驶员等提供公益性法律援助，引导货车驾驶员依法维权，理性反映诉求。（省总工会、省交通运输厅）

（五）强化行业稳控综合治理。

19. 加强维稳形势监测分析。强化地方政府主体责任，建立健全交通运输、公安、维稳、网信、信访等多部门参与的协调联动机制。进一步强化网络舆情监测，跟踪了解行业动态和各方诉求，及时做好不稳定情况的防范、排查和应对处置工作。引导主流媒体加强正面宣传，为行业健康稳定发展营造良好社会舆论氛围。（省交通运输厅、省公安厅、省维稳办、省网信办、省信访局）

20. 做好突发事件应急处置。进一步健全分级分层的道路货运社会稳定事件应急处置预案和工作机制，切实强化上下联动和多方协同，确保第一时间快速反应、及时稳妥处置，最大限度维护道路货运市场稳定。（省交通运输厅、省公安厅、省维稳办、省网信办、省信访局）

四、工作要求

（一）加强组织领导。各地、各有关部门要加强对道路货运健康稳定发展工作的领导指导，建立政府主导、部门协同机制，制订工作计划。

（二）明确职责分工。各部门要落实责任、细化工作措施，明确完成时限，加强协调配合，确保完成任务。

（三）严格监督检查。各部门要根据职责分工，加强对落实本实施方案有关工作的跟踪督导，出现问题及时反馈。

2018 年 8 月 23 日

湖北省干线公路三年攻坚实施方案(2018—2020年)

(鄂交计〔2018〕243号)

根据省人民政府《关于印发湖北省综合交通公路水运部分四个三年攻坚工作方案(2018—2020年)的通知》(鄂政发〔2018〕20号)部署安排,为了全面打赢全省干线公路三年攻坚战,现结合全省干线公路发展实际和发展需求,特制定本攻坚实施方案。

一、总体目标

按照高品质发展要求,全力打造高品质快速交通网、高效率普通干线网、广覆盖基础服务网,重点实施主通道扩容工程、国省道提升工程、公路路网完善工程,通过三年的努力,力争建成一级公路1360公里、二级公路4000公里。到2020年底,全省二级以上公路里程突破36000公里,向40000公里迈进。具体年度目标分解如下:

2018年:建设一、二级公路项目272个,建成一级公路450公里,国省道二级公路600公里,县乡道二级公路650公里。

2019年:建设一、二级公路项目249个,建成一级公路455公里,国省道二级公路700公里,县乡道二级公路650公里。

2020年:建设一、二级公路项目166个,建成一级公路455公里,国省道二级公路700公里,县乡道二级公路700公里。

具体任务清单详见附表(略):全省干线公路三年攻坚各市州任务表及全省干线公路三年攻坚项目清单。

二、重点任务

(一)实施主通道扩容工程

加快推进连接重点城市,衔接城镇发展轴、重要产业带,构建城市群间的重要经济走廊带的G107、G207、G316、G318、G347、G348等普通国省道主通道相关路段的一级公路扩容升级。

一是加快推进重要城市拥堵路段绕城公路建设,重点推进G107孝感市肖港至张公堤段、咸安区段、赤壁段,G207襄阳至宜城段、荆州枣林至郢城段,G316张湾区千字沟至艳湖段、G318荆州段、恩施市吉心至虎岔口段,G346随州市十岗至任家台段、G347应城市绕城段等绕城公路建设。

二是积极推进主通道瓶颈路段扩容升级,进一步发挥主通道整体效益,重点建设G107广水境段、孝昌县卫店至陆联段、赤壁段,G207荆门市桃园至子陵段、公安埠河至南平段,G316广水市平林至曾都区淅河段、随县厉山至随阳店段、枣阳随阳店至肖家垱段,G318武汉永安东岳庙至成功段,G346大悟县河口至城关段,G347京山邓李至钟祥东桥段、G347荆门东桥至子陵段等通道。

三是加快干线公路过江通道的建设,解决国省道跨江瓶颈制约,加强长江、汉江两岸交通联系,重点建设香溪、赤壁等跨长江桥梁的建设以及G316河谷汉江大桥、G346宜城汉江二桥、G347钟祥汉江二桥、G348沙洋汉江大桥、S247潜江汉江大桥、S450郧西兰滩口汉江大桥等跨汉江桥梁的建设。

(二)实施国省道提升工程

加强国省道中低于二级公路的路段升级改造,特别是加强连通乡镇、重要经济节点,以及重要通道中瓶颈路、断头路、低等级的升级改造。

一是重点推进国道二级及以下公路升级改造,主要任务集中在恩施、黄冈等地。重点推进G209神农架林区阳日至观音河段、G241丹江口城区至陶岔段、五峰白果树至狗头井段、G242恩施市马鞍龙至利川元堡段、恩

施市下云坝至宣恩晓关段,G348巴东县平阳坝至巴东垭段,G351恩施市芭蕉至谢家土段、宣恩县椿木营至长潭河段,G347黄冈市蕲州至巴河公路、巴河至陶店公路等项目建设。

二是继续推进剩余的28个乡镇通二级公路建设,改善乡镇出行条件,重点推进S206麻城城区至三河口段、S211安陆市城关至赵棚段、S357阳新县木港至龙港公路、S451竹山县得胜至大庙段、S462恩施市赵家湾至红土段、S458秭归县两河口至磨坪段等项目建设。

三是积极推进国省道二级以下公路升级改造,重点推进国省道通道功能较强的项目建设,加强省际出口路建设,提高国省干线网的省际连通度。

(三)实施公路路网完善工程

推进衔接港口、机场、站场等集疏运公路,旅游景区公路,重要县乡道等公路建设,进一步完善公路路网,促进公路干支协调发展。

一是加快推进集疏运公路建设,加强武汉港、黄石港、荆州港、宜昌港等港区港口连接道路建设,加强与汉西高铁、郑万高铁等高铁站连接道路建设,加强枣潜高速等高速连接道路建设。

二是加快连接4A级及以上旅游景区公路建设,加强绿色旅游公路建设,加强旅游景区间道路建设。

三是加快推进县乡道改造工程建设,改善重要县乡道通行条件,畅通农村公路主动脉,夯实农村路网主骨架。

三、工作举措

(一)加快项目前期工作

结合国省道前期工作审批权下放政策,各地应进一步完善前期工作管理机制,配齐配强专班力量,提高前期工作质量,及时研究解决前期工作

中的重大问题，不断加快前期工作进度，为争取部省资金、项目及时开工创造有利条件。

省公路局加快对市（州）上报的普通国道项目或特殊结构的桥隧项目设计图纸进行联合审查。三年攻坚项目力争在2019年上半年全面完成前期工作，并及时开工建设。

（二）加强计划投资管理

各级交通主管部门要做好三年攻坚任务分解和计划投资管理，县级交通主管部门应结合项目前期工作、攻坚目标任务和项目施工条件，将三年攻坚任务目标分解到具体项目，突出国省干线公路的升级改造工程，合理安排项目年度计划。

市级交通主管部门应对申报项目严格审核把关，申报项目内应具备开工和完成相应工程进度的条件；及时将三年攻坚任务分解到县市区，于6月30日前专文上报省厅。

省厅按照"谁积极支持谁，谁实施得好支持谁"的原则，对全省干线公路三年攻坚项目清单实现动态管理，加大年度计划项目的协调，加大攻坚重点项目的督办，优先安排"十三五"规划目标，并对年度计划执行较好的市县给予正向激励。

（三）积极推行"建养一体化"

鼓励支持以市县为单位，将纳入部省"十三五"国省干线公路项目库的项目，以及部省规划外、地方需求迫切且有明确资金来源的项目，通过分区域或分类别"打捆"招标，向社会公开招标，由中标单位承担项目包

的总承包施工或施工图设计总承包施工，以及交工验收后若干年内的养护服务工作；政府依据项目建设及养护的绩效评估情况，依据合同分年度向社会资本支付合同费用。

（四）强化项目实施监督考核

各市州要健全攻坚重点项目调度、督办、推进、协调等常态化制度，准确把握项目实际进展，组织专项清理整治，尤其对开工多年未通车的或交竣工验收严重滞后的项目，要逐个项目落实推进方案，倒排工期，限期整改；对近期无法开工的项目，将收回或调整沉淀的部省补助资金；要全面开展项目督导工作，针对逾期未开工的年度计划新建项目和建设进度滞后的计划项目，查找存在的问题，提出整改意见，督促其尽快完成，确保三年攻坚目标的实现。

省厅将实行月度通报、季度督办、年中约谈、年终考评、奖惩兑现等措施；对计划管理不严、执行情况较差的市县交通主管部门进行约谈和通报批评；对计划管理严格、执行情况良好，全面超额完成年度任务的市县和单位给予表彰奖励。

四、保障措施

1.强化组织领导。省厅成立干线公路三年攻坚战工作专班，由姜友生同志任组长，刘立生、刘畅同志任副组长，厅直有关单位、机关相关处室负责人为成员。厅计划处为牵头处室，负责干线公路三年攻坚统筹协调工作。省公路局成立工作专班，具体负责三年攻坚的组织实施和跟踪督办工作。

各市（州）交通运输局（委）要成立干线公路三年攻坚工作专班，切实承担组织领导和统筹协调的责任。县级交通运输局要切实加强组织领导，加快推动干线公路建设进度。

2.强化示范带动。省厅对先行先试、推进力度大、实施效果好的市（州）、县（市、区）规划内项目，在计划上优先安排、资金上优先落实；对计划外项目积极争取政策支持或依据考核办法，适当给予一定资金支持，2018年上半年在荆州、黄冈等市县启动若干交通项目"建养一体化"试点，下半年起在全省全面展开、加速推进，努力形成以点带面、示范带动的发展局面。

3.强化资金保障。积极争取国家和省政策、项目、资金等支持，按照补助政策和攻坚行动项目清单，落实交通发展部省补助资金。市（州）、县（市、区）政府要负责落实除中央和省级补助资金以外的本级应承担的配套建设资金，并将其纳入同级政府财政预算和中期财政规划。

4.强化廉政建设。各级交通运输部门要从制度机制、督促检查、严格管理等方面入手严守工程质量、工程安全和生态发展三条底线。要切实加强项目建设各环节尤其是廉政风险点的监督管理，着力推进信息公开，建立健全有效管用的管理制度，严格落实党风廉政建设主体责任和监督责任，全面创建廉政阳光典型示范工程。

2018年6月25日

湖北省交通运输统计管理办法（试行）

（鄂交计〔2018〕457号）

第一章 总 则

第一条 为加强交通运输统计管理，规范交通运输统计活动，根据《中华人民共和国统计法》《中华人民共和国统计法实施条例》，按照交通运

输部关于完善统计体制、提高统计数据质量的有关要求及《交通运输统计管理规定》，结合我省交通运输行业实际，制定本办法。

第二条 在湖北省内开展的交通运输统计活动，应当遵守本办法。

交通运输统计活动包括：铁路、公路、水路、民航、邮政及城市客运领域和综合交通运输统计活动。

第三条 省交通运输厅负责湖北省内的公路、水路及城市客运领域统计工作的组织实施，按照职责和规定

开展综合交通运输统计工作。

铁路局、民用航空局、邮政局按照各自职责分别负责铁路、民航、邮政领域统计工作的组织实施。

省交通运输厅统计工作部门负责公路、水路及城市客运领域统计归口管理工作。

省交通运输厅其他各职能部门按照各自职责负责公路、水路及城市客运领域相关统计工作，按照职责和规定开展综合交通运输统计工作。

地方各级人民政府交通运输主管部门负责本行政区域内的公路、水路及城市客运领域统计工作的组织实施，按照职责和规定开展综合交通运输统计工作。

第四条　交通运输统计机构和统计人员依法独立行使交通运输统计调查、统计报告、统计监督等职权，不受侵犯。

第五条　交通运输统计调查对象，应当依法真实、准确、完整、及时提供统计资料，不得虚报、瞒报、漏报、拒报、迟报统计资料。

前款所称交通运输统计调查对象是指湖北省内从事交通运输活动的行政机关、企业事业单位、其他组织、个体工商户和个人等。

第六条　地方各级人民政府交通运输主管部门主要负责人对本级交通运输统计数据质量负主要领导责任，分管领导负直接领导责任。

地方各级交通运输统计机构负责人对下一级报送的统计数据质量负监管责任，对本机构生产的统计数据质量负直接责任。

地方各级交通运输统计机构工作人员对职责范围内生产的统计数据质量负直接责任，对下一级报送的统计数据质量负监管责任。

前款所称统计数据质量是指统计资料的真实性、准确性、完整性及时性。

第二章　统计机构和统计人员职责

第七条　地方各级人民政府交通运输主管部门应当加强对统计工作的组织领导，加强统计机构及队伍建设，

根据工作需要配备专职或者兼职统计人员，确保统计人员按要求参加业务培训，为统计工作顺利开展提供必要条件。日常统计和专项工作经费在部门预算中予以保障。鼓励通过政府购买服务的方式开展统计调查和分析监测工作。

第八条　省交通运输厅统计工作部门履行下列职责：

（一）组织起草全省交通运输行业内公路、水路及城市客运领域统计工作制度并组织实施，开展统计监督和检查；按照职责和规定开展综合交通运输统计工作；

（二）组织开展全省公路、水路及城市客运领域普查及专项调查工作，参与国家有关统计调查工作；

（三）组织开展公路、水路运输运行监测分析工作，参与全省经济运行分析相关工作；

（四）组织归口管理全省公路、水路及城市客运领域统计资料及公布工作；

（五）组织开展统计信息化建设、考核和培训。

第九条　省公路、运管物流、港航海事管理部门及省厅其他职能部门，按照职责分工履行下列职责：

（一）按照交通运输部统计报表制度要求，开展公路、水路及城市客运领域统计调查项目，及时向省交通运输厅统计工作部门报送有关统计资料；

（二）配合省交通运输厅统计工作部门开展公路、水路及城市客运领域普查及专项调查工作；

（三）承担公路、水路及城市客运领域统计资料的管理和运行监测分析等工作，参与综合交通运输运行监测分析工作，按照规定公布有关统计信息；

（四）开展有关统计监督、检查、考核和培训工作。

第十条　地方各级人民政府交通运输主管部门的统计工作部门按照规定履行下列职责：

（一）贯彻执行公路、水路及城市客运领域统计的法律、法规及工作规范，起草本行政区域内的统计工作制

度并组织实施；按照职责和规定开展综合交通运输统计工作；

（二）组织开展本行政区域内的专项调查工作，拟定统计调查项目、起草相应统计调查制度并组织实施，依法完成统计调查任务；

（三）负责本行政区域内统计资料的搜集、审核、汇总、报送、公布等工作；

（四）开展交通运输运行监测分析和统计信息化建设，组织统计检查、考核和培训。

第十一条　交通运输统计人员应当具备完成交通运输统计工作所需要的专业知识，并按规定参加统计业务培训。

第十二条　交通运输统计机构和统计人员应当依法履行职责，如实搜集、报送统计资料，不得伪造、篡改统计资料，不得以任何方式要求任何单位和个人提供不真实的统计资料。对在统计工作中知悉的国家秘密、商业秘密和个人信息应当予以保密。

统计人员进行统计调查时，有权就与统计有关的问题询问有关人员，要求其如实提供有关情况、资料和改正不真实、不准确的资料。

第三章　统计调查项目

第十三条　交通运输统计调查项目应当依法审批或者备案。

任何单位不得擅自实施未经审批或者备案的交通运输统计调查项目，不得擅自以开展统计调查的名义搜集统计资料。未经审批备案的统计调查项目，统计调查对象有权拒绝提供统计资料。

第十四条　综合交通运输统计调查主要内容，包括涉及货物多式联运、旅客联程运输的基础设施和运输生产等方面状况。

公路、水路及城市客运领域统计调查主要内容，包括基础设施、运输装备、运输生产与服务、环保与安全、市场价格、企业效益、科技和人力资源、固定资产投资（不含城市客运）等方面状况。

第十五条　地方各级人民政府交通运输主管部门按照职责和规定，根

据工作需要拟定统计调查项目，报同级人民政府统计机构审批，并报上级人民政府交通运输主管部门备案。

统计调查项目对象属于本部门管辖系统的，应当依法办理备案；调查对象超出本部门管辖系统的，应当依法办理审批。

第十六条 设立交通运输统计调查项目应当必要、可行，其内容和统计范围应当符合项目拟定单位的职责分工。

新设立的统计调查项目不得与正在执行的统计调查项目重复。

第十七条 交通运输统计调查项目履行审批或者备案手续时，应当同时报送该项目的统计调查制度、制修订说明、经费保障等材料。统计调查制度应当对调查目的、调查内容、调查方法、调查对象、调查组织方式、调查表式、统计资料的报送和公布等作出规定。

第十八条 交通运输统计调查表应当在报表的右上角表明表号、制定机关、批准机关或者备案机关、批准文号或者备案文号、有效期限等标志。

第十九条 超过有效期限的交通运输统计调查项目自动废止，统计调查对象有权拒绝填报。如需继续执行，在有效期截止日期前重新办理审批或者备案手续。

第四章 统计调查实施

第二十条 交通运输统计调查由项目拟定单位负责组织实施。

第二十一条 交通运输统计调查应当严格按照批准的统计调查制度组织实施，不得擅自变更或者调整。变更或者调整统计调查制度，统计调查项目拟定单位应当重新履行审批或者备案程序。

第二十二条 交通运输统计调查应当以周期性专项调查为基础，以经常性抽样调查为主体，综合运用全面调查、重点调查等方法，并充分利用行政记录等资料。

第二十三条 公路、水路及城市客运领域统计调查资料实行逐级报送或者直接报送。

前款所称逐级报送由统计调查对象按照统计调查制度要求，向当地人民政府交通运输主管部门或者其他各职能部门报送统计资料，所在地人民政府交通运输主管部门或者其他职能部门审核、汇总后，逐级上报至省交通运输厅或者其他各职能部门。地方各级交通运输主管部门报送上级交通主管部门的统计资料，抄送同级人民政府统计机构。

前款所称直接报送由统计调查对象按照统计调查制度要求，向交通运输部统计工作部门或者其他各职能部门报送统计资料。

第二十四条 地方各级人民政府交通运输主管部门应当建立健全交通运输统计数据质量评估和核查制度，并组织开展评估和核查工作。

第二十五条 地方各级人民政府交通运输主管部门应当建立本行政区内的公路、水路及城市客运领域统计调查单位名录库，并及时更新。

第二十六条 地方各级人民政府交通运输主管部门应当加强统计科学研究和统计信息化建设，提高统计调查的科学性和智能化水平。

第五章 统计分析与监测

第二十七条 地方各级人民政府交通运输主管部门、企事业单位、其他组织的统计机构和统计人员应该加强统计分析与监测，促进统计成果及时转化。

第二十八条 交通运输运行分析应当研判交通运输行业发展特点与趋势，把握阶段性特征，揭示交通运输与国民经济、关联产业的关系，并提出措施建议。

第二十九条 省交通运输厅其他各职能部门按照任务分工与要求，定期向省交通运输厅统计工作部门提供有关资料。

省交通运输厅不定期向湖北省统计局商提铁路、民航、邮政等统计资料。

第三十条 地方各级人民政府交通运输主管部门应当建立健全与管理职责相适应的统计分析与监测工作制度，开展运行分析工作。

第六章 统计资料的管理和公布

第三十一条 交通运输统计调查项目获取的统计资料由统计调查实施单位负责具体管理。统计调查中取得的统计调查对象的原始统计资料，应当至少保存2年。汇总性统计资料应当至少保存10年，重要汇总性统计资料应当永久保存。

前款所称交通运输统计资料是指在统计工作中取得的反映交通运输行业发展状况的数据、文字、图表等纸质、电子数据资料的总称。

第三十二条 交通运输统计调查对象应当按照有关规定设置原始记录和统计台账，建立健全统计资料的搜集、审核、签署、报送、归档等管理制度。

交通运输统计调查对象应当妥善保存统计资料和原始记录、统计台账等，原始记录和统计台账至少保存2年。

第三十三条 地方各级人民政府交通运输主管部门的统计工作部门对统计调查项目获取的统计调查数据实时归口管理，推进统计数据共享。

第三十四条 地方各级人民政府交通运输主管部门通过统计调查取得的统计资料，除应当保密的外，按《中华人民共和国统计法》《中华人民共和国统计法实施条例》和相关规定及时予以公布。

第三十五条 省交通运输厅按照统计调查制度公布本部门调查取得的公路、水路及城市客运领域统计资料。

地方各级人民政府交通运输主管部门按照职责和规定，归口管理、协调本部门调查取得的本行政区域内的公路、水路及城市客运领域统计资料的公布工作。

第三十六条 交通运输统计调查中获得的能够识别或者推断单个统计调查对象身份的资料应当依法严格管理，任何单位和个人不得对外提供、泄露，除作为统计执法依据外，不得直接作为对统计调查对象实施行政许可、行政处罚等具体行政行为的依据，不得用于统计以外的目的。

第七章 监督检查

第三十七条 省交通运输厅定期对市(州)级人民政府交通运输主管部门统计工作的组织和保障情况开展检查和考核。市(州)级人民政府交通主管部门按照职责和规定对本行政区域内的统计工作组织和保障情况进行检查。

第三十八条 各级人民政府交通运输主管部门协助同级人民政府统计机构依法查处统计违法行为,按照规定要求统计调查对象提供有关原始记录、统计台账、统计调查表等资料,及时移送有关资料。

第三十九条 交通运输统计调查对象有下列行为之一的,由所在地人民政府交通运输主管部门责令改正,并记入行业信用信息系统:

(一)拒绝提供统计资料,经催报后仍未按时提供统计资料,或者屡次迟报统计资料的;

(二)提供不真实或者不完整的统计资料的;

(三)拒绝、阻碍统计调查、统计检查的;

(四)未按照规定设置原始记录、统计台账的;

(五)转移、隐匿、篡改、毁弃或者拒绝提供原始记录和凭证、统计台账、统计调查表及其他相关证明和资料的。

第四十条 地方各级人民政府交通运输主管部门、企业事业单位、其他组织的负责人不得自行修改统计机构和统计人员依法搜集、整理的统计资料,不得以任何方式要求统计机构和统计人员伪造、篡改统计资料,不得对依法履行职责或者拒绝、抵制统计违法行为的统计人员打击报复。

第四十一条 地方各级人民政府交通运输主管部门负责人、统计机构负责人和统计人员有违反《中华人民共和国统计法》《中华人民共和国统计法实施条例》和党中央、国务院有关规定的行为的,应当依法依规处理。

第八章 附 则

第四十二条 湖北省铁路、民航、邮政领域的统计活动,按照有关规定执行。

第四十三条 本规定自2019年1月1日起执行。原《湖北省交通运输统计管理办法》同时废止。

2018年12月20日

省交通运输厅关于加强全省城市轨道交通运营管理的意见

(鄂交运〔2018〕303号)

各市州交通运输局(委):

《城市轨道交通运营管理规定》(交通运输部2018年8号令,以下简称8号令)于今年7月1日起施行。为认真落实8号令,进一步规范我省城市轨道交通运营管理,保障运营安全,提升服务质量,现提出如下意见,请一并贯彻落实。

一、深刻认识加强城市轨道交通运营管理的重要性。随着城镇化进程不断加快,城市轨道交通建设步伐也随之加快,并已成为公共交通运输系统建设中的重要组成部分。加强城市轨道交通运营管理,必须深入贯彻落实党的十九大精神,坚持以习近平新时代中国特色社会主义思想为指导,围绕轨道交通优质运营服务、安全支持保障、应急处置能力、完善支持政策等关键环节,切实加强轨道交通运营管理,不断提高轨道交通运营质量,努力为人民群众提供安全、便捷、优质的轨道交通服务。

二、城市轨道交通运营,必须坚持"以人为本、安全可靠;统筹协调、便捷高效;突出重点、注重实效"的基本原则。

以人为本,安全可靠。就是必须坚持以人民为中心,把人民生命财产安全放在首位,以需求为导向,不断提高城市轨道交通安全水平和服务品质。

统筹协调,便捷高效。就是必须加强城市轨道交通规划、建设、运营协调衔接,综合考虑与城市规划的衔接、城市轨道交通客流需求、运营安全保障等因素。

突出重点,注重实效。就是必须抓住关键环节,从试运营前安全、运营服务规范、设施设备安全、应急机制建立等方面着手,确保各项管理工作取得实效,切实提升轨道交通运营安全水平。

三、制定第三方运营安全评估制度。城市轨道交通运营主管部门应当建立运营安全评估制度,委托第三方对运营单位运营安全管理定期开展评估。轨道交通工程项目验收合格后,要组织初期运营前安全评估,通过初期运营前安全评估的,方可依法办理初期运营手续;线路初期运营期满一年,要组织正式运营前安全评估,通过安全评估的,方可依法办理正式运营手续。对安全评估中发现的问题,城市轨道交通运营主管部门应当报告城市人民政府,同时通告有关责任单位要求限期整改。线路正式运营后,要组织开展运营期间安全评估工作。

四、加强轨道交通运营服务监督管理。城市轨道交通运营主管部门应当组织制定完善各类规范,为轨道交通创造良好的运营环境。要督促运营单位落实各项规范,组织第三方通过乘客满意度调查等多种形式,定期对运营单位服务质量进行监督和考评,考评结果向社会公布。应当建立轨道交通智能管理系统,使其具备运行控制、关键设施和关键部位监测、风险管控和隐患排查、应急处置、安全监控等功能,实现运营单位和交通部门之间的信息共享,提高运营安全管理水平。

五、加强轨道交通安全监督管理。城市轨道交通运营主管部门要督促轨道交通运营单位严格履行安全生产主体责任，督促运营单位认真落实安全生产管理制度规范。应当建立运营重大隐患治理督办制度，督促运营单位采取安全防护措施，消除重大隐患；对非运营单位原因不能及时消除的，由城市人民政府依法处理。城市轨道交通运营主管部门要在城市人民政府的指导下，配合相关责任部门按照职责监督指导运营单位开展反恐防范、安检、治安防范和消防安全管理相关

工作。鼓励推广应用安检新技术、新产品，推动实行安检新模式，提高安检质量和效率。

六、提升轨道交通应急处置能力。城市轨道交通运营主管部门应当按照有关法规要求，在城市人民政府领导下会同公安、消防、交管及运营公司等部门定期组织开展大客流疏散、设施设备故障、自然灾害等联动应急演练，不断提升轨道交通运营突发事件应急处置能力。城市轨道交通运营主管部门和运营单位应当建立城市轨道交通运营安全重大故障和事故报送制

度。城市轨道交通运营主管部门和运营单位应当定期组织对重大故障和事故原因进行分析，不断完善城市轨道交通运营安全管理制度以及安全防范和应急处置措施。

七、加强安全宣传和引导。城市轨道交通运营主管部门和运营单位应当加强舆论引导，宣传文明出行、安全乘车理念和突发事件应对知识，培养公众安全防范意识，引导理性应对突发事件。

2018年7月28日

深入推进长江经济带多式联运发展三年行动计划实施方案

（鄂交运〔2018〕420号）

为贯彻落实国务院办公厅《推进运输结构调整三年行动计划(2018—2020年)》(国办发〔2018〕91号)、交通运输部办公厅《深入推进长江经济带多式联运发展三年行动计划》(交办水〔2018〕104号)和《省人民政府办公厅关于推进全省多式联运发展的实施意见》(鄂政办发〔2018〕5号)精神，加快推进我省多式联运发展，更好地服务长江经济带发展，结合我省实际，特制定本实施方案。

一、总体要求和工作目标

以习近平总书记关于推动长江经济带发展重要战略思想为指导，深化交通运输供给侧改革，着力加快运输结构调整，进一步完善长江、汉江干支直达水运基础设施体系，发挥湖北水运比较优势和多式联运的组合效率，为长江经济带发展提供绿色、高效的交通运输保障。

到2020年，全省铁水联运货运量比"十二五"期末增长1.5倍，主要港口集装箱铁水联运量突破10万TEU，年均翻一番，其中武汉港突破8万TEU，黄石港、宜昌港、荆州港累计突破2万TEU，长江干线主要港口铁路进港率达到80%以上，大宗散货铁路、水运集疏港比例力争达到90%

以上，基本构建有机衔接、具备竞争力的铁水联运系统，初步形成布局合理、结构优化、功能完善、互联互通的湖北长江经济带多式联运服务体系。

二、重点任务

（一）加快多式联运基础设施建设

1.落实港口集疏运通道规划建设。落实"十三五"长江经济带港口多式联运建设实施方案、"十三五"港口集疏运系统建设方案，协调推动我省长江干线重要港区集疏运铁路项目建设。重点配合推动武汉新港江北铁路、阳逻港集装箱铁路专用线、宜昌枝城港铁路专用线、荆州煤炭储配基地铁路专用线、鄂州三江港疏港铁路等重点项目规划、建设，推动港区、园区、货运站场内多种运输方式的有效衔接和一体化运营。2020年底前，力争我省长江干线主要港口实现全面接入铁路。

2.完善多式联运配套港口设施建设。适应长江干线航道系统治理和江海直达发展需要，重点推进江海直达、江海联运配套港口设施建设。积极推进重点港口建设，重点打造武汉新港、宜昌港、荆州港、黄石港等新建泊位建设；推动荆州江陵煤炭铁水联运储备基地一期、黄石棋盘洲二期、宜昌

白洋二期等项目建成运营。优先支持建设二级公路、铁路进港或后方与工业园、物流园、货运站场联为一体的重大港口项目。2019年年底前，开展湖北长江干线武汉至黄梅段江海直达、江海联运相关码头的技术改造。

3.加快推进航道建设。配合推进长江干线武汉至黄梅段6米水深航道建设，积极推动汉江孤山、新集、雅口、碾盘山枢纽建设，加快实施汉江航道整治工程。2020年基本建成雅口航运枢纽，建成1000吨级船闸，渠化三级航道52.7公里。2020年建成汉江蔡甸至河口33公里2000吨级航道，启动汉江兴隆至蔡甸2000吨级航道整治工程前期工作。

（二）着力强化联运服务模式创新

4.大力推进江海直达运输发展。贯彻实施《湖北长江经济带集装箱江海联运发展工作方案》(湖北省推动长江经济带发展领导小组办公室2018第18号)，积极培育江海联运市场。巩固"江海直达""泸汉台"、武汉至日韩和东盟四国及内支线集装箱班轮运输，继续开辟武汉、黄石至国内沿海及东亚、东南亚近洋航线，推动长江—汉江干支集装箱联运发展，拓展钟祥、沙洋、仙桃等汉江沿线港口至

335

武汉港、黄石港的集装箱喂给航线。2020年年底前，推动实现武汉港口至上海洋山集装箱江海直达运输班轮化。

5.大力推进集装箱铁水联运。推动形成以武汉、黄石、宜昌、荆州等长江干线主要港口为核心的铁水联运枢纽。优化与汉欧班列、水水中转等运输模式的高效衔接，鼓励港口与铁路、航运等企业之间加强合作，统筹布局集装箱还箱点，推动集装箱集疏港由公路向铁路转移。

6.进一步完善大宗干散货铁水联运体系。加强港口企业与钢铁、电力等大型企业的铁路衔接，促进蒙华铁路与荆州港的紧密对接，优化铁水联运组织，推动大宗货物集疏港运输由公路向铁路转移。2018年年底前，长江干线主要港口煤炭集港原则上由铁路或水路运输。2019年年底前，长江干线主要港口矿石、焦炭等大宗货物中长距离运输原则上由铁路或水路运输。

（三）提升设施装备技术水平

7.提升港口联运装备专业化水平。加快提升码头前沿装卸设备、水平运输车辆、堆场装卸机械等关键设备的技术水平，提高港口多式联运作业效率和节能环保水平。推动标准化托盘循环共用系统在集装箱铁水联运中的应用。2020年年底前，湖北长江干线主要港口实现多式联运装备的专业化、自动化、清洁化。

8.深入推进内河船型标准化。引导企业加快老旧船舶更新，鼓励淘汰使用20年以上的内河运输船舶，继续引导企业淘汰、改造安全和环保性能差的船舶。稳步推进LNG动力船舶、电动船舶等发展。

9.加快江海直达船型研发和推广应用。鼓励航运企业与科研院校和设计单位等开展联合攻关，重点推进武汉至上海港洋山港区1100标箱左右江海联运、汉江至长江干线干支直达集装箱船等船型研发及应用。

（四）着力增强联运发展新动能

10.提升联运服务效率。推进航运、港口、铁路企业之间的业务单证电子化，逐步实现多式联运单证统一。鼓励航运、港口、铁路企业深化业务合作，

探索联运业务"一单制"。推动建立以市场为导向、全程统一费率的多式联运结算机制。2019年年底前，武汉港实现外贸集装箱设备交接单电子化，主要航运企业集团实现外贸集装箱提货单电子化。2020年年底前，主要港口企业集团实现外贸集装箱主要作业单证电子化，铁水联运主要业务单证电子化。

11.推进信息资源互联共享。推进多式联运信息交换共享，提高业务协同和服务效能。2018年年底前，力争实现主要港口企业集团与相关铁路企业间舱单、铁路运单、装卸车船等铁水联运信息交换共享。2019年年底前，推动扩大多式联运信息交换范围，完善信息共享机制，力争实现主要港口企业集团与相关铁路企业间货物在途、单证等铁水联运信息交换共享。鼓励企业汇集多种运输方式信息资源，建立以业务为支撑、以服务为导向的具有创新示范效应的多式联运信息平台。

12.加快绿色发展。落实港口岸电布局方案，加快推进全省岸电设施建设。到2020年年底前，实现武汉港、宜昌港、荆州港、黄石港4个全省主要港口90%的港作船舶、公务船舶靠泊使用岸电，50%以上已建的集装箱、客滚、3000吨级以上客运码头具备向船舶供应岸电的能力，全面完成交通运输部《港口岸电布局方案》所列建设项目。强化港口船舶污染防治体系建设，2020年全面完成各市州政府发布的《港口和船舶污染物接收转运处置设施建设方案》中建设任务。建成武汉水上洗舱站。严格实施管辖水域范围内船舶排放控制管理。

（五）着力优化联运市场营商环境。

13.加快培育多式联运经营企业。深化"放管服"改革，鼓励航运、港口、道路、铁路、航空货运以及无车承运、无船承运、邮政等企业按照资源共享、网络共建的原则，以资本、产品、信息为纽带，发挥各自优势，积极开展全程物流服务，逐步向多式联运经营企业转型。充分发挥长江中游航运中心港航联盟作用，鼓励大型港航企业采用商业模式整合沿江港航

资源。2020年年底前，形成一批具有一定影响力的集装箱江海联运企业和竞争力的多式联运经营企业。

14.积极推进多式联运示范工程建设。加快我省国家多式联运示范工程建设，开展省级多式联运示范工程建设。发挥示范项目以点带面积极作用，推动全省多式联运在政策、关键技术、服务创新等方面重点突破。

15.加强多式联运市场监管。建立多式联运信用评价考核体系，不断完善守信联合激励和失信联合惩戒制度。引入市场竞争机制，规范铁水联运两端公路短驳服务，减少和取消短驳环节，有效降低短驳费用。

16.严格规范涉企收费行为。清理和规范涉及多式联运业务的行政事业性收费，加强港口经营服务性收费监督管理，督促全面落实收费目录清单制度和收费公示制度。

三、保障措施

（一）加强组织协调

建立湖北省推进多式联运发展工作联席会议制度，统筹推进全省多式联运发展相关重大政策落实和重大项目落地，协调解决多式联运发展中涉及跨区域、跨部门、跨行业的重大问题。各市州交通运输主管部门要高度重视，完善机制，加强协同，制定工作实施方案，细化明确各项任务责任主体，抓好工作落实。各市州工作实施方案请及时上报省交通运输厅。

（二）加大政策扶持

各地要充分利用好中央和省已有的资金补贴政策，加快推进多式联运设施设备和信息化建设。鼓励各地出台促进江海直达运输、干支集装箱联运、水水联运等多式联运发展的相关扶持政策，鼓励出台集装箱班轮、江海直达船和江海直达船优先靠离泊、优先装卸、优先过闸等支持措施。鼓励龙头港航企业与有关金融机构合作，吸收社会资本，拓展投融资渠道。

（三）加强督促检查

按照交通运输部统一部署，各市州交通运输局（委）要完善铁水联运统计制度，加强多式联运信息发布；要对照工作实施方案，健全动态评估机

制,分析评估各地多式联运发展年度工作目标和主要任务落实情况。省港航局要加强行业指导督导,将多式联运发展纳入重点工作年度考核范畴,

各市州交通运输局(委)要加强任务督查和考核。请各市州交通运输局(委)将年度工作进展情况于每年12月底前报省港航局,省港航局汇总后报省厅,

省厅将于每年1月底之前通报全省多式联运发展情况。

2018年11月16日

湖北省公路工程造价管理实施细则

(鄂交建〔2018〕109号)

第一章 总 则

第一条 为加强公路工程造价管理,规范造价行为,合理控制建设成本,保障公路工程质量和安全,根据《中华人民共和国公路法》《公路工程造价管理暂行办法》《湖北省建设工程造价管理办法》等法律、法规,制定本实施细则。

第二条 在我省境内的公路新建、改建、扩建工程(以下统称公路工程)的造价活动,适用本实施细则。

第三条 凡在我省从事公路工程建设、勘察设计、施工、监理、咨询等从业单位和人员均应遵守本实施细则。

第四条 本实施细则所称公路工程造价活动是指公路工程建设项目从筹建到竣工验收所需全部费用的确定与控制,包括投资估算、设计概算、施工图预算、标底或者最高投标限价、合同价、计量支付、变更费用、竣工决算等费用的确定与控制。

第五条 公路工程造价活动应当遵循客观科学、公平合理、诚实信用、厉行节约的原则。

第六条 各级交通运输主管部门应建立政府监督、建设单位负责、从业单位自律的公路工程造价管理体系,建立公路工程造价全过程控制和监督管理制度,确保公路工程造价管理工作规范有序进行。

第七条 全省公路工程造价监督管理实行分级管理、分级负责。省级交通运输主管部门负责全省公路工程造价监督管理工作,具体日常管理工作由省级交通建设造价管理机构(以下称省级造价管理机构)承担。

市级和县级交通运输主管部门负责本行政区域管理权限内公路工程造价监督管理工作,具体工作由其工程造价管理机构或部门负责实施。

第二章 造价管理职责

第八条 省级造价管理机构履行下列职责:

(一)贯彻执行国家和省有关公路工程造价管理的法律、法规、规章及标准,制定我省公路工程造价管理政策、制度及办法。负责全省的公路工程造价行业管理。

(二)制定我省公路工程地方造价依据及补充定额。

(三)负责省管公路工程建设项目投资估算、设计概算、调整概算等审查工作。

(四)负责省管公路工程建设项目相关造价文件的备案管理工作。

(五)负责省管公路工程建设项目的造价监督管理工作。

(六)负责公路工程造价信息、技术研究及推广应用工作。

(七)负责公路工程造价从业人员的管理工作。

(八)承担省级交通运输主管部门交办的其他造价管理工作。

第九条 市(州)交通运输主管部门或造价管理机构的主要职责:

(一)贯彻执行公路工程造价管理相关法律、法规、规章、制度及标准,结合本市(州)的实际制定及实施配套制度或规定,负责本市(州)的公路工程造价的行业管理。

(二)协助省级造价管理机构组织的补充定额测定和编制工作。

(三)负责市(州)管理权限内的公路工程建设项目造价文件的审查工作。

(四)负责市(州)管理权限内建设项目相关造价文件的备案管理工作。

(五)负责市(州)管理权限内建设项目的造价监督管理工作。

(六)负责收集、分析、上报市(州)的公路工程造价信息工作。

第十条 建设单位承担公路工程造价控制的主体责任,在设计、施工等过程中,履行以下职责,接受交通运输主管部门的监督检查:

(一)严格履行基本建设程序,负责组织项目投资估算、设计概算、施工图预算、标底或者最高投标限价、变更费用、工程结算、竣工决算的编制和审核。

(二)对造价进行全过程管理和控制,建立公路工程造价管理台账,实现设计概算控制目标。

(三)负责公路工程造价信息的收集、分析和报送。

(四)依法应当履行的其他职责。

第十一条 勘察设计单位应当综合分析项目建设条件,结合项目使用功能,注重设计方案的技术经济比选,充分考虑工程质量、施工安全和运营养护需要,科学确定设计方案,合理计算工程造价。

勘察设计单位应当对其编制的造价文件质量负责,做好前后阶段的造价对比,重点加强对设计概算超投资估算、施工图预算超设计概算等的预控。

第十二条 施工单位应当按照合同约定,编制工程计量与支付、工程结算等造价文件。

第十三条 造价咨询单位应按照

合同约定，在其资质等级许可的范围内开展造价咨询活动，对从事的造价咨询文件质量负责。

第十四条　监理单位应当按照合同约定实施工程计量支付、变更和结算等造价监理工作，对符合要求的工程价款应及时签认，并规范计价行为，对所从事的造价监理工作负责。

第十五条　从事公路工程造价活动的人员应当具备相应的专业技术技能。鼓励从事公路工程造价活动的人员参加继续教育，不断提升职业素质。

从事公路工程造价活动的人员应当对其编制的造价文件的质量和真实性负责。

第三章　造价依据

第十六条　本实施细则所称公路工程造价依据指国家和省发布用于编制各阶段造价文件所依据的办法、规则、定额、费用标准、造价指标以及其他相关的计价标准。

第十七条　省级造价管理机构对交通运输部发布的公路工程定额中缺项的或地域性强且技术成熟的建设工艺，可以编制补充性定额标准。

第十八条　对交通运输主管部门制定的公路工程造价依据中未涵盖但公路工程需要的造价依据，公路工程建设单位应当根据该工程施工工艺要求等因素组织开展成本分析。

第十九条　省级造价管理机构应当及时组织造价依据的编制和修订工作，促进造价依据与公路技术进步相适应。公路工程建设、勘察设计、监理、施工、造价咨询等单位应当给予支持和配合。

第二十条　编制造价文件使用的造价软件，应当符合公路工程造价依据，满足造价文件编制需要。

第四章　造价确定和控制

第二十一条　公路工程造价应当针对公路工程建设的不同阶段，根据项目的建设方案、工程规模、质量和安全等建设目标，结合建设条件等因素，按照相应的造价依据进行合理确定和有效控制。

第二十二条　公路工程建设项目立项阶段，投资估算应当按照《公路工程基本建设项目投资估算编制办法》等规定编制。

第二十三条　公路工程建设项目设计阶段，设计概算和施工图预算应当按照《公路工程基本建设项目概算预算编制办法》等规定编制。

初步设计概算的静态投资部分不得超过经审批或者核准的投资估算的静态投资部分的110%。

施工图预算不得超过经批准的初步设计概算。

实施过程中如单项工程或单位工程必须增加造价时，其增加的费用可依次从建安工程费用的节余款、批复概算的其他节余款和预备费中列支。概算预备费的使用应符合有关规定。

第二十四条　公路工程建设项目实行招标的，应当在招标文件中载明工程计量计价事项。

设有标底或者最高投标限价的，标底或者最高投标限价应当根据造价依据并结合市场因素进行编制，标底或者最高投标限价应严格控制在经批准的设计概算或者施工图预算对应部分范围内。

建设单位应当进行标底或者最高投标限价与施工图预算的对比分析，合理控制建设项目造价。

投标报价由投标人根据市场及企业经营状况编制，不得低于工程成本。

第二十五条　勘察设计单位应保证承担的公路工程建设项目符合国家规定的勘察设计深度要求和勘察设计质量，避免因设计变更发生费用变更。发生设计变更的，建设单位应按照国家和省关于设计变更管理的有关规定及时履行审批程序，合理确定变更费用。变更结算单价的确定应按照合同及国家和省有关规定执行。

第二十六条　在公路工程建设项目建设期内，建设单位应当根据年度工程计划及时编制该项目年度费用预算，根据工程进度及时编制工程造价管理台账，对工程投资执行情况与经批准的设计概算或施工图预算进行对比分析。

第二十七条　由于价格上涨、定额调整、征地拆迁、贷款利率调整等因素需要调整设计概算的，应当向原初步设计审批部门申请调整概算。原初步设计审批部门应当进行审查。

未经批准擅自增加建设内容、扩大建设规模、提高建设标准、改变设计方案等造成超概算的，不予调整设计概算。

由于地质条件发生重大变化、设计方案变更等因素造成的设计概算调整，实际投资调增幅度超过静态投资估算10%的，应当报项目可行性研究报告审批或者核准部门调整投资估算后，再由原初步设计审批部门审查调整设计概算；实际投资调增幅度不超过静态投资估算10%的，由原初步设计审批部门直接审查调整设计概算。

第二十八条　工程结算应以合同为依据，按照合同条款确定的计价方式、内容和实际完成的工程量进行结算并及时支付工程款。

第二十九条　公路工程建设项目竣工验收前，建设单位应当编制竣工决算报告及公路工程建设项目造价执行情况报告。审计部门对竣工决算报告提出审计意见和调整要求的，建设单位应当按照要求对竣工决算报告进行调整。

第五章　监督管理

第三十条　交通运输主管部门及其造价管理机构应当按照职责权限加强对公路工程造价活动的监督检查。被监督检查的单位和人员应当予以配合，不得妨碍和阻挠依法进行的监督检查活动。

第三十一条　公路工程造价监督检查主要包括以下内容：

（一）相关单位对公路工程造价管理法律、法规、规章、制度以及公路工程造价依据的执行情况。

（二）各阶段造价文件编制、审查、备案以及对批复意见的落实情况。

（三）建设单位工程造价管理台账和计量支付制度的建立与执行、造价全过程管理与控制情况。

（四）设计变更原因及费用变更情况。

（五）建设单位对项目造价信息的收集、分析及报送情况。

（六）从事公路工程造价活动的单位和人员的信用情况。

（七）其他相关事项。

第三十二条　公路工程造价文件实行全过程监督管理。

（一）公路工程造价文件应由取得造价执业资格人员编制、复核、审查并签名、盖执业印章。

（二）项目立项阶段编制的投资估算文件、设计阶段编制的初步设计概算文件、按管理权限需报批的变更造价和调整概算文件应经相应的公路工程造价管理机构或部门组织审查。

（三）项目招标确定的施工合同工程量清单，在合同签订之日起30日内，应由建设单位将造价文件报送至相应的公路工程造价管理机构或部门。

（四）项目竣（交）工阶段确定的

工程价款结算和决算文件，建设单位应当在批准或者认定之日起30日内将造价文件报送至相应的公路工程造价管理机构或部门。

第三十三条　交通运输主管部门及其公路工程造价管理机构组织对从事公路工程造价活动的人员和造价咨询企业的信用情况进行监管，纳入统一的公路建设市场监管体系。

第三十四条　交通运输主管部门及其公路工程造价管理机构应当按照国家和省有关规定，及时公开公路工程造价相关信息，并接受社会监督。

省级交通运输主管部门及其造价管理机构根据公路工程造价信息化标准体系，建立省级公路工程造价信息平台，并与各级公路工程造价信息平台实现互联互通和信息共享。

公路工程造价信息公开应当严格审核，遵守信息安全管理规定，不得

侵犯相关单位和个人的合法权益。

第三十五条　交通运输主管部门及其造价管理机构组织对公路工程造价信息及公路工程建设项目造价执行情况进行动态跟踪、分析评估，为造价依据调整和造价监督提供支撑。

第三十六条　交通运输主管部门应当将监督检查活动中发现的问题及时向相关单位和人员通报，责令其限期整改。监督检查结果应当纳入公路建设市场监管体系。

第六章　附　则

第三十七条　公路养护工程可以根据作业类别和规模参照本实施细则执行。

第三十八条　本实施细则自发布之日起施行。本实施细则有效期五年。

2018年3月23日

湖北省公路工程施工分包管理实施细则

（鄂交建〔2018〕472号）

第一章　总　则

第一条　为规范公路工程施工分包活动，加强公路建设市场管理，保证工程建设质量和施工安全，根据《中华人民共和国公路法》《中华人民共和国招标投标法》《建设工程质量管理条例》《建设工程安全生产管理条例》《公路工程施工分包管理办法》等法律、法规和规章的规定，结合本省实际情况，制定本实施细则。

第二条　在本省行政区域内从事新建、改（扩）建的国省道公路工程施工分包活动及其监督管理，适用本实施细则。

第三条　鼓励公路工程进行专业化施工分包，但必须依法进行。禁止承包人以劳务合作的名义进行施工分包。

第二章　管理职责

第四条　公路工程施工分包活动实行统一管理、分级负责。

省交通运输主管部门负责全省公路工程施工分包活动的监督与管理工作，制定全省公路工程施工分包管理制度、施工分包专项类别以及相应的资格条件，制定统一的分包合同和劳务合作合同格式。

县级以上交通运输主管部门依据职责和管理权限负责本行政区域内公路工程施工分包活动的监督与管理工作。

第五条　发包人应当按照本实施细则规定和合同约定加强对施工分包活动的管理，建立健全项目分包管理制度，对分包的合同签订与履行、进度管理、质量与安全管理、计量支付等活动进行管理，建立分包管理台账，及时制止承包人的违法分包行为。

第六条　监理人按照相关规定负责对所监理合同段的施工分包活动进行审查和检查，及时制止承包人的违法分包行为，并报告发包人。

第七条　承包人应将分包的工程

纳入其质量、安全、进度、环保、资金等管理体系，进行有效管理。建立分包工程的技术和安全风险评估管理体系，采取必要管理措施。

承包人应建立农民工工资支付保障制度，并认真组织实施。

承包人工地试验室应由承包人或其委托的具备相应资质的单位设立并开展试验检测工作，分包人不得代替承包人设立工地试验室或开展试验检测工作。

第八条　分包人应设立项目管理机构，对所分包的工程施工活动实施管理，履行工程质量、安全、进度、环保及农民工工资支付保障职责。

分包人项目管理机构应当配备与分包工程的规模、技术复杂程度相适应的技术、经济管理人员，其中项目负责人和技术、财务、计量、质量、安全等主要管理人员必须是本单位人员。

第三章　分包资格条件

第九条　承包人可以将适合专业化队伍施工的专项工程按相关法律法规和本细则的规定分包给具有相应资格的单位。分包人应当符合以下基本资格条件：

（一）具有经工商登记的法人资格；

（二）具有与分包工程相适应的财务能力；

（三）具有从事类似工程经验的管理与技术人员；

（四）具有（自有或者租赁）分包工程所需的施工设备；

（五）未被列入交通运输部或湖北省交通运输主管部门禁止进入公路建设市场名单；

（六）不属于被"信用中国"列入"黑名单"的失信被执行人或重大税收违法案件当事人；

（七）专项工程分包人应当具备的具体条件应按照不低于《湖北省公路工程施工分包专项类别与资格条件》执行。

第四章　分包合同管理

第十条　发包人根据项目实际情况，应当在招标文件中明确不得分包的工程范围，并在施工承包合同中注明。

第十一条　承包人有权依据承包合同自主选择符合相应资格的分包人。任何单位和个人不得指定分包人。鼓励承包人以招标、竞争性磋商等方式择优选择分包人。

第十二条　承包人应在分包工程开工15日前，将分包计划、拟分包单位基本情况报监理人审查同意后报发包人备案。

第十三条　承包人和分包人应当参照《湖北省公路工程施工分包合同（示范文本）》依法签订分包合同，履行合同约定的义务。分包合同必须遵循承包合同的各项原则，满足承包合同中质量、安全、进度、环保以及其他要求。分包合同应在签订前，经监理人审查同意后报发包人备案。

第十四条　承包人应当在签订分包合同前将分包合同及湖北省公路工程施工合同备案表报监理人审查。监理人应在收到承包人提交的分包合同及备案表后5日内完成审查工作，并将审查结果书面通知承包人。

承包人应当5日内将审查通过的分包合同连同监理人的审查意见一并报发包人备案，发包人在7日内未对备案提出异议的，视为同意。

发包人为代建单位的，发包人须在完成审查后3天内将审查通过的分包合同连同发包人的审查意见一并报项目法人备案，项目法人在7日内未对备案提出异议的，视为同意备案。

发包人同意备案并不免除承包人按承包合同约定应承担的责任，发包人仅在承包合同范围内对分包人承担责任。

第十五条　监理人审查或发包人备案审查过程中发现承包人将承包合同中明确不得分包的工程进行分包，应当及时督促承包人进行整改并报告发包人。

监理人发现分包合同内容违反法律法规的规定及施工承包合同约定的，应当及时向承包人和发包人指出，并督促承包人重新与分包人签订符合要求的分包合同。

发包人、监理人不得以合同备案、审查为由，干涉承包人依据承包合同自主选择分包人。

第十六条　承包人不得以低于成本价将工程进行分包。发包人、监理人认为存在低于成本价分包的情形，应要求承包人和分包人进行合理解释与书面说明。若无法合理说明的，由监理人要求承包人改正。

第十七条　分包人发生变更的，承包人应当重新签订分包合同，并报监理人审查和发包人备案。

第十八条　分包合同不免除承包合同中规定的承包人的责任或者义务；承包人对分包的实施以及分包人的行为向发包人负责。

第十九条　分包人对其分包的工程向承包人负责，并就所分包的工程向发包人承担连带责任。分包人应当依据分包合同的约定，组织分包工程的施工，并对分包工程的质量、安全、进度和环保等实施有效控制。

分包人应当向承包人提供本单位资质、业绩、机械设备、主要管理和技术人员等有效证明材料，并对其真实性负责。分包人不得以违法手段承揽分包业务。

第五章　分包行为管理

第二十条　禁止将承包的公路工程进行转包。有下列情形之一的，属于转包：

（一）不履行项目管理义务，主要工程管理人员由其他单位派出，主要建筑材料、构配件的采购由其他单位或个人实施的；

（二）对全部工程分包人计取的是除上缴给承包人一定比例或金额"管理费"之外的全部工程价款；

（三）对全部工程承包人通过采取合作、联营、承包等形式或名义，直接或变相的将其承包的全部工程转给其他单位或个人施工行为。

第二十一条　禁止违法分包公路工程，有下列情形之一的，属于违法分包：

（一）承包人未在施工现场设立项目管理机构和派驻相应人员对分包工程的施工活动实施有效管理的；

（二）承包人将工程分包给不具备相应资格的企业或者个人的；

（三）分包人以他人名义承揽分包工程的；

（四）承包人将招标文件中明确不得分包的工程进行分包的；

（五）承包人未与分包人依法签订分包合同或者分包合同不满足承包合同中相应要求的；

（六）分包合同未经监理人审查，或者未报发包人备案的；

（七）分包人将分包工程再进行分包的；

（八）法律、法规规定的其他违法分包行为。

第二十二条　发包人应当在招标文件中明确统一采购的主要材料及构配件等采购主体及方式。承包人应负责对分包人采购的材料进行质量检验，并对上述材料质量负责。

第二十三条　分包人应按国家法律法规规定严格履行工程质量、安全、环保、廉洁等各项制度,建立工程质量、安全、环保、廉洁管理体系,并落实到位。

第二十四条　劳务合作企业就其人员的行为向承包人(分包人)负责,承包人(分包人)对有劳务合作企业人员参与施工的工程质量、安全、进度和环保承担全部责任。

第二十五条　承包人、分包人可以依法自主选择劳务合作企业完成承包工程的劳务作业任务,应当参照《湖北省公路工程施工劳务合作合同(示范文本)》与劳务合作企业签订劳务合作合同,并报监理人备案。监理人、发包人有权对承包人、分包人的劳务合作情况进行监督检查。劳务合作合同中应当明确用工要求、工资标准、结算支付方式以及双方的其他权利和义务。

第二十六条　凡有下列行为之一者,均属违法劳务合作的行为:

(一)日常工程技术、质量、安全等管理工作交由劳务合作企业代为完成未对其进行有效管理或任由劳务合作企业违规作业,以包代管的;

(二)劳务合作企业自带关键设备或大中型施工机械设备独立完成分项、分部工程的;

(三)劳务合作企业除计取劳务作业费用外,还计取主要建筑材料款的;

(四)劳务合作企业将其承担的劳务工作分包的;

(五)法律、法规规定的其他违法劳务合作的行为。

第二十七条　承包人、分包人应当按照合同约定对劳务合作企业的人员进行统一管理:

(一)承包人应当加强对劳务合作企业的管理,编制台账。监理人、发包人应定期对劳务合作情况开展检查。

(二)承包人、分包人对其所管理的劳务作业人员行为向发包人承担全部责任。做好劳务作业人员的岗前培训教育,坚持培训后上岗;特殊工种人员应当具备相应资格,持证上岗。

(三)承包人、分包人直接招用劳务作业人员的,应当依法签订劳动合同,规范劳务作业人员管理。

(四)承包人、分包人和劳务合作企业应当按照合同及时足额支付劳务作业人员(含农民工)工资,落实各项劳动保护措施,确保劳务作业人员施工生产安全。

第二十八条　各级交通运输主管部门应建立公路工程施工分包管理"黑名单"制度,发包人应对承包人上报的分包人"黑名单"进行核定,并上报相关交通运输主管部门公示、公告。

第六章　附　则

第二十九条　本实施细则所称发包人,是指公路工程建设的项目法人或者受其委托的建设管理单位。

本实施细则所称监理人,是指受发包人委托对发包工程实施监理的法人或者其他组织。

本实施细则所称承包人,是指由发包人授予施工承包合同的施工企业。

本实施细则所称分包人,是指从承包人处分包专项工程的专业施工企业。

本实施细则所称劳务合作企业,是指从承包人或分包人处分包劳务工作的施工企业。

本实施细则所称本单位人员,是指与本单位签订了合法的劳动合同,并为其办理了工资及社会保险关系等相关手续的人员。

本实施细则所称施工分包是指:承包人将其所承包工程中的专项工程发包给其他专业施工企业完成的活动。承包人在施工过程中租用他人机械、设施设备,以及购买由他人制作完成的成品构、配件的,不属于施工分包。劳务合作不属于施工分包。

本实施细则所称专项工程是指:按照《公路工程质量检验评定标准》划分的适合专业化分包的分部、分项工程。

本实施细则所称劳务合作是指:承包人与他人合作完成的以劳务活动为主的施工活动。劳务合作的对象为劳务合作企业。

第三十条　对公路工程分包依法负有行政监督职责的国家机关工作人员徇私舞弊、滥用职权或者玩忽职守,构成犯罪的,依法追究刑事责任;不构成犯罪的,依法给予行政处分。

第三十一条　本实施细则由湖北省交通运输厅负责解释,自2019年1月1日起施行,有效期5年。

2018年12月29日

湖北省"四好农村路"三年攻坚战实施方案(2018—2020年)

(鄂交农〔2018〕221号)

为认真贯彻落实党的十九大精神和习近平总书记关于"建好、管好、护好、运营好"农村公路(以下简称"四好农村路")的重要指示精神,服务乡村振兴战略和脱贫攻坚,加快交通强省建设,根据省人民政府《关于印发湖北省综合交通公路水运部分四个三年攻坚工作方案(2018—2020年)的通知》(鄂政发〔2018〕20号)部署安排,决定在全省开展"四好农村路"三年攻坚战,具体实施方案如下:

一、总体目标

"四好农村路"三年攻坚战将聚焦突出问题,完善政策机制,加快补齐短板。按照"总量控制、以奖代补、先建后补"的原则,坚持目标导向和规划引领,强化资金支持,深化关键改革,加快推进农村公路提档升级,实现"由线成网、由窄变宽、由通到畅",完善农村公路管养体制机制,提升农村公路通畅水平和安全条件,改善农村公路路域环境，构建路网结构优化、体制机制顺畅、安全保障有力、生态环境优美、运输服务优质的农村交通运输服务体系，与乡村环境整治、产业融合等乡村振兴战略紧密结合，促进全省农村公路建管养运协调可持续发展，更好服务精准扶贫和经济社会发展。确保到2020年实现"四好农村路"建设总目标，为交通扶贫攻坚、决胜全面建成小康社会提供坚实保障。

二、基本原则

——坚持政府主导、分级负责。贯彻交通运输部《农村公路建设管理办法》，落实各级地方政府主体责任和交通运输部门工作职责，形成一级抓一级、层层抓落实的工作格局。

——坚持问题导向、规划引领。围绕"四好农村路"建设中的焦点和难点问题，突出规划引领和约束作用，针对总体目标和重点任务，整合部门资源、协调各方力量，全力以赴开展攻坚。

——坚持多元筹资、注重效益。加强公共财政资金投入保障作用，发挥市场机制筹措资金，充分调动发挥群众参与积极性，明确标准、强化监管、严格验收，注重质量效益，建设绿色品质工程。

——坚持完善机制、奖优罚劣。实施"总量控制、以奖代补、先建后补""谁积极，支持谁"，建立健全组织保障、资金保障、管护机制、技术指导和考核体系，创新完善农村公路发展新机制。

三、重点任务

（一）实施提档升级工程。按照路面宽度不低于5.5米、路基宽度不低于6.5米的标准，对3万公里农村公路进行提档升级，优先实施通客运班车路段改造。对于交通量小、地形地质条件复杂、拓宽难度较大的特殊路段，可适当降低标准，但路面宽度不得低于4.5米。推动农村公路向进村入户延伸，全面完成1.3万公里20户以上通组公路建设任务，且路面宽度原则上应达到4.5米以上，每年确保完成4000公里。

（二）实施公路安全保障工程。进一步加快农村公路安防"455"工程建设，确保"四年任务、三年完成"，力争两年完成。建立安防工程信息化管理系统，对已实施的农村公路安防工程开展后评估，组织各地对后三年农村公路安防工程项目库进行调整。按照"先建后补"原则，对于提前实施达标的项目，省将确保兑现补助资金。在全面排查评定的基础上，改造现有通客车农村公路四、五类危桥，推动农村公路危桥比例逐年下降，消除安全隐患。

（三）实施农村公路管养工程。探索推行农村公路"路长制""专业公司＋农户"等管养模式，推进县乡两级农村公路管理机构设置率实现100%，落实机构及人员经费，推进"县有路政员、乡有监管员、村有护路员"，有效维护农村公路路产路权。进一步完善农村公路养护制度和技术规范，适时提高农村公路养护资金省补标准，将农村公路养护资金省补标准由"7351"（即每年每公里县道7000元、乡道3500元、村道1000元）提高至"1525"（即每年每公里县道10000元、乡道5000元、村道2500元），县级财政按不低于省补标准相应配套农村公路养护资金，推动地方政府将农村公路管养资金纳入一般公共财政预算并建立稳定增长机制，确保"有路必养、养必到位"。组织开展农村公路养护资金使用情况检查，规范养护资金使用，规范农村公路养护工程管理，不断提升养护市场化、专业化水平。

（四）实施美丽农村路创建工程。结合乡村振兴战略实施和美丽乡村建设，维修路面，完善路肩、边沟结构，建设必要的服务设施，组织开展农村公路路域环境整治和绿化美化，积极打造美丽农村路。每年建成1万公里美丽农村路，每个县有一条示范县道，每个乡镇有一条示范乡道，每个村有一条示范村道，并鼓励连网成片、产业融合，助推美丽农村路经济带建设。加快推进"四好农村路"示范创建由县市向乡镇延伸，每年创建一批示范县和示范乡镇，以点带面，全面推进"四好农村路"建设。

（五）实施运输服务提升工程。巩固"村村通客车"成果，大力推进镇村公交化，全面提升农村群众出行服务质量和服务品质。开展农村客运服务提升行动，每个县至少建成一条农村客运文明示范线路。加快推进县、乡、村三级农村客货物流体系建设，促进农村电商、快递线上线下资源高效整合，畅通农产品进城、工业品下乡双向流通渠道，进一步降低农村物流成本，力争实现农村物流网络节点全覆盖。

四、保障措施

（一）加强组织领导。继续深入学习贯彻习近平总书记关于"四好农村路"重要指示精神，牢固树立"四个意识"，将"四好农村路"建设作为最重要的工作，纳入各级政府重点督查内容和目标考核体系，强化"四好农村路"建设组织保障。省交通运输厅成立"四好农村路"三年攻坚战指挥部，由何光中厅长任指挥长。指挥部下设工作专班，姜友生副厅长任组长，刘立生、刘畅、陶维号任副组长，厅农村处、计划处、财务处、审计办、建设处、运输处、法规处、科教处、省公路局、省运管局、厅质监局、宣传中心主要负责人为成员，具体负责三年攻坚的组织、协调、督促和考核等工作。各市州交通运输局（委）要相应成立指挥部和工作专班，切实承担组织领导和统筹协调的责任。落实县乡等各级政府主体责任，主要领导亲自谋划推动，县级交通运输主管部门要强化措施，加强检查指导、考核落实力度，建立健全"四好农村路"建设工作机制。

（二）加强顶层设计。争取省政府办公厅印发《关于认真贯彻习近平总书记重要指示精神，高质量推进全省"四好农村路"建设的意见》（暂定名），加大相关支持政策措施。研究制定"四好农村路"示范乡镇、"美丽农村路""农村客运文明示范线路和文明客车"创建方案和具体考核标准，组织开展试点示范，以点带面，加快推进。编制实施《湖北省农村公路工程技术标准》，完善技术指导体系。县级人民政府组织编制"四好农村路"建设规划，拟定三年目标任务报厅备案。

（三）加强资金保障。积极争取省级财政资金扶持，研究制定专项资金管理办法，及时兑现"以奖代补"省补资金。对于提档升级工程，路面宽度达到4.5米、路基宽度达到5.5米的，按照13万元/公里的标准给予定额补助；路面宽度达到5.5米、路基宽度达到6.5米的，按照20万元/公里的标准给予定额补助。对于能同时享受其他省补投资政策的项目，按照补助一次、就高不就低的原则给予补助。对于达到创建标准的"美丽农村路"，按照5万元/公里的标准给予定额补助。对纳入规划并已实施的农村客货物流项目进行综合考核评审，评审通过的给予一定奖励。部省补助资金以外的其他建设资金由地方自行筹集，逐步完善"四好农村路"建设筹融资机制。各地要推动本级政府落实公共财政保障机制，实现公共财政投入的制度化、常态化，并建立稳定的增长机制。要注重发挥地方、基层、农民的积极性，倡导鼓励沿线群众投工投劳、自愿捐助，改善建设环境，降低工程成本。同时，积极争取地方政府整合林业、国土、旅游等涉农资金，发挥市场机制作用，努力扩宽资金渠道，为完成"四好农村路"三年攻坚目标任务提供资金保障。

（四）加强程序管理。省厅统筹确定"四好农村路"建设三年目标任务，对提档升级工程和美丽农村路创建工程，根据地方政府积极性等申报条件，组建省级滚动项目库。结合各地项目库规模、示范县创建情况等，综合考虑确定各市州年度计划目标。每年对已完工且验收达标的项目实行定额补助，并根据实施效果适时调整下年度计划规模。市州交通运输局（委）负责组织辖区内各县（市、区）编制年度计划项目清单，对项目真实性负责并报厅备案。各级交通运输主管部门要切实履行行业管理职责，加强对规划报批、计划申报、施工监理、验收考核等程序的全面管控，落实工程质量责任制。鼓励农村公路提档升级工程多项目打捆招标，降低前期工作成本，提高资金使用效益。

（五）加强考核验收。各市州负责对本辖区已实施完成的提档升级工程项目进行验收，于每年11月底前将验收合格项目报厅审核。省厅依据项目路基、路面施工进度分两次拨付年度补助资金，已完成路基工程的，先拨付50%，待完成工程验收后再拨付剩余资金。对已创建完成的美丽农村路，由县进行实地信息采集，市州通过外业核查、信息化等方式进行验收审核后，定期将符合创建标准的项目报厅备案。省厅将结合日常督查、专项督导进行实地核查，委托第三方机构按不低于30%的比例进行抽查验收并实行奖优罚劣。对于抽查发现不合格的项目，相应扣减所在县（市、区）的提档升级项目库切块规模或美丽农村

下年度计划规模。开展农村客运油价补贴资金、省级和县级农村客运发展专项资金使用成效以及农村客运班线公交化率考核评价，评价结果与省级农村客运发展专项资金分配挂钩。

（六）强化示范引领。按照"四好农村路"示范县、示范乡镇创建方案和美丽农村路创建标准，从2018年起，省厅每年创建一批"四好农村路"示范县、示范乡镇和示范路。对先行先试、效果良好的市、州、县规划内项目，在切块总量上优先倾斜，在计划上优先安排，在资金上优先拨付。同时，省厅将加大指导力度，选择条件较好的3~4个县市或乡镇开展农村公路管养模式创新，选择2~3个乡镇指导开展示范乡镇创建，选择200~300公里路段开展美丽农村路试点示范，开展"农村客运文明示范线路、文明客车"评比活动，形成一批"可复制、可借鉴"的经验向全省推广。要认真总结推广农村公路路长制、美丽乡村路建设、群众性养护等先进做法和经验，主动挖掘和培树一批先进典型，在政府及部门网站、政务微信等新媒体平台开设专栏，及时反映农村公路发展的新思路、新举措、新成效，营造浓厚建设氛围，发挥良好示范引领作用，助推脱贫攻坚、乡村振兴和小康社会建设。

2018年5月31日

湖北省"四好农村路"示范乡镇创建实施方案

（鄂交农〔2018〕222号）

根据省人民政府《关于印发湖北省综合交通公路水运部分四个三年攻坚工作方案（2018—2020年）的通知》（鄂政发〔2018〕20号）部署安排，为进一步加快全省"四好农村路"建设向纵深发展，推进"四好农村路"示范创建由县市向乡镇延伸，结合我省实际，特制定本实施方案。

一、指导思想
以习近平新时代中国特色社会主义思想为指导，全面贯彻落实党的十九大精神和习近平总书记对"四好农村路"建设的重要指示精神，按照省政府关于"四好农村路"三年攻坚工作部署安排和交通运输部关于"各地要广泛开展示范乡、示范村、示范

路创建活动"的有关要求，以示范乡镇建设为抓手，以农村公路提档升级和美丽农村路建设为重点，着力完善农村公路管养体制机制，融合美丽乡村建设，助推乡村特色经济，充分发挥示范乡镇典型引领作用，服务乡村振兴战略和脱贫攻坚，为如期实现全面小康社会目标提供更好的交通保障。

二、总体要求

坚持县级人民政府主导，交通运输部门指导，以乡镇为主体，合力推进"四好农村路"示范乡镇创建；坚持示范创建与"美丽宜居乡村"建设、"特色小镇"建设、旅游路、产业路建设相结合，统筹谋划，多方位融合；坚持以需求为导向、因地制宜，高质量建养管，打造精品工程，发挥美丽农村路引领农村人居环境改善作用，实现"一路一风景、一村一幅画、一镇一特色"，路景交融、路产融合、协调发展。

按照建设质量优、养管效果好、运输惠民实、路域环境美、宜居特色多的要求，鼓励各地积极开展"四好农村路"示范创建。省厅将按照"鼓励先进、先行先试"和"经验可复制、可推广"的原则，用三年时间，重点支持150个示范乡镇创建，以点促面，全面推进全省"四好农村路"建设向纵深发展，确保2020年全面实现"建好、管好、护好、运营好"农村公路的总目标。

三、创建条件

（一）建好农村路，夯实创建基础。

1. 全面实现撤并村和20户以上自然村（组）通沥青水泥路。区域内农村公路外连内通，无断头路和明显瓶颈路段。通客运班车线路路面宽度不低于5.5米（特殊困难路段路面宽度不低于4.5米），其他公路路面宽度不低于4.5米（特殊困难路段局部路段路面宽度不低于3.5米），安防、排水、绿化、候车亭等附属设施与主体工程"同时设计、同时施工、同时投入使用"。

2. 区域内所有县道、乡道和连接行政村的主要村道实现路面整洁无阻碍、路肩结实无杂草、排水畅通无堵塞、边坡稳固无流失、安防齐备无损毁。

3. 完成所有县道、乡道和通客运班车村道公路安防工程建设。农村公路标志、标牌、警示设施和护栏等安全保障设施按规定设置，农村公路危桥总数逐年下降，通客运班车的农村公路危桥全部改造完成。

4. 推行农村公路建设"八公开"制度，加强施工管理，接受社会监督，农村公路交工验收合格率达到100%，无质量安全责任事故发生。

（二）管好农村路，保障安全畅通。

1. 农村公路管养体制健全。建立"乡镇政府主要领导负总责、分管领导具体负责、相关部门齐抓共管、沿线群众积极参与"的农村公路管养体制。乡镇成立有农村公路养护管理机构，明确有分管领导、管理人员和管理经费。村委会建立农村公路养护管理议事机制。

2. 按照依法治路的要求，基本建立"县有路政员、乡有监管员、村有护路员"的路产路权保护队伍，采取有效措施努力防止、及时制止和举报违法超限运输及其他各类侵占、损坏农村公路的行为。

3. 结合美丽乡村建设，大力整治农村公路路域环境，打造畅安舒美通行环境。实现路侧绿化、街道亮化、庭院净化、路域美化，公路无违法占用或打场晒粮，路肩无杂草杂物或种菜搭棚，建筑控制区内无非法建筑或乱堆乱放。

4. 示范乡村公路实现"路田分家、路宅分家"。爱路护路、安全出行的乡规民约、村规民约公示率和群众知晓率达到100%。

（三）养好农村路，提升服务水平。

1. 乡镇配有农村公路专（兼）职管理人员，村委会聘有护路员队伍，沿线村民积极性得到发挥，农村公路列养率达到100%，实现有路必养。

2. 按照"乡村道乡村养"的要求，明确乡、村两级农村公路养护职责，建立合同管养、养护巡查和养护考核制度，将养护质量与养护经费挂钩，严格实行奖优罚劣，实现养必到位。

3. 积极探索农村公路"专业公司＋农户"等养护模式，亮点突出，经验先进，且可复制、可推广。

4. 按照"定路段、定人员、定责任、定标准"的要求，充分调动沿线群众的积极性，开展清扫保洁、杂草清理、边沟清淤、绿化管护等工作，确保日常养护成效。农村公路大中修工程选择专业化施工单位，确保工程质量。

（四）运营好农村路，服务城乡发展。

1. 乡镇、建制村通客车率达到100%，客运发展机制建立、管理规范，乡村客运稳定运行。有条件的乡镇在辖区内发展镇村公交。

2. 乡镇建有五级以上客运站，并按照"多站合一、资源共享"模式，积极开展乡镇综合交通运输服务站改造。农村客运站点管理规范，候车亭、线路牌等农村客运设施保持完好，正常使用。

3. 建立农村客运线路通行条件联合审核机制，加快淘汰老旧农村客运车辆，不断提升客车性能。强化驾乘人员培训教育，落实企业安全生产主体责任和行业监管责任。

4. 加快农村物流发展，推进农产品进城、工业品下乡的"双向流通"配送网络建设，鼓励专业化物流企业向乡村延伸经营，基本建成覆盖县、乡、村三级的农村物流网络节点。

四、考核程序

2018年至2020年，全省每年组织开展一次"四好农村路"示范乡镇创建考核活动。省交通运输厅负责考核工作的组织实施和监督管理。"四好农村路"示范乡镇评定工作按照乡镇自评、县级初审、市（州）审核推荐和省级综合考核评审的程序进行。

1. 乡镇人民政府经自查，所有申报条件均满足要求的，于每年9月底前向县（市、区）人民政府提出申请。

2. 县（市、区）人民政府组织初评，对符合要求的，提出初审意见，连同乡镇人民政府书面申请、示范乡镇创建工作方案和工作总结、相关证明材料等，于每年10月中旬前报市（州）交通运输局（委）。

3. 市（州）交通运输局（委）进行审核，经综合评定后提出推荐意见，于11月中旬前报省交通运输厅。省、市联合组建考核验收组，进行技术核查和现场抽查，提出考核意见，报厅长办公会审定。

五、保障措施

（一）加强组织领导。省厅成立推进"四好农村路"示范乡镇建设领导小组，负责组织指导和考核验收工作，领导小组办公室设在厅农村公路管理处。各市州交通运输主管部门相应成立协调机构和工作专班，加强督导指导。县、乡两级人民政府要成立以政府负责人为组长的领导小组，落实人员、经费和保障措施，整合资源，全力开展创建工作。

（二）夯实工作责任。各乡镇人民政府是创建"四好农村路"示范乡镇的实施主体，要总结宣传经验做法、健全管养机制、完善工作台账，结合当地实际研究制定具体创建方案，细化目标任务，抓好组织落实。县级人民政府是创建工作的责任主体，县级交通运输部门和农村公路管理机构要切实发挥好行业指导和监督职能，要紧贴创建单位深入一线，为示范创建

工作提供优质高效服务。市州交通运输主管部门要制订工作方案，做好统筹协调，严格把关，认真推荐。

（三）落实扶持政策。省交通运输厅将建立农村公路建设、养护资金分配与"四好农村路"示范乡镇考核结果挂钩机制，每年从农村公路建设、养护省级补助资金总额中提取一定比例用于考核奖励。对县级财政乡村道路养管资金不到位的县（市、区）、对农村公路建设质量检测不达标项目所在的乡镇，取消本年度"四好农村路"示范乡镇评选资格。对考核合格的乡镇，由省交通运输厅通报，给予每个示范乡镇200万元的建设养护资金奖励，用于农村公路建设和养护，并要

实行专款专用。各地要结合实际，积极探索，广泛开展示范乡镇、示范村、示范路创建工作，并采取激励政策措施，为"四好农村路"建设营造良好氛围。

（四）强化监督复核。对"四好农村路"示范乡镇，省、市、县三级交通运输主管部门要结合各级政府对"四好农村路"建设督查要求，通过不定期组织暗访和抽查等形式进行检查督办。省交通运输厅将每三年进行一次资格复核，复核结果不符合认证标准的限期整改，整改期四个月。对整改后仍达不到要求的，取消其示范乡镇资格。

2018年5月31日

湖北省美丽农村路创建活动实施方案

（鄂交农〔2018〕305号）

根据省人民政府《关于印发湖北省综合交通公路水运部分四个三年攻坚工作方案（2018—2020年）的通知》（鄂政发〔2018〕20号）部署，为全面开展"四好农村路"三年攻坚工作，加快推进全省美丽公路经济带建设，省厅决定开展美丽农村路创建活动，特制定本实施方案。

一、指导思想

紧紧围绕党的十九大精神和习近平总书记"四好农村路"重要指示精神，按照省政府关于"四好农村路"三年攻坚工作的部署安排，全面开展美丽农村路创建工作，坚持县级人民政府主导，交通运输部门指导，以县乡村为主体，群众积极参与，统筹协调、多规融合，大力开展路域环境整治，打造美丽农村路工程，建设美丽公路经济带，助推乡村振兴战略实施，为打赢脱贫攻坚战、如期实现全面小康社会目标提供更好的交通保障。

二、创建目标

美丽农村路创建工作是深入推进"四好农村路"纵深发展的重要举措，要学习浙江"一种三清"（种植绿化、

清理垃圾、清理违章建筑、清理违法广告）美丽公路建设经验，加强统筹协调，切实统筹好综合交通发展与土地、林业、生态环保、环境整治、乡村振兴等规划的衔接，加快推进我省美丽公路经济带建设，积极探索、培树典型，改善农村出行环境，发挥示范引领作用，不断提高农村公路服务水平，助推社会经济发展。

按照"夯实公路基础、美化路域环境、提升服务品质、助推乡村振兴"的工作思路，结合美丽乡村建设和"实、安、绿、美"的创建标准，从今年起，连续三年，全省每年完成1万公里美丽农村路创建，并鼓励县乡道和连接行政村（中心村）主要村道联网成片打造。到2020年底，实现每个县有至少一条示范县道，每个乡镇有至少一条示范乡道，每个村力争一条示范村道。

三、基本要求

创建美丽农村路的路线要符合以下基本要求：

（一）创建路线须纳入《湖北省公路统计年报》或本年度计划项目。

（二）创建路线的技术等级应符合

湖北省《农村公路工程技术标准》，且原则上路面宽度不低于4.5米。

（三）创建路线无危桥运行。

（四）创建工作可采取整条路线独立创建和多条路段联合创建方式开展。单条路线独立创建的，县道、乡道、村道创建里程分别不少于8公里、5公里和2公里。多条路段联合创建的，农村公路路线累计里程不得低于10公里。

四、创建标准

美丽农村路创建要坚持因地制宜以求"实"、提升安全水平以求"安"、保护生态环境以求"绿"、引领人居环境改善以求"美"，做到公路建设品质优良，安全防护设施完善，视野路域环境优美，绿化美化成效显著，公路文化氛围浓厚，沿线服务设施到位，产业融合显著。具体创建评分标准详（略）。

五、保障措施

（一）加强组织领导。省交通运输厅"四好农村路"三年攻坚战指挥部工作专班设在厅农村公路处，具体负责美丽农村路创建活动组织实施。各市州交通运输局（委）要组织工作专班，

认真履行组织领导和统筹协调责任。县级人民政府要编制和批复"四好农村路"建设规划,成立工作专班,整合相关政策、资金和资源,形成创建合力。县级交通运输主管部门要强化措施、加大力度,积极争取本级政府重视和支持,从人力、物力、财力等方面给予必要保障,确保美丽农村路创建活动向全面可持续方向推进。

(二)夯实工作责任。各县、乡人民政府、村委会要紧密结合三年人居环境整治和乡村振兴战略制定创建方案,坚持量力而行、因地制宜、积极优先,鼓励特色创建,支持产业融合,抓好实施落地,确保活动成效。县级人民政府是创建工作的责任主体,要提升主责主抓主管意识,统筹考虑精准脱贫、产业振兴、农旅结合、乡村特色等因素,集中整治农村公路路域环境。县级交通运输部门和农村公路管理机构要做好调查摸排,明确和细化分阶段创建目标任务,抢抓机遇、发动动员、抓早抓实,全面掀起美丽农村路创建活动热潮。同时,要深入一线紧贴创建单位,为创建活动提供优质高效服务。市州交通运输主管部门要制订工作方案,切实发挥行业指导、统筹协调和监督职能,严格把关,认真推荐,县乡道要突出创建品质,村道要突出

联网成片,形成规模示范效应。

(三)加强资金保障。对于达到创建标准的美丽农村路,省厅将依据县级人民政府"四好农村路"建设规划,按照5万元/公里的标准给予定额补助,并及时兑现"以奖代补"年度补助资金。各县(市、区)级人民政府要积极整合林业、国土、水利、农业、旅游等涉农资金,注重发挥乡村基层、沿线群众的积极性,鼓励群众有需求、道路有基础、政策有支撑的相关部门和单位合力打造精品路线。同时,发挥市场机制作用,努力扩宽资金渠道,为完成美丽农村路创建目标任务提供资金保障。

(四)加强考核管理。创建工作按照县(市、区)申请、市州复核、省厅核定的方式统筹确定年度计划。每年4月和9月由县(市、区)按照创建标准进行自评,负责路段全程视频影像拍摄,视频资料须显示采集时间节点和经纬度坐标(2000国家大地坐标系)。对自评达到创建标准且得分在90分以上的项目,将项目照片和表格等资料及时报送市州审核,经审核认可后,再上报创建图文材料和申请验收文件。市州负责对申报项目进行全面实地复核,并通过电子地图信息化等方式对申报数据的规范性进行审核确认后,于每年5月和10月将符合创建标准的

年度创建项目清单报厅备案。省厅将结合督查督导、地方政府积极性、"四好农村路"示范县和示范乡镇创建、市州验收意见等,统筹确定各地美丽农村路创建工程年度计划,委托第三方机构按不低于市州上报规模30%的比例进行抽查,并严格实行奖优罚劣。对于抽查发现不合格的项目,相应扣减所在县(市、区)美丽农村路创建工程的下一年度计划切块规模。

(五)强化典型引领。省厅将加大指导力度,选择200~300公里路段开展美丽农村路试点示范,形成一批"可复制、可借鉴"的经验向全省推广。"四好农村路"全国示范县要当好先行、省级示范县要做好标兵。省厅对先行先试、效果良好的市、州、县,将在年度切块上优先倾斜、资金安排上优先拨付。各地在抓好创建的同时,要接受群众监督,总结先进做法和经验,主动挖掘和培树先进典型,注重创建活动的宣传工作,真正将美丽农村路打造成民生工程、民心工程。同时,各地要以此项活动为抓手,因地制宜开展美丽农村路评选等活动,扩大创建活动的社会影响面,掀起创建热潮,营造浓厚氛围,发挥引领作用。

2018年7月31日

省交通运输厅、省公安厅、省安全生产监督管理局《湖北省道路运输安全生产工作计划(2018—2019年)》

(鄂交安〔2018〕304号)

一、指导思想及目标

以习近平新时代中国特色社会主义思想为指导,全面贯彻落实党的十九大精神和《中共中央 国务院关于推进安全生产领域改革发展的实施意见》,牢固树立生命至上,安全发展的理念,坚持安全发展、改革创新、源头治理、依法监管,不断强化道路运输安全监管、事故预防和应急处置措施,坚决遏制重特大道路运输安全

事故,大幅减少较大道路运输安全事故,全面提升道路运输安全生产现代化治理能力和发展水平。

二、工作任务

(一)完善道路运输安全管理机制。

1.完善责任体系,强化责任落实。按照"党政同责、一岗双责、齐抓共管、失职追责"的要求,落实党政领导干部安全生产责任制,理清道路运输安全监管职责,依法依规建立健全"上

下联动、横向到边、纵向到底"道路运输安全管理责任体系。完善道路运输安全生产责任考核机制,严格落实安全生产"一票否决"制度。健全道路运输安全生产联合约谈制度,加大对事故多发或工作开展不力地区(单位)问责力度。

2.创新监管机制,加强联合共治。加强部门协同联动,共同研究决定重大道路运输安全生产问题。进一步健

全完善交通运输、公安、安监等部门信息共享和联勤联动机制,积极推进道路运输安全生产信用体系建设,建立健全联合惩戒工作机制,构建以信用为核心的新型市场监管模式。建立道路运输安全生产巡查制度,持续推进重点道路客运企业负责人跟车督导制度,发挥注册安全工程师作用,调动行业协会等社会力量参与安全治理,形成部门协同共治、行业自觉落实、社会积极参与的良好氛围。

3. 健全防控体系,抓好源头治理。推动运输企业建立健全隐患排查治理与安全风险自查自控管理制度,制定隐患排查与风险识别手册,开展安全风险评估和危害辨识,落实安全操作规程,完善控制措施和应急预案,形成自我约束、持续改进的内生机制。建立健全隐患治理监督机制,对存在重大安全隐患的运输企业实施挂牌督办,督促及时消除安全隐患。深入推进运输企业安全生产标准化建设,实现安全管理、操作行为、设施设备和作业环境的标准化。

4. 加强执法检查,严厉打击违法行为。加强交通事故多发路段和时段的管控,依法从严查处客货运输车辆"三超一疲劳"交通违法行为。开展隧道交通违法行为集中整治,加大对交通流量较大、通行危化品车辆较多等重点隧道交通秩序管控力度。深入推进治超联合执法常态化、制度化,严格落实"一超四罚"措施。加大"四不两直"、暗查暗访、突击检查、"双随机"抽查力度,以全方位、高频次的监督检查,严厉打击违法行为,提高企业违法违规代价。

5. 建立事故应急处置和调查处理协调机制。进一步完善道路运输安全生产事故的应急协同处置机制,联合多部门做好救援及处理工作。加强事故信息共享,强化舆论引导,及时按规定上报事故情况。做好道路保畅和现场秩序管控,避免引发二次事故。加强事故原因调查分析,堵塞漏洞,依法依规从严查处相关责任人员和单位,避免类似事故再次发生。

6. 加强宣传教育,接受社会监督。

将道路运输安全生产监督管理纳入领导干部培训内容,推进道路运输安全文化建设,强化全民安全意识和法治意识。加强"两客一危"、重点营运货车及农村地区驾驶员交通安全宣传教育。充分利用 12350、122、12328 等服务监督电话、网络和社会公共管理平台举报投诉渠道,完善投诉受理机制,发挥社会监督作用。组织开展"人人都是安全员"活动,积极拓展微信、微博、手机 App 等举报渠道,建立旅客和社会力量参与运输安全监督的制度和激励机制。

(二)深化驾驶员素质教育工程。

7. 加强驾培监督管理,提升驾驶员素质。督促机动车驾驶培训机构和教练员按照教学大纲规范施教,严格落实培训内容和培训学时要求。严肃考试纪律,严格考试标准,全面提升驾驶员职业素质。严格按照《湖北省机动车驾驶培训机构质量信誉考核办法》与《湖北省机动车驾驶培训教练员管理规定(试行)》,加强对培训机构与教练员监管。全面推进机动车驾驶培训行业诚信体系建设,加强消费者权益保护。推广使用全国统一标准的计算机计时培训管理系统,建立省级驾驶培训机构监管平台,强化培训过程动态监管,督促落实培训学时,确保培训信息真实有效。推进驾驶培训机构监管平台与考核系统联网对接,实行驾驶培训与考试信息共享,确保培训与考试有效衔接。持续推进文明交通进驾校"五个一"活动。

8. 加强职业资格建设,提升从业人员素质。加快构建道路运输职业资格制度,健全职业标准、职业资格考试、注册管理、继续教育、从业管理、国际互认制度等职业资格制度体系。充分发挥好职业资格制度作用,提升从业人员的获得感和归属感。制定实施道路运输企业主要负责人和安全生产管理人员考核管理制度。

9. 加强应急处置培训,提升突发事件应对能力。督促运输企业严格落实《营运客车驾驶员安全生产行为基本规范》,指导运输企业加强营运驾驶员防御性驾驶和应急处置培训,强

化典型事故案例警示教育,充分运用互联网和移动终端等培训教育方式,培养营运驾驶员掌握突发情况应对常识,提升营运驾驶员应急处置能力。积极推动大型客货车驾驶员职业教育,从源头上把好营运驾驶员安全素质关。

(三)强化营运车辆安全技术管理。

10. 严格营运车辆安全技术管理。严格执行《机动车运行安全技术条件》(GB7258—2017)、《汽车、挂车及列车外廓尺寸、轴荷及质量限制》(GB1589—2016)、《营运客车安全技术条件》(JT/T1094—2016)、《营运货车安全技术条件第 1 部分:载货汽车》(JT/T1178.1—2018)、《营运客车安全生产设施设备配套基本规范》等相关标准和文件要求,严把新进入道路运输市场车辆的安全技术管理关口,不得为不符合标准的车辆办理营运手续。继续推进全国汽车电子健康档案系统试点工作,依托信息系统加强营运车辆安全性能管理。

11. 深入推进货运车型标准化工作。持续做好车辆运输车治理工作,督促不合规车辆运输车按要求退出市场。加强超长平板半挂车和超长集装箱半挂车监管,重点整治低平板半挂车车货总质量超过限载标准和假牌套牌行为。开展常压罐体危险货物罐车专项治理工作。

12. 切实加强"营转非"客车安全管理。鼓励客运企业提前更新老旧客车,并对购买"营转非"客车的单位资格条件进行审核把关,引导"营转非"客车作为企事业单位自备车辆使用。严厉打击"营转非"客车非法营运和"三超一疲劳"等严重交通违法行为。

(四)强化重点领域运输安全规范化管理。

13. 贯彻落实《道路旅客运输企业安全管理规范》。组织开展宣贯培训,结合我省制定的《道路客运企业安全生产行为基本规范》《道路危险货物运输企业安全生产行为基本规范》《营运客车驾驶员安全生产行为基本规范》《营运客车安全生产设施设备配备基本规范》《汽车客运站安全生产行为

基本规范》，督促道路客运企业严格落实安全基础保障、驾驶员管理、车辆管理、动态监控、运输组织、风险管控和隐患排查等管理要求，确保规范内容真正落实，发挥效果。

14.规范旅游包车客运安全管理。依托湖北省道路运政信息系统，规范包车标志牌的发放管理，标志牌的核发、缴销等业务均通过系统操作并在全省范围内信息共享。实现全省道路旅游客运车辆统一标识和专段号牌管理，开展全省道路旅游客运安全管理检查活动，明确旅游客运企业实行"五必须、五统一"管理，旅行社租用车辆要做到"两必须、四禁止"，推广使用《湖北省旅游包车合同示范文本》。加强与旅游管理部门的配合衔接，推进旅行社、导游和旅游客运企业及驾驶员等信息共享和社会公开，接受社会监督。加强联合执法，严格查处旅游包车无证经营、超范围经营、未按包车客运标志牌载明事项运行等违规行为，严禁违规发放空白包车证。

15.加强长途客运安全管理。推进全省道路班线客运转型升级试点工作，鼓励客运企业集约化、规模化、公司化经营，逐步减少营运里程在800公里以上的道路客运班线数量。严格落实《道路客运接驳运输管理办法(试行)》，按照"双随机、一公开"要求，深入接驳运输企业开展明察暗访、突击抽查，规范长途客运接驳运输管理。加强长途客运车辆凌晨2时至5时停止运行或接驳运输工作的监督检查，促进长途客运规范化运行。支持客运企业在客运班线起讫地间按需求和有关规定增加配客点，规范站外上下客行为，保障旅客安全便捷出行。

16.加强农村客运安全管理。建立交通运输、公安、安监部门和当地乡镇政府农村客运班线通行条件现场勘查的四方会审机制。引导农村客运经营者使用乡村公路营运客车推荐车型，引导农民群众乘坐具备资质的农村客运车辆。鼓励农村客运经营者安装卫星定位装置和视频监控装置，提升农村客运车辆动态管理水平。

17.加强危险货物道路运输安全监管。严格落实《反恐怖主义法》《危险货物道路运输规则》《道路危险货物运输企业安全生产行为基本规范》及危险货物道路运输安全管理办法规定，开展危险品货运企业安全管理培训，提升危货运输企业安全管理水平。严把危货运输驾驶员从业资格关，强化实际操作培训考试。严把危险品运输车辆年审关，对照营运要求进行核查，杜绝带病车辆上路营运。开展危险品运输安全检查活动，严厉查处违规装载经营危险品的行为。充分利用全省营运车辆动态监控系统和道路运输第三方监测平台，加强危货运输监督管理。加强危险化学品生产、储存、经营企业的安全管理，严格执行托运及充装查验、登记制度，严禁向个人或不具备危险货物道路运输资质的企业和车辆托运、充装危险货物。

18.加强汽车客运站安全管理。严格落实《反恐怖主义法》和《汽车客运站安全生产规范》《汽车客运站安全生产基本规范》，督促汽车客运站严格落实"三不进站、六不出站"制度，加强道路客运安全源头管理。严格执行省际、市际道路客运班线实名制售检票制度。落实客运站安检人员素质提升及安全检查标准规范培训工作，推动安检设施设备更新升级，提升旅客进站安检效率和服务质量。

(五)提升公路基础设施安全保障水平。

19.深入开展公路隧道风险防控专项行动。以高速公路上的长隧道、特长隧道、"两客一危"车辆和交通流量大的隧道、发生过较大事故和火灾事故的隧道，以及单洞双向通行的隧道为重点，严格落实公路隧道运营相关法规规章和标准规范，认真查看影响隧道设施设备使用、交通安全管理、安全运营等关键问题，确保洞口设施设置规范、防护有效，照明设施齐全、功能完备，洞内设施性能合规、运转正常。

20.深入开展公路安全专项工程。加强公路建设阶段的安全评价和养护阶段的风险评估，以普通国省道干线

公路和县乡公路的护栏、标志标线等设施为重点，深入开展现有公路安全生命防护工程。以国省干线公路四、五类桥梁为重点，深入开展危桥改造工程。以山岭重丘区二级及以下国省干线公路路段为重点，深入开展干线公路灾害防治工程。专项工程实施完成后，按程序组织工程验收，确保实施效果符合要求。

(六)强化营运车辆联网联控监管。

21.严格落实联网联控分级分类监管制度。严格落实《湖北省道路运输企业重点营运车辆动态监控基本规范》《湖北省重点营运车辆动态监控服务商基本规范》《湖北省重点营运车辆动态监控工作监督管理基本规范》《湖北省道路运输安全第三方监测服务基本规范》和《湖北省重点营运车辆动态监控服务商服务考核办法》《湖北省道路运输企业重点营运车辆动态监控工作考核办法》《湖北省道路运输安全第三方监测服务考核办法》等动态监控应用规范及管理制度。严格落实动态监控抽查制度，按照省级每月抽查不少于100台客运车辆、50台危货车辆，市州级每月抽查不少于辖区"两客一危"总数1%，县级每月抽查不少于辖区"两客一危"总数10%的要求进行抽查和通报。

22.不断推进完善联网联控平台建设升级。严格按照交通运输行业标准JT/T 1076等的要求，对现有营运车辆动态监管平台改造升级，实现联网联控省平台与部联网联控系统、第三方监测系统、交通运输厅应急指挥系统等的数据共享。推进交通运输、公安、安监部门数据交换共享，形成监管合力。完善抽查功能，通过健全自动抽查、量化分析等功能，为管理部门实施精准化的安全监管提供支撑。持续推进农村客运动态监控设备安装及监控平台的建设，提升农村客运车辆动态管理水平。深入开展动态监控"十百千"行动，不断提升各级管理人员、从业人员应用水平。

23.健全完善动态监控安全隐患处理机制。严格落实我省动态监控管理制度，进一步健全完善动态监控安全

隐患的预警、通报、处理、反馈工作机制，切实形成动态监控闭环管理。督促道路运输企业加大动态监控发现隐患的处罚力度，通过强化企业内控措施，从严处理驾驶员违规行为，坚决杜绝违规违法驾驶行为。道路运输企业对第三方监测平台通报的严重违章违规问题，要及时核实、严肃处理、建档管理、及时反馈，确保隐患得到有效处理，切实发挥我省道路运输安全第三方监测服务平台作用。

24.强化联网联控系统功能拓展应用。加大动态监控安全第三方监测服务平台应用管理力度，深入开展"两客一危"车辆和重型货车动态监测服务，为政府管理部门履行监管责任和运输企业履行安全生产主体责任提供技术支撑。推动将"两客一危"车辆超速、疲劳驾驶、违法违规接驳运输、站外揽客等重点动态监控报警纳入联合信用惩戒范围，形成部门监管合力。

（七）大力实施科技兴安

25.积极做好主动智能防控技术的推广应用。依托三家第三方监测平台，进一步加大数据分析、智能识别系统等道路运输安全生产高新技术的应用，积极引导道路运输企业应用智能识别等高新技术，大力提升道路运输安全生产科技化水平。充分发挥市场机制，按照国家有关要求，督促新进入道路运输市场的"两客一危"车辆安装使用智能视频监控系统，鼓励在用"两客一危"车辆安装使用智能视频监控系统。

26.利用大数据提升决策支持水平。加强安全生产形势分析，开展道路运输安全重特大事故深度挖掘分析，深入查找薄弱环节和管理漏洞，为加强行业安全管理和修改完善相关政策制度提供支撑。加快推进道路运政管理信息系统升级改造工作，搞好运政系统数据核查清理，确保运政系统数据的准确性、完整性和公信力，为联网联控平台等提供高质量的数据源，为运政大数据分析工作提供准确有效的数据。

27.加大交通应急科技应用。鼓励运输企业建设完善综合运营安全管理信息平台，提升运输企业安全管理信息化水平。大力推进公路大型专业机械设备配备，全面提升冰雪天气铲雪除冰能力。配合气象部门搞好雨雪天气特别是团雾监测预警技术研究和装备建设，在团雾多发的高速公路路段推广智能引导系统。推进跨部门交通应急和事故救援体系建设，完善交通应急管理机制，提高应急响应和联动救援效率。积极开展隧道安全风险管控科技研发和新技术应用，加强特长隧道、长隧道群视频监控系统建设，推广智能化监控技术，提升隧道防控安全风险能力。

三、实施步骤

（一）组织计划阶段（2018年8月）。根据道路运输安全生产工作行动计划目标要求，结合实际，制订本地区、本行业三年工作计划行动方案，进一步明晰目标任务、细化工作措施，层层分解落实。

（二）部署实施阶段（2018年9月至2019年6月）。按照行动实施方案，认真组织实施，并以查漏补缺、补齐短板为目的，开展实地督导，积极破解安全监管重点难点问题。

（三）深化推进阶段（2019年7月至2020年4月）。根据行动开展实际情况，严格落实管控措施，巩固工作成效，持续深化全方位、全覆盖的道路运输安全生产治理工作落实，确保三年行动目标实现。

（四）总结评估阶段（2020年5月至2020年7月）。对行动计划实施过程及效果进行评估、总结，提炼三年行动的经验做法，巩固完善安全生产长效治理机制。

四、工作要求

（一）提高认识，强化领导。要以高度的政治责任感和对人民群众生命财产高度负责的态度，积极推动道路运输安全生产工作行动计划融入地方政府年度工作部署，强化人力、物力和财力保障，切实把各项部署落实到位。要定期分析研判安全形势和工作进展情况，加强协调，及时解决实施过程中存在的问题，合力推进道路运输安全生产三年行动计划落实。

（二）周密组织，细化方案。要将道路运输安全生产工作三年行动计划与年度的重点业务工作紧密结合起来，坚持问题导向，坚持整体推进和重点突破相结合的原则。要结合自身实际，坚持问题导向，制定实施方案，细化措施步骤，分解工作任务，落实责任主体，确保各项举措落到实处。

（三）加强督查，注重实效。要将行动计划纳入年度安全生产目标责任制考核内容。各级交通运输、公安、安监部门要按照"管行业必须管安全"和"谁主管、谁负责"的原则落实行动责任，建立相应的联席会议、工作例会、联合执法、定期通报等制度机制，形成齐抓共管合力。各单位要积极探索安全监管的新举措和新方法，在事故防控上创新技术和措施，提高行业领域安全管理水平。

（四）搞好宣传，营造氛围。要充分发挥媒体和社会力量，深入开展活动宣传引导，构建良好的活动氛围，使全社会关注活动，并积极参与，发挥监督作用。

公路、城市公交、出租汽车行业可参照本计划，做好本地区、本行业安全监管工作。

各地实施方案请于2018年8月底前分别报省交通运输厅、省公安厅、省安监局。每年12月20日前将本地、本行业道路运输安全生产工作计划落实情况分别报省交通运输厅、省公安厅、省安全生产监督管理局。

2018年7月31日

湖北省交通运输行业消防安全责任制实施办法

(鄂交安〔2018〕448号)

为深入贯彻落实国务院办公厅印发的《消防安全责任制实施办法》和交通运输部《消防安全责任制实施办法》,依法依规履行交通运输行业消防安全工作职责,切实做好交通运输行业消防安全工作,经研究,制定本实施办法。

一、进一步明确消防安全职责范围

各市州交通运输局(委),厅直各单位,厅机关各处室要依照《办法》和有关法律法规及"三定"规定,按照"管行业必须管安全、管业务必须管安全、管生产经营必须管安全"的要求,在各自职责范围内履行消防安全工作职责。

(一)落实消防安全职责。根据交通运输行业职责,在安全生产法规政策、规划计划和应急预案中纳入消防安全内容,提高消防安全管理水平;督促交通运输行业相关单位落实消防安全责任制,建立健全消防安全管理制度,保障消防工作经费;将消防安全检查列入单位年度明察暗访计划,并组织实施,消除火灾隐患;督促消防安全重点单位确定专(兼)职消防安全管理人员;督促相关单位依照有关规范将消防车通道纳入交通基础设施建设工程。

(二)严格行政审批活动。交通运输有关管理部门对于职权范围内的行政审批事项,凡涉及消防安全的法定条件要依法严格审批。凡不符合法定条件的,不得核发相关许可证照或批准开办。对已经依法取得批准的单位,经消防部门检查确认并告知不再具备消防安全条件的应当依法予以处理。

(三)细化消防安全工作职责分工。交通运输有关管理部门在各自职责范围内依法依规落实消防安全管理职责。

公路管理机构要依法督促经营管理单位做好公路隧道、服务区、收费站及桥下空间等重点区域的消防安全工作,保障公路消防设施设备完好。

港航管理部门要依法督促港口(码头)经营人、船舶运输经营人落实消防安全主体责任和有关消防工作制度。

港航海事管理机构要加强对运输船舶消防安全日常监督检查,督促船舶落实消防安全主体责任,督促船舶检验机构把好营运船舶消防设备设施建造检验关。配合长江干线水上消防工作,维护水上消防安全形势稳定。

道路运输管理部门要依法督促客运车站、客货运输企业落实消防安全主体责任和有关消防工作制度。

建设工程安全监督管理部门要依法督促相关单位做好公路、水运建设工程消防安全管理工作。

城市轨道交通运营管理部门要按照《国务院办公厅关于保障城市轨道交通安全运行的意见》(国办发〔2018〕13号)有关要求,监督指导运营单位做好消防安全管理相关工作。

二、全面落实单位消防安全主体责任

单位是消防安全的责任主体,其法定代表人、主要负责人或实际控制人是消防安全责任人,对本单位消防安全全面负责,其他人员要认真落实消防安全"一岗双责"制度,消防安全重点单位应当确定消防安全管理人,组织实施本单位的消防安全管理工作。

(一)全面落实消防安全责任制。单位要落实逐级消防安全责任制和岗位消防安全责任制,明确逐级和岗位消防安全职责,确定各级、各岗位的消防安全责任人。

(二)建立健全消防安全制度。单位要制定本单位消防安全操作规程、防火巡查检查、火灾隐患整改、消防设施器材维护保养、易燃易爆危险物品和场所防火防爆、消防安全教育培训、用火用电用气安全管理、灭火和应急疏散预案、消防安全工作考评和奖惩等消防安全制度。

(三)开展重点岗位消防安全培训教育。单位要做好职工岗前消防安全知识培训,强化职工岗位消防安全知识教育,狠抓关键岗位、特殊工种职工消防安全技能培训,落实消防控制室值班操作人员持证上岗的要求,督促职工切实遵守安全操作规程,不断提升职工检查消除火灾隐患、扑救初起火灾、组织疏散逃生的能力。

(四)及时维护保养消防设施、器材,加强消防队伍建设。单位要按照有关标准配备消防设施、器材,设置消防安全标识,定期进行维护保养,对建筑消防设施每年至少进行一次全面检测,确保完好有效。根据需要,依法依规建立专职或志愿消防队、微型消防站,加强消防装备配备和灭火药剂储备。

(五)定期开展防火巡查检查,组织灭火疏散演练。单位要定期开展防火检查、巡查,着重检查重点岗位消防安全制度是否落实,用火、用电、用气是否符合要求,安全出口、疏散通道是否畅通,消防设施、器材和消防安全标志是否在位、完整等情况,及时消除火灾隐患;定期组织灭火和应急疏散演练,提高自防自救能力。

公路、水运工程建设单位,要依据有关法规到所在地方消防监督管理部门,办理建设工程消防行政许可手续。

三、建立风险防控机制,狠抓隐患排查整治

交通运输行业各单位(部门)要构建安全风险防控和隐患治理双重预防体系,强化重点领域、重点部位消防安全管理措施,狠抓隐患排查整治,有效防范和遏制火灾事故发生。

(一)建立消防安全风险评估和火灾隐患排查整治机制。要督促指导行业各单位将消防安全风险评估和火灾隐患整改纳入安全生产风险管控和隐患治理体系，建立健全消防安全风险评估工作制度，开展消防安全风险辨识、评估工作，科学制定管控措施，加强对重大消防风险的管控。

（二）突出重点领域、重点部位消防安全管理措施。加强危险品码头、堆场、储罐的消防安全管理，督促港口企业落实消防安全管理措施。加强对水上客运站、客运汽车站等人员密集场所的消防安全管理，督促相关单位加强消防安全培训，提高自防自救及组织疏散逃生能力，保持安全出口畅通。加大对营运客车（船）、危险品运输车（船）等交通运输工具的消防安全检查力度，督促运输企业开展自查自纠，及时消除消防安全隐患。

（三）狠抓隐患排查整治。要督促相关单位落实消防安全隐患治理主体责任，建立健全消防安全隐患排查、整改、验收、报备、考核奖惩、建档等制度，建立隐患日常检查、专项检查机制，定期开展消防安全隐患排查，明确消防安全隐患整改责任，制定整改措施，确定整改期限，保障整改资金，切实消除火灾隐患，预防和减少火灾事故发生。

四、完善应急预案，提升应急处置能力

各市州交通运输局（委）、厅直各单位要进一步完善应急预案，加强应急能力建设，定期开展应急演练，提升行业应急处置能力。

（一）建立消防专项应急预案。结合行业实际情况，科学编制消防专项应急预案，健全应急组织管理指挥系统，建立应急响应机制，制定现场处置方案，明确救援程序和措施。

（二）加强应急力量建设。针对行业火灾类型特点，加强应急物资储备，积极推进水上灭火救援力量建设，统筹社会化消防资源，不断提升行业应急处置能力。

（三）定期开展预案演练。加强预案演练，检验预案内容，查找漏洞、不足，及时修改完善预案。在地方各级人民政府的统一领导下，加强与应急管理、公安等部门的联勤联动，适时开展联合演练。

五、加强组织领导，开展宣传教育

严格落实"党政同责、一岗双责、齐抓共管、失职追责"的要求，加强组织领导，切实落实行业消防安全管理责任。

（一）加强组织领导，狠抓责任落实。各地各级交通运输主管部门要在当地人民政府统一领导下，强化组织领导，把落实行业消防安全管理责任纳入议事日程，明确任务分工。要将消防安全工作纳入行业安全生产统筹推进，将消防工作与其他重点工作同部署、同落实、同检查、同考评，切实将消防工作贯穿到管行业、管业务、管生产经营全过程，落实到每一个工作环节和岗位。要切实加强对交通运输行业单位消防安全责任制落实情况的督导检查，加强事中事后监管，建立约谈制度，将消防安全工作纳入信用评价体系，落实行业监管责任。

（二）开展消防安全宣传教育，提高消防安全意识。消防宣传教育是消防安全工作的重要内容。各单位要将消防安全知识纳入领导干部培训、职业教育、安全生产培训的内容，借助"安全生产月""119消防日"等活动，结合行业特点，开展针对性的宣传教育，以案说法，让广大干部、职工受触动、知敬畏、晓厉害，提高交通运输从业人员消防安全意识。利用客运船舶（车辆）、公交地铁、客运站等公共宣传阵地，向广大乘客宣传消防安全和自救逃生知识。

各单位要将消防安全工作纳入行业日常安全管理工作范畴，细化工作措施，加强督导检查，督促行业单位落实消防安全责任，确保全省交通运输行业消防安全形势持续稳定。

2018 年 12 月 17 日

湖北省水上交通安全专项治理行动方案

（鄂交安〔2018〕449 号）

根据交通运输部办公厅关于印发《水上交通安全专项治理行动方案》的通知（交办海〔2018〕145 号）精神，为强化我省水上交通安全风险防控、隐患排查、专项整治工作和主体责任、监管责任的落实，坚决防范和遏制水上交通重特大事故发生，全面提高水上交通安全管理水平，维护人民群众水上出行安全，现制定水上交通安全专项治理行动方案如下：

一、总体要求

牢固树立"生命至上、安全第一"的理念，坚持问题导向和目标导向，遏制水上交通事故萌发势头，组织开展水上交通安全专项治理行动，突出客（渡）运船舶、砂石运输船舶整治，突出船舶公司管理、船员培训实操、考试发证和船舶配员、现场监管等重点工作，不断强化船主、企业安全生产主体责任落实，健全水上交通安全管理机制，有效遏制水上交通重特大事故发生，实现水上交通安全形势持续可控。

二、重点工作任务

（一）强化水路运输市场监督管理。

1. 严把市场准入关。严格按照规定开展行政许可工作，坚决打击水路运输经营资质违规行为，严把航运公司营运准入关。

2. 开展资质核查。按照交通运输部要求，开展水路运输经营者资质检查，认真组织开展国内水路运输市场"双随机"抽查，结合海事管理机构情况通报，将发生较大等级以上水上交通事故、有不良诚信记录、所属船舶超范围运营、连续两年未参加年度核查的企业，列入重点检查范围。对不符合经营资质要求的企业，按照《国内水路运输管理条例》，撤销企业的水路运输经营许可。

3.严厉查处企业和船主管理不规范问题。大力整治船公司以及船舶配员不足、违规挂靠、代而不管、代而不让管等问题，促进企业和船主依法依规营运。

4.打击超范围经营行为。对于超经营范围经营的运输船舶，根据检查情况严肃查处。对内河船舶从事海上运输经营的船舶及船公司，勒令企业迅速召回，并依法依规实施最严厉处罚。利用部海事局协同管理平台，密切配合直属海事局调查处理超范围经营船舶及船公司。

（二）强化港口管理。

5.加强港口行政执法。港口行政管理部门加大港口安全生产执法力度，开展港口危险货物码头安全整治专项行动，加大检查频次和力度，对于发现的安全隐患，督促各地立行立改。对辖区内港口经营人的经营资质和现场经营行为每年至少检查一次，严厉打击无证经营和非法经营行为。建立港口经营人信用档案，对被列入严重失信名单的港口经营人，充分利用联合惩戒机制，加大惩戒力度，及时将相关处罚信息录入全国水路运输市场信用信息系统。

6.推动港口企业落实安全生产制度。督促港口经营人加强港口装卸作业现场管理，会同船公司落实船岸联合安全检查制度，涉及危险化学品装卸作业的，现场指挥人员或专职安全员必须持证上岗，对船舶装载货物的配载安排需在专职人员的指挥或监控下进行，如发现有超载的现象，必须及时通知海事管理部门。

7.推动港口企业安全生产标准化建设。加强港口安全生产标准化建设审核，推动港口企业委托第三方开展常态化的港口安全生产标准化工作质量检测，并适时开展现场核查。认真组织开展双随机抽查，对检查做好"痕迹管理"，做好检查记录和台账管理，强化行政处罚、行政强制等手段的运用，确保隐患整改。强化"湖北省港口危险货物安全监管基础信息系统"的运用检查，发挥辅助监管的作用。

（三）强化航运公司安全主体责任落实。

8.按照《公路水路行业安全生产监督管理工作责任规范导则》要求，研究制定水上交通安全监管工作责任规范，科学准确界定水上交通安全监管责任，规范水上交通安全监督管理履职行为。

9.按照《交通运输部关于＜中华人民共和国船舶安全营运和防止污染管理规则＞第四批船舶生效的公告》要求，做好《国内安全管理规则》拓宽实施范围的宣贯工作，督促航运公司抓紧建立安全管理体系。

10.按照《关于加强航运公司安全管理的通知》要求，认真开展航运公司日常监督检查、安全生产分析评估、事故隐患督促整改及安全生产约谈等相关工作。

（四）提升从业人员素质。

11.强化船员培训管理。加强船员培训机构监督管理，督促船员培训机构建立应用型培训模式，支持培训机构加大模拟器投入，强化职业道德、法制观念、安全责任、应急处置和权益保护等方面的培训，提升内河船员综合素质。督促航运公司加大船员培训教育力度，提升船员避碰技能和应急处置能力，完善船员值班制度。

12.强化船员考试管理。继续推广应用计算机终端进行船员理论考试，拓宽船员实操考试方式，发挥船舶操纵模拟器在培训和考试中的作用和优势。推广应用指纹识别进行考生身份认证，防止船员替考。加强船员考场巡视，严厉打击替考和作弊等违法违规行为，对发现的违法违规行为依法依规严肃处理。

（五）强化渡口渡船管理。

13.严格执行渡口渡船"八不开"等停航、停渡措施，严格落实汽渡船车客分离规定，严防超载、夜航、冒险航行等行为发生。在上下船坡道和船舱要及时铺设防滑草垫，渡运时跳板要上翘至安全高度，渡运车辆要加垫三角木，要配足消防和救生设备等安全措施。

14.严禁船舶"带病"营运、超载运输、超抗风等级、冒险航行；严禁船舶超载、超员、超速、超区域航行；严禁船舶无证上岗、酒后上岗；严禁非法载客。严厉查处旅客携带危险物品上船等违法行为，对"三无"船舶和超载船舶违章航行行为坚决予以纠正和处理。从源头上严格把关，消除事故隐患，维护水上交通安全形势稳定。

15.加强对旅客和登船车辆的安全检查，坚决杜绝携带、夹带违禁品或者易燃、易爆等危险品的乘客和车辆上船。进一步强化扫黑除恶有关工作，坚决打击垄断经营、欺行霸市等损害百姓利益的不法经营行为。

（六）强化砂石运输船治理工作。

16.配合相关部门做好打击非法采砂以及非法砂石运输行为的相关工作。充分利用好当前国家治理海砂违规进入建筑市场专项行动的契机，在多部委、多部门的合作框架下，积极参与协作机制，推动形成政府领导、部门合作、企业负责的联合治理格局。

17.积极参与综合治理，支持配合住建、资源、水利等部门严厉打击非法采砂和用砂行为，消除非法采砂源头，推动净化海上砂石市场，改善砂石运输环境。加强对本港籍内河船舶的管理，建立健全登记船舶定期摸排核查机制。

18.开展船舶未按规定落实船舶报港制度专项整治，严厉打击船舶不按照《交通运输部海事局关于实施内河航行船舶进出港报告制度有关事项的通知》（海船舶〔2017〕145号）要求报告或报告内容不符的违法行为，严厉打击船舶标识与船舶证书不符、遮挡船舶标识等违法行为。

（七）强化现场监管执法。

19.完善水上交通安全执法制度和程序，依法严格查处各类违法违规行为。加大"四不两直"、暗查暗访、突击检查、"双随机"抽查力度，加大对船舶超载、未按规定使用船舶自动识别系统以及船舶配员不足、人证不符等安全风险大的船舶查处力度，避免选择性执法。健全联合执法机制，实现安全监管信息互通共享，消除监管盲区和监管漏洞，解决交叉执法、重复执法等问题。对船舶签证取消效果进行评估，研究采取有效监管措施，充实现场监管力量。

（八）提升安全保障能力。

20. 推进水上交通基础设施建设，推动地方政府继续实施渡口改造、渡改桥等工作，鼓励和支持地方政府将渡口纳入地方公益服务总体规划。

21. 加强水上交通安全监管设施建设，按照规定，配备必要的水上交通安全监管执法装备、现场执法车，保障相应水上交通安全监管及船员考试经费。

（九）加强水上交通安全宣传和强化事故警示作用。

22. 健全水上交通安全宣传教育体系，督促并加强对行业从业人员、社会公众的安全意识、法治意识、防护意识的宣传教育，促进社会安全文化建设。深化治理内河船舶非法从事海上砂石运输的安全宣传教育，继续联合教育部门等开展水上交通安全知识进校园活动。

23. 举一反三，认真吸取事故教训，强化事故调查处理工作，针对事故暴露的问题，制定切实有效整改措施，对重大事故整改措施落实情况进行评估，切实发挥事故教训汲取对水上交通安全的推动作用。深入开展事故案例进航运公司、进船员培训机构活动。

三、保障措施

（一）加强组织领导。

省交通运输厅负责行动的统筹协调工作，厅运输处、安全监督处按职责分工负责行动统筹安排的有关工作，省港航海事局负责组织指导和跟踪督查，各市州港航海事部门结合工作实际，制定深化专项治理行动的具体落实方案，细化内容、实化措施、明确分工、落实责任到部门、岗位。

（二）加大宣传引导。

各部门、各单位要加大对水上交通安全治理行动工作的宣传力度，利用各种形式在港口、码头、场站、渡口等场所加强舆论引导，注重推广好的经验和做法，讲好治理行动故事，充分利用各种新媒介宣传好水上交通安全专项治理行动，各市州港航海事部门应安排专人及时上报相关信息。

（三）强化责任督查。

各部门、各单位要加强工作监督指导，及时发现并解决存在的问题。省港航海事局、各市州交通运输主管部门应结合相关督查检查等工作，适时开展随机抽查，加大明察暗访力度，确保水上交通专项整治取得成效。

2018 年 12 月 17 日

全省交通运输系统

领导名录

厅领导及厅机关处（室）负责人名单

厅领导

党组书记、厅长：何光中（—2018.07）
　　　　　　　　朱汉桥（2018.11—）
党组副书记、副厅长：李军杰（2018.11—）
党组成员、驻厅纪检监察组组长：
　　　　　　刘汉诚
党组成员、副厅长：
　　　　　　谢　强（—2018.11）
　　　　　　王本举　姜友生
党组成员、省交通重点建设领导小组
　办公室主任：高进华
副厅级干部：石先平
二级巡视员：刘立生　阮云旻

厅机关处（室）负责人

办公室

主任、一级调研员：王　炜
副主任、二级调研员：
　　　　胡松涛（2018.01—）
副主任、三级调研员：
　　　　范　建（2018.01 任副主任）
三级调研员：戚　媛　李永胜

研究室

副处长、三级调研员：胡小松

政策法规处

处长、一级调研员：冯学斌

行政审批办公室

二级调研员：周佑林
二级调研员：肖介山（2018.04—）

综合交通处

处长、一级调研员：徐文学
副处长：高　波（2018.01—）

二级调研员：谢圣松　廖向东

计划处（交通战备办公室）

处长、一级调研员：李　敢
交通战备办公室专职副主任（正处级）：
　　　　曹　翃
副处长、三级调研员：宋征难
二级调研员：罗红燕

农村公路管理处

处长、一级调研员：陈光斌
二级调研员：谭宏斌
四级调研员：康新章（2018.01—）

建设管理处

处长、一级调研员：陈　飚
副处长、三级调研员：
　　　　彭建光（2018.01 任副处长）
二级调研员：周炎新

财务处

处长、一级调研员：周拥军
副处长、三级调研员：万小芳
　　　　黄河清（2018.01—）

审计办公室

主任、二级调研员：桂永胜
副主任、三级调研员：胡　敏
二级调研员：包楚林

运输处

处长、二级巡视员：
　　　　沈雪香（2018.01 任二级巡视员）
副处长、三级调研员：杨建萍
二级调研员：黄　钟

三级调研员：李庆九
四级调研员：彭　刚

安全监督处（应急办公室）

处长、一级调研员：王　伟
副处长、三级调研员：李裕民
应急办副主任：孙　军（2018.01—）
二级调研员：孙春红　冯泽刚
　　　　陶泽民

人事劳动处

处长、一级调研员：洪文革
副处长、三级调研员：
　　　　鲁　撰　赵春华（2018.01—）
二级调研员：方　敏

科技教育处

处　长：余建平
副处长：邹　珺（2018.01—）
二级调研员：徐小文　周建勋
　　　　王光利（2018.04—）

机关党委

专职副书记、办公室主任、二级巡视员：
　　　　覃万兵（—2018.02）
纪委书记、二级调研员：张　宏
办公室副主任：邱欣年（2018.01—）
二级调研员：马万里

交通运输工会工作委员会

二级调研员：尹寿林
三级调研员：江　飞

离退休干部处

二级调研员：胡树江
副处长、三级调研员：黄　凌

厅直属单位领导名单

湖北省交通运输厅公路管理局

二级巡视员：刘　畅
党委委员、纪委书记：段　洁
党委委员、副局长：谢俊杰　蒋明星
监督长、二级调研员：王　庆
一级调研员：陈太平

湖北省交通运输厅道路运输管理局
湖北省交通运输厅物流发展局
（湖北省交通运输厅客运出租车
管理办公室）

党委书记、局长：陶维号
党委委员、纪委书记：王义华
党委委员、副局长、一级调研员：
　　　　　闵　力
党委委员、副局长：邵　迈
党委委员、副局长、一级调研员：
　　　　　邓其春
监督长、二级调研员：颜博文
二级调研员：秦介飞　胡建明

湖北省交通运输厅港航管理局
湖北省地方海事局
（湖北省船舶检验局）

党委书记、局长：王阳红
二级巡视员：王伯禹
党委委员、纪委书记、一级调研员：
　　　　　张　洁
党委委员、副局长、一级调研员：
　　　　　罗　毅　田红旗
监督长、二级调研员：王耀惠
一级调研员：徐大福

湖北省交通运输厅高速公路管理局
（湖北省交通运输厅高速公路
路政执法总队）

党委书记、局长：张　磊
二级巡视员：陈　缅
党委委员、副局长：韩宏伟　苏　敏

一级调研员：朱书文
二级调研员：林景飞（—2018.02）
应急处置服务中心主任：朱业贵
京珠路政支队长：游　峰
汉十路政支队长：丁进军
随岳路政支队长：汪利军（2018.01—）
鄂西路政支队长：刘群峰
武黄路政支队长：汪家声
黄黄路政支队长：汪忠胜
襄荆路政支队长：童　岗（2018.01—）

湖北省交通运输厅工程质量监督局

党委书记、一级调研员：胡焰华
党委委员、局长、一级调研员：
　　　　　章征春
党委委员、副局长、二级调研员：
　　　　　冯光乐
党委委员、副局长、三级调研员：
　　　　　李长民
党委委员、总工程师、三级调研员：
　　　　　卢　柯
纪委书记、三级调研员：官　为

湖北省交通重点建设领导小组办公室

党支部书记、副主任：方晓睿（正处级）
党支部委员、副主任：徐建明

湖北省交通基本建设造价管理站

党支部书记、站长：曹传林
党支部委员、副站长：付红勇
　　　　　杨金蓉（2018.02—）

湖北省交通运输厅
世界银行贷款项目办公室
（湖北省交通运输厅援外办公室、
湖北省交通运输厅职业资格中心）

党支部委员、副主任：刘　江
　　　　万　帆　张　岚

湖北省交通运输厅宣传中心

党支部书记、主任：石　斌
党支部委员、副主任：潘庆芳
副处级干部：刘智明　甘惠萍

湖北省交通运输厅规划研究室

党支部书记、主任：张昌伟
党支部委员、副主任：余厚振
　　　　　邓国清

湖北省高速公路联网收费中心

党委书记、主任：林　浩
党委委员、副主任：李　辉　刘小燕
党委委员、总工程师：
　　　　　王三军（2018.01—）

湖北省交通运输厅机关后勤服务中心

党支部书记、主任：沈　晖
党支部委员、副主任：明　杨

湖北省江汉运河航道管理处

党委书记、处长：邵爱军
党委委员、纪委书记：
　　　　陈方先（—2018.02）
　　　　申　燕（2018.02—）
党委委员、副处长：邓定优　程世勇
党委委员、总工程师：周召纯

湖北交通职业技术学院

党委书记：戴光驰
党委副书记、院长：陈方晔
党委副书记、副院长：李　全
党委委员、纪委书记：齐建模
党委委员、副院长：谢　彤　王孝斌
党委委员、工会主席：李红艳
正处级干部：余建平

湖北省汉江崔家营航电枢纽管理处

党委书记、处长：尹武东
党委委员、纪委书记：
　　　　乔丽莉 (2018.01—)
党委委员、副处长：刘惠玲
党委委员、总工程师：
　　　　谢　红 (—2018.01)
　　　　黄国强 (2018.01—)

湖北省汉江雅口航运枢纽
建设管理处（筹）

处　长：童奇峰
副处长：谢　红 (2018.01—)
　　　　李炳源 (2018.01—)

湖北省交通运输厅
京珠高速公路管理处

党委书记：周大华 (2018.01—)
党委委员、处长：王凡昌
党委委员、纪委书记：白亚子
党委委员、副处长：夏　敏　唐红伟
　　　　康　喆 (2018.01—)
党委委员、总工程师：
　　　　李远军 (—2018.01)
　　　　廖卫东 (2018.01—)
党委委员、工会主席：王云波
党委委员：游　峰

湖北省交通运输厅
汉十高速公路管理处

党委书记：周爱民
党委委员、处长：周宇红
党委委员、纪委书记：曹公霞
党委委员、副处长：
　　　　李　方 (—2018.01)
　　　　陈长江　彭　坚
　　　　朱　刚 (2018.02—)

党委委员、总工程师：
　　　　廖卫东 (—2018.01)
　　　　赵华耕 (2018.01—)
党委委员、工会主席：
　　　　葛新民 (2018.02—)
党委委员、丁进军

湖北省交通运输厅
随岳高速公路管理处

党委书记：曹慧娟
党委委员、处长：乔　亮
党委委员、纪委书记：王和龙
党委委员、副处长：李　方 (2018.01—)
　　　　康　喆 (—2018.01)
　　　　汪利军 (—2018.01)
　　　　胡道政　赵曙晖 (2018.01—)
党委委员、总工程师：李满来
党委委员、工会主席：
　　　　胡志林 (2018.02—)
党委委员：汪利军 (2018.01—)

湖北省交通运输厅
鄂西高速公路管理处

党委书记：钱　兵
党委委员、处长：周大华 (—2018.01)
　　　　陈方先 (2018.02—)
党委委员、纪委书记：黄建国
厅所属高速公路管理处处长：
　　　　陈骞臻 (2018.06—)
党委委员、副处长：
　　　　陈骞臻 (—2018.06)
　　　　张剑彪　张付松
党委委员、总工程师：
　　　　聂品荔 (—2018.04)
党委委员、工会主席：曹　玲
党委委员：刘群峰
副处级干部：刘华北 (—2018.09)

湖北省交通运输厅
武黄高速公路管理处

党委书记：简海云
党委委员、处长：田晓彬
党委委员、纪委书记：
　　　　周亚明 (2018.01—)
党委委员、副处长：李厚海　周永生
　　　　吴勇勤
党委委员、总工程师：
　　　　肖　斌 (2018.05—)
党委委员、工会主席：
　　　　周亚明 (—2018.01)
　　　　付金爽 (2018.02—)
党委委员：汪家声
副处级干部：陈元华

湖北省交通运输厅
黄黄高速公路管理处

党委书记：王同庆 (—2018.07)
党委委员、处长：林景飞 (2018.02—)
党委委员、纪委书记：
　　　　申　燕 (—2018.01)
　　　　高　斌 (2018.01—)
党委委员、副处长：朱书武　程　慧
　　　　杨孟林
党委委员、总工程师：
　　　　赵华耕 (—2018.01)
　　　　李远军 (2018.01—)
党委委员、工会主席：徐明华
党委委员：汪忠胜
正处级干部：范汉清 (—2018.05)

湖北省交通运输厅通信信息中心

党委书记、主任：周文卫
党委委员、副主任：郑　红　杨厚新
　　　　朱　严

市(州)交通运输局(委)、县(市)交通运输局领导名单

武汉市交通运输委员会

党组书记、主任:徐 斌(2018.01—)
党组成员、派驻纪检监察组组长:
　　张定春
党组成员、副主任:陈佑湘 孙 江
　　郭万水
副 主 任:贺 敏
党组成员、总工程师:王益光
副巡视员:严家建(—2018.03)

江岸区经信委(交通运输局)

党委书记:夏军勇(—2018.11)
党委副书记、局长:
　　徐燕青(2018.11—)
党委副书记:李向阳(—2018.09)
副 局 长:甘迎九 王 辉 施加耀
总经济师:王耀帮

江汉区城管委(交通运输局)

党委书记:孙 昕
党委副书记、主任:熊 楠
党委副书记、纪委书记:时文利
党委委员、副主任:杜泽生
　　李保松(—2018.07)
　　姚 峻(2018.08—) 周 庆
党委委员、总工程师:沈秋玲

硚口区城管委(交通运输局)

党委书记:蔡先成
党委副书记、主任(局长):严 栓
党委委员、副主任(副局长):王爱书
　　戴淑珍 舒宝祥 代 彦
总工程师:张 宁
督查室主任:丁健雄

汉阳区城管委(交通运输局)

党委书记、局长:易雄才
党委副书记:邱永忠

纪委书记:余启才
总工程师:薛 丽
督查室主任:康萍芳

武昌区城管委(交通运输局)

党委书记:张 琳
党委副书记、主任:
　　陈 彤(—2018.01)
　　肖 哲(2018.01—)
总工程师:代先珍(2018.10—)
副 主 任:张 军 李 军 董来兴
总工程师:夏胜春(2018.09—)
督查室主任:徐在军(2018.11—)

青山区城管委(交通运输局)

党委书记:马松华
党委副书记、主任:万晓辉
副主任(副局长):刘 青 侯汉波
　　罗 锋
总工程师:王文军

洪山区城管委(交通运输局)

党委书记:谈华宇
党委副书记、主任(局长):
　　方 颢(—2018.10)
　　胡 毅(2018.11—)
党委委员、副主任(副局长):
　　张金艳 陈志荣 严庆平
　　黄 涛 郑 锋 袁运松

蔡甸区交通运输局

党委书记、局长:胡昌林
党委委员、副局长:陈国桥 邓水桥
党委委员:戴玉桥

江夏区交通运输局

党组书记、局长:肖英俊
党组副书记、副局长:张忠敏

副局长:路 江

东西湖区交通运输局

党委书记:贺 寅
局 长:熊少明(—2018.01)
　　管维福(2018.01—)
纪委书记:林惠民(—2018.10)
　　张继荣(2018.10—)
副局长:李克银 王文全(—2018.09)
　　褚建祥(2018.09—)

武汉经济技术开发区(汉南区)城乡建设局(交通运输局)

党委书记、局长:余仕伟
党委委员、纪委书记:邓剑岩
党委委员、副局长:蔡尚仁 王新乐
　　樊友川
副局长(挂职):侯 迁

黄陂区交通运输局

党委书记、局长:柳育青
党委副书记:祁建文
党委委员、纪委书记:范良俊
党委委员、副局长:李华松
党委委员、总工程师:蔡崇华
党委委员:胡 鸿 黄宏华

新洲区交通运输局

党组书记、局长:汪志平
党组成员、副局长:张建义 夏正求
党组成员、总工程师:汪亚峰
党组成员:周爱梅

黄石市交通运输局

党组书记、局长:吴建春
党组成员、派驻纪检监察组组长:
　　余章君
党组副书记:李红卫

党组成员、副局长：
　　伊仕宏 (—2018.11) 张陶然
党组成员、总工程师：
　　潘拥军 (—2018.10)
党组成员：王之天

大冶市交通运输局

党组书记、局长：刘国兴
党组成员、副局长：夏　丹　李冬晨
　　　　　　　　冯江华
党组成员：李灿华　胡子军
党组成员、工会主席：柯庆敏
总会计师：石　红
总工程师：李大锋

阳新县交通运输局

党组书记、局长：尹孝然
党组副书记：柯昌水
党组成员、副局长：刘合松　王义森
　　　　　　　　余云名
　　　　　　　　黄　敏 (2018.04 挂职)
党组成员：乐庸兴

十堰市交通运输局

党组书记、局长：沈明云 (—2018.07)
　　　　　　　　夏树应 (2018.07—)
党组副书记：徐　涛
党组成员、副局长：卫　真　汪来富
总工程师：余世根
工会主席：李　军
调研员：郭　婕

丹江口市交通运输局

党委书记、局长：陈　钧
党委副书记：张吉喆 (—2018.07)
党委委员、副局长：王瑞华　张　健
　　　　　　　　王　平
党委委员、总工程师：王　杰
党委委员、工会主席：谢晓东
党委委员：李成均　王爱军

郧阳区交通运输局

党组书记：孙民安

局　　长：孙民安 (—2018.10)
　　　　　蔡昌华 (2018.10—)
党组成员、副局长：
　　卢光华 (—2018.07)
　　孙晏一 (2018.03—)
　　康正权　田　勇
党组成员：何光宝　闫鹏 (2018.10—)
党组成员、总工程师：
　　郑建强 (—2018.11)
党组成员、工会主席：
　　杜德海 (2018.10—)

郧西县交通运输局

党组书记、局长：冯有炎
党组成员：李作祥
副 局 长：王成国　刘诗成
　　　　　吴功余 (—2018.12)
总工程师：周俊波

房县交通运输局

党委书记、局长：王德洲
党委副书记：谢祥全
副 局 长：邓青国　闫　毅　卢海明
工会主席：童　芳

竹山县交通运输局

党组书记、局长：沈　军
党组副书记：章　磊 (—2018.06)
　　　　　　徐诗峰 (2018.06—)
党组成员、副局长：冯　勇　杨光斌
副 局 长：全　波
党组成员、工会主席：周治鹏
党组成员、总工程师：
　　柏　锋 (2018.08—)
党组成员：师贞艳 (2018.09—)

竹溪县交通运输局

党委书记、局长：蒋垂明
党委副书记：徐晓琴
副 局 长：周益斌　胡智力
　　　　　杨　波　吴立祥
工会主席：张　波
总工程师：谢　明

茅箭区交通运输局

党组书记、局长：郑勤忠
副 局 长：李勇进　孙秋生

张湾区交通运输局

党组书记、局长：王书贵
党组成员、副局长：柯　平
　　　　　　　　王　辉 (2018.09—)
党组成员、总工程师：王　栋

武当山特区交通运输局

党总支书记、局长：韩春丽
副 局 长：张　玲　潘小军

襄阳市交通运输局

党组书记、局长：水　波
党组成员、派驻纪检监察组组长：
　　张永仕
党组成员、副局长：李四清　金国联
　　　　　　　　彭祥森　宫世成 (邮政局局长)
党组成员、总工程师：姜　舰

枣阳市交通运输局

党组书记、局长：姚光文
党组副书记、副局长：赵广合
党组成员、纪检组长：习心锋
党组成员、副局长：土昌建　杨　帆

宜城市交通运输局

党组书记、局长：温红卫
党组成员、纪检组长：李兰洲
党组成员、副局长：龚家川　陈国荣
　　　　　　　　黄章友
党组成员、总工程师：李青建
党组成员：王维平

南漳县交通运输局

党组书记、局长：张庆华
党组副书记、副局长：
　　刘先华 (2018.04—)
副 局 长：易尚红 (2018.04—)
党组成员：别川银

总工程师：张天俊 (—2018.04)
　　　　　别川银 (2018.04—)

保康县交通运输局

党组书记、局长：王凤鸣 (—2018.05)
　　　　　　　　杨秋波 (2018.05—)
党组副书记、副局长、工会主任：
　　　　　　　　陈远圣 (—2018.11)
党组成员、副局长：梁万玖　雷　芳

谷城县交通运输局

党组书记、局长：卢光文
党组副书记、副局长：张光辉
党组成员、副局长：王　欢

老河口市交通运输局

党组书记、局长：范　炜
党组副书记、副局长：武文立
党组成员、纪检组长：刘世炜
党组成员、副局长：熊振宇　李延萍
总工程师：杨立新

襄州区交通运输局

党组书记、局长：彭少华 (—2018.04)
党组副书记、副局长：乔自成
党组成员、副局长：谢远余　董　峰
党组成员、总工程师：赵　华

襄阳市交通运输局襄城分局

局　　　长：王定柱

襄阳市交通运输局樊城分局

局　　　长：王自强

宜昌市交通运输局

党组书记、局长：胡朝晖
党组成员、派驻纪检监察组组长：
　　　　　　　　谢　民
党组成员、副局长：程家振　周江洪
　　　　　　　　唐云伟 (2018.02—)
　　　　　　　　李本华 (2018.01—)

李中华 (—2018.01)
党组成员、总工程师：
　　　　　　唐云伟 (—2018.02)
　　　　　　陆永军 (2018.04—)
二级调研员：张德义
三级调研员：张天一 (—2018.08)

宜都市交通运输局

党组书记、局长：谭龙飞
党组副书记、副局长：刘仁华
党组成员、纪检组长：曹清华
党组成员、副局长：黄治兵　许建军
党组成员、总工程师：江晓临
党组成员、工会主席：周玉明

枝江市交通运输局

党组书记、局长：杜勇进
党组成员、副局长：李志刚　胡昌武
党组成员、工会主席：袁　平
党组成员、总工程师：周　明

当阳市交通运输局

党组书记、局长：杨兴中 (—2018.07)
　　　　　　　　宋雪玲 (2018.07—)
党组成员、副局长：林万清　雷　华
党组成员、工会主任：彭红斌
党组成员：杨　勇

远安县交通运输局

党组书记、局长：刘志国
党组副书记：王光华
党组成员、副局长：苏先科　陈　涛
　　　　　　　　刘艳丽
党组成员、总工程师：免德智

兴山县交通运输局

党组书记、局长：贺　军
党组成员、副局长：陈行达　田　龙
党组成员、工会主席：彭业勋
党组成员、总工程师：刘　涛
党组成员：李　涛　王恩君

秭归县交通运输局

党组书记、局长：梅　元
党组副书记、副局长：周宗贤
党组成员、副局长：余先忠　谭复生
　　　　　　　　周　慧
党组成员、工会主席：李祖顶
党组成员、总工程师：王建华

长阳土家族自治县交通运输局

党组书记、局长：汤清林
党组成员、副局长：胡　卫　王春成
　　　　　　　　李作强 (—2018.08)
党组成员、工会主席：李书盛
党组成员：刘小红
总工程师：覃孔华

五峰土家族自治县交通运输局

党组书记、局长：黄家兵 (—2018.12)
　　　　　　　　皮业康 (2018.12—)
党组成员、副局长：杨继平
　　　　　　　　邓阳峰 (—2018.06)
　　　　　　　　伍远铸 (2018.06—)
　　　　　　　　段大勇 (2018.03—)
党组成员：张家权
党组成员、工会主席：陈永轩

夷陵区交通运输局

党组书记、局长：陈　立
党组成员、副局长：孙朝刚　周学海
　　　　　　　　周　卫
党组成员、工会主席：刘　娟
党组成员、总工程师：黎连文

西陵区农林水局

局　　　长：夏　楠
副　局　长：夏　立

伍家岗区农林水局

党支部书记、局长：向黎明
副　局　长：冯彦林　王　斌　彭群英

点军区交通运输局

党组书记、局长：祁　明

党组成员、副局长：陈俊峰
党组成员：万春明 (2018.05—)
副 局 长：尹 青

猇亭区交通运输局

党组书记、局长：钟家权
党组成员、副局长：刘学军 孙劲松

荆州市交通运输局

党组书记、局长：范本源
党组副书记、副局长：卢有志
党组成员、派驻纪检监察组组长：
　　陈庆华
党组成员、副局长：张黎明 许开平
　　张家芳 (2018.11—) 闫正斌
党组成员、工会主席：邹国欣
党组成员、总工程师：罗学军
副调研员：张 红 丁 弢

荆州区交通运输局

党组书记、局长：夏刚祥
党组成员、副局长：胡华钧 江 波
党组成员、总工程师：隋士发

沙市区交通运输局

党委书记、局长：吴 迪
党委副书记：杨德祥
党委委员、副局长：毛 颖
党委委员、总工程师：刘昌清

江陵县交通运输局

党组书记、局长：应 军
党组副书记、副局长：曾白珩
党组成员、副局长：袁丹眉
党委委员、总工程师：张向静
工会主席：梁 飞

松滋市交通运输局

党组书记、局长：黄 瑾
党组成员、副局长：许建国 邹小兵
　　刘志刚
党组成员、工会主席：熊 芳
党组成员、总工程师：苟中华

党组成员：周 斌

公安县交通运输局

党组书记、局长：孙家军
党组成员、副局长：李 健 董延平
　　甘辉林
党组成员、总工程师：熊义军
党组成员：管云丽 (—2018.05)

石首市交通运输局

党组书记、局长：王冰清
党组副书记、副局长：
　　李泽香 (2018.07—)
党组成员、副局长：曾四新
党组成员、总工程师：王中武

监利县交通运输局

党组书记、局长：邹建成
党组成员、副局长：廖昌华 刘 斌
　　王少云 柳孝万
党组成员：胡超胜

洪湖市交通运输局

党组书记、局长：杨元俊
党组成员、副局长：雷艳舞 肖初军
　　李 静 (2018.04—)
　　史玉峰 (2018.04—)
党组成员、工会主席：赵守鹏
党组成员、总工程师：
　　史玉峰 (—2018.04)

荆州开发区交通局

局　　长：张丰立

荆门市交通运输局

党组书记、局长：周美元
党组副书记：常北方
党组成员、派驻纪检监察组组长：
　　邓承胜
党组成员：宋慧琼
党组成员、副局长：罗楚平 高宏林
　　何新龙 (2018.09—)

　　黄祥清 (—2018.09)
党组成员、工会主席：陈立新
党组成员、总工程师：
　　何新龙 (—2018.09)

京山县交通运输局

党组书记、局长：徐文华
党组副书记、副局长：徐 彬
党组成员、副局长：丁金武 曾祥宏
党组成员、工会主席：赵金山
党组成员：董烈泽
总工程师：许昌昆 (2018.12—)

沙洋县交通运输局

党组书记、局长：乔宝林
党组副书记、副局长：杨 波
党组成员、副局长：王幸辉 陈吕新
党组成员：罗金华 王华清
党组成员、总工程师：周为华
工会主席：王 东

钟祥市交通运输局

党组书记、局长：陈 忠
党组成员、副局长：刘从东 王晓明
　　王 俊 (—2018.07)
党组成员、公路局局长：
　　吴学斌 (—2018.07)
　　王 俊 (2018.07—)
副 局 长：刘远忠 (2018.08—)
总工程师：徐进军
党组成员、工会主任：高良华
党组成员：陈 勇

东宝区交通运输局

党组书记、局长：熊三军
党组副书记、副局长：杨小国
党组成员、工会主席：马琳波

掇刀区交通运输局

党组书记、局长：何 帆 (—2018.02)
　　王鹏程 (2018.02—)
党组成员、副局长：龙 云 张 浩
　　蔡道斌 (—2018.07)

陈志平 (2018.12—)
党组成员：李宝静
党组成员、工会主席：
　　王桂明 (2018.12—)

漳河新区交通运输局

局　　长：胡维亮
副 局 长：张金华

屈家岭交通运输分局

党组书记、局长：黄　斌
党组副书记、副局长：刘　胜
党组成员、副局长：景向阳　杨继文
副 局 长：尹　忠 (—2018.06)

鄂州市交通运输局

党组书记、局长：杜昌奕
党组成员、派驻纪检监察组组长：
　　王德友
党组成员、副局长：任　东　朱　进
　　胡晓炎
党组成员、工会主席：罗华明
党组成员、总工程师：董进行
副调研员：刘有兴　柯艳敏

鄂城区交通运输局

局　　长：肖建成

华容区交通运输局

局　　长：杨全安

梁子湖区交通运输局 (梁子湖区工业经济和交通工作领导小组办公室)

局　　长：陈新州

孝感市交通运输局

党组书记、局长：黄祥文
党组成员、副局长：胡艳和　朱光辉
　　左振中
党组成员、总工程师：杨　杰
副调研员：乐浩明

孝南区交通运输局

党组书记、局长：陈　靖
党组成员、副局长：王　斌　万峰凌
党组成员、副局长、工会主席：
　　张承文
党组成员、派驻纪检组组长：李敬明

汉川市交通运输局

党组书记、局长：汪爱华 (2018.04—)
党组成员、纪检组长：
　　徐书才 (2018.08—)
党组成员、副局长：李金战　何正喜
党组成员：张鸿彬 (—2018.10)
　　王卫东　田世鹏

应城市交通运输局

党组书记、局长：程想法
党组成员、副局长：魏少华　谢天超
党组成员、工会主席：杨洪山

云梦县交通运输局

党组书记、局长：王炳辉
党组成员、副局长：游喜安　邓　刚
　　汤三毛
党组成员、总工程师：彭　斌
党组成员、工会主席：叶　波
党组成员：褚智泉

安陆市交通运输局

党组书记、局长：吴以安
党组成员、纪检组长：宋申杰
党组成员、副局长：罗光涛　胡定超
　　侯国平
党组成员、总工程师：余幼成

大悟县交通运输局

党组书记、局长：刘海华
党组成员、副局长：刘洪文　程保社
　　张　健
党组成员、工会主席：杜明辉

孝昌县交通运输局

党组书记、局长：易　昕

党组副书记、副局长：何有为
党组成员、副局长：田俊军　舒胜华
　　陶　俊 (挂职)
总工程师：汪鹏兴

黄冈市交通运输局

党组书记、局长：周银芝
党组成员、纪检组长：万焱元
党组成员、副局长：王正高　郑志武
　　金晓耕 (2018.06—)　鲍克宏
党组成员、总工程师：柯平飞
党组成员、工会主任：邵百坤
铁路办主任：张　阳

黄州区交通运输局

党组书记、局长：丰　群
党组成员、副局长：秦建军　何裕聪
　　吕仁斌
党组成员：桂博文　雷又明　丁秋生
总工程师：曾佑林
工会主席：秦爱香

团风县交通运输局

党委书记、局长：龙卫斌
党委委员、副局长：袁　远　余东平
　　卢　慧
总工程师：王国清
工会主席：祁锦国

红安县交通运输局

党组书记、局长：冯兴潮
党组副书记、副局长：许顺清
派驻纪检组长：梅宇红
党组成员、副局长：赵全松　金汉春
工会主席：林更凯
党组成员：王　玲　秦　遥
总工程师：许跃鹏

麻城市交通运输局

党委书记、局长：陈　林 (2018.04—)
党委副书记、副局长：余仲华
党委委员、纪检组长：冯　钊
党委委员、副局长：史克勤　张云峰

党委委员、工会主席：戴福正
党委委员：曾　文　刘卫东
总工程师：刘兴旺

罗田县交通运输局

党组书记、局长：郑　耿 (—2018.04)
　　　　　　　方光明 (2018.04—)
副局长：方丛富　韩　峰
　　　　丁利军 (—2018.04)
工会主任：史继云
总工程师：汪先峰

英山县交通运输局

党组书记、局长：余　勇 (—2018.02)
　　　　　　　冯矫正 (2018.02—)
党组副书记、副局长：王　勇
副局长：袁建国　查耀坤
工会主任：余胜球 (—2018.02)
　　　　　杨　平 (2018.03—)
总工程师：王　欣

浠水县交通运输局

党委书记、局长：李学友
党委委员、派驻纪检监察组组长：
　　　　　　　方志刚
副局长：陈昭升　郁金桥　吴　辉
　　　　蔡昌远
工会主任：陈金桥
总工程师：熊昌华

蕲春县交通运输局

党组书记、局长：陈中华
党组副书记、副局长：陈　军
纪检组长：陈君屏
副局长：叶仕祥
工会主任：文玉生
总工程师：余　清

武穴市交通运输局

党组书记、局长：刘志勇
党组成员、党组副书记：陈瑞山
党组成员、纪检组长：张慧平
党组成员、副局长：

刘　川 (—2018.06)
党组成员：项国盛　吕灿华　李志方
　　　　　胡筱武　徐　瑜
总工程师：曾志勇
工会主席：邱加胜 (—2018.07)
　　　　　蒋　磊

黄梅县交通运输局

局　长：杨　帆
纪检组长：汪亚明
副局长：张亚良　石建中　聂时新
　　　　许　林
总工程师：赵　丽
工会主任：汪　枫

龙感湖管理区交通运输分局

党总支书记、局长：徐先军
党总支副书记、副局长：张海平
工会主席：严保国

咸宁市交通运输局

党组书记、局长：金　山
党组副书记、副局长：王永红
党组成员、副局长：雷伟民　阮仕林
　　　　　吴　翠　杨正合 (邮政局局长)
党组成员：陈向阳
总工程师：廖承武

咸安区交通运输局

党组书记、局长：田海湖
党组副书记、副局长：刘顺清
　　　　　　　樊军保
党组成员、副局长：陈　清　王　刚
　　　　　章建国
党组成员：余晓林
工会主席：陈次一
总工程师：姜　庆

嘉鱼县交通运输局

党组书记、局长：孙昌勇
党组成员、副局长：周高清　陈小丹
党组成员、总工程师：周万勇
党组成员：鲁万清　陈文辉

工会主席：张盆发

赤壁市交通运输局

党组书记、局长：胡新文
党组副书记、副局长：沈志宏
党组成员、派驻纪检组组长：肖少华
党组成员、副局长：卢小年　陈　功
工会主席：江欣生
党组成员、总工程师：李建国
党组成员：宋献东

通城县交通运输局

党组书记、局长：周益斌
党组副书记、副局长：
　　　　　　　张华平 (—2018.11)
党组成员、副局长：雷晨光　吴神威
党组成员：何国斌

崇阳县交通运输局

党组书记、局长：周国香
党组成员、副局长：黄　斌　付旭平
　　　　　石雄军　庞平珍

通山县交通运输局

党组书记、局长：曹可贤
党组成员、副局长：张治修　邵　陌
　　　　　朱江华
党组成员、总工程师：徐飞翔
党组成员、工会主席：夏淑芳
党组成员：郑晓东

随州市交通运输局

党组书记、局长：储　云
党组副书记、副局长：刘宇宙
纪检组长：周新民
副局长：万晓熙　孙志友　沈新燕
　　　　张　焜 (邮政局局长)
工会主任：田　彪 (—2018.10)

随州市交通运输局曾都分局

党委书记、局长：李运举
党委副书记、副局长：毛培君
副局长：王文海

广水市交通运输局

党组书记、局长：李双庆
副局长：李 辉 罗永明 孙章勇
工会主席：邓真珍
总工程师：彭开勋

随县交通运输局

党组书记、局长：胡 波
党组副书记、副局长：黄启斌
副局长：张自炳
总工程师：龚传刚
工会主席：黄 丹 (2018.03—)

随州市交通运输局
大洪山风景名胜区分局

局 长：杨培义

恩施土家族苗族自治州交通运输局

党组书记、局长：杨盛僚
党组成员、纪检组长：李玉剑
党组成员：杨国卫 (—2018.08)
党组成员、副局长：曹明旭 王 勇
　　　　　　　　黄秀武
党组成员、总工程师：敖建华
副调研员：郭 英

恩施市交通运输局

党组书记、局长：李章奎
党组副书记、副局长：
　　　　　　李剑锋 (—2018.10)
党组成员、总工程师：廖兆锡
党组成员、副局长：
　　　　　　朱爱平 (—2018.03)
　　　　　　黄常军 (2018.04—)
　　　　　　陈祥猛 (2018.09—)
党组成员：傅志江 (—2018.09)
　　　　　王 强 丁 权 (2018.10—)
　　　　　申 琼 夏 斌

利川市交通运输局

党组成员、局长：王 斌
党组成员、副局长：张尚峰 冯 梅
　　　　　　　　李凤国

党组成员、总工程师：戴宏学

建始县交通运输局

党组书记、局长：马建宇
党组成员、副局长：李兴平 吴晓军
　　　　　　　　苏 峻

巴东县交通运输局

党组书记、局长：饶光明 (—2018.07)
　　　　　　　许良才 (2018.08—)
党组副书记、副局长：向会东
党组成员、副局长：
　　　　　　廖才伟 (—2018.07)
　　　　　　郑开顺
党组成员、总工程师：魏 峰

宣恩县交通运输局

党组书记、局长：谭大定
党组成员、副局长：谭家庆 李艳生
党组成员、总工程师：陈 锋
党组成员：田永成 黄明仕

咸丰县交通运输局

党组书记、局长：申金桥
党组成员、副局长：
　　　　　　李军成 (—2018.04)
　　　　　　覃龙敏 (—2018.04)
　　　　　　杨世杰 (2018.05—)
　　　　　　蒲宣融 (2018.08—)
　　　　　　周 立 (2018.08—)
党组成员：鲁邦国
党组成员、县高速公路建设管理办公
室主任：罗朝远 (—2018.04)
　　　　　　李军成 (2018.04—)
总工程师：余美蓉

来凤县交通运输局

党组书记、局长：舒镜峰
党组成员、副局长：林义兵 袁少英
党组成员：李凌峰 杨万杰
　　　　　李 毅 (—2018.10)
党组成员、总工程师：谭贤忠

鹤峰县交通运输局

党组书记、局长：赵锦华
党组成员、副局长：罗 斐 何翠屏
党组成员：明传学
　　　　　向诗兵 (—2018.10)
　　　　　肖红胜 (2018.10—)
　　　　　戈文志
总工程师：何世明

仙桃市交通运输局

党组书记、局长：黄文兵
党组副书记、副局长：李水祥
党组成员、副局长：李飞雄 李玉湘
　　　　　　　　程 栋
党组成员、武装部长：别 昇
党组成员、工会主席：邹 冲
党组成员、总工程师：伍 云
党组成员：严庆久 (—2018.09)
　　　　　朱 军 (—2018.09)

天门市交通运输局

党组书记、局长：黄 罡
党组成员、副局长：周亚辉
　　　　石仁鑫 (2018.05—) 王 刚
党组成员、总工程师：万 钟
党组成员：孙文红 刘百斌 (2018.05—)
　　　　　肖建军 (—2018.08)
　　　　　吴华东 (2018.08—)

潜江市交通运输局

党组书记、局长：舒中雄
党组副书记、副局长：赵仕安
党组成员、副局长：从孝君 詹登振
党组成员：吴启华
党组成员、工会主席：张昌义
党组成员、总工程师：刘美蓉

神农架林区交通运输局

党组书记、局长：
　　　　袁发才 (2018.03 任局长)
党组成员、副局长：杨健琳 李 涛
党组成员：宋德玺

获 奖 名 录

2018 年全国工人先锋号

（中华全国总工会，总工发〔2018〕12 号）

湖北省交通运输厅随岳高速公路管理处京山管理所"阳光天使班组"

2016—2017 年度全国交通运输行业精神文明建设先进集体先进个人

（交通运输部，交政研发〔2018〕162 号）

1. 文明单位

十堰市交通运输局

潜江市交通运输局

宜昌市物流局

湖北省交通运输厅随岳高速公路管理处

湖北省江汉运河航道管理处

2. 文明示范窗口

长阳土家族自治县港航管理局（地方海事局）

武汉市傅家坡汽车客运站

湖北省交通运输厅高速公路路政执法总队京珠支队第三大队

湖北省交通运输厅武黄高速公路管理处武东管理所

湖北省交通运输厅汉十高速公路管理处隆中管理所

3. 文明单位职工标兵

杨新慧（女） 湖北宜昌交运集团股份有限公司长途客运站副站长

朱 晶 武汉市港航管理局汉江一所党支部书记、所长

吴凤文 湖北省交通运输厅高速公路路政执法总队黄黄支队大广北第二大队大队长

徐 军 鄂州市公路管理局梁子湖路政大队副大队长

黄 伟 湖北省汉江崔家营航电枢纽管理处维护部副部长

施三九（女） 武汉市公共交通集团有限责任公司第六营运公司 502 路驾驶员

4. 精神文明建设先进工作者

刘秋林 湖北省交通运输厅黄黄高速公路管理处政工科专职纪检监察员

2017 年全国交通技术能手

（交通运输部，交人教发〔2018〕3 号）

刘彩军 湖北仙桃市安捷养护公司公路养护工

肖新志 湖北黄冈市公路局公路养护工

高 霖 湖北潜江市公路局公路养护工

喻美程 湖北武汉宝丰进口汽车修配厂汽车修理工

2016—2017 年度全国"安康杯"竞赛优胜集体、优胜班组和优秀个人

（中华全国总工会、应急管理部，总工发〔2018〕16 号）

1. 示范单位

湖北省汉江崔家营航电枢纽管理处

2. 优胜班组

湖北省交通运输厅武黄高速公路管理处第二养护管理站

第五届"最美中国路姐"

（中国公路学会，公学字〔2018〕128 号）

张 思 湖北省交通运输厅随岳高速公路管理处随县管理所副所长

全国模范职工之家、全国模范职工小家、全国优秀工会积极分子

（中华全国总工会，总工发〔2018〕29 号）

1. 全国模范职工之家

湖北省交通运输厅武黄高速公路管理处工会委员会

2. 全国模范职工小家

湖北省高速公路联网收费中心公众出行服务中心工会小组

3. 全国优秀工会积极分子

牛德琼（女） 神农架林区公路管理局副局长

2018 年度全国交通运输文化建设优秀成果

（中国交通企业管理协会，中交企协发字〔2018〕31 号）

全国交通运输文化建成卓越单位

湖北省交通运输厅随岳高速公路管理处

2018 年全国交通运输行业道路货物运输驾驶员职业技能竞赛优胜单位和个人

（交通运输部办公厅，交办人教函〔2018〕2086 号）

全国交通技术能手

张俊平 湖北合力通晟物流有限公司

2018 年中国技能大赛——第十届全国交通运输行业职业技能大赛优胜单位和个人

（交通运输部办公厅，交办人教〔2018〕171 号）

1. 城市轨道交通列车司机大赛职业组团体奖

第九名：湖北省交通运输厅

2. 城市轨道交通行车值班员大赛职业组团体奖

第八名：湖北省交通运输厅

3. 筑路工大赛职业组团体奖

第七名：湖北省交通运输厅

4. 筑路工（压路机）大赛职业组个人奖

三等奖 兰方新 湖北省宜都市三立路桥工程建设有限责任公司

5. 授予"全国交通技术能手"称号

（1）城市轨道交通列车司机大赛优胜选手

杨 松 武汉地铁运营有限公司

（2）城市轨道交通行车值班员大赛优胜选手

陈子钰 武汉地铁运营有限公司

6. 已获"全国交通技术能手"称号筑路工（压路机）大赛优胜选手

兰方新 湖北省宜都市三立路桥工程建设有限责任公司

2018 年全国公路水运行业班组、船舶安全生产竞赛优秀船舶、优秀班组、先进个人

（中国海员建设工会全国委员会、交通运输部安全委员会办公室，海员建设工发〔2019〕6 号）

1. 全国交通系统安全优秀班组

湖北省黄黄高速公路管理处黄梅

南监控票管班组

湖北省黄黄高速公路管理处鄂东所收费二班

湖北省武黄高速公路管理处武东管理所

湖北省武黄高速公路管理处隐水洞管理所

湖北省荆门市荆新一级公路沈集收费站

2. 全国交通系统安全先进个人

李志英　湖北省黄黄高速公路管理处政工科政工员

张宝荣　湖北省武黄高速公路武东管理所收费管理所

王建民　湖北省公路管理局工会副主席

2018 年感动交通十大年度人物

（交通运输部、中华全国总工会，

交政研发〔2019〕68 号）

谢红　湖北省汉江雅口航运枢纽工程建设指挥部副指挥长

第三届湖北省首席技师

（湖北省政府办公厅，鄂政办发〔2017〕93 号）

庄建新　湖北省汉江崔家营航电枢纽管理处水轮机发电机组值班员　技师

杨国兴　钟祥市公路管理局畅达养护公司公路养护工　技师

肖俊斌　孝感市合力安晟汽车销售有限公司汽车维修工　高级技师

2017 年全省劳动竞赛先进集体和个人湖北五一劳动奖

（湖北省总工会，鄂工发〔2018〕5 号）

1. 湖北五一劳动奖状

湖北白洋长江公路大桥有限公司

武汉北四环线高速公路建设管理有限公司

2. 湖北五一劳动奖章

刘俊　仙桃市公路管理局局长

吕胜　湖北省交通运输厅武黄高速公路管理处第二养护站技术员

3. 湖北省工人先锋号

葛洲坝集团基础工程有限公司汉江雅口航运枢纽工程 YK-W-04 标项目部

湖北省交通运输厅京珠高速公路管理处鄂北管理所收费二班

湖北石首长江公路大桥有限公司石首长江公路大桥主桥北边跨混凝土箱梁施工技术攻关小组

2017 年度"湖北五一巾帼奖""湖北省女职工建功立业标兵岗""湖北省女职工建功立业标兵"

（湖北省总工会，鄂工发〔2018〕8 号）

1. 湖北五一巾帼奖（集体）

湖北省交通运输厅汉十高速公路管理处隆中管理所

2. 湖北省女职工建功立业标兵岗

黄冈市江北一级公路南湖车辆通行费收费站

3. 湖北省女职工建功立业标兵

胡永霞　湖北省交通运输厅高速公路管理局京珠支队综合科科长

2017 年湖北省"最美娘家人"

（湖北省总工会，鄂工发〔2018〕11 号）

王华君　宜昌市出租车行业工会联合会副主席，康龙出租车公司驾驶员，秭归县在宜农民工服务中心党委副书记、主任

尹寿林　湖北省交通运输工会调研员

2017 年度"湖北省技术能手"

（湖北省人力资源和社会保障厅，

鄂人社函〔2018〕157 号）

1. 湖北省交通运输行业职业技能大赛

（1）筑养路机械操作工

王大江　潜江市公路管理局

郭兆寒　潜江市公路管理局

黄剑华　宜昌市公路管理局

（2）汽车维修

辛有平　武汉绿地新华汽车销售服务有限公司

孔林　襄阳天和丰田汽车销售

服务有限公司

唐献忠　宜昌恒信通顺汽车销售服务有限公司

（3）电动装卸机械司机

冯加才　黄石新港港口股份有限公司

徐珊　武汉港航发展集团武港集团武汉港集装箱有限公司

陈绪杰　黄石新港港口股份有限公司

（4）公路养护工

吕胜　武黄高速公路管理处

占剑　湖北楚天高速公路股份有限公司

安健　随岳高速公路管理处

（5）维修电工

黎茂芳　汉江崔家营航电枢纽管理处

叶功博　汉江崔家营航电枢纽管理处

庄建新　汉江崔家营航电枢纽管理处

2. 长航系统第五届职工（港口）技能大赛

船闸及升船机运行员

黎茂芳　汉江崔家营航电枢纽管理处

"湖北工匠""湖北省技能大师"和"湖北省技术能手"

（湖北省人民政府，鄂政发〔2018〕18 号）

湖北省技术能手

梁俊（女）　湖北省交通运输厅京珠高速公路管理处公路收费及监控员技师

叶功博　湖北省汉江崔家营航电枢纽管理处电工　技师

2016—2017 年度湖北省"安康杯"竞赛活动先进单位和先进个人

（湖北省总工会、省安全生产监督管理局，

鄂工发〔2018〕19 号）

1. 优胜单位

湖北省交通运输厅黄黄高速公路管理处

2. 优秀组织单位

湖北省交通运输厅鄂西高速公路

管理处

　3.先进个人

　李厚海　湖北省交通运输厅武黄高速公路管理处副处长

2018年湖北省示范性职工(劳模、工匠)创新工作室和湖北省职工(劳模、工匠)创新工作室

（湖北省总工会，鄂工发〔2018〕44号）

　1.湖北省示范性职工(劳模、工匠)创新工作室

　许湘秦劳模创新工作室　湖北省交通运输厅武黄高速公路管理处

　2.湖北省职工(劳模、工匠)创新工作室

　荣克明创新工作室　仙桃市四达公路建设有限公司

　新航电创新工作室　湖北省汉江崔家营航电枢纽管理处

　贾丽芬劳模创新工作室　湖北省交通运输厅黄黄高速公路管理处

2018年湖北省产业工人培训示范基地

（湖北省总工会，鄂工发〔2018〕48号）

湖北交通职业技术学院

省级模范职工之家、省级模范职工小家、省级优秀工会工作者、省级优秀工会积极分子

（湖北省总工会，鄂工发〔2018〕47号）

　1.省级模范职工之家

　湖北省汉江崔家营航电枢纽管理处工会委员会

　2.省级优秀工会工作者

　徐明华　湖北省交通运输厅黄黄高速公路管理处工会主席

　3.省级优秀工会积极分子

　王晓荣（女）　湖北省交通运输厅通信信息中心高级工程师

　李　敏（女）　湖北省交通运输厅随岳高速公路管理处天门管理所所长

第十二届湖北省职工职业道德建设先进单位、先进个人

（湖北省委宣传部、省文明办、省总工会，鄂工发〔2018〕46号）

　1.先进单位

　湖北省交通运输厅京珠高速公路管理处鄂北管理所

　2.先进个人

　韩　蓉　神农架林区道路运输管理局运综科副科长、经济师

　刘惠玲　汉江崔家营航电枢纽管理处副处长

2018年全省劳动竞赛先进集体和个人湖北五一劳动奖

（湖北省总工会，鄂工发〔2019〕3号）

　1.湖北五一劳动奖状

　湖北省交通重点建设领导小组办公室

　2.湖北五一劳动奖章

　张俊峰（女）　鄂州市公路管理局工会副主席

　3.湖北省工人先锋号

　湖北省交通运输厅汉十高速公路管理处安居管理所智慧汉十创新团队

2018年第六届全国职工职业技能大赛湖北省选拔赛和部分行业工种技能比赛第一名选手"湖北五一劳动奖章"

（湖北省总工会，鄂工发〔2019〕5号）

　交通运输系统

　杨　程　汉十高速公路管理处安陆收费站收费班长

　兰方新　宜都公路管理局潘家湾公路管理站站长

2018年度"湖北省女职工建功立业标兵岗""湖北省先进女职工组织""湖北省优秀女职工工作者"

（湖北省总工会，鄂工发〔2019〕4号）

　1.湖北省女职工建功立业标兵岗

　湖北省交通运输厅随岳高速公路管理处随县管理所

　2.湖北省先进女职工组织

　湖北省交通运输厅鄂西高速公路管理处工会女职工委员会

　3.湖北省优秀女职工工作者

　李　慧　湖北交通职业技术学院物流与交通管理学院党总支副书记

2018年度全省交通运输系统先进集体和先进个人

（湖北省交通运输厅，鄂交文办〔2019〕15号）

　1.先进集体

　武汉市港航管理局

　黄石市物流发展局

　南漳县交通运输局

　江陵县交通运输局

　宜昌市交通运输局

　竹山县交通运输局

　孝南区交通运输局

　钟祥市交通运输局

　鄂州市物流发展局

　黄冈市交通运输局

　嘉鱼县交通运输局

　咸丰县交通运输局

　仙桃市公路管理局

　潜江市公路管理局

　天门市交通运输局

　省公路管理局建设管理处

　省运管物流局安全监督处

　省港航海事局运输物流管理处

　武黄高速公路管理处

　湖北交通职业技术学院物流与交通管理学院

　2.先进个人

　王学斌　武汉市交通运输委员会机关党办调研员

　柯华云　黄石市交通运输局科技宣传科科长

　方雪辉　襄阳市港航管理局二级主任科员

　范本源　荆州市交通运输局党组书记、局长

　杜勇进　枝江市交通运输局党组书记、局长

　余世根　十堰市交通运输局总工程师

　李劲松　孝感市交通运输局党群（党办）科长

严兆新　荆门市道路运输管理局投诉处理办公室主任

童西勇　鄂州市公共汽车公司5路公交线线路长

殷敏　黄冈市黄州区农村公路管理局支部书记、局长

饶红胜　咸宁市交通质监站站长、高级工程师

王翔　随州市交通运输局运输安全科科长

庞涛　恩施州交通运输局前期办常务副主任、州高速公路建设管理委员会办公室建设管理科科长

荣小宏　仙桃市汽车客运总站党总支书记、站长

聂华年　潜江市农村公路管理局局长

谭永华　天门市公路养护中心主任

万忠医　神农架林区公路管理局办公室主任

吴凤文　省高速公路路政执法总队黄黄支队大广北第二大队大队长

张思　随岳高速公路管理处随县管理所副所长

刘晓波　省交通运输厅工程质量监督局重点工程监督处处长

统 计 资 料

2018 年主要指标表

指 标 名 称	计算单位	2018 年	2017 年	2016 年	指 标 名 称	计算单位	2018 年	2017 年	2016 年
一、全省公路里程	公里	275039	269484	260179	长度	延米	2820900	2732911	2678588
1. 按技术等级分					其中：特大桥 数量	座	337	313	308
（1）等级公路	公里	265911	259591	249819	长度	延米	665944	611065	601970
高速公路	公里	6367	6252	6204	大桥 数量	座	4695	4605	4488
一级公路	公里	6093	5874	5460	长度	延米	1278349	1253675	1223663
二级公路	公里	23179	22712	22005	2. 公路隧道 数量	处	1022	1017	983
三级公路	公里	11035	10795	10707	长度	米	1005685	991639	963587
四级公路	公里	219237	213959	205443	3. 公路渡口	处	142	152	157
（2）等外公路	公里	9128	9893	10360	其中：机动渡口	处	112	122	127
等级公路占总里程比重	%	96.68	96.33	96.02	三、公路密度及通达情况				
其中：二级及以上公路	%	12.96	12.93	12.94	公路密度	公里/百平方公里	147.96	144.96	139.96
2. 按路面等级分					乡镇通达率	%	100	100	100
（1）有铺装路面里程	公里	234648	226275	214454	乡镇通沥青（水泥）路率	%	100	100	100
其中：沥青混凝土路面	公里	27204	25760	24299	行政村通达率	%	100	100	100
水泥混凝土路面	公里	207444	200516	190155	行政村通沥青（水泥）路率	%	100	100	100
（2）简易铺装路面里程	公里	13378	14525	15334	四、全省内河航道通航里程	公里	8666.94	8638.0	8638.0
（3）未铺装路面里程	公里	27013	28684	30391	1. 等级航道	公里	6166.24	6137.3	6137.3
铺装路面（含简易）里程占总里程比重	%	90.18	89.36	88.32	一级	公里	269.4	269.4	269.4
3. 按行政等级分					二级	公里	768.5	768.5	768.5
国道公路	公里	14130	14109	14078	三级	公里	954.1	892.1	841.6
省道公路	公里	19495	19363	19269	四级	公里	341	365.0	385.0
县道公路	公里	27421	10514	10506	五级	公里	811.4	820.4	850.9
乡道公路	公里	83884	61341	61334	六级	公里	1810.93	1810.9	1810.9
专用公路	公里	611	743	743	七级	公里	1210.9	1210.9	1210.9
村道公路	公里	129498	163415	154248	2. 等外航道	公里	2500.7	2500.7	2500.7
二、全省公路桥梁、隧道、渡口					等级航道占内河航道通航总里程比重	%	71.1	71.1	71.1
1. 公路桥梁 数量	座	41338	41288	40668	其中：三级及以上航道所占比重	%	23.0	22.3	21.8

续上表

指　标　名　称	计算单位	2018年	2017年	2016年	指　标　名　称	计算单位	2018年	2017年	2016年
五、全省内河港口码头泊位	个	1018	1281	1904	水路货物周转量	亿吨公里	2850.00	2788.80	2666.60
生产用码头泊位个数	个	963	1221	1826	九、全省内河港口货物吞吐量	万吨	34620.48	36903.14	35191
非生产用码头泊位个数	个	55	60	78	其中：液体散货	万吨	994.04	1094.4	1087
六、营运汽车拥有量					干散货	万吨	23730.1	27466.9	26134
载货汽车	辆	347603	343424	382806	件杂货	万吨	5011.11	4009.5	4151
	吨位	3172760	2794231	2730258	集装箱	万标箱	193.61	167.21	141.6
载客汽车	辆	32967	35954	37832		万吨	2910.56	2427.14	1979
	客位	768720	823041	840159	滚装汽车	万辆	90.92	94.5	72.2
七、全省水路运输船舶拥有量						万吨	1974.63	1905.2	1839
1.机动船　艘数	艘	3172	3466	3857	十、交通固定资产投资总额	亿元	1068.55	998.34	1009.95
净载重量	吨位	6720831	7132533	7307685.21	1.公路建设	亿元	1009.06	781.83	810.93
载客量	客位	33345	37766	45012	其中：重点工程	亿元	348.04	329.28	382.33
集装箱位	标箱	2730	3012	3717	2.港航建设	亿元	59.5	87.55	66.46
功率	千瓦	1763237	1766131	1849301	3.站场建设	亿元	120.16	128.95	132.56
2.驳船　艘数	艘	106	129	153	十一、其他				
净载重量	吨位	209505	246671	250300	1.地区生产总值(按当年价格计算)	亿元	39366.55	36522.95	32297.91
八、公路、水路运输量					第一产业	亿元	3547.51	3759.69	3499.3
1.公路客运量	万人	80990	86772	88221	第二产业	亿元	17088.95	16259.86	14375.13
公路旅客周转量	亿人公里	453.44	482.27	487.33	第三产业	亿元	18730.09	16503.4	14423.48
2.公路货运量	万吨	163145	147711	122656	2.全社会固定资产投资额	亿元	−	31872.57	29503.88
公路货物周转量	亿吨公里	2955.53	2741.91	2506.86	3.社会消费品零售总额	亿元	18333.6	17394.1	15649.22
3.水路客运量	万人	648	625.00	571.80	4.对外贸易总额	亿元	3487.2	3134.3	2600.1
水路旅客周转量	亿人公里	4.74	4.06	3.34	其中：进口	亿元	1234	1070.2	880
4.水路货运量	万吨	36432	36143.00	35668.90	出口	亿元	2253.2	2064.1	1720.1

注：1.自2006年全国农村公路通达情况专项调查后，公路里程和通达率按专项调查统计标准进行统计。

2.2018年全省经济指标来源于《湖北省2018年国民经济和社会发展统计公报》，因国家固定资产投资统计改革，湖北省统计局不再公布固定资产投资额。

3.机动船集装箱箱位：原统计口径是仅算集装箱船箱位，从2014年起统计口径是按2013年专项调查船舶口径，将多用途船能装集装箱船舶箱位均计算。

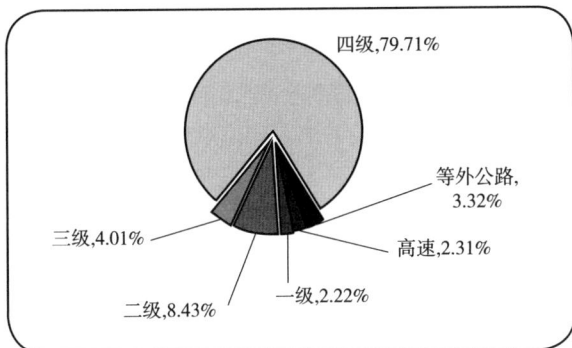

2018 年公路技术等级情况图

里程单位：公里

技术等级	总计	高速	一级	二级	三级	四级	等外公路
里程	275039	6367	6093	23179	11035	219237	9128

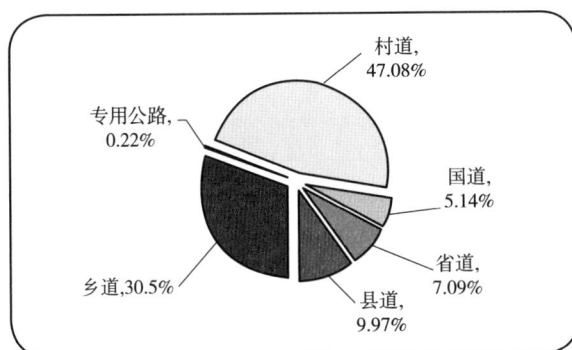

2018 年公路行政等级情况图

里程单位：公里

行政等级	总计	国道	省道	县道	乡道	专用公路	村道
里程	275039	14130	19495	27421	83884	611	129498

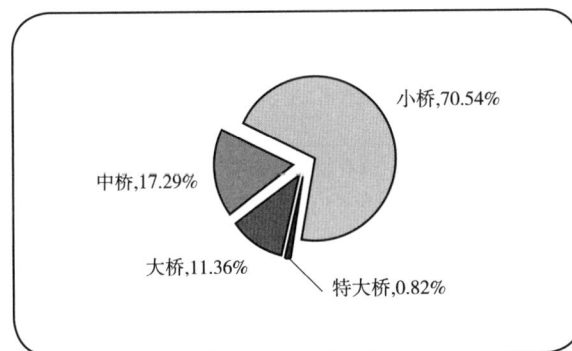

2018 年公路桥梁数量比重图 (按跨径分)

公路桥梁	总计	特大桥	大桥	中桥	小桥
座	41338	337	4695	7146	29160

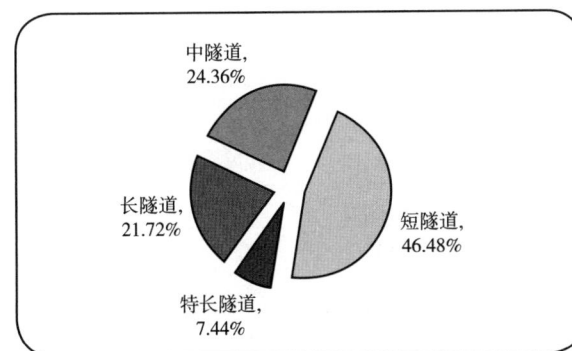

2018 年公路隧道数量情况图

公路隧道	总计	特长隧道	长隧道	中隧道	短隧道
道	1022	76	222	249	475

2018 年中部六省公路基本情况排名 (一)

名次	总 里 程		高速公路里程		二级及以上里程		二级及以上比例	
	省份	公里	省份	公里	省份	公里	省份	%
	总计	1297781	总计	36064	总计	161905	总计	—
1	湖北	275039	湖南	6725	河南	37484	山西	16.80
2	河南	268589	河南	6600	湖北	35639	河南	13.96
3	湖南	240060	湖北	6367	山西	24072	湖北	12.96
4	安徽	208826	江西	5931	湖南	23270	江西	12.44
5	江西	161941	山西	5605	安徽	21295	安徽	10.20
6	山西	143326	安徽	4836	江西	20145	湖南	9.69

2018 年中部六省公路基本情况排名 (二)

名次	国省干线中二级及以上比例		等级公路里程		等级公路比例		水泥、沥青路面里程	
	省份	%	省份	公里	省份	%	省份	公里
	总计	—	总计	1216750	总计	—	总计	1163134
1	山西	90.9	湖北	265912	安徽	99.58	湖北	248026
2	湖北	84.08	河南	242775	山西	98.39	河南	237605
3	江西	74.5	湖南	223667	湖北	96.68	湖南	218481
4	河南	72.45	安徽	207942	湖南	93.17	安徽	201282
5	安徽	66.42	山西	141012	河南	90.39	江西	129312
6	湖南	54.01	江西	135442	江西	83.64	山西	128428

2018 年中部六省公路基本情况排名 (三)

名次	水泥、沥青路面铺装率		国省干线水泥、沥青路面铺装率		公 路 密 度			
					以国土面积计算		以人口计算	
	省份	%	省份	%	省份	公里/百平方公里	省份	公里/万人
	总计	—	总计	—	总计	—	总计	—
1	安徽	96.39	山西	99.96	河南	160.83	湖北	46.60
2	湖南	91.01	安徽	99.83	安徽	149.06	山西	38.93
3	湖北	90.18	江西	99.48	湖北	147.95	湖南	35.19
4	山西	89.61	湖北	99.13	湖南	113.34	江西	35.14
5	河南	88.46	河南	98.69	江西	97.03	安徽	29.58
6	江西	79.85	湖南	97.71	山西	91.70	河南	28.02

2018 年中部六省公路基本情况排名 (四)

名次	农 村 公 路							
	总里程		等级公路里程		等级公路比例		水泥沥青铺装率	
	省份	公路	省份	公里	省份	%	省份	%
	总计	1116005	总计	1035903	总计	—	总计	—
1	湖北	240803	湖北	231726	安徽	99.53	安徽	95.86
2	河南	231219	河南	205787	山西	98.15	湖南	89.85
3	湖南	201124	湖南	185053	湖北	96.23	湖北	88.95
4	安徽	180718	安徽	179862	湖南	92.01	山西	88.09
5	江西	137397	山西	122433	河南	89.00	河南	86.81
6	山西	124744	江西	111042	江西	80.82	江西	76.35

2018 年全国公路基本情况排名（一）

里程单位：公里

名次	总里程 省份	里程	高速公路里程 省份	里程	其中：国家高速公路里程 里程	占比%	二级及以上里程 省份	里程	二级及以上比例 省份	%
	总计	4846532	总 计	142593	105514	74.00	总 计	647768	总 计	13.37
1	四川	331592	广东	9003	6045	67.14	山东	43393	上海	38.11
2	山东	275642	河北	7280	5365	73.70	江苏	43231	天津	33.57
3	湖北	275039	四川	7131	5031	70.55	广东	39307	北京	29.66
4	河南	268589	湖南	6725	4906	72.95	河南	37484	江苏	27.24
5	云南	252929	内蒙古	6633	5607	84.53	湖北	35639	辽宁	21.78
6	湖南	240060	河南	6600	4242	64.27	河北	34608	宁夏	21.02
7	广东	217699	贵州	6453	3458	53.59	内蒙古	32108	浙江	18.10
8	安徽	208826	湖北	6367	4851	76.19	四川	27331	广东	18.06
9	内蒙古	202641	山东	6057	4575	75.53	辽宁	26789	河北	17.91
10	贵州	196908	江西	5931	4177	70.43	新疆	24760	山西	16.80
11	河北	193252	山西	5605	3456	61.66	山西	24072	广西	16.16
12	新疆	189050	广西	5563	4076	73.27	湖南	23270	福建	15.97
13	陕西	177128	陕西	5475	4541	82.94	浙江	21841	内蒙古	15.84
14	黑龙江	167116	云南	5184	4252	82.02	安徽	21295	山东	15.74
15	江西	161941	福建	5155	3642	70.65	广西	20273	青海	15.17
16	江苏	158729	安徽	4836	3632	75.10	江西	20145	吉林	14.33
17	重庆	157483	新疆	4803	4055	84.43	黑龙江	19172	河南	13.96
18	山西	143326	江苏	4711	3449	73.21	云南	18848	新疆	13.1
19	甘肃	143228	黑龙江	4512	3382	74.96	福建	17393	湖北	12.96
20	广西	125449	浙江	4421	3262	73.78	陕西	16850	江西	12.44
21	辽宁	122974	辽宁	4331	3561	82.22	贵州	16350	黑龙江	11.47
22	浙江	120662	甘肃	4242	3548	83.64	吉林	15104	安徽	10.20
23	福建	108901	青海	3328	3112	93.51	甘肃	14025	甘肃	9.79
24	吉林	105399	吉林	3298	2654	80.47	重庆	12620	湖南	9.69
25	西藏	97785	重庆	3096	2636	85.14	青海	12462	陕西	9.51
26	青海	82137	宁夏	1678	1350	80.45	宁夏	7443	海南	9.22
27	宁夏	35405	天津	1262	547	43.34	北京	6601	贵州	8.30
28	海南	35023	北京	1115	683	61.26	天津	5457	四川	8.24
29	北京	22256	海南	924	908	98.27	上海	4995	重庆	8.01
30	天津	16257	上海	836	477	57.06	海南	3229	云南	7.45
31	上海	13106	西藏	38	38	100.00	西藏	1671	西藏	1.71

2018 年全国公路基本情况排名（二）

里程单位：公里

名次	普通国道		省道里程				国省干线中二级及以上比例		等级公路里程		等级公路比例	
					其中：高速公路里程							
	省份	里程	省份	里程	里程	占比	省份	%	省份	里程	省份	%
	总计	256360	总计	372214	36494	9.80	总计	66.04	总计	4465864	总计	92.15
1	四川	17431	湖南	24220	1819	7.51	江苏	99.23	四川	304830	北京	100.00
2	内蒙古	16657	云南	24107	923	3.83	上海	98.79	山东	274948	天津	100.00
3	云南	15156	河南	23414	2358	10.07	山东	97.03	湖北	265912	上海	100.00
4	新疆	13916	四川	23405	2038	8.71	天津	96.28	河南	242775	宁夏	99.86
5	西藏	13383	广东	21876	2911	13.31	辽宁	93.99	湖南	223667	山东	99.75
6	黑龙江	11308	贵州	20877	2995	14.35	河北	91.89	云南	220554	浙江	99.73
7	广西	10886	湖北	19495	1426	7.31	浙江	91.88	广东	209131	安徽	99.58
8	河北	10323	内蒙古	17489	1026	5.87	北京	91.85	安徽	207942	海南	99.17
9	青海	9966	甘肃	17077	631	3.69	山西	90.90	内蒙古	195636	江苏	98.47
10	河南	9714	安徽	16526	1204	7.29	湖北	84.08	河北	188475	山西	98.39
11	甘肃	9450	新疆	15354	674	4.39	吉林	82.72	陕西	161028	河北	97.53
12	湖北	9279	西藏	14978	—	—	福建	81.77	贵州	156559	湖北	96.68
13	广东	9199	黑龙江	13149	1072	8.16	海南	80.70	江苏	156297	内蒙古	96.54
14	陕西	8930	山东	12814	1483	11.57	江西	74.50	新疆	154546	广东	96.06
15	湖南	8785	江西	12657	1739	13.74	广东	73.84	黑龙江	142959	吉林	95.45
16	贵州	8452	河北	10848	1916	17.66	陕西	73.54	山西	141012	辽宁	94.08
17	山东	8318	辽宁	10456	770	7.37	广西	73.19	江西	135442	湖南	93.17
18	山西	7887	广西	10237	1487	14.53	河南	72.45	重庆	133943	广西	92.23
19	江西	7694	重庆	10160	460	4.53	宁夏	72.22	甘肃	128071	四川	91.93
20	安徽	7363	青海	8561	182	2.13	安徽	66.42	浙江	120339	陕西	90.91
21	吉林	7206	江苏	8540	1246	14.59	内蒙古	64.62	广西	115702	河南	90.39
22	辽宁	7109	山西	6794	2149	31.63	新疆	62.92	辽宁	115699	甘肃	89.42
23	福建	7086	福建	5427	1482	27.31	黑龙江	61.48	吉林	100599	西藏	87.41
24	重庆	5425	吉林	4893	644	13.17	重庆	59.15	福建	92464	云南	87.20
25	江苏	4843	浙江	4678	1159	24.77	青海	55.21	西藏	85473	黑龙江	85.55
26	浙江	4398	陕西	4248	934	21.99	湖南	54.01	青海	70157	青海	85.41
27	宁夏	2422	宁夏	2876	329	11.43	四川	50.44	宁夏	35355	重庆	85.05
28	海南	1380	天津	2436	715	29.35	贵州	48.11	海南	34731	福建	84.91
29	北京	1238	北京	2025	347	17.14	甘肃	43.40	北京	22256	江西	83.64
30	天津	918	海南	1519	17	1.09	云南	40.51	天津	16257	新疆	81.75
31	上海	240	上海	1076	359	33.34	西藏	5.75	上海	13106	贵州	79.51

2018 年全国公路基本情况排名（三）

里程单位：公里

名次	水泥、沥青路面 省份	里程	水泥、沥青路面铺装率 省份	%	桥梁数量 省份	座	公路密度 以国土面积计算 省份	公里/百平方公里	公路密度 以人口计算 省份	公里/万人
	总计	3994391	总计	82.42	总计	851521	总计	50.48	总计	34.73
1	四川	284919	北京	100.00	江苏	71043	上海	206.69	西藏	290.03
2	山东	263765	天津	100.00	河南	51041	重庆	191.12	青海	140.48
3	湖北	248026	上海	100.00	浙江	50430	山东	175.90	内蒙古	80.14
4	河南	237604	浙江	99.25	山东	49496	河南	160.83	新疆	77.32
5	湖南	218480	海南	99.15	广东	48883	江苏	154.71	贵州	55.00
6	安徽	201282	江苏	97.95	辽宁	47704	安徽	149.06	云南	52.69
7	河北	177428	安徽	96.39	湖南	47293	湖北	147.95	宁夏	52.46
8	广东	174547	山东	95.69	河北	43533	天津	136.61	甘肃	51.83
9	云南	156755	河北	91.81	四川	42631	北京	135.62	重庆	51.20
10	江苏	155481	湖南	91.01	湖北	41338	广东	122.37	陕西	46.94
11	内蒙古	154274	湖北	90.18	安徽	38130	浙江	118.53	湖北	46.60
12	贵州	142758	山西	89.61	云南	28737	湖南	113.34	黑龙江	44.11
13	陕西	142521	河南	88.46	福建	28171	贵州	111.82	山西	38.93
14	新疆	136546	宁夏	88.07	江西	27903	海南	103.31	吉林	38.79
15	江西	129312	四川	85.92	陕西	26696	河北	102.96	海南	37.83
16	山西	128428	福建	84.43	贵州	23422	江西	97.03	四川	36.29
17	黑龙江	123507	吉林	83.92	黑龙江	23017	山西	91.70	湖南	35.19
18	浙江	119761	广西	82.11	内蒙古	20384	福建	89.70	江西	35.14
19	甘肃	111195	陕西	80.46	广西	19167	陕西	86.15	安徽	29.58
20	重庆	108864	广东	80.18	吉林	16820	辽宁	84.29	辽宁	29.30
21	广西	103013	江西	79.85	山西	15153	四川	68.00	山东	28.75
22	辽宁	95304	甘肃	77.64	新疆	14499	云南	64.20	河南	28.02
23	福建	91948	辽宁	77.50	重庆	12512	吉林	56.24	福建	27.84
24	吉林	88452	内蒙古	76.13	甘肃	12408	宁夏	53.32	河北	25.70
25	青海	55015	黑龙江	73.91	上海	11291	广西	53.00	浙江	24.34
26	海南	34725	贵州	72.50	西藏	10949	黑龙江	36.81	广西	22.40
27	宁夏	31183	新疆	72.23	青海	7895	甘肃	31.52	广东	19.49
28	西藏	27674	重庆	69.13	北京	6677	内蒙古	17.13	江苏	19.44
29	北京	22256	青海	66.98	海南	6528	青海	11.39	北京	11.03
30	天津	16257	云南	61.98	宁夏	4815	新疆	11.39	天津	10.44
31	上海	13106	西藏	28.30	天津	2955	西藏	7.96	上海	5.42

2018 年全国公路基本情况排名 (四)

里程单位：公里

名次	农村公路总里程		农村公路等级公路里程		农村公路等级公路比例		农村公路水泥沥青铺装率	
	省份	公里	省份	公里	省份	%	省份	%
	总计	4039669	总计	3688929	总计	91.32	总计	80.67
1	四川	280926	四川	257407	北京	100.00	北京	100.00
2	山东	247769	山东	247076	天津	100.00	天津	100.00
3	湖北	240803	湖北	231726	上海	100.00	上海	100.00
4	河南	231219	河南	205787	宁夏	99.85	浙江	99.21
5	云南	206114	湖南	185053	浙江	99.73	海南	99.05
6	湖南	201124	安徽	179862	山东	99.72	江苏	97.71
7	安徽	180718	云南	175392	安徽	99.53	安徽	95.86
8	广东	180443	广东	171928	海南	99.06	山东	95.22
9	河北	164927	河北	160174	江苏	98.29	河北	90.46
10	贵州	164121	内蒙古	155002	山西	98.15	湖南	89.85
11	内蒙古	161952	陕西	141212	河北	97.12	湖北	88.95
12	陕西	157233	江苏	139377	湖北	96.23	山西	88.09
13	新疆	142809	贵州	124349	内蒙古	95.71	河南	86.81
14	江苏	141809	山西	122433	广东	95.28	宁夏	86.04
15	重庆	138911	重庆	115505	吉林	94.72	四川	85.41
16	江西	137397	新疆	113538	辽宁	92.84	吉林	82.52
17	山西	124744	江西	111042	湖南	92.01	福建	81.72
18	黑龙江	120461	浙江	107432	四川	91.63	陕西	78.27
19	甘肃	110500	黑龙江	105236	广西	90.48	广西	77.87
20	浙江	107723	甘肃	96372	陕西	89.81	江西	76.35
21	辽宁	101035	辽宁	93797	西藏	89.35	广东	76.27
22	广西	99956	广西	90436	河南	89.00	甘肃	74.27
23	福建	92625	吉林	84366	黑龙江	87.36	黑龙江	73.31
24	吉林	89069	福建	76204	甘肃	87.22	辽宁	72.98
25	青海	58840	西藏	52298	云南	85.09	内蒙古	71.88
26	西藏	58531	青海	48346	重庆	83.15	新疆	68.49
27	海南	31191	海南	30899	福建	82.27	贵州	67.87
28	宁夏	27097	宁夏	27056	青海	82.17	重庆	65.25
29	北京	16961	北京	16961	江西	80.82	青海	62.39
30	天津	11349	天津	11349	新疆	79.50	云南	56.21
31	上海	11314	上海	11314	贵州	75.77	西藏	17.71

统计指标解释

国道：指具有全国性政治、经济意义的主要干线公路，包括重要的国际公路，国防公路、连接首都与各省、自治区、直辖市首府的公路，连接各大经济中心、港站枢纽、商品生产基地和战略要地的公路。

省道：指具有全省（自治区、直辖市）政治、经济意义，连接各地市和重要地区，以及不属于国道的干线公路。

县道：指具有全县（含其他县级行政区划）政治、经济意义，连接县城和县内乡镇、重要商品生产和集散地的主要公路，以及不属于国道、省道的县际间的主要公路。

乡道：指主要为乡镇内部经济、行政服务的公路，以及不属于县道及以上公路的乡与乡之间和乡与外部联络的公路。

村道：指直接为农村群众生产、生活服务，不属于乡道及以上公路的建制村与建制村之间和建制村与外部联络的主要公路。

桥 涵 分 类

桥 涵 分 类	多孔跨径总长 L（m）	单孔跨径 L_k（m）
特大桥	$L > 1000$	$L_k > 150$
大桥	$100 \leqslant L \leqslant 1000$	$40 \leqslant L_k \leqslant 150$
中桥	$30 < L < 100$	$20 \leqslant L_k < 40$
小桥	$8 \leqslant L \leqslant 30$	$5 \leqslant L_k < 20$
涵洞	—	$L_k < 5$